행 정 학
용 어 사 전

한국행정학회
행정학전자사전특별위원회

머리말

　　행정학 용어사전은 한국행정학회 행정학전자사전특별위원회에서 운영 중인 행정학전자사전을 근간으로 하여 발간되었다. 2020년에 설립 20주년을 맞게 된 행정학전자사전특별위원회로서는 이번 행정학 용어사전 발간 사업이 매우 뜻깊은 발자취로 기억될 것이다. 그 이유는 너무도 자명하다. 행정학을 사랑하는 많은 학자와 실무자께서 행정학의 학문적 지속가능성을 높이기 위해 땀과 노력으로 집필하신 용어들이기 때문이다. 필자들은 용어 수록을 허락해 주시고, 용어의 수정·보완이라는 번거로운 작업까지도 마다하지 않고 참여해 주셨다.

　　행정학 용어사전에는 총 59분의 행정학자, 연구자, 실무자 등이 집필하신 178개의 행정학 필수 용어들이 수록되어 있다. 행정학전자사전에 수록된 용어 가운데 세 차례에 걸친 전문가 논의를 거쳐 용어를 선정했다. 그리고 선정된 용어의 집필자들께 해당 용어의 행정학 용어사전 수록 허용 문의 및 수정·보완해주실 것을 요청했다. 물론 선정된 용어 중 행정학 용어사전에 반드시 포함되어야 할 용어임에도 불구하고 집필자께서 작고하신 등의 사유로 안타깝게 수록되지 못한 용어들도 있다. 그러한 용어들의 경우에는 본서 <부록 1>과 <부록 2>에 한국행정학회 홈페이지에 등재된 '행정학전자사전'에서 그 용어들을 직접 확인할 수 있도록 안내하였다.

　　행정학 용어사전에 수록된 내용은 하나같이 행정학에서 중요하게 연구되어온 용어들이다. 행정학 용어사전에 수록된 용어의 개념 정의, 등장 배경, 활용 사례 등과 같은 내용을 바탕으로 행정학을 공부하고 있는 학생, 학자, 연구자, 실무자가 큰 도움을 받을 수 있을 것으로 믿어 의심치 않는다. 지금까지 행정학에서 사용되는 용어들이 개별 연구자들에 의해 산발적으로 다양하게 개념 정의되어 오면서 혼란이 적지 않았다. 행정학 용어사전에 수록된 용어들은 대부분 해당 세부 분야의 전문가들이 집필한 용어들이다. 하나 혹은 유사 용어에 대해 복수의 연구자가 정리한 내용을 수록함(예: 사회적 자본)으로써 용어에 대한 이해를 보다 풍부하게 도울 수 있도록 했다. 집필자들은 행정학 용어사전에 수록을 허락해 주시고, 앞으로 발생하는 수익을 한국행정학회에 기부하는 결성에 흔쾌히 동의해주셨다. 한국 행정과 행정학의 발전, 그리고 후학들을 위해 크게 기여해 주신 것이다. 거듭 깊은 감사의 말씀을 드리지 않을 수 없다.

행정학 용어사전의 바탕이 되는 행정학전자사전은 2001년(당시 정용덕 학회장)에 착수하여 오늘에 이르고 있다. 2020년 5월 현재 1,133개의 행정학 용어가 수록되어 있다. 올해로써 20주년을 맞이하는 행정학전자사전특별위원회는 조석준, 유평준, 유홍림, 박흥식, 양승일 교수님께서 위원장을 차례로 역임하시면서 성장·발전해 왔다. 박흥식, 유평준, 유홍림, 정용덕 교수님은 이번 행정학 용어사전 발간 과정에서도 물심양면으로 아낌없는 격려와 지원을 보내주셨다. 이분들의 헌신과 배려에 깊은 감명을 받으며 깨달은 것이 있다. '이분들로 인해 우리나라의 행정학이 이렇게 발전하고 또 후학들이 성장할 수 있었구나!' 감사와 존경의 마음을 다 형언할 수 없다. 부디 이 마음이 잘 전달될 수 있었으면 하는 바람뿐이다.

여기에 더하여 최연태, 이혁우, 배관표 교수님, 백승주 박사님, 나보리 간사님의 헌신적인 지원이 없었다면, 이 행정학 용어사전의 발간은 사실상 불가능했을 것이다. 핵심 행정용어의 선정에서, 정리, 신규용어 집필, 용어 분석 작업 등에 이르기까지 실로 엄청나게 다양하고 많은 일에 최선을 다해 주었다. 특히, 나보리 간사님은 자신의 박사학위 논문작성은 미뤄둔 채 용어 정리와 원고 수합 등 행정 실무까지 지원해 주었다. 이 지면을 빌려 모든 분께 깊은 감사의 말씀을 전한다.

이 행정학 용어사전 발간 사업에는 약 1년 6개월 정도의 기간이 소요되었다. 2018년 12월 한국행정학회 동계학술대회 행정학전자사전특별위원회의 보고 회의에서 행정학 용어사전을 발간하는 안이 논의되었고, 행정학전자사전특별위원회의 행정학 용어사전발간추진단(정용덕, 유평준, 유홍림, 박흥식, 양승일, 최연태, 이혁우, 김정인, 배관표, 백승주, 나보리)이 구성되었다. 추진단은 2019년 1월부터 저서에 수록될 행정학 주요 용어 선정 작업에 착수하였다. 용어 선정은 조직, 인사, 재무, 규제, 지방행정, 전자정부 등 행정학 영역별로 두 분의 전문가를 선정하여, 용어사전에 포함될 필요가 있는 용어(기존에 행정학전자사전에 수록된 용어 및 신규 집필이 필요한 용어)들을 선정하는 방식으로 이루어졌다. 해당 작업은 9월까지 총 3차에 거쳐 진행되었다. 2019년 10월부터 출판 선정된 용어 가운데 기존에 행정학전자사전에 등재된 용어를 집필하신 분들에게 한국행정학회에서 이메일로 행정학 용어사전 발간 목적 및 취지를 안내하고, 용어 수록 허용 여부 등의 의사를 문의하는 이메일을 발송하였다. 만약의 경우를 대비하여 2020년 1월까지 네 차례에 걸쳐 확인 메일이 발송되었다. 특히, 2019년 12월 한국행정학회 동계학술대회에서는 행정학 용어 분석 연구 및 행정학전자사전 운영현황, 그리고 행정학 용어사전 발간 사업 추진 현황 등을 발표함으로써 행정학 용어의 중요성과 행정학 용어사전 발간 사업의 필요성 등을 학계 연구자들과 공유할 수 있도록 노력하였다. 이렇게 하여 2020년 4월까지 행정학 용어 원고의 최종 수합 및 신규 용어 집필 작업이 완료될 수 있었다.

이 사전 편찬 사업이 원만하게 진행될 수 있도록 물심양면으로 지원해 주신 한국행정학회의 김동욱 2019년 회장님과 이원희 2020년 회장님께 깊은 감사의 말씀을 드린다. 그리고 원고 수합 작업 및 이메일링 작업 등을 적극 지원해 주신 한국행정학회의 권현주, 오주봉 부장님, 해당 작업을 실질적으로 담당해 주신 이윤정 간사님께 감사의 말씀을 드린다. 이 사전의 출간이 가능하도록 배려해 주신 박영사의 안종만·안상준 대표님, 이영조 차장님, 장유나 과장님, 조아라 과장님께도 깊이 감사한다.

하루하루 세상을 살아가다 보면 감사할 사람도, 감사할 일들도 참으로 많다는 사실에 놀랄 때가 있다. 코로나-19 감염병이라는 초유의 사태를 겪으면서 모두가 힘든 상황에서 감사할 일이 있다는 점이 또 감사할 따름이다. 이 사전이 한국 행정학의 발전에 조금이라도 기여할 수 있기를 기원한다. 행정학을 아끼고, 행정학의 발전을 기원하는 모든 분의 염원이 이 사전에 다양한 방식으로 담길 수 있었기를 바란다. 아울러 코로나-19로 힘들어 하는 모든 분들의 건강과 안녕을 기원한다.

2020년 6월
행정학전자사전특별위원회
위원장 김정인 씀

행정학

용어사전

가치중립성(Value Neutrality)

1. 개념

'가치중립성'은 통상적으로 '몰가치성(Value-freedom; 가치자유)'이라고 부른다. 국어사전에서는, '몰가치성'이란 어떤 사물을 대할 때 자신의 주관적 판단을 억압하고 그것을 하나의 현실이나 사실로서 이해하고 파악하려는 학문상의 태도라고 정의하고 있다.

사회과학에 있어서의 몰가치성은 실증주의 또는 경험주의와 밀접한 관련이 있다. 실증주의는 자연과학과 동일한 인식론적 지위를 가지고 사회현상을 과학적으로 연구할 수 있다는 신념을 가지고 있다. 자연과학은 인간지식의 전형적인 사례라고 여겨지고 있다. 이러한 과학은 보편적 법칙의 발견을 목표로 하는데, 이러한 법칙들은 우리가 물리적 및 사회적 과정들을 예측하고 통제할 수 있게 해준다. 과학적 이론이 진실인가 아니면 허위인가 하는 것은 전적으로 관찰을 통하여 마련된 경험적 자료(empirical data)에 대한 논리적인 관계에 달려있다고 본다. 그 외의 기준은 관련이 없다. 특히, 과학적 관행은 객관성의 요건, 즉 도덕적 또는 정치적 가치가 과학에 끼어듦으로써 생기는 왜곡으로부터의 자유라는 요건의 지배를 받아야 한다는 것이다.

2. 원리

막스 베버(Max Weber). 사회과학의 몰가치성에 관한 생각은 막스 베버의 영향을 크게 받았다. 마르크스주의자들, 공리주의자들, 그리고 역사주의자들과 대립하는 논쟁에 있어서 베버가 사용한 전략적 요소가 "몰가치적인" 사회과학에 관한 생각이다. 마르크스주의자들은 사회과학적 주장의 진실이 역사적 조건에 달려있다고 해석하는데 반해서, 베버는 몰가치성이라는 그의 생각이 과학적 판단과 연구자의 개인적인 평가를 분리시킴으로써 사회에 관한 과학적 연구가 가능하다고 주장하였다. 비록 과학자들은 자신의 연구 주제에 대하여 가치와 개념들을 끌어들여 올지라도, 과학자들은 자신의 가치와 생각을 연구대상이 되고 있는 행위자들의 가치와 혼동해서는 안 된다는 것이다. 이렇듯, 과학활동에 있어서의 '몰가치성'에 관한 주장은 사회과학과 규범적 판단간의 관계에 관한 논쟁으로부터 출발한 것이다.

3. 실증주의와 몰가치성

과학의 영역과 정치 또는 도덕적 가치들은 별개라고 생각하는 몰가치성의 원리에는 두 가지 국면이 있다: 하나는 과학적 이론의 타당성의 기준이 규범적 판단과 별개라는 것이고, 다른 하나는 과학적 이론으로부터 도덕적 판단을 도출할 수 없다는 것이다. 이 두 가지 국면을 좀 더 잘 이해하기 위해서는 일반적으로 논리적 실증주의의 원리라고 말하는 것과 '몰가치성' 간의 관계를 간단하게나마 언급해 둘 필요가 있다.

'실증주의(positivism)'는 여러 가지로 해석되고 있는데, 그것은 하나의 원리만을 가지고 있는 것이 아니라, 그 역사적 기원을 달리하는 상충하는 몇 가지 원리들로 구성되어 있다. 즉, 흔히 실증주의라고 생각하는 것들 중에는 적어도 네 가지 원리가 포함되어 있다. 그들은 과학주의, 과학의 실증주의적 개념, 과학적 정치, 그리고 몰가치성이다. 우선 실증주의의 다른 원리들과 몰가치성과의 관계를 밝혀두어야 몰가치성과 실증주의의 다른 국면들을 동일시하는 오해를 피할 수 있을 것이다.

(1) 과학주의(scientism)는 과학만이 인간의 지식의 진정한 형태를 나타낸다고 하는 견해인데, 몰가치성을 강조하는 사회과학은 과학적 지식만이 진정한 지식이라고 주장하지 않으므로 몰가치성이 과학주의에 빠지는 것은 아니다.

(2) 과학의 실증주의적 개념(positivist conception of science)에 의하면, 과학은 관찰 가능한 현상들이 時·空(time and space)의 모든 영역에 적용되는 보편적 법칙의 사례들이라는 것을 보여줌으로써 설명하고 예측하는 것을 목표로 한다는 것이다. 언명들이 진실인가 또는 허위인가 하는 것은 특정한 관찰 가능한 자료를 묘사하는 구체적(non-universal; 비보편적)인 언명들과의 논리적인 관계에만 달려 있다는 것이다. 과학적 법칙에 관한 언명들은 이론적

용어를 포함하고 있어서 직접적으로 관찰되는 것을 가리키지 않을 수도 있으나, 그것이 관찰 불가능한 사항들을 가리키는 것으로 이해되어서는 안 된다. 이와 같은 과학의 실증주의적 개념은, 과학적 이론의 타당성과 가치판단은 별개라고 하는 몰가치성의 원리를 지지하는 것이다. 그러나 실증주의적인 사고는, 과학적 이론으로부터 규범적 판단을 도출할 수 없다고 하는 몰가치성의 다른 국면과는 관계가 없다.

(3) 과학적 정치(scientific politics)는 정치적 쟁점들을 과학적으로 해결하고 과학적으로 정립된 이론을 통하여 정책을 구성하고 집행해야 된다는 주장인데, 몰가치성에서는 이러한 주장을 하지 않는다.

4. 몰가치성의 두 가지 국면

위와 같은 고찰을 배경으로 하여 사회과학의 몰가치성에 관한 두 가지 국면을 좀 더 자세하게 고찰할 수 있을 것이다.

(1) 첫째, 과학적 이론들을 위한 타당성의 기준은 특정한 도덕적 또는 정치적 신념을 수락하는가 또는 거부하는가 하는 입장과는 관련이 없다는 것이다. 하나의 이론이 진실인가 또는 허위인가 하는 것은 이러한 규범적 입장과는 별개로 결정될 수 있다. 그러나 몰가치성의 이러한 원리가 규범적 판단의 비합리성을 함축하는 것은 아니다.

일상적인 언어의 용어나 사회과학 중심적 이론의 용어 중에는 뚜렷한 규범적 함축성을 가진 것들이 많다. 예를 들면, '소외' 또는 '아노미'와 같은 것들이다. 이러한 용어들은 그것을 사용하는 사람의 정치적 또는 윤리적 태도를 묵시적으로 나타내기도 한다. 과학적 이론의 타당성의 기준과 그에 관한 논리적 태도는 별개라는 주장에 대한 반론은 그와 같은 분리가 불가능하다는 것이다. 즉 가치중립적이거나 규범적 요소를 지니지 않은 묘사적 어휘(용어)는 존재하지 않는다는 것이다. 그러나 가치중립적인 사회과학을 주장하는 사람들은 이러한 용어들을 사용하지 말아야 한다고 말하기도 하나 그것은 지나친 생각이다. 사회과학의 용어가 규범적 함축성을 가진 경우가 많기 때문에 막스 베버는 그의 글에서 '카리스마', '교양인' 또는 '세계적 종교'라는 용어를 사용하면서 그것들을 "가치중립적으로" 사용하고 있다는 것을 강조하기도 한다.

(2) 둘째, 과학적 지식만 가지고서는 도덕적 또는 정치적 판단을 도출할 수 없다. 따라서 사람들은 과학적으로 성립된 관련이 있는 주장들에 관하여 합의하면서도 이러한 판단에서

주창되는 것이 소망스러운가에 관하여 정당하게 견해를 달리 할 수 있는 것이다.

그러나 과학적 이론으로부터 규범적 판단을 도출할 수 없다는 말이 과학적 언명의 진실 또는 허위가 도덕적 판단을 수락하거나 거부하는데 있어서 언제나 무관하다는 것을 뜻하는 것은 아니다. 과학적 언명들은 실제로 규범적인 판단을 수반하지 않으면서도 흔히 논리적으로 관련이 있을 수 있다. 사회과학의 이론이 규범적 판단을 수반하는 것이 아니지만, 사회과학자들은 사회적 현상에 대한 중요성(의의)을 판단할 수 있다. 여기서 말하는 '중요성(의의; significance)'은 규범적 중요성, 설명적 중요성 그리고 인식적 중요성이라는 세 가지를 생각할 수 있다. 인식적(epistemic) 중요성은 과학적 주장을 평가하는데 있어서 관련된 증거의 기능 등에 관한 것이다. 그와는 달리 설명적(explanatory) 중요성은 특정한 사회이론에 의할 경우 연구의 대상을 설명하는데 기여한 항목이다. 그리고 설명대상의 중요성은 결국 규범적 기준을 준거로 하여 결정되어야 한다. 따라서 인식적 및 설명적 중요성은 과학적으로 결정될 수 있으나 규범적 중요성은 과학적으로 결정될 수 없다. 그러나 규범적 중요성을 결정하는 것은 모든 사회이론의 불가피한 특징이다.

참고문헌

강신택(1981; 1995). 「사회과학연구의 논리 — 정치학·행정학을 중심으로 —」. 서울: 박영사.

Ayer, A. J., ed.(1959). LOGICAL POSITIVISM. Toronto, Ontario: Collier—Macmillan Canada, Ltd; The Free Press.

Bendix, Reinhard.(1960). MAX WEBER: An Intellectual Portrait. Berkeley and Los Angeles: University of California Press.

Bohman, James.(1993). New Philosophy of Social Science. Mass.: MIT Press.

Hempel, Carl. G.(1965). Aspects of Scientific Explanation and Other Essays in the Philosophy of Science. New York: The Free Press.

H. H. Gerth. H. H. and C. Wright Mills, translated, edited, and with an introduction.(1946). FROM MAX WEBER: Essays in Sociology. New York: Oxford University Press Inc.

International Encyclopaedia of the SOCIAL SCIENCES, Vol. 12. New York: The Macmillan Company & The Free Press. ⓒ 1968 By Crowell Collier and Macmillan, Inc., London: pp. 389−395.

Keat, Russell.(1981). The Politics of Social Theory: Habermas, Freud and the Critique of Positivism. Chicago: The University of Chicago Press.

키워드: 가치, 과학주의, 과학적 정치, 경험주의, 논리적 실증주의, 몰가치성, 사실, 가치
　　　　중립성
작성자: 강신택(서울대)
최초작성일: 2001.10.

갈등관리(Conflict Management)

　갈등은 葛藤 = 葛(칡) + 藤(등나무) = 칡덩굴과 등나무덩굴이 뒤엉킨 복잡한 상태라는 어원적 의미를 가지며, 영어(conflict)의 어원도 이와 유사한 con(together) + fligere(strike, 충돌) = confligere의 의미를 가진다(천대윤, 2005). 갈등은 주체에 따라 개인갈등, 집단(조직)갈등, 공공갈등 등으로 나뉠 수 있다. 개인갈등은 개인이 의사결정과정에서 겪는 갈등이며, 집단(조직)갈등은 집단이 겪는 갈등이다. 집단 갈등은 집단 내 갈등과 집단 간 갈등으로 나눌 수 있는데, 집단 내 갈등은 집단 자신이 내부적으로 겪는 갈등을, 집단 간 갈등은 집단들 사이에 발생하는 갈등을 말한다(Godron, 1987). 집단 간 갈등의 예로는 사용주와 근로자 간 갈등, 예산부서와 기획부서의 갈등을 들 수 있다. 마지막으로 공공갈등은 중앙정부나 지방정부가 개입된 갈등이라고 할 수 있다. 행정학에서 관심을 두어야 할 대상인 공공갈등은 '정부가 공익 추구를 위한 사업이나 정책을 추진하면서 공공기관 상호간 혹은 공공기관과 국민 간에 상호 양립할 수 없는 가치, 목표, 수단 등으로 인해 발생되는 갈등(하혜영, 2007)', '공공정책과 같이 광범위하게 영향을 미치는 쟁점을 둘러싼 갈등(강영진, 2000)', '법령의 제·개정 및 각종 사업계획의 수립과 추진을 포함한 공공정책을 수립하거나 추진하는 과정에서 발생하는 이해관계의 충돌(공공기관의 갈등예방과 해결에 관한 규정)' 등으로 정의되고 있다. 갈등에 대한 접근방법은 다음의 여섯 가지 정도로 요약할 수 있다(지속가능발전위원회, 2005). 첫째, 갈등개입(conflict intervention)과 갈등종식(conflict termination)으로, 권한이나 힘이 강한 제3자가 갈등상황에 개입하여 상황을 진정시키고 안정적 국면으로 나아가게 하는 접근방법이다. 둘째, 갈등타결(conflict settlement)은 전문성과 권위를 인정받는 제3자의 결정에 따라 갈등상황이 종식되는 것으로 선고, 중재, 직권 중재와 같은 법적 절차를 강조한다. 셋째, 갈등해결(conflict resolution)은 갈등이면에 깔려 있는 원인과 상황을 파악해 갈등을 해결하는 것으로 갈등 당사자들을 갈등해결의 주체로 등장시켜 쌍방의 의사소통을 통해 합의점을 찾아가는 것을 의미한다. 넷째, 갈등전환(conflict transformation)은 모든 갈등은 내외적 요소에 의해 끊임없이 변화한다고 보고 갈등의 해결에 이르지 못하더라도 관계의 회복을 통한 화해와 평화로의 전환을 모색할 수 있도록 갈등당사자 간 관계의 역동성을 중시하는 과정을 의미한다. 다섯째, 갈등예방(conflict prevention)은 갈등을 유발할 수 있는 개연성 있는 원인을 찾아 미리 대처하는 접근방법으로 갈등으로 발전할만한 직간접적, 구조적 요소들을 제거하고 변화시켜 나가는 것이다. 여섯째, 갈등관리(conflict management)는 조직이나 사회, 국가 간의 갈등을 효과적으로 조율하고 소모적인 분쟁상황이 발생하거나 재발하지 않도록 통제하고 관리하는 접근방식으로 제도적 장치마련을 중시한다.

한편, 갈등관리는 정책추진 과정에서 예상되는 공공갈등에 대해 사전적으로 사회적·경제적 갈등영향을 분석하여 시민참여적 합의절차를 통해 정책을 결정하고 정책추진시 발생되는 사후적 갈등을 합리적으로 조정하는 것을 의미한다(산업자원부, 2005). Bercovitch(1984)는 갈등관리란 갈등이 수용한계를 벗어날 정도로 악화 내지는 확대되는 것을 막고 갈등이 유리한 결과를 실현하는 데 도움을 주는 구조나 조건을 마련함으로써 갈등해소를 용이하게 해주기 위한 과정이라고 정의하고 있다. 이러한 갈등관리 필요성의 대두는 갈등에 대한 인식의 새로운 변화와 관련이 있다. 갈등에 대한 인식에 있어서 전통적 견해(traditional view)에 따르면 갈등은 부정적인 것이므로 피해야 한다고 본 반면, 인간관계론적 접근(human relations school of thought)에 따르면 갈등은 중립적이며 때로는 순기능을 발휘할 수도, 때로는 역기능을 발휘할 수도 있다고 한다. 상호작용적 시각(interactionist view)에서는 갈등은 피할 수 없으므로 갈등이 순기능을 발휘할 수 있는 적정수준에서 관리하고 유지해 나가는 것이 필요하다고 한다(Corvette, 2007). 따라서 갈등관리는 갈등의 불가피성을 인정하면서 역기능을 억제하고 순기능을 발휘할 수 있도록 관리(manage)하는 제반 노력과 과정을 일컫는다고 할 수 있다.

참고문헌

강영진(2000). 갈등분쟁 해결 매뉴얼. 성공회대 아시아 NGO 정보센터.
대통령자문 지속가능발전위원회(2005). 「공공갈등관리의 이론과 기법 上, 下」. 서울: 논형.
산업자원부(2005). 산업자원 갈등관리 매뉴얼. 산업자원부.
천대윤(2005). 「갈등관리와 협상전략론」. 서울: 선학사.
하혜영(2007). 「공공부문 갈등해결에 미치는 영향요인 연구」. 서울대학교 행정대학원 박사학위 논문.

Bercovitch, Jacob(1984). Social Conflicts and Third Parties: Strategies of Conflict Resolution. Boulder: Westview Press.

Corvette, B.A.B.(2007).

Gordon, J.R.(1987). Organizational Behaviour. Boston: Allyn & Bacon.

키워드: 키워드, 감성, 감성지능, 감성관리

작성자: 우윤석(숭실대)

최초작성일: 2009.03.

갑오개혁

1. 의의

갑오개혁은 초기에 온건개화파가 군국기무처를 중심으로 개혁을 주도했던 것을 의미하며, 이후 개화파 내각의 주도하에 을미개혁과 을미사변 및 아관파천까지를 포함하는 2년간 (1984-5) 국정 전반에 단행된 대개혁을 말한다. 주로 초기에는 일제의 소극적 간섭으로 군국기무처의 자율적 개혁이 전개되었으나 이후 일본의 침략정책이 강화되면서 친일파를 매개로 종속적인 개혁으로 전락하였다. 갑오정권은 일본군의 정치적·군사적 개입으로 성립되었으며 일본군의 부당한 간섭 및 결탁과 수구세력의 집요한 저항이라는 큰 장애에도 불구하고 독자적인 자주 개혁을 견지하려 하였다. 이들은 이미 '군민공치(君民共治)'의 근대국가 체제를 구상하고 있었고 사회 경제 차원에서 근대국가의 개혁안을 마련하고 있었다는 점을 고려해야 한다. 갑오개혁이 자주적이든 타율적이든 간에 이는 조선왕조국가의 봉건체제에서 근대국가 체제로 이행하는 역사적 발전과정에 적지 않은 영향을 끼쳤으며, 개편된 근대적 관료제도는 이후에 대체로 유지되었고, 재정 및 토지·세제의 개혁과 교통·통신시설의 정비로 조선의 경제구조가 혁신되었다.

2. 배경

강화도 조약으로 정권유지를 위한 대원군의 쇄국정책이 붕괴되자 조정은 대원군을 중심으로 하는 수구파와 고종과 명성황후의 척족을 중심으로 하는 개화파로 양분 대립되었다.

개국정책을 채택한 명성황후는 일본의 후원으로 신식군대를 창설하였다. 구식군대는 궁중비용의 남용과 척신들의 탐오로 군료(軍料)미지급의 빈번함과 신식군대와의 차별에 불만을 품고 명성황후 측근세력의 살해와 일본공사관을 습격하는 군사쿠데타(임오군란, 1882)를 일으켰다. 그러자 명성황후의 요청으로 개입한 청(淸)국군이 대원군을 납치 및 유폐시켰다. 명성황후의 세도정치가 계속되자 1884년 지식인의 쿠데타(갑신정변)가 발발하였고, 명성황후의 개화파는 이제 수구세력으로 밀려났다. 일본을 배경으로 하는 개화독립당의 소장 정치가들이 집권하였으나 삼일천하(三日天下)로 실패하였다. 명성황후가 러시아의 세력을 끌어들이자 청은 대원군을 석방하였으나 명성황후파는 대원군파를 일대숙청하고, 임오군란 주동자의 참혹한 처벌과 갑신정변의 실패로 망명한 김옥균을 추적하여 살해하였다.

지배층 간의 대립과 피지배층의 탄압이 10년간 극한적으로 지속되었다. 명성황후의 세도정치로 국고는 탕진되고 백성들의 삶이 파탄에 이르자 전국 각지의 농민들이 지배층에 대한 저항과 도전에 이르게 되었다. 지배자의 학정과 부패로 전국 200여 곳에서 민란이 지속되면서 이들이 1984년 동학교도혁명으로 점화되었다. 이들은 정치개혁 요강의 발표를 통하여 절대왕정을 타파하고 새로운 민주 ‒ 평등의 정치질서를 세우고자 하였다. 동학혁명은 정부의 힘으로 진압할 수 없었고 청·일 양국의 군대로 좌절되었다. 이후 청·일전쟁에서 승리한 일본은 친일정부를 수립하여 국정개혁을 단행하였다.

대원군은 운현궁에 은거하면서 재집권의 기회를 노리던 차에 1894년 동학농민군이 봉기하자 유길준, 김가진 등의 온건개화파를 신정권의 수립과 정치참여를 허용하였다. 1984년 명성황후정권이 붕괴되자 조정은 동상이몽의 3집단이 합작하는 신정권이 수립되었다. 온건개화파는 일본군과 대원군의 세력을 활용하여 명성황후정권을 붕괴시키고 청국의 간섭으로 벗어나서 대대적인 개혁을 단행코자 한 반면에 일본군은 온건개화파를 친일세력으로 포섭하면서 대원군을 앞장세워 신정권을 조종하려고 하였다. 대원군은 온건개화파와 일본군의 협조하에 정권을 장악한 후에 독자적 국정을 집행코자 하였다.

3. 개혁의 과정과 내용

일본군이 조선왕궁을 기습 점령하여 명성황후정권을 붕괴시키고 대원군을 섭정으로 과도정부를 수립하였다. 과도정부는 온건개화파를 중심으로 자주적 대개혁을 추진하려하였으나, 집권의 극심한 정당성 약화와 계속되는 수구적 대원군의 반개화 압력 및 일본군의 부당한 간섭으로 한계를 수반하였다. 결국 갑오개혁은 청일전쟁에서 승리한 일본의 침략적 의도에 강행된 내정개혁이었으나 그 내용은 동학혁명에서 요구한 것이 상당부분 실현되었음을 간과할 수 없다. 특히 초기에 행정부(의정부)와 별도의 입법기관으로 개혁입법과 개혁추진의 주체기관으로 설립된 군국기무처는 3개월 정도 존속한 비상입법기관이었으나 약 210건의 개혁의안을 의결·공포하였다.

갑오개혁의 주요 내용은 다음과 같다. 첫째, 중앙국가기구의 개혁으로 종래에 궁중이 국가사무에 무제한적으로 간여하던 것을 엄격히 금지하고, 내각제도를 수립하여 내각을 중심으로 국가를 운영하는 근대국가체제를 수립하였다. 종래의 6조체제를 수정하여 행정부 최고기관인 의정부의 총리대신 아래에 8아문을 두었다. 근대경찰기관으로 경무청이 내무아문에 신설되었으나 경무청의 장관인 경무사는 각 아문의 장관인 대신들보다 강한 실권을 갖고 있었다. 둘째, 민족자주성의 강화를 위해서 태조가 조선왕조를 개창한 해를 개국원년(1392년)으로 연도표기를 하도록 법제화하였다. 셋째, 사회신분제도의 폐지(양반·상민의 신분차별제의 폐지, 문벌제도의 폐지, 능력본위의 인재채용제도의 기초 마련, 문·무관의 차별폐지, 연좌제도 폐지, 공사노비제도의 폐지, 과부의 재가금지제도 폐지, 조혼제도의 폐지 등)를 법제화하였다. 넷째, 근대관료제도의 수립과 과거제를 폐지하였다. 기존의 구품정종제(九品正從制)에서 1, 2품의 정종(正·從)은 두고, 3품 이하는 정종을 폐지하고 11등급으로 간소화하여 1, 2품을 칙임관(勅任官), 3품부터 6품을 주임관(奏任官), 7품부터 9품을 판임관(判任官)으로 3등급제화 하였다. 과녹제(科祿制)에서 월봉제(月俸制)로 개혁한 봉급의 경우 상후하박(上厚下薄)이 심하였으며 화폐로 지급하도록 하였다. 관료의 채용은 과거제를 폐지하고 각 지방에서 인구비례로 추천을 받아 전고국에서 보통시험과 특별시험을 실시하였다. 다섯째, 재정·경제 제도의 개혁과 금납제를 실시하였다. 기존에는 왕실과 각 정부기관이 독립회계·수세제를 실시하였으나 모든 재정은 탁지아문에서만 통일적으로 총괄하여 관장하도록 개혁하였다. 모든 잡세는 폐지하였다. 흉년에 대비한 구황책으로 기존의 환곡제도를 폐지하고 사창(社倉)을 설립하였다. 또한 홍삼에 대해서 정부의 전매제도를 실시하였다. 여섯째, 화폐제도의 개혁과 도량형제도를 통일하였다. 길이의 표준으로 장척(丈尺)과 부피의 표준으로 두곡(斗斛)과 무게의 표준으로 칭형(秤衡)을 만들어 전국적으로 통일하고 관제 도량형기만 사용하도록 하였다. 일곱째, 지방제도 개혁으로 향촌사회의 지배질서를 재편성하였다. 지방자치를 강구하는 향회를 시행토록 하여 근대국가의 필수적인 지방민의 여론수렴과 국정참여를 가능케 하였다.

4. 결과 및 시사점

고종의 아관파천 감행으로 붕괴된 갑오정권은 일본이 조선을 정치·경제적으로 침략하고 있다는 것을 인식하지 못하고 오히려 조선의 근대화에 도움을 줄 것으로 기대하였다. 이들은 정권수립의 정당성확보와 근대개혁의 방향을 정립하지 못하고 일본과의 유착으로 개혁의 치명적인 한계에 봉착하였다. 또한 갑오개혁은 근대국가의 제도화를 통해 제도적 개혁을 실현하였으나 지배층의 주도권 투쟁이 지속되었고, 군주권과 민중의 여론을 배제한 개혁관료들의 정책결정과 집행으로 지지기반이 취약하였다.

참고문헌

김운태(2001). 조선왕조 정치·행정사(근대편). 서울: 박영사.

국사편찬위원회(2000). 한국사.

신용하(2001). 갑오개혁과 독립협회운동의 사회사. 서울대학교출판부.

왕현종(2003). 한국 근대국가의 형성과 갑오개혁. 고양: 역사비평사.

한국정치외교사학회편(1994). 갑오동학농민혁명의 쟁점. 서울: 집문당.

한국정치외교사학회편(1995). 한국 근대정치사의 쟁점. 서울: 집문당.

키워드: 임오군란, 갑신정변, 을미사변, 아관파천, 온건개화파, 군국기무처, 동학혁명
작성자: 김종미(한국공공관리연구원)
최초작성일: 2008.07.

거래 비용(Transaction Cost)

1. 개념 정의

거래 비용(transaction cost)은 경제적 거래, 교환 활동에서 야기되는 노력, 희생, 손실 등으로 크게 두 가지가 있다. 첫째, 거래 비용은 제도(institutions)가 야기하는 모든 비용이다. 제도는 조직, 시장 등을 포함한다. 제도는 조직이든 시장이든 거래 비용의 최소화가 중요하다. 둘째, 가격 메커니즘의 비용(costs of price mechanism)으로, '시장 거래 수수료(market trading fee)'이다. 경제학자들은 거래 비용을 후자의 좁은 의미로 사용한다. 사람들은 주식을 사고 팔 때 증권 회사 (주식의 구입과 판매에 자격을 가진) 증권 중개인에 수수료를 지불해야 한다. 수수료가 주식 거래에 따른 거래 비용이다. 구매자가 상점에서 상품 구매 때에도 먼저 상품의 액면 가격과 누가 자신이 원하는 상품을 파는지, 상품에는 어떤 종류가 있고, 품질은 어떠한지를 알아야 한다. 또 그 상점에까지 가든지 인터넷 사이트를 방문해야 한다. 구매자가 상품 가격 외에, 상품을 구입하기 위해 지불해야 하는 추가적인 시간과 노력 등이 거래 비용이다. 거래 비용의 종류는 매우 다양한 만큼 표현도 여러 가지이다. 조사와 정보 비용(search and information costs), 협상과 결정 비용(bargaining and decision costs), 단속 및 이행 비용(policing and enforcement costs) 등이 모두 거래 비용의 다른 이름이다. 조사와 정보 비용은 상점, 상품의 종류와 품질, 가격 등을 알기 위해 들어가는 비용이다. 협상과 결정 비용은 상대방과 적정 가격 결정에 필요한 흥정이나 협상 비용이다. 단속 및 이행 비용은 계약을 체결한 경우라도 상대가 계약대로 지키는지 감시해야 하고, 위반 시 강제 이행토록 하는 데 들어가는 비용이다. 이러한 비용은 경제적 교환, 즉 시장 참여에 의해 야기되는 비용이다.

2. 발전 배경

거래 비용은 영국 경제학자 로널드 코스(Ronald H. Coase)가 처음 아이디어를 제시한다. 코스는 1937년 자신의 논문 '기업의 본질(The Nature of the Firm)'에서 두 행위자 간의 거래(transactions)와 위계 조직(hierarchies)에 대하여 설명하면서 시장에서 두 행위자 간의 교환 활동은 조사와 정보 비용, 영업 비밀의 상실 위험, 협상과 계약 이행 비용 등과 같은 거래 비용을 만들어 내는 것으로 보았다. 또 위계 조직도 관리를 위한 간접 및 관료적 비용뿐만 아니라 관리자들의 인식적 한계에 따른 비용을 발생시킨다고 말한다. 다양한 시스템, 제도, 절차, 사회관계, 하부 구조로 이루어진 시장에서 사람들이 상품과 서비스를 교환하는데 거래, 가격 메커니즘과 비용 등의 개념을 사용했으나, 코스는 1970년대까지도 직접 거래 비용이라는 단어를 사용한 바는 없다. 거래 비용 개념은 코스에게 배웠던 경제학자 올리버 윌리엄슨(Oliver E. Williamson)이 거래 비용 경제학(transaction cost economics)을 제시하면서 일반화시킨 것이다. 초기 고전파 경제학자들은 거래 비용을 경제학적 관점에서 판매자와 구매자가 어떻게 최소화할 것인지에 관심을 가졌으나, 오늘날은 어떤 가치 있는 것을 제공하고 다른 것을 얻는 행위라면 비단 시장에서의 상품 구매와 판매뿐만 아니라 개인 간 감정의 상호 작용, 비공식적 선물의 교환 등에도 거래라는 개념을 확장하여 사용한다.

3. 적용

윌리엄슨은 다양한 조직 활동을 거래 비용이라는 경제학적 개념을 도입하여 설명한다. 조직 경제학(organizational economics)이라는 응용 경제학 분야를 만드는데 거래 비용은 핵심적 역할을 한다. 그는 거래(transactions)가 조직 활동 분석의 기본적 단위라는 것과 다차원적인 적용을 주장한다. 거래 비용 접근 방법(transaction cost approach)은 세 가지 차원에서 적용될 수 있다고 말한다. 첫째, 기업의 전반적 구조에 대한 것으로 경영의 각 부문(operating parts)이 서로 어떻게 연결되어 작동하는가의 분석이다. 둘째, 중간 수준으로 경영을 구성하는 각 부문들이 기업 내에서 어떤 활동을 수행해야 하는가에 대한 분석이다. 그리고 셋째는 인적 자원이 조직화되는 방식에 대한 것이다. 나아가 거래 비용을 조직 내부에서 발생하는가, 외부에서 야기된 것인가에 따라 내부적 및 외부적 거래 비용(internal vs. external transaction costs)으로 구분하였다. 윌리엄슨은 코스 아이디어의 확장을 통한 일련의 조직 연구에서 거래 비용의 결정과 교환 활동에 미치는 효과를 분석하면서, 거래 비용을 주로 조사와 정보, 감시와 계약 이행을 위한 비용으로 보았다. 또 거래 비용의 결정은 경쟁 시장에서 상품 가격의 결정과는 무관하고, 교환의 성격에 의해 결정된다고 말한다. 불확실성, 계약 후 상대가 계약한대로 이행하는지 단속과 강제, 해당 거래와 관련된 특수한 투자의 필요 등과 같은 요인이 중요한 영향을 미친다고 설명한다. 이외에 거래 비용 결정 요인을 빈도, 전문성, 제한된 합리성, 기회주의적 행동 등으로 지적한다. 조직은 관료적 관리 (bureaucratic administration)와 같은 여러 비시장적 메커니즘을 통해 이 비용을 줄일 수 있다고 설명한다. 비록 순수 이론적 세계에서는 교환에 어떤 마찰도 없어 '관리되는 거래 (administered transactions)'가 시장 조직보다 더 많은 비용이 들 것 같지만, '관리되는 교환 (administered exchange)'이 오히려 더 적은 거래 비용을 가져와, 실제 행정 비용은 오히려 적다는 것이다. 다른 연구자들(예: Yigitbasioglu, 2010)도 거래 비용 개념이 조직 간의 정보 공유 행위를 해석하는 데 중요한 도구가 될 수 있다고 주장한다.

참고문헌

Coase, R. H.(1937). The nature of the firm. *Economica*, 4(16): 386−405.

Knoedler, J. T.(1995). Transaction cost theories of business enterprises from Williamson and Veblen: Convergence, divergence, and some evidence. *Journal of Economic Issues*, 29(2): 385−395.

Robins, J. A.(1987). Organizational economics: Notes on the use of transaction-cost theory in the study of organizations. *Administrative Science Quarterly*, 32(1): 68−86.

Verbeke, A., & Kano, L.(2010). Transaction Cost Economics (TCE) and the family firm. *Entrepreneurship Theory and Practice*, 34(6): 1173−1182.

Williamson, O. E.(1981). The economics of organization: The transaction cost approach. *American Journal of Sociology*, 87(3): 548−577.

Yigitbasioglu, O. M.(2010). Information sharing with key suppliers: A transaction cost theory perspective. *International Journal of Physical Distribution & Logistics Management*, 40(7): 550−578.

키워드: 거래 비용, 조직 경제학, 로널드 코스, 올리버 윌리엄슨
작성자: 박흥식(중앙대)
최초작성일: 2019.12.

거버넌스(Governance)

1. 개념 정의

여러 연구 영역들에서 다양한 연구자들이 서로 다른 거버넌스 개념 정의들을 제시하고 있으며, 따라서 단일한 포괄적·총체적 개념 정의는 현재로서는 불가능할 것이다. 다만 거버넌스는 새로운 통치과정, 즉 정부만이 단일한 통치 행위자이던 과거의 정치와 행정에서의 처리과정에서 벗어난 새로운 통치과정을 설명하는 용어로서, 정부를 비롯한 다양한 이해관계집단들이 동등한 지위를 공유하는 수평적 네트워크를 구축·유지·참여하여 협의를 실행하고 합의를 이룸으로써 공동의 문제를 해결하는 통치과정을 뜻한다고 정리할 수 있다.

과거에는 '공치'나 '망치'라고 번역되기도 하였고 최근에는 '협치'라고 번역되기도 한다. 협치로 번역하는 것은 거버넌스를 그저 조화로운 통치라고만 이해하게 만든다는 점에서 한계가 있다. 협치라는 용어의 뉘앙스는 거버넌스를 구성하는 정부와 비정부 행위자들이 공동 지배를 하는데 만약 규칙을 위반한 거버넌스 참여자가 있다면 이들을 배제·제약하고 징벌할 수 있다는 사실을 고려하지 않으므로 완벽하게 대체가능하지 않다.

2. 출현 배경과 특징들

거버넌스 개념의 부상은 1970년대−1980년대의 서방 국가들에서 당시까지 당연하다고 간주하여 왔던 일방적 정부 개입의 유효성과 정당성이 동요하고 있다는 반성적 평가에 자극받아 본격화되었다. 거버넌스 개념은 아나키적 속성이 강한 세계정치 연구 영역들에서 본격적으로 사용되기 시작했으며, 이후 국내정치 및 행정 관련 사회과학 연구 영역으로 확산되었다.

거버넌스 개념이 사회과학 연구에서 인기를 얻기 전까지는 거버넌스와 거번먼트의 의미 차이가 분명하지 않았다. 거버넌스는 고전적 행정관료제 모델인 계층제 거버넌스, 시장 중심의 사회문제 해결 지향 행정인 시장 거버넌스, 비국가 행위자들의 동등한 자격을 전제한 참여형태인 네트워크 거버넌스를 모두 포괄할 수 있는 개념으로 사용되다가, 최근 거버넌스 연구의 인기도와 중요성이 증가하면서 거버넌스 개념 사용에서는 네트워크 거버넌스가 거버넌스를 대표하는 하위 유형으로서 정착하였다고 말할 수 있다. 다만 거버넌스에서 정부가 그 고유한 권한들과 특성들을 완전히 포기하지는 않았으므로 개별 사례마다 계층제 거버넌스와 시장 거버넌스의 속성들도 포함하여 다양한 변이형태들이 나타나게 발전하였다고 평가할 수 있다. 이러한 배합은 거버넌스의 실천과 연구의 중심들인 현대의 서방 국가들에서 국가, 자본주의적 시장 그리고 여타 시민사회가 상호작용하고 있는 현실을 반영한 귀결이기도 하다. 이러한 최근의 거버넌스 질서에서는 개별 거버넌스 단위에서의 참여자들이 공식적 네트워크들과 비공식적 네트워크들을 구축하고 장기적 상호 신뢰의 구축을 지향하는 협력행동들을 반복하여 거버넌스를 관리하면서 공동의사결정을 추구한다. 다만 원칙상 거버넌스는 참여자들 사이의 평등을 전제하지만 현대 서방 국가들의 정치경제적 공통성 때문에 현실에서는 완전한 대칭관계들보다는 참여자들의 권력관계들에서의 특수성들을 반영하는 계층제적 관리와 시장적 관리의 개재와 이들의 합리화가 함께 나타나고, 참여자들의 참여자격 결정, 참여자들의 유동성, 참여자들 사이에서의 관계들의 지속성도 상이하게 나타난다.

3. 관련 연구 및 활용 경향

현재의 거버넌스 연구에서는 다양한 경향이 발견된다. 네트워크 거버넌스의 당위성과 유용성을 강조하는 규범지향적 경향의 연구들이 있다. 또한 네트워크 거버넌스의 타당성을 인정하면서도 계층제 거버넌스와 시장 거버넌스의 특성의 적용까지 고려하여 개별 문제에서 구체적 거버넌스의 최적형태를 검토하는 실증적 경향의 연구들이 있다. 대중적 담론들 차원에서는 첫째 경향이 압도적 우위를 보여 왔고 연구자들 사이에서는 둘째 경향이 우세하다.

참고문헌

거버넌스센터 편집(2014). 『거버넌스 국가를 위하여』. 서울: 휴머니즘.

박재창(2018). 『한국의 거버넌스: 협의민주주의의 길을 묻는다』. 서울: 한국외국어대학교출판부 지식출판원.

배봉준(2019). 『협력 거버넌스: 이론과 실제』. 고양: 대영문화사.

이명석(2017). 『거버넌스 신드롬』. 서울: 성균관대학교출판부.

정수웅(2018). 『누가 지배하는가: 협력적 거버넌스의 성공 요인과 그 메커니즘』. 서울: 푸른길.

키워드: 네트워크 거버넌스, 계층제 거버넌스, 시장 거버넌스, 협치

작성자: 배관표(충남대), 박종석(서울대 행정대학원)

최초작성일: 2020.01.

게리맨더링(Gerrymandering)

1. 개념

게리맨더링(Gerrymandering)은 기형적이고 불공평한 선거구획정을 지칭하는 용어, 즉 자기 정당에 유리하도록 선거구를 변경하는 일을 말한다. 이는 1812년 미국의 매사추세츠주의 게리(Elbridge Gerry)지사가 상원의원선거구 개정법을 입안하면서 자기가 소속된 공화당에 유리하도록 선거구의 개정을 강행한 데서 나온 말이다. 그런데 그 선거구의 모양이 샐러맨더(Salamander: 도롱뇽)와 같아서 상대편 당에서 샐러 대신에 게리의 이름을 붙여 게리맨더링이라고 비난한 데서 유래한 것이다. 결국, 게리맨더링은 불공평한 구분으로 전해져 오고 있는 것이다.

그림 1. 게리맨더링의 유래가 된 선거구

2. 사례

일본과 아일랜드판 게리맨더링도 유명한데, 이를 간략히 살펴보면 다음과 같다.

1) 일본의 하토맨더링

일본의 하토맨더링은 일본판 게리맨더링이다. 1954년 하토야마 이치로 당시 총리는 자위대 창설 목적의 개헌을 이루고자 정족선인 의석수 3분의 2를 확보하기 위해 소선거구제로 바꾸고 선거구를 이리저리 칼질을 했다. 그러나 하토야마의 게리맨더링, 즉 하토맨더링(Hatomandering)이라는 비난여론이 들끓어 소선거구 법안은 2년 뒤 폐지되기에 이른다.

2) 아일랜드의 털리맨더링

아일랜드의 털리맨더링은 아일랜드판 게리맨더링이다. 1973년 지방행정장관이던 제임스 털리가 자신들에게 유리한 위치를 점하기 위해 수도 더블린과 주변지역 선거구를 멋대로 쪼개다가 실패한 데서 유래했다. 결국, 아일랜드는 이듬해 선거법을 고쳐 행정구역을 가르는 선거구 획정을 금지했는데, 이것이 털리의 게리맨더링이라는 털리맨더링(Tullymandering)으로 통용되고 있는 것이다.

3. 평가

특정 정당이나 특정 후보자에게 유리하도록 선거구를 정하는 복잡한 행태를 게리맨더링이라는 한 단어로 명명하였다는 점에서, 일정 부분 의미를 갖는다. 다만, 게리맨더링이 선거 결과에 어떠한 영향을 미쳤는지를 구체적이고 체계적으로 분석하는 것이 필요하다고 본다. 물론, 큰 영향은 없다는 것이 기존 학자들의 전반적인 의견이지만, 좀 더 많은 사례를 활용하여 핵심적 영향이 있는지, 주변적 영향이 있는지를 분석하고, 이러한 결과가 나오는 요인에 대해서도 입체적인 연구를 이끌어내야 한다고 판단된다.

참고문헌

Burke, C. M.(1999). The Appearance of Equality: Racial Gerrymandering Redistricting, and the Supreme Court, Greenwood Press (CT).

David, L.(1999). The Paradox of Representation: Racial Gerrymandering and Minority Interests in Congress, Princeton University Press.

Winburn, J.(2009). The Realities of Redistricting: Following the Rules and Limiting Gerrymandering in State Legislative Redistricting, Lexington Books.

네이버지식백과<http://terms.naver.com>

한국경제<http://www.hankyung.com>

키워드: 게리맨더링, 하토맨더링, 털리맨더링

작성자: 양승일(충남도립대)

최초작성일: 2013.09.

경험주의(Empiricism)

1. 개념

현대 경험주의의 기본적 원리는 모든 비분석적(non-analytic) 지식은 경험에 그 근거를 두어야 한다는 것이다. 이러한 경험주의의 기본적인 원리에 대하여 논리적 경험주의(logical empiricism)의 교리가 추가되었는데, 그것은 다음과 같은 조건 중의 하나를 충족시킬 때에만 하나의 문장이 인지적으로 의미 있는 주장을 한다는 것, 즉 진실이거나 허위라고 말할 수 있는 것이라는 견해이다. 여기서 말하는 조건들은 (가) 분석적이거나 자기－모순이거나(analytic or self-contradictory) 또는 (나) 적어도 원칙상 경험적 검증이 가능하여야 한다는 조건이다. 이러한 인지적 의미의 경험주의적 기준 또는 인지적 의의(意義)의 경험주의적 기준(empiricist criterion of cognitive meaning, or of cognitive significance)에 의하면 전통적인 형이상학의 많은 언명들과 인식론의 많은 부분은 정서적으로 호소력을 가지고 있거나 도덕적인 영감을 주기 때문에 비록 비인지(non-cognitive)적으로 중요성을 가지고 있을지라도 인지적으로는 의의가 없다는 것이다.

그리고 경험적 과학 또는 그와 관련이 있는 여러 학문분과에서 형성된 어떤 원리들은 어떠한 증거에 의해서도 검증될 수 없도록 구성되어 있기 때문에 사이비 가설들에 불과하여 아무 것도 주장하는 것이 없으며 아무런 설명적 또는 예측적인 호소력이 없다는 것이다.

2. 검증과 반증

위와 같은 경험주의의 원리와 경험주의적 의미의 기준에 관한 주장은 기본적인 견해를 일반적으로 말하거나 모호한 특징을 나타내고 있을 뿐이므로 그것은 좀 더 명확하게 하고 상세하게 해명할 필요가 있었다. 즉, 논리적 경험주의의 발달초기에는 이러한 원리들을 가지고 철학적 언명이나 과학적 언명들을 비판하는 일에 몰두하였으나, 그 후로는 경험적 과학의 논리와 방법론을 상세하게 분석하여 그로부터 얻어진 통찰력을 참고로 하여 경험주의의 기본적인 생각들을 고쳐서 말하고 있다.

경험주의적 의미의 (판단)기준에 의하면 인지적으로 의미가 있는 문장은 경험적(experiential)으로 검증되어야 한다는 것이다. 경험을 근거로 삼아 검증하여야 한다는 생각도 변화를 겪었다. 즉, 하나의 이론으로부터 도출될 수 있는 모든 경험적인 언명을 검증해야만 그 이론이 타당하다고 하는 기준은 너무 엄격하여 충족시킬 수 없다는 생각에서 하나의 이론에서 도출되는 경험적 언명이 허위로 판명되지 않는 한 그 이론은 수용할만한 것으로 보아야 한다는 주장이 제시되었다. 이것이 검증(verification)과 반증(falsification)에 관한 논의이다. 그런데 검증가능성의 기준을 완전한 검증가능성 또는 완전한 반증가능성이라고 해석하는 것은, 하나는 너무 제한적이고 다른 하나는 너무 포괄적이기 때문에 불충분하다는 것이다. 이 두 가지 경험적 검증가능성의 기준이 후기에 와서 다소 완화되어 경험적 언명이 지지될 만하기만 하면 이론의 타당성을 인정하려는 경향을 가지게 되었다.

이러한 기준의 논의에 있어서 경험적 근거는 관찰이나 실험에 의하여 밝혀진다. 그리고 관찰과 실험의 결과는 경험적 문장과 언어로 표현된다. 경험주의의 논의에 있어서, 경험적 사실과 그것을 표현하는 문장 사이의 연결을 어떻게 정립하는가 하는 것이 매우 어렵고 까다로운 논리의 문제였다. 그런데, 일단 관찰 가능한 특징에 관한 묘사가 이루어지면 이러한 묘사들을 구성규칙들(formation rules)과 전환규칙들(transformation rules)에 따라 결합해 나가면 더 복잡한 현상에 관해서도 언명을 할 수 있는데, 이러한 복합적인 언명들도 관찰 가능한 특징을 기초로 한 것이므로 경험적이라고 보는 것이다. 이러한 경험적 특징을 파악하는 방법에 관한 논의가 의미론(semantics)이나 조작적 정의(operational definition)에 관한 것들이다. ('실증주의' 참조)

이와 같은 경험주의의 문장 중에는 성향적 용어들(dispositional terms)과 이론적 용어들(theoretical terms)이 포함되는데 이들을 관찰 가능한 자료와 연결시켜서 표현하는 데에는 많은 난점이 있었다. 그렇기 때문에 경험주의적 용어의 근거는 관찰 가능한 사실뿐만 아니라

이론의 전체적인 틀과의 관계 하에서 그 의미(meaning)가 파악되어야 한다는 생각을 가지게 되었다.

3. 이론적 개념과 법칙

경험주의적 과학의 이론은 경험적 개념으로 구성된다. 즉, 경험적 사실을 지칭하는 개념들로 구성된다. 이러한 개념들 간의 관계를 논리적으로 연결한 것이 일반론(generalization)과 법칙들(laws)이다. 나아가서 이론은 이러한 일반론이나 법칙들을 연결한 것이다. 따라서 아무리 복잡한 이론이라고 하더라도 경험적 이론은 궁극적으로 "특정한 개념들에 의하여 지칭(refer)되는 사실이 있을 때마다 또 다른 개념들에 의하여 지칭되는 사실들이 일정한 방식으로 연결되어 있다"라는 주장이다. 이와 같은 논리적인 관계를 상정하기 때문에 이론은 경험적으로 검증 또는 반증되어야 한다고 말하는 것이다.

4. 설명과 예측

경험주의적 과학의 목적은 현상을 설명하고 예측(explain and predict)하려는 것인데, 이와 같은 설명(예측)논증에서 법칙이 필요한 것이다. 경험주의자들이 주장하는 설명방식은 '연역적－법칙적 설명(deductive-nomological explanation)'이다.

연역적－법칙적 설명논증은 세 가지 종류의 언명으로 구성된다: 첫째는 설명하고자 하는 사건이나 현상을 묘사하는 언명(문장)이다. 둘째는 설명하고자 하는 사건과 동시에 발생했거나 선행하는 조건에 관한 언명이다. 셋째는 조건과 설명 대상 간의 관계를 연결시켜 주는 법칙이다.

이와 같은 언명들로 구성되는 설명논증의 형식은 조건과 법칙으로부터 사건을 연역적으로 도출해 내는 것이다. 따라서 설명논증의 타당성은 다음과 같은 요건들을 충족시켜야 한다는 것이다: 즉, 첫째, 설명논증에는 조건과 법칙에 관한 언명 두 가지가 모두 있어야 된다. 둘째, 사건이나 현상에 관한 언명은 조건과 법칙 양자의 결합으로부터 도출되어야지 그중 어느 하나로부터만 도출되어서는 안 된다. 셋째, 조건, 법칙, 그리고 사건에 관한 언명들은 경험적인 것이어야 한다. 넷째, 언명들은 진실이어야 한다.

5. 후기 경험주의

경험주의는 형이상학적인 "모호한" 언명들을 과학활동에서 배제하려는 의도를 가지고 추진되어 왔기 때문에 전통적인 철학으로부터 많은 비판을 받아왔는데, 사회과학내의 여러 진영으로부터도 비판을 받아왔다.

우선, 사회과학의 목적에 대한 견해에 이견들이 있었다. 즉, 사회과학의 목적은 설명과 예측, 이해와 해석, 해방과 비판 등이 있는데 경험주의는 설명과 예측에만 몰두하고 있다는 비판이다. 그뿐만 아니라, 경험주의는 자연현상의 연구에 더 적합한 것이라고 할 수 있는데, 그것을 그대로 사회현상의 연구에 적용하면, 사회적 행위자들의 행위의 진정한 의미와 이유를 파악할 수 없다는 것이다.

그리고 경험주의가 보편적 법칙의 구성을 지향하고 있으나, 본래 주장하던 것과 같은 연역적 이론체계인 '공리적 이론(axiomatic theory)'을 구성한 일이 없다는 것이다.

공리적 이론이 구성되지 못하면, 경험주의자들이 주장하는 설명과 예측방식은 불완전할 수밖에 없다. 왜냐하면, 법칙적 언명이 적절하고 결정적이지 못하면, 현상을 "결정적"으로 예측해낼 수가 없기 때문이다.

이상과 같은 여러 가지 반론들을 수용한 사회과학이 '후기 경험주의적' 사회과학이다. 후기 경험주의에서는 사회과학에 있어서 현상의 이해와 해석 그리고 왜곡된 제도와 관행으로부터의 해방과 비판을 위한 노력을 인정한다. 그리고 무엇보다도 연역적－법칙적 설명논증 방식을 고집하지 않고 사회과학의 실제관행과 역사로부터 "성공적"인 설명적 사례들을 재구성한 '설명유형(explanatory pattern)'을 사회과학적 이론의 평가기준으로 사용하려는 경향이 있다.

참고문헌

강신택(1981; 1995). 「사회과학연구의 논리 － 정치학·행정학을 중심으로 －」. 서울: 박영사.

Ayer, A. J., ed.(1959). LOGICAL POSITIVISM. Toronto, Ontario: Collier－Macmillan Canada, Ltd; The Free Press.

Bernstein, Richard J.(1976). The Restructuring of Social and Political Theory. Philadelphia: University of Pennsylvania Press.

Bohman, James.(1993). New Philosophy of Social Science. Mass.: MIT Press.

Hempel, Carl. G.(1965). Aspects of Scientific Explanation and Other Essays in the

Philosophy of Science. New York: The Free Press.

International Encyclopaedia of the SOCIAL SCIENCES, Vol. 12. New York: The Macmillan Company & The Free Press. ⓒ 1968 By Crowell Collier and Macmillan, Inc., London: pp. 389−395.

Keat, Russell.(1981). The Politics of Social Theory: Habermas, Freud and the Critique of Positivism. Chicago: The University of Chicago Press.

Rosenberg, Alexander.(1988). Philosophy of Social Science. Bounder: Westview Press.

Tudor, Andrew.(1982). Beyond empiricism: Philosophy of science in sociology. London: Routledge & Kegan Paul, Ltd.

키워드: 가치중립성, 개념, 경험주의, 논리, 논리적 실증주의, 법칙, 설명과 예측, 지식이론, 조직주의, 후기 경험주의
작성자: 강신택(서울대)
최초작성일: 2001.10.

고위공무원단(Senior Executive Service)

1. 개념과 주요내용

「국가공무원법」 개정으로 2006년 7월 1일부터 시행된 우리나라의 고위공무원단 제도는 정부의 주요 정책결정 및 관리에 있어서 핵심적 역할을 담당하는 실·국장급 공무원을 범정부적 차원에서 적재적소에 활용하고 개방과 경쟁을 확대하며 성과책임을 강화함으로써 역량 있는 정부를 구현하기 위해 도입된 것이다.

우리나라의 고위공무원단 제도의 핵심요소를 살펴보면 다음과 같다. 첫째, '개방과 경쟁 확대'이다. 수직적 개방으로 계급에 얽매이지 않는 보직 경쟁을 가능하게 하고, 개방형직위 제도와 직위공모제도로 직무중심의 인사관리, 민간부문과 공공부문의 경쟁, 정부 내 부처 간 수평적 경쟁과 개방을 확대한다. 둘째, '성과책임 강화'이다. 종전의 연공서열에 의한 연봉 인상이나 승진, 신분 유지를 지양하고, 직무성과계약제도, 직무성과급제도, 적격심사 제도를 중심으로 고위공무원에 대한 엄격한 성과관리를 강조한다. 셋째, '고위공무원의 리더십과 역량 제고'이다. 고위공무원단 후보자 교육과정, 역량평가 제도, 재직자 교육훈련 등을 통해 상시적으로 역량개발을 도모한다. 특히, 모의 직무상황에서 역할연기, 서류함 기법, 집단토론을 통해 9명의 평가위원이 6명을 직접 관찰하여 평가하는 역량평가 제도는 고위공무원단으로서의 기본 역량을 갖춘 사람만이 고위공무원단에 진입할 수 있도록 하는 특징적인 제도이다. 마지막으로 '범정부적 통합적 시야'이다. 부처 간, 민간과 공직 간의 교류의 활성화, 범정부적인 인재풀 관리로 국정 전체를 조망할 수 있는 고위공무원을 육성하고자 하며, 고위공무원들의 공직에 대한 몰입감과 정책에 대한 대국민 책임성 제고를 도모한다.

2. 도입배경과 이론적 근거

고위공무원단 제도는 미국이 1978년 인사개혁법으로 최초로 도입한 이후 영국, 호주, 캐나다 등 OECD 정부혁신 선도국가들이 도입·시행 중이다. 계급제적 전통에 입각해 있는 우리나라의 고위공무원단 제도의 목표와 방향은 개방성과 전문성을 강조한다는 점에서 영국의 고위공무원단 제도와 유사한 점이 많다. 그러나 근본적으로 관료제의 병폐를 극복하고 국가의 중요한 정책결정에 큰 영향력을 행사하는 고위공무원의 경쟁력을 강화하기 위한 것이라는 점에서 미국 고위공무원단 제도의 도입배경 및 목표와도 일맥상통하는 점이 많이 있다. 미국의 70년대末 인사개혁은 공직자의 무사안일주의나 법규·문서 위주의 경직된 인사행정으로 인한 실적주의 인사제도의 폐단을 극복하기 위한 것이었다. 특히, 행정기관과 정부의 성과에 대한 불만족이 인사개혁을 추진하게 된 배경이었다. 빈곤, 실업 등 사회의 문제영역을 다룸에 있어서 정부가 목표를 달성하는데 실패했다고 일반국민이 생각하였던 것이다. 우리나라 고위공무원단 제도의 도입배경도 이러한 공직환경에 대한 문제의식에서 출발했다고 볼 수 있다.

1978년 인사개혁법의 제정배경으로서, 인사행정에의 새로운 강조점은 신인사행정의 기초가 되는 가치를 반영하고 있다. 고위공무원단 제도(Senior Executive Service, SES)와 관련되는 세 가지 모델은 관리 융통성 모델, 정치적·공공적 대응성 모델, 사회정의 모델이다. 관리 융통성 모델은 신축성을 지향하나, 정치적·공공적 대응성 모델은 정치적 책임성을 보다 강조한다는 점에서 차이가 있다. 사회정의모델은 형평성을 지향한다.

이들 모델을 보다 구체적으로 살펴보면 다음과 같다.

첫째, 관리 융통성 모델(The Management Flexibility Model)은 인사기능을 통제하기 위한 행정수반(chief executive), 부처의 장, 프로그램 관리자의 필요를 강조한다. 관리 융통성 모델의 지지자들이 제안한 변화는 고위공무원의 서비스를 보다 융통적이고 효과적으로 사용할 수 있으며, 그들의 성과의 질에 상응하여 보수와 다른 인정으로 보상하는 특별한 인사시스템을 설치하는 것이다. 미국의 고위공무원단 제도의 계급제적 성격은 이전 시스템의 할거성(fragmented set of authorities)을 대체하여 통합적인 고위 인사관리시스템을 창설한 것이라 볼 수 있다. 이러한 새로운 시스템은 경력직과 비경력직 관료 모두에게 직위보다는 사람에게 계급을 부여하는 계급제적 성격을 도입하였다.

둘째, 정치적·공공적 대응성 모델(The Political and Public Responsiveness Model)은 행정부에 대한 정치적 통제를 확립하고, 유권자들의 요구에 부응하는 것을 의미한다. 이 모델은 융통성을 강조하지만, 추구되는 재량의 우선적인 목적은 행정부에 대한 정치적 통제를 확립하고 유지하는 것이다. 즉, 정치적 대응성 모델은「관료제 통제를 위한 고위공무원단」모델을 지지한다.

셋째, 사회정의 모델(The Social Justice Model)이다. 이 모델은 진정한 실적제는 사회의 모든 구성원들에게 균등고용기회를 제공하는 것이라는 신념에 근거하고 있다. 구체적으로 이것은 소수집단의 구성원과 여성에 대한 평등고용기회(EEO: Equal Employment Opportunity)와 EEO를 달성하기 위한 적극적 조치계획을 의미한다.

위에서 살펴본 세 가지 모델은 미국의 고위공무원단 제도 도입의 배경이 되는 인사개혁의 모델이다. 우리나라에서 이러한 모델이 어느 정도 타당한가 하는 것은 쟁점이 될 수 있다. 우리나라의 고위공무원단 제도가 공직의 개방성과 경쟁성을 추구하고, 성과를 강조하며, 정부 내에 다양한 시각으로 문제의 공동해결을 도모하는 개혁방향은 시장주의적 경쟁원리를 추구하는 신공공관리론과 정부, 시민단체, 민간이 함께 협력하고 경쟁하는 모델인 뉴거버넌스에 그 이론적 배경을 두고 있다고 볼 수 있다.

3. 평가와 전망

2008년 4월 시점 기준, 고위공무원단 제도 개혁을 추진했던 중앙인사위원회가 행정안전부로 통합된 시점에서 보면, 고위공무원단 제도의 집행과정에 있으면서, 유동적인 상황이었다. 고위공무원단 제도 도입에도 불구하고 고위공무원단의 전문성 부족, 부처 간 우수인재의 이동성 미흡, 형식적인 성과관리체계, 고위공무원단의 자발적인 교육훈련 참여 부족 등의 문제점이 지적되었다(박영원, 2008: 147). 고위공무원단 제도의 성과에 대한 공직사회의 시각은 엇갈리지만, 공직의 전문성, 개방성과 경쟁성 강화, 교육훈련과 역량평가 강화, 성과관리 체계화, 범정부적 통합적 시야 강화, 공직사회의 책임성 제고 등은 지속적으로 추구해야 할 개혁방향이다. 고위공무원단 제도가 성공하려면, 첫째, 제도의 운영측면에서, 적극적이고 책임감 있게 일하는 공직사회 구현을 위한 적극행정의 바람직한 정착과 다각적이고 통시적인 관점의 성과평가 시스템 구축, 그리고 교육훈련과 역량평가 제도의 지속적인 발전이 필요하다. 또한, 선발의 공정성과 객관성을 확보하기 위한 독립적이고 중립적인 인사심사가 필요하다. 둘째, 유인체계측면에서, 공무원의 전문적 역량발전의 동기를 강화하는 보수 및 성과급과 기타 인센티브 제도의 변화, 역량중심 교육훈련, 적극적인 홍보와 모집활동 강화 등이 필요하다.

향후 한국의 고위공무원단 제도는 증거기반 정책과 4차 산업혁명의 환경 변화에 부응할 수 있는 제도가 될 수 있도록 해야 할 것이다. 또한, 여성, 장애인, 지역인재, 과학기술 인력에 대한 균형인사의 가치를 달성할 수 있도록 노력하는 것이 바람직하다. 더불어 민간의 우수한 인재를 공직에 유입하여 민간의 경쟁원리뿐만 아니라 정부 내에 다양한 시각이 투입되도록 해야 할 것이다. 사회적 문제해결에 있어서 국가와 시민사회가 함께 해결하는 방향으로 나아가고 있으므로 민관 협업 거버넌스에 대한 이해를 촉진하는 교육이 강화되어야 하며, 부처이기주의가 아니라 국가와 세계의 바람직한 미래를 바라보는 장기적 안목과 통합적 시각을 배양하도록 할 필요가 있다.

참고문헌

박영원(2008). 고위공무원단 제도의 평가와 개선방안. 한국인사행정학회보, 2008: 147－177.

중앙인사위원회(2007). 고위공무원단 제도 운영성과 평가. 국민대학교 산학협력단

Nigro, F.A. & Nigro, L.G.,(1986). The New Public Personnel Administration, Illinois: F. E. Peacock Publishers, Inc.

Perry, James L.; Miller, Theodore K..(1991). The senior executive service: Is it improving managerial performance? *Public Administration Review*, Nov/Dec91, Vol. 51 Issue 6, p554, 10p, 7 charts, 3 diagrams; (AN 9204062019)

서울신문. 2007년 7월 3일, 4일, 5일.

인사혁신처 홈페이지(검색일: 2019.12.05.)

키워드: 인사개혁법(CSRA), 개방형 직위, 직위공모, 고위공무원 역량

작성자: 최순영(한국행정연구원)

최초작성일: 2008.04., **수정작성일:** 2019.12.

공공가치(Public Value)

1. 공공가치의 개념

공공가치(public value)는 공공부문의 핵심적인 가치이자 공공부문의 존재 목적으로서 행정과 정책의 연구에서 공공가치보다 중요한 주제는 없다고 해도 과언이 아닐 것이다(Jørgensen & Bozeman, 2007: 355). 그럼에도 불구하고 공공가치의 다차원적인 특징 때문에 공공가치를 정의하기가 쉽지는 않다. 예를 들어 "공공이 가치로 고려하는 것(public value is what the public values)", "공공과 관련된 가치들에 영향을 미치는 가치(public value is what impacts on values about the public)"(Talbot, 2006: 7), "공조직과 사조직 모두 사회의 공동선(common good) 추구에 공헌하는 가치"(Wikipedia, 2020)와 같이 공공가치를 정의하기도 하지만 공공가치는 통일된 단일 개념으로 명확하게 정의하기가 어렵다는 것이다.

공공가치는 공공성(公共性, publicnesss), 공익(公益, public interest), 사회적 가치(social value) 등과도 유사한 측면이 있다. 공공가치는 "사회일반의 많은 사람과 관계되는 것"으로 정의될 수 있는 공공성(유민봉, 2019: 122), "특정 사회구성원이 아닌 일반사회 내지 공동체의 여러 구성원에게 차별 없이 두루 관계되는 이익"으로 정의될 수 있는 공익(실체설과 과정설 관점)(유민봉, 2019: 129), "개인 이익만을 추구하는 개인효용 극대화를 넘어 타인과 공동체, 사회구성원 간 연대, 상호작용성을 중요하게 고려하는 포용적 가치"로 정의될 수 있는 사회적 가치(김정인, 2018a: 45-47) 모두를 포괄하는 특징을 지니는 것이다. 더 나아가 공무원의 행동 및 의사결정의 중요한 기준이 되는 공직가치(public service value)는 공공가치에 의해 많은 영향을 받는다(Bozeman, 2007). 이와 같이 공공가치는 공공부문의 핵심가치로서, 공공성, 공익, 사회적 가치, 공직가치 등을 모두 포괄하는 개념으로 이해될 수 있을 것이다.

2. 공공가치의 등장배경과 특징

공공가치(public value)라는 용어는 하버드 케네디 스쿨의 Moore(1995) 교수가 집필한 "Creating Public Value: Strategic Management in Government"라는 저서에서 처음으로 등장하였다. 공공가치가 행정학을 비롯한 사회과학 전 분야에서 관심을 받게 된 배경은 다음과 같다. 전통행정학과 신공공관리에 대한 비판이 증가하고 행정학의 새로운 패러다임에 대한 요구가 커지면서 공공가치 관련 논의가 활성화 된 것이다(Bryson et al., 2014). 공공가치가 새로운 행정학 패러다임의 목표이자 가치로 고려되면서 주목 받기 시작한 것이다(신희영, 2018: 31). 공공가치의 중요성을 강조한 대표적인 행정학 패러다임으로 신공공서비스(New Public Service)가 있다(Denhardt & Denhardt, 2003). 신공공서비스에 의하면 관료는 권력을 시민들에게 돌려주어야 하며, 시민들이 원하는 맞춤형 공공서비스를 제공해 주고, 시민을 위해 봉사하며, 시민참여와 시민중심 공공관리가 달성될 수 있도록 해야 한다는 것이다(Denhardt & Denhardt, 2003; 김정인, 2018b: 71).

또한 공공가치는 기존의 행정학에서 중요하게 고려해 온 효율성(efficiency)과 효과성(effectiveness) 가치를 대체할 수 있는 새로운 가치로 주목을 받았다(Bryson et al., 2014: 445). 정부뿐만 아니라 비영리조직, 시민단체, 기업, 시민 등 다양한 주체들이 복잡하고 어려운 문제(예: 행정난제(wicked problem))를 공동으로 해결하기 위한 기준으로서 공공가치가 중요하게 간주되기도 하였다(Jørgensen & Bozeman, 2007: 373−374). 뿐만 아니라 오늘날에는 다양한 행위자들이 행정과 정책과정에 적극적으로 참여하고 포괄적인 토론과 숙의(inclusive dialogue and deliberation) 방법을 통한 정책결정이 이루어지면서 공공가치가 더욱 중요하게 고려되고 있다(Bryson et al., 2014: 447).

3. 공공가치 활용(연구) 경향

공공가치에 대한 연구는 1990년대 후반부터 2000년대에 들어 신공공관리에 대한 비판적 관점이 강화되고 새로운 행정학 패러다임에 대한 관심이 증가하면서 시작되었다. 공공가치 관련 연구는 하나의 영역에만 집중된 것이 아니라 학문적 관점에서의 논의, 신공공관리 교정방안으로서의 논의, 정치적·수사적 도구로서의 논의, 제도적 거버넌스 특유의 유형으로서의 논의, 공공기관 가치 계량화와 화폐수단으로서의 논의 등 다양한 영역에서 수행되었다(신희영, 2018: 36).

　대표적인 공공가치 연구로는 Moore(1995; 2014)가 수행한 공공관리자의 공공가치창출 (creating public value) 연구가 있다. Moore(1995)는 신공공관리의 시장주의 접근방법을 비판함과 동시에 정부성과를 달성하기 위해서 공공관리자의 공공가치 발견과 창조 역할 중요성을 강조하였다. 공공가치는 이해관계자와 정치인 등 외부환경으로부터 정당성을 지녀야 한다는 점과 공공가치를 실현하기 위한 운영 및 행정능력을 갖추는데 있어 공공관리자의 역할을 강조한 것이다. 특히 Moore(2014)는 공공가치 개념을 보다 확장시켜 공공가치 창출을 위해 집단시민(collective citizenry)의 역할도 강조하였다. 뿐만 아니라 Jørgensen & Bozeman(2007: 358−370)은 공공가치를 정책적·사회적(policy or societal) 수준에서 설명하면서, 공공부문과 민간부문이 자원과 서비스를 시민들에게 효과적으로 제공하지 못할 때 '공공가치실패(public value failure)'가 발생할 수 있음을 강조하였다.

　이처럼 공공가치 관련 연구들은 신공공관리에 대한 비판과 한계에 대한 대안으로서 주목을 받아왔다. 그럼에도 불구하고 기존의 공공가치 연구들 대부분은 서구사회의 맥락적 관점에서 시행되었기 때문에, 향후 한국적 맥락을 고려한 공공가치 연구가 수행될 필요가 있다.

참고문헌

김정인(2018a). 사회적 가치 실현을 위한 공직가치에 관한 시론적 연구: 포용적 성장을 중심으로. 「한국인사행정학회보」, 17(1): 57−83.

김정인(2018b). 인간과 조직: 현재와 미래. 서울: 박영사.

신희영(2018). 공공행정의 정당성 위기와 공공부문 개혁 모델로서의 공공가치접근. 「한국사회와 행정연구」, 29(2): 31−56.

유민봉(2019). 한국행정학. 서울: 박영사.

Bozeman, B.(2007). *Public values and public interest: Counterbalancing economic individualism*. Washington, DC: Georgetown University Press.

Bryson, J. M., Crosby, B. C., & Bloomberg, L.(2014). Public value governance: Moving beyond traditional public administration and the new public management. *Public Administration Review*, 74(4): 445−456.

Denhardt, R., & Denhardt, J.(2003). *The new public service: Serving, not steering*. M.E. Sharpe.

Jørgensen, T. B., & Bozeman, B.(2007). Public values: An inventory. *Administration & Society*, 3: 354−381.

Moore, M.(1995). *Creating public value–Strategic management in government*. Cambridge, MA: Harvard University Press.

Moore, M.(2014). Public value accounting: Establishing the philosophical basis. *Public Administration Review*, 74(4): 465−477.

Talbot, C.(2006). *Applying public value to public administration reform in Macedonia*. Centre for Public Policy & Management, Manchester Business School.

Wikipedia(2020). Public Value.

키워드: 공공성, 공익, 공직가치, 사회적 가치, 신공공서비스
작성자: 김정인(수원대)
최초작성일: 2020.02.

공공리더십(Public Leadership)

1. 공공리더십의 개념

공공리더십(public leadership)은 공공부문에 적용되는 리더십으로서 공공부문의 특성을 고려한 리더십이라고 할 수 있다. 즉 공공리더십은 "공공가치 창출을 목적으로 하는 공익을 위한 리더십"으로 정의되기도 한다(Getha-Taylor et al., 2011: 184). 공공리더십을 명확하게 규정하기는 어려움에도 불구하고, 공공부문 리더십(public sector leadership), 행정리더십 (administrative leadership), 정부조직 리더십(leadership in government organizations) 등의 용어로 사용하고 있다(김호정, 2017: 118). 공공리더십의 가장 중요한 특징은 공공리더십이 하나의 주류(mainstream) 리더십(예: 변혁적 리더십)만을 의미하는 것이 아니라 다양한 가치를 반영하는 다차원적 리더십(multifaceted leadership)이며 통합적 리더십(integrative leadership) 의미로 활용되고 있다는 것이다(Fernandez, 2005; Morse, 2010; Van Wart, 2013). 다시 말해 "복잡한 공공 문제를 치유하고 공공의 선을 달성하기 위하여 전형적인 경계영역을 넘어서 다양한 그룹들과 조직들을 반영구적인 방법으로 화해시키는 리더십"인 다차원적 리더십이 대표적인 공공리더십이라고 할 수 있다(Crosby & Bryson, 2010: 211; 김정인, 2017: 317).

같은 맥락에서 Van Wart(2003: 221)의 행정리더십(administrative leadership)을 공공리더십으로 고려할 수 있다. 행정리더십은 권위 있는 기관에 의해 행해지며, 공공조직 내 부하들을 지원하고 개발하는 과정이고, 공공조직 내·외부 환경 변화에 따라 조직과 외부환경을 연계하며, 환경에 맞게 조직문화를 조정하고, 공공선과 공익을 추구한다. 또한 공공서비스 지원을 위해 기술적 생산성 달성, 내부 부하직원 지원, 조직 외부 지원 모두를 복합적으로 제공하는 리더십인 것이다(김정인, 2017: 317). 이러한 의미에서 공공리더십은 "다양성, 복잡성,

위험성 등이 증가하는 현대행정에서 사회적 공공선과 공공가치를 달성하기 위하여 갖추어야 할 공공부문 리더십"이라고 정의할 수 있을 것이다(김정인, 2017: 317).

2. 공공리더십의 등장배경과 특징

초기 공공리더십 관련 연구는 민간부문 리더십 연구와 큰 차이가 나타나지 않았다(김정인, 2017: 315; Van Wart, 2003). 1900년대 이전까지 주목받은 위인이론(great man), 1900년부터 1948년까지 주목받은 자질론(traits), 1948년부터 1980년대까지 주목받은 상황이론(contingency theory), 1970년대 이후 주목받는 변혁적 리더십(transformational leadership) 이론, 1970년대 이후 현재까지 주목받고 있는 서번트 리더십(servant leadership) 등 민간부분의 리더십 이론들이 공공부문에서도 활발하게 논의되어 온 것이다(Van Wart, 2003: 218). 그러나 공공리더십은 민간부문의 리더십과 공통점을 지니는 동시에 공공부문의 특수성을 포함한 다차원이며 통합적인 리더십으로서의 차이점도 지니고 있다.

구체적으로 다차원적이며 통합적인 공공리더십의 유형은 다음과 같다. 공공리더십은 관료적·절차적 리더십(bureaucratic leadership)(객관적이며 중립적인 절차와 규정을 준수하는 리더십), **변혁적 리더십**(transformational leadership)(조직 구성원 지원과 목표달성을 추구하는 리더십), **윤리적 리더십**(ethical leadership)(공공리더들의 윤리적 가치를 중요하게 고려하는 리더십), **협력적 리더십**(collaborative leadership)(다양한 이해관계자들과 협력적인 관계를 형성하는 리더십) 등을 포함하는 것이다(김정인, 2017: 317).

3. 공공리더십 활용(연구) 경향

공공리더십에 대한 연구는 2000년대 이후 들어서 본격적으로 논의되었다. 그 이전까지 공공리더십은 공공리더십 고유의 특징을 강조하기 보다는 공공부문에서 적용되는 리더십 이론들에 관한 연구가 대부분이었다(Van Wart, 2003). 미국 행정학 논문집인 Public Administration Review(이하 PAR)에 수록된 리더십 관련 논문들을 살펴보면 다음과 같은 특징이 나타난다(이하 Van War, 2003: 218-219). PAR 발행 후 약 10여 년 동안 리더십 관련 논문은 약 4편 정도가 게재되었을 정도로 공공부문에서 리더십에 대한 관심은 그다지 높지 않았다. 이후

1960년대까지 리더십 연구는 행정재량 관점의 리더십 연구, 리더십 발달 평가에 관한 연구, 작은 규모의 공공조직 리더십 연구, 공공부문과 민간부문의 동기부여 다양성과 리더십 비교 연구 등으로 수행되었다. 1970년대에는 공공부문 리더십 연구가 활발하게 이루어지지 않다가, 1980년대 이후에는 혁신, 창조, 액션플랜 등 관리요소와 함께 리더십연구가 진행되었다. 1990년대 이후 리더십 연구는 대부분 성과중심 기업가(entrepreneurial)로서의 리더 역할과 책무가(stewardship)로서의 리더 역할 모두를 다루었다(김정인, 2017: 315 재구성).

2000년대 들면서 기존의 리더십 연구와는 달리 공공부문의 특수성을 강조한 공공리더십 관련 연구들이 수행되었다. 특히 신공공관리에 대한 비판과 한계가 강조되고, 공공성과 공공가치의 중요성이 부각되면서 단순히 공공부문의 조직효과성 증진을 위한 리더십 차원을 넘어 다차원적이고 통합적인 리더십 연구가 진행된 것이다(Fernandez, 2005; Van Wart, 2013; 김정인, 2017: 314; 김호정, 2017). 이 시기의 대표적인 공공리더십 연구로는 Van Wart(2003)의 행정리더십, Fernandez(2005)의 통합적 리더십 등이 있다.

이처럼 공공리더십 연구가 주목을 받은 지는 얼마 되지 않는다. 하지만 최근에는 신공공관리에 대한 비판, 공공가치의 중요성 확대, 현대 행정환경의 급진적 변화 등에 의해 공공리더십 연구가 더욱 주목을 받고 있는 실정이다. 그럼에도 불구하고 국내 공공리더십 관련 연구는 거의 이루어지지 않고 있다. 일부 연구(예: 김정인, 2017; 김호정, 2017)를 제외하고는 대부분의 공공부문 리더십 연구가 공공리더십 고유의 특징을 강조한 연구보다는 공공부문에 적용되는 리더십(예: 변혁적 리더십, 서번트 리더십)에 대해 분석한 경우가 대부분이었던 것이다. 최근 들어 다양한 리더십 이론(예: 윤리적 리더십, 진성 리더십 등)을 공공부문에 적용하는 연구들이 제시되고 있기는 하지만, 보다 종합적이고 다차원적인 공공부문 특성을 고려한 공공리더십 연구가 필요하다고 할 것이다.

참고문헌

김정인(2017). 공공리더십에 관한 경험적 연구. 「지방정부연구」, 21(3): 313-339.

김호정(2017). 21세기 공공부문 리더십의 변화: 이론적 성찰과 전망. 「한국행정학보」, 51(1): 117-143.

Crosby, B., & Bryson, J.(2010). Integrative leadership and the creation and maintenance of cross-sector collaborations. *The Leadership Quarterly*, 21: 211-230.

Fernandez, S.(2005). Developing and testing an integrative framework of public sector leadership: Evidence from the public education arena. *Journal of Public Administration*

Research and Theory, 15(2): 197-217.

Getha—Taylor, H., Holmes, M. H., Jacobson, W. S., Morse, R. S., & Sowa, J. E.(2011). Focusing the public leadership lens: Research propositions and questions in the Minnowbrook tradition. *Journal of Public Administration Research and Theory*, 21: 183—197.

Morse, R. S.(2010). Integrative public leadership: Catalyzing collaboration to create public value. *The Leadership Quarterly*, 21: 231—245.

Van Wart, M.(2003). Public—sector leadership theory: An assessment. *Public Administration Review*, 63(2): 214—228.

Van Wart, M.(2013). Administrative leadership theory: A reassessment after 10 years. *Public Administration*, 91(3): 521—543.

키워드: 다차원적 리더십, 통합적 리더십, 행정리더십
작성자: 김정인(수원대)
최초작성일: 2020.02.

공공서비스(Public Service)

1. 개념

공공서비스는 서비스의 한 유형으로 공공의 성격을 가지는 또는 공동으로 생산·소비되는 서비스를 가리키는 것으로 이해할 수 있다. 즉 어느 한 집단의 어떤 개인을 위해 또는 어떤 사람에 의해 생산되는 즉시 그 집단의 모든 구성원에 의해 소비의 혜택이 공유될 수 있는 서비스를 공공서비스라고 한다. 일반적으로 국방서비스와 교육서비스 등이 이에 해당한다. 이와 관련하여 우선 서비스의 개념을 정의하면, 흔히 용역(用役) 또는 봉사, 수고, 접대 등으로 번역되는데, 이는 특정 개인이나 재화의 상태에 대해 또 다른 경제적 단위의 활동을 통해 초래되는 일정한 변화라고 할 수 있다. 특히 재화와는 달리 양도되거나 공급되는 양식이 전혀 달라 일단 한번 양도되거나 제공되면 다른 사람, 다른 시점에 양도될 수 없는 일시성을 나타내며, 따라서 저장이 불가능하며, 생산과 소비가 거의 동시에 발생하는 특성이 있다. 그러나 실제 행정학 또는 지방행정에서 논의되는 공공서비스는 이러한 서비스 중의 공공서비스라는 특징보다는 일반적으로 재화(goods)와 종종 상호 교환적으로 사용하여 주로 공공재(public goods)의 특성을 강조하고 있다.

2. 유형

공공서비스의 특성과 관련해서는 주로 재정학자들과 공공선택이론가들에 의해 시도되는 공공재이론으로 설명된다. 공공재의 존재는 시장실패(market failure)의 근본 원인으로 작용하는데, 공공재의 특성으로는 재화와 서비스의 성격 중에서 재화나 서비스의 소비나 향유에 대해 대가를 지불하지 않은 사람들의 소비를 제한할 수 없는 정도를 나타내는 비배제성(non-exclusiveness)과 어떤 사람이 이러한 재화나 서비스의 소비에 참여한다고 해도 다른 사람의 소비량이나 가능성에 영향을 미치지 않는 정도를 의미하는 비경합성(non-rivalry)에 따라 비배제성과 비경합성의 원리가 적용되는 재화와 서비스를 공공재 또는 집합재(collective goods)라고 하며, 이와는 반대로 배제성과 경합성이 적용되는 재화와 서비스를 시장재(market goods) 또는 사적재(private goods)라고 하며, 불완전한 공공재에 속하는 재화와 서비스 중에서 비경합성의 원리가 부분적으로 적용되는 재화와 서비스는 공유재 또는 공동소비재 및 공동소유재(common-pool goods)라고 하며, 비배제성의 원리가 어느 정도 적용가능한 재화와 서비스는 요금재(toll goods)로 구분하기도 한다. 특히 이러한 요금재는 배제가능성의 정도가 생산기술의 발전에 크게 좌우되기도 한다.

3. 이론적 논의점

공공서비스와 관련된 최근의 관심과 논점은 비배제성과 관련된 무임승차자의 문제(free-rider problem)와 대안적인 공급주체의 문제를 논의하는 민영화 또는 민간화(privatization) 문제 및 공공선택론(public choice theory)적 관점에서 공공서비스의 공급과정에 관련된 논의로 구분할 수 있다.

1) **무임승차자의 문제**: 시장상품과 같은 사적 재화는 소비자들이 자신의 선호를 표출하기 때문에 재화나 서비스가 적정하게 생산되고 소비된다. 그러나 공공서비스의 경우는 배제불가능성으로 인해, 공공서비스를 생산하는데 드는 비용을 전혀 부담하지 않은 사람도 그것을 소비하는 데에서 배제시킬 수 없고 또한 비경합성으로 인해 추가적인 소비에 드는 한계비용이 0이므로 생산가격에 전혀 영향을 미치지 않는다. 이것이 바로 무임승차자의 문제이다. 이와 같이 민간부문의 자율적인 시장기구가 공공서비스를 효율적으로 배분할 수 없기 때문에 정부가 이를 직접 생산·공급해야 한다는 근거가 되고 있다. 그러나 최근 배제관련기술의 발달과 NGO와 같은 준정부조직의 발달로 정부개입의 논거가 약화되고 있는 실정이다.

2) **민영화 또는 민간화 문제**: 공공서비스의 공급문제와 관련하여 공급주체가 공공이어야 하는가, 아니면 민간이어야 하는가의 문제가 최근 관심의 대상이다. 이와 관련해서는 첫째, 두 부문 간에 어느 부문의 공급비용을 비교하여 공급주체를 선택할 수 있다. 둘째, 국민들의

다양한 선호에 보다 잘 부응할 수 있는 부문이 공급주체가 되어야 할 것이다. 셋째, 분배적인 측면을 고려하여, 공급대상의 범위와 속성에 따라 공급주체를 선택해야 할 것이다.

3) **공공선택과 공공서비스**: 실제 정부가 공공서비스의 공급과 배분에 관한 결정과 실제는 주로 공공선택이론의 대상이 되고 있다. 즉 다양한 관련 집단 간의 경쟁과 합의를 통한 공공의 선택결과가 공공서비스의 배분이다. 따라서 참여하는 이익집단들의 사익 극대화 현상에 따라 바람직하지 않은 결과를 초래할 수도 있다. 결국 이러한 관점에서 집단적인 의사결정(collective decision making) 과정인 공공선택의 과정을 분석해 볼 필요가 있다.

참고문헌

이준구(1995). 「재정학」. 서울: 다산출판사.
김동건(1996). 「재정학」. 서울: 박영사.
Hill, P.(1977). "On Goods and Services", The Review of Income and Wealth. No.4. Dec.
Savas E. S.(1983). Privatizing the Public Sector. Chatham House.

키워드: 공공재, 민간화, 민영화, 무임승차자, 공공선택

작성자: 손희준(청주대)

최초작성일: 2001.12.

공기업의 민영화(Privatization)

1. 민영화의 의의

공공기관은 정부의 투자·출자 또는 정부의 재정지원 등으로 설립·운영되는 기관으로서 '공공기관의 운영에 관한 법률'의 요건에 해당하여 기획재정부장관이 지정한 기관을 말한다. 기획재정부장관은 공공기관을 공기업·준정부기관·기타공공기관으로 지정하되, 공기업과 준정부기관은 직원 정원이 50인 이상인 공공기관 중에서 지정한다. 공기업은 자체수입액이 총수입액의 1/2 이상인 기관 중에서 지정하고, 준정부기관은 공기업이 아닌 공공기관 중에서 지정한다.

공기업의 민영화(privatization)는 공기업의 주식이나 자산을 주식매각 등을 통하여 민간부문으로 이전시키는 과정을 말한다. 이러한 민영화 개념은 소유권 이전이라는 형식적 요건에 치중한 것으로, 민유화라는 용어가 더 적합하다. 민영화의 목적이 민간부문으로 하여금 기업경영을 담당하게 함으로써 경쟁을 통하여 경제적 효율성을 증진시키는 것이라고 한다면 단순한 소유권 이전보다는 기업지배의 주체 이전이라는 측면에서 이해하는 것이 더 바람직하다. 기업에 대한 지배는 일반적으로 의결권 행사에 필요한 지분 획득으로 이루어지는데, 이 외에도 다양한 지배방법이 있다. 즉 이사회 참여 등을 통하여 경영정책의 결정에 영향을 미쳐서 사실상 지배할 수도 있고, 정부가 1/2 미만의 지분을 가지고 있다고 해도 법령이나 제도적 장치를 통하여 경영을 통제할 수도 있다. 따라서 공기업의 민영화는 소유권 이전을 형식적 요건으로 하고 기업활동에 관한 규제 완화를 실질적 요건으로 하는 지배주체의 이전이라고 할 수 있다.

2. 민영화의 유형

1) 민영화 형태에 따라 공기업의 주식을 모두 민간에 매각하는 완전민영화, 공기업의 주식의 일부를 매각하는 부분적 민영화, 증자에 의한 정부 지분율의 저하, 자회사의 매각, 정부가 보유하는 주식이나 자산의 매각 없이 경영권만 민간에 위탁하는 위탁경영 등으로 나눌 수 있다.

2) 민영화 방법에 따라 특정인이나 특정기업에 대한 매각, 다수인에 대한 주식매각, 국민주 방식에 의한 매각 등으로 나눌 수 있다.

3) 인수자의 국적에 따라 내국인 기업가에 의한 인수, 외국인 기업가에 의한 인수, 합작기업에 의한 인수로 나눌 수 있다.

4) 정치적 관점에서 정부의 재원조달 등 실제적인 필요에 의한 실용적 민영화, 집권당의 정치적 이득을 위한 전술적 민영화, 정치적 이념에 입각한 체계적 민영화로 나눌 수 있다.

3. 민영화의 필요성과 과제

공기업 민영화의 목적은 국가에 따라서 다르고, 같은 국가에서도 시대에 따라 다르다. 우리나라에서도 공기업 민영화는 정권이 바뀔 때마다 등장하는 단골 메뉴지만 임기 말에는 지지부진해지는 경향이 많았다. 공공부문의 개혁이라는 명분하에 공기업의 민영화를 추진하면서 특히 공기업 자회사의 경우 모기업과의 부당 내부거래나 수의계약 방지를 위한 수단으로 민영화를 동원하였다. 정부가 내부 체질개선을 위한 노력보다는 손쉬운 방법으로 공공부문 개혁을 추진하였다.

첫째, 공기업의 민영화는 국민경제에의 정부 개입을 줄이고 정부 기능을 축소시켜 국민의 경제적 자유를 증진시킨다. 물론 독점적 공기업을 민영화하면 결국 독점사기업이 되어 공익을 위한 통제가 어렵게 된다는 문제가 있다. 그러나 독점사기업에 대한 적절한 규제만 된다면 독점공기업을 직접 통제하여 얻는 것보다 더 큰 이익을 가져올 수 있다.

둘째, 공기업은 사기업에 비하여 유인동기가 적어 상대적으로 비능률적이라고 비판되는데, 공기업을 민영화하면 경쟁을 통해 능률을 높일 수 있다. 물론 공기업을 민영화하더라도 독점 이윤을 통제하기 위하여 재규제가 불가피하게 되고, 민영화를 통해 자산과 소득의 분배가 더 악화될 수도 있다. 그러나 재산권이론이나 공공선택이론에서는 민영화가 능률성 향상에 기여할 수 있다고 본다.

　공기업의 비효율적 경영으로 인한 손실이 큰 경우에는 공기업을 민영화하고 시장의 실패에는 규제나 조세정책 등으로 대응하여야 한다. 그리고 경제적 논리가 아닌 정치적 이유로 공기업이 설립된 경우에는 시장경제원리에 맡겨 민간부문과 경쟁시켜야 한다. 우리나라에서의 완전민영화는 능률을 제고시켰으나, 부분적 민영화는 능률 제고에 큰 도움이 되지 못하였다.

　셋째, 민영화로 세입을 늘리고 재정적자를 줄일 수 있다. 국민주방식에 의한 민영화의 목적의 하나도 세입 증대에 있지만, 민영화 당시 주식시장이 침체되면 당초 목적을 거두지 못할 수도 있다. 민영화에 의한 수입 규모도 예산 규모에 영향을 줄 정도는 되지 못하였다. 그러나 매각 시기를 적절히 선택하기만 하면 어느 정도 그러한 문제를 해소할 수 있고, 또 자본시장이 취약할 때 공기업의 주식 매각은 자본시장을 활성화시키는 수단으로 활용할 수도 있다.

　넷째, 종업원 지주제나 국민주방식의 민영화는 종업원들의 기업에 대한 애착심을 높이고 주식의 분산으로 자본시장의 저변확대에 기여할 수 있다. 그러나 민영화 주식의 매입자가 장기간 보유하지 않고 단기차익을 위해 전매하게 되면 그 효과를 기대하기 어렵고, 경제력 집중을 심화시킬 수도 있다. 따라서 민영화 주식의 장기보유를 위한 유·무상 증자 약속, 보유기간별 매매차익에 대한 세율의 차등화, 주식 매입가의 분할불입방식 도입 등을 고려하여야 한다.

　다섯째, 공공부문 노동조합은 대체로 시장기구의 영향 없이 임금인상 요구를 관철시켜 왔고, 그것이 재정적자를 늘리는 요인으로 작용하였다. 민영화되면 공기업에 가해질 수 있는 정치적 압력이 약해지고, 파산의 위협 등으로 노동조합의 과도한 임금인상을 억제할 수 있다.

참고문헌

기획재정부(2017). 「공기업·준정부기관 경영 및 혁신에 관한 지침」.

박영희·김종희 외(2018). 「공기업론」. 서울: 다산출판사.

원구환(2018). 「공기업론」. 서울: 대영문화사.

유훈·배용수·이원희(2010). 「공기업론」. 서울: 법문사.

Roland, Gerald ed.(2008). *Privatization: Successes and Failures*. New York: Columbia University Press.

키워드: 민영화 유형, 국민주방식, 민영화 필요성

작성자: 김종희(선문대)

최초작성일: 2019.12.

공동생산(Coproduction)

　공동생산은 일반적으로 공공서비스의 전달과정에 대한 주민참여의의 한 형식이다. 좀 더 구체적으로 보면, 공동생산은 공공서비스의 전달 및 공급과정에 서비스의 수혜자인 주민이 능동적으로 관여함으로써 행정기관과 주민이 서비스생산에 함께 기여하는 연합적 노력이다.

　공동생산의 이론모형은 공동생산의 개념을 규정하는 방식의 차이에 따라 크게 세 가지로 구분되는데, 먼저 주민참여가 어떠한 공공서비스 공급에도 관련이 있다는 휘테이크(Whitaker) 와 샤프(Sharp) 등의 개념정의를 들 수 있다. 휘테이크에 의하면 모든 서비스전달에 있어서 주민은 도움의 요청, 도움의 제공, 서비스전문가와의 상호조정을 통해 자신들이 받는 서비스의 생산을 돕는다고 본다. 이런 면에서 공동생산은 서비스의 직접적인 수혜자인 일반 공중의 능동적인 관여를 말한다. 한편, 샤프는 시민은 서비스전달과정에서 시민의 부조요청, 자원적 행위, 자조활동에 덧붙여 서비스가 전달되는 사회적 또는 물리적 조건을 설정함으로써 서비스의 공동생산에 관여한다고 본다. 이런 점에서 공동생산은 시민과 공무원 양자의 연합적 서비스생산 활동으로 정의된다.

　둘째, 팍스(Parks) 등은 경제학적 시각에서 공동생산에 접근하고 있다. 이들은 교환을 목적으로 생산활동을 하는 개인과 집단을 정규생산자로, 정규적 생산역할 밖에서 활동하나 자신들이 소비하는 재화와 서비스의 생산에 기여하는 개인과 집단을 소비생산자로 정의하고 후자에서 공동생산의 여지를 찾고 있다. 즉 소비자의 생산적 노력이 없이는 가치의 생산이 어려운 경우가 많은데, 바로 공동생산은 이러한 상활에서 발생하는 정규생산자와 소비생산자간의 생산노력의 혼합을 말한다.

　마지막으로 공동생산이 고도화된 주민참여의 한 유형으로 간주되는 경우가 있다. 서스킨드와 엘리어트(Suskind and Elliott)는 주민참여의 유형을 가부장주의, 갈등주의, 공동생산으로 구분하였고, 이중 공동생산은 특정의 의사결정에 공식적 권한을 가진 의사결정사와 주민 간의 대면적 협상을 통해 결정이 이루어지는 참여유형이다. 여기서 공무원과 시민집단은 서로의 관여에 대해 정당성을 인정할 뿐 아니라 주민 또는 소비자들의 책임공유의 가능성도 수용한다.

1. 발전배경

공동생산은 1970년대 후반 미국에서 새로운 시민참여의 한 형태로 주목을 받기 시작했다. 공동생산에 대한 이론적, 실천적 노력의 계기는 70대 후반 경기후퇴와 경제불황으로 인한 도시재정의 압박상황이었다. 이런 가운데서도 정부는 더 많은 양질의 서비스를 공급하라는 압력을 받아왔는데, 여기서 지방정부들은 도시의 재정능력과 시민들의 서비스기대 간의 균형을 재조정할 필요성에 직면하였고, 이에 대한 대안의 하나로 도시공공서비스의 공동생산이 제기되었다. 이런 면에서 공동생산은 "더 적은 비용으로 더 많은 서비스"의 딜레마에 대한 해답으로 제시되었다.

2. 공동생산의 유형

공동생산의 유형은 서비스전달에서 주민이 관여하는 형태 및 참여자의 단위를 기준으로 구분될 수 있다. 휘테이크는 주민의 관여유형에 따라 공동생산을 공공기관에 대한 시민의 부조요청, 공공기관에 시민이 부조를 제공하는 것, 서로 간의 서비스기대를 조정하기 위해 주민과 기관이 상호작용하는 것 등의 세 가지로 나누었다. 부조에 대한 시민의 요청은 사회안전, 복지, 긴급구조 등에서와 같이 시민의 요청은 기관의 업무를 계속 형성시키고, 작업을 정의하며, 서비스전달체계를 개선하는 역할을 한다. 시민의 부조제공은 운전자의 교통법규 준수, 자녀교육에 대한 부모의 관심, 지역사회안전에 대한 주민의 관심 등과 같은 경우인데, 이것은 서비스효과에 영향을 미친다. 마지막으로 시민과 서비스전문가 간의 상호조정은 공공서비스의 전달에서 서비스전문가와 시민이 시민의 문제에 대한 공통의 이해를 도모하기 위해 상호작용하는 것을 말한다. 이것은 특히 교육, 상담 등 고객의 행태변화를 목표로 하는 서비스의 경우 중요하다.

한편, 브루더니(Brudney)와 인글랜드(England)는 공공생산에의 참여단위에 따라 공동생산을 개인적, 집단적, 집합적 공동생산으로 구분한다. 개인적 공동생산은 편익이 개인적이고, 생산자영역과 소비자영역 간의 혼합의 정도가 작은 유형인데, 서비스제공과정에 불가피하게 시민이 참여하는 것과 시민이 자신의 소비를 위해 능동적이고 자원적 행위를 하는 것을 말한다. 후자에는 자신의 집 주위를 청소하는 것, 공공설비의 상태에 대해 공무원에게 제보하는 것 등이 포함된다. 집단적 공동생산은 활동의 편익이 집단적이고, 그 과정에서 주민집단과 서비스기관 간의 공식적 조정이 이루어진다. 그 예로는 자치방범대, 기타 서비스의 질과 양의 개선을 위한 주민결사체를 들 수 있다. 마지막으로 집합적 공동생산은 그 편익이 전체사회에 귀속되는 경우로서 자원봉사자를 활용하는 경찰, 소방, 동물보호, 도서관, 공원 등에 대한 행정기관의 사업들에서 그 예를 찾아 볼 수 있다.

3. 공동생산의 제도화방안

공동생산은 아무런 조건 없이 이루어지지 않는다. 학자들의 논의에 의면 공동생산이 이루어지는 기본조건은 첫째, 이것은 도시공공서비스의 공급수준이 시민의 기대보다 낮고, 시민의 기여로 인한 편익에 대해 무임승차의 문제가 없을 때 가능하다. 둘째, 이것의 가능성은 서비스생산에서 시민과 정부 간의 관계의 성질에 따라 차이가 있는데, 그 관계가 대체가능한 경우에는 선택적이며, 상호의존적인 경우에는 필수적이다. 셋째, 공동생산은 주민의 참여를 서비스생산과정에 이용할 수 있는 정부의 기술적, 관리적 능력이 있을 때 가능하다. 끝으로 공동생산은 시민들의 자원적 행동이 있을 때 가능한데, 이러한 행동은 자원자들이 효능감을 가지고, 다른 사람들도 참여할 것이라는 확신을 가질 때 나타난다.

공동생산이 활성화되기 위해서는 위와 같은 기본조건을 갖춘 것 외에 이것의 필요성에 대한 정부의 인식과 이것의 촉진을 위한 정부의 전략이 있어야 한다. 공동생산의 촉진을 위한 정부의 전략으로는 먼저 재정지원방안을 들 수 있다. 상위정부는 하위정부에게 공동생산과 연관된 사업에 자원을 제공할 수 있고, 지방정부는 지역사회의 자조노력에 재원을 보조하고, 세금감면을 제함으로써 시민참여를 유도할 수 있다.

다음으로 서비스전달체계개선전략을 들 수 있다. 서비스기관이 주민의 요구에 대응할 권한이 적고, 기관과 주민 간의 의사소통이 어려운 서비스전달체계에서는 지역사회개발에 주민의 참여가능성이 적어진다. 따라서 공동생산의 촉진을 위해 정부는 대응성을 높이고 분권화된 서비스전달체계를 구축해야 한다.

끝으로 행정가의 역할강화전략을 들 수 있다. 지방행정가는 주어진 상황에 따라 다양한 역할을 해야 하는데, 그는 공동생산에 대한 지역사회참여가 미약할 때 지역사회의 욕구를 개발하고 응집력 있는 집단으로 변화시키는 개발자 또는 조직가의 역할, 지역사회에 잠재적인 공동생산자가 있을 때, 긍정적인 방향으로 참여를 촉진시키는 촉진자의 역할, 지역사회에 공식 또는 비공식 집단에 조직되어 있을 때 공동생산을 위한 지식과 기술을 제공하는 중개자의 역할 등을 수행해야 한다.

참고문헌

Brudney, J. L.(1989). "Using Coproduction to Deliver Services." In J.L. Perry ed., Handbook of Public Administration. San Francisco: Jossey-Bass Pub.

Brudney, J. L., and R. E. England(1983). "Toward a Definition of the Coproduction Concept." *Public Administration Review*, Vol. 43, No. 1.

Ferris, J. M.(1984). "Coprovision: Citizen Time and Money Donation in Public Service Provision." *Public Administration Review*. Vol. 44, No. 4.

Levine, C. H.(1984). "Citizenship and Service Delivery: The Promise of Coproduction." *Public Administration Review*. Vol. 44, No. 2.

Parks et al.(1981). "Consumers as Coproducers of Public Services: Some Economic and Institutional Considerations." *Policy Studies Journal*, Vol. 19, No.7.

Rich, R. C.(1981) "Interaction of the Voluntary and Governmental Sectors." *Administration and Society*, Vol. 13, No. 1.

Sundeen, R. A.(1985). Coproduction and Communities: Implication for Local Administrators." *Administration and Society*, Vol. 10, No. 4.

Susskind, L. and M. Elliott(1983). Paternalism, Conflict and Coproduction. New York: Plenum Press.

Whitaker, G. R.(1980). "Coproduction: Citizen Participation in Service Delivery." *Public Administration Review*, Vol. 40, No. 3.

키워드: 공공서비스, 주민참여
작성자: 윤주명(순천향대)
최초작성일: 2003.02.

1. 공론화의 개념

공론(公論: deliberation)은 여럿이 함께 논의한다는 점에서 여론(輿論)과 유사한 의미를 지닌다. 그럼에도 불구하고 여론 또는 중론(衆論)은 단순히 여러 사람의 의견을 수동적이고 소극적으로 모으는 데 중점을 두는 반면에, 공론은 능동적이고 적극적인 의사소통을 강조한다는 점에서 차이가 있다. 이러한 측면에서 공론은 '공정하고 바른 의견'이며 '정제된 여론(refined public opinion)'이라고 할 수 있다(Fishkin, 2009: 14). 이처럼 공론화(公論化)는 '다수가 모여 함께 논의하는 과정, 다수가 숙의(deliberation)하는 과정'으로서 "어떤 사안(이슈)에 대해 여러 사람들이 함께 모여 숙의와 학습을 통해 정제되고 합의된 의견을 형성하는 과정"이라고 정의할 수 있다(김정인, 2018a: 67 – 78).

2. 공론화의 등장배경과 특징

공론화는 사회이슈 및 정책에 대한 국민들의 의견을 적극적으로 형성해 나가는 민주주의 과정이며, 민주주의의 기본 가치인 정치적 평등(political equality)과 숙의(deliberation)를 모두 달성하고자 한다(Fishkin, 2009: 1). 공론화는 사회구성원들이 배제되지 않고 모두 참여할 수 있도록 함으로써 자유롭게 의견을 펼칠 수 있도록 하는 포괄 또는 포용(inclusion)의 정치적 평등과정이며, 동시에 참여자의 깊이 있는 사고와 사려 깊음(thoughtfulness)이 고려되는 숙의과정이라 할 수 있다. 이와 같이 공론화는 민주주의의 기본원칙에 입각하여 정책결정시 모든 사회구성원들의 정치적 평등이 보장되어야 하며, 동시에 의사결정 참여자들 간 충분한 숙의과정이 실현되어야 함을 강조한다(김정인, 2018a).

공론화는 숙의민주주의(deliberative democracy)의 실현과정으로 고려될 수 있으며, 공론화의 발달은 숙의민주주의의 역사적 발달과정과 같은 맥락으로 살펴볼 수 있다(이하 김정인, 2018a: 69－70). 숙의민주주의라는 용어는 학문적으로 Habermas에 의해 처음 사용되었는데, 이 시기를 숙의민주주의 1세대라고 한다. 이 시기는 참여자들이 평등한 위치에서 열린 마음으로 충분한 숙의를 통해 공익을 달성하고자 하는 합의적 결정(consensus decision)과 '공론장(public sphere)'에서의 국민 숙의과정을 강조하였다(Elstub & McLaverty, 2014). 1세대 숙의민주주의는 대부분 이론적이고 규범적인 관점이 주를 이루었다. 1990년대 이르러 시작된 2세대 숙의민주주의는 복잡성, 다원성, 불평등, 전문성, 세계화 등의 환경변화 특징을 강조하여 만장일치 보다 '다원적 동의(plural agreement)' 방법에 의한 의사결정을 강조하였다. 3세대 숙의민주주의 학자들은 숙의민주주의의 실질적인 운영을 위해 현존하는 체제에서 숙의민주주의의 양립가능성과 숙의민주주의의 제도화(institutionalized)에 더 많은 관심을 두고 있다(Elstub & McLaverty, 2014).

한국에서도 2000년대 이후 공론화에 대한 관심이 급증하고 있다. 2004년 울산시 북구에서 음식물자원화시설 건립 갈등 문제해결을 위한 시민배심원제를 도입한 이후로 공론화에 대한 논의가 끊임없이 제기되었으며 특히 2017년부터 중앙정부와 지방자치단체에서 공론화 사례들이(예: 신고리 5·6호기 공론화 사례) 급속하게 증가하고 있다.

3. 공론화 활용(연구) 경향

숙의민주주의 실현 방안 중 하나인 공론화는 국민들의 정책과정 참여 활성화를 위해 적용가능하다. 시민배심원제(citizen juries), 합의회의(consensus conference), 공론조사(deliberative polls), 공론매핑(deliberative mapping), 국가 이슈 포럼(national issue forums), 시민 의회(citizen assemblies) 등 여러 가지 유형의 공론(公論)화 방법들이 활용된다(Fishkin, 2009). 공론화는 다양한 정책참여자들의 의견을 적극적으로 수렴할 수 있는 과정이며, 올바른 공론을 형성할 수 있다는 장점을 지닌다(김정인, 2018b). 또한 시민들은 공론화를 통해 누구나 평등하게 차별 없이 정책결정 과정에 참여할 수 있다는 점에서 공론화를 정책결정 대표성을 확보하는 과정으로 볼 수 있다. 즉 공론화를 통해 정부는 시민들의 요구(needs)를 적극적으로 파악할 수 있으며, 시민들은 자신들의 선호와 의견을 적극적으로 전달하는 등 공론화가 민주적 소통 장치가 된다는 점에서 긍정적 기능을 한다. 뿐만 아니라 공론 참여자들은 충분한 토론과 학습을 통해 정책과정에 참여할 수 있다. 공론화는 정책결정에 있어 숙의를 통한 집합적 합리성(collective rationality)을 증진시킬 수 있는 주요 기회가 되는 것이다. 이처럼 공론화는 정책결정 참여자들 간 정보교환을 통해 합리적인 정책의사결정에 긍정적인 역할을 할 수 있다.

그럼에도 불구하고 공론화의 한계점도 존재한다. 정책과정에서 다양한 의견들이 복잡하게 제시됨으로 인해 정책결정의 비일관성이 초래될 가능성이 높으며, 의사결정의 비용 증가를 초래할 수도 있다(Neblo, 2015: 7). 일반 시민들이 공론화를 통해 정책결정에 참여함으로써 정책결정에 있어서의 전문성 부족 문제가 발생할 수 있으며, 공론화 이슈에 대한 정보 부족 등으로 인해 객관적이고 중립적인 정책결정이 어려워 질 수도 있다. 이 때문에 편향된(biased) 정책결정이 이루어질 수도 있다. 뿐만 아니라 현실적인 한계(예: 비용 증가)로 인해 선택된 일부 시민만이 공론화 과정에 참여하게 되어 정책결정의 대표성 확보 문제가 야기될 수 있으며, 특히 소수집단에 의해서 주도되는 '고립된 공론화(enclave deliberation)'가 발생하여 합의와 상생보다는 집단 간 갈등과 분열이 확산될 수 있는 한계가 발생한다. 따라서 향후 정책결정과정에서는 효과적인 공론화 운영 방안이 모색될 필요가 있다.

참고문헌

김정인(2018a). 공론화에 대한 이론적 논의와 적용: 일본의 에너지·환경 공론화 사례를 중심으로. 「한국거버넌스학회보」, 25(1): 65–93.

김정인(2018b). 정책결정 과정에서의 공론화 적용 가능성에 관한 연구: 공론조사의 국가적 특수성, 대표성과 집합적 합리성을 중심으로. 「정부학연구」, 24(1): 343–375.

Elstub, S., & McLaverty, P.(2014). *Deliberative democracy: Issues and cases.* Edinburg University Press.

Fishkin, J. S.(2009). *When the people speak: Deliberation democracy & public consultation*, New York, NY: Oxford University Press.

Nelbo, M. A.(2015). *Deliberative democracy between theory and practice.* New York, NY: Cambridge University Press.

키워드: 공론, 숙의민주주의, 여론
작성자: 김정인(수원대)
최초작성일: 2020.01.

공리주의(Utilitarianism)

1. 개념

공리주의를 이해하기 위해서는 다음과 같은 몇 가지 개념을 이해하여야 한다.

1) 공리의 원리: 벤담(Jeremy Bentham)은 1789년에 출간한 도덕 및 입법의 제원리 서설 (An Introduction to the Principles of Morals and Legislation)에서 인간은 어느 시대, 어떤 장소에 있는 인간이든지 그가 행동을 하는 동기, 다시 말하면 말을 하거나 생각을 하거나 어떤 행동을 하는 모든 동기는 하나의 원리로서 설명할 수 있다고 한다. 그 하나의 원리가 곧 '공리(功利)의 원리'로서 "모든 인간의 행동은 쾌락을 극대화하려는 욕구로부터 나온다"는 것이다. 다시 말하면, 공리의 원리란 시(時)와 공(空)을 초월해서 모든 인간은 똑같이 하나의 동기, 즉 쾌락(pleasure)을 극대화하려는 동기에 의해서 행동을 하게 된다는 원리를 이름이다. 벤담에 따르면 이 공리의 원리가 인간이 무엇을 해야 할 것인가를 결정하고, 또 어떻게 해야 하는가를 결정하는 데 기본 원리로 작용한다고 하며 이것을 사회 이론의 기초 이론이라고 주장한다.

2) 목적론적 윤리설과 공리주의: 목적론적 윤리설은 인생의 궁극적 목적이 무엇인가, 즉 본래적 선(intrinsic good)이 무엇인가를 밝혀내고 어떤 행위가 옳은 행위인지의 여부는 곧 이 본래적 선, 즉 인생의 궁극 목적에 의해 판단된다고 주장한다. 또한 목적론적 윤리체계에서는 옳고 그른 행위의 척도는 가치의 기준을 행위의 결과(consequences)에 적용하여 판단하여야 한다는 결과주의를 특징으로 한다. 공리주의는 목적론적 윤리설의 가장 대표적인 학설로 인정되고 있다. 벤담을 위시한 19세기 공리주의자들이 고전적 공리주의를 제창한 이래 여러 유형의 공리주의가 산출되었으나 벤덤을 위시한 밀(J.S. Mill), 시즈위크(H. Sidgwick) 등

의 일련의 공리주의자들은 본래적 선을 쾌락(pleasure)이라고 보는 쾌락주의적 공리주의를 주장하는 한편 벤담이나 시즈위크(Sidgwick)는 모든 쾌락의 양화 가능성을 인정함으로써 양적 쾌락주의로 나아가게 되고, 밀(J.S.Mill)은 쾌락에 있어서 질적 차이를 인정함으로써 다양한 종류의 쾌락을 가정하는 질적 쾌락주의를 제시하게 되었다. 그 후 다시 래쉬달(H.Rashdall), 무어(Moore) 등은 본래적 선의 개념을 확장하는 쪽으로 나아가 본래적 선이나 가치가 하나 이상이라고 주장하는 다원공리주의가 등장하게 되며, 무어가 대표적 학자이다. 이들이 공통적으로 갖는 공리주의의 기본적 사고는 다음과 같이 표현될 수 있다.

행위란 그것이 자체로서 바람직한 본래적 선을 증진시키는 경향에 비례해서 옳으며, 본래적 악을 증진시키는 경향에 비례해서 그르다.

공리주의에서 말하는 본래적 선(본래적 가치)의 개념은 어떤 것이 더 높은 목적의 수단으로서가 아니라 목적 그 자체로서 가지는 가치를 의미한다. 따라서 목적론적 윤리설에서 말하는 인생의 궁극 목적과 같은 개념이다. 또한 공리주의에서는 목적론적 윤리설이 주장하는 결과주의에 따라 한 행위가 옳은지 그른지의 여부는 그 행위의 결과가 무엇인지를 찾아내고 그것이 본래적 선으로 보아 좋은지 나쁜지를 결정함으로써 알 수 있다고 본다.

공리주의자들 간의 논쟁은 바로 본래적 선을 무엇이라고 보느냐에 따라 견해를 달리하는 데 있다. 그러나 공리주의자들 간에 이견이 없는 점은 본래적 선을 극대화 해주는 행위가 옳은 행위라고 보는 극대화의 원리(maximizing principle)에 입각하고 있다는 점이다. 이러한 극대화의 원리는 결과주의와 더불어 공리주의의 대표적인 두 가지 특징이 된다.

공리주의 원리는 가장 유명한 목적론적 윤리설로서 행정학에서도 많은 행정활동들을 정당화하는 데 대표적인 기준으로 사용되어 왔다. 즉 최선의 행정이란 최대다수에게 최대의 (본래적인)선을 결과하는 행정이라는 것이다.

3) 최대다수의 최대행복의 원리: 벤담의 공리주의는 본래적인 선을 쾌락(pleasure)으로 보았으며, 또한 쾌락의 측정이 가능하다고 보는 양적 쾌락주의(量的快樂主義)를 주장한다. 따라서 이는 고대에 윤리학설로서 대표적으로 알려져 있는 쾌락주의(epicurianism)에 근거하고 있다고 볼 수 있다. 그러나 희랍의 쾌락주의자들이 모두 개개인의 쾌락을 목적으로 삼은 데 반해, 근세 영국에서 벤담을 중심으로 발전한 공리주의는 사회전체의 쾌락을 강조했다는 점에서 다르다. 따라서 공리주의는 쾌락주의의 근대적 형태로서 영국의 전통적인 경험주의 기반 위에 18세기의 합리주의 사상이 결합되어 탄생된 근대적 쾌락주의라 할 수 있다.

공리주의가 최대행복의 원리를 표방함과 동시에 최대다수의 원리를 내세움으로써 다수의 사람에게 다량의 행복을 주려는 것이 공리주의의 원칙이라는 점은 공리주의가 개인적인 쾌락주의가 아니라 대중적 혹은 사회적 쾌락주의라는 주장을 뒷받침 해준다.

4) **공리주의 원리에 따른 가치판단 기준**: 공리주의가 쾌락주의에 기초해서 표방하는 '최대다수의 최대행복의 원리'는 복수의 사회적 행위나 정책(혹은 정책대안)들 중에서 어느 행위나 정책이(혹은 정책대안) 더 옳은(right) 것인지(정의로운 것인지)를 판단하는 기준은 그것들 중 어느 것이 결과적으로(결과주의 원칙에 따라) 사회를 구성하는 보다 많은 사람들의 만족(쾌락)의 총계를 보다 더 최대화(극대화의 원리에 따라)하느냐에 따라 결정된다고 보는 것이다.

5) **공리주의 원리와 불평등의 문제**: 공리주의 원리 속에 내포된 불평등 배분의 문제

공리주의에 대한 강력한 비판 중의 하나는 그것이 배분을 중심으로 한 정의의 원칙에 위배될 가능성을 원리 속에 내포하고 있다는 데 있다. 다음과 같은 경우를 가정해보자.

사 회 \ 성 원	A	B	C
I	300	200	10
II	150	100	90
III	100	100	100

공리주의의 원리에 따르면 I, II, III의 사회 중에서 사회 I을 선택하게 될 것이다(전체 공리주의에서 보면 510, 평균공리주의에서 보면 170). 그러나 C의 경우 불평등이 너무 심하게 나타난다. 따라서 많은 사람들은 사회 I보다 II나 III을 선택하게 될 것이다. 만약 효용의 합계가 생사(生死)의 문제를 의미한다면, 예를 들어 사회 I이 50 이하의 효용을 가지고는 살아갈 수 없는 사회라면 공리주의는 C라는 한 사람의 희생을 정당화하는 것이 된다.

공리주의는 그의 일반원리로 제시된 최대다수의 최대행복의 원리를 배분문제에도 그대로 적용하여 가능한 대안적 배분 형태 중에서 최대다수의 최대행복을 결과하는 배분이 가장 정의로운 형태라고 본다. 그러나 이러한 공리주의관은 위의 예에서 보았듯이 다수를 위해 다수에 포함되지 않은 소수의 희생을 정당화할 가능성을 내포하고 있다는 점에서 우리의 일상적인 정의감에 위배될 가능성을 내포하고 있다.

공리주의는 만족의 총량만을 고려하기 때문에 만족의 총량이 사회 구성원들 사이에 어떻게 배분되어 있는가 하는 것에 대해서는 이야기하고 있지 않다. 그러므로 다수자에 보다 큰 만족을 배분함으로써, 소수자를 침해하는 것이 되어도 관계없다고 하는 것을 용인하게 된다. 그러나 대다수의 사람들이 대체로 찬성해도 극히 소수의 사람들이 강력히 반대하는 사안도 있을 수 있으며, 이 경우 대다수의 사람들이 대체로 찬성하는 것이 반드시 옳다고 볼 수 없

는 경우가 있을 수 있는 바 공리주의는 이러한 문제들에 대해 답을 할 수가 없는 것이다.

2. 발전배경

벤담의 공리주의에 담겨진 그의 사상을 이해하기 위해서는 그가 근거하고 있는 그의 철학을 이해할 필요가 있다. 그는 16세기 이래 자연과학의 영향을 받아 자연과학자들이 한 동일한 연구를 정신과학에서도 수행하지 않으면 안 된다고 보았다. 그리하여 도덕계에 있어서도 자연계에 있어서의 발견과 진보와 같이 새로운 발견이 없이는 정체된다고 생각한 끝에 "최대다수의 최대행복은 옳고 그름의 척도이다"라는 근본 명제를 발견하기에 이르렀다.

그에 의하면 18세기는 자연과학의 경이적인 발달로 인해 자연을 이용하여 인간의 행복을 증진시키고 있는데 반해, 인간 사회의 빈곤이나 범죄가 여전히 그치지 않고 있는데 그것은 자연을 지배하고 있는 법칙과 꼭 같은 법(칙)이 인간의 정신세계를 지배하고 있는데도 입법자가 그것을 모르고 있기 때문이라고 본다. 따라서 정신철학, 즉 도덕철학의 과제는 인간의 정신세계를 지배하고 있는 법(칙)을 발견하고 사람들에게 그것을 따르도록 하게 하는데 있다고 논했다. 즉 그의 학문의 일관된 방법은 자연과학이 자연에 존재하는 법칙의 발견을 통해 자연을 인간생활에 유리하도록 이용하듯이, 정신에 관한 학문도 자연과학과 같은 정밀과학의 방법으로 연구하는 일이었으며 입법을 과학적 원리 위에 수립하는 일이었다.

그는 정신과학을 자연과학과 같은 정밀과학으로 만들기 위해서는 전체를 구체적인 개체로 분해해서 관찰하고 그것에 공통하는 현상을 추론으로 법칙화하는 일이라고 본다. 자연과학이 감각적으로 경험할 수 있는 특정의 물(物)을 분석하여 그 성분을 밝히고 개물(個物)의 실험에서 그것의 운동법칙을 발견하는 것처럼, 정신과학도 감각적으로 경험할 수 있는 개체의 관찰에서 출발해야 한다고 본다. 즉 사회에서 부터가 아니라 그것을 구성하고 있는 개개인의 인간 관찰이야말로 우리들의 연구의 출발점이라고 보았다.

이와 같이 그는 개개인을 관찰단위로 삼아 연구한 끝에 각 개인이 쾌락(pleasure)의 획득과 고통의 회피를 목적으로 삼는다는 점을 인간관에 대한 경험론적 기반 위에서 발견하고 이러한 사실적 전제로부터 사회 역시 사회구성원 전체의 쾌락을 극대화하는 것이 당연하다고 보았다. 즉, 그는 개인적 선택의 원리와 사회적 선택의 원리 간에 유추(類推, analogy)를 통해 윤리학적 쾌락주의의 결론을 이끌어 내어 관계자들의 쾌락을 최대한으로 늘리고 고통을 최소화하는 행위가 옳은(right) 행위라는 기본 명제를 발견하기에 이르렀다.

벤담은 인간은 쾌락을 극대화하려는 합리적 계산적인 존재일 뿐만 아니라, 또한 기본적으로는 개인주의적이며 게으른 존재라는 인간관에 입각하고 있다. "인생의 일반적 행로에서 모든 인간의 마음에는 자애적 이해(自愛的 利害)가 다른 모든 이해에 대해 지배적이다... 자기 선호는 모든 곳에 놓여 있다."고 한다. 또한 모든 사람들은 어떤 일이나 노력도 고통스럽게 생각한다고 믿었다. 따라서 벤담의 인간관은 인간은 보다 큰 쾌락이나 보다 큰 고통의 회피가 약속되지 않으면 결코 일을 하거나 노력을 하지 않을 것이라는 인간관에 입각하고 있다.

벤담이 제시한 공리의 원리는 비록 그것이 직접적으로 경제이론을 다루고 있지는 않지만 그 후 신고전학파 경제학의 철학적 기초를 이루고 있다. 또한 신고전학파의 경제학은 그것이 효용이론에 기초하고 있으면서 그 후의 후생경제학(welfare economics)의 기초가 된다. 이렇게 볼 때, 공리주의 원리는 후생경제학에서의 효용이론의 철학적, 이론적 기초가 되었음을 알 수 있으며, 따라서 효용이론이나 후생경제학 등이 내포하고 있는 한계점들은 그 근원이 결국은 공리주의 철학이 내포하고 있는 한계점에 있다고 할 수 있다.

이러한 효용이론이나 후생경제학은 우리가 행정이념으로 가장 많이 거론하는 능률성 내지 효율성의 기초가 된다. 따라서 공리주의 원리의 한계점이 곧 효율성이나 능률성의 한계점이 된다.

참고문헌

김항규(1998). 행정철학(개정판). 서울: 대영문화사.

Bentham, J.(1962). An Introduction to the Principles of Morals and Legislation, John Bowring(ed.), The Works of Bentham. Russel & Russel

Mill, J. S.(1957). Utilitarianism. The Liberal Arts Pess.

Rashdall, H.(1970). The Theory of Good and Evil, V. I. . Oxford, Clarendon Press.

Sidgwick, H.(1966). The Methods of Ethics (7th. ed.). New York: Dover Publications.

Stark, W.(ed.)(1954). Jeremy Bentham's Economic Writings, 3 vols. London: Allen & Unwin.

키워드: 공리의 원리, 목적론적 윤리설, 본래적 선, 결과주의, 양적 쾌락주의, 최대다수의 최대행복의 원리

작성자: 김항규(목원대)

최초작성일: 2001.10.

공식 조직(비공식 조직)(Formal Organization)

1. 개념 정의

공식 조직(formal organization)은 법령이나 규정에 의해 인위적으로 만들어진 조직이다. 법률이나 직제 등 규정이나 절차에 기초한 가시적 조직으로, 공식적인 목표, 구성원 간의 관계, 역할 등이 있고, 합리성과 능률성의 원리에 기초해 활동한다. 목표 달성을 위한 구조와 절차(institutional rules)를 발전시키며, 권한은 조직의 상층부로부터 하부로 위임된다.

2. 공식 조직의 특징

공식 조직의 특징은 다음과 같다.
① 계획적으로 바꾸지 않는 한, 지속적으로 존재한다.
② 의사소통은 상의하달(上意下達)이다.
③ 목표 달성에 전념한다.
④ 정적(static)이다.
⑤ 목표에 역할을 정확히 정렬시키는 데 뛰어나다.
⑥ 경계가 명료하다.
⑦ '사람'을 '역할'과 동등시한다.
⑧ 계급제이다.
⑨ 성문화(成文化)된 규칙과 지시를 통해 하나로 묶여진다.

⑩ 쉽게 이해되고, 설명된다.

⑪ 이미 알고 있고 모순이 없는 일관된 상황을 다루는데 능력이 뛰어나다.

3. 비공식 조직과의 관계 및 비교

모든 공식 조직 안에는 비공식 조직이 활동한다. 공식 조직을 구성하는 개인은 공식 조직이 충족시켜주지 못하는 부분에 대하여 또는 그것을 넘어 자신의 일과 가치, 규범, 사회적 관계를 발전시킨다. 구성원들 사이의 공유 가치, 관계의 발전은 비공식적인 복잡한 사회관계의 네트워크 및 지위 구조를 발전시킨다. 이것은 비공식 조직의 탄생을 의미한다. 비공식 조직 또는 집단은 문제에 직면할 때 공식 조직이 해결책을 제시하지 못하면 스스로 해결 방안을 모색한다. 환경 변화가 있고, 공식 조직의 규정이 미처 반영하지 못할 때, 문제 해결과 결정 과정을 통하여 스스로의 규범과 기준을 만들어간다. 공식 조직의 성과와 생산성에 직접 영향을 미치기도 한다. 공식 조직은 궁극적으로 비공식 조직의 활동 형태와 내용 환경을 제공한다. 만일 극단적으로 공식 조직이 비공식 조직 생성의 필요나 욕구를 다 해결해 준다면 비공식 조직은 크게 줄어들거나 거의 나타나지 않을 수도 있다. 비공식 조직은 공식 조직의 목표 달성을 방해하는 여러 가지 부정적 역할을 할 수 있는 까닭에, 공식 조직은 내부에 존재하고 활동하는 비공식 조직의 규범(unofficial norms)과 네트워크에 대한 충분한 조사와 지식, 정보 등이 필요하다.

공식 조직은 비공식 조직과 다음 몇 가지 점에서 구별된다. 첫째, 공식 조직은 사람 간의 관계보다는 업무, 역할과 책임 중심적 네트워크라는 점에서, 구성원 간의 인간관계에 기초한 비공식 조직과는 다르다. 둘째, 공식 조직이 조직 목표 달성을 위한 명령과 지시, 책임, 역할 관계로 이루어지나 비공식 조직은 행동, 상호 작용, 규범, 개인 간 관계의 총체이다. 셋째, 공식 조직은 전형적인 기계적 관계(technical relations) 조정, 통제 시스템이나 비공식 조직은 사회적 관계(social relations) 시스템이다. 하지만 규모는 공식과 비공식 조직을 구분하는 기준이 아니다.

공식 조직과 비공식 조직은 여러 측면에서 차이가 있으나 비공식 조직은 공식 조직이 현실과 마찰, 거리, 긴장에 직면할 때, 완충, 보완, 조화를 통해 공식적 구조와 절차, 기술적 활동의 불확실성을 제거하고 목표 달성을 촉진하는 역할을 한다.

참고문헌

Barnard, C. I.(1987). Informal organizations and their relation to formal organizations. In J. M. Shafritz & A. C. Hyde (Eds.), Classics of public administration (2nd ed., pp. 96−101). Chicago, IL: The Dorsey Press. Reprinted from The functions of the executive by C. I. Barnard(1938), Cambridge, MA: Harvard University Press.

Blau, P. M., & Scott, W. R.(1987). The concept of formal organization. In J. M. Shafritz & J. S. Ott (Eds.), Classics of organization theory (2nd ed., pp. 187−192). Chicago, IL: The Dorsey Press. Reprinted from Formal organizations: A comparative approach by P. M. Blau & W. R. Scott(1962), San Francisco, CA: Chandler Publishing, pp. 2−8.

McFarland, D. A.(2001). Student resistance: How the formal and informal organization of classrooms facilitate everyday forms of student defiance. *American Journal of Sociology*, 107(3): 612−678.

키워드: 공식 조직, 비공식 조직, 조직
작성자: 박흥식(중앙대)
최초작성일: 2019.12.

공유의 비극(The Tragedy of The Commons)

1. 개념

공유의 비극은 목초지, 어장과 같은 공동소유 자산의 활용을 둘러싸고 구성원들이 상호 협조와 타협이 없이 각자 개인 이익의 극대화만 추구할 경우, 공익이 훼손되는 것은 물론 궁극적으로는 공유자원이 고갈되어 개인이 이용할 수 없게 되는 공멸현상을 초래하는 것을 가리키는 개념이다. 즉, 개인의 이익을 위해 노력하면 공익은 자동적으로 보장된다는 개인의 자유를 바탕으로 한 아담 스미스(Adam Smith)의 보이지 않는 손(invisible hand)의 가정이 적용되지 않는 영역에서 발생하는 비극적 상황을 말한다. 개인 수준에서 이루어지는 합리적 행위의 총합이 사회 전체적인 차원에서도 항상 합리적인 것은 아니라는 것이다.

공유재 또는 공유자원은 다수의 사람들이 이용하면서도, 특정인의 사용을 배제하기 어렵고(비배재성), 한 사람의 사용량이 많음에 따라 다른 사용자들이 사용할 수 있는 양이 감소되는(경합성) 특징을 지니는 재화나 서비스이다. 비배재성과 비경합성이 강한 공공재와는 구별되는 개념이다. 대표적인 예로 공동이용의 목초지나 수렵장, 어장 등을 들고 있지만 공해로 인한 외부효과가 발생하는 강이나 산, 농지는 물론 국립공원, 전파나 공용 주차장이나 공용 쓰레기 매립장, 일반도로, 소음배출이나 과당 광고 등이 없는 안락한 생활환경도 공유자원으로 볼 수 있다.

1968년 하딘(Garrett Hardin)이 *Science*지에 발표한 논문에서 공유지의 비극(the tragedy of the commons) 이라는 용어를 사용하였는데, 그 이후 이 용어는 특정자원이 다수에 의하여 공유될 경우에 언제나 사후적으로는 바람직한 수준 이상으로 과도하게 사용된다는 현상을 설명하는 데 이용되어 왔다. 하딘은 그러한 상황을 설명하기 위하여 모든 방목인이 사용

가능한 목초지를 예를 들었다. 그리고 나서 합리적인 방목인들이 어떻게 행동할 것인가를 검토하였다. 각 방목인들은 공동 목초지에 자신의 가축들을 방목함으로써 직접적인 편익을 얻지만 그의 가축이나 다른 방목인들의 가축이 필요이상으로 과도하게 목초를 섭취함으로써 그 목초지가 황폐해지면 결국 그 피해는 모두에게 돌아가게 된다. 따라서 각 방목인들은 될 수 있으면 자기 소유의 가축을 많이 방목하려는 욕구가 생기게 되는데 이는 자기 가축의 방목으로부터는 직접적인 이익을 보게 되지만 자신이나 다른 방목인들의 과다 방목으로 인해 목초지가 황폐화되는 피해에 대해서는 자신 혼자가 아닌 다른 사람들과 함께 부담하기 때문이다. 자신의 과다 방목으로 발생한 피해의 규모가 1이고 n명의 방목자가 존재한다면 자신의 행위로 인한 피해는 $1/n$에 지나지 않는다. 소위 외부효과가 핵심적인 역할을 하는 대표적인 경우로 하딘은 다음과 같이 결론내리고 있다. "바로 거기에 비극이 있다. 각 방목자는 방목행위를 과다하게 할 수 밖에 없는 시스템 속에 갇혀 버리게 되는 것이다. 원래 환경은 유한한데 무한대의 행위를 하는 것과 같다. 공유자원의 이용에 대한 자유를 신봉하는 사회에서 모든 사람들이 자기 자신의 이익을 극대화하려고 서두르다 공멸하게 되는 것이다."

2. 역사적 배경

영국에서 산업혁명이 시작된 이래 모직산업의 기계화가 진전되면서, 모직사업은 당시 최고의 부가가치산업으로 등장하게 된다. 따라서 양모의 수요가 급증하면서 농부들은 양을 경쟁적으로 사육하기 시작하였다. 그런데 당시 초지는 마을 공동소유(commune)로 되어 있었기 때문에 가꾸는 사람은 없고 사용하는 사람만 많게 되어, 결국 급격히 수가 늘어난 양은 초지를 금세 황폐화시켰다. 못쓰게 된 초지에는 감자 등의 작물조차 자라지 못해 그 유명한 '감자기근(potato hunger)' 사태가 벌어지게 되었고, 당시 철학자인 Thomas More는 이를 두고 '양이 사람을 잡아먹는다'고 한탄한 바 있다. 이처럼 개인 이익만을 추구한 결과, 모두의 이익을 저해하게 되었다. 그러자 마을 사람들은 모두 모여 이 문제를 해결할 방법을 찾았는데 그것은 바로 초지를 분할 소유하고, 각자의 초지에 울타리를 치는 것이었다. 이것이 바로 울타리를 친다는 뜻의 'enclosure movement'이다. enclosure는 개인의 재산권 확립을 의미하는 것으로서, 이로써 농부는 자신의 책임 하에 양의 숫자를 조절하거나 초지를 가꾸는 등의 노력을 하게 되어 초지를 남용하지 않게 되었다.

사실 하딘의 1968년 논문 이전에도 공유자원의 비극에 대하여 지적한 문헌은 많이 존재한다. 예컨대 로이든은 이미 1833년에 공유자원에 대한 이론을 소개하면서 자원이 공유되면 결국 방만하게 소비될 것이라는 예측을 하였다. 또 하딘의 논문이 발표되기 14년 전에 고든은 이 분야의 고전으로 여겨지는 어류자원에 대한 논문에서 매우 흡사한 논리로 공유의 비극에 대하여 경고한 바 있다. 어류자원 보존에 대한 모든 사람의 책임은 결국 아무의 책임도 아니라는 것이다. 만인에게 개방된 부는 어떤 사람에게도 자신의 부로 인정되지 않는다. 자신이 소비할 차례를 기다리다가는 결국 다른 사람들이 모두 사용해 버리고 말 것이기 때문이다. 바다에 살고 있는 고기를 잡아 생계를 이어가는 어부들에게 바다의 고기들은 자신의 재산으로 인정되지 않는다. 다른 사람들이 마음대로 잡아버리면 자신이 잡을 수 있는 고기는 사라지기 때문이다. 공유의 비극은 홉스가 묘사한 홉스의 정글에서도 잘 나타나고 있다. 홉스에게 있어서 자연 상태는 내 것과 네 것의 구분이 있는 재산권이 설정되지 않은 공유의 상태를 의미한다. 이러한 상태에서 사람들은 공유된 자원에서 우선적으로 자신의 이익을 위하여 폭력에 의존하여 만인의 만인에 대한 투쟁 상태가 일상화되고 이런 상황에서는 모든 사람들의 생활이 피폐해질 수밖에 없다는 것이다.

3. 정책적 대안

공유재를 사용하는 합리적 개인들은 정부나 사회적 권위의 도움이 없는 한 공유재의 비극에서 벗어나지 못한다는 것이 '죄수의 딜레마 게임' 등에 기초한 공유재 이론의 가설이다. 이러한 가설에 의하면 공유재 사용 상황에서 집단행동의 문제를 해소하기 위해 전통적으로 사용되는 방법은 여러 가지가 있을 수 있다. 하나는 사회적으로 정당한 권위를 가진 정부나 사회의 강제적 개입을 통하여 공유자원에 대한 접근을 규제하는 것이다. 또 하나는 개인의 재산권을 설정하여 스스로 공유자원을 지속가능하게 관리하게끔 하는 것이다. 또 일정한 주기마다 공유자원에 대한 쿼터를 설정함으로써 남획이나 무분별한 채취행위를 방지할 수 있다. 전파와 같은 특수한 공유자원의 경우 정부가 인허가 등을 통해 공익에 맞는 사업자를 선정할 수도 있다.

아울러 집단행동의 문제는 외부적 조건의 변경 없이 자치적으로 해결 가능하다는 지적도 있다. 즉 공유재 사용에 참가하는 집단에게 '미래 지향적인 결정'을 할 수 있도록 유도하는 정책을 시행하면 된다는 것이다. 가령, 현재 공유재의 사용이 미래 공유재의 상태에 미치는 영향에 대한 정보를 공유재 사용에 참가하는 사람에게 제공함으로써 공유재의 사용 방법과 양을 결정하는 데 좀 더 미래적으로 유도하는 전략을 채택할 수 있다. 이것은 죄수의 딜레마 게임에서 볼 수 있는 상호 협력의 필요성을 인식시키는 전략과도 일맥상통한다. 그러나 교육 등의 방법에 의하여 공유의 비극을 차단할 수 있는 가능성이 있는 것은 사실이지만 세대를 초월하는 반복적 교육이나 도덕적 양심에 의존하여 공유재의 남용을 자제하기를 기대하기는 곤란하다.

　그렇기 때문에 우리생활에서 접하는 수많은 규제들이 강제성을 띄거나 불공평의 문제가 야기됨에도 불구하고 도입된다. 정부규제 중 상당 부분은 이러한 공유의 비극을 해결하고자 도입된 것이다. 결국 누구나 사용할 수 있는 자원에 대한 재산권을 국가가 설정하거나 접근을 제한하겠다는 취지인 것이다. 환경규제는 원칙적으로 유한한 공유재인 환경을 많은 사람들이 무분별하게 오염시킬 수 있는 상황에서 자신의 이익을 위하여 환경을 과도하게 오염시키지 말고 미래 세대와 공익을 위하여 환경을 지속가능하게 유지 관리하자는 목적에서 이루어지는 것이다. 도로교통법상의 수많은 규제들도 일반도로가 공유재로서의 성격을 가진 데서 오는 문제를 해결하고자 하는 동기를 가지고 있다. 그러나 이러한 규제가 관료들의 자의적 판단에 의한 것이 아니라 사회 구성원 각자가 상응하는 책임감을 가지고 자제하고 절제할 수 있도록 사회적 타협을 통해 서로를 강제할 때 비로소 사회협약으로서의 규제가 가능할 것이다.

4. 평가

　하딘은 이러한 공유자원의 탐욕적 이용으로 인한 도덕적 해이가 문제가 되는 것은 인구 문제가 있기 때문이라고 한다. 만약 공유자원이 무한하다면 공유지의 비극은 발생하지 않을 수도 있는 것이다. 이러한 자연상태에서는 공유재가 정당화될 수 있는 것이다. 따라서 공유의 비극은 공유자원이 인간의 욕망에 비해서 희소할 때 발생된다. 따라서 인구증가가 계속되는 한 전통적 공유재는 하나씩 하나씩 사라질 수밖에 없는 것이다.

　농지나 토지의 이용을 제한하거나 수렵이나 어장의 이용을 제한하고 심지어는 광고를 통한 전파의 낭비도 제한하는 등 공유자원의 이용에 대한 제한은 불가피하게 개인의 자유를 침해하거나 불공평을 야기할 수도 있다. 그러나 그렇게 하지 않으면 공멸의 길을 걷게 될 것이기 때문에 사회적 합의를 바탕으로 한 개입은 불가피하다 할 것이다.

참고문헌

김일중(1995). 규제와 재산권. 서울: 한국경제연구원.

최병선(1992). 정부규제론. 서울: 법문사.

Garrett Hardin, "The Tragedy of the Commons", *Science*, vol. 162, no. 3859, December, 1968, pp.1243－1248.

키워드: 공유자원, 공유의 비극, 규제, 재산권

작성자: 최신융(숙명여대)

최초작성일: 2010.01.

공정성(Justice)

1. 공정성 개념

국립국어원 표준국어대사전에 의하면 공정성(公正性: Justice/Fairness)은 '공평하고 올바른 성질'을 의미한다. 사실 공정성이 무엇인가에 대해 명확한 정의를 제시하기는 어렵다. 일례로 공정성의 영어표현 역시 다양하게 제시된다. 공평성(fairness), 정의(justice), 형평(equity) 등이 모두 공정성의 의미로 사용되는 것이다. 예를 들어 조직이론에서 가장 많이 활용되고 있는 조직공정성은 'organizational justice'라는 표기로 제시되며(Homans, 1961), 반면 'equity theory'는 공정성 이론으로 해석된다(Adams, 1965). 이에 반해 사회심리학적 관점에서 공정성은 공평성(fairness)과 동일한 의미로 간주되기도 한다(Greenberg, 1990). 이처럼 공정성의 의미는 공평성, 정의, 형평성의 의미를 모두 포함하는 용어로서, 그 의미가 다양하게 해석될 수 있다.

2. 공정성 등장배경과 특징

행정학과 조직학에서 가장 많이 논의되는 조직공정성에 초점을 맞추어 공정성에 대해 논의할 수 있을 것이다. 조직공정성은 "개인의 조직에 대한 기여가 그가 조직으로부터 받은 보상과 관련된 정도"로 정의될 수 있으며, 배분공정성(distributive justice), 절차공정성(procedural justice), 상호작용 공정성(interactional justice)으로 분류된다(김호균·김정인, 2013: 163). 첫째, 배분공정성은 사회적 교환관계에 기반을 둔 개념으로서 조직구성원 자신의 조직 기여(투입)

와 자신이 받은 보상(산출)의 비율이 다른 사람의 그것과 비교하여 동등하다고 인식될 때 확보될 수 있다(김호균 · 김정인, 2013: 164). 이는 Homans(1961)에 의해 도입되고 Adams(1965)에 의해 발전된 공정성 이론과 같은 맥락으로 이해될 수 있다. 배분공정성은 절대적인 개념이 아니라 조직구성원의 인식에 따르는 상대적인 개념인 것이다. 그러나 Adams(1965)의 공정성 이론은 지나치게 결과자체를 중시했다는 비판을 받고 있어, 이를 개선하기 위해서 제시된 것이 바로 절차공정성이다(Thibaut & Walker, 1975).

둘째, 절차공정성은 결과에 이르는 과정 또는 절차의 중요성을 강조한다. 보상 자체보다는 보상이 결정되는 절차나 규칙 등이 어느 정도 일관적 또는 윤리적으로 적용되었는가의 인식을 중요시 하는 것이다(Leventhal, 1980). 즉 절차공정성은 "보상의 크기를 조직이 결정하기 위해 사용하는 과정이나 절차에 대해 조직구성원들이 공정하다고 인식하는 정도"로 정의할 수 있다(김호균 · 김정인, 2013: 164). 특히 Leventhal(1980)은 '레벤탈 규칙'을 제시하면서 절차공정성이 달성되기 위해서는 편견배제(bias-suppression), 대표성(representativeness), 일관성(consistency), 정확성(accuracy), 수정가능성(correctability), 윤리성(ethicality)등 여섯 가지 요인이 선행되어야 한다고 주장하였다(Leventhal, 1980; 김호균 · 김정인, 2013: 164). 절차공정성 역시 배분공정성과 같은 맥락에서 절대적인 개념이라기 보다는 상대적인 개념으로 이해할 수 있을 것이다. 조직구성원들은 그들의 업무과정이나 의사소통과정에서 이러한 여섯 가지 요인들이 그들에게 차별 없이 일관되게 적용되기를 기대한다(Leventhal, 1980).

마지막으로, 상호작용 공정성은 조직구성원들이 조직 내 다른 구성원들로부터 받는 대우에 대한 공정성 인식 정도를 의미한다(김호균 · 김정인, 2013). 상호작용 공정성은 세부적으로 대인공정성(interpersonal justice)과 정보공정성(informational justice)으로 분류될 수 있다(Colquitt, 2001). 전자인 대인공정성은 관계적 측면에서 상대로부터 얻는 존중 정도를 의미하며, 후자인 정보공정성은 상대로부터 획득하는 정보의 시의성, 구체성, 진실성 정도를 의미한다(Colquitt, 2001). 즉 조직 내 상호작용 공정성은 의사결정에 있어 조직구성원들에게 충분한 설명이 있거나 정보전달이 공정하게 이루어지는 것을 의미한다.

그러나 최근에는 조직공정성을 하위 세부요인으로 구분하여 분석하는 것 보다 통합적이고 총체적인 관점에서 전반적인 조직공정성(overall organizational justice)을 분석하는 것이 보다 정확하고 효율적이라는 의견도 제시되고 있다(Holtz & Harold, 2009).

3. 공정성 활용(연구) 경향

조직공정성은 조직이론에서 자주 활용되는 개념이다. 조직공정성 연구는 독립변수로서의 조직공정성, 종속변수로서의 조직공정성, 매개변수 또는 조절변수로서의 조직공정성 등으로 다양한 연구가 진행되었다. 첫 번째 독립변수로서의 조직공정성 연구는 조직공정성이 어떻게 형성되는 가에 따라서 조직구성원들의 직무태도나 행동(예: 직무만족, 조직몰입, 조직시민행동, 이직의도 등) 형성에 중대한 영향을 미친다는 것을 확인하였다(Greenberg, 1990). 예를 들어 조직공정성 특히 배분공정성과 절차공정성이 조직구성원들의 조직몰입과 조직시민행동 등에 미치는 영향력을 분석한 연구가 있다(김호균·김정인, 2013). 두 번째 종속변수로서의 조직공정성 연구는 조직공정성 형성에 미치는 영향 요인들을 연구한다. 대표적인 예로 리더십이 조직공정성에 미치는 영향을 분석한 연구가 있다. 변혁적 리더십, 윤리적 리더십, 서번트 리더십 등이 조직공정성 형성에 미치는 영향을 분석한 것이다(Greenberg, 1990). 세 번째 조직공정성을 매개변수 또는 조절변수로 고려한 연구가 있다. 예를 들어 리더십이 조직몰입에 미치는 영향은 조직구성원들의 조직공정성 인식 정도에 따라서 달라진다는 것이다(예: 김호균·김정인, 2013).

참고문헌

김호균·김정인(2013). 미국 NPO 조직에서의 조직공정성, 조직몰입, 조직시민행동간 관계고찰 현대행정과 합법성 이념의 재음미. 「한국행정학보」, 47(2): 161−187.

Adams, J. S.(1965). Inequity in social exchange. In L. Berkowitz (Ed.) *Advances experimental social psychology*, New York, NY: Academic Press.

Colquitt, J. A.(2001). On the dimensionality of organizational justice: A construct validation of a measure. *Journal of Applied Psychology*, 86: 386−400.

Greenberg. J.(1990). Organizational justice: Yesterday, today, and tomorrow. *Journal of Management*, 16(2): 399−432.

Holtz, B. C., & Harold, C. M.(2009). Fair today, fair tomorrow? A longitudinal investigation of overall justice perceptions. *Journal of Applied Psychology*, 94(5): 1185−1199.

Homans, G. C.(1961). *Social behavior: Its elementary forms*. New York, NY: Harcourt, Brace, & Jovannovich, Inc.

Leventhal, G. S.(1980). What should be done with equity theory?: New approaches to the study of fairness in social relationships. In K. Gergen, M. Greenberg, & R. Willis (Eds.), *Social exchange: Advances in theory and research* (pp. 27−55). New York, NY: Plenum.

Thibaut, J., & Walker, L.(1975). *Procedural justice: A psychological analysis.* Hillsdale, NJ: Lawrence Erlbaum Associates.

키워드: 배분공정성, 절차공정성, 상호작용 공정성
작성자: 김정인(수원대)
최초작성일: 2020.01.

공직부패(Public Corruption)

1. 개념

공직자의 부패는 주로 공무원을 중심으로 유발되는 부패이다. 여기에서 먼저 공직이란 무엇을 말하는 것인가 살펴보자.

첫째, 공직(public office)의 의미는 국민의 공복(public servant)이라는 뜻이다. 공복이란 국민의 심부름꾼이며 봉사자란 의미이다. 공직이 결코 국민과 백성을 다스리고 통제하고 군림하는 직책이 아님은 물론이다. 이러한 맥락에서 전통적인 유교적 가치관에서 배태된 관존민비의 사상은 잘못된 것이다.

둘째, 공직은 국민의 대표자로서 역할과 기능을 가진다. 국민의 대표자란 의미는 정치적 대표자란 의미이고 법적인 대표자는 아니다. 그러나 국민의 복리를 위하여 최선을 다하여 봉사하여야 할 책임을 진다. 공직자는 국민과의 관계에서는 일반인보다 더 강한 책임의식을 느껴야 된다. 그리고 특히 공직자는 정부관료제에 있어서 시민과 정부보다도 더 강한 책임의식을 느껴야 되고 정부와 공직자와의 관계는 특별권력관계(special power-relationship)를 향유하며 국민에 대하여서 책임과 의무를 가진 봉사자로서의 공직윤리를 가져야 한다. 여기에서 국민은 공직자에게 기대가능성(expectation)을 가지고 국민의 선량한 모범적인 봉사자의 역할을 수행할 것을 기대하게 된다.

셋째, 공직은 어떤 법적인 규범이나 공식적인 기준보다도 공직자 자신이 공적임무(public mission)를 수행하며 실천하는데 더욱 중요한 의미가 있다. 공직은 사적인 이익보다는 공적인 기관이나 이익을 도모하여야 한다. 공 기관과 사 기관의 중간에 유사한 정부기관(quasi-governmental organization)이나 비영리기관(nonprofit) 등도 사회의 이익을 도모하는 데 초점을 두어야 한다.

2. 발전방향

인류학자 C.C. Kluckhorn(1950)은 인간을 문화적 가치를 추구하는 동물로서 인간의 생존동안 문화적 관습에서 살고 있다고 주장하고 있다. A.M. Rose(1969)는 개인이 다른 사람과의 상호관계에 있어서 어떻게 행동하는가에 대한 공통적 이해관계를 문화라고 본다. E.B. Tylor(1871)는 문화의 실체는 인간의 지식, 신념, 윤리, 법, 그리고 관습과 구성원으로서의 지켜야 할 행위를 포함시켜 복합적 전체(complex whole)라고 하였다. 특히 문화를 행태론(behaviorism)의 입장에서 볼 때 '사회적으로 유형화된 행동양식'이라고 할 수 있다. 문화가 인간사회에서 필수적으로 존재하는 삶의 표현이요 행동양식이라고 볼 때, 오늘날 우리사회에 만연된 부패현상(corruption phenomena) 그 자체는 부패 문화적인 현상으로 실존하고 있다고 본다.

3. 이론적 모형

첫째, 공직자의 부패를 제도적인 면에 초점을 두고 논의하여 보자. 이 경우는 부패를 공직자의 개인적 행태보다는 거시적으로 제도나 체제의 미비나 취약성에서 배태된 산물(outputs)로 본다. 따라서 공직자부패란 사회 문화적인 토양이나, 소지(opportunity), 그리고 공직자의 잘못된 제도 그 자체가 제도적인 부패(institutional corruption)라는 이론이다. Michael Johnston (1982)은 부패는 개인의 행태나, 구조적인 취약성, 또는 윤리적 의식의 결핍보다는 정치제도의 긴장에서 유발된다고 보고 있다. 그러나 여기에서 유의할 것은 정책과 제도의 근원은 본질적으로 소수의 지배계층인 엘리트(elites)의 의식구조와 가치체계(value system)의 배분으로 이루어지며, 그것이 곧 제도이며 권력이라고 하는 엘리트이론에 의하면, 공직자의 부패란 정치, 행정인이 취약한 통제제도를 이용하여 비정상적인 방법을 동원, 탐욕적 이득을 취득하는 일탈행위와 맥락을 공유한다.

둘째, David Gould에 의하면 후진국이나 개발도상국의 경우는 사회기강이 해이되거나 정치적 정통성이 결여되거나, 또는 정부의 경제활동의 독점 등이 바로 부패소지가 되고, 이러한 취약점은 관리능력의 부족(mismanagement)으로 연결되어서 만연된 부패현상을 보게 된다. 이 이론은 공직자부패를 저개발국가에 있어서 특수하게 발생하는 특수현상으로 보는 공직자 부패이론이다.

셋째, 공직자부패를 구조기능주의(structural functionalism)적 접근을 통하여 구조적 관점에서 논의하는 이론이다. 이 경우 공직자부패란 공직자가 그 기능과 역할이 국민의 기대가능성에 미치지 못하고 합리적 의사결정의 과정을 일탈하여 구조적 탐욕과 사익추구를 도모하는 일체의 불법적이고 비윤리적 행위의 총체적 개념이다. 공직자부패는 그 공직자가 합리성, 목적성, 균형성, 그리고 구조적 상호관련성을 일탈한 비도덕적, 비윤리적, 그리고 비합리적인 일체의 정치 행정적 추문(political and administrative scandal)을 포함한다.

4. 평가와 전망

요컨대 공직자의 부패는 공직자들이 국민의 기대가능성(expectation)을 일탈하여 불법적이거나 비윤리적으로 공직을 남용하여 사익을 추구하는 일체의 일탈행위(deviant behavior)를 말한다. 공직자의 부패를 논의하는 과정에서 가장 바람직한 통합적 이론이다. 이 이론에 의하여 공직자부패를 정의하면 공직자가 행정문화(administrative culture)와 관련하여 일반시민들의 기대가능성을 저버린 일탈행태(deviant behavior)로서 행정권력을 오용하거나, 남용하여 개인의 사익을 추구하는 일체의 불법적, 비윤리적 행위를 말한다. 예를 들면 행정인이 건전한 윤리도덕과 합리적 규범과 가치기준을 위반, 공직을 일탈하여 뇌물 등의 부당한 이득을 취득하는 일탈행위가 여기에 해당한다. 공직자의 부패를 논의하는 과정에서 가장 바람직한 통합적 이론이다.

요컨대 공직자는 국민전체의 대표자로서 국민을 위하여 청렴결백하게 봉사할 의무가 있다. 때로는 공직자의 처우가 기대보다는 미흡할 경우도 있다. 그러나 이들은 변화의 역군(change agent)으로서 국가사회의 발전을 위한 기여에서 그 보람을 찾아야 한다. 따라서 공직자의 봉사정신은 제도적인 강요보다도 더욱 중요하다고 할 수 있다. 공직자의 부패방지는 단순히 외형적이고 강제적인 제재보다는 그들의 봉사정신이 공직생활화하는 반 부패문화의 확산이 무엇보다도 중요하다.

공직부패의 통제전략으로서 사회 환경적인 변수가 있다. 즉 정직하고 성실한 사람이 잘살 수 있는 여건을 조성함이 필요하다. 시민의 입장에서는 부패에 대한 강력한 저항의식이

의식구조화 되고 정치행정의 공직자에게 내면화된 가치로 승화될 때 반 부패문화를 기대할 수 있다. 그리고 반 부패문화가 도미노 이론(domino theory)처럼 확산되어야 한다. 이러한 맥락에서 반 부패문화는 시민들의 삶의 질(quality of life)이 향상될 수 있는 지름길임을 유의하여야한다.

참고문헌

김영종(1997). "세계주요국가의 반 부패입법제도". 한국부패학회, 창간호: 43-68.

백완기(1989). 한국의 행정문화. 서울: 고려대 출판부.

Garment, Suzanne(1991). Scandal: The Culture of Mistrust in America. New York: Times Book.

Gould, David J.(1983). "The Effects of Corruption on Administrative Performance: Illustration from Developing Countries", in World Bank Staff Working Papers(No. 580). Washington, D. C.: The World Bank, 1983.

Johnston, Michael(1982). Political Culture and Public Policy in America. Monterey: Brookskole Publishing Co.

Kroeber, A.L. and Kluckhorn, C.(1950). The Concept of Culture: A Critical Review of Definitions, Papers of Peabody Museum Vol: XL Cambridge: Harvard University.

Rose, Arnold M. and Rose, Caroline B.(1969). Sociology. New York: Alfred A. Knopf., Inc.

Tylor, Edward Burnett(1958). Primitive Culture. New York: Harper.

키워드: 뇌물, 부패
작성자: 김영종(숭실대)
최초작성일: 2003.02.

공직분류(Classification of Public Position)

정부조직의 규모와 기능이 확대됨에 따라 합리적인 인력관리를 위하여 사람과 일을 어떤 질서 있는 기준에 따라 분류해 두어야 할 필요성은 더욱 증대되었다. 사실 공무원과 직위의 분류가 얼마나 타당성이 있고 질서 있게 구성되어 있는가 하는 문제야말로 현대 정부의 인사행정이 얼마나 합리적으로 이루어질 수 있는가를 결정짓는 하나의 주요 요인이 된다. 이와 같이 정부조직의 인력을 효율적, 합리적으로 관리하기 위해서는 공직분류체계의 합리화가 전제되어야 한다.

공직분류라 함은 공무원(사람) 또는 직위(일)를 일정한 기준에 따라 구분하여 정부조직 내의 작업구조를 형성하는 과정 및 그 결과를 말한다. 또한 공직분류는 계급제적 인사행정체계에서의 주된 분류방식인 계급구조를 수직적 분류로 직위분류제적인 인사행정체계에서의 직위분류방식을 수평적 분류라고 지칭하고, 양자를 포괄하는 넓은 의미로 사용하기도 한다(진재구, 1993). 이러한 정의는 기존의 인사행정관련 문헌에서 지칭하는 직위분류제와 계급제 이념이 지향하는 바를 모두 수용하고자 하는 의도가 담겨 있다.

인적자원을 확보하고 유지·활용하며 평가하는 일련의 인력관리활동은 공직이 어떻게 분류되었는가에 의해 영향을 받게 된다. 즉, 공직의 분류는 공무원의 채용에서부터 보직관리, 승진, 교육훈련, 보수 등 인력관리의 모든 국면에 직·간접으로 영향을 미치며, 이를 통하여 정부관료제의 성격을 규정할 뿐만 아니라 생산성과 경쟁력에도 상당한 영향을 미친다. 즉, 공직분류는 정부관료가 활동을 전개하기 위한 초석으로서 정부관료제의 성격을 결정하는 동시에 정부 인력관리의 기준과 방향을 제시하는 지표가 된다(박연호, 1990; 유민봉, 1997).

이와 같이 공직분류체계는 사회의 잠재적인 유능한 인력을 공직에 유인하고, 시험의 타당성을 제고시키는 주요한 수단적 가치를 띠면서도 임용 후의 합리적인 인력관리의 근거와 이론을 제공해 준다는 점에서 인사행정의 기초라 할 수 있다. 그러나 우리나라는 "사람"을 중심으로 경직적인 분류구조를 형성해 왔기 때문에 현행 공직분류체계가 기대했던 공직 수행의 전문성 확보와 인력관리의 합리성 추구를 달성하기 힘들었다는 비판을 받고 있다. 즉 우리나라의 공직분류는 공무원의 종류구분이 경직적으로 되어 있을 뿐만 아니라 공무원의 계급(rank)에 기초하여 사람들의 상대적인 지위와 자격 및 능력을 구분하는 계급제적 분류방식을 채택해 왔기 때문에, 행정의 전문기술화 추세에 부응할 수 있는 합리적인 인력관리가 이루어지지 못하고 있다. 또한 현재의 공직분류체계는 인력감축을 통한 조직개편에 합리적인 기준을 제시하거나 신축적으로 대응하지 못하고 있다.

공직의 분류는 공직의 구조화 내지 공직의 배열을 의미한다. 이러한 공직의 분류는 사람을 기준으로 할 수도 있고 직무를 기준으로 할 수 있다. 그러나 공직을 분류하는 단일의 기준이나 방법은 존재하지 않으며, 따라서 공직분류의 접근방법과 모형은 무수히 만들어질 수 있다. 지금까지 인사행정에서 확립된 전형적인 공직분류모형은 수직적 분류모형으로서의 계급제와 수평적 분류모형으로서의 직위분류제이다. 계급제(rank-in-person)는 공무원의 '계급(rank)'이라는 관념에 기초를 두고 사람들의 상대적인(비교적인) 지위, 자격 및 능력을 기준으로 계급을 구분하는 제도인데 비하여, 직위분류제(position classification)는 '직무' 또는 '직위(job or position)'라는 관념에 기초를 두고 직무의 종류·곤란도·책임도 등을 기준으로 하여 직위를 분류하는 제도이다(오석홍, 1983). 즉, 직위분류제는 일과 책임의 단위인 직위를 기초로 하여 각 직위에 내포된 직무의 특성이나 차이를 기준으로 하여 유사한 직무를 수평적으로 분류하고, 직무의 곤란성이나 책임성이 유사한 직무를 수직적으로 분류하여 공직의 구조를 체계화하는 것이다. 따라서 직위분류제는 시험이나 임용, 보수, 기타 인사관리의 합리화를 위한 수단으로 활용되고 있다(강성철 외, 1999).

계급제와 직위분류제의 특징을 비교하여 보면 <표 1>과 같다. 이들 두 모형의 장·단점은 서로 상대적이다. 구체적인 두 모형의 장·단점의 효과와 두 모형의 비교적 우월성은 상황적응적으로 결정될 수밖에 없다(<표 2> 참조). 계급제는 사람의 속성에 착안하여 융통성있는 직업구조로 꾸밀 수 있다고 하지만 직무의 전문화를 반영시키지 못한다. 직위분류제는 직무에 영향을 미칠 수 있는 인적요소를 배제는 분석을 하기 때문에 객관적이라는 인상을 주지만 인위적인 형식성을 내포하는 기계적인 것이라고 한다(오석홍, 1993).

표 1. 계급제와 직위분류제의 특징 비교

구 분	특 징	
	계 급 제	직위분류제
분류 단위	계급	직위
채용기준	잠재적·일반적 능력	전문 능력
경력발전	일반행정가	전문행정가
충원체계	폐쇄형	개방형
신분보장	강함	약함
인사이동	광범위, 신축적	제한적, 경직적
직업공무원제의 확립	유리	불리
공무원의 시각	종합적, 광범	부분적, 협소
행정의 전문화	장애	기여
직무수행의 형평성	낮음	높음
보수	동일계급 동일보수	동일직무 동일보수
인사관리(교육훈련, 승진, 평가, 보상 등)	연공서열 중심, 상관의 자의성 개입용이	능력·실적 중심, 객관적 기준 제공

자료: 하태권 외(1999).

표 2. 직위분류제와 계급제의 장점과 단점 비교

구 분	장 단 점	
	계 급 제	직위분류제
행정 전문화	저해	촉진
외부 환경변화 대응력	약함	강함
공무원의 시각	종합적, 장기적	단편적, 단기적
채용과 내부임용	탄력적, 융통적	경직적, 제한적
현직자의 근무의욕	높음	낮음
제도 유지비용	저렴함	비싼 편임
부서 간 협조와 교류	원활함	원활하지 못함
인사행정의 형평성, 객관성	낮음	높음
인사권자의 리더십 수준	높음	낮음
조직에 대한 몰입감	높음	낮음
직무에 대한 몰입감	낮음	높음

이들 두 모형은 상호 배타적이거나 대립적이 아니라 상호보완적으로 활용될 수가 있다. 공직분류의 접근방법으로서 양자는 전통적인 고전모형으로서의 의미가 강하다. 그 어느 하

나도 실제 공직현실에 완전히 부합하지 않는다. 또한 분류모형의 선택이나 그 실천과정에서 부작용과 결함이 나타날 가능성도 많다. 따라서 그 시대와 행정현실의 특수성에 적합하도록 양자의 원리를 잘 조화시킨 상황 적응적 공직분류모형을 개발해 나가도록 해야 한다(오석홍, 1983).

참고문헌

강성철 외(1999). 「새인사행정론(개정판)」. 서울: 대영문화사.

박영효(1990). 「인사행정론(개정판)」. 서울: 법문사.

오석홍(1993). 「인사행정론(신정판)」. 서울: 박영사.

유민봉(1997). 「인사행정론」. 서울: 문영사.

진재구(1993). 「직업공무원제 확립을 위한 인사행정기관 및 공직분류체계 개선방안」. KIPA 연구보고 92 – 03.

하태권·조경호·강인호(1999). 「공직분류체계 개선방안」. 중앙인사위원회 정책연구보고서 99 – 08.

키워드: 계급제, 직위분류제

작성자: 조경호(국민대)

최초작성일: 2001.08.

과거제도(Chinese Imperial Examinations or Northeast Asian Royal Examinations)

1. 개념 정의

과거제도는 중국을 시작으로 한국·일본·베트남 등이 도입했던 전근대의 전통적 관리 선발방식들을 총칭하는 표현이다. 과거제도는 시험을 통해 관리를 선발하는 속성을 가지고 있어 능력주의에 근거한 근대적 공무원 선발용 시험방식들과 유사하다. 이 점을 근거로 과거 제도를 긍정적으로 평가하는 주장이 많지만 과거제도는 신분제도에 근거했고, 실무능력과 관련성이 크지 않은 유교적 소양을 주로 따졌고, 당대 정치권력의 개입이 가능했다는 점 등 때문에 세습적 질서들을 정당화하고 재생산하는 이중성을 지니고 있다고도 평가할 수 있다.

2. 출현 배경과 특징들

중국 수 왕조의 문제는 중국을 통일하여 남북조시대를 종식시켰는데, 귀족들을 억제하고 무인집단들을 견제하려는 목적으로 시험을 통해 관리들을 선발하는 과거제도를 처음 도입하였다. 당 왕조는 과거를 정기적으로 실시하기 시작했다. 그런데 1차 과거와 함께 2차로 면접을 실시하였으며 면접이 귀족 자제들에게 유리하게 운영되었으므로(신언서판) 과거제도의 계층 이동 효과는 제약받거나 오히려 귀족 집단들의 재편을 거친 계층적 재생산 경로로써 기능하기도 하였다. 송 왕조는 문관 관료들을 과거 방식으로만 선발하였고 송 왕조와 대립하던 북방 비한인 왕조들도 과거제도를 도입, 각국의 실정에 맞게 변형시켜 활용하였다.

중국의 주변국들은 중국의 전통적 통치질서의 기본구조를 받아들였는데 과거제도는 이

구조를 구성하는 한 요소로서 기능하였다. 다만 주변국들의 개별 과거제도 작동 양태들은 중국의 과거제도와는 상당히 달랐고 중국에서보다 사회적 계층 및 신분구조의 변동에 미친 영향이 적었다고 평가된다. 류큐왕국에서는 일본이나 중국과의 외교와 무역을 담당하는 특수 전문직 직역들을 세습하는 가문들의 자제들로부터 관리들을 선발하는 목적에 한정하여서만 과거제도를 활용하였다. 일본에서는 헤이안 시대에 과거제도를 도입하였지만 귀족집단들의 권력이 강대해져서 황권을 제약하게 되자 과거 합격자들이 고위 직위들로 승진하기가 불가능해졌으며, 고대 율령제 통치질서가 이완·와해되고 개별 귀족 가문마다 특정 관직을 세습하게 되자 과거제도의 실행을 중단하였다. 베트남과 한국에서는 지역사회들에 존재하던 관행들이나 국가가 부과하였던 과거 응시자격의 제한 때문에 과거제도가 사회적 계층이동성을 유동화하기보다는 오히려 기존 신분질서를 외양들만 변화시켜서는 온존하도록 유도하는 효과들을 유발하기도 하였는데, 이러한 경향성은 왕조들의 교체가 빈번하였던 베트남에서보다 왕조들의 교체가 드물고 개별 왕조가 상당히 오래 존속하였던 한국에서 더욱 두드러졌다.

동북아시아 국가 과거제도들의 전반적 공통 경향성은 유교적 소양(유교 경전들의 암기 및 이해 수준, 유교적 사고방식을 표출하는 문학 작문능력 또는 유교적 사고방식에 근거한 구체적 통치 현안들의 숙지)을 평가하는 문관 관료 선발 위주의 능력주의 선발이라는 점이다. 이러한 점은 필기시험을 수반하는 근대 이후의 모든 공무원시험들에서도 마찬가지로 나타나 왔으므로 참조할 만한 가치를 지닌다. 과거제도에서 기술전문직 인력을 선발하는 잡과, 전문적 직업군인들을 선발하는 무과, 불교 승려들을 양성하거나 인증하는 승과의 비중과 중요성은 작았으므로 문관 관료들을 선발하는 문과만이 압도적 중요성을 지녔다. 과거제도는 문관 관료들을 지적 능력에 근거하여 선발하는 원칙을 적용하였으므로 능력주의적 사고방식과 사회 전반 또는 적어도 사회 상층부에서의 지적 수준의 향상과 유지를 보장할 수 있었으나, 그러면서도 유교·성리학의 사변적이고 추상적 세계 이해, 시험에서 구사할 수 있는 문체의 제약이 유발하는 개성의 억압, 평가와 도덕주의에 근거한 획일화된 사고방식만을 강제·유도하기도 하였다. 구체적 실무 역량 확보나 유연한 현실 대응 가능성을 저해하였고 인사권 보유자들이 음서나 연납을 지속하고 과거시험의 공정성을 교란하거나 특정인들에게 유리하도록 개별 과거시험들에 적용하는 규정들을 조작하였으므로 그 취지가 자주 형해화되기도 하였고 상위 시험단계로 상승할수록 응시자가 거주지에서 멀리 떨어진 시험 실시장소까지 이동하여 체류하여야 하는 따위의 부담들 때문에 충분한 경제력을 보유하고 있는 기존 고위 문관 관료들의 가문들에게 유리한 구조적 편향성을 드러내었다. 이러한 점은 근대 이후의 공무원시험제도들에서도 경쟁이 치열해질수록 선발의 편의성을 유지하려고 시험 내용이 과잉형식화되거나 공무원 입직 이후의 실무와는 무관한 고난이도나 쓸모없는 문제들을 유도하게 되는 구조적 문제점과 다르지 않다고 평가할 수 있다.

3. 관련 연구 및 활용 경향

동북아시아 전근대 과거제도들은 현재 동북아시아 국가들의 공무원 채용시험제도들과는 직접적 계승관계들을 형성하지는 않았으나, 간접적 경로들을 거쳐 해당 제도들의 형성과 지속에 영향들을 미쳤다고 평가할 수 있다. 먼저 초기 근대 또는 계몽사상들의 전성기 유럽의 상당수 중국 관찰자들은 유교·성리학에 근거한 명 왕조·청 왕조의 통치질서를 이상적 모형으로 간주하였으므로, 이를 유럽에서 이식하여 구현하려면 필요한 핵심 전제조건으로서 과거제도의 참조 도입을 주장한 바 있다. 이러한 사고방식은 19세기 중후반에 서양 국가들에서 행정관료제가 팽창하면서 그 충원방식으로 필기시험 기반 공무원채용이 일반화하면서 현실화되었다. 아울러 동북아시아 국가들에서는 과거제도와 관련한 전통적 관념의 지속과 서양식 근대 필기시험 기반 공무원채용 방식들의 도입이 따로 또는 함께 작용하였으므로 공무원들과 준공무원들 채용에서 실무 관련 전문성을 검증하는 대규모 동시 실시 필기시험의 적용을 가장 공정하고 바람직한 방식으로 간주하는 사고방식이 보편화되고 있다. 그리고 이러한 시험들에 합격한 행정관료들이 전통시대의 행정관료들과 마찬가지로 국가의 정책결정과 통치를 선도하고 사회는 그에 순응하여야 하며 이들은 그들의 수고와 역량들에 부합하는 충분한 보상들을 향유하여야 한다는 과거의 유산으로서의 선민의식이 병존하고 있다. 그러므로 과거제도들과 관련한 역사학 또는 여타 학문 영역들에서의 연구는 과거제도들이 서양에 미친 영향들과 그들의 동북아시아로의 환류와 더불어 동북아시아 국가들에서의 행정관료제 대상 인식에 미친 영향들의 연구에 집중하는 지배적 경향성들을 자주 보여준다.

참고문헌

미야자키 이치사다. 전혜선 번역(2016). 『과거: 중국의 시험지옥』. 서울: 역사비평사.
박병련(2017). 『한국정치·행정의 역사와 유교: 유교관료제의 형성과 유자관료』. 파주: 태학사.
박현순(2014). 『조선 후기의 과거』. 서울: 소명출판.
알렉산더 우드사이드. 민병희 번역(2012). 『잃어버린 근대성들: 중국, 베트남, 한국 그리고 세계사의 위험성』. 서울: 너머북스.

양수지(2002).「류큐왕국의 멸망」. 하정식·유장근 편집.『근대 동아시아 국제관계의 변모』 서울: 혜안.

키워드: 능력주의, 별시, 복시, 식년시, 알성시, 소과, 잡과, 제술과, 증광시, 진사과, 초시
작성자: 배관표(충남대), 박종석(서울대 행정대학원)
최초작성일: 2020.01.

관방학(Cameral Science)

1. 개념

현대 행정학의 기원으로 보고 있는 관방학은 16세기 중엽부터 18세기 말까지 발달한 통치학으로 국가의 목적이나 이념인 공공복지의 실현을 위한 합목적적인 국가 활동에 관한 이론이다. 17-8세기의 절대군주국가 시대에 독일에서 발달한 것으로 국가경영의 기술과 관리양성을 위한 수단의 학문이다. 관방학의 영역은 범사회과학을 포괄하고 있는 미분화의 상태지만 정책적이고 실증적인 측면이 강하다.

2. 성립배경

16세기 이후 유럽은 근대국가가 등장하면서 정치적으로는 중세 봉건 영주들에게 분열된 정치권력이 단일 지배체제로 편입되어 민족적 절대군주국가가 생성되었다. 경제적으로는 농업 중심의 분산적이고 봉건적인 자연경제가 해체되고 자본주의 화폐경제가 대두되면서 중상주의가 발달하였다. 당시 절대군주국가들은 국내적으로는 국민 개개인의 모든 생활 영역을 엄격히 규제하기 시작하였고, 대외적으로는 보호무역주의와 식민주의 정책을 강력히 추진하였다. 이러한 과정에서 군주들은 체제와 권력의 유지를 위한 국가 관리에 필요한 기술로서 행정에 대한 관심이 높아졌다. 정치권력의 통일성을 유지할 수 있는 강력한 상비군과 중앙집권적인 관료제는 군주에게 가장 중요한 정치적 수단이 되었으며 이는 근대적 의미의 관료제가 성립하는 계기가 되었다. 영국과 프랑스는 해외 식민지 획득에 의한 자국의 경제적 독립과 국가적 보호정책에 의한 자국 생산업의 시장 개척을 주목적으로 하고 있는 반면에 독일은 민족국가의 통일과 절대왕정의 성립이 늦어지므로 영국이나 프랑스와 같은 중상주의 정책을 수행할 수 있는 여건이 형성되지 못하였다. 독일은 30년 전쟁으로 민족 국가적·정치적 통일을 이루지 못한 채 농업국으로 경제적 후진성을 면치 못하였다. 따라서 독일은 이를 극복하기 위해 국내 산업의 보호 육성정책과 부국강병정책으로 국가자원을 최대한 개발하고 국민적 통합을 위한 통치술로서 '독일식 중상주의'인 관방주의를 추구할 수밖에 없었으며, 이는 관방학이라는 학문을 등장시키게 되었다.

3. 내용

전기관방학과 경찰학(후기관방학)으로 구분하고 있다. 관방학과 경찰학은 본질적으로 부국강병을 위한 일종의 종합과학적인 국가학으로 학명의 차이에도 불구하고 동질적이며 연구대상도 국가기능을 포괄적으로 다루고 있다. 단지 관방학은 재정학을, 경찰학은 사회적 안정에 비중을 두고 있다. 전기 관방학(재정학)은 국가가 국민에게 모든 복지와 행복을 제공하는 근원이므로 국가의 재정이 튼튼해야 함을 전제하고 있다. 따라서 관방학은 군주의 관방재정을 증진시키기 위한 효과적인 수단이며, 군주의 재정은 곧 국가의 재정을 뜻하고 있다. 대표적 학자인 젝켄돌프(Seckendorff)는 '독일군후국가론'에서 통치사무의 핵심내용은 국가의 유지, 법률과 규칙의 제정, 사법의 집행을 실행하기 위하여 적합한 수단의 확보와 활용임을 제시하였다. 또한 법률과 규칙의 제정에 있어서 가장 중요한 기준은 정의, 평화, 복지임을 강조하였다. 관방학의 연구 대상은 미분화된 당시의 상황에서 관료들에게 현실적으로 필요한 경제이론과 정책, 재정학, 토목학뿐만 아니라 농업, 치안, 교육, 화폐, 인구문제, 의학까지 정치·경제·사회에 관한 일체의 진흥정책이 포함된다. 이렇게 광범위한 연구의 대상으로 모든 제반분야가 국가의 목적에 이용되었고, 국가의 활동에 제한이 없었다는 점이 관방학의 특징이다. 반면에 관방학이 학문으로서 정체성은 불안정하지만, 국가목적에 따른 관리양성과 능력주의에 기초한 인사행정은 나름 의미를 가질 수 있다.

후기 관방학은 '경찰학'이라고도 하는데, 이는 재정학으로부터 경찰학을 구별하여 독립시켰기 때문이다. 경찰학은 기존의 관방학을 계승하면서 보다 체계적인 이론을 확립함으로써 행정학의 기원이 되었다. 경찰의 개념은 행정의 개념과 유사한 것으로 국가이념을 실현하기 위한 합목적적인 국가활동을 뜻한다. 대표적 학자인 유스티(Justi)는 수학적, 자연법적, 합리주의적 연구방법을 경찰학에 도입하였다. 유스티는 공공의 행복추구를 실현하기 위하여 공공재화의 유지 및 증가와 활용 및 경영이 국가의 통치사무임을 제시하였다. 공공재화의 개념에는 국민과 국가의 모든 재산뿐만 아니라 국민의 능력과 기능을 포함하고 있다. 연구 대상에 있어서 정치학, 경찰학, 상업학, 경제학은 공공재화의 유지와 증가에, 재정학은 공공재화의 활용 및 경영으로 구별하였다. 또한 공공재화의 유지와 증식에 있어서 대내외적 안전을 다루는 정치학과 그 자체를 다루는 경찰학과의 구분을 강조한 반면에 상업학과 경제학은 경찰학의 전문분화로 보았다.

4. 평가 및 비판

관방학의 한계는 첫째, 관방학이 절대군주제 하에서 관료에게 필요한 일체의 지식을 연구하는 목적에 지나지 않기 때문에 절대군주의 몰락과 함께 소멸될 수밖에 없었다. 둘째, 국가재정과 군주재정을 동일시함으로 국가론과 경제학이 혼합되었으며, 현실문제의 해결을 위한 기술이 지나치게 강조되어 독자적이고 체계적인 학문체계를 정립하지 못하였다.

참고문헌

곽효문(1998). '관방학과 실학의 행정사학적 비교'. 한국행정연구, 한국행정연구원.
김종미·김항규(2006). 행정학 입문. 서울: 도서출판 대경.
박응격(1995). 'Lorenz von Stein의 학문적 생애와 행정사상'. 한국행정학회보, 한국행정학회.
이종수 외(2008). 새행정학. 고양: 대영문화사.

키워드: 독일, 중상주의, 경찰학
작성자: 김종미(한국공공관리연구원)
최초작성일: 2009.02.

교육훈련(Education & Training)

1. 교육훈련 개념

교육훈련은 "개인의 잠재력을 개발하는 과정"을 의미하는 '교육(education)'과 "담당 직무수행 능력을 향상시키는 것"을 의미하는 '훈련(training)' 모두를 포함하는 개념이다(김정인, 2018: 144). 공공부문 특히 정부부문에서의 교육훈련은 공무원 또는 공직자에 대한 교육훈련을 의미한다. 즉 정부부문에서 교육훈련은 "공직자가 업무를 성공적으로 수행하기 위한 지식이나 기술 습득과 잠재적인 능력을 개발하는 활동"이며(백종섭 외, 2016: 158), "공무원의 역량을 개발하고, 현재와 미래의 직무수행에 필요한 지식과 기술을 향상시키며, 가치관 및 태도를 발전적으로 변화시키기 위한 의도된 활동"으로 정의된다(박천오 외, 2016: 240)

2. 교육훈련의 등장배경과 특징

교육훈련은 인적자원개발(Human Resources Development, HRD)의 발달역사와 같은 맥락으로 이해될 수 있을 것이다. HRD는 1970−1980년대 들면서 기존의 개인 능력발전이라는 의미를 넘어 개인과 조직 모두의 효과성 달성이라는 의미로 확장되었다. 이에 따라 HRD는 개인과 조직의 성장욕구를 통합적으로 확충하는 방안으로 논의되면서 조직구성원 개인의 훈련과 개발에만 초점을 두는 교육훈련과는 다소 차이를 나타냈다(Nadler, 1970: 151; 나인강, 2011: 239). 그러나 최근 교육훈련이 개인차원의 능력발전뿐만 아니라 직무만족과 경력발전의 개인차원, 생산성, 경제력, 조직관리, 통제·조정 등의 조직차원 모두를 포괄하면서 교육훈련과 HRD가 점차 유사해지고 있다(김정인, 2018: 139 재인용).

교육훈련과 HRD의 상호유사성 경향은 교육학 또는 경영학 등 민간부문뿐만 아니라 공공부문에서도 공통적으로 나타났다. 대표적인 논의가 1960년대부터 강조된 국가차원의 인적자원개발(National Human Resource Development, NHRD)이다(Harbison & Meyers, 1964). 공공부문의 NHRD는 단순히 개별조직 내 조직구성원의 HRD를 넘어 보다 거시적인 관점, 즉 국가와 사회차원의 인적자원개발의 중요성을 강조하였다. 특히 정부부문에서도 최근 급속하게 변화하는 행정환경에 공무원이 능동적이고 신속하게 대응할 수 있도록 하기 위해 인적자원개발 또는 인재개발에 대한 관심이 증가한 것이다(김정인, 2018). 한국도 2016년 공무원의 직무수행을 위한 단순 교육훈련에 중점을 둔 「공무원 교육훈련법」의 명칭을 「공무원 인재개발법」으로 변경하였다. 「공무원 인재개발법」의 목적은 "국가공무원을 국민 전체에 대한 봉사자로서 공직가치가 확립되고 직무수행의 전문성과 미래지향적 역량을 갖춘 인재로 개발하는 것"으로서, 공무원의 자기개발 달성과 직무현장학습을 강조하였다(국가법령정보센터, 2020; 김정인, 2018: 161).

3. 교육훈련 활용(연구) 경향

교육훈련 관련 연구는 특정한 분야에 한정해 논의되어 온 것이 아니라 다양한 분야(예: 교육훈련 방법의 효과성, 교육훈련 제도개선, 교육훈련 효과성 등)에서 활용되어 왔다. 전통적인 교육훈련으로는 현장에서 업무를 수행하며 교육훈련하는 방법으로 직장훈련(On-the-Job-Training, OJT), 교육훈련만을 목적으로 특별히 준비된 장소와 시설에서 실시하는 교육훈련 방법인 교육원훈련(Off-the-Job-Training, Off JT) 등을 구분한다. OJT의 종류에는 실무지도(coaching), 직무순환(job rotation), 임시배정(transitory experience), 시보(probation), 인턴십(internship) 등이 있으며, Off JT 종류로는 강의(lecture), 프로그램화 학습(programmed learning), 시청각 교육(audio-visual method), 회의·토론(conference, discussion), 감수성 훈련(sensitivity training, T-group training), 사례연구(case study), 역할연기(role playing), 모의게임(games) 등이 있다(김정인, 2018: 148). 하지만 최근에는 새로운 교육훈련으로 "조직 내 후진들(mentee)에게 역할모델을 제시해 줄 뿐만 아니라 도전적 직무부여, 상담 및 조직에 대한 지식제공 등을 통해 그의 대인관계 개발 및 경력관리에 도움을 주는 시스템"인 멘토링(mentoring) 시스템, "행동학습 또는 실천학습으로 불리며, 소규모로 구성된 조직 또는 그룹이 실질적인 업무현장의 문제와 원인을 규명하고, 이를 해결하기 위하여 실행계획을 수립하여 현장에 적용한 그 실천과정에 대한 성찰을 통해 학습하는 것"인 액션러닝(action learning), "개인의 경력목표를 설정하고 이를 달성하기 위한 경력계획을 수립하여 조직의 욕구(organizational need)와 개인의 욕구(individual need)가 합치될 수 있도록 각 개인의 경력을 개발하고 지원해 주는 활동"인 경력개발제도(career development program), "조직원들이 진실로 원하는 성과를 달성하도록 지속적으로 역량을 확대시키고, 새롭고 포용력 있는 사고능력을 함양하여, 집중될 열정이 자유롭게 설정되고, 학습방법을 서로 공유하면서 지속적으로 배우는 조직"인 학습조직(learning organization) 등이 있다(김정인, 2018: 151-157).

참고문헌

국가법령정보센터(2020). 「공무원 교육훈련법」.

김정인(2018). 인간과 조직: 현재와 미래. 서울: 박영사.

나인강(2011). 기업의 인적자원개발에서 노동조합의 역할. 「대한경영학회지」, 24(1): 237-256.

박천오 외(2016). 인사행정론. 서울: 법문사.

백종섭 외(2016). 인사행정론. 서울: 창민사.

Harbison, F., & Myers, C. A.(1964). *Education, manpower, and economic growth: Strategies of human resource development*, New York, NY: McGraw-Hill.

Nadler, L.(1970). *Developing Human Resources*, Houston, TX: Gulf.

키워드: 교육훈련 방법, 인재개발, 인적자원개발

작성자: 김정인(수원대)

최초작성일: 2020.02.

국민참여재판제도(Civic Participation in Trials)

1. 개념

국민참여재판제도란 주권자인 국민이 국가작용의 하나인 사법작용으로서의 재판과정에 참여하는 제도, 즉 국민의 참여에 의한 재판제도를 의미한다. 전통적으로 국민참여재판제도에는 배심제와 참심제가 있다. 우리나라에서도 2008년 1월 1일부터 국민이 배심원으로서 형사재판에 참여하는 국민참여재판의 도입을 골자로 한 '국민의 형사재판참여에 관한 법률'이 제정되어 시행되게 됨으로써 국민참여재판제도의 시대를 열게 되었다.

2. 도입 배경

오늘날 이른바 '정부의 실패(government failure)'가 점점 더 증대되면서 국민들의 국가작용에 대한 불신이 그 어느 때보다도 고조되어 있는 상태이지만, 특별히 사법작용에 대한 불신은 그 극에 달하여 이른바 금치주의(金治主義), 권치주의(權治主義)가 만연하여 있어 민주주의의 근간으로서 법의 공평한 집행을 통해 국민의 기본권을 보장하고자 하는 법치주의의가 붕괴될 지경에 이르렀다. 이러한 지경에 이르게 된 근본 원인 중의 하나가 사법권을 독점하고 있는 검사나 판사 등이 돈과 권력의 위력에 압도되어 공정한 재판을 행해오지 않은 결과라고 볼 수 있다. 따라서 어떠한 형태로든 주권자인 국민이 재판과정에 참여하여야 한다는 요구가 다른 어떤 국가작용에의 참여 요구보다 강하게 제기되는 분야라고 할 수 있다. 이에 따라 그동안 국민의 사법참여에 대한 구체적인 방안에 관하여 대법원이 2000년 2월 '21세기

사법발전계획'을 수립하고, 이어 대통령 산하에 '사법개혁추신위원회'를 결성하여 구체적 참여 방안을 논의해 왔다. 그 결과 본 위원회는 국민이 배심원으로서 형사재판에 참여하는 국민참여재판의 도입을 골자로 한 '국민의 형사재판참여에 관한 법률안'을 마련하여 2005년 12월 6일 국회에 제출하였고, 국회에서 1년 반 동안의 논의를 거친 끝에 드디어 2007년 4월 30일에 국회를 통과하여 2008년 1월 1일부터 시행되게 됨으로써 사법작용에도 국민이 참여할 수 있는 제도적 장치가 마련되었다. 국민참여재판제도는 그동안 국정 운영의 새로운 패러다임으로 제시되고 있는 거버넌스(governance) 패러다임의 사법작용에의 적용이라는 데 커다란 의의가 있다고 할 수 있다.

3. 국민참여재판제도의 유형

우리나라의 국민참여재판제도는 국민 참여에 입각한 전통적 사법제도인 배심제와 참심제 중 어느 한 제도를 그대로 도입하지 아니하고, 우리의 현실을 고려하여 양 제도를 적절하게 혼합한 제도라는 데 그 특징이 있다. 따라서 우리나라의 국민참여재판을 이해하기 위해서는 형사재판에 있어서의 배심제와 참심제의 특징과 차이점을 이해할 필요가 있다.

1) 배심제(陪審制)란 일단의 비법률전문가인 일반 시민으로 구성된 배심원이 재판에 참여하여 법률 전문가인 직업법관으로부터 독립하여 유·무죄의 판단에 해당하는 평결(評決)을 내리고, 법관은 그 평결에 기속되는 제도를 말한다. 배심제의 기원은 영국에 있으며, 그 기원은 12세기로 거슬러 올라간다. 그 후 18세기경에 이르러 배심원이 증거로부터 사실을 인정하는 근대적 배심제가 확립되었으나, 현재 배심제를 채택하고 있는 대표적인 국가는 미국과 영국이다. 미국의 형사재판에서는 일반 시민 중에서 추첨으로 뽑힌 12명으로 구성된 배심원이 피고인이 유죄인지 무죄인지를 먼저 평결한다. 이 때 배심원 12명 전원이 찬성해야 평결할 수 있다. 만일 1명이라도 끝까지 자신의 주장을 고집하여 전원일치가 되지 않으면 배심원을 다시 임명하여 처음부터 다시 재판을 한다. 배심원들이 피고인에게 무죄를 평결하면 재판은 종료된다. 그러나 배심원들이 유죄를 평결하면, 법관은 피고인을 몇 년의 징역에 처할 것인가 하는 형량(刑量)을 판결한다.

2) 참심제(參審制)란 일반 국민인 참심원이 직업법관과 함께 재판부의 일원으로 참여하여 직업법관과 동등한 권한을 가지고 사실문제 및 법률문제를 판단하는 제도를 말한다. 참심제는 13세기경 스웨덴이 가장 먼저 실시한 것으로 알려져 있고, 현재 프랑스, 독일, 이탈리아,

노르웨이 등 유럽 대륙의 많은 나라들이 실시하고 있다. 참심원은 직업법관과 함께 재판부를 구성하여 평결을 한다는 점에서 직업법관으로부터 완전하게 독립하여 평결에 이르는 배심원과 뚜렷한 차이를 나타낸다. 참심제는 관료법관에 대한 불신에서 사법의 통제·감시 장치로서 도입된 것이었으나, 오늘날은 오히려 일반인으로 하여금 판결의 결론이 도출되는 과정을 직접 체험함으로써, 국민의 재판에 대한 신뢰를 높이는 기능과 판결에 일반인의 건전한 상식을 반영하는 기능을 하고 있다는 점에 더 큰 의의를 부여하고 있다.

4. 우리나라에서의 국민참여재판제도

우리나라에서의 '국민의 형사재판참여에 관한 법률(이하 '참여법률'이라 칭한다)'에 따르면 국민참여재판의 적용 영역을 형사재판에 한정하고 있으며, 이를 통해 사법권의 영역에서 주권자인 국민의 참여를 확대하고, 국민의 상식과 경험을 재판절차에 반영하여 사법신뢰를 증진시키며, 국민이 재판절차와 법제도를 보다 가까이 접하고 이해할 수 있도록 함으로써 실질적 법치주의를 구현하고자 하는 데 그 목적이 있다. 한편, 참여법률 제2조에서는 이 법에서 사용하는 용어를 정의고 있는 바, 국민이 참여하는 형사재판의 명칭을 '국민참여재판'이라 칭하고, 그 형사재판에 참여하도록 선정된 사람을 '배심원'이라 정하고 있음을 밝히고 있다.

1) **국민참여재판의 대상 사건**: 국민참여재판의 대상사건은 형사사건 중에서도 중죄사건을 대상으로 하며, 대상 사건 수를 적절하게 조절하기 위하여 중죄 사건 가운데 대상 사건에 해당하는 구체적 죄명을 참여법률에 직접 규정하는 한편(제5조 제1항 제1호, 제2호), 나머지 범죄에 대해서는 대법원규칙에서 대상사건을 정할 수 있도록 위임하였다(제5조 제1항 제3호). 그러나 다음과 같은 경우에는 국민참여재판을 행하지 아니한다.

(1) 피고인이 국민참여재판을 원하지 아니한 경우(제5조 제2항).

(2) 배심원·예비배심원·배심원후보자 또는 그 친족의 생명·신체·재산에 대한 침해 또는 침해의 우려가 있어서 출석의 어려움이 있거나 이 법에 따른 직무를 공정하게 수행하지 못할 염려가 있다고 인정되는 경우(예: 조직폭력사건), 공범관계에 있는 피고인들 중 일부가 국민참여재판을 원하지 아니하여 국민참여재판의 진행에 어려움이 있다고 인정되는 경우, 그 밖에 국민참여재판으로 진행하는 것이 적절하지 않다고 인정되는 경우 법원은 사전에 검사·피고인 또는 변호사의 의견을 들어 국민참여재판을 하지 아니하기로 결정할 수 있다(제9조 제1항, 제2항).

2) 배심원의 권한: 배심원의 권한과 관련하여 배심제도를 적용하고 있는 국가에서는 배심원은 법관으로부터 독립하여 범죄사실을 인정하고 이에 기초하여 법령을 적용하여 유·무죄를 평결할 권한만을 가지며, 판사가 양형을 정하도록 규정하고 있다. 한편, 참심제에서는 일반 국민인 참심원이 직업법관과 함께 재판부의 일원으로 참여하여 직업법관과 동등한 권한을 가지고 사실문제 및 법률문제를 판단하므로, 참심원은 사실의 인정, 법령의 적용 및 형의 양정에 있어서 법관과 동일한 표결 권한을 행사하게 된다. 한편, 우리나라의 국민참여재판에서의 배심원은 국민참여재판을 하는 사건에 관하여 사실의 인정, 법령의 적용 및 형의 양정에 관한 의견을 제시할 권한을 가진다(제12조 제1항). 그러나 배심원의 의견은 법관을 기속하지는 않는다는 점에서(제46조 제5항) 순수한 의미의 배심제 및 참심제 어느 쪽에도 해당되지 않는다.

3) 배심원의 자격 및 배심원의 수와 예비배심원: 배심원은 만 20세 이상의 대한민국 국민 중에서 참여법률이 정하는 바에 따른다(제16조)고 하여 만 20세 이상의 대한민국 국민에게 국민참여재판의 배심원이 될 자격을 부여하였다. 배심제를 채택하고 있는 나라들 대부분은 배심원의 수를 12명으로 정하고 있다. 배심원의 수를 12명으로 정하는 데에 특별한 이론적 근거가 있는 것은 아니고, 영국에서 배심제도가 형성될 당시의 배심원의 수가 계속 유지되어 온 것이라고 볼 수 있다. 한편 참심제를 채택하고 있는 국가의 법관과 참심원의 수는 다양하다. 독일의 경우 지방법원에서는 법관 3명과 참심원 2명이 함께 재판하고, 프랑스에서는 법관 3명과 배심원 9명이 재판하며, 일본에서는 법관 3명과 재판원 6명이 재판한다. 우리나라의 경우 법정형이 사형·무기징역 또는 무기금고에 해당하는 대상사건에 대한 국민참여재판에는 9인의 배심원이 참여하고, 그 외의 대상사건에 대한 국민참여재판에는 7인의 배심원이 참여한다. 다만, 법원은 피고인 또는 변호인이 공판준비절차에서 공소사실의 주요 내용을 인정한 때에는 5인의 배심원이 참여할 수 있게 하였다(제13조 제1항). 또한 법원은 사건의 내용에 비추어 특별한 사정이 있다고 인정되고 검사·피고인 또는 변호인의 동의가 있는 경우에 한하여 결정으로 배심원의 수를 7인과 9인 중에서 제1항과 달리 정할 수 있도록 하고 있다(제13조 제2항). 국민참여재판에서는 배심원이 해임되거나 사임하여 결원이 생기는 경우에 대비하여 재판장의 재량에 따라 5인 이내의 범위에서 예비배심원(alternate juror)을 둘 수 있도록 하였다(제14조 제1항), 또한 예비배심원은 평의·평결 및 양형에 관한 토의에 참여할 수 없다는 것을 제외하고는 배심원과 동일한 권리와 의무를 가지므로, 참여법률에서 정하는 배심원에 대한 사항은 그 성질에 반하지 아니하는 한 예비배심원에 대하여 준용하도록 하였다(제14조 제2항).

4) **배심원의 선정절차**: 배심원 선정절차는 크게 ① 배심원후보예정자명부의 작성, ② 배심원후보자의 선정, 선정기일 통지 · 질문표의 송부와 배심원 자격의 심사, ③ 배심원 선정기일의 진행의 3단계로 나눌 수 있다. 배심원후보예정자명부는 관할지역의 주민 중에서 일정한 표본 집단을 무작위로 추출한 후보예비자 명단을 말한다. 배심원후보예정자명부에 포함되는 배심원후보예정자는 관할구역 내에 거주하는 만 20세 이상 국민을 충분히 포함할 수 있을 정도로 다수이어야 하고, 성별 · 연령 등이 고르게 반영되어야 한다. 국민참여재판을 실시하려고 하는 경우에는 당해 사건마다 일정한 수의 배심원 후보자를 배심원후보자명부에서 무작위로 추출하여 선정기일을 통지하도록 하였다(제23조 제1항). 구체적인 배심원후보자의 수는 배심원, 예비배심원의 수, 예상 출석률 등을 종합적으로 고려하여 정하여진다. 선정기일 통지를 받은 배심원후보자는 선정기일에 출석할 의무를 부담하며(제23조 제2항), 정당한 사유 없이 이를 위반한 경우에는 참여법률 제60조 제1항 제1호에 따라 200만 원 이하의 과태료가 부과될 수 있다. 다만 법원으로서는 배심원후보자가 선정기일에 출석하지 못할 정당한 사유가 있는지를 알기 어려우므로, 배심원후보자가 선정기일에 출석하지 못할 정당한 사유가 있는 경우에는 그 사유를 법원에 알릴 필요가 있다 할 것이다. 한편, 배심원후보자에게 선정기일을 통지한 이후에 신원조회, 범죄경력 조회 등에 의하거나 배심원후보자가 제출하는 서류 등을 통하여 배심원후보자에게 참여법률 제17조부터 제20조까지에 해당하는 배제사유가 있음이 확인된 때에는 법원이 즉시 출석통지를 취소하고 신속하게 그 내용을 통지하도록 하여 배심원후보자가 불필요하게 선정기일에 출석하지 않도록 배려하였다(제23조 제3항). 배심원과 예비배심원의 선정기일에는 재판부 전원이 출석하는 것을 원칙으로 하되, 수명법관 1인이 출석하여 진행할 수 있도록 하였으며, 이 경우 수명법관은 선정기일에 관하여 법원 또는 재판장과 동일한 권한이 있다(제24조 제1항). 한편 배심원후보자의 개인정보나 사생활의 노출을 최소화하기 위하여 선정기일은 비공개하도록 하였다(제24조 제2항).

5) **배심원의 절차상 권리와 의무**: 배심원들의 절차상 권리로는 신문요청권(訊問要請權) 및 필기를 할 수 있는 권리가 있고, 당해 국민참여재판이 원활하게 진행되도록 협력하고 평결의 공정성과 공평성을 해치는 행동을 하지 않아야 할 의무가 있다.

6) **평의 · 평결 · 토의 및 판결 선고**: 참여법률에서는 배심원이 올바른 평결에 이를 수 있도록 배심원을 지도하고 조력하는 기능으로 재판장으로 하여금 변론이 종결된 후 법정에서 배심원에게 공소사실의 요지와 적용법조, 피고인과 변호인 주장의 요지, 증거능력, 그 밖에 유의할 사항에 관하여 설명하여야 하고, 사건의 내용이 복잡한 경우 등 필요한 때에는 증거의 요지에 관하여도 설명할 수 있도록 하고 있다(제46조 제1항). 평의(評議)는 배심원이 유 ·

무죄에 대한 판단에 이르기 위하여 진행하는 협의를 의미하고, 평결(評決)은 당해 사건에 대한 배심원의 최종 판단을 의미한다. 배심원의 평의 및 평결은 국민참여재판에서 핵심적인 부분이라 할 수 있는데, 그 구체적 방식은 국민참여재판의 형태가 배심제와 참심제 중 어느 쪽에 해당하는가에 따라 크게 달라질 수밖에 없다. 배심제가 시행되는 나라에서 형사사건에 대한 배심원의 평의에는 법관도 참여할 수 없고, 평결은 원칙적으로 배심원의 유·무죄에 대한 의견이 만장일치가 될 것을 요구하고 있으며, 만장일치 요건을 다소 완화하더라도 단순 다수결에 의한 평결까지 허용하고 있지는 않다. 한편 참심제가 시행되는 독일, 프랑스 등에 있어 참심원과 직업법관은 동등한 권한을 가지게 되어 함께 평의를 진행하며, 다수결에 의하여 평결에 이르게 되는데 유죄 평결을 위해서는 2/3 정도의 가중된 다수결이 요구되고 있다. 우리나라의 경우 국민참여재판의 평의 및 평결은 독특한 형태를 취하고 있다. 즉, 재판장의 설명을 들은 후 배심원은 원칙적으로 법관의 관여 없이 유무죄에 관하여 평의를 진행하고, 전원의 의견이 일치하는 경우에는 그에 따라 평결하는데(제46조 제2항 본문), 이는 배심제적 평의 및 평결에 해당한다. 다만, 순수한 배심제적 평의 및 평결에 수정을 가하여 법관의 관여 가능성을 두었는데, 즉 배심원 과반수의 요청이 있으면 심리에 관여한 판사의 의견을 들을 수 있도록 하였다(제46조 제2항 단서).

그런데 만약 배심원이 만장일치의 평결에 이르지 못한 경우에는 어떻게 할 것인가? 이에 대하여는 국민참여재판을 다시 진행하여야 한다는 견해와, 가중된 다수결을 통하여 평결을 하도록 하여야 한다는 견해 등이 대립할 수도 있다. 그런데 우리나라의 경우 평결이 권고적 효력만을 갖는데도 불구하고 불일치 배심을 인정하여 처음부터 다시 재판을 진행하는 것은 시간적, 경제적 손실이 너무 크고, 또 권고적 효력에 갖는 평결에 이르는 과정이 단순 다수결이었는지 가중다수결이었는지는 별다른 의미가 없다고 볼 수 있다. 이에 참여법률은 배심원이 만장일치의 평결에 이르지 못하는 경우에는 단순 다수결의 방법으로 평결을 할 수 있도록 허용하면서도 반드시 평결 전에 심리에 관여한 판사의 의견을 듣도록 하였다(제46조 제3항). 이는 평의에 법관의 참여를 인정한 것으로 참심제적 평의방식이라 할 수 있으나, 판사가 평의에 참석하여 의견을 진술한 경우에도 평결에는 참여할 수 없도록 규정하여(제46조 제3항 후문), 참심제적 평결 방식에 수정을 가하였다.

배심원들이 행한 평결의 효력과 관련하여 우리의 국민 참여재판에서는 배심원의 평결이 법원을 기속하지 않고, 단지 권고적 효력만을 갖도록 하였다. 이는 배심원의 평결에 기속력을 인정하는 경우 헌법 제27조 제1항에서 규정하는 피고인의 법관으로부터 재판을 받을 권리를 침해하는 것이고(우리 헌법 제27조 제1항에서는 "모든 국민은 헌법과 법률이 정한 법관에 의하여 법률에 의한 재판을 받을 권리를 가진다"고 규정하고 있다), 국민참여재판을 처음 시행하면서 바로 배심원의 평결에 기속력을 인정하게 되면 자칫 형사법 집행의 불평등과 법적 불안정성을 초래할 수도 있다는 비판을 고려한 것이라고 할 수 있다. 배심제가 시행되고 있는 미국이나 영국의 경우 법관은 배심원의 평결에 기속된다. 미국의 경우 형사사건의 피고인이 평결에 반하는 판결(judgment notwithstanding the verdict)을 선고하여 줄 것을 담당 판사에게 신청할 수 있는 권리가 인정되고 있으나, 법관이 배심원의 평결과 다른 판결을 선고하는 경우는 매우 드물다.

참여법률 제46조 제2항의 규정에 의한 만장일치 방법이든지 또는 제46조 제3항의 규정에 의한 다수결의 방법이든지 배심원의 평결이 유죄인 경우에는 배심원은 심리에 관여한 판사와 함께 양형에 관하여 토의하고 그에 관한 의견을 개진한다. 재판장은 양형에 관한 토의 전에 처벌의 범위와 양형의 조건 등을 설명하여야 한다(제46조 제4항).

배심원의 평결과 판사와 함께 양형에 관해 행한 의견개진과 관련하여 배심원은 단지 의견만을 개진할 뿐 양형에 관한 표결이 진행된다거나 배심원의 양형에 관한 의견이 법원을 기속하지는 않는다(제46조 제5항). 따라서 판사가 배심원과 함께 양형에 관하여 토의를 한다는 점에서는 참심제적 성격을 띤다고 할 수 있으나, 배심원은 단지 의견만을 개진할 뿐 그것이 법원을 기속하지 않는다는 점에서 참심제 또는 배심제와 구별된다.

그러나 참여법률은 재판부가 가능한 한 배심원의 판단을 존중하도록 하기 위하여 재판장이 판결 선고 시 배심원의 평결 결과와 다른 판결을 선고하는 때에는 피고인에 그 이유를 설명하여야 하며(제48조 제4항), 판결서에도 그 이유를 기재하도록 하여(제49조 제2항) 일정한 제한을 두고 있다.

5. 국민참여재판제도의 특징

우리나라 사법사상 처음 도입한 국민참여재판제도는 미국과 영국 등에서 행해지는 국민참여재판제도로서의 배심제와 독일이나 프랑스 등 대륙법계 국가들에서 행해지고 있는 참심제 중에서 어느 한 제도를 도입한 것이 아니고, 양 제도를 적절하게 혼합하였을 뿐만 아니라, 우리나라의 고유한 문화나 역사 및 정서 등을 고려하고 또한 우리 국민이 국민참여재판을 경험해 보지 못한 점, 그리고 단순한 순수한 배심제나 참심제의 도입 시 우리의 현행 헌법이 법관으로부터 재판을 받을 권리를 보장한 점(헌법 제27조)에 위배될 가능성이 있다는 점 등을 고려하여 배심제와 참심제의 일부를 수정한 국민참여재판제도를 시행하게 되었다. 예를 들면 앞서 기술한 바와 같이 ① 배심원은 원칙적으로 법관의 관여 없이 평의를 진행한 후 만장일치로 평결에 이르러야 한다는 점에서는 배심제적 요소를 도입했으나, 만약 만장일치의 평결에 이르지 못한 경우에는 법관의 의견을 들은 후 다수결로 평결을 할 수 있도록 한 것은 참심제적 요소가 가미된 것이다. ② 배심원은 심리에 관여한 판사와 함께 양형에 관하여 토의를 한다는 점에서는 참심제적 요소가 가미된 것이지만, 표결을 통하여 양형 결정에 참여하는 것이 아니라 단지 양형에 관한 의견을 개진할 수 있는 권한만을 부여한 점에서는 배심제적 요소를 가미한 것이다. ③ 배심원의 평결이 법원을 기속하지 않고 단지 권고적 효력만을 갖는다는 점에서 배심제의 특성에 수정을 가한 점 등이다.

참고문헌

김성수(2001). "행정절차법과 정보공개법의 시행 3년(평가와 전망)". 「고시연구」, 2월호(고시연구사).

법원행정처(2007). 국민의 형사재판 참여에 관한 법률 해설.

사법개혁추진위원회(2000). 민주사회를 위한 사법개혁: 대통령자문위원회 보고서.

최대권(2004). "배심제도의 도입이 사회발전에 미치는 파급효과". 「동아법학」, 제34호(동아대학교 법학연구소).

키워드: 배심제도, 참심제도, 평의 및 평결, 국민의 형사재판 참여에 관한 법률
작성자: 김항규(목원대)
최초작성일: 2008.06.

국제행정(International Public Administration)

1. 개념

국제행정은 국내행정이나 국제경영에 대비되는 개념으로, 정부 간 혹은 비정부 간 국제기구를 중심으로 공공의 문제를 해결하기 위한 정책의제설정, 정책결정, 정책집행, 정책평가의 전 과정 혹은 그 일부를 일컫는다. 근대적 의미의 국제행정의 역사는 19세기 유럽에서 국제기구가 하나둘씩 창설되면서 시작되었다. 초기의 국제기구들은 주로 교통, 통신, 특허, 보건, 농업 등의 분야에서 기능적이고 기술적인 협력과 관리에 국한되었다. 따라서 그 역할과 권한은 아주 미약했을 뿐만 아니라, 국내행정, 특히 정책집행의 연장선상에 있는 것으로 인식되었다. 제1차 세계대전에서 승리한 연합국을 주축으로 국제평화와 안전을 유지하고 경제적·사회적 국제협력을 증진시킨다는 목적으로 1920년 설립된 국제연맹(League of Nations)도 국제행정의 발전을 위한 중요한 밑거름이 되었다. 하지만 제2차 세계대전의 발발과 함께 스스로 붕괴되고 말았다. 따라서 오늘날 국제행정이라고 하면 제2차 세계대전의 종전을 전후로 발족된 국제연합(UN)과 그 산하기구들, 그리고 브레튼 우즈 체제(Bretton Woods System)의 일환으로 탄생한 세계은행(IBRD)과 국제통화기금(IMF), 그리고 관세및무역에관한일반협정(GATT) 등의 활성화를 통하여 성립되었다. 이처럼 전통적 국제행정론은 그 주요 주체로서 국제기구를 상정한다. 그러나 그 국제기구에 참여하는 가장 중요한 행위자로서 국가 또는 정부를 강조하였다는 점에서 국내행정의 연장선상에 있다는 점은 초기 국제행정의 특징과 유사하다 할 것이다. 1990년대 들어 냉전체제의 종식과 세계화의 급속한 확산에 힘입어 전통적 국제행정론은 글로벌 거버넌스론으로 대체되어 더욱 확장되는 추세이다. 대안적 글로벌 거버넌스론에서는 국가나 정부 간 국제기구와 같은 전통적 행위자들 이외에 비정부 간 국제기구나 시민단체, 다국적 기업들이 모두 참여하는 수평적 · 협력적 네트워크를 강조한다.

2. 이론적 쟁점

전통적 국제행정은 그 시작부터 국제정치와 밀접한 관련을 갖고 출발하였다. 특히 국내 행정학에서 그랬던 것처럼 정치 · 행정 일원론과 정치 · 행정 이원론 간의 논쟁 속에서 그 이론적 틀이 형성되었다. 최근의 가장 큰 쟁점은 공식적 참여자와 비공식적 참여자와의 관계 정립 문제이다. 참여자의 범위는 국가 및 국제기구와 같은 공식적 참여자 중심에서 비정부 기구나 다국적 기업과 같은 비공식적 참여자들의 활동까지 포함하는 추세이다. 하지만 국제행정, 보다 넓게는 글로벌 거버넌스에서 비정부기구나 다국적 기업의 참여를 왜, 얼마나, 어떻게, 어디까지 허용하느냐의 문제를 놓고 여전히 논란이 계속되고 있다.

행정조직의 독립성과 효율성을 강조했던 고전적 행정학에 바탕을 둔 Ferrel Heady, Robert S. Jordan 등의 서구학자들과 국내의 최종기 교수 등과 같은 전통적 국제행정학자들은 정치 · 행정 이원론에 입각하여 공식적인 정부 간 국제기구 내에 유능한 공무원 조직과 행정구조의 구축에 주로 관심을 가졌다. 이러한 전통적 국제행정론은 공식적 정부 간 국제기구의 사무국 중심의 "집행"이라는 협소한 행정현상에 집착하여 "국제행정 = 국제기구행정"이라는 인식의 확산에 기여했다. 이는 특히 냉전 당시 미 · 소 대결구도 하에서 대부분의 중요한 의사결정들은 강대국 중심으로 이루어졌기 때문에 국제행정의 외연을 확장하는 데 큰 한계가 있었다는 현실을 반영한다. 하지만 전통적 국제행정론은 자의반 타의반으로 연구 의제를 과도하게 제한했고, 따라서 이론적으로나 실증적으로 중요한 연구 성과를 만들어 내는데 실패했다는 평이 지배적이다. 또한 국제법, 국제정치학, 국제기구론 등과의 차별화에 실패한 전통적 국제행정론은 이들의 아류 혹은 하위분과로 인식되었다.

냉전 이후에는 안보와 국방과 같은 상위정치(high politics)와 경제, 문화, 환경, 인권 등과 같은 하위정치(low politics), 국제정치와 국제행정 등의 엄격한 구분이 서서히 깨지기 시작했다. 또한, 세계화와 정보통신 혁명의 진전에 따라 보다 다양한 참여자들이 국제정치와 국제행정의 무대 위에 뛰어들기 시작했다. 신국제행정론으로 넓게 정의할 수 있는 새로운 연구 경향은 전통적 국제행정과는 달리 국제기구들이 다루는 주제 영역에 있어서도 다양성을 인정하고 있다. 즉, 정치와 행정, 혹은 상위정치와 하위정치의 인위적인 구분 대신 정치 · 행정 일원론에 입각하여 단순한 집행과정 뿐만 아니라 정책의제설정, 정책결정, 정책평가 등에도 관심을 기울이기 시작했다. 그러나 신국제행정론은 그 이론적 실체가 모호할 뿐만 아니라 국제기구 간 혹은 국가 간 상호작용만을 주 분석 대상으로 함으로써 기존의 국제정치론, 국제관계론, 국제기구론과의 차별성을 확립하는 데 실패했다는 평가를 받는다.

이에 대한 대안적 접근법으로 최근에는 "국제행정"이라는 좁은 울타리를 벗어나 글로벌 거버넌스(global governance) 혹은 초국가 거버넌스(supranational governacne)에 대한 관심이 커지고 있다. 기존의 현실주의 국제정치학이나 전통적 국제행정론에서는 세계정부(global government)가 없는 국제체제 하에서 근대 국민국가(modern nation-states)를 국제질서를 유지하고 변화시키는 가장 중요한 주체 및 단위로 간주해왔다. 그러나 오늘날 세계화의 급속한 확산에 따른 상호의존성 증가에 따라 개별국가들이 단독으로 해결할 수 없는 영역이 늘어나면서 국가 이외의 다양한 주체들, 특히 비정부 간 국제기구들과 다국적 기업들의 역할과 영역이 늘어나고 있다. 이러한 비공식적 참여자들의 등장이 곧 탈근대국가(post-modern states) 혹은 탈근대주의(post-modernism)의 확산을 의미하느냐에 대해서는 논란의 여지가 있다. 그러나 이들이 경제, 안보, 환경, 인권, 문화 등 다양한 이슈 분야에서 현대 국제사회가 당면한 다양한 문제와 도전들을 해결하고 새로운 규범을 창출하는 중요한 주체로서 자리매김함과 동시에 새로운 글로벌 거버넌스를 창출하고 있음은 부인할 수 없는 현실이다.

글로벌 거버넌스 혹은 초국가 거버넌스란 전통적인 국가 중심의 국제정치 이론과 국제기구 중심의 국제행정 이론의 한계를 극복하고 새로운 행위자들을 포함하려는 의도에서 도출된 개념이다. 김선혁(2004: 94)은 초국가 거버넌스론을 "국가 이상 혹은 이외의 영역에서 발생하는 문제들의 협력적 해결기제인 다양한 거버넌스 제도와 장치의 생성, 발전, 변화 등을 분석·설명하고 보다 민주적이고 효율적인 제도의 설계를 처방하는 행정학의 한 분야"라고 정의하고 있다. 지금까지의 국제행정에 대한 논의가 주로 국제기구 내외에서의 수직적 관계에 중점을 뒀다면, 새로운 글로벌 거버넌스론은 수직적 관계뿐만 아니라 각 참여자들 간의 수평적·협력적 관계도 중시한다. 결과적으로 글로벌 거버넌스는 세계적 차원에서 국가, 시민사회 조직들, 그리고 다국적 기업 등의 정부·비정부기구·민간영역 간의 초국가적 수평적 네트워크의 작동을 통한 다자간 협력과 그러한 의사결정과정에 있어 민주적 거버넌스의 결합이 그 주요 내용이다.

3. 평가와 전망

제2차 세계대전 이후 여러 국제기구들의 등장과 더불어 한 때 각광을 받았던 국제행정론은 1970년대와 1980년대를 거치면서 정체성의 위기를 겪게 되었다. 내부적으로는 전통적 국제행정론이 정치·행정 이원론 입장을 택해 스스로 그 영역을 축소시켰고, 외부적으로는 냉전 당시에 일부 기능적이고 기술적인 분야에서의 협력 이외에 보다 중요한 안보 등의 문제를 해결하지 못하는 국제기구에 대한 회의론이 커졌기 때문이다. 그러나 냉전의 종식과 세계화의 급속한 확산에 따라 국제행정은 새롭게 주목을 받고 있다. 다만 기존의 국제기구 중심, 수직적 관계 중심의 개념에서 탈피하여 국가, 국제기구, 다국적 기업, 시민단체들을 모두 아우르는 수평적·협력적 네트워크를 강조하는 글로벌 거버넌스의 개념으로 대체되고 있다.

한편, 글로벌 거버넌스와 관련된 대부분의 주제들이 이미 국제정치학과 국제경제학 분야에서 선점되고 있는 것이 현실이다. 그렇다면 행정학 연구자들이 "국제행정"의 새로운 대안으로 발전시켜야 할 글로벌 거버넌스론은 기존 학문 분야와 비교하여 어떠한 차별성과 비교우위를 가질 수 있는 것일까에 대한 고민이 필요한 시점이다. 이와 관련하여 김선혁(2004)은 다음의 세 가지를 제안하고 있다.

첫째, 글로벌 거버넌스론은 초국가적 협력을 촉진시키는 다양한 제도들이 어떻게 생성되고 발전하는가를 분석하고, 보다 나은 제도를 고안·설계하는 데 초점을 둔 제도학이 되어야 한다는 것이다. 둘째, 국제행정의 새로운 대안으로서의 글로벌 거버넌스론은 국내행정·정치와 국제행정·정치를 분석하고 설명하는 데 통합적인 이론 틀을 제공해 줄 수 있어야 한다. 국제정치학과 비교정치학 분야에 비해 상대적으로 많은 이론적·실증적 연구가 축적되어 있는 행정학 분야에서는 국가·국내 거버넌스에 관한 연구를 초국가·국제 영역에 확대적용하려는 노력을 통해 통합적인 분석틀을 개발해야 한다는 것이다. 셋째, 글로벌 거버넌스론은 실증적 분석의 차원을 넘어 규범적인 의제들을 다루어야 한다는 것이다. 논리실증주의에 기초한 가치중립적인 인과관계의 분석에만 치중하는 기존의 주류 국제경제학과 국제정치학은 의도적으로 규범적인 처방을 지양해왔다. 전통적으로 민주성과 효율성이라는 관점에서 행정의 규범성에 주의를 기울여 온 행정학 분야가 발전시키는 국제행정의 새로운 모습은 그와 같은 기존의 국제정치경제론이 가진 한계를 극복하지 않으면 안 된다는 것이다.

끝으로 글로벌 거버넌스의 등장 그 자체가 세계평화와 인류공영의 충분조건은 아닐 것이다. 글로벌 거버넌스가 수평적·협력적 관계를 강조하긴 하지만 수직적 권력 배분 그 자체를 부정하는 것은 아니기 때문에 국가 간 권력 불평등을 구조화 시킬 가능성 혹은 특정이익(다국적 기업이나 비정부기구 등)만을 대변할 가능성이 여전히 존재함을 명심해야 한다. 따라서 성공적인 글로벌 거버넌스의 필요조건으로서 민주성, 자율성, 참여성, 형평성, 효율성 등의 가치에 대한 논의와 합의가 함께 이루어져야 할 것이다.

참고문헌

김선혁(2004). "국제행정과 초국가거버넌스". 「한국행정학보」, 38(2): 87-102.

박정택(1996). 「국제행정학」. 서울: 대영문화사.

서창록(2004). 「국제기구: 글로벌 거버넌스의 정치학」. 서울: 다산출판사.

이승철 외(2006). 「글로벌 거버넌스와 한국」. 서울: 한양대학교 출판부.

키워드: 글로벌 거버넌스(global governance), 초국가 거버넌스(supranational governance), 비정부 간 국제기구(international non-governmental organization), 정부 간 국제기구(inter-governmental organization), 탈냉전(post-cold war), 세계화 (globalization)

작성자: 구민교(서울대)

최초작성일: 2008.07.

권력(Power)

1. 개념 정의

권력(power)은 국가나 정부 기관, 또는 공직자가 부하나 시민, 다른 조직이나 집단의 행위를 통제하는 능력이다. 달(Dahl, 1957: 202-203)은 권력을 사회적 행위자(social actor) 간의 관계(relation)로 설명하면서, 그대로 두었으면 상대가 하지 않았을 자신이 원하거나 좋아하는 어떤 일을 하도록 만드는 능력(ability)이라고 정의한다. 권력은 권력 행사가 없었으면 하지 않았을 어떤 행동을 강제하는 힘(force)이고, 목표 성취 또는 결과를 만드는 데 상대방의 저항을 극복하는 능력이다. 에머슨(Emerson, 1962: 32)은 행위자 A의 권력을 행위자 B의 저항을 극복할 수 있는 크기로 설명한다. 샐런칙과 페퍼(Salancik & Pfeffer, 1977: 3)도 의사 결정에서 권력이란 자신이 원하는 결과를 가져오는 능력이라고 정의한다. 비에르스테드(Bierstedt, 1950: 738)는 권력이란 사회적 대립의 경우에만 발생한다고 말한다.

권력은 다른 사람의 행위에 대한 통제나 정보에 대한 접근 수단 등으로부터 나온다. 법치 국가에서 정치, 행정적 권력은 법으로부터 나온다. 군중이 범죄자를 린치할 때의 물리적, 신체적 힘(power)과는 다르다.

권력은 정치학, 공공 조직론, 국제 관계 외에 철학, 경제학 등에서 사용하고 의미 또한 차이가 있으나, 행정학, 정치학에서 권력이란 국가 정치, 행정 시스템에서 한 사람, 집단, 조직, 국가 등이 보유하고 행사하는 힘이다. 3권 분립 하에서 국가 권력은 크게 입법(legislative power), 사법(judicial power), 집행 권력(executive power)으로 나뉘고, 집행 권력은 국가 관료제가 국민의 의지를 실현하기 위해 보유하고 행사하는 힘이다.

2. 내용과 유형

권력은 하나의 구조적 현상(structural phenomenon)으로, 개인이나 부서 간의 수직적·수평적 관계에서 나타난다. 권력 연구들은 주로 수직적 차원에서 행사되는 계층적 권력에 대한 것이었다. 권력은 공식(formal) 대 비공식 권력(informal power)으로도 구분된다. 공식적 권력이 제도가 부여한 다른 사람 또는 집단의 행위를 통제하는 힘이라면, 비공식 권력은 그것 없이 다른 사람의 행동에 영향을 발휘하는 힘이다. 경찰관은 범법자를 통제하는 권력을 행사하지만 명성이나 위신에 의한 것은 아니다. 전문가는 권위와 명성을 가지고 다른 사람의 행위에 영향을 미치는 힘을 갖는다.

조직을 이해하는 데 권력의 분포, 크기의 진단은 중요하지만 측정은 어렵다. 측정을 위해서는 권력의 부재 시 어떤 일이 일어났는가, 권력을 행사하기 위한 행위자의 의도, 바라는 것이 일어날 것이라는 가능성 등을 알 수 있어야 한다.

3. 한계

권력은 다양한 분야에서 사용된다. 권력 개념의 효용성이 높다는 뜻이지만 또 다른 한편에서는 의미의 정확성이 그만큼 낮다는 것을 의미한다. 사람들은 권력을 힘, 영향력, 능력 등 다양한 의미로 사용한다. 또 권력은 사회적 관계 또는 상황 종속적이어서 맥락과 이슈에 따라서도 의미가 다르다.

참고문헌

Bierstedt, R.(1950). An analysis of social power. *American Sociological Review*, 15(6): 730−738.

Dahl, R. A.(1957). The concept of power. *Behavioral Science*, 2(3): 201−215.

Emerson, R. M.(1962). Power-dependence relations. *American Sociological Review*, 27(1): 31−41.

Pfeffer, J.(1987). Understanding the role of power in decision making. In J. M. Shafritz & J. S. Ott (Eds.), Classics of organization theory(2nd ed., pp. 309−334). Chicago, IL: The Dorsey Press. Reprinted from Power in organizations by J. Pfeffer(1981), Marshfield, MA: Pitman Publishing, pp. 1−32.

Salancik, G. R., & Pfeffer, J.(1977). Who gets power — and how they hold on to it. A strategic-contingency model of power. *Organizational Dynamics*, 5(3): 3−21.

키워드: 권력, 힘, 영향력, 공식적 권력, 비공식적 권력

작성자: 박흥식(중앙대)

최초작성일: 2019.12.

권력의존모형(Power Dependence Theory)

1. 개념

전통적인 '중앙－지방정부 간 관계'나 '정부 간 관계' 개념으로써는 중앙－지방관계의 본질에 이르지 못한다는 것이 Rhodes의 문제의식이다. 중앙정부 차원에 있어서도 지역부나 지방정부연합회 등 '지방정부' 이외의 지방측 행위자들이 존재하고, 분석시각도 단순한 '정부 간 관계' 시각으로써는 중앙－지방관계의 총체적이고 다양한 측면을 설명할 수 없다는 것이다. Rhodes는 중앙－지방정부 간 관계나 IGR 대신 SCG(sub-central government) 개념을 사용할 것을 제안한다. 중앙정부 내에도 '지방'의 측면으로 분류될 수 있는 다수의 행위자들이 존재하고 '정부'라는 개념으로 통칭하기 어려운 공기업과 QUANGOS가 중앙－지방관계에 커다란 역할을 하고 있기 때문이다.

SCG 개념 안에서 중앙－지방관계를 설명하는 데 권력의존모형이 제시되고 있다. 한마디로 권력의존모형은 중앙－지방관계를 전략적인 행위자 관점에서 '교환'과 '게임'의 관계로 파악하고 있다는 것이 가장 큰 특징이다. 신다원주의 입장에서 경제적, 사회적, 정치적 분화현상을 전제로 하고, 정책공동체(policy community)이론과 네트워크이론, 조합주의이론, 행위자이론을 결합하여 이론적인 삼각화를 도모한 결과물이라 하겠다.

2. 이론의 내용

로즈(Rhodes)의 권력의존모형은 기본적으로 중앙－지방 관계를 단순한 조직과 사무처리

관계로 파악하지 않는 데서 출발한다. 그는 전통적인 중앙－지방정부 개념으로 관료제 내에서 일어나는 관료들의 행태에 협소하게 집착하기보다는 현대사회의 구조변화와 국가의 통치관리체제상의 변화는 물론 계층과 이익갈등, 지역정치의 요소, 정책망을 이루는 행위자로서의 요소를 함축하는 새로운 시각을 제시하고 있다.

거시적 차원에서는 중앙정부를 둘러싼 환경변화의 관점, 중범위적 차원에서는 정책네트워크 시각, 미시적 관점에서는 행위자로서의 공공조직 요소를 강조한다. 이를 통해 거시적인 차원에서는 사회계층의 연루관계, 복지국가의 변동 등을 분석할 수 있고, 중범위적 차원에서는 정책과정에 있어서의 상호의존구조를 분석할 수 있으며, 미시적 차원에서는 자원과 전략, 경기의 규칙, 감식체계 등을 설명할 수 있다는 것이다.

로즈의 권력의존모형은 다섯 가지 명제에 근거하고 있다. 첫째, 어떤 조직이든 다른 조직에 자원의 측면에서 의존하고 있다. 둘째, 목표달성을 위해서 조직은 자원을 교환해야 한다. 셋째, 조직 내 의사결정이 여타 조직들에 의해 제약되는 것은 사실이지만, 지배적인 연합(dominant coalition)이 재량권을 보유하게 된다. 지배적인 연합의 감식체계에 의해 문제가 규정되고, 자원이 모색된다. 넷째, 지배적인 연합이 자원의 교환과정을 조절하기 위해 경기의 규칙(rules of game)이라 알려진 전략을 구사한다. 다섯째, 재량권의 차이는 상호관계에 있는 조직의 목표 및 상대적인 권력잠재력에서 비롯된다. 이 상대적인 권력잠재력이란 각 조직의 자원, 경기의 규칙 그리고 조직간 교환과정의 산물이다.

그런데, 권력관계의 토대는 자원이다. 초기에 로즈는 중앙－지방정부 관계를 설명하기 위한 자원으로서 헌법－법률적, 행정계층적, 재정적, 정치적 자원과 정보자원이라는 다섯 가지의 자원을 제시하였다. 그 후 그는 이를 토대로 다섯 가지의 자원으로 재구성하여 제시하였다. 권위(authority), 재정적 자원(financial resource), 정치적 정통성(legitimacy), 정보자원(informational resource), 조직자원(organisational resource)이라는 다섯 가지의 자원이 제시되었다. 권위는 헌법이나 법률 등으로 공공조직 사이에 배분된 기능을 수행할 자율적 권능을 말한다. 금전은 세금이나 사용료, 차입 등으로 각 기관에 수집된 자금이다. 정통성이란 공적인 의사결정구조에 접근하는 위치, 그리고 선거나 기타 수단으로 대중적 지지를 동원할 수 있는 정치적 능력을 지칭한다. 정보자원은 자료의 소유, 자료의 수집과 활용에 대한 통제를 의미한다. 마지막으로 조직자원이란 사람, 기술, 지대, 건물, 장비 등 직접적으로 행위 할 수 있는 능력을 뜻한다.

권력의존모형은 중앙－지방 관계를 다차원적으로 이해해야 한다는 필요성 하에서 제시된 복합적인 분석 틀이라 하겠다. 거시적으로 구조화된 중앙－지방 관계의 형태와 상호작용

의 패턴을 주목하면서, 미시적인 행위자들의 자원의존과 교환관계 그리고 전략을 설명하고
자 하는 설명 틀이다.

3. 등장배경과 평가 및 전망

R.A.W. Rhodes는 유연한 네트워크 형태로 이행하는 정부구조의 변화양상에 대한 연구
를 일찍이 선도했던 학자였다. 그는 1980년대 초반부터 정책연결망이론, 네트워크이론, 권력
의존모형, 거버넌스이론을 선도하여 왔다. 이 가운데 권력의존모형은 Rhodes의 문제의식이
중앙－지방 관계에 적용된 결과였다. 그러면, 중앙－지방관계를 설명하고자 하는 그의 권력
의존모형에 대해 간략히 평가해보기로 하겠다.

첫째, 중앙－지방정부 간 관계를 '교환'과 '게임'의 관계로 본 것은 급진적인 시각으로서,
다양한 설명틀을 종합한 이론적 삼각화의 산물이었다. 기존의 단순대리인 시각이나, 파트너
십 모형에 비해 독자적 행위자 시각을 도입한 급진적인 시각이었으며, 네트워크이론, 조합주
의이론, 행위자이론, 신다원주의 시각 등을 결합한 복합적인 모형이었다.

둘째, 그의 권력의존모형은 '때를 잘못 만난' 이론이기도 하였다. 권력의존모형이 제시된
1980년대 초반은 보수당의 대처 수상이 신공공관리의 시각에서 정부개혁을 단행하던 시기
였다. 수평적 차원에서 국가 역할의 축소와 재정립에 주된 관심이 기울여진 반면, 수직적 차
원의 지방정부는 일방적인 감축, 우회, 폐지의 대상일 뿐이었다. 정치적 현실과 정부의 정책
에서 중앙－지방관계의 추는 중앙에 일방적으로 기울어 있었던 것이다. 권력의존모형은 '지
방'을 중앙과 대등한, 대등하지 않다면 교환적인 권력관계로 파악해야 한다고 역설하며 등장
했는데 현실은 정반대로 변화되어가고 있던 셈이다. 그 결과, Page(1982)로부터 '중앙정부가
보유한 헌법상의 우월성을 간과하고 있다'는 비판을 자연스럽게 받게 되었다. 결국, 권력의
존모형은 새로운 시각으로서 학계의 관심을 받았으나 설명력 높은 이론으로서 주목을 받지
는 못하였다. 1990년대 들어와 거버넌스(governance)에 대한 논의가 확산되면서 권력의존모
형의 기본 모티브가 다시금 재음미되고 있는 중이다.

셋째, 분석차원을 언급하고는 있으나 이들 간의 관계와 내용을 명확히 설명하지 못하고
있다. 미시, 중범위, 거시적 차원에 대한 설명 간 연계가 빈약하다. 또, 각 이론을 부분적으
로 차용함으로써 혼돈을 초래하기도 한다. 예를 들어, 조합주의 이론을 토대로써 인용하고
있으나 권력의존모형에서 언급되는 내용은 정부－이익집단 관계에 대한 부분일 뿐 국가이론

으로서의 조합주의는 간과되고 있다.

넷째, 미시적인 차원에서는 조직 내의 정치적 관계가 조직 간 관계에 미치는 영향을 간과하고 있고, 정책유형 간 차이나 다양성이 고려되지 않고 있다.

다섯째, 역사적 시각을 결여하고 있으며, 자원이 내포하는 잠정적이고 주관적이며 변화하는 속성을 간과하고 있다.

참고문헌

Page, E.(1982). Central Government Instruments of Influence on Local Authorities, Strathclyde: Strachclyde University Press.

Rhodes, R. A. W.(1981). Control and Power in Central-Local Government Relations, London: Social Sciences Research Council.

Rhodes, R. A. W.(1986). "Power Dependence: Theories of Central-Local Relations", M.Goldsmith(ed.) New Research in Central-Local Relations, London: Gower.

키워드: 권력의존모형, 중앙-지방관계, 네트워크이론, 조합주의, 이론적 삼각화, 자원, R.A.W. Rhodes

작성자: 이종수(연세대)

최초작성일: 2001.09.

권위(Authority)

1. 개념 정의

권위(authority)는 명령이나 지시, 결정을 하고, 복종을 강제할 수 있는 적법하거나 정당성을 가진 자격이나 권리, 힘이다. 권력(power)이 자신이 원하는 것을 다른 사람들이 하도록 강제하는 능력이라면, 권위는 강제하지 않고도 자발적으로 순종하게 만드는 힘이다. 권위는 무엇을 하도록 명령하는 사람의 요구가 정당한가에 대한 상대방의 수용 정도에 기초한다. 조직에서 권위는 법률, 공식적 구조나 지위에 관한 규정, 지식 등에 근거한다. 관리자의 직무(직위와 책임)는 조직이 위임한 것으로 권위의 주요 소스이다. 관리자는 직무상의 의무와 책임(duties and responsibilities)을 바탕으로 직원들에게 특정 행동을 요구하고 지시할 자격이나 권리를 갖고, 또 변화 결정을 한다. 권위는 이러한 점에서 '제도화된 권력(institutionalized power)'이다. 국가나 정부 관료제, 기업, 군대, 학교, 교회, 기타 집단의 리더나 부모 등에도 그대로 적용된다.

2. 권력과의 차이

권력은 다른 사람들의 행동에 대한 영향력이나 통제의 힘이다. 권위는 권력의 소스이고, 권력은 권위를 강화한다. 권력이 정당할 때, 권력은 그 자체로 권위가 된다. 정당성(legitimacy)은 권력의 행사를 지원한다. 권력 행사는 다른 사람들로 하여금 자신이 원하는 것을 하도록 만드는 것이어서 많은 비용, 노력이 요구되는데, 상대방이 권력을 정당한 것으로 받아들이면

비용은 그만큼 줄어든다. 선거 등은 권력에 정당성을 부여하고, 권력을 권위로 변환시킨다는 점에서 사회 통제력의 제도화(institutionalization of social control)이다. 제도적 환경은 권력을 권위로 변환시킨다. 제도적인 정당성 부여 상황에서 상관의 부하에 대한 통제는 이해관계자 간 권력의 균형에 관계없이 통제력을 발휘한다. 조직에서 부하들도 관리자들이 갖지 못한 전문적 지식이나 정보에 대한 접근 권력을 갖는 경우가 있지만, 제도가 만들어낸 권위 때문에 부하들은 관리자들의 지시를 당연한 것으로 받아들인다. 누가 권력을 가졌는가는 중요하지 않고, 상관의 통제를 합리적 지시 사항이라고 간주하여 거부하지 않는다. 권력보다는 권위에 의한 인정이고 복종이다. 사회적 압력과 규범도 권력을 인정하고 정상이자 납득할만한 것으로 정의한다. 사회적 수용과 승인은 권력의 행사를 보다 쉽게, 효과적으로 만든다. 권력과 사회적 통제가 어떻게 정당한 권위가 되는가는 거버넌스 운영이나 조직 통제에 대한 이해에 중요하다.

3. 권위의 유형

막스 베버(Max Weber)는 '정당한 지배(legitimate domination)'를 권위로 이해하고, 무엇에 의해 정당화되는가, 즉 특정 집단 사람들이 자발적으로 복종하게 되는가를 기준으로 권위를 세 가지로 구분한다.

1) 합리 − 합법적 권위(rational − legal authority): 문서화되고 때로는 매우 복잡한 형태의 공식적 규정에 의해 정당화되는 권위이다. 대표적 예는 국가가 법률에 의해 부여한 정부 공직자들의 권리, 기업 등에 대한 권리 등이다. 합리−합법적 권위는 계층제의 명령과 지시의 질서에 따라 대리, 위임된다. 권위의 가장 일반적 형태로 사회는 기본적으로 이러한 권위에 기초한다.

2) 전통적 권위(traditional authority): 관행, 습관, 사회 구조로부터 나오는 권위이다. 비공식적 역할이 오랜 시간을 거쳐 안정적으로 자리 잡게 되었을 때 나오는 능력이다. 세대에 걸쳐 지배와 복종의 관계가 그대로 유지되고 지속되는 경우에도 전통적 권위가 만들어진다. 세습 군주의 지배 자격이 그 예이다.

3) 카리스마적 권위(charismatic authority): 권위가 특정 개인 또는 집단이 가진 '천부의 재능,' 특별한 능력, '신의 은총(gift of grace)' 등에 의존하는 경우이다. 추종자들이 자신들의 리더가 특별히 신이나 영감, 계시, 자연의 법칙 등에 의해 강력한 힘을 부여받은 것으

로 믿을 때 생겨나는 권위이다. 이것은 합리-합법적 권위나 전통적 권위보다 정당성에서 보다 우위에 있다. 사람들은 지금까지 복종했던 권위를 이것으로 쉽게 대체한다.

권위에는 공식적, 기능적 권위가 있다. 계층제 조직에서 최고 정책결정권자는 조직에서 지시를 하는 공식적 권위를 갖는다. 하지만 전략을 수립하고 지시를 내리기 위해서는 참모들의 지식과 기술의 도움을 받아야 한다. 이때 참모들은 계선 라인의 부하들을 움직이는 공식적 권위는 없지만 최고 결정권자들에 자문하는 기능적 권위를 갖는다. 권위의 극단적 형태는 무정부 상태(anarchy)와 권위주의(authoritarianism)이다. 무정부 상태는 혼란 그 자체로 기존의 권위에 저항하는 개인들만 있지 어떤 권위도 존재하지 않는 현상이다. 반면 권위주의는 최고 결정권자가 부하들의 참여나 도전을 배제한 채 자신의 결정과 지시를 강요하는 경우이다. 부하들이 심리적으로 수용을 거부하기 때문에 협력을 얻기 힘들다. 조직에서 권위 배분의 가장 이상적 형태는 최고 결정권자와 관리자들은 조직의 목표 성취를 위하여 명령과 지시를 할 권위가 있고 부하들은 창의성을 발휘할 수 있는 충분한 자유를 갖는 때이다.

4. 수용권

허버트 사이몬(Herbert A. Simon)은 권위에는 '수용권(zone of acceptance)'이 있으며, 상관의 지시라도 수용권을 벗어나면, 효과적이지 않고 부하들이 거부한다고 설명한다. 공식적 권위도 이러한 경우 제한받는다. 조직에서 부하들은 자주 상관의 공식적 권위에 의문을 제기한다. 노동자들은 조직의 명령이나 지시가 수용권을 벗어날 때 노동조합을 통해 거부한다. 하지만 막스 베버가 말한 세 가지 권위가 통합되는 경우, 부하의 수용권은 넓어지고 권위는 보다 효과적으로 작용한다.

참고문헌

Chandler, R. C., & Plano, J. C.(1982). The public administration dictionary. New York, NY: John Wiley & Sons.

Pfeffer, J.(1987). Understanding the role of power in decision making. In J. M. Shafritz & J. S. Ott (Eds.), Classics of organization theory(2nd ed., pp. 309-334). Chicago, IL: The Dorsey Press. Reprinted from Power in organizations by J. Pfeffer(1981), Marshfield, MA: Pitman Publishing, pp. 1-32.

키워드: 권위, 권력, 영향력

작성자: 박흥식(중앙대)

최초작성일: 2019.12.

권위주의(Authoritarianism)

권위주의(authoritarianism)는 개인의 자유로운 행동과 사유의 제한, 통제나 지배, 권위에 대한 복종 중시의 태도나 사고방식이다. 정부, 조직, 집단 또는 개인의 권위적 경향이나 성품의 표현이다. 정부의 권위주의는 법률이 아닌 개인에 의한 지배, 정당한 잠재적 도전자들의 의도적 배제, 의미 있는 반대의 거부와 억압, 정당하지 못한 목적을 위한 사람들의 동원, 폐쇄적 또는 조작된 방식에 의한 결정, 정당한 규칙을 벗어난 운영, 권력의 비공식적인 또는 통제받지 않는 방식에 의한 행사 등의 경향이나 특성을 뜻한다. 조직의 권위주의는 특정 개인 또는 집단 중심적 결정과 운영으로, 구성원들의 참여와 합의가 무시되는 경향이다. 반대나 도전에 경직적인 통제도 여기에 해당한다. 조직의 과도한 권위주의는 구성원 개인의 자유와 권리의 억압으로 나타난다. 조직의 변화에 대한 적절한 대응을 가로막는다. 개인의 권위주의는 권위적인 개인 성품(authoritarian personality), 특성이나 행태이다. 권력과 강한 힘을 가진 사람이 자의적 방식으로 갈등을 풀고, 다른 사람들을 자신의 견해와 의지에 복종시키려는 집요한 노력을 말한다.

심리학자들은 권위주의를 개인의 권위주의적 성향(authoritarian predispositions)으로 보는 관점에서, 측정 척도를 개발하였다. F 척도(F scale)가 이것으로, 아홉 가지 특성 차원으로 이루어진다. 각각의 차원은 다음과 같다.

① 관례주의(conventionalism): 관례, 중류 사회적 가치의 엄격한 준수

② 권위적 복종(authoritarian submission): 내집단(in-group)이 이상적인 것으로 생각하는 도덕적 권위에 대한 무비판적이고 순종적 태도

③ 권위적 공격(authoritarian aggression): 전통적 가치를 위반하는 사람들을 경계하고 경멸, 거부하며 벌을 주려는 성향

④ 반(反) 감정주의(anti-intraception): 주관적이고 창의적이며, 마음이 약한 사람들에 대한 반대를 표시함

⑤ 미신 및 틀에 박힌 사고(superstition and stereotypy): 개인의 운명에 대한 신비적 영향 요인들의 작용을 믿고, 융통성이 없는 사고 성향

⑥ 권력과 강인함(power and toughness): 지배와 복종, 강함과 약함, 리더와 추종자 차원에 집착, 권력자에 대한 귀속 의식, 자아의 관례적 특성(conventionalized attributes)에 대한 과도한 강조, 강함과 강인성에 대한 과장된 주장

⑦ 파괴성과 냉소주의(destructiveness and cynicism): 일반화된 적대감과 인간에 대한 비방

⑧ 미래 투사(projectivity): 거칠고 위험한 일들이 세상에 계속 있다고 믿는 성향. 무의식적이고 감정적 충동의 외부 세계로의 투사

⑨ 섹스(sex): 섹스 사건에 대한 과장된 관심

F 척도는 버클리 대학 연구팀이 1930년대 파시즘의 등장을 설명하는 과정에서 개발한 것으로, 권위주의 성향의 요소를 기성 권위에 대한 존중, 외부 집단에 대한 공격적 성향, 강력한 리더의 지시나 전통 및 관습적 가치에 대한 추종, 세상을 볼 때 내집단과 외집단, 즉 우리와 남의 이분법적 기준의 적용 등으로 제시한다. 권위주의적인 사람들일수록 기존의 사회적 역할 관계, 권력 구조 등을 존중하고, 외부 집단의 구성원들을 자신들이 존중하는 전통적 가치에 대한 위협으로 간주한다고 생각한다. 이밖에도 강력한 권위주의는 조직이나 개인 차원과 관계없이 그 중심적 특성이 권위에 대한 집착, 권력 또는 힘만으로 복종과 찬양을 만들어낼 수 있다는 태도, 약한 사람들에 대한 무시나 경멸을 포함한다.

참고문헌

Adorno, T. W., Frenkel-Brunswik, E., Levinson, D. J., & Sanford, R. N.(1950). The authoritarian personality. New York, NY: Harper and Brothers.

Grusky, O.(1962). Authoritarianism and effective indoctrination: A case study. *Administrative Science Quarterly*, 7(1): 79-95.

Janowitz, M., & Marvick, D.(1953). Authoritarianism and political behavior. *Public Opinion Quarterly*, 17(2): 185-201.

Kreml, W. P.(1977). The anti-authoritarian personality. New York, NY: Pergamon Press.

Whitley, B. E., & Aegisdottir, S.(2000). The gender belief system, authoritarianism, social dominance orientation, and heterosexuals' attitudes toward lesbians and gay men. *Sex Roles*, 42(11/12): 947−967.

키워드: 권위, 권위주의, F 척도
작성자: 박홍식(중앙대)
최초작성일: 2019.12.

규제관리(Regulatory Management)

1. 규제관리의 의의

규제관리(regulatory management)는 규제의 생성, 운용, 소멸의 전 과정에서 정부가 체계적인 개입을 하는 것을 말한다. 이처럼 국가가 규제관리에 나선 이유는 규제수준이 국가 간의 경제적·사회적 격차를 유발시키는 중요한 요인이라는 점이 반복적으로 밝혀졌기 때문이다. 이런 규제관리는 흔히 불합리한 규제의 철폐나 개선, 선진적 규제제도의 구축이 중요한 내용을 이루고 있는 까닭에 흔히 규제개혁(regulatory reform)이라 불리고 있기도 하다. 한편 미국의 경우에는 1970년대부터 이미 규제관리에 관심을 기울이기 시작해 1980년대 들어서서는 OIRA를 통해 규제영향분석을 의무화하여 왔으며 유럽의 경우 행정부담의 측정과 감축을 위해 최근에 개발한 표준비용모델(SCM)에서도 확인할 수 있는 것처럼 규제관리를 위한 적극적인 움직임을 보이고 있다. 이처럼 규제를 체계적으로 관리해야 한다는 주장은 1990년대 이후 OECD를 중심으로 그 중요성이 반복적으로 강조되고 있는 것이기도 하다.

이와 같은 규제관리는 규제의 개선을 위한 정부의 다양한 노력을 포괄하고 있는 것으로 신설 및 강화되는 규제에 대해 규제영향분석을 도입하는 것과 같은 사전적인 것에서부터 기존 규제의 개선과 같은 사후적인 것에 이르기까지 광범위하게 이루어지고 있으며 각 국가들은 자신들의 상황에 맞는 규제개선을 위해 온갖 노력을 기울이고 있는 형편이다.

2. 규제관리의 단계

한편, OECD에서는 규제관리를 그 단계별로 규제완화, 규제품질관리, 규제관리의 세 단계로 나누어 설명하고 있다.

먼저 규제완화(deregulation)란 절차와 구비서류의 간소화, 규제순응비용의 감소 및 규제폐지를 통한 규제총량의 감소 등을 그 특징으로 하고 있다. 이것은 과다한 정부규제에 따른 엄청난 비용의 발생, 산업구조의 왜곡, 행정부조리 등의 문제점을 해결하기 위한 것이다. 우리나라의 경우 이런 규제완화를 위한 정부의 노력은 1990년대 규제관리에 대한 관심이 있어 온 이래 지속적으로 이루어져 왔지만, 그 중 대표적인 것이 김대중 정부 초기에 있었던 규제총량을 50% 감소시킨 사례와 2009년에 있었던 한시적 규제유예 제도를 들 수 있다.

한편, 규제품질관리(regulatory quality management)란 규제완화를 통해 어느 정도의 총량적 규제관리가 이루어지고 나면, 개별규제의 질적 관리에 초점을 두는 단계이다. 즉 규제개혁의 관심사가 규제의 존재에 대한 정당성 여부에서 더 나아가 보다 유연하고 단순한 규제수단 및 비규제수단의 모색, 신설강화 된 규제에 대한 규제영향분석이나 규제기획제도를 통한 규제품질의 관리가 대표적인 예이다. 이런 규제품질관리가 중요한 이유는 규제완화와 규제품질관리 단계를 거쳐, 규제관리 단계로 이행을 위해서는 규제품질의 개선이 선행되어야 하기 때문이다.

사실 규제개혁의 시작은 각종 절차와 구비서류의 간소화, 규제순응비용의 감소 및 규제폐지를 통한 규제총량의 감소와 같은 양적 측면에서 이루어지지만 이런 것이 완성되어 어느 정도 규제의 총량적 관리가 이루어지고 나면, 사회경제적 여건의 변화에 따라 개별 규제수단이 적정하고 효율적인지, 보다 유연하고 단순한 규제수단 혹은 비규제 수단은 없는지 등에 대해 관심이 집중되게 된다. 우리나라에서 이런 규제품질관리는 규제영향분석을 통해 구체화되고 있는 형편이다. 즉 현재의 제도를 보면, 규제를 신설 혹은 강화하려는 부처는 규제영향분석을 통해 해당 규제의 정당성을 입증해야 하는데, 그 세부항목을 보면 투입규제보다는 성과기준 규제의 도입, 보조금이나 정책홍보와 같은 비규제 대안의 검토, 중소기업에 대한 규제효과의 분석, 규제의 존속기간의 설정, 규제의 확대재생산과 같은 규제 피라미드의 가능성 검토와 같은 개별규제의 품질관리를 위한 다양한 체크포인트를 제시하고 있음을 확인할 수 있다.

마지막으로 규제관리(regulatory management)는 규제개혁이 총량적 개혁이나 개별규제의 질 문제에만 국한하지 않고, 전반적인 규제체계에 관심을 갖는 것이다. 즉 하나의 규제가 아니라 규제와 규제사이의 상호관계와 이들이 전체 국가규제체계에서 정합성을 갖는지와 같은 보다 거시적인 관점을 가지고 있다. 즉 규제관리는 국가의 전반적인 규제체계의 조화나 규제체제의 효율성에 집중하고 있는 것으로 바로 이것은 규제에 대한 적정한 품질관리가 담보되지 않으면 불가능한 것들이기도 하다. 또한 이런 규제관리의 차원에서는 규제체계의 정합성에 매우 중요한 관심을 갖게 된다. 개인정보보호법에 있어서 공공부문과 민간부문 사이의 보호수준의 균형성, 온라인개인정보와 정보통신망에서의 개인정보보호 사이의 균형성 등에 대한 포괄적 검토를 통해 정보보호규제 전반이 보호하려는 개인정보 각각의 위험이나 해악에 비례해서 규제의 강도나 밀도가 균형을 가지는지를 파악해야 한다는 주장이 그 대표적인 것이다.

3. 우리나라 규제관리에 대한 평가

그렇다면 우리나라의 규제관리는 어떤 수준에 와 있는 것일까? 현재의 상황에서 평가해본다면, 적어도 우리나라는 규제관리의 단계에 본격적으로 접어들고 있지는 않는 것 같다. IBM과 임상준의 논의를 보면 우리나라의 규제관리체계는 5공화국과 6공화국에 걸쳐 정부차원에서 개선해야 할 주요 정책과제 46건을 포함하여 총 760건에 이르는 규제를 완화하고 현지조사와 서면조사를 거쳐 발굴된 893종의 규제에 대한 제도개선을 추진했으며, 김영삼 정부시절에는 총 4,477건에 달하는 규제개혁추진과제를 선정하여 그 가운데 87%인 3,918건의 규제를 완화한 것으로 되어 있다. 또한 김대중 정부시기에서 노무현 정부시기의 경우 1998년에 대대적인 규제개혁을 통해 전체 11,125건에 달하는 기존규제의 약 50%를 폐지하고 2,411건을 개선하는 대규모 개혁을 이루어낸 것을 규제개혁에서 가장 중요한 변화로 보고 있다. 이들의 이런 논의를 볼 때, 우리나라의 규제관리의 단계는 아직 규제의 양적단계인 규제완화의 단계에서 이제 막 벗어나서 규제품질관리의 단계로 접어들고 있다는 주장이다.

그러나, 사실 우리나라에서도 규제의 품질관리가 전혀 없었던 것은 아니다. 이미 소개한 것처럼 김대중 정부시기 규제심사를 도입하면서 함께 도입된 규제영향분석을 위한 평가항목에는 분명, 보다 나은 규제방식의 설계를 위한 기준이 제시되고 있으며, 이를 규제의 신설·강화 과정에 검토하도록 되어 있기 때문이다. 이를 볼 때, 적어도 우리나라에서는 제도적으로는 규제의 품질관리를 위한 수단이 부분적으로는 도입되어 있다고 볼 수 있다. 그러나 이런 제도의 마련에도 불구하고 우리나라의 규제품질관리에는 몇 가지 문제점이 있는데 이를 지적하면 다음과 같다.

먼저, 규제품질관리를 위한 규제영향분석이 제대로 이루어지지 않고 있다는 것이다. 즉 2010년의 경우, 규제개혁위원회에 상정된 규제 중 원안통과 된 경우는 33.3%에 불과하고, 규제영향분석 등이 미흡하여 개선권고를 받은 것의 비율은 무려 51.6%에 이르며, 심지어는 규제의 필요성 등에 대한 객관적인 자료가 제출되지 않아 심사 자체도 불가능하여 재심사할 것으로 판단한 경우도 13.2%에 이른다. 사실 이와 같은 각 부처의 자체규제심사의 문제점은 이미 2008년에 국회예산정책처에서 간행된 2007년도 정부규제영향분석서 평가에서도 지적된 바 있다. 즉 이 보고서에 의하면 2007년에 정부에서 제출되어 규제개혁위원회에서 심사된 중요규제 328건 중 무려 32.7%에 이르는 107건의 규제영향분석서에서 규제의 필요성에 대한 규명이 미흡한 것으로 나타났던 것이다.

다음으로 규제품질관리의 대상이 매우 제한적이라는데 있다. 규제품질관리가 제대로 이루어지기 위해서는 개인과 기업에 영향을 미치는 규제 전반에 대해 그 실효성을 모니터하고, 품질을 따져볼 수 있어야 하지만, 우리나라에서 규제품질관리를 받게 되는 규제는 매우 제한적이다. 먼저 의안으로 도입되는 규제의 경우 규제심사를 전혀 받지 않기 때문에 규제의 품질에 대한 검토의 사각지대로 남아 있다. 이는 OECD가 우리나라의 규제관리시스템에 대해 지속적으로 그 개선을 요구하고 있는 사안이기도 하다.

또한 정부의 규제 중에서도 신설·강화 규제에 대해서만 규제영향분석과 규제심사를 통해 품질이 검토되는 실정이며, 기존 규제에 대해서는 주로 규제의 양적관리인 규제완화를 통해 관리가 이루어져 왔다. 2010년의 한시적 규제유예가 그 대표적인 예이다. 물론 2010년에 실시된 규제일몰제의 확대적용으로 인해 기존 규제에 대해서도 주기적으로 그 실효성을 재검토하는 것으로 되어 있으나, 현재 규제심사를 수행하는 규제개혁위원회의 인적·물적 자원의 수준으로 이것이 가능할 것인지는 매우 의문스러운 실정이다. 사실 현재 규제개혁위원회는 신설·강화 규제 중에서도 중요규제에 대해서만 규제심사를 수행하고 있기 때문에 실제 규제에 대한 품질관리의 범위는 매우 협소한 상태이기도 하다. 실제로 2009년의 경우 의결안건을 기준으로 판단할 경우 규제개혁위원회 본위원회와 두 개의 분과위원회에 상정된 규제안은 모두 120건에 불과한 실정이다.

그렇다면, 규제관리 단계로의 도약을 위한 움직임은 없을까? 우리나라 규제관리 체계에서 이와 관련된 제도를 찾아보면, 크게 규제등록제와 규제맵의 작성을 들 수 있다. 규제등록제의 경우, 「행정규제기본법」 제6조에 의해 시행되고 있는 것으로 각 행정기관의 장은 자신이 관장하는 규제에 대해 규제개혁위원회에 등록을 하도록 하고 있는 제도이다. 규제개혁위원회에서는 이들 등록규제에 대해 그 명칭, 법적근거, 유형 등으로 분류하여 관리하고 있다. 규제개혁위원회가 이렇게 규제를 등록시켜 관리하는 이유는 국가 규제 전반을 파악해서 규제개혁을 체계적으로 수행하기 위함이다. 물론 이런 규제등록제의 존재에도 불구하고 기존에는 이것이 유명무실하게 작동되기도 했다. 즉 미등록규제가 무려 13,359여건이 보고되기도 했다. 그러나 정부는 2009년 미등록규제에 대한 대대적인 정비를 실시하였으며, 나아가 등록된 규제들 사이의 관계를 체계적으로 정리하고자 노력하고 있다. 그 일환으로 규제등록 업무 전산화 체계를 구축하여, 등록된 규제 간의 위계관계를 트리구조로 설계하여 전체 규제를 일목요연하게 파악할 수 있도록 노력하고 있다. 한편, 규제맵의 경우, 복잡한 규제의 흐름이나 연계성(주로 논리적 측면)을 일목요연하게 파악하기 위한 수단, 지역·지구별 규제 현황을 도면으로 시각화하는(문자 그대로 지도) 수단으로 도입되어 현재 규제개혁위원회에서는 공장설립 등과 관련한 몇 개의 규제영역에 대한 규제맵을 작성하여 제공하고 있기도 하다.

그러나 이런 우리나라의 규제관리의 수준은 아직도 완비된 것은 아니라고 판단된다. 그 이유는 규제등록제의 경우, 아직 정비의 초기단계로 규제 간의 관계와 그 연계에 대한 정보가 부족한 상태이며, 그 결과 등록제를 통해 전체 규제 총량의 파악 이외에 규제의 품질과 국가 전체 수준에서 규제 간의 관계에 대한 새로운 정보를 얻기가 어려운 실정이다. 또한 규제맵의 경우, 그 작성된 영역이 매우 협소하고, 너무 복잡하여 실제 민원인들이 이런 규제맵을 통해 얼마나 도움을 받고 있는지 의문스러운 실정이기도 하다.

참고문헌

국회예산정책처(2008). 「2007 정부 규제영향분석서 평가」.

규제개혁위원회(2009). 「규제개념 재정립 및 규제법령 개선방안 연구」. 한국행정연구원.

박경효, 정윤수(2001). 규제순응의 확보전략: 규제대안 및 규제다원주의의 관점에서. 「한국행정연구」, 10(2).

이인호(2009). 한국에서의 입법평가: 사례연구, 입법평가 기준틀의 모색을 위한 시론. 입법평가제도와 규제개혁, 한국법제연구원, 한국공법학회 공동학술대회.

이혁우(2009). "규제의 개념에 관한 소고". 「행정논총」, 47(3).

이혁우(2011). "정부부처의 규제/비규제 구분논리 분석". 「정부와 정책」.

최유성(2007). "규제등록 및 관리제도 개선방안에 관한 연구". 한국행정연구원.

최진식(2010). "규제개혁정책의 적합성 평가에 관한 연구: 이명박 정부 2년을 중심으로". 「정부학연구」, 16(1).

IBM(2007). 「IBM 한국 보고서」. 한국경제신문.

OECD(1998). *The Preliminary report on the state of regulatory compliance(The Puma Regulatory Quality Review: Review of Japan and Mexico*, PUMA/REG(98))

OECD(2007). *OECD Reviews of Regulatory Reform Korea: Progress in Implementing Regulatory Reform.*

키워드: 규제관리, 규제품질관리, 규제완화, 규제개혁

작성자: 이혁우(배재대)

최초작성일: 2011.09.

규제심사(Regulation Screening)

1. 규제심사제도의 필요성

규제는 공공정책의 목적을 달성하기 위한 다양한 정책수단의 하나로 특정한 정책문제를 해결하기 위해서는 그 문제에 가장 적합한 정책수단을 합리적으로 비교하고 분석한 후 선택되어야 한다. 적절한 수단과 수준을 선택하여 합리적으로 설계된 규제는 시장경제를 활성화하고, 일반 국민의 복지를 향상시키는 등 긍정적 효과를 기대할 수 있지만 과잉규제나 과소규제와 같이 규제의 수단이나 수준이 규제문제의 위험도와 균형을 이루지 못하는 경우에는 그 효과를 발휘하지 못하고 오히려 부작용 등의 역효과를 발생시키기 때문이다.

예를 들어, 과거 「문화예술진흥법」에 근거한 1만 제곱미터 이상의 건축물에 대한 미술품설치의무 규정은 일반인의 출입이 통제되는 항만구역 창고 등에 대해서도 고가의 미술품을 설치하도록 요구함으로써 기업에 막대한 부담을 초래하기도 했다. 다른 한편 국제표준기구(ISO)나 한국산업규격(KS)에 따라 컨테이너 차량의 높이는 4.1m로 통일돼 있지만, 도로교통법 시행령은 높이가 3.5m 이상인 차량은 경찰서에서 운행 허가를 받도록 하고 있기 때문에 결과적으로 모든 컨테이너 차량은 같은 코스일 때는 연 1회, 다른 코스일 때는 매번 허가를 받아야 하는 문제가 발생되기도 했다.

규제가 시장행위자의 의사결정에 있어 준거가 된다는 점을 고려한다면 이와 같은 규제가 도입되어 시행되고 있는 것은 사회에 매우 큰 부담을 주는 것으로 판단할 수 있게 된다. 규제심사는 바로 이런 이유에서 그 필요성이 강력히 요구되는 것이다. 각 부처가 여러 가지 공공의 문제를 해결하기 위해 도입하고자 하는 규제가 실제로 그 의도한 데로 작동할 수 있는지, 오히려 민간에 과도한 부담만 지우는 것은 아닌지를 사전에 검토함으로써 불합리한 규제로 인해 사후적으로 유발되는 비용을 획기적으로 줄일 수 있기 때문이다.

2. 한국의 규제심사제도

1) 규제심사제도와 그 과정

우리나라는 1998년 「행정규제기본법」의 제정으로 정부입법에 대한 규제심사를 도입하였다. 특히 규제심사에 있어 규제영향분석을 의무화함으로써 신설 및 강화규제에 대한 엄밀한 관리체계를 수립하였다. 즉 동법 제2조는 규제영향분석을 "규제로 인하여 국민의 일상생활과 사회·경제·행정 등에 미치는 제반영향을 객관적이고 과학적인 방법을 사용하여 미리 예측·분석함으로써 규제의 타당성을 판단하는 기준을 제시하는 것"으로 정의하면서, 동법 제7조에서 중앙행정기관이 규제를 신설 또는 강화하고자 할 때는 규제영향분석서를 작성하도록 규정하고 있는 것이다. 이 규정을 근거로 현재 규제개혁위원회는 규제영향분석서와 부처의 자체심사의견서를 참고하여 정부가 입법이나 명령, 그리고 법규를 통해 도입하려는 신설·강화 규제에 대한 심사를 진행하고 있다. 이런 법적 근거와 체계 하에 정부의 규제영향분석은 규제의 필요성 검토, 규제의 대안 및 비용편익분석, 그리고 규제의 집행가능성에 대해 매우 체계적인 분석기준에 의거해서 작성되도록 설계되어 있다.

규제심사는 정부제출 법안에 대한 입법과정에서 필수적으로 거쳐야 하는 과정이다. 입법과정은 법령을 제정하거나 개정(폐지 포함)할 때 거치게 되는 절차를 의미하는 것으로 구체적으로는 법령안의 입안부터 공포까지의 일련의 과정을 의미한다. 이런 입법과정은 입법의 정당성 확보 요건인 동시에 법 내용의 적정성 확보를 위한 입법 통제 기능을 수행하는 것으로 14단계나 되는 복잡한 과정을 거치게 되는데 현 입법과정의 체계 상 그 중 규제심사는 정부가 제안한 법령안의 경우에는 반드시 거치도록 되어 있는 중요한 단계이다.

먼저 법제처장은 입법계획제도를 통해 입법의 추진시기를 검토·조정하여 정부제출 법률안이 정기국회 등 특정시기에 집중되지 않도록 하는 한편, 국정개혁과 국내외의 여건변화에 대응하는 법제보완이 적기에 추진될 수 있도록 정부의 전체적인 입장에서 관리하게 되고, 각 부처는 이런 입법일정에 맞추어 법령안을 입안을 하게 된다. 이 과정에서 주무부처는 그 법령내용과 관련이 있는 다른 부처와 협의하고, 필요한 경우에는 중앙행정기관에서 확정된 내용을 조정하여야 한다. 한편 이렇게 입법안이 성안되는 과정에서는 여당의 정책위원회 의장과 협의, 당정협의와 같은 정치권과의 협의가 있어야 한다. 각 부처는 이렇게 조정되어 결정된 입법안에 대해 입법예고안을 입안하게 된다. 이런 입법예고는 법령을 제·개정하거나 폐지함에 있어서 국민의 의견을 수렴하여 그 민주적 정당성을 확보하기 위한 제도이다.

규제개혁위원회의 규제심사는 바로 이렇게 입법예고가 이루어진 법령안에 대해 이루어진다. 즉 각 부처에서 규제에 관한 사항, 즉 국가 또는 지방자치단체가 특정한 행정목적을 실현하기 위하여 국민의 권리를 제한하거나 의무를 부과하는 것으로서 법률·대통령령·총리령·부령 등에 규정되는 사항이 포함된 법령안을 추진하고자 하는 때에는 규제영향분석서 등을 첨부하여 규제개혁위원회의 규제심사를 받아야 하는 것이다(「행정규제기본법」제7조, 제11조 및 제12조). 이런 규제개혁위원회의 규제심사는 국무총리실장이 차관회의의 의장으로서 규제심의 결과를 제대로 반영하지 아니한 법령안의 상정을 저지할 수 있으므로 입법절차상 피할 수 없는 절차가 되어 있다.

한편 이렇게 규제개혁위원회의 규제심사를 거친 안은 이제 그 내용을 보완하여 소관 중앙행정기관의 법령안 원안으로 확정되고, 법제처의 심사와 차관회의, 국무회의 심의를 거치게 되고, 최종적으로 대통령의 재가와 국무총리 및 관계 국무위원의 부서를 거쳐, 국회에 제출되어 그 심의, 의결을 거치게 되고, 국회에서 의결된 법령안은 다시 국무회의에서 최종 의결되어 공포의 과정을 거치게 되는 것이다.

한편 규제심사의 구체적인 과정은 규제영향분석서의 작성, 부처자체심사, 규제개혁위원회의 과정을 거치게 된다.

먼저 규제를 신설 또는 강화하고자 하는 중앙행정기관의 장은 규제영향분석을 하고 규제영향 분석서를 작성하여야 하며, 규제영향분석서의 결과를 기초로 규제의 대상·범위·방법 등을 정하고 그 타당성에 대하여 심사하고 있다. 「행정규제기본법」은 자체심사절차를 도입하여 규제를 신설·강화하고자 하는 행정기관은 규제영향분석결과를 기초로 관계 전문가의 의견을 수렴하는 등 규제의 대상·범위·방법과 그 타당성에 대해 자체심사를 우선적으로 실시하도록 하고 있다.

한편 규제영향분석에 있어 '규제영향분석 실명제'를 도입하여 규제영향분석에 관한 국·과장 또는 이에 상당하는 공무원의 인적사항을 명시하도록 규정하고 있다. 아울러 자체심사 제도의 실효성을 제고하기 위하여 <행정규제영향분석 및 자체심사 업무지침>을 통해 자체 규제심사위원회를 구성하여 운영토록 하면서 심사위원회의 운영 주관부서를 규제의 입안부서가 아닌 기획관리실 등에서 담당토록 하고 있다.

이런 자체 규제심사위원회의 운영에 있어서는 위원회의 과반수 이상을 민간전문가로 구성토록 하고 위원회의 참여자 발언요지를 기록 유지토록 하고 규제개혁위원회에 심사 요청

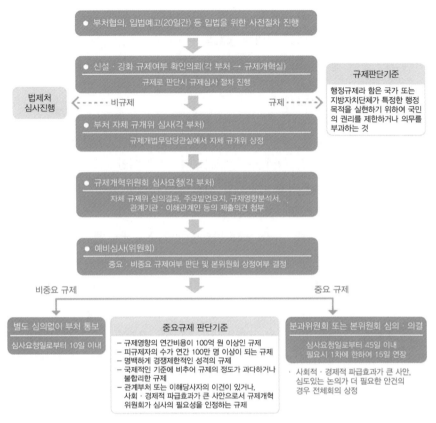

- 부처협의, 입법예고(20일간) 등 입법을 위한 사전절차 진행

- 신설·강화 규제여부 확인의뢰(각 부처 → 규제개혁실)
  규제로 판단시 규제심사 절차 진행

규제판단기준

행정규제라 함은 국가 또는 지방자치단체가 특정한 행정 목적을 실현하기 위하여 국민의 권리를 제한하거나 의무를 부과하는 것

법제처
심사진행 ←---- 비규제   규제 ----→

- 부처 자체 규개위 심사(각 부처)
  규제개법무담당관실에서 자체 규개위 상정

- 규제개혁위원회 심사요청(각 부처)
  자체 규제위 심의결과, 주요발언요지, 규제영향분석서,
  관계기관·이해관계인 등의 제출의견 첨부

- 예비심사(위원회)
  중요·비중요 규제여부 판단 및 본위원회 상정여부 결정

비중요 규제   중요 규제

별도 심의없이 부처 통보
심사요청일로부터 10일 이내

중요규제 판단기준

- 규제영향의 연간비용이 100억 원 이상인 규제
- 피규제자의 수가 연간 100만 명 이상이 되는 규제
- 명백하게 경쟁제한적인 성격의 규제
- 국제적인 기준에 비추어 규제의 정도가 과다하거나 불합리한 규제
- 관계부처 또는 이해당사자의 이견이 있거나, 사회·경제적 파급효과가 큰 사안으로서 규제개혁위원회가 심사의 필요성을 인정하는 규제

분과위원회 또는 본위원회 심의·의결
심사요청일로부터 45일 이내
필요시 1차에 한하여 15일 연장

· 사회적·경제적 파급효과가 큰 사안,
  심도있는 논의가 더 필요한 안건의
  경우 전체회의 상정

그림 1. 신설·강화 규제심사 흐름도

시에 자체심사의견서를 작성하여 입안부서의 규제영향분석서와 함께 첨부하여 제출토록 하고 있다. 한편 긴급하게 규제를 신설·강화할 필요가 있는 경우에는 예외를 인정하여 자체심사를 거치지 않고 규제개혁위원회에 심사를 요청할 수 있도록 하고 있으면 이 경우 규제영향분석은 규제개혁위원회의 심사를 거친 후 60일 이내에 사후제출토록 하고 있다. 이렇게 자체심사를 거친 규제는 이미 언급한 것처럼 법제처 법령심사 요청 전 또는 국무회의 상정 전에 규제개혁위원회에 심사를 요청토록 하고 있다.

한편 규제개혁위원회에서는 이렇게 각 부처에서 심사를 요청한 규제들에 대해 작성된 규제영향분석서 내용과 전문가적 판단을 근거로 원안동의, 수정권고, 재심사 등의 의결을 하여 해당 규제에 대한 심사를 하고 있다. 이 때 규제영향의 연간비용이 100억 원 이상인 규제, 피규제자의 수가 연간 100만 명 이상이 되는 규제, 명백하게 경쟁제한적인 성격의 규제, 국제적인 기준에 비추어 규제의 정도가 과다하거나 불합리한 규제, 관계부처 또는 이해당사자의 이견이 있거나 사회경제적인 파급효과가 큰 사안으로 규제개혁위원회가 심사의 필요성을 인정하는 규제에 대해서는 중요규제로 그렇지 않은 비중요규제가 위원회의 별도 심의 없이 각 부처의 심사요청일로부터 10일 이내에 통보되는 것과는 달리 규제개혁위원회의 본위원회나 분과위원회를 통해 철저하고 면밀하게 그 합리성에 대한 검토를 받게 된다.

2) 규제개혁위원회의 규제심사 기준

그렇다면 한국에서 규제심사를 수행하는 구체적인 기준은 무엇일까? 규제개혁위원회가 제시한 자료를 근거로 살펴보면, 크게 규제의 필요성, 규제 대안 검토 및 비용·편익 분석과의 비교, 규제내용의 적정성과 실효성에 대한 검토에서 다음과 같은 기준에 의거 해당 규제안의 적정성에 대한 판단이 이루어지게 된다.

먼저 규제심사의 대상이 되는 규제는 그 필요성이 입증되어야 한다. 이런 필요성의 입증에 있어서는 크게 두 가지가 명확하게 진술될 필요가 있는데, 하나는 해당 규제를 요구하는 사회문제가 분명하게 기술되어야 한다는 것이고 다른 하나는 그런 사회문제에 대응하기 위해 규제를 신설 혹은 강화해야 할 필요성을 명확하게 언급하는 것이다.

먼저 규제문제의 진술에 있어서는 문제발생의 원인을 직접, 그리고 간접적인 것으로 나누어 구체적으로 제시할 필요가 있으며, 이 단계에서 해당 문제가 얼마나 심각한 것인지, 그리고 시급하게 해결될 필요가 있는 것인지에 대한 구체적인 자료가 제시되어야 한다.

다음으로 규제의 신설 혹은 강화의 필요성을 제시함에 있어서는 해당 사회문제가 이론적으로 시장실패에 해당하는지, 기존의 정부규제로는 해결이 불가능한 것인지, 규제 이외의 다른 정책대안으로는 해결할 수 있는 방법이 없는지에 대한 검토가 이루어진 후 그에 대한 구체적인 내용이 제시되어야 한다.

다음으로 이렇게 규제의 필요성이 입증되고 나면, 이제 어떻게 규제를 하는 것이 가장 나을 지에 대한 검토가 이루어져야 한다. 이를 위해 두 측면에 대한 분석이 필요한데 하나는 규제대안의 검토이고 다른 하나는 비용·편익 분석과의 비교이다.

먼저 규제대안의 검토를 위해서는 복수의 규제대안을 고려하고 이를 다음과 같은 기준에 의해 평가해 보는 것이 필요하다. 첫째, 규제방식에 있어서 민간의 자율성과 창의성이 최대한 활용될 수 있도록 명령지시적인 규제보다는 시장유인적 규제가 설계되었는지, 원칙적 금지·예외적 허용의 형태를 띠는 포지티브 방식보다는 원칙적 허용·예외적 금지의 형태를 띠는 네거티브 방식이 활용되고 있는지, 투입기준 보다는 성과기준이 우선적으로 고려되고 있으며, 정부의 일방적 규제가 아닌 민간의 자율적인 규제를 활용할 여지는 없는지가 고려되어야 한다. 둘째 시장경쟁에 미치는 영향도 고려될 필요가 있는데, 예를 들어 과거 중소기업

고유업종제도와 같이 규제목적의 달성과는 무관하게 대기업에 대해 특정한 산업 분야로의 진입을 제한하는 효과를 야기하거나, 규제를 통해 특정한 기업의 시장 독점적 지위를 강화시킴으로써 안 그래도 반경쟁적인 독과점 시장 구조를 고착화시킬 가능성이 있거나, 기업들 간의 담합을 조장할 가능성이 높은 규제대안에 대해서는 반드시 사전에 검토가 필요하다. 셋째, 중소기업에 대한 정책적 배려가 이루어질 필요가 있다. 즉 중소기업에 대해 과도한 규제비용을 유발하지 않고, 가급적 기업규모에 따라 집행시기, 집행방법 등을 차별화 할 수 있는지가 검토되어야 하는 것이다. 넷째, 국제무역 및 투자규범과의 상충성도 매우 중요한 고려사항이다. 즉 해당 규제로 인해 자유로운 무역거래가 제한 될 가능성이 있는지, 국내외 기업 간 차별대우가 이루어질 가능성은 없는지, 외국인 투자 등에 미치는 왜곡효과는 없는지에 대한 검토가 필요하다. 다섯째, 다양한 의무이행방법에 대한 검토도 이루어질 필요가 있다. 특히 피규제자의 의무이행에 있어서 선택의 여지를 부여하는 조치 등은 적극적으로 고려될 필요가 있다.

한편, 이처럼 규제대안에 대한 검토가 이루어지고 나면 이제 비용·편익분석을 통해 해당 규제로 인한 편익이 규제부담 등 규제로 인한 비용유발 요인을 고려할 경우에도 충분히 큰 것인지에 대한 고려가 있어야 한다. 이를 위해 규제로 인해 야기되는 각종의 사회적 편익과 비용을 세부항목으로 열거할 필요가 있으며, 이에 대한 계량적 수치를 제시할 필요가 있고, 이들 비용과 편익을 종합적으로 비교한 결과가 각 규제대안 별로 제시되어야 한다. 물론 이렇게 비용·편익 분석을 실시할 경우에는 여기에 사용된 측정 및 추정방법이 설명되어야 할 것이다.

마지막으로 이처럼 규제에 대한 분석이 이루어 진 이후에는 과연 해당 규제가 집행에 있어 문제가 없는지에 대한 고려가 필수적으로 이루어져야 한다. 아무리 잘 설계된 규제라 할지라도 집행이 불가능한 경우에는 그 의도한 목적을 제대로 달성해 내지 못할 것이기 때문이다. 이 단계에서 고려할 것은 다음 세 가지이다.

첫째, 규제의 적정성에 대한 검토가 이루어져야 한다. 먼저 규제문제의 심각성, 국내외 유사사례, 국제적 기준, 비례의 원칙에 비추어 해당 규제수준이 적정한 것인지 검토되어야 한다. 이 과정에서 해당 규제를 도입함으로써 발생할 가능성이 있는 구비서류, 처리절차, 관리감독, 보고 절차에 유발되는 비용이 적정수준인지가 고려되어야 한다.

둘째, 이해관계자와의 협의는 반드시 이루어져야 한다. 즉 규제와 관련이 있는 부처와의 협의, 입법예고 과정에서 제기된 피규제자, 이해관계자, 관련기관 등의 의견을 기술하고, 이들의 의견을 규제설계 과정에서 최대한 고려해야 한다.

셋째, 규제집행의 실효성, 즉 규제기관의 집행자원과 능력에 대한 검토가 있어야 한다. 이를 위해 필요한 것은 현재의 피규제자가 보유한 현재의 기술수준으로 규제의 이행이 가능한지와 같은 기술적 집행가능성과, 규제기관의 현재의 인력과 예산으로 규제집행이 가능한지와 같은 행정적 집행가능성에 대한 검토가 이루어져야 한다. 그리고 만약 규제의 집행이 지방자치단체에 위임될 경우 필요한 인력과 예산에 대한 지원조치를 강구하고 있는지에 대한 검토가 이루어져야 한다.

표 1. 규제개혁위원회 규제심사 분석항목

		내 용
규제의 필요성	문제정의	○ 규제의 신설이나 강화로 대처하려는 문제가 대두된 배경이나 경위, 문제 발생의 원인, 문제의 심각성 또는 문제해결의 시급성을 보여주는 객관적인 자료를 제시
	규제의 신설· 강화 필요성	○ 문제해결을 위해 정부가 꼭 개입해야 할 이유 또는 규제의 신설·강화 등의 조치가 필요한 이유(시장실패) 등을 기술
규제대안 검토 및 비용·편익 분석과 비교	규제대안의 검토	○ 규제목표 달성을 위해 상정할 수 있는 복수의 대안을 제시 ○ 상정된 대안을 규제방식, 시장경쟁에 미치는 영향, 중소기업에 대한 정책적 배려, 국제무역 및 투자규범과의 상충성, 다양한 의무이행방법에 대한 검토라는 기준에 따라 비교
	비용·편익 분석과 비교	○ 규제로 인한 사회적 비용과 편익을 세부적으로 열거한 후 비교 ○ 규제의 비용편익분석에 사용된 측정 및 추정방법을 설명
규제내용의 적정성 및 실효성	규제의 적정성	○ 문제의 심각성, 국내외 유사사례, 국제적 기준, 비례원칙 등 고려 ○ 구비서류, 처리절차, 관리감독, 보고절차 등의 적정성
	이해관계자 협의	○ 부처협의 및 입법예고 과정에서 제기된 피규제자, 이해관계자, 관련기관 등의 의견을 기술
	규제집행의 실효성 (집행자원, 능력)	○ 규제의 효과적 집행을 위한 준비가 되어 있는지 검토 ─ 기술적 집행가능성: 현행 보급·보편화된 기술로 이행가능한지 검토 ─ 행정적 집행가능성: 현행 행정인력과 예산으로 이행가능한지 검토 ─ 규제의 집행이 지방자치단체에 위임될 경우 지원방안 검토

3) 규제심사의 성과와 한계

우리나라의 경우 규제에 대해 사전에 체계적인 규제심사가 이루어진 결과, 다음의 <표 2>에서 확인하는 것처럼 1998년부터 실시된 신설 및 강화규제에 대한 규제심사를 통해 매년 10~30%정도의 신설, 강화 규제안이 개선, 혹은 철회권고를 받고 있으며, 이렇게 규제개혁위원회의 권고를 받은 규제안은 이를 설계한 담당부서에서 좀 더 합리적으로 수정·보완이 이루어져 입법화되고 있는 실정이다. 물론 만약 규제영향분석 제도가 존재하지 않았다면, 이들 불합리한 규제들이 공식적인 법규로 입안되어 실시되었다면 사회적으로 엄청난 비용이 초래되었을 것이다. 참고로 OECD(1997)에 의하면 미국의 경우 규제영향평가를 통해 사전적으로 15건의 규제를 검토하는데 소요되는 비용이 천만 달러인데 반해, 이것으로 잘못된 규제의 신설을 막아 국민이 얻게 된 이득은 백억 달러에 달한다는 분석을 통해 규제의 사전적 심사에 따르는 비용 대 이로 인한 사회적 편익이 무려 1:1000에 달하는 것으로 보고하고 있기도 하다.

표 2. 규제개혁위원회의 규제심사 결과

연도별	심사 법령 수	심사 규제 수	규제개혁위원회 규제심사결과			철회/개선률
			원안의결	개선권고	철회권고	
2009	445	956	846(88%)	96(10%)	14(2%)	12%
2008	444	974	849(87%)	108(11%)	17(2%)	13%
2007	520	1,259	1,016(81%)	218(17%)	25(2%)	19%
2006	373	1,076	831(77%)	213(20%)	32(3%)	23%
2005	459	1,423	999(70%)	367(26%)	57(4%)	30%
2004	342	1,054	747(71%)	278(26%)	29(3%)	29%
2003	261	947	662(70%)	246(26%)	39(4%)	30%
1998 – 2002	1,339	4,518	2,974(66%)	1,157(26%)	387(8%)	34%

출처: 규제개혁위원회, 「규제개혁백서」, 각 년도.

물론 이런 규제심사로 얻은 성과에도 불구하고 우리나라의 규제심사제도는 다음과 같은 두 가지 측면에서 여전히 개선의 여지가 있다.

첫째는 규제심사제도의 구비와는 별도로 그 운용이 제대로 이루어지고 있는지에 대한 우려가 제기되고 있다. 이와 관련하여 실제 국회예산정책처의 정부 규제영향분석서 평가에 의하면 정부의 규제영향분석이 규제의 필요성, 규제대안의 검토, 비용편익분석, 규제의 집행가능성 검토 등에 있어 부족함이 많은 것으로 드러나기도 했다. 즉 전체 평가대상 중 5.5%만이 시장실패 관점에서 규제의 필요성을 검토하고 있으며, 90.2%가 규제대안의 검토를 하지 않고 있으며, 집행 및 준수가능성을 검토한 것도 10.4%에 불과한 것으로 드러난 것이다. 그 결과 규제영향분석이 오히려 정부가 규제를 도입하는 타당성을 강화하는 방향으로 활용된 면이 발견되기도 했다. 물론 이런 규제영향분석의 운용상의 문제점에 대해서는 향후 지속적인 개선이 필요하다.

둘째, 우리나라의 규제관리 시스템에는 의원입법에 대한 규제심사는 이루어지지 못하고 있는 실정이다. 아래의 <표 3>에서도 확인하는 것처럼 정부입법안이나 의원발의 입법안 모두 국회상임위의 심사, 법제사법위원회의 자구심사, 전원위원회의 심사, 본회의 심사 후 법률안 공포의 단계는 공통적으로 거치지만 법률안의 준비단계에서는 확연한 차이가 나는 것을 알 수 있는 것이다. 즉 정부입법안에 대해서는 법률안 준비단계에서 규제개혁위원회에서 의무적으로 규제심사를 실시하는 반면, 의원발의 법률안에 대해서는 이런 규제심사 절차가 생략되어 있는 것이다. 또한 규제심사와는 별도로 정부입법안에 대해서는 법률안이 준비되는 단계에서 관계부처와의 협의, 당정협의, 법제처 심사, 차관회의 및 국무회의를 통해 세심한 검토가 이루어지고 있지만, 의원발의 법률안에 대해서는 국회법제실의 검토와 법률안의 비용추계와 같이 정부안에 비해서는 비교적 단순한 검토만 이루어지고 있음을 확인할 수 있다.

표 3. 정부 법률안 입법절차와 의원발의 입법절차의 비교

	정부제출 법률안 입법절차	의원발의 법률안 입법절차
I. 법률안 준비	1) 법률안 입안 2) 관계부처와의 협의 3) 당정협의 4) 입법예고 5) 규제심사 6) 법제처의 심사 7) 차관회의·국무회의 심의 8) 대통령 서명 및 부서 9) 국회제출	1) 입법준비 2) 법률안 입안 3) 국회 법제실의 검토 4) 법률안의 비용추계
II. 국회 상임위 심사	1) 국회 상임위원회 상정 2) 제안설명(의원, 정부) 3) 검토보고(전문위원)	4) 대체토론 5) 소위원회 심사 6) 위원회 의결
III. 법사위의 체계/자구심사	법안 체계 및 자구심사	
IV. 전원위원회 심사	전원위원회 심사	
V. 본회의 의결	본회의 심의 및 의결	
VI. 법률안 공포/재의요구	대통령의 법률안 공포 및 재의요구	

출처: 「입법이론과 법제실무」, 국회, 2008.

그런데 이처럼 의원입법을 제외하고 정부입법에만 규제영향분석제도가 적용되는 것은 법안제출 경로에 따라 규제영향분석 대상 여부가 결정되는 것으로 합리적인 방법이 될 수 없다. 더욱이 의원발의 법안의 수가 최근 급속히 증가하고 있다는 점을 고려할 때 정부입법 규제에 대한 규제심사만으로는 규제의 타당성을 검토하는데 한계가 따를 수밖에 없다. 더구나 이처럼 정부입법에만 규제영향분석을 하게 되면, 의원입법이 규제심사의 우회수단으로 악용될 우려도 발생한다. 즉, 현행 제도상 의원입법에 대해서는 규제영향분석을 실시할 필요가 없기 때문에 정부가 의원입법의 형태로 법안을 제출하는 편법을 사용할 수 있다는 것이다. 실제 다음 <표 4>의 회기별 의원발의 법률안의 국회제출 건수와 처리건수를 보면 이런 우려를 확인할 수 있기도 하다. 즉 <표 4>를 보면 의원발의 법률안의 제출건수와 가결건수가 17대 국회에서 폭발적으로 증가한 것을 알 수 있다. 또한 제출건수와 가결건수를 14대 국회와 비교해보면 17대 국회 들어와서 의원발의 법률안의 수가 정부제출 법률안 수를 역전한 것을 알 수 있다.

표 4. 회기별 법안제출건수 및 가결건수 현황(단위: 건)

		14대	15대	16대	17대
제출건수	의원발의	321	1,144	1,912	6,387
	정부제출	581	807	595	1,102
가결건수	의원발의	119	461	514	1,350
	정부제출	537	659	431	563

출처: 국회 의안정보시스템(http://likms.assembly.go.kr/bill/jsp/StatFinishBill.jsp)

당연한 결과이지만, 이런 의원입법에 대한 규제영향분석 제도의 부재로 인해 실제로 의원입법을 통해 만들어진 법안들이 여론 수렴 과정이나 규제의 적절성에 대한 여과 장치 없이 만들어져 정부와 기업 모두에 부담이 되고 있다는 지적이 제기되기도 했다. 예를 들어, 2006년 12월, 도시가스 공급사들이 맡은 지역에서 수용가가 원하면 의무적으로 도시가스를 공급하도록 하는 내용의 도시가스사업법 개정안이 의원입법으로 국회를 통과했는데, 이 법에 대해 취약지역에 사는 서민층도 값싼 도시가스를 이용할 수 있도록 하겠다는 취지를 인정한다 하더라도 공급사들로부터 사업성을 무시한다는 반발을 샀다. 그 결과 당시 산업자원부 등이 중재에 나서 의무 공급시설 설치비용의 일부 또는 전부를 정부로부터 지원받을 수 있도록 추가적인 법 개정이 이루어지기도 했다. 한편 2005년 4월에는 건축사가 설계해야 하는 건축물 종류를 넓히는 법안이 의원 발의로 만들어졌지만 업계의 반발에 부딪혀 두 달 뒤

건설교통부가 예외 조항을 넣는 방향으로 개정안을 만드는 해프닝이 벌어지기도 했다. 또한 과거 노무현 정부시절 이상수 노동부 장관은 타 부처와의 이견을 덮어두고 의원입법 형식을 빌려 학습지교사 등 특수고용직에 대한 근로3권을 인정하려는 특수고용직법을 밀어붙이다가 논란을 빚기도 했다.

이런 까닭에 그동안 의원입법에 대한 규제영향분석 수행의 필요성에 대해서는 다양한 문제제기가 상당히 이루어져 왔다. 특히 국회의 규제개혁특별위원회는 2005년에 활동결과보고서를 내면서 규제의 신설 또는 강화를 내용으로 하는 의안에 대해서도 규제영향분석서 제출 및 존속기한 설정 등을 의무화할 것을 제안한 바 있으며 국회예산정책처 역시 정부의 규제영향분석서를 평가하면서 의원입법에 대한 규제영향분석 수행의 필요성을 제기하였다. 최근에는 이와 관련하여 의원입법에 대한 규제영향분석 실시를 내용으로 하는 국회법 일부 개정법률안이 국회에 계류 중이기도 하다.

참고문헌

국회예산정책처(2008). 2007 정부 규제영향분석서 평가.

김주찬 · 김태윤 · 이혁우(2010). 「입법영향분석제도 도입에 관한 연구: 규제영향분석을 중심으로」. 국회입법조사처.

이혁우(2009). "규제의 개념에 관한 소고". 「행정논총」, 47(3).

최병선(1992). 「정부규제론」. 서울: 법문사.

최병선(2009). "규제수단과 방식의 유형 재분류". 「행정논총」, 47(2).

OECD(1997). The OECD Report on Regulatory Reform Synthesis.

OECD(2006). Cutting Red Tape: National Strategies for Administrative Simplication(규제개혁과 행정간소화, OECD 서울센터 역, 2008).

OECD(2009). Regulatory Impact Analysis: A tool for Policy Coherence.

키워드: 규제심사, 규제영향분석, 규제개혁, 규제개혁위원회

작성자: 이혁우(배재대)

최초작성일: 2011.09.

규제일몰제(Sunset Law)

1. 개념

규제일몰제(sunset law)란 새로 신설되거나 강화되는 모든 규제는 존속기한을 설정하고, 기한이 끝나면 자동적으로 규제가 폐기되는 제도를 의미하는 것으로서, 제로베이스(zero base) 방식이라고도 한다. 우리나라는 규제일몰제를 1997년 8월에 도입했는데, 기본적인 도입취지는 규제가 만들어질 당시와 비교해 사회경제적인 상황이 변해 규제의 타당성이 없어졌는데도 불구하고 규제가 지속돼 부작용만 양산되는 것을 방지하기 위한 것이다.

2. 유형

규제일몰제의 유형은 일몰기한 도래 시 완전 폐지되는 자동폐지형과 환경변화에 따른 타당성을 재검토하여 존속여부를 결정하는 존속검토형으로 대별할 수 있다.

1) 자동폐지형

본 유형은 일몰기한 도래 시 해당규제가 자동폐지되는 것으로서, 규제감축에 보다 간편한 수단인 반면, 너무 이상적이라서 적용가능 규제범위가 협소하다는 한계가 있다.

미 일리노이주(일부 법률)에서는 규제일몰법(Regulatory Sunset Act)을 제정하여 각 연도별로 폐지될 법률을 열거하고, 미 뉴햄프셔주(agency rule)에서는 행정절차법에 "8년 이상 유효하지 않는다"고 규정하고 있다.

2) 존속검토형

본 유형은 일몰기한 도래 시 당해 규제의 타당성을 재검토하여 존속여부를 결정하는 것으로서, 규제감축에 폐지절차가 소요되는 반면, 보다 현실적인 제도라서 대부분의 규제에 적용이 가능하다.

미 사우스캐롤라이나·텍사스·버지니아주 등에서 일정주기(사우스캐롤라이나는 매 5년) 마다 소관 agency rule에 대한 주기적 재검토가 이루어지고 있고, 일본은 1994년 각의결정에 따라 모든 신설규제의 법령 부칙에 재검토조항이 규정되어 있다.

3. 사례

1) 금융거래정보요구권

기업집단의 부당내부거래 행위 차단을 위해 1999년 2월에 도입되었고, 2010년 12월까지 일몰기한을 두었다.

2) 영화발전기금 부과

조성목표액인 2,000억 원 달성에 필요한 일몰기한을 7년으로 설정하였다.

3) 투기과열지구·공공택지안의 민간건설 중형국민주택 등 우선공급제도

투기수요 억제 및 실수요자 공급 목적으로 도입된 '투기과열지구·공공택지안의 민간건설 중형국민주택 등 우선공급제도'는 주택공급에 관한 규칙에 일몰기한을 2010년까지로 두었다.

4) 기업구조조정전문회사 등록제도

IMF 외환위기 이후 부실기업의 구조조정을 통한 기업정상화 촉진을 위해 기업구조조정전문회사 등록제도를 1999년 2월 8일에 도입하였고, 일몰기한을 10년으로 설정하였다.

5) 환경영향평가 시 '국민건강에 미치는 영향' 항목

개발사업에 대한 환경영향평가 시 '국민건강에 미치는 영향' 항목도 검토·평가하도록 하면서 일몰기한을 3년으로 설정하였다.

6) 세대 간 경계벽 설치기준 및 층간소음 방지 기준

신규 공동주택의 각 세대 간 경계벽 설치기준 및 층간소음 방지 기준을 2004년에 도입하여 5년간 일몰기한을 적용하였다.

참고문헌

국무총리실 · 법제처 · 국민권익위원회 · 국가경쟁력강화위원회(2009). 「선진규제시스템 구축을 위한 규제일몰제도 확대도입방안」. 국가경쟁력강화위원회 제10차 회의자료.
네이버지식백과 < http://terms.naver.com >
세종일보 < http://www.sjongnews.com >

키워드: 규제일몰제, 자동폐지형, 존속검토형
작성자: 양승일(충남도립대)
최초작성일: 2015.02.

규제정치(Regulatory Politics)

1. 개념

규제정치(regulatory politics)는 조직의 구성원이 특정상황에서 일정한 행위를 하도록 명하는 규제정책을 둘러싸고 벌어지는 상호작용 등을 조명하는 것으로서, Wilson(1980)의 규제정치이론이 대표적이라고 할 수 있다.

2. 유형

Wilson의 규제정치이론은 유형화를 통해 좀 더 자세히 살펴볼 수 있다.

Wilson의 이론에서 규제정책은 다양한 정치적 요인을 가질 수 있고 따라서 규제정치이론은 어떠한 정치적 상황에서 어떠한 정치적 요인이 어떻게 상호작용하고 있는가를 밝힐 수 있으며, 이러한 정치적 상황은 현재 논의 중인 규제정책으로부터 각각의 이익집단이 실제 또는 그럴 것으로 감지하는 비용과 편익의 분포를 기준으로 네 가지의 규제정치로 유형화할 수 있을 것이다(<표 1> 참조).

표 1. 규제정치의 유형

구 분		감지된 편익	
		넓게 분산	좁게 집중
감지된 비용	넓게 분산	대중정치 (majority politics)	고객정치 (client politics)
	좁게 집중	기업가정치 (entrepreneur politics)	이익집단정치 (interest-group politics)

[주] 본 표에서 넓게 분산되었다는 것은 불특정 다수에게 비용 및 편익이 감지되었다는 것이고, 좁게 집중되었다는 것은 특정 소수에게 비용 및 편익이 감지된 것을 의미함.

먼저, 대중정치(majority politics)는 후술할 이익집단정치의 상황과는 정반대로 해당 규제에 대한 감지된 비용과 편익이 쌍방 모두 이질적인 불특정 다수에 미치나 개개인으로 보면 그 크기는 작은 경우이다. 즉, 어느 누구도 특별히 큰 이익이나 큰 손해를 보는 것이 아닌 것이다. 여기에 속하는 규제의 사례는 비교적 드물지만 사회적 차별에 대한 규제, 낙태에 대한 규제 등이 있다.

고객정치(client politics)는 규제로 인해 발생하게 될 비용은 상대적으로 적고 이질적인 불특정 다수인에게 부담되나 그것의 편익은 대단히 크며 동질적인 소수인에 귀속되는 상황이다. 이러한 상황에서 상당한 이익을 얻을 수 있는 소수집단은 대단히 빠르게 정치조직화하며 그러한 편익이 자신들에게 제도적으로 보장될 수 있도록 하기 위한 정치적 압력을 행사하기도 하는데, 수입규제 등이 그것이다.

그리고 기업가정치(entrepreneur politics)는 고객정치의 상황과는 정반대의 비용과 편익의 분포를 나타내는 것으로, 비용은 소수의 동질적 집단에 집중되어 있으나 편익은 대다수에 넓게 확산되어 있는 경우이다. 환경오염규제, 자동차안전규제, 산업안전규제 등이 그것이다.

마지막으로, 이익집단정치(interest-group politics)는 규제로부터 예상되는 비용과 편익이 모두 소수의 동질적 집단에 국한되고 그것의 크기도 개개인의 입장에서 볼 때, 대단히 크기 때문에 쌍방이 모두 조직화와 정치행동의 유인을 강하게 갖고 있고 조직적 힘을 바탕으로 서로의 이익확보를 위해 서로가 첨예하게 대립하는 경우이다. 본 유형에 속하는 규제의 사례는 많지 않지만, 노사관계에 대한 제반의 정부규제 등이 이에 해당된다.

3. 평가와 전망

Wilson의 규제정치이론은 규제정책을 둘러싸고 벌어지는 상호작용 등을 유형화하여 의사전달을 명확히 하고 있다는 점에서 의의를 찾을 수 있으나, 유형의 기준을 감지된 편익과 비용으로만 한정했다는 점에서, 규제정치를 일반화하는 데는 한계가 있는 것으로 분석된다. 어쨌든 정책 중 규제정책이 가장 높은 비중을 차지하고 있고, 정부부문뿐만 아니라 민간부문의 요구나 영향력도 높아져가는 상황을 고려할 때, 향후 규제정책을 둘러싼 상호작용은 높은 수준이 될 것으로 판단된다.

참고문헌

최병선(1997). 「정부규제론」. 서울: 법문사.

Wilson, J. Q(1980). America Government: Institutions and Politics, Lexington: D.C. Health and Co.

키워드: 규제정치, Wilson
작성자: 양승일(충남도립대)
최초작성일: 2010.04.

규제총량제(Regulatory Total Amount System)

1. 개념

규제총량제(regulatory total amount system)란 새로운 규제를 신설할 경우 규제 상한선에 맞춰 신설량만큼 기존 규제를 폐지하는 것을 의미한다.

유형으로는 규제를 새로 만들게 될 때 '비용'을 기준으로 기존 규제를 폐지하여 규제비용 총량이 더 이상 늘지 않도록 관리하면서 규제 절대량을 감축하는 규제비용총량제(regulatory cost total amount system), '건수'를 기준으로 하는 규제건수총량제(regulatory number total amount system), 그리고 '면적'을 기준으로 하는 규제면적총량제(regulatory area total amount system) 등으로 나눌 수 있다.

2. 유형별 사례

1) 규제비용총량제 관련

기본적으로 규제비용총량제는 ['Cost-in, Cost-out' + 규제 절대량 감축]을 지향하는 것으로서, 대표적인 사례는 다음과 같다.

표 1. 규제비용총량제 관련 사례

Cost-in	(＋약 21억 원): 가스배관 안전진단 확대 ('13년, 산업부) − 도시가스 중압배관(20년 이상)에 대한 정밀안전진단 실시 확대 − 진단대상 배관길이(연평균) x 정밀안전진단비용 ＝ 1,868km x 113.5만 원/km
Cost-out	(−약 29억 원): KS인증 교육 폐지('12년, 산업부) − KS 인증 중소기업대표 의무교육 폐지 − 중소 KS인증업체(수) x 교육비용 ＝ 6,005개('13년) x 48만 원
비 고	교환 후 남는 비용은 적립하여 차기 활용

2) 규제건수총량제 관련

「수도권정비계획법」에 따른 대학총량제가 그것이다. 본 법은 수도권(서울특별시, 인천광역시, 경기도) 정비에 관한 종합적인 계획의 수립과 시행에 필요한 사항을 정함으로써 수도권에 과도하게 집중된 인구와 산업을 적정하게 배치하도록 유도하여 수도권을 질서 있게 정비하고 균형 있게 발전시키는 것을 목적으로 한다. 1973년에 최초로 제정되었는데, 이를 근거로 수도권에 대학신설이 금지되는 것 등이 본 유형에 해당되는 것이다.

3) 규제면적총량제 관련

「건축법 시행령」 개정안이 2014년 3월 18일에 국무회의를 통과했는데, 주요 내용은 기존에 건축물 내 업종별 총량제에서 소유자별 총량제로 규제완화를 한 것이다. 즉, 체육시설은 업종합산 500㎡까지만 인정하던 것을, 소유자별 500㎡까지 인정한 것이다.

그림 1. 규제면적총량제 관련 사례

참고문헌

김용우(2010). 「정부규제와 규제행정」. 서울: 대영문화사.
국무조정실 · 국무총리비서실 <http://pmo.go.kr>
규제정보포털 <www.better.go.kr>

키워드: 규제총량제, 규제비용총량제, 규제건수총량제, 규제면적총량제
작성자: 양승일(충남도립대)
최초작성일: 2015.02.

규제협상(Regulatory Negotiation)

1. 개념

규제협상이란 행정규제로 인해 영향을 받는 이해당사자들의 대표들과 행정기관이 모여 협상을 통해 규제 내용에 대해 합의를 도출하고 행정기관은 이것을 바탕으로 규칙을 제정하는 제도를 말한다. 통상적인 규칙제정은 행정기관이 주도하는 하향식 규칙제정과정인데 비해 규제협상은 이해당사자들이 규칙제정과정에 참여하고 규칙내용에 대해 협상을 하는 상향식 규칙제정방식으로 혁신적인 제도라고 할 수 있다. 이런 점에서 규제협상을 '협상에 의한 규칙제정(Negotiated Rule-making)'이라고 부르기도 한다. 협상에는 우선 해당 행정기관의 대표가 참여하는 것은 물론 산업계, 경제계, 노동계 등 이익집단의 대표들과 환경단체와 같은 공익집단들의 대표들도 참여한다. 또 연방정부나 주의 다른 행정기관 대표들도 관련되는 분야에서는 대표를 내 보내 협상에 참여한다.

규제협상은 그 자체로 규칙제정을 최종적으로 합법화하는 과정은 아니다. 행정기관이 규칙제정을 위한 공식적인 정책결정에 들어가기 전에 이루어지는 협의과정이다. 이런 점에서 보면 규제협상은 통상적 규칙제정절차를 대체하는 것이 아니라 보완하는 제도이다. 그러나 협상에서 합의된 내용은 최종 규칙 안의 결정에 영향을 크게 미친다. 우선 행정기관이 협상의 한 당사자로 참여하여 합의를 도출하므로 협상 결과의 채택에 대한 공신력이 높다. 또 이해당사자들도 협상의 내용에 대해 불만을 가지면 언제라도 협상에서 철수하여 협상을 무산시킬 수 있으므로 규제협상을 통해 제정된 규칙에 대해서는 불만을 크게 가지지 않게 되는 것이다.

2. 발전 배경

규제협상은 1980년대 초 미국에서 시행되기 시작된 새로운 규칙제정방식인데 이해당사자들의 이익과 의견을 협상을 통해서 규칙제정에 반영함으로써 행정규칙에 대한 사법적 제소의 빈발을 억제하기 위한 동기에서 비롯되었다. 통상적인 규칙제정이 가진 큰 문제는 행정기관에 의해서 하향식으로 규칙이 제정된 결과 불만을 가진 이해관계자들이 소송을 통해 규칙을 수정하려는 시도가 광범위하게 생긴다는 점이었다. 특히 미국 사법제도의 당사자주의 원칙(Adversary Principle)으로 인해 이러한 문제가 더 심각해졌다. 이러한 결과 시간, 인력, 재정 등의 측면에서 규칙을 운용하는 비용이 크게 늘어난다는 비판들이 제기되었다. 규제협상은 미국 환경청이 이 제도를 적극적으로 시행하고 있는 것에도 드러나듯이 환경, 안전, 보건 위생 등 삶의 질과 관련되는 분야에서 주로 많이 적용되고 있다. 미국 정부는 규제협상의 적용을 제도적으로 뒷받침하기 위해서 1990년 규제협상법을 제정했다.

3. 시행 방법

규제협상을 적용하기 위해서 가장 중요한 것은 규제협상을 적용할 이슈를 선정하는 것과 협상위원회를 구성하고 운영하는 것이다. 우선 이슈 선정에서는 이해당사자들 간 첨예한 가치 갈등이 일어날 수 있는 이슈는 합의를 도출하는 데 많은 어려움이 있다. 그래서 기술적인 성격의 이슈들을 선정하여 규제협상을 적용하는 것이 보통이다.

협상위원회는 연방자문회의법에 근거하여 구성되는데 기본적으로 자문위원회의 성격을 가진다. 협상위원회는 보통 20-25명 정도로 구성되는데 여기에는 이해당사자들의 대표들이 참여하는 것은 물론 행정규칙 제정의 책임을 진 해당 행정기관도 이해당사자의 하나로 협상위원회에 참여한다. 협상위원회를 구성할 때 주의할 점은 무엇보다도 관련되는 이해당사자들이 모두 망라될 수 있도록 되어야 한다는 점이다. 그리고 협상위원회의 구성뿐만 아니라 협상위원회의 운영도 매우 중요하다. 협상위원회의 모든 활동은 기본적으로 공평하고 민주적으로 운영되어야 협상이 순조롭게 진행될 수 있는 것이다.

규제협상을 적용하고자 하는 행정기관은 협상위원회를 구성하기 앞서 공직자나 전문가를 규제협상 주관자(convenor)로 선정하여 이해당사자들을 파악하고 이해당사자들의 협상 참여 의사를 확인하여 협상위원회를 구성하는 준비 작업을 맡도록 위촉한다. 또 협상위원회가 구성되면 협상과정이 공정하게 운영될 수 있도록 중립적인 인사로 사회자(facilitator)를 선정한다.

협상이 성공적으로 이루어져 합의가 도출되면 행정기관은 이를 바탕으로 규칙 안을 만들어 행정절차법에 의거한 규칙제정절차를 밟게 된다. 협상에서 합의가 도출되지 않으면 행정기관은 통상적인 규칙제정절차에 따라서 규칙안을 만들어 입법예고를 하고 이에 대한 의견을 수렴한 후 최종 규칙을 제정한다.

4. 평가와 전망

규제협상을 통해 제정되는 규칙의 수가 점차 증가하고 있으나 미국 연방정부의 경우만 하더라도 통상적인 규칙제정에 비하면 매우 적은 수에 불과하다. 또 시간, 재정 등의 측면에서 규칙제정 비용의 절감 등 규제협상이 겨냥하는 목표가 제대로 실현되지 못한다는 비판이 계속 제기되고 있다. 그러나 규제 내용의 복잡화와 시민참여 욕구의 증대로 기술관료제적이고 하향적인 방식에 의한 규칙제정의 한계도 동시에 점점 커지고 있어서 규제협상의 적용이 계속 확대될 전망이다. 또한 규제협상의 시행이 미국의 적극적 사법주의를 배경으로 출현하였다는 점에서 미국 이외의 국가에서 시행하는 데는 많은 문제점이 있다. 그러나 이스라엘에서는 이를 도입하기 위한 조심스런 움직임이 있다.

참고문헌

Administrative Conference of the United States(ACUS).(1995). Negotiated Rukemaking Source book. Washington, DC: US GPO.
Fiorino, Daniel.(1995). "Regulatory Negotiation as a Form of Public Participation." Ortwin Renn, et al. (eds.), Fairness and Competence in Citizen Participation: Evaluating Models for Environmental Discourse. London: Kluwer Academic Publishers.
Harter, Philip J.(1982). "Negotiating Regulations: A Cure for the Malaise?" *Georgetown Law Review*, 71.

키워드: 규제, 규칙제정, 협상, 협상위원회
작성자: 조현석(서울과기대)
최초작성일: 2001.11.

균형성과표(Balanced Scorecard)

1. 개념

균형성과표(Balanced Scorecard, 이하 BSC)는 현대조직의 외적환경변화에 대응하기 위해 기업회계학의 권위자인 하버드 경영대학원의 Kaplan과 현직 민간회사의 CEO의 한 사람인 Norton에 의해 제안된 새로운 회계모델이다. 개인이나 조직단위의 평가결과표를 의미하는 scorecard가 균형을 이뤄야 한다는 의미로 만들어진 개념이다. BSC는 기업의 회계기법을 단순히 관리도구의 하나로서만 사용하지 않고 전략적 기획의 중요한 수단으로 확대하여 활용한다. BSC는 성과측정지표와 조직의 목적, 그리고 내부관리시스템과 연계하여 조직의 중장기적 비전과 단기목적이 성과측정지표에 다양한 모습으로 반영된다. BSC는 조직의 목적과 내부업무과정을 성과측정체제와 연계시킴으로써 매우 강력한 전략적 기획체제를 구축하고 있다.

2. 균형성과표의 등장배경과 의미

성과측정지표는 공사영역을 막론하고 재정적 지표(financial indicator)가 가장 보편적이었다. 이러한 재정지표 중심의 성과측정모델은 현대의 이른바 "전사적 자원관리(Total Resource Management)"의 흐름에 심각한 도전을 받고 있다. 여기서 의미하는 전사적 자원관리란 현대조직의 자원활용이 기존의 자원 개발(exploitation)의 시대에서 이제는 창출(exploration)의 시대로 전환되고 있음을 강조하기 위해 제시한 것이다. 기존의 자원 개발의 시대에는 기업의 회계에 있어서 재무관련 지표들이 주요 지표들이었고, 경제적 능률성(economic efficiency)이 주요 가치였다. 그러나 이런 재무지표 위주의 성과측정은 조직이 보유하고 있는 보이지 않은 자원들(intangible resources), 예컨대 지적자본, 혹은 지식자본, 업무몰입도가 높은 구성원, 탄력적인 내부관리능력, 조직의 학습능력 등을 간과하게 된다는 문제점이 있다(Kaplan & Norton, 1992). BSC는 조직이 지향하는 궁극적인 목적(미션과 비전)으로부터 조직의 하위 전략간 연계성(cascading)이 확보된 상태에서 네 가지 측면에서 성과지표들을 개발한다. 즉 재정적 접근(financial), 고객중심(customer), 내부업무관리(internal business process), 그리고 학습과 성장(learning & growth)의 접근 등이다. 이 네 가지 범주의 성과측정지표들이 하나의 BSC에 밀접하게 연결되어 있다. 이러한 체계적이고 구조화된 측정지표군(family of measurement indicators)을 통해 하나의 BSC는 조직의 비전과 목적이 어떻게 최하위의 조직단위에서, 가장 일상적이고 구체적인 업무 행태에 구현되고 있는지, 최종적으로 조직의 중장기적 비전과 목적이 어떻게 달성될 수 있는지를 보여준다.

3. 공공부문에서의 활용과 문제점

우리나라에서는 참여정부(노무현 대통령) 시절 추진했던 강력한 정부혁신운동의 대표적 아이콘 중 하나로서 BSC가 활용되어 대한민국 대부분의 공공기관들이 BSC를 각 기관의 주된 성과관리의 수단으로 채택했었다. BSC의 의미를 음미해 볼 때 사실 공공기관의 성과관리 수단으로서 훌륭한 가치를 지녔으므로 적지 않은 전문가들 사이에 긍정적인 평가를 받았었다. 그러나 당시 단기간의 가시적인 혁신의 성과를 창출하려는 분위기 속에서 BSC의 가치를 각 기관에 적용(adapt)하기보다는 BSC의 기술적인 측면(예: 네 가지 관점 등)에 집착하여 BSC 자체를 도입(adopt)하는 데만 너무 많은 자원이 투입되어 각 기관의 성과의 특성을 반영하고, 구성원들의 성과관리에 대한 수용성을 고려하는 데에는 상대적으로 미흡했다고 할 수 있다. 하지만 이는 BSC를 둘러싼 운영의 문제였지 BSC 자체의 단점이라고는 할 수 없을 것이다.

참고문헌

Kaplan, Robert S., & Norton, D. P.(1992). "The Balanced Scorecard—Measures That Drive Performance". *Harvard Business Review* (January–February): 71–79.

키워드: balanced scorecard, 성과관리, 성과평가

작성자: 강황선(건국대)

최초작성일: 2005.09., 수정작성일: 2020.01.

그룹웨어(Groupware)

그룹웨어를 가장 쉽게 정의하자면 집단이 사용할 수 있는 소프트웨어라 할 수 있다. 즉 개인용 소프트웨어와 비교될 수 있는 개념이다. 그룹웨어란 조직이나 집단의 구성원들이 정보통신망으로 연결된 상황에서 공동으로 사용하는 소프트웨어이다. 그룹웨어의 기원은 1986년 미국에서 컴퓨터의 지원에 의한 공동 작업(Computer Supported Cooperative Work)이라는 개념으로부터 비롯되었다. 이 소프트웨어를 통해 구성원 간 정보공유 및 의사소통이 촉진되어 공동 작업에서의 생산성이 크게 향상될 수 있다. 조직 내의 사용자들은 LAN 등의 정보통신망으로 연결된 개인의 컴퓨터를 통해 문서를 작성하거나, 열람, 검색, 전달 및 교류를 포함하여 전자적 방식으로 결재를 받을 수 있다. 그리하여 그룹웨어의 세부 기능으로는 전자우편, 전자게시판, 전자결재, 데이터 공유, 전자회의 등이 해당된다. 뿐만 아니라 각 부서나 업무별로 분산되어 있던 정보를 통합, 공동활용을 할 수 있으며 업무절차의 표준화 및 혁신도 도모할 수 있다.

키워드: 전자우편, 전자게시판, 전자결재, 데이터공유
작성자: 김현성(서울시립대)
최초작성일: 2001.11.

기관대립형(機關對立型, Presidential System)

기관대립형이란 지방정부 기관구성의 한 유형이다. 이 유형은 권력분립주의의 원칙에 입각하여 지방자치단체의 의사결정기능을 담당하는 지방의회와 결정된 의사를 집행하는 기능을 담당하는 집행기관을 따로 설치함으로써 두 기관 간에 상호 견제와 균형(checks and balances)이 이루어지도록 하는 유형이다. 기관대립형은 중앙정부의 형태에서 대통령중심제와 유사한 것으로서, 이는 권력분립 및 기능분담의 자유주의사상에 근거하고 있다.

지방정부의 의사결정기능을 수행하는 지방의회는 기관대립형이나 그 반대의 개념인 기관통합형에 관계없이 주민의 직접선거에 의하여 구성되지만, 집행기관은 구성방법이 다양하게 분류된다. 특히 기관대립형은 집행기관의 선임형태에 따라 선거형과 임명형으로 나눌 수 있고, 선거형은 또한 주민직선형과 의회에 의한 간선형으로 나누어진다. 주민에 의한 직선형이 전형적인 것인데, 의회에 의한 간선형일 경우에는 지방의회가 집행기관을 구성하게 된다.

집행기관이 주민에 의한 직선형을 취하는 경우에도 강시장－의회형(strong mayor－council form)과 약시장－의회형(weak mayor－council form)으로 구분된다. 기관대립형은 때로 기관분립형(機關分立型) 또는 기관분리형(機關分離型)이라고도 불린다.

이 유형은 다수의 장점을 가지고 있다. 기관 간에 상호 견제와 균형의 원리에 의해 권력의 남용을 방지하고 비판·감시의 기능을 강화할 수 있고, 양 기관을 따로 주민이 직선하는 경우 지방정부 및 지방행정에 대한 주민통제가 용이하고 행정책임을 명백히 할 수 있다는 장점이 있다. 또한 이 유형은 지방정부의 장이 주민대표로서 정치적, 행정적 능력을 발휘할 수 있고 주민의사를 신속하게 지방행정에 반영할 수 있을 뿐만 아니라 임기보장을 통한 소신 있는 행정을 할 수 있고, 행정의 복잡화 및 전문화에 적절히 대응하고 능률성을 확보할 수 있다는 장점이 있다. 반면에 이 유형은 지방의회와 집행기관 간에 대립과 마찰이 자주 발

생할 우려가 있고, 자치단체장을 주민이 직선할 경우 반드시 행정능력이 있는 후보자가 당
선된다는 보장이 없다는 단점이 있다.

키워드: 권력분립, 기관통합형, 기관분리형
작성자: 송광태(창원대)
최초작성일: 2019.12.

기획의 유형(Types of Planning)

1. 개념

일반적으로 기획(planning)은 목표를 달성하기 위한 장래의 행동에 관하여 일련의 결정을 하는 과정이라고 할 수 있다. 기획과 유사한 개념에 계획(plan)이 있다. 이 둘은 상당부분 혼용되어 사용되고 있는데 좀 더 구체적으로 살펴보면 다소 다른 의미를 지니고 있다. 즉, 기획은 계획을 세워가는 활동과 과정을 가리키며, 계획은 구체적인 사업에 대한 연속적인 의사결정의 결과라는 점에서, 기획에서 도출된 최종적인 결론을 의미하는 것이다.

이러한 기획은 일정한 유형으로 도출할 수 있는데, 제 학자들이 제시한 유형 중 공통된 부분으로 접근하여 자원기획, 프로젝트기획, 개인기획 등으로 조명하고자 한다.

2. 유형

1) 자원기획

자원기획(resource planning)은 인적 및 물적자원 등과 관련된 기획으로서, 재정에 관한 기획, 시설 및 장비에 관한 기획, 소비물자에 관한 기획, 그리고 인적자원에 관한 기획 등 네 가지로 구분할 수 있다.

(1) 재정에 관한 기획

재정에 관한 기획은 조직이나 프로그램의 재정상태를 예측하기 위한 기획이다. 성공적인 재정기획을 위해서는 특정한 기획기관을 통하여 프로그램의 재정상태를 예측하는 능력이 필요하다. 조직이나 프로그램의 재정모델은 이러한 목적을 위하여 중요하며, 전산화된 회계제도는 그러한 모델이 될 수 있다. 또한 신속한 자료운용을 위해서는 회계의 전산화도 요청된다.

(2) 시설 및 장비에 관한 기획

시설 및 장비에 관한 기획은 조직의 목표달성을 위해 필요한 시설이나 장비의 구매·임대 등에 관한 기획이다. 오늘날 시설이나 장비에 관련된 기술은 비교적 잘 개발되어 있으며, 대부분 조사방법의 체계적 적용이나 네트워크 장비, OR기법 등으로 발전하였다.

(3) 소비물자에 관한 기획

소비물자에 관한 기획이란 서류용지, 필기용구, 기록보관철 등과 관련된 기획이다. 이러한 품목들을 구매하는 일은 일상적인 업무가 되어야 하며 이를 위한 구매자금이 필요할 때에는 언제든지 이용할 수 있도록 항상 고려해야 한다.

(4) 인적자원에 관한 기획

인적자원에 관한 기획은 인적자원관리에서 다루어지는 기획으로서 인적자원의 확보, 인적자원의 개발, 인적자원의 보상, 유지관리, 노사관계 등에 관련된 기획이다. 여기에는 첫째, 기관의 목표를 달성하기 위하여 필요한 최소한의 직원(전문직, 준전문직, 서기 등)의 수, 둘째, 매 기획년도에 충원되어야 할 직원의 수, 셋째, 새로 고용된 직원이 배치되어야 할 부서나 프로그램 등에 관한 내용을 포함한다.

2) 프로젝트기획

프로젝트기획(project planning)은 지속성, 반복성 등의 특성을 갖는 일상적 기획과는 달리 한시성, 유일성, 점진적 구체화 등을 갖는 기획을 말한다. 개별적인 프로젝트이든 집단적인 프로젝트이든 미리 계획을 세우지 않으면 활동연결이 잘 되지 않을 뿐만 아니라 각 단계에 필요한 시간도 제대로 할당할 수 없게 된다. 특히, 집단적인 프로젝트의 계획을 세우지 못하면 노력의 중복, 성취불능, 접근방법 중복 등의 결함이 부가된다. 적절하게 계획된 프로젝트가 주어진 시간 안에 최소의 비용으로, 성공적으로 달성되기 위해서는 다음과 같은 일련의 단계에 따라 진행되어야 한다.

1단계로 프로젝트 요구사항의 인식과 명확화, 2단계 이전의 경험, 조사, 견해 등과 같은 기술을 사용한 자료수집, 3단계 기본적인 접근방법에 관한 잠정적인 결정, 4단계 기본적인 활동계획의 설계, 5단계 프로젝트 계획의 검토, 6단계 집단적인 프로젝트의 경우, 과업할당과 프로젝트 시작일자의 결정, 7단계 종료일자와 보고서 전달방법의 결정 등이 그것이다.

3) 개인기획

개인기획(individual planning)은 자신의 목표를 설정하고 취해야 할 활동과정을 기술하는 것으로, 관리자는 조직의 프로그램과 프로젝트에 관한 전반적인 기획책임도 있지만 자신의 개인적인 과업도 계획해야 한다. 따라서 개인기획이란 개인적인 목표를 성취하기 위하여 계획을 수립하는 것으로, 고려해야 할 요소는 다음과 같다.

첫째, 시간적 요소, 가용한 자원, 장애물, 자신이 하는 일에 영향을 미칠 수 있는 타인의 기대되는 행동 등의 요소를 이해하고 계획을 수행하면서, 일어날 수 있는 불가피한 변화들을 예상할 수 있어야 한다.

둘째, 유사한 과업이나 프로젝트를 가진 다른 사람들의 이전 경험을 활용하여 계획을 설계해야 한다.

셋째, 계획이 실현 가능한지를 알아보아야 한다. 실현 가능성 여부는 다음 질문에 대한 대답을 통해 알 수 있다. 가용한 자원과 시간을 고려할 때 목표달성이 가능한가?, 필요한 시간과 자원이 있다면 목표를 성취할 능력이 있는가? 등 이 두 질문 가운데 하나라도 부정적인 대답이 나온다면 목표를 수정하거나 다른 목표를 계획해야 한다.

넷째, 계획 속에 점검지점을 확인해 두어야 한다. 점검지점에 도달할 때마다 정보를 평가하고 필요한 경우 계획을 수정해야 한다.

3. 평가

제 학자들의 공통된 의견을 근거로 기획의 유형을 자원기획, 프로젝트기획, 개인기획으로 유형화했다는 점에서, 일정부분 본 분야에 의미를 가질 수 있다. 하지만 유형의 구분기준이 미비하고, 사례적용을 통한 검증이 낮은 수준이라는 점에서, 본 유형은 일정부분 한계를 갖는다.

참고문헌

권육상 · 전대성 · 홍석자 · 서상범 · 조미영 · 홍전희(2004). 『사회복지행정론』. 서울: 유풍출판사.

김경우 · 양승일 · 강복화(2008). 『사회복지정책론』. 파주: 양서원.

김병섭 · 박광국 · 조경호(2000). 『조직의 이해와 관리』. 서울: 대영문화사.

김병식(2003). 『사회복지행정론』. 서울: 창지사.

Bradshaw, J.(1972). "The Concept of Social Need", In Planing for Social Welfare, NJ: Prentice − hall.

Woodward, J.(1965). Industrial Organization: Theory and Practice, London: Oxford University Press.

키워드: 기획의 유형, 자원기획, 프로젝트기획, 개인기획

작성자: 양승일(충남도립대)

최초작성일: 2013.07.

내부고발(Whistleblowing)

1. 개념

　내부고발(whistleblowing)은 조직의 전, 현직 구성원이 조직 내부의 불법, 부당, 비윤리적 실제를 외부에 알리는 행위이다. 조직 내의 반공익적 사실을 공개하여 바로잡고자 밖에 알린다는 점에서 사회적 고발이다. 내부고발은 조직이 내부의 부정이 밖에 알려지는 것을 강력히 막고자 하는 구도 속에서 주로 폭로나 익명의 제보로 이루어지나 의회나 법정, 검·경찰에서의 증언, 진술, 개인의 자서전 집필을 통한 고백 등으로도 나타난다. 내부고발은 1960년대 미국 대중 매체가 만들어낸 저널리즘적 조어(造語)이다. 권력 집단이나 조직이 국민 일반에 피해를 주는 불법, 비도덕적 음모를 꾸밀 때 그 안의 누군가가 나서서 호루라기를 불어 국민에게 위험을 미리 알려 준다는 뜻으로, 모든 조직이나 단체에 적용된다. 그러나 미국에서 조차도 사전이 내부고발이라는 단어의 의미를 설명한 것은 1980년대 중반 이후부터이다. 유럽에서는 나라마다 각기 다른 표현을 사용한다. 동양 한자 문화권의 경우, 일본은 초기에 '내부고발(內部告発. ないぶこくはつ)'로 번역했고, 공익통보(公益通報)라고도 한다. 반면 공익제보는 순 우리말이다.

　내부고발은 영어로 '호루라기(whistle)'와 '불기(blowing)'의 합성어이다. 어원에 대해서는 영국 경찰이 법률 위반 행위를 제지할 때 호루라기를 분다는 데에서 유래된 것이라는 설명부터 이솝이야기에 그 뿌리가 있다는 주장까지 여러 가지 설명이 있으나 객관적 자료나 연구를 통해 확인된 바는 없다. 한국에서는 1980년대 초 신문에 이미 용어가 등장하나, 사전은 1990년대 초 공식적으로 사회에서 통용되는 낱말로 채택하여 뜻을 서술한다. 1990년대 이후는 많은 내부고발 사례들이 나타나고 대중 매체들에 의한 보편적 사용, 중요성에 대한 사회적 인식도 확산된다. 행정학 교과서들도 이 개념을 채택한다. 다른 동남아 국가들에 비하면 대체로 5-6년 앞선 것이다.

2. 발생 이론

내부고발의 발생은 다양한 이론들에 의해 설명된다. 자질 이론(traits theory)은 내부고발의 발생을 개인의 특별한 기질에서 찾는다. 내부고발자의 자질을 일반인과는 다른 것으로 극도의 원칙주의자, 비타협적, 결벽적 인간으로 설명한다. 역할 이론(role theory)은 내부고발을 역할 갈등의 산물로 해석한다. 내부고발이 조직 구성원들의 역할 인식, 예컨대 조직 구성원으로서의 충성, 전문가로서의 직업윤리와 책임, 사회 구성원으로서 개인의 책임과 도덕적 의무, 종교적 양심이나 신념 등에 의해 나타난다는 것이다. 기대 이론(expectancy theory)은 내부고발을 구성원이 특정 행위를 할 경우 어떤 일이 일어날 것인가에 대한 기대, 즉 자신은 무엇을 얻고 그것이 얼마나 중요한가에 대한 판단의 산물로 설명한다. 끝으로 과정 이론(process theory)은 앞서의 이론들과 달리 내부고발을 단일 사건이나 일회적 행동, 판단의 결과가 아닌 다양한 행위자와 사건들 간의 일련의 작용과 반작용이 누적된 결과로 해석한다.

3. 유형

내부고발은 기준에 따라 다양하게 분류된다. 재직형과 이직형 구분은 내부고발을 내부자가 어떤 신분에서 고발을 했는가의 시기 기준으로, 재직형은 내부고발자가 조직의 구성원으로 있으면서, 이직형은 재직 중 목격한 조직의 비리를 조직을 떠난 뒤 호루라기를 부는 것이다. 내부형과 외부형은 내부고발의 대상이나 경로에 따른 구분이다. 내부형은 조직의 불법이나 부적절한 일을 조직 내부의 채널을 통해 책임 부서나 시정 권한을 가진 상급자 등에 보고를 하는 형태이고, 외부형은 조직 밖의 의회, 미디어, 검·경찰, 감독·규제 기관, 시민 단체에게 알리거나 일반을 대상으로 공개적 폭로를 하는 행위이다. 끝으로 익명형과 공개형은 내부고발 방법을 기준으로 한 구분으로, 익명형이 조직 내부의 부정을 자신의 신분을 숨긴 채 관리층이나 대중 매체에 알리는 것이라면, 공개형은 기자 회견이나 청문회 등을 통해 신분을 밝히면서 부정을 폭로하는 행위이다.

내부고발 유형 구분 방법은 이밖에도 여러 가지이다. 내부자의 적극적 의지 표현인가 아닌가를 기준으로 적극형(active whistleblowers)과 소극형(passive whistlelbowers), 행위를 완성했는가 아닌가를 기준으로 완성형과 초기형(embryonic whistleblowers)으로도 나뉜다. 적극형은 내부자가 적극적 의지를 갖고 조직의 법령 위반이나 부도덕한 활동을 밖에 알리는 행동이고, 소극형은 원한 것은 아니지만 법정이나 경찰 진술 과정에서 사실대로 증언한 결과로 이루어진 공개이다. 내부고발의 완성형은 폭로 또는 공개를 완료한 형태이고 초기형은 고발을 위한 준비 활동을 하였다가 발각되어 보복을 받게 되는 경우이다. 내부고발에 대한 법적 보호에서는 이러한 구분들이 중요하다.

4. 공익적 효과와 보호

내부고발은 공직 사회나 기업에서 일어나는 부정의 통제에 강력한 효과를 갖는다. 권력 부패의 통제, 기업의 사회적 책임 확보, 국민의 알권리 보장에 기여한다. 개인 차원에서는 표현과 양심의 자유, 법규 위반을 강요받지 않을 권리, 도덕적 삶의 기회 보장이나 확대의 의미가 있다. 내부고발은 권력 부패 통제의 효과적 수단이다. 대표적 사례로 1972년에 일어난 미국 워터게이트 스캔들(Watergate scandal)과 닉슨(Richard Nixon)의 하야가 있다. 한국의 1990년대 두 전직 대통령 불법 비자금 적발도 검찰이나 감사 기관이 아닌 은행 직원에 의해 드러났다. 필리핀 에스트라다 대통령의 탄핵도 '대통령이 1천만 달러 이상의 뇌물을 받았고 돈 심부름꾼은 바로 나였다'라는 한 주지사의 고백에서 비롯되었다. 내부고발은 권력 남용과 부정의 현장에 있던 사람이 '부패의 뚜껑을 안에서 열고 밖으로 나오는' 것이다. 따라서 누구도 부인하기 어려운 증언력을 갖는다. 내부고발의 반부패 효과도 이러한 이유에 근거한다. 그러나 내부고발은 그 공익적 효과에도 불구하고 힘없는 개인이 거대한 조직의 부정과 비리에 맞서는 것이어서 '지붕이 무너져 내린 날(the day the roof fell in)'의 공포와 고통, 조직으로부터의 보복을 피하지 못한다(Bowman, 1983). 내부고발 후 '영원한 실직의 길'에 빠진다. 내부고발에 대한 법적, 사회적 보호는 이 때문에 중요하다.

5. 법적 보호

내부고발자에 대한 법적 보호는 일반법 형태로부터 각 분야별 법률의 일부 조항에 이르기까지 다양하다. 미 의회는 1978년 「공무원제도개혁법(Civil Service Reform Act)」에서 처음으로 법적 보호를 규정한다. 카터 행정부 때 연방 정부의 내부 부정을 고발하는 공직자 보호를 위한 것이었다. 동법은 연방 공무원이 법률, 규칙이나 규정의 위반, 관리 실패(mismanagement), 재원의 막대한 낭비, 권한의 남용 또는 국민 건강과 안전에 대한 실질적이고 구체적인 위험(substantial and specific danger)이 있다고 믿고 폭로, 신고 등의 방법으로 공개한 경우, 내부고발자로 보호하였다. 이 법은 실적제도보호위원회(Merit Systems Protection Board, MSPB)와 특별조사국(Office of the Special Counsel, OSC)에 내부고발자에 대한 보호의 책임을 부여하였다. MSPB는 실적주의 및 연방 공무원 권리 보호 목적의 하나로 내부고발자에 보복이 가해졌는지에 대한 심사 역할을, OSC는 내부고발자의 고발과 고발자 신분에 가해진 보복을 조사하는 실질적 임무를 부여받았다. OSC는 내부고발자가 부당하게 보복을 받았다고 믿을 만한 합리적인 근거가 있는지에 대한 조사를 하고, 바로잡는 조처를 취한다. 그러나 연방공무원제도개혁법의 일부 조항을 통한 내부고발자 보호는 보호 의도에도 불구하고 고발자들을 보호하는 데 많은 한계를 드러냈고, 미 연방 의회는 내부고발자와 시민단체들의 항의와 비난을 이유 있는 것으로 판단해 1989년 보호의 내용을 보강한 「내부고발자보호법(Whistleblower Protection Act)」을 제정한다. 이 법은 기존 공무원제도개혁법이 내부고발자 보호에 실패했던 이유들을 법 조항에 그대로 반영하였다는 점에서 미 의회가 연방 정부 내 부정을 고발하는 공무원들에 대한 실질적 보호 의욕을 보여주고, 연방 정부에 내부고발 공무원에 대한 보다 철저한 보호를 다시 한 번 더 강력하게 명령한 것이었다. 의회는 종전 실적제도보호위원회 소속의 특별조사국을 따로 분리하여 연방 정부 내 독립 기관으로 설치한다. 또 내부고발자에 대한 실질적 보호 제공을 목적으로 구체적인 보호, 절차 조항도 마련한다.

미국 주정부 차원에서는 미시간주가 1981년 처음으로 특별법 형태의 보호법을 제정한 이래 대부분의 주들이 보호법을 갖고 있다. 내부고발자 보호법은 연방법, 각 주법 모두 적용 대상, 보호받는 고발의 내용, 보호받으면서 할 수 있는 정보 제공의 대상, 보호의 범위와 내용, 구제의 방법과 정도, 고발자의 의무, 보호법 위반의 종류와 처벌, 보호법 악의적 이용의 금지 등을 내용으로 한다. 내부고발자에 대한 법적 보호는 국가 법 집행에 대한 개인의 협력을 제도적으로 허용하거나 기회를 확대한다는 점에서 중요한 의미가 있다.

6. 시민 단체의 활동

시민 단체들이 내부고발자 보호 활동을 시작한 것은 내부고발의 공익적 가치에 대한 사회적 자각과 때를 같이 한다. 미국에서는 시민들이 1972년 워터게이트 사건에서 권력 내부의 한 익명의 공직자가 정보를 지속적으로 제공함으로써 의회가 어떻게 헌법을 유린하고 국민을 속이는 권력의 탐욕을 효과적으로 차단할 수 있었던가를 목격한다. 또 내부자가 내부의 불법을 폭로함으로써 군대 안에서의 부정뿐만 아니라 거대 기업들이 어떻게 국민을 속이고 건강과 안전을 위험에 몰아넣는 대가로 자신들의 잇속을 챙기는가를 발견한다. 하지만 내부의 고발자는 오히려 엄청난 보복을 당한다는 것을 알게 되면서, 시민 단체들이 본격적 보호 활동에 착수한다. 갭(Government Accountability Project)은 「공무원제도개혁법」 제정 이전인 1977년부터 국민의 편에서 공직 사회 부정을 거부하는 공직자 보호 운동을 시작한다. 보호 활동은 법적 지원, 입법 청원, 여론 환기, 보복에 대한 공개적 항의 등이다. 각국에는 내부고발자 보호만을 전문으로 하는 많은 시민 단체들이 활동 중이다. 한국은 참여연대가 1994년 처음 보호 활동을 시작한 이래 여러 단체들이 활동을 전개하고 있다.

7. 전망

내부고발자 보호 제도는 이미 전 세계 각국에서 확산되어 보호를 제공 중이고, 보호 수준을 지속적으로 강화할 전망이다. 내부고발자에 대한 법적 보호는 1990년대에 영미 문화권 국가들이 먼저 시작한다. 1993년부터 1994년에 걸쳐 호주(South Australia, Queensland, New South Wales, the Australian Capital Territory), 1997년 캐나다, 1998년 영국 등이 각각 연방 정부나 주정부 차원에서 차례로 보호법을 제정하고, 이후부터는 각국에 빠르게 확산된다. 목적은 공직 부패의 통제, 국민의 알권리, 정보 공개적 관점, 담합 방지 정책적 수단 등으로 자국의 필요를 반영한 다양한 것이었다. 유럽은 유럽연합이 1990년대 후반 내부고발자 보호 제도에 대한 체계적 연구를 수행하고, 이를 바탕으로 회원국들에 공식적 채택을 권고하면서 확산된다. 국제 반부패 NGO TI(Transparency International. 국제 투명 기구)도 1990년대 말부터 반부패 노력의 하나로 각국에 보호법의 도입을 권고하고, 많은 개발 도상 국가들이 보호법을 제정한다.

한국에서는 1994년 참여연대가 내부고발자 보호법 제정을 청원하고, 2001년 국회가 「부패방지법」(현재의 「부패방지 및 국민권익위원회의 설치와 운영에 관한 법률」)을 통과시켜 정부와 공공 기관의 내부고발자에 대한 보호를 규정한다. 국회는 2011년 「공익신고자 보호법」, 2015년 「부정청탁 및 금품등 수수의 금지에 관한 법률」, 2019년 「공공재정 부정청구 금지 및 부정이익 환수 등에 관한 법률」을 제정하면서 다시 내부고발자 보호를 규정한다. 이 밖에 「제품안전기본법」(2010년 제정) 제14조(내부자 신고 등), 「식품안전기본법」(2008년 제정) 제29조(신고인 보호) 등, 「아동학대 범죄의 처벌 등에 관한 특례법」(2014년 제정) 제10조(아동학대 범죄 신고 의무와 절차), 「노인복지법」(1981년 제정) 제39조의 6(노인 학대 신고의무와 절차 등), 「영유아보육법」(1997년 제정) 제42조의 2(위법행위의 신고 및 신고자 보호) 등도 보호를 제공한다.

참고문헌

박흥식(1999). 내부고발의 논리. 서울: 나남출판.

Bowman, J. S.(1983). Whistle blowing: Literature and resource materials. *Public Administration Review*, 43(3): 271−276.

Elliston, F. A., Keenan, J., Lockhart, P., & Schaick, J. V.(1985a). Whistle-blowing research: Methodological and moral issues. New York, NY: Praeger Publishers.

Elliston, F. A., Keenan, J., Lockhart, P., & Schaick, J. V.(1985b). Whistleblowing-managing dissent in the workplace. New York, NY: Praeger Publishers.

Glazer, M. P., & Glazer, P. M.(1989). The whistleblowers: Exposing corruption in government and industry. New York, NY: Basic Books.

Miceli, M. P., & Near, J. P.(1992). Blowing the whistle. New York, NY: Lexington Books.

Westman, D. P.(1991). Whistleblowing: The law of retaliatory discharge. Washington, DC: The Bureau of National Affairs, Inc.

키워드: 내부고발, 공익 신고자, 내부자 신고, 부정 청구, 공익 통보
작성자: 박흥식(중앙대)
최초작성일: 2019.12.

다양성 관리(Diversity Management)

1. 다양성 관리의 개념

인적자원개발에서 다양성(diversity)은 "나이, 종교, 성, 인종, 윤리적 배경과 같은 사람들의 개인적 특성의 차이"를 의미한다(HRD 용어사전, 2010). 다양성은 '차이'와 '이종성, 즉 다름'의 두 가지 차원에서 설명할 수 있다(이근주·이수영, 2012: 178). 첫 번째, '차이' 관점에서의 다양성은 '각 개인들 간 차이'로 조직 내 구성원들이 어떤 차이가 있는가를 의미하며, 두 번째 '이종성, 즉 다름' 관점에서의 다양성은 조직구성원들의 차이보다는 다름, 즉 문화의 다양성 관점으로 해석된다(Jackson et al., 2003; 김정인, 2018: 603). 이러한 다양성은 크게 두 가지 수준에서 설명될 수 있다. 첫 번째 다양성은 표면적(외적) 다양성(surface-leveled diversity)으로서, "성별, 인종, 민족, 나이, 장애상태 등 쉽게 파악할 수 있는 특성차이"이며, 두 번째 다양성은 내면적(내적) 다양성으로 "가치관, 성격, 일에 대한 선호도 차이"를 의미한다(Robbins & Judge, 2014: 51; 김정인, 2018: 603 재인용).

조직구성원들 간 차이 또는 다름을 어떻게 관리할 수 있는 가는 조직관리에 있어서 중요 이슈가 된다. 조직 내 구성원들의 다양성을 어떻게 관리하는 가에 따라 개인성과 뿐만 아니라 조직성과에도 중요한 영향을 미치기 때문이다(김정인, 2018: 606). 이처럼 다양성 관리(diversity management)는 "관리자가 구성원으로 하여금 다른 사람들의 욕구와 차이점에 대한 인식을 철저히 하도록 주지시키는 과정 및 프로그램"이라고 정의할 수 있다(Robbins & Judge, 2014: 68; 김정인, 2018: 606 재인용).

2. 다양성 관리 등장배경과 특징

다양성 관리가 인사조직에서 중요한 이슈로 등장한 것은 1980년대 노동시장에서 다양한 인력이 등장하면서부터이다(최도림, 2012). 노동시장에서 인종 다양성, 연령 다양성, 성별 다양성이 증가하면서 다양한 인적자원을 어떻게 관리하는 가가 중요한 이슈로 고려되기 시작한 것이다(Robbins & Judge, 2014). 다양성이 어떻게 관리되는 가에 따라서 조직 내 성과가 달라질 수 있다. 우선 사회 또는 조직 내 다양성이 증가하면 구성원들의 창의적인 아이디어가 증진될 수 있으며, 유연하고 혁신적인 사고가 증진될 수 있어 개인 및 조직의 성과(생산성)가 높아질 수 있다(Robbins & Judge, 2014). 이에 반해 다양한 구성원들의 의견 개진으로 구성원 간 혼란이 증폭될 수 있으며, 이로 인해 구성원 간 갈등이 확산될 가능성이 있다. 또한 의사결정시 다양한 인적자원의 의견을 반영해야 하기 때문에 의사결정에 있어서의 지연이 발생할 가능성이 높고, 이로 인해 조직 통합성이 낮아져 결국 조직성과와 생산성에 부정적인 영향을 미칠 수 있다(Jackson et al., 2003; 김정인, 2018: 606). 특히 조직 내 다양성 증가는 자기범주화(self and social categorization: 자신이 속한 부류를 사회의 가장 대표적인 부류로 간주하여 행동 하는 것)를 강화시켜 구성원 간 갈등을 조장하고 조직생산성을 저해할 수 있다(이근주·이수영, 2012: 180). 이처럼 다양성 증가에 따른 조직효과는 상황에 따라 상반되게 나타나기 때문에 효과적인 다양성 관리가 필요한 것이다.

3. 다양성 관리 활용(연구) 경향

1980년대 미국을 비롯한 여러 국가에서 노동시장의 다양성이 증가하면서 관심을 받게 된 다양성 관리 연구는 1990년대 들어 활성화되었다. 이 시기의 다양성 연구는 인구통계학적 요인을 강조하는 다양성 연구와(표면적 다양성) 표면적 다양성을 보호하기 위한 제도적 장치에 대한 연구가 대부분이었다. 특히 공공조직과 민간조직 내에서 표면적 다양성 확보 차원의 제도적 장치, 예를 들어 적극적 평등실현 조치(affirmative action), 평등고용기회(equal employment opportunity), 대표관료제(representative bureaucracy) 등이 주요 연구 대상이 되었던 것이다(최도림, 2012: 111-112). 한국의 공직분야 역시 채용과정에서의 균형인사정책(예: 양성평등제도)을 확립하여 과거 소외되었던 소수집단을 적극적으로 공직에 유치하고자 하였다.

그러나 표면적 다양성을 다루는 연구들은 과거 소외된 특정 집단(예: 소수인종, 여성)들의 참여를 적극적으로 유도했다는 점에서 긍정적이지만, '지배적인 이질적 문화(dominant heterogenous culture)'를 창출하려는 다양성 본질을 고려하지 못했다는 한계를 지녔다(최도림, 2012: 115). 따라서 최근 다양성 (관리) 연구들은 내면적 다양성의 중요성에 더욱 초점을 맞추고 있다. 표면적인 차이 또는 유사성 보다는 내면적인 차이 또는 유사성(예: 가치관)이 조직구성원들 간 관계 형성에 더욱 중요한 영향을 미친다는 점을 강조하고 있는 것이다(Robbins & Judge, 2014). 조직구성원들의 가치, 성격, 사고의 차이가 보상에 대한 인식, 커뮤니케이션 방식, 리더에 대한 평가 등 인사조직 전반에 중요한 영향을 미칠 수 있다는 것이다(Robbins & Judge, 2014: 52). 조직구성원들의 내면적(내적) 다양성을 적극 고려한 정책 중 근무시간 및 장소의 유연화를 강조하는 유연근무제를 예로 들 수 있다(김정인, 2018). 이처럼 과거에는 주로 표면적 다양성 관리에 대부분의 연구가 초점을 맞추었다면 최근에는 내면적 다양성 관리 연구가 더욱 활성화되고 있는 추세이다.

참고문헌

김정인(2018). 인간과 조직: 현재와 미래. 서울: 박영사.

이근주·이수영(2012). 다양성의 유형화를 위한 시론적 연구. 「한국인사행정학회보」, 11(1): 175 – 197.

최도림(2012). 다양성에 대한 이론 및 연구 동향과 한국에의 적용 가능성. 「한국인사행정학회보」, 11(1): 111 – 129.

HRD 용어사전(2010). 다양성.

Jackson, E. S., Joshi, A., & Erhardt, N. L.(2003). Recent research on team and organizational diversity: SWOT analysis and Implications. *Journal of Management*, 29(6): 801 – 830.

Robbins, S. P., & Judge T. A.(2014). *Organizational behavior(14th ed)*. Boston, MA: Pearson.

키워드: 균형인사정책, 내면적 다양성, 표면적 다양성

작성자: 김정인(수원대)

최초작성일: 2020.02.

다층제(多層制, Multi-tier System)

다층제란 동일한 지역내에 법인격을 가진 지방자치단체가 둘 이상 존재하여 관할이 중첩되는 형태를 말한다. 즉 기초자치단체 위에 하나 이상의 상급자치단체가 존재하는 유형을 말한다.

지방자치는 주민의 일상생활에 관련된 사무를 처리하는 것을 본래의 목표로 하기 때문에 소규모의 기초적 지방자치단체를 필요로 한다. 그러나 오늘날과 같은 산업사회에서는 대규모적이고 광역적인 사무를 처리하는 광역적 지방자치단체를 필요로 하기도 한다. 그리하여 기초적 지방자치단체와 광역적 지방자치단체 사이의 유기적 협조관계를 정립하여 다층제를 형성하는 경우가 다수 있는 것이다.

자치계층을 2층제로 하는 경우 하위 자치단체를 기초자치단체 또는 1차적 자치단체라 하고, 상위 자치단체를 광역자치단체, 제2차적 자치단체 또는 중간자치단체라고 한다. 자치계층을 3층제로 하는 경우에는 지방자치단체를 기초자치단체, 중간자치단체, 광역자치단체로 구분한다.

우리나라와 일본과 같이 자치계층을 2층제로 하고 있는 국가가 다수이지만 3층제와 4층제로 하고 있는 국가도 있다. 3층제를 택하고 있는 국가는 프랑스, 이탈리아, 벨기에, 그리스 등이고, 4층제를 택하고 있는 국가는 포르투갈, 인도, 버마 등이다. 또한 하나의 국가에 단층제와 다층제를 지역에 따라 다르게 채택하고 있는 국가도 있다.

키워드: 자치계층, 2층제
작성자: 송광태(창원대)
최초작성일: 2019.12.

단절적 균형 이론(Punctuated Equilibrium Theory)

1. 개념 정의

단절적 균형 이론(punctuated equilibrium theory)은 프랭크 바움가트너와 브라이언 존스 (Frank R. Baumgartner and Bryan D. Jones)가 1993년 발표한 논문에서 정책 변동(policy changes)의 설명을 위하여 진화 생물학(evolutionary biology)으로부터 단절적 균형(斷絶的 均衡, punctuated equilibrium) 개념을 차용해 만든 이론이다. 정책이 안정된 상태에서 오랜 기간 그대로 지속되다가 어떤 사건을 만나 갑작스럽게 문제 제기가 이루어지면서 급격한 정책 변화를 겪게 된다고 설명한다. 정책은 사회 문제에 대한 시민들의 이해와 맞물려 이익집단 간 정치권력의 균형 속에서 견고하게 자리 잡고 오랜 기간 동안 안정을 유지하는데, 어떤 사건이 일어나 권력 균형이 깨지면 안정을 끝내고, 새로 제기된 주장이나 문제 정의에 대한 이익집단 간의 갈등 조정 과정을 거쳐 새로운 권력 균형을 만들어내면서 정책의 변동을 낳게 되고, 새로운 정책은 다시 오랜 기간 안정을 보이게 된다고 말한다. 단절적 균형 이론은 진화 생물학의 '변화의 단절적 템포(discontinuous tempos of change),' '단절적 균형(punctuated equilibria)'으로부터 아이디어를 얻은 것으로, 한 번 결정된 정책이 어떻게 오랫동안 거의 어떤 변화도 없이 안정 상태를 유지하는가? 그러다가 왜 갑자기 사회로부터 주목을 받고 급격한 변화를 겪는가? 등의 정책 변동에 관한 답을 제공한다. 이론의 핵심적 요소는 정책 독점 (policy monopolies), 안정(stasis)과 중단(punctuation) 개념이다. 바움가트너와 존스(Baumgartner and Jones)는 정책 변동을 정책 독점의 붕괴 결과로 안정과 중단을 번갈아 겪으면서 일어난다고 말한다.

2. 진화 생물학과 단절적 균형 이론

진화 생물학자들은 진화론이 맞는다면, 왜 대부분의 종들이 갑자기 나타났는가, 왜 지속적 진화의 증가가 부족한가? 왜 현재 진화 중인 중간 단계에 해당되는 종(種)은 존재하지 않는가? 등의 일련의 의문을 제기하고, 이에 대한 해답을 찾아왔다. 고생물학자 스티븐 제이굴드와 나일스 엘드리지(Stephen Jay Gould and Niles Eldredge)는 1977년 처음으로 '단절된균형(Punctuated Equilibria)'이라는 논문 발표로 왜 화석 기록이 점진적 진화의 흔적을 보여주지 않는가를 설명한다. 균형 상태(stasis)가 오랜 시간 존재하고 급격한 변화는 짧은 시간대에 이루어져 대부분의 화석은 변화 과정을 설명하지 못한다고 주장한다. 한 종(種)이 계속조금씩 진화해 또 다른 종을 만들어낸 것이 아니라 대부분의 종들은 세대와 세대를 걸쳐 변화가 거의 없거나 매우 적은 안정된 균형 상태를 유지하다가 드물게 어떤 일련의 큰 사건을겪으면서 하나의 종이 둘로 분기되는 것과 같은 규모가 큰 순수 변화(large net change)를 만나게 된다고 설명한다. 이러한 변화는 짧은 기간이 아니라 지구의 지질학적 변화를 보여주는 오랜 기간에 걸쳐 나타나는 것으로 새로운 종의 출현을 '변화의 단절적 템포'로 설명한다. 단절적 균형 이론은 종의 출현은 연속선상에서 늘 조금씩 안정적으로 일정하게 점진적으로일어난 변화 끝에 나타나는 것이 아니라, 급격한 변화와 안정, 다시 급격한 변화 과정을 통해 나온다는 것이다. 굴드와 엘드리지(Gould and Eldredge)는 다수의 연구를 통해 진화는 안정 상태(stasis)가 오랫동안 지속되다가 깨지고 혼란을 거쳐 또 다시 안정 상태에 이르는 과정을 통해 일어난다는 것, 즉 진화란 불연속적 과정이고 단절적 변화(punctuational patterns)의 산물임을 보여준다. 이것은 찰스 다윈(Charles Darwin)이 말한 진화의 연속관, 즉 점진 진화설(gradualism)을 부정하는 것으로 주목을 받았다. 오늘날 정책학이나 언어학 등도 복잡한사회 현상과 변화를 설명하기 위하여 단절적 균형(punctuated equilibrium) 개념을 도입한다. 정책 변동을 설명하는 단절적 균형 이론도 이 중의 하나이다.

3. 내용과 사례

바움가트너와 존스(Baumgartner and Jones)는 정책 변동을 정책 독점의 구조 하에서 어떤 이슈에 대한 매스 미디어의 관심과 문제 제기, 사회에 영향력 있는 사람들의 비판이 나타나게 되면 시민들은 주의를 기울이기 시작한다. 그러면 기존 유력 이해관계자 간의 권력 균형이 깨지고 급격한 정책 변화가 일어난다고 말한다. 정책 독점은 특정 의사 결정자 집단이 개별 정책의 결정 및 관련 논의 과정을 주도하는 현상으로, 정책결정에 지배적 이해관계 또는 영향력을 가진 집단이 정책 이슈에 대한 논의에 다른 사람들의 참여와 접근을 제한할 때 나타난다. 바움가트너와 존스는 미국의 과거 원자력(nuclear power) 정책의 독점 붕괴를 대표적 사례로 제시한다. 원자력 정책결정은 원자력에너지위원회(Atomic Energy Commission, AEC), 원자력 시설 및 발전소 건설 사업자, 기존의 민간 및 군사 원자력 시스템, 상하원 원자력 에너지 합동위원회(Joint Committee on Atomic Energy, JCAE)가 독점하고 다른 사람들은 좀처럼 참여가 어려웠다. 독점이 계속 유지되다가 1970년대 들어와 원자력 산업에 대한 조사 과정에서, 원자력이 값싸게 전력을 생산할 수 있는 안전한 수단이라는 긍정적 이미지에 의문이 제기되고, 본격적 검토가 시작되자 원자력은 사실 위험하고 엄청난 비용이 따른다는 부정적 이미지가 형성된다. 대중 매체와 국민들은 원자력의 안전과 비용에 대하여 관심을 집중하기 시작한다. 1979년 펜실베이니아주 스리 마일 아일랜드(Three Mile Island) 원자력 발전소 사고, 1982년 워싱턴주 원자력 발전소 건설을 위한 수십억 달러의 채무 불이행 사건이 발생하면서 이미지는 급속도로 악화된다. 매스 미디어와 국민의 부정적 생각은 정부 개혁과 더불어 정책 및 관련 이익 집단들이 문제를 다시 정의하도록 만든다. 그 결과 JCAE, AEC 해체, 원자력규제위원회(Nuclear Regulatory Commission) 설치가 이루어진다. 바움가트너와 존스는 이 사례를 통해 정책 독점이 어떤 일련의 사건들로 인해 오랜 기간 존속되었던 안정된 시기를 끝내고 급격한 변화를 겪는다는 점, 그 후 다시 안정기(periods of stability)가 찾아오고 이것이 오래 지속된다고 설명한다.

4. 비판

마이클 기벨(Michael Givel)은 2010년 발표한 연구에서 미국 태평양 북서부 산림 정책(Pacific Northwest forest policy), 담배 정책(tobacco policy), 연방 정부 자동차 연료 효율 정책(federal auto fuel efficiency policy) 등에서는 정부 활동을 비롯 어떤 활동도 없는 무(無) 활동(inaction)에서 안정을 끝내는 '중단'이 일어난 바 없었다고 주장한다. 또 진화 생물학에서 말하는 기간(time frames)은 매우 오랜 기간이어서 정책 변동에서 말하는 기간과는 직접 비교하기 어렵고, 정책 시스템은 반드시 균형 상태가 아니더라도 안정적일 수 있다는 점을 강조한다. 정책 시스템이 안정적인 것은 방해 또는 소란 요소가 없기 때문일 수도 있다고 설명한다. 데세라이 크로우(Deserai A. Crow)도 2010년에 발표한 미국 서부 콜로라도(Colorado) 주의 내륙 레크리에이션용 水路 관리(water rights) 정책 사례 논문에서 단절적 균형 이론을 적용한 대부분의 정책 변동 연구들은 변화를 촉발한 미디어의 역할에 초점을 둔 것인데, 주 정부 차원에서는 정책 변동 과정을 정확하게 설명했으나 지방 정부에서는 분명하지 않았다고 말한다.

5. 활용

정책 변동 설명에는 오랫동안 점증주의가 지배한다. 하지만 바움가트너와 존스가 단절적 균형 이론을 제시한 이후 많은 연구들은 경험적 및 이론적 분석을 통해 단절적 균형 이론의 검증과 확장을 시도한다. 또 정책 변동 설명에 점증주의 대신 단절적 균형 이론을 채택한다. 피터 드 레온(Peter DeLeon) 등은 2010년 발표 연구에서 정책 분야 대표적 학술지(Policy Studies Journal)에 2004년부터 2009년까지 게재된 총 203개 논문을 주제(substantive topic), 접근 방법(analytical approach) 등으로 분석하였다. 연구 결과 주제는 환경/에너지가, 접근 방법은 정책 분석(policy analysis)이 가장 많았다. 정책 현상을 단절적 균형 이론으로 설명한 연구가 16편이었다. 드 레온 등(deLeon et al., 2010: 169−170)은 이런 결과에 기초하여 단절적 균형 이론이 정책 과정을 설명하는데 가장 일반적이고 포괄적인 단일 이론이라고 평가한다. 옹호 연합 모형(advocacy coalition framework)은 10편으로 그보다 적게 나타났다.

6. 한국의 현황

정책 변동 분석에 단절적 균형 이론의 적용은 많지 않다. 경영학 분야에서는 1990년대 말에 소개되고 행정학 분야에서는 조영희(2009)의 박사학위 논문 '우리나라 여성 정책 변동에 관한 연구: 단절된 균형과 불균형의 대조적 정책 현상을 중심으로'가 있다. 박형준(2010: 24)은 이 이론의 소개 초기 한국에서는 "정책학의 연구 이론, 분석틀로 거의 활용되지 않는(다)"고 말한 바 있다. 용어 번역 혼란에서도 이 점은 잘 드러난다. 박형준은 '단속 평형 이론,' 조영희(2010: 52)는 '단절된 균형 이론'으로 번역한다.

참고문헌

박형준(2010). 미국 정책학의 연구 경향. SAPA News & Platform, 3호(통권 17호), pp. 23－25.

이준우·김강식(2007). 조직 진화론 연구의 발전과 전개 방향. 경상논총, 25(4): 89－119.

조영희(2009). 우리나라 여성 정책 변동에 관한 연구: 단절된 균형과 불균형의 대조적 정책 현상을 중심으로. 고려대학교 박사학위 논문.

조영희(2010). 우리나라 여성 정책 변동에 관한 연구: 단절된 균형과 불균형의 대조적 정책 현상을 중심으로. SAPA News & Platform, 3호(통권 17호), pp. 51－53.

최용일(2000). 한국 노사 관계 시스템의 변혁과 전망. 한일경상논집, 19: 193－222.

최종태(1999). 단속 평형 이론에 비추어 본 한국 노사 관계의 변천 과정과 쟁점. 1999년도 하계 경영학 관련 통합 학술대회 발표 논문집, pp. 365－369.

최종태(2001). 단속 평형 이론과 노사 관계의 변혁. 노사관계연구, 12: 39－75.

Baumgartner, F. R., & Jones, B. D.(1993). Agendas and instability in American politics. Chicago, IL: University of Chicago Press.

Birkland, T. A.(2005). An introduction to the policy process: Theories, concepts, and models of public policy making (2nd ed.). Armonk, NY: M.E. Sharpe.

Crow, D. A.(2010). Policy punctuations in Colorado Water Law: The breakdown of a monopoly. *Review of Policy Research*, 27(2): 147－166.

DeLeon, P., Gallaher, S., Pierce, J., & Weible, C. M.(2010). Editors' analysis: A status report of the Policy Studies Journal, 2004－9. *Policy Studies Journal*, 38(1): 165－173.

Eldredge, N.(1971). The allopatric model and phylogeny in Paleozoic invertebrates. *Evolution*, 25(1): 156－167.

Givel, M.(2010). The evolution of the theoretical foundations of punctuated equilibrium theory in public policy. *Review of Policy Research*, 27(2): 187－198.

Gould, S. J., & Eldredge, N.(1977). Punctuated equilibria: The tempo and mode of evolution reconsidered. *Paleobiology*, 3(2): 115－151.

Gould, S. J.(1982). Punctuated equilibrium－A different way of seeing. *New Scientist*, 94 (April 15): 138.

키워드: 단절적 균형 이론, 정책 변동, 점증주의

작성자: 박흥식(중앙대)

최초작성일: 2019.12.

단체자치와 주민자치(Citizen Autonomy)

1. 개념 정의

단체자치와 주민자치는 서구에서 발달한 근대적 지방자치제도의 기본 가치 및 운영 방식을 함축하는 지방자치의 핵심적 원리 내지 관념이라고 할 수 있다.

단체자치는 일정한 지역을 기초로 하는 독립된 단체가 설립되어 중앙정부의 지배에서 벗어나 단체의 사무를 단체의 독자적인 기관에 의해 자주적으로 그 책임 하에 처리하는 것을 의미한다. 이는 프랑스 및 독일 등을 중심으로 발전한 유럽 대륙계 국가의 지방자치제도에서 발달된 관념으로서 중앙정부와 지방자치단체 간의 관계에 초점을 맞춘 지방자치의 원리이다. 이렇게 단체자치는 중앙정부로부터 독립적이고 자율적인 지방자치단체의 지위와 권한의 보장을 전제로 하기 때문에 무엇보다 지방분권이 강조된다.

한편 주민자치는 지역적 사무가 지역 주민의 참여를 통하여 그들의 의사에 기초하여 자주적으로 처리되는 것을 의미한다. 이는 영국의 오랜 지방자치의 역사적 경험에서 발전된 것으로서 주민과 지방정부 간의 관계에 중점을 둔 지방자치의 원리라고 할 수 있다. 이렇게 주민자치는 지역 주민이 주체가 되는 공공사무 처리 방식을 중시하므로 지방정부의 정책결정 및 집행 과정에 대한 주민참여를 강조하게 된다.

그런데 실제에 있어서는 이 두 가지 관념에 기초한 지방자치의 원리는 각각 별개로 분리되어 존재하는 것은 아니다. 지방자치가 실현되기 위해서는 당연히 중앙정부에 대해 독립된 사무·조직·재정 등을 갖춘 지방자치단체가 존재해야 되기 때문에 우선 단체자치가 확보될 필요가 있다. 그렇다고 독립적인 지방자치단체가 존재한다고 하여 자동적으로 지방자치가 이루어진다고 보기는 어렵다. 주민이 배제된 단체자치는 지방자치단체에 의한 또 다른 관치에 불과할 수 있기 때문이다.

또한 단체자치 없는 주민자치도 현실적으로 생각하기 어렵다. 주민참여를 통한 영향력 행사의 대상이 되는 지방정부가 중앙정부에 종속적인 조직이라면 주민의 의사가 지방정부 의사결정에 반영되기 어려워 주민자치가 이루어질 수 없기 때문이다. 결국 주민자치는 현실적으로 단체자치에 의해 담보되는 것으로 보아야 한다. 따라서 양자는 별개로 존재하는 원리라기보다는 상호 의존·보완적이며 근대적 지방자치가 성립하기 위한 필요 불가결한 요소로 이해된다.

다만 주민자치가 근대 지방자치제도가 추구하는 근본적 가치로서 지방자치의 본질적 요소라면 단체자치는 그 목표에 이르기 위한 수단적 가치의 성격을 갖는다. 또한 단체자치는 주로 중앙정부로부터 독립된 지방자치단체의 법적 지위와 권한을 강조한 것이기 때문에 법률적 의미의 자치라고 말해지는 한편 주민자치는 주민들의 정치적 참여를 강조했기 때문에 정치적 의미의 자치라고도 한다.

2. 개념의 생성 배경과 의미

단체자치 및 주민자치의 관념은 서구의 근대화 및 지방자치제도의 발전과정과 밀접히 연관되어 있다. 근대적 지방자치제도는 서구 여러 나라들이 겪었던 국민국가 형성 및 입헌민주국가 건설이라는 근대화 진행 양상의 차이에 따라 크게 앵글로 색슨(Anglo-Saxon)계와 유럽 대륙계의 두 계통으로 발전하게 되었다.

앵글로 색슨계의 지방자치제도는 영국을 모국으로 하여 영연방의 여러 나라와 미국으로 보급된 것으로서 '분권·분리형'의 지방자치를 기본적 특징으로 하고 있다. 반면 유럽 대륙계의 지방자치제도는 프랑스를 발상지로 하여 이탈리아, 스페인, 독일, 오스트리아, 그리고 북구 여러 나라로 보급된 것으로서 '집권·융합형'의 지방자치를 기본적 특징으로 하고 있다.

여기서 말하는 분리·융합은 지방자치제도의 유형을 나누는 기준의 하나로서 중앙정부와 지방정부 간의 권한 배분을 기준으로 한 집권·분권의 축과 달리 중앙정부와 지방정부 간의 기능 배분을 기준으로 한 것이다. 즉 지방정부의 구역 내에서 수행되는 중앙정부의 행정기능을 누가 담당할 것인가를 기준으로 한 것으로서 분리란 지방정부 구역 내의 사무라고 하더라도 중앙정부의 사무는 중앙정부의 기관이 독자적으로 처리하는 형태이다. 반면에 융합이란 거꾸로 중앙정부의 사무라고 하더라도 지방정부 구역 내의 것이라면 지방정부에게 위임하여 처리하게 하는 형태이다. 즉 분리형을 택하게 되면 하나의 행정사무에 중앙정부와 지방정부가 중복적으로 관여하는 일은 없게 되지만 융합형에서는 하나의 사무를 두고 중앙정부와 지방정부가 공동으로 책임을 분담하게 되는 경우가 생기게 된다.

이렇게 상이한 두 계통의 유형으로 지방자치제도가 발전하게 된 이면에는 당시 영미 국가와 유럽 대륙 국가들이 직면한 근대화 과정의 차이가 있었다. 영국은 통일적인 국민국가를 형성하는 과정에서 국왕과 여러 봉건세력 사이의 대립·항쟁이 대륙의 여러 나라들의 경우만큼 심하지 않았기 때문에 국왕은 중앙집권적인 지배기구를 지방의 말단까지 뻗칠 필요가 없었다. 그래서 봉건적 지역공동체의 자치는 경찰업무를 포함하여 거의 그대로 존속시켜 가면서 통일국가를 건설하여 상대적으로 분권적인 중앙지방관계가 형성되었다. 한편 중앙지방 간 사무 기능은 명확하게 구분하여 각각의 사무에 대해서는 독자적으로 완결적으로 처리하는 분리형으로 발전하였다.

그 이후 산업혁명 등으로 새롭게 등장한 시민계급에 의해 추진된 이른바 19세기 근대 입헌민주화 과정에서 점차 자치제도가 광역자치단체로까지 확대되면서 강조된 것은 민주주의의 본질적 요소라고 할 수 있는 아래로부터의 참여, 즉 주민참여를 중시하는 주민자치였던 것이다. 다시 말해 근세 통일국가를 형성하는 과정에서도 전통적인 자치적 요소가 용인되고 중앙집권적인 요소가 극히 제한적으로 도입되어 단체자치가 이미 실현되고 있었던 영국에서는 주민참여에 바탕을 둔 주민자치가 근대 지방자치제도의 확립 과정에서 더 강조되었던 것이다.

반면에 유럽 대륙계 국가에서는 봉건 영주들의 세력이 강력한 데다 국왕이나 통일 영주세력에 대한 저항·반발이 거세서 그 존속을 그대로 용인해 두었다가는 국민국가의 통일을 유지해 가는 것 자체가 어려운 상황이었다. 그래서 통일국가 형성 과정에서 봉건적 지역공동체를 철저히 파괴하고 정복한 지역에 대해서는 새로운 행정구역을 설정하여 중앙의 대리인을 파견하는 한편 국가경찰을 동원하여 지방을 엄격하게 통제·감독하는 집권적 중앙지방관계를 형성하게 되었다는 설명이다. 한편 중앙지방 간 행정 주체 및 기능의 명확한 구분에 대한 인식은 약하여 정책 목적에 따라 사무를 탄력적으로 위임·대행할 수 있는 융합형으로 발전하게 되었다.

그 후 유럽 대륙계 국가에서도 입헌민주체제로 이행하면서 점차 기초자치단체 수준에서는 지방자치가 부분적으로 허용되기 시작하였으나 국민국가의 통일을 위태롭게 하지 않는 범위 내에서 극히 제한적으로 용인되었다. 이와 같이 근세 통일국가 형성기를 통해 광범위한 중앙집권적 통제시스템이 발달하게 된 유럽 대륙계 국가에서는 근대적 지방자치제도의 우선적 과제로서 자연히 중앙집권적 통제에서 벗어날 수 있는 지방분권에 중점을 둔 단체자치의 원리가 강조된 것이다.

결국 주민자치나 단체자치는 영국과 대륙계 국가들의 상이한 정치경제적 환경과 지방자치의 발전 단계를 반영하여 생성된 근대적 지방자치의 원리로서 상당히 현실 개혁의 규범적 성격을 지닌 개념이다. 이러한 규범적 개념을 갖고 현실에 존재하는 지방자치제도의 현상적 특징을 설명하는 데에는 일정한 주의가 요청된다.

실제로 단체자치, 주민자치라는 관념은 현실에 존재하는 지방자치제도에 근거해서 만들어진 것이라기보다는 그나이스트(Rudolf von Gneist)가 영국의 지방자치제도를 프로이센에 도입하기 위하여 19세기 당시 프로이센의 공법이론에 맞추어 막스 베버(Max Weber)의 관료제의 이념형과 같이 형식 논리적으로 당시 지방자치의 원리를 유형화·이론화시킨 것에 불과하다.

그런 관점에서 보면 우리나라의 많은 행정학 교과서가 단체자치의 내용을 포괄적 수권방식 및 중앙정부의 강력한 통제·감독 등으로 소개하는 것은 단체자치를 유럽 대륙계 국가의 집권·융합형 지방자치제도의 현상적 특징으로 오해한 데서 비롯된 것으로 볼 수 있다. 논리적으로 중앙정부의 강력한 통제가 단체자치의 개념 요소에 포함될 수는 없다. 당시 유럽 대륙계 국가들이 단체자치의 특징을 지니고 있었던 것이 아니라 오히려 그렇지 못했기 때문에 지방분권을 중시하는 단체자치를 우선적 과제로 강조했던 것이다. 다만 2차 세계대전 이후 본격적인 지방분권개혁에 따라 유럽 대륙계 국가에서도 단체자치적 요소가 제도화되면서 주민참여를 중시하는 주민자치의 원리가 한층 더 중시되고 있는 상황이다.

또한 주민자치와 앵글로 색슨계의 분권·분리형의 지방자치의 특징에 대해서도 유사한 설명이 가능하다. 앞에서 본 바와 같이 영국은 근대 통일국가 형성기를 거치면서도 전통적으로 용인되었던 지방정부의 독립적 지위가 허용되었기 때문에 이미 단체자치적 요소를 지니고 있었다. 따라서 앵글로 색슨계의 지방자치제도를 단체자치와는 무관한 것처럼 설명하는 것도 바르지 않다. 단체자치적 요소가 이미 제도화되어 있던 상황에서 근대 민주화 과정을 맞아 민주주의의 본질적 요소이자 전통적으로 강조되었던 주민참여와 주민자치가 상대적으로 더 확대·발전되는 경로를 밟았던 것이다.

참고문헌

강재호(2002). 「일본의 행정과 행정학」. 부산대학교 출판부(西尾勝.(2001).「行政学」. 有斐閣. 역서).
김병준(2000). 「한국지방자치론」. 서울: 법문사.

이기우(1996). 「지방자치이론」. 서울: 학현사.

이성덕(1992). 지방자치의 통념에 대한 반론. 「한국행정학보」, 26(4).

阿部齊 외 6인(2001). 「地方自治の現代用語」. 東京: 学陽書房.

키워드: 단체자치, 주민자치, 지방자치

작성자: 이정만(공주대)

최초작성일: 2006.08., 수정작성일: 2019.11.

대응성(Responsiveness)

1. 대응성 개념

대응성(對應性: responsiveness)의 사전적 의미는 "적절히 또는 호의적으로 신속히 대응하거나 반응하는 것"이다(윤주명, 2001: 144 재인용). 대응성의 의미를 행정학적 관점에서 살펴보면 정부조직/관료들이 시민들의 수요와 요구를 적극 반영하며, 이를 책임지고 실현시키는 과정이라고 할 수 있다(Stivers, 1994). 대응성을 달성하기 위해서 정부조직/관료들은 시민들과 상호협력적인 관계를 형성해야 한다. 정부조직/관료들이 시민의 요구사항에 적극 반응할 때 투명성, 유연성 등이 증대될 수 있다. 또한 정부조직/관료들이 시민들의 불만사항을 포함한 부정적인 의견에 적극적으로 반응하고, 이를 개선할 때 책임성도 증진시킬 수 있다(Stivers, 1994).

정부조직/관료들의 대응성 달성 방안은 두 가지 관점에서 설명될 수 있다. 첫 번째 관점은 과정차원에서 대응성을 해석하는 것이다. 이는 정부조직/관료가 시민들의 요구(수요) 변화에 적극적이고 신속하게 따르는 과정을 의미한다(Vigoda-Gadot, 2000: 167). 두 번째 관점은 결과차원에서 대응성을 해석하는 것인데, 이는 시민의 요구(수요)와 정부조직/관료의 반응 일치정도를 의미한다(Stivers, 1994). 이는 시민들의 요구를 정부조직/관료가 어느 정도 충족시켰는가에 대한 것이다(Vigoda-Gadot, 2000: 167).

2. 대응성 등장배경과 특징

역사적으로 행정학에서 시민의 수요에 대한 대응성을 확보하는 것은 매우 중요한 연구 주제였다. 대응성은 17세기 또는 18세기 유럽에서부터 논의가 되어왔는데, 당시에는 대응성이 시민과 통치자들(rulers) 간 암묵적 동의 또는 사회적 계약(social contract)의 개념으로 간주되었다(Vigoda – Gadot, 2000: 165). 당시 정부의 가장 중요한 역할은 시민들의 요구(예: 안전, 치안, 복지)를 적극적으로 충족시키는 데 있었다(Vigoda – Gadot, 2000: 166). 이후 행정국가와 복지국가 시대를 거쳐 다원화된 현대사회에서의 대응성은 더욱 중요하게 고려되고 있다. 현대사회에서 정부는 시민들의 다양한 요구를 종합적으로 수용할 필요가 있기 때문에 대응성은 중요한 행정가치로 고려되고 있는 것이다(Vigoda – Gadot, 2000: 167). 정부조직/관료들이 시민들의 요구(수요)를 적극적으로 청취하고 대응할 때 행정의 책임성은 증가될 수 있다고 본다(Stivers, 1994).

그러나 시민들의 요구에 대한 대응성 추구가 항상 긍정적인 영향만을 초래하는 것은 아니었다. 시민들의 요구가 관료의 전문성(professionalism)을 저해시킬 수도 있었으며, 일부 시민들에 대한 대응성 추구는 사회 전체의 공익과 공공성을 저해시킬 수도 있었다. 또한 단기적으로 일부 시민들의 요구에 신속하게 반응하는 것이 장기적으로는 사회 전체의 요구에 대응하지 못하는 결과를 초래하기도 하였다(Vigoda – Gadot, 2000: 166).

3. 대응성 활용(연구) 경향

행정학에서 정부조직/관료의 대응성 증진에 관한 연구는 시대에 따라 변화해 왔다. 신행정학, 신공공관리, 신공공서비스 등 각 시대의 행정 패러다임에서 시민들의 요구(수요)가 달랐기 때문에 행정의 대응성 연구는 끊임없이 변화해 온 것이다. 예를 들어 행정국가 시대에서는 관료들의 전문성 증가로 인해 관료에 대한 민주적 통제성(책임성)이 낮아져 시민들의 요구사항에 적극적으로 대응하지 못하는 결과가 초래되기도 하였다.

대응성에 관한 본격적인 논의는 1960년대 신행정학(New Public Administration)에서 시작되었다(정정길 외, 2019: 31). 신행정학자들은 정책결정과 집행의 합리성보다는 그 과정에서 발생하는 사회적 약자들의 어려움과 요구를 어떻게 정책과정에 반영할 수 있을까를 고민하였다. 이 과정에서 신행정학자들은 시민들의 요구에 적극적으로 반응하는 행정의 대응성을 강조하였다. 신행정학에서 시민들에 대한 대응성 추구는 곧 사회적 약자의 요구를 적극적으로 반영하는 것이었다. 그러나 1970년대 말 정부실패 문제가 부각되면서 신공공관리 이후의 대응성은 시민 특히 고객의 효용을 증가시키는 의미로 변화하였다. 시민들이 만족할 수 있도록 더 좋은 행정서비스를 제공하는 것이 신공공관리에서의 대응성이었던 것이다(Vigoda-Gadot, 2002). 최근 신공공관리의 한계점이 부각되고 정책과정에의 시민참여가 중요시 되면서 행정의 대응성은 정부/관료가 일방적으로 제공하는 것이 아니라, 시민들의 적극적인 참여를 통한 협업과정에서 달성되는 것으로 이해되기도 한다(Vigoda-Gadot, 2002). 과거에는 시민이 행정서비스 제공의 대상자이자 객체였다면 오늘날에는 시민이 행정서비스 제공의 주체로 등장하면서 행정의 대응성은 정부와 시민의 협업과정을 통해 확보될 수 있게 되었다.

참고문헌

윤주명(2001). 시민참여와 행정의 대응성: 인터넷 시민참여에 대한 도시정부의 반응을 중심으로. 「한국지방자치학회보」, 13(2): 143-162.

정정길 외(2019). 새로운 패러다임 행정학. 서울: 대명출판사.

Stivers, C.(1994). The listening bureaucrat: Responsiveness in public administration. *Public Administration Review*, 54(4): 364-369.

Vigoda-Gadot, E.(2000). Are you being served? The responsiveness of public administration to citizens' demands: An empirical examination in Israel. *Public Administration*, 78(1): 165-191.

Vigoda-Gadot, E.(2002). From responsiveness to collaboration: Governance, citizens, and the next generation of public administration. *Public Administration Review*, 62(5): 527-540.

키워드: 관료 재량, 민주적 통제성, 시민수요
작성자: 김정인(수원대)
최초작성일: 2020.02.

대표성(Representativeness)

1. 대표성 개념

대표성(代表性)의 영어 표현은 'representation'과 'representativeness'로 제시될 수 있는데, 사전적 의미로 전자는 '다른 사람들을 대표하여 무엇인가를 행동하는 상태'이며, 후자는 '표본을 정확하게 반영하는 정도'로 해석된다. 행정학에서의 대표성은 공직자의 대표성 관점에서 해석할 수 있을 것이다. 전자인 representation 관점에서는 이를 '공직자가 시민들을 대표하는 행동'으로 해석할 수 있으며, 이에 의하면 "시민의 권한을 위임받은 공직자들은 시민을 대표하여 행동"한다는 의미이다. 반면에 후자인 representativeness 관점에서는 '공직자들이 시민들의 특성을 얼마나 잘 반영하느냐'로 해석할 수 있으며, 이 때 공직자들의 대표성은 시민의 특성을 정확하게 반영할 때 정당성을 지닌다. 이러한 차원에서 대표성은 "시민들의 의견을 적극적으로 반영하는 'representation' 개념과 시민들의 특성을 정확하게 반영하는 'representativeness' 개념 모두를 지니는 것"이다(김정인, 2019a: 287 재인용).

2. 대표성 등장배경과 특징

대표성은 민주 정치체제의 핵심 주제로서 행정학과 정치학 모두에서 중요한 연구주제로 간주되었다. 정치학적 관점의 '정치적 대표성(political representation)'에 관한 연구는 대의민주주의 체제 하에서 중요한 연구 주제가 되었으며, 구체적으로 정치적 대표성의 정의, 정치적 대표성의 주체, 복잡한 정치적 대표성 개념들의 복잡성과 충돌성에 대한 논의가 주를 이루었다(Mansbridge, 2011). 정치적 대표성에 대해 논의한 가장 대표적인 학자는 Pitkin(1967)이며, 그녀는 대표성을 '다시 출현하게 하는 것(make present again)'으로 해석하였다. 이에 따라 정치적 대표성을 "정책형성과정에서 시민들의 목소리·의견·관점을 '출현(present)' 시키는 행위"라고 정의한 것이다(김정인, 2019b: 105-106). Pitkin(1967)의 정치적 대표성은 맥락에 따라 그 의미가 달라질 수 있으며, 공식적 대표성(formalistic representation), 기술적 대표성(descriptive representation), 상징적 대표성(symbolic representation), 실질적 대표성(substantive representation) 등 네 가지 차원으로 분류되었다.

행정학에서 대표성 연구는 대표관료제(representative bureaucracy) 관점에서 논의되었다(Mosher, 1968). Mosher(1968)는 대표성을 소극적 대표성(passive representation)과 적극적 대표성(active representation)으로 설명한다. 전자는 "공직사회의 인구통계학적 구성이 일반 사회의 인구구성을 어느 정도 반영하는가에 대한 것이며, 공직자들은 그들이 봉사하고 헌신하는 사회의 인구구성을 반영해야 한다는 것"이며, 후자는 "관료는 정책과정에서 자신의 출신 집단의 이익을 적극적으로 대표하여 행동해야 한다"는 의미이다(김정인, 2019a: 288; Mosher, 1968).

3. 대표성 활용(연구) 경향

최근에는 소극적 대표성은 상징적 대표성(symbolic representation)의 의미로 확대 해석할 필요성이 있다. 소극적 대표성이 확보될 때 시민들은 정부정책에 적극적으로 협력하고 순응하며 정당성과 신뢰성이 증대될 수 있다는 것이다. 즉 소극적 대표성은 시민들의 정부에 대한 인식과 태도에 긍정적인 영향을 주어 정책의 신뢰성, 공정성, 정당성 확보에 기여할 수 있고, 이를 바탕으로 정부정책이 성공적으로 집행될 수 있다는 것이다(Riccucci & Van Ryzin, 2017). 이와 같이 소극적 대표성 확보가 중요함에도 불구하고, 현실에서는 소극적 대표성의 확보가 쉽지 않다. 더 나아가 소극적 대표성이 적극적 대표성으로 전환되지 않는 경우가 많다. 특히 관료들에게 충분한 재량이 주어지지 않을 때, 또는 지나친 관료 사회화 과정을 통해서 적극적 대표성이 나타나지 않을 수 있다.

참고문헌

김정인(2019a). 소극적 대표성에 대한 재평가: 지방의원의 연령 대표성을 중심으로. 「지방정부연구」, 23(3): 285 – 307.

김정인(2019b). 인구구성 변화에 따른 지방의원 다양성과 대표성 연구: 경기도 지방의원을 중심으로. 「한국공공관리학보」, 33(4): 101 – 126.

Mosher, F. C.(1968). *Democracy and the public service.* New York, NY: Oxford University Press.

Pitkin, H. F.(1967). *The concept of representation.* Berkeley, CA: University of California Press.

Riccucci, N. M., & Van Ryzin, G. G.(2017). Representative bureaucracy: A lever to enhance social equity, coproduction, and democracy. *Public Administration Review*, 77: 21-30.

키워드: 소극적 대표성, 적극적 대표성, 정치적 대표성

작성자: 김정인(수원대)

최초작성일: 2020.01.

도농통합(都農統合)

1. 개념

　도농통합이란 도시와 농촌을 공간적으로 접근시킴에 따라서 각자가 갖는 우수한 역할과 기능을 상호보완적으로 연계, 개발하여 조화를 이룰 수 있도록 하는 지역개발전략이다. 이는 단순히 양자를 행정구역상 하나로 합치는 것만을 의미하는 것이 아니라 이전의 도시농촌 분리형 행정구역 조정 방식으로 인한 부작용을 극복하고 지방자치제도의 안정적인 정착을 위하여 도시와 농촌의 상호 공존을 모색하는 제도적 도태이다.

2. 원인 및 배경

　우리나라는 1960－70년대에 경제화 정책에 따라서 도시중심의 성장거점개발정책을 실시했고 이에 따라서 시가 도에서 분리해 광역시가 되거나 인구 5만 이상의 읍을 시로 분리하는 도농분리형 행정구역 개편을 시행하였다. 따라서 농촌과 도시 간의 격차가 확대되고 도시에 산업과 인구 집중이 과도해지면서 사회, 경제, 문화 등의 기능도 도시로 집중되었다. 농촌은 인구감소와 재정부족을 겪으며 낙후되어갔고, 이는 지역갈등을 심화시키는 원인이 되었다. 또한 동일생활권 내의 읍, 군이 시로 승격되면서 행정권과 생활권의 괴리가 발생하여 행정의 효율성 저하 및 행정낭비와 주민생활의 불편을 일으키는 문제를 발생시키기도 했다. 대외적으로도 우루과이라운드의 타결로 인하여 개방화와 지방화가 요구되었는데 농촌환경의 열악함으로 수입농산물과의 경쟁에서 뒤쳐질 것이 예상되자 이에 대한 대안으로 지방행정구역을 확대하여 규모의 경제적인 측면에서 효율성을 고양시켜 경쟁력을 제고하자는 주장이 제기되었다. 이러한 배경에 따라서 1994년 12월 도농복합형태의 시 설치에 따른 행정특례 등에 관한 법률이 제정되어 도시와 농촌의 통합정책이 본격화되었다.

키워드: 도농분리, 효율성
작성자: 김종미(한국공공관리연구원)
최초작성일: 2010.01.

도시경영(Urban Management)

1. 개념

도시경영은 명확하게 개념규정이 되어 있지 않은 상태에 있지만 최근 국내외적으로 널리 사용되고 있는 새로운 용어이다. 이하 박종화의 「도시경영론(1996: 3-20)」을 기초로 도시경영의 개념, 발전배경, 평가와 전망을 정리하면 다음과 같다. 미국에서는 도시의 관리(urban management)라는 차원에서 도시경영이 주로 언급되고 있다. 따라서 도시 공공서비스의 효율적 공급과 공급체계에 관한 연구가 도시경영의 핵심논제로 부각되고, 특히 그 과정에서 민간의 기술, 지식, 자금 등을 활용하고자 하는 취지에서 관민협력방안(public-private partnerships)에 대한 연구가 지방정부 단위로 1970년대 이후 활발하게 이루어지고 있다.

일본에서는 정치, 경제, 사회, 그리고 공간을 포괄하는 자치체의 정책 내지 경영으로서의 도시경영을 1980년대 이후부터 활발하게 모색하고 있다. 미국에서의 관민협력방안과 유사한 형태로서의 제3섹터에 대한 연구가 또한 도시경영연구 차원에서 활발하게 진행되고 있다. 도시정부를 하나의 경영주체로 간주하고 시장을 회사의 사장으로 비유하여 시정 목적을 시민과 지역주민에게 최소의 비용부담과 사업비용으로 최대의 도시지역 복지효과를 달성하는 것으로 규정하고 있다(一瀬智司, 1983).

우리나라의 경우에 도시경영은 주로 도시행정의 하위개념으로서의 도시관리라는 차원에서 이제까지 주로 다루어져 왔다. 특히 도시행정조직체 내부의 행정관리나 재정운영이 주된 대상이었고, 도시행정 내부시스템을 둘러싸고 있는 외부환경요인이나 여타 시스템에 대한 고려가 미흡했던 것으로 보인다. 이와 같은 현상 내지 인식에 대한 여러 가지 설명이 가능하다. 하지만 가장 핵심적인 사유는 이제까지의 우리나라의 권력의 배분에 있었던 것으로 보인다. 우리는 정부 수립 후 최근에 이르기까지 지방의 자치나 자율성이 제대로 인정받지 못했고 거의 모든 결정권한 및 자원의 배분이 중앙에 집중되어 있었기 때문에 도시경영의 주도적이고 자율적인 역할이 사실상 불가능했고 따라서 학계나 실무계에서 도시경영의 적극적인 역할이 주목을 받지 못했던 것이다. 그러나 정보화사회의 도래, 세계화와 개방화의 흐름, 지방화의 추세 등은 우리나라의 경우에도 도시경영의 주도적이고 적극적인 역할을 높여가게 될 것으로 전망된다. 일본의 경우처럼 우리의 경우에도 기업적인 도시경영 및 자율적인 도시경영이 주목을 받게 될 것이다. 그리고 더 나아가서 정책경영으로서의 적극적인 역할이 강화될 것이다.

도시경영의 개념규정이 다소 불분명한 상태에 있지만, 도시경영의 목적은 비교적 분명하다. 도시경영은 한정된 도시의 자원을 보다 효율적으로 활용하여 도시주민들의 삶의 질을 개선하고, 더 나아가 국가 전체적인 발전에 견인차 역할을 하는 것이다. 따라서 도시경영이란 도시의 문제해결을 위하여 도시정부를 하나의 경영실체로 파악하고 시민에게 최대한의 복지를 제공하기 위하여 주어진 재원을 능률적으로 사용하고, 더 나아가 필요한 재원을 적극적으로 모색 내지 확보하는 정책결정 및 구체화를 일컫는다고 볼 수 있다. 따라서 여기에서는 공공서비스의 능률적 공급과 재원의 효과적인 확보방안 등이 중요과제로 논의된다.

도시경영과 기업경영은 유사점이 적지 않지만 차이점 또한 분명하게 존재하고 있다. 여기서 양자의 차이를 보다 분명하게 밝히기 위해서 몇 가지 기준을 사용해서 비교한다. 그 결과는 <표 1>과 같이 나타낼 수 있다.

표 1. **도시경영과 기업경영의 비교**

구 분	도시경영	기업경영
경영목적	전체 사회의 복지의 극대화 및 자립경제기반의 구축을 통해서 궁극적으로 국가경쟁력의 제고	이윤극대화 또는 판매량의 극대화
경영이념	효율성, 형평성, 민주성, 합법성, 자율성	고객지향성, 효율성, 합법성
경영재원	조세징수와 사용자 부담을 통한 재원조달, 시장메커니즘의 부분적 활용	시장메커니즘을 통한 자본조달
경영의식	미래지향적 공동체의식	특정이익추구와 보상 지향적 개별체 의식
경영방안	공권력 행사로서의 규제 및 개입, 시민참여, 대민 협상 및 타협방안 등의 적절한 활용, 기타 갈등관리 및 이해의 조정	비권력적인 고객지향 마케팅, 이윤위주의 제반 전략의 도입 및 활용

그런데 <표 1>과 같은 구분은 절대적인 기준은 아니고 대부분은 정도상의 차이에 불과한 것이다. 예컨대 기업의 규모가 커지면 이윤극대화 뿐만 아니라 해당 지역사회의 복지문제에 관심 내지 기여를 하지 않을 수 없다. 그리고 도시경영 역시 수익이라는 기준을 무시하고는 궁극적으로 전체 도시사회의 복지수준을 극대화 할 수 없음은 자명하기 때문이다.

2. 발전배경

정부가 적절하고 성공적으로 잘할 수 있는 일이 무엇인가 하는 문제와 그 일을 최소한의 비용과 노력을 들여 최대한 능률적으로 처리하는 방법에 관한 문제는 행정학의 성립 당시부터 주된 논제였다. 그러나 이와 같은 문제가 중앙정부는 물론이고 도시정부에 이르기까지 새로운 과제로 등장하게 된 것은 여러 가지 이유가 있겠지만 우선 기존의 연구가 '정부가 잘할 수 있는 일이 무엇인가'에 대한 것이라기보다 '정부가 무엇을 해야 하는가'에 집중되어 왔기 때문으로 보인다. 여기에서 문제를 더욱 어렵게 하고 있는 것은 다양한 서비스 수요를 나타내고 있는 시민들이 그 서비스 수요를 충족시키기 위한 조세나 기타 부담의 증가에 대해서는 한결같이 강력한 반발을 하고 있다는 점이다.

따라서 오늘날 도시정부는 단순히 주어진 재원을 능률적으로 집행하는 차원으로는 시민들의 폭증하는 기대를 충족시킬 수 없고, 새로운 공공서비스 공급대안을 적극적으로 모색해야 할 처지에 있다. 결국 한편으로는 '도시정부활동에 대한 다수 시민의 기대의 이중성'을 극복해야 하고, 또 다른 한편으로는 만성적인 재원 부족상태 하에서 급격하게 팽창하고 있는 도시공공서비스 수요를 충족시킬 수 있는 새로운 대안을 모색해야만 하는 압박을 받고 있는 것이다. 여기서 도시경영은 도시정부의 예산절약, 도시정부의 새로운 수입원 발굴, 도시정부의 역할범위의 재조정, 도시경쟁력의 제고, 그리고 새로운 환경변화에 대한 대응력의 강화 등의 목적 수행을 위해서 발전해 온 것이다.

3. 평가와 전망

도시경영의 기능 및 범위가 계속 확대되고 있다. 정책경영이나 기업적 도시경영은 지방자치의 역사가 앞선 서구사회에 있어서도 고성장사회에서 저성장사회로 사회가 이행하고,

도시문제의 격화와 함께 도시의 재정적인 문제가 심각한 상태로 이행하던 1970년대 경부터 주목받던 개념이다.

우리나라의 경우에는 한정된 인적·물적 자원의 집약적 활용을 위해 전통적으로 중앙집권위주의 권력구조를 채택하고 불균형적인 개발정책을 채택함에 따라 지방자치단체 내지 도시정부의 자율적인 활동 측면은 간과되어 왔던 것이 사실이다. 그와 같은 상황에서는 도시정부 시스템 내부의 행정관리나 감량경영이 곧 도시경영으로 인지되었다. 전통적인 도시경영은 사회의 변화속도를 제대로 따라 잡지 못하고 행정관리나 감량경영 형태로 머물렀다. 그 이유는 여러 가지가 있겠지만 우선 도시경영의 부정적인 측면에 치우쳐서 도시경영이 가지고 있는 장점이 제대로 부각되지 못했기 때문이라고 볼 수 있다. 도시경영 역시 도시재정의 파탄을 야기할 수 있다는 부정적인 측면이 없는 것은 아니지만 긍정적인 측면에 대한 정당한 고려가 있어야 한다는 것은 너무나 자명하다. 오늘날 급변하는 환경변화에 능동적으로 책임성 있게 대응할 수 있는 거의 유일한 방법이 도시경영이라는 점에서 미래의 도시경영의 방향을 기업적 도시경영, 전문경영, 정책경영으로 나누어 제시한다.

1) 기업적 도시경영

기업적 도시경영이란 문자 그대로 기업을 경영하는 방식으로 도시경영을 수행해 나가는 것을 말한다. 시장의 엄격한 경쟁질서 하에서 움직이는 기업과 같이 능률적으로 업무처리를 하고 수요자인 시민에 대해서 적절한 서비스를 하자는 것이다. 그런데 이와 같은 움직임을 단순히 행정 내부적인 자생적인 움직임으로 파악할 수는 없다. 오히려 행정 외부적인 요소, 즉 정치가, 언론, 그리고 서비스 수혜자로서의 시민 등이 도시정부에게 새로운 역할을 요구하고 있는 것이다. 이와 같은 움직임을 단순히 하나의 통일된 목소리로 파악할 수는 없지만, 기본적으로 기존의 관료적인 행정서비스를 더 이상 받고 싶지 않다는 시민들의 소망이 반영되어 있는 것이다.

이에 가세하여, 국제적으로는 치열한 경제전쟁으로 말미암아 어느 나라든 경제의 주요한 부문을 점하고 있는 도시경영이 제대로 운영되지 않고서는 이와 같은 경쟁게임에서 이길 수가 없다는 인식이 팽배하고 있다. 결국 학계, 언론계, 정치가들에 이르기까지 도시경영의 업무수행능력과 능률적인 업무집행에 촉각을 곤두세우게 되고 이에 대한 반향으로서 울려 나온 것 중에 하나가 기업적 도시경영이라고 볼 수 있다.

2) 도시정부의 전문경영

도시경영은 동태적이고 도전적인 시대에 직면하고 있다. 제반 도시공공문제는 에너지부족, 완만한 성장, 공해, 환경문제, 주거문제, 교통문제, 그리고 사회적 형평성에 대한 관심의 증가로 보다 복잡하게 되었다. 단순히 행정내부의 관리기술의 전문화로는 해결할 수 없는 다양한 행정현상에 대한 전문성이 요구되고 있다. 정치가들은 물론이고 시민과 언론은 경영정책의 결정에 있어서 보다 사려 깊고 신중한 접근을 요구하고 있다. 이와 같은 다양한 수요는 도시경영에 있어서 전문경영의 필요성과 전문경영인의 수요를 제고하고 있다.

3) 도시정부의 정책경영

도시경영은 지방제도의 개혁과 함께 매너리즘화한 관료주의 행정과 결별하는 것이다. 도시경영 마인드를 확산하고 도시정부의 자기혁신을 유도하기 위하여 최근 도시정부의 정책경영이 강조되고 있다. 도시경영을 단순히 내부관리 문제로 한정할 수는 없다. 최선의 경영정책을 선택함으로써 도시의 경쟁력을 강화하고 더 나아가서 국가의 경쟁력까지도 높일 수 있다. 도시경영은 필요하다면 지역의 자원을 최대한으로 활용하여 외부의 경영환경 자체도 도시경영시스템에 유리하도록 변경할 수 있다.

단순한 재정수지의 균형이 아니라 '최소의 부담으로 최대의 복지'를 실현할 수 있는 최선의 정책모색이 우선적 과제이다. 성장주도형의 국가발전전략 하에서 개별 도시정부는 안일한 선택을 할 수 있었지만, 지방화와 세계화시대의 도시정부는 보다 어려운 선택을 강요받고 있다. '문밖에 늑대'가 도사린 현실에서의 안일한 선택은 자멸을 결과할 뿐이기 때문이다. 결국 시정을 단순히 비즈니스로 이해하여 정책경영을 멀리하는 것은 기본적으로 전통적인 행정관리차원으로 퇴행하는 것에 불과한 것이다.

참고문헌

박종화(1996). 「도시경영론」. 서울: 박영사.

박종화·윤대식·이종열(1998). 「도시행정론」. 서울: 대영문화사.

정세욱(1990). 「지방행정학」. 서울: 법문사.

지방자치제도 중기발전계획 기획단(1991). 「지방자치제도 중기발전계획(안)」. 서울: 한국지방행정연구원. 7월.

一瀬智司(1983). 都市經營の 理念と 戰略. 松幸康夫·武田 益(編). 「都市經營論序說」. 東京: きよう
　　せい.

高寄昇三(1985). 「現代都市經營論」. 東京: 勁草書房.

Abercrombie, N., S.Hill and B.S.Turner(1988). The Penguin Dictionary of Sociology. London:
　　Penguin Books.

Wolf, C.Jr.(1990). Markets or Governments. Cambridge, MA: The MIT Press.

키워드: 도시관리, 도시공공서비스, 관민협력방안, 기업적 도시경영, 전문경영, 정책경영
작성자: 박종화(경북대)
최초작성일: 2001.08., 수정작성일: 2020.01.

도시수축(Urban Shrinkage)

1. 도시수축론의 배경

산업화로 성장하던 도시가 탈산업화되면서 활력을 잃게 되거나, 신시가지의 발달, 도시의 교외화, 사회적, 자연적 재난으로 인한 이주 등이 진행되면서, 구도시의 중심이 쇠락하거나 도심에 공동화 현상이 발생하게 되었다. 이런 현상은 도시쇠퇴, 퇴락, 황폐화, 비도시화 등으로 다양하게 불리어진다. 이런 현상에 대한 정책적 대응은 도시재생, 도시재개발, 도시 르네상스 등 다양한 이름으로 불리어진다. 이런 다양한 정의와 대응은 도시 구도심이 겪는 문제에 대한 서로 다른 접근방법과 해결방안을 제시하고 있는데, 도시의 '성장'을 통한 문제의 해결이라는 관점을 공유하고 있다.

기존의 관점은 지속적인 인구의 감소로 특징지어지는 도시축소(혹은 도시수축)가 전세계적으로 일어나는 현상이라는 점을 간과하고 있다. 1990년부터 2000년 사이에 인구 10만 이상의 도시 중 1/4 이상에서 인구가 감소하였다. 인구 축소도시의 수는 1960－90년 사이에 2배로 증가하였고, 1990년대에만 또 2배로 증가하였다. 도시의 인구감소는 더 이상 일시적인 현상으로 볼 수 없다. 도시수축론은 도시인구의 지속적인 감소가 진행된 상황을 이해하고, 이를 전제로 하여 어떻게 하면 쾌적한, 살만한 도시를 만들 수 있을까에 관심을 갖는 도시재생을 위한 새로운 개념화이다.

2. 도시수축의 정의

도시수축론(Urban Shrinkage, Städtschrumpfung)은 다음과 같이 정의할 수 있다. 도시수축은 "하나의 현상이며, 과정이다. 도시수축은 지속적인 인구감소와 그에 따르는 현상(일자리 감소, 건축물의 공실, 도시 시설의 과소사용, 줄어드는 세수입, 인구유출 가속화)을 의미한다." 도시수축의 정의를 둘러 싼 쟁점은 두 가지이다. 첫째, 도시수축의 범위, 둘째, 수축이 지속된 기간, 수축의 범위는 인구의 감소만을 정의에 포함시킬 것인가 아니면 인구 감소에 따르는 사회경제적 측면(일자리 감소, 건축물의 공실, 도시 시설의 과소사용 등)을 포함할 것인가의 문제이다. 지속의 기간을 얼마로 볼 것인가, 2년, 5년, 10년 혹은 20년? 오랜 기간 인구 감소를 겪다가 다시 인구 감소 추세가 역전되는 도시가 있기 때문에 도시수축을 정의할 때는 수축의 원인을 함께 검토할 필요가 있다. <표 1>은 스트리야키비쯔(Stryjakiewicz)에 따라 도시수축의 정도를 두 가지 측면을 기준으로 표시한 것이다.

표 1. 도시수축의 정도

기 간 지표의 성격 /수축의 범위	일시적/ 주기적/ 변동적	지속적/영구적/항시적	
		단기적 (예: 10년 이하)	장기적 (예: 10년 이상)
인구감소 (도시안 → 교외화)	도시수축의 부분적 증거		
인구감소 (도시 + 주변)		최저 수축의 정도/강도 최고	도시수축의 심각한 징후
인구감소 + 사회적 쇠퇴			영구적, 장기적, 다차원적

3. 도시수축의 원인

도시수축의 원인은 다양하며 복합적으로 작용한다. 지구적 차원, 지역적 차원, 지방 차원(global, regional and local dimensions)의 다양한 요인이 특정한 도시의 도시수축에 작용하기 때문에 이를 일반화하기 어렵다. 영국이나 미국의 많은 도시는 탈산업화로 인해 기존의 주력산업이 무너지면서 도시수축을 경험하였다면, 일본의 경우, 급속한 노령화, 출산율 저하가 크게 작용하였고, 동유럽의 많은 국가(동독을 포함)는 사회주의의 붕괴 이후, 대량 인구 유출로 인한 도시수축이 크게 대두하였다. <그림1>은 도시수축을 이해하기 위한 세 차원의 요인과 그에 따른 결과 및 각 도시의 대응을 요약하여 제시한 하제(Haase)의 통합적인 분석틀이다.

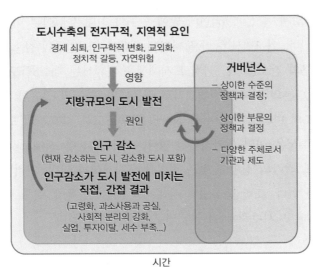

그림 1. **도시수축 통합분석틀**

4. 도시수축론에 기반한 도시재생

지혜로운 수축(smart shrinkage), 컴팩트 시티, 작게 성장하는 도시(cities growing smaller), 지속가능한 도시는 모두 도시의 양적 성장보다는 인구의 감소를 전제로 질 높은 도시의 삶을 확보하기 위한 노력을 대표한다.

도시수축에 기반한 대표적인 도시재생 방법으로는 녹색은퇴도시 구축, 도시의 적정규모화, 지혜로운 도시수축, 토지은행 설립 등을 들 수 있다. 녹색은퇴도시 구축은 버려진 건물이나 구역을 은퇴한 노인들을 위한 공간으로 재구축함으로써 자산과 경험이 있는 노인층을 유입하는 방법이다. 적정규모화는 버려진 건물이나 구역을 철거, 매입을 통해서 녹색지로 바꾸고, 인구의 밀집화를 통해 도시 서비스를 효과적으로 제공하는 방법이다. 지혜로운 도시수축은 인구의 감소를 받아들이고, 경제구조를 다양화하며, 주민을 재배치하는 데 자원을 집중하는 접근법이다. 토지은행은 유휴설비나 유휴지의 철거와 재활용을 촉진하고, 투기적인 구매를 막기 위한 조치를 실행하기 위해 자원을 지원하는 방법이다.

5. 한국의 도시재생과 도시수축

한국의 많은 중소 시·군은 1960년대 말에 인구의 최대치에 이른 이후, 40년에 걸쳐 인구의 감소를 겪고 있다. 인구밀도가 다른 나라에 비해 높고, 인구의 감소가 상대적으로 크지 않았기 때문에, 인구의 감소는 최근까지 도시재생을 기획하는 데 조금도 영향을 주지 못했다(도시재생사업단). 일본의 사례를 반면교사로 삼는다면, 한국의 급속한 인구감소, 노령사회로의 진입, 경제구조의 변화로 인하여 한국의 많은 중소도시, 대도시의 도심을 도시의 '성장'을 전제로 한 도시재생은 이미 효과적이지 않다. 도시수축론을 전제로 각 도시별 도시수축의 과정을 연구하고, 각각의 상황에 맞는 적절한 도시재생의 기법, 거버넌스의 구축을 심도 있게 연구할 필요가 있다. 또한 동유럽의 사례에서 알 수 있듯이, 통일 이후의 북한의 인구이동을 가상해 볼 때, 도시수축에 기반한 연구의 필요성은 높다.

참고문헌

강인호·이영철·염대봉(2015). 도시수축: 도시재생의 새로운 패러다임. 한국사회와 행정연구, 26(3): 25-50.

도시재생사업단(2012). 새로운 도시재생의 구상. 서울: 한울.

히로시·야하기(2013). 도시축소의 시대. 서울: 기문당.

Haase, A. M, K. Bernt, K. Grossman, V. Mykhnenko and D. Rink(2013). Varieties of Shrinkage in Eurupean Cities. European Urban and Regional Studies.

Pallagst, Katrina. et. al.(2009). The Future of Shrinking Cities: Problems, Patterns and Strategies of Urban Transformation in a Global Context. Institute of Urban and Regional Development, Berkeley, CA.

Stryjakiewicz, Tadeusz(2013). The Process of Urban Shrinkage and Its Consequences. *Romanian Journal of Regional Science*, 7(special issue): 29-40.

키워드: 도시수축, 도시재생, 컴팩트 시티, 지혜로운 수축

작성자: 이영철(전남대)

최초작성일: 2016.01.

ㄱ
ㄴ
ㄷ
ㄹ
ㅁ
ㅂ
ㅅ
ㅇ
ㅈ
ㅊ
ㅋ
ㅌ
ㅍ
ㅎ

동기부여론(Motivation Theory)

1. 개념

일반적으로, 동기부여론(motivation theory)은 사람이 어떠한 경우에 근무의욕이 생기고, 사기가 높아져 열성적으로 일을 하는가에 초점을 맞추고 있는 이론이다. Maslow의 욕구단계론, Skinner의 행동수정론, Ouchi의 Z이론, Herzberg의 동기부여－위생론, Alderfer의 ERG론 등이 대표적이다.

2. 이론

1) Maslow의 욕구단계론

Maslow(1970)는 인간의 기본적인 욕구를 생리적 욕구, 안전욕구, 소속감과 애정욕구, 존경욕구, 그리고 자아실현욕구 등 다섯 가지의 계층으로 구분하였으며, 이들 욕구는 하위의 욕구로부터 상위의 욕구로 발달한다고 보았다. 이를 Maslow의 욕구단계론(Maslow's need hierarchy theory)이라고 한다.

(1) 욕구단계론의 5계층

① 생리적 욕구

생리적 욕구(physiological needs)는 가장 기초적인 욕구로서, 음식·휴식에 대한 욕구, 성적 욕구 등이 그것이다. 관리전략으로서는 적정보수제도, 휴양제도, 그리고 탄력시간제 등이 있다.

② 안전욕구

안전욕구(safety needs)는 위험·위협에 대한 안정, 경제적 안정, 그리고 질서유지에 대한 요구 등을 말하며, 관리전략으로서는 고용 및 신분의 안정화, 퇴직금 등의 연금제 활성화 등이 있다.

③ 소속감과 애정욕구

소속감과 애정욕구(belongingness and love needs)는 다른 사람과의 친밀한 인간관계, 집단에의 소속감, 애정·우정을 주고받는 것 등에 대한 요구로서, 관리전략으로서는 인간관계의 개선, 고충처리 및 상담, 그리고 커뮤니케이션의 활성화 등이 있다.

④ 존경욕구

존경욕구(esteem needs)는 긍지·자존심·인정·명예·위신 등에 대한 욕구이다. 관리전략으로서는 참여의 확대, 권한의 위임, 제안제도의 실시, 공정한 근무성적평정, 그리고 포상금제도 등이 있다.

⑤ 자아실현욕구

자아실현욕구(self-actualization needs)는 자기의 잠재력을 최대한으로 발휘해 보려는 자기발전 및 창의성과 관련된 욕구로서, 가능한 한 인간이 될 수 있는 모든 것이 되어 보려는 욕망이라고 할 수 있다. 관리전략으로서는 합리적 승진제도 구비, 공무원단체의 승인, 그리고 공직에 대한 사회적 평가 제고 등이 있다.

(2) 욕구단계론의 체계

전술한 다섯 가지의 욕구단계론을 근거로 본 이론의 체계를 살펴보면, 하위욕구인 생리적 욕구의 경우 일반요소는 공기, 의, 식, 주 등으로 나타나며, 조직요소는 안전하고 건전한 작업환경 등으로 조명된다. 그리고 상위욕구인 자아실현욕구의 경우 일반요소는 자율성, 성장 등이며, 조직요소는 창의적 업무, 성취감 등으로, 전체적으로 살펴보면 생리적 욕구, 안전욕구, 소속감과 애정욕구, 존경욕구, 그리고 자아실현욕구 순으로 발달되는 것이다(<표 1> 참조).

표 1. Maslow의 욕구단계론 체계

인간욕구			
욕구계층	일반요소	조직요소	발달흐름
자아실현욕구	자율성, 성장 등	창의적 업무, 성취감 등	△
존경욕구	인정, 자존심 등	상관·동료·부하로부터의 인정 등	△
소속감과 애정욕구	교제, 친분, 친애 등	집단소속감 등	△
안전욕구	안전, 안정 등	안정된 직장 등	△
생리적 욕구	공기, 의, 식, 주 등	안전하고 건전한 작업환경 등	

2) Skinner의 행동수정론

Skinner의 행동수정론(Skinner's behavioral modification theory)은 개별 또는 집단에서의 인간행동은 보상과 처벌(rewards and punishment)의 기대에 의하여 영향을 받으므로 지속적인 처벌과 지속적인 보상을 통해서 인간의 행동은 변화될 수 있다는 것이다. 보상이 일반적으로 처벌보다 더 바람직한 것으로 바라보고 있는 것이 본 이론의 특징이다. 특히, 아동들은 어떤 행동이 보상받는다는 것을 깨달을 때 일정기간을 거치면서 그들의 행동에 변화를 일으킨다.

행동수정론에 따른 조직의 기본적 규칙은 다음과 같다.

① 바람직한 행동을 얻기 위한 중요한 수단으로 처벌사용을 피하라.

② 바람직한 행동을 적극 강화하라. 가능한 한 바람직하지 않은 행동을 무시하라.

③ 반응수준을 확인하고 복합적인 반응을 얻기 위한 구체적 절차를 사용하라.

④ 개인이 경험하는 상황들을 확인하라.

⑤ 명백한 용어로 바람직한 행동을 명시하라.

3. Ouchi의 Z이론

Ouchi의 Z이론(Ouchi's Z theory)은 일본기업(특히 Toyota 등)이 질에 대한 공통의 비전과 특징적인 조직구조를 가지고 있다고 보았다. 그에 따르면 일본조직은 공통의 관심과 수행을 중요시하고, 개인은 조직에게 조직은 개인에게 충성심을 갖고 있으며, 결정은 동의에 의해서 이루어지고 책임도 공동으로 지며 관리자들의 견해가 조직의 성공에 생동감을 불러

일으킨다고 보았다.

다시 말해서, Z이론은 X·Y론에 포함시킬 수 없는 인간의 단면을 부각시키기 위해 사용하는 이론으로서, 자유방임적이고 자율적이며, 관리자는 구성원의 자유의지에 따라 행동하도록 분위기만 조성한다는 것이다.

4. Herzberg의 동기부여-위생론

동기부여-위생론(motivation-hygiene theory)은 Herzberg(1976)에 의해서 이론화되었는데, 그에 따르면 직무는 두 종류의 요인을 포함한다고 했다. 그중 하나는 위생요인(또는 정황요인, context factor)이고 다른 하나는 동기부여요인(또는 내용요인, content factor)이라고 규정하였다.

위생요인은 노동자들이 수행하는 직무(job)와 직접적으로 관련이 없고 밖에 있는 외부적 요인으로서 조직의 정책이나 행정, 슈퍼비전, 상급자, 하급자 그리고 동료들과의 개인적 관계, 높은 임금, 직업 안전, 지위, 좋은 작업환경, 개인적 생활 등이 포함되는데, 그에 따르면 이러한 위생요인들이 인간에게 높은 동기를 부여하는 것은 아니라고 하였다. 즉, 이러한 요인들은 단지 만족이나 불만족만을 나타낸다고 보았다. 다시 말해서, 이러한 위생요인들이 인간의 동기를 유발하는 것이 아니라 불만족을 감소 내지는 증대시키는 역할로 적용한다고 본 것이다.

한편, 그는 인간의 동기를 유발시키는 동기부여요인으로 내용요인을 들었는데 이 내용요인은 직무에 내재해 있으며 인간의 자기실현을 위한 욕구와 연관이 있다고 보았다. 내용요인으로는 도전, 작업에 대한 흥미, 자유, 책임감, 그리고 성장을 위한 잠재력 등이 포함된다고 규정하였다.

5. Alderfer의 ERG론

Alderfer(1969)는 기존 5단계 매슬로우의 욕구단계론을 비판·수정하여 경험적인 연구를 통하여 세 가지의 욕구단계를 제시하였는데, 생리적 욕구와 안전욕구를 포괄하는 생존욕구 (Existence needs), 소속감과 애정욕구 및 존경욕구 일부를 포괄하는 인간관계욕구(Relatedness needs), 그리고 존경욕구의 일부와 자아실현욕구를 포괄하는 성장욕구(Growth needs) 등이 그것이다.

6. 기타 동기부여론

전술한 동기부여론 이외에 기타 동기부여론을 살펴보면 다음과 같이 간략히 정리할 수 있다(<표 2> 참조).

표 2. **동기부여 관련 기타이론**

이 론	학 자	주요 내용
성취 동기론	McClelland	· 권력욕구, 친화욕구, 성취욕구의 행태로 파악
공정성론	Adams	· 동기부여에 있어서 중요한 요소는 구성원 개인이 보상체계를 공정하다고 인식하고 있는지의 여부 · 공정하다고 인식된 보상은 직무만족도와 성과를 향상시킴
기대론	Vroom	· 동기부여에 기대론 적용 · 동기부여는 어떤 사람의 활동에 거는 기대가치와 목표가 성취될 수 있다고 믿는 인지된 확률의 산물
참여 동기론	Schachter	· 인간은 사회적 동물이기 때문에 참여동기가 필요함 · 참여(사회적)동기는 유아기부터 길러지는 것이 요구됨

7. 평가

전술한 동기부여론 중에서도 가장 널리 사용되는 이론이 Maslow의 욕구단계론이다.

본 이론은 일정부분 문제점이 발견되는데, 첫째, 욕구계층은 고정되어 있는 것이 아니라 하위욕구와 상위욕구 간의 경계가 애매하고 중복되어 있다는 것이다. 둘째, 하나의 행동은 단일의 욕구가 아니라 복합적 욕구에 의해서 부여될 수 있는 것이다. 셋째, 본 이론은 사람이 욕구 이외에 사회규범, 의무, 이념 등에 따라서도 행동한다는 것을 간과하였다. 넷째, 어느 계층의 욕구가 완전히 충족되어야만 다음 단계의 욕구가 나타나는 것은 아니며, 어느 정도 충족되면서 상위욕구가 나타나게 되는 것을 간과하였다. 다섯째, 하나의 욕구가 모든 사람에게 동일한 반응을 일으킨다고 볼 수는 없는 것이다. 여섯째, 장기간 어느 욕구가 계속 충족되면 다른 욕구는 과소평가될 수도 있는 것이다.

참고문헌

권육상·전대성·홍석자·서상범·조미영·홍전희(2004). 『사회복지행정론』. 서울: 유풍출판사.

김치영·최용민(2006). 『사회복지행정론』. 파주: 21세기사.

남기민(2006). 『사회복지정책론』. 서울: 학지사.

지은구(2005). 『사회복지행정론』. 양평군: 청목출판사.

신복기·박경일·장중탁·이명현(2002). 『사회복지행정론』. 파주: 양서원.

Alderfer, C.(1969). "An Empirical Test of a New Theory of Human Needs", *Organizational Behavior and Human Performance*, 4(2): 142 − 175.

Herzberg, F.(1966). Work and the Nature of Man, Cleveland: World Publishing.

Maslow, A. H.(1970). Motivation and Personality, 2nd. Ed., New York, Harper & Row.

Ouchi, W.(1981). Theory Z: How American business can meet the Japanese challenge, New York: Avon Books.

Skidmore, R. A.(1990). Social Work Administration: Dynamic Management and Human Relationships(2nd ed), Englewood Cliffs, NJ: Prentice − Hall.

Skinner, B. F.(1953). Science and Human Behavior, New York: Macmillan.

키워드: 동기부여론, Maslow의 욕구단계론, Skinner의 행동수정론, Ouchi의 Z이론, Herzberg의 동기부여 − 위생론, Alderfer의 ERG론

작성자: 양승일(충남도립대)

최초작성일: 2013.07.

디지털 콘텐츠(Digital Contents)

1. 개념

디지털 콘텐츠(digital contents)란 디지털 방식으로 제작, 처리, 유통하는 문자, 음성, 음향, 이미지, 영상 외 자료 및 정보의 총칭이다. 디지털 콘텐츠는 크게 협의의 디지털 콘텐츠와 광의의 디지털 콘텐츠로 정의내릴 수 있다. 이중 협의의 디지털 콘텐츠는 종래의 아날로그적인 콘텐츠를 디지털화한 것이고, 광의의 디지털 콘텐츠는 디지털로 다루어지는 모든 콘텐츠를 의미하는 것이다. 전자의 경우 디지털 콘텐츠는 기존 콘텐츠를 디지털 미디어에 적합하도록 전환하거나, 이를 아카이빙(archiving)한 것을 주로 뜻한다. 한편 후자의 경우 디지털 미디어에 통용되는 모든 콘텐츠를 디지털 콘텐츠라고 부를 수 있다. 디지털 콘텐츠는 문화콘텐츠와 달리 서구, 특히 영어권에서도 통용되는 용어로, IT 또는 영상산업 분야에서 디지털 콘텐츠(digital contents)라는 용어를 일반적으로 사용하고 있다(한국소프트웨어진흥원, 2008).

2. 디지털 콘텐츠의 유형

1) 모바일 콘텐츠(Mobile contents)

모바일 콘텐츠(Mobile contents)란 휴대용 기기에 사용되는 디지털 콘텐츠를 통칭하는 용어이다. 모바일 콘텐츠는 휴대용 기기에 사용되는 서비스 및 어플리케이션을 통하는 용어이다. 보통 휴대용 기기는 휴대전화와 노트북, PDA, MP3플레이어를 모두 포함하지만, 모바일 콘텐츠는 휴대전화에 통용되는 콘텐츠를 주로 이른다. 1990년대 중반부터 휴대전화의 사용이 급증하면서 관련 콘텐츠에 대한 개발 및 판매 또한 증대된 바 있다. 이후 2007년 6월 아이폰(iPhone)이 발매되고 스마트폰이 대중화되면서 어플리케이션을 위시로 한 모바일 콘텐츠 시장이 급속히 확대되었다.

모바일 콘텐츠는 그 기능에 따라서 게임, 이미지, 음악, 동영상, 정보제공 콘텐츠 등으로 나눌 수 있다. 스마트폰 이전의 휴대전화들은 이러한 멀티미디어 콘텐츠를 어떻게 제공하고 활용할 것인지를 두고 치열한 경쟁을 벌인 바 있다. 그러나 오늘날 휴대용기기가 스마트폰과 대화면 디스플레이를 채용한 스마트패드 위주로 재편되면서 그 규격도 어플리케이션의 형태로 재편되고 있다. 어플리케이션은 다운로드와 설치, 그리고 활용에 있어서 '클릭 앤 플레이(clik & play)'의 기본을 충실히 따르고 있는데, 이는 사용자가 콘텐츠에 직관적으로 접근할 수 있는 환경을 조성하여 스마트폰을 위시로 한 휴대폰 기기의 활용도를 높인다.

모바일 콘텐츠는 전문화된 기기를 별도로 활용해야 했던 기존 사용자 환경에서 벗어나, 하나의 기기로 다양한 콘텐츠를 즐길 수 있다는 점을 특징으로 한다. 아울러 이제 음악 및 미디어 파일의 재생기능이 일반화됨에 따라서, 멀티미디어 향유에서 벗어나 실질적인 정보를 제공해주는 모바일 콘텐츠가 증가했다는 점에 주목할 필요가 있다. 위치정보를 기반으로 한 GPS 서비스나 교통정보 안내 서비스를 비롯해서 페이스북·트위터 등의 SNS 활성화로 스마트폰 중심의 모바일 콘텐츠 시장은 날이 갈수록 그 규모를 확대하고 있다.

2) 스마트 콘텐츠(Smart contents)

스마트 콘텐츠(Smart contents)란 스마트 기기를 플랫폼으로 삼는 디지털 콘텐츠의 총칭이다. 스마트 콘텐츠는 현대적인 모바일 기기의 대표적인 예시인 스마트폰과 테블릿 PC에서 사용될 것을 전제로 한 콘텐츠이다. 따라서 과거 피쳐폰을 위시로 한 모바일 기기에서 사용되는 모바일 콘텐츠와 어느 정도 유사성을 띠고 있으면서도, 일정 부분차이를 보이고 있다. 일례로 양측은 모두 다 휴대용 기기에 적합한 콘텐츠이므로 상시 열람이 가능한 정보(뉴스, 날씨, 교통정보 외)를 포함하고 있으며, 단기간에 즐거움을 줄 수 있는 콘텐츠(음악, 뮤직비디오, 퍼즐게임 등)에 주력한다. 그러나 기기의 성능차이와 더불어 무선통신망의 발달로 양자는 질적인 차이를 보이고 있으며, 이는 단순한 하드웨어 또는 인프라의 차이만이 아닌 콘텐츠 구성 및 업체 간 유통구조의 차이로 확대되고 있다.

스마트 콘텐츠의 특징은 다음과 같다.

(1) 이동통신사가 지니고 있던 콘텐츠 유통 권한을 플랫폼 사업자에게로 이관

과거 모바일 콘텐츠의 경우 판매·유통·AS에 대한 권한을 전적으로 이동통신사가 가지고 있었다. 이는 통신망이 이동통신사의 지배하에 놓여 있었기 때문이다. 그러나 스마트 기기는 와이파이(WiFi)가 사용 가능한 컨버전스 기기이므로 콘텐츠 플랫폼을 제시한 업체가 거래에 대한 권한을 가지게 된다. 특히 애플의 경우 기기(아이폰)와 플랫폼(ios)모두를 소유한 업체로 스마트 콘텐츠 유통의 전 분야에 관여하고 있다.

(2) 다양한 업체 및 개인의 참여가 가능

애플의 앱스토어, 구글의 구글 플레이는 기본적으로 오픈마켓의 형태를 띠기 때문에, 일정한 권한만 획득하면 누구나 자신이 제작한 스마트 콘텐츠를 마켓에 올리고 판매할 수 있다. 따라서 과거 이동통신사의 통제 아래 특정 회사만이 누리던 콘텐츠 판매 기회가 다양한 업체 및 개인에게 제공된다. 실제로 어플리케이션의 경우 개인 제작자의 참여가 활발하며, 이는 음악 및 영상콘텐츠 분야로 확대되는 추세이다.

(3) 세분화된 콘텐츠 개발 기회 확대

다양한 업체 및 개인의 참여는 세분화된 콘텐츠 개발로 귀결된다. 이는 참여자 수의 증대뿐만 아니라 스마트 기기의 하드웨어적 특성에 기인한 것이다. 전·후면 카메라나 GPS, 다면 터치, 기울기 센서 및 발달된 그래픽 처리 기술의 활용은 스마트 콘텐츠 개발에 이미 일반화된 것으로 위치 추적을 활용한 음식점 정보 어플리케이션이나 기울기 센서를 활용한 레이싱 게임의 개발이 그 예이다.

3) 킬러 콘텐츠(Killer contents)

킬러 콘텐츠(Killer contents)란 각종 미디어를 통해 대중에게 폭발적으로 보급되어 인기를 끌게 된 콘텐츠이다. 킬러 콘텐츠는 살인자를 뜻하는 '킬러(killer)'와 '콘텐츠(contents)'의 합성어이다. '죽여주는(죽여줄 정도로 좋은) 콘텐츠'라는 일상어의 공식적인 표현으로, 주로 한국에서 사용하는 용어이며 일본에서도 게임 등 일부 분야에 한하여 사용하고 있다.

이 용어의 어원을 사회학에서 발원된 '킬러 어플리케이션(Killer application, 경쟁상품을 몰아내고 시장을 완전히 장악한 제품서비스)'로 보는 의견도 존재하는데, 이때 킬러 어플리케이션

은 증기기관·금속활자·자동차·텔레비전·원자폭탄·컴퓨터·인터넷 등을 의미한다.

킬러 콘텐츠는 동아시아적인 영어 조어방식으로 만들어져 '매우 인기 있는 대중문화' 정도의 의미를 지니는 단어이다. 일반적으로 콘텐츠 학계·업계에서는 상업적으로 가장 성공할 수 있는 경쟁력을 갖춘 콘텐츠로서의 문화상품을 킬러 콘텐츠라고 호칭하는 경향이 있다. 보다 더 구체적으로는 세계적 차원에서 아주 크게 인기를 얻은 특정 드라마, 영화, K-pop 등의 상업 대중문화물을 보편화해서 지칭하는 말이다.

킬러 콘텐츠가 가지고 있는 대표성이 일반 대중에게 막강한 지배력을 행사한다. 시장을 완전히 지배하고, 초기 투자비용을 단기간에 회수하며, 막대한 이익 역시 얻게 되는 경우가 많다. 여론을 조성해 유행을 선도한다거나 다른 문화 콘텐츠에 영향력을 지대하게 미치고자 하는, 즉 그 분야의 대표 콘텐츠로 정위되는 것이 보통이다. 따라서 킬러 콘텐츠로 인해 동종의 다른 문화 콘텐츠들에게 심각하게 위해가 가해질 수 있다는 면도 있다. 킬러 콘텐츠에는 문자 그대로의 '킬러'라는 의미가 구체적으로 발현되고 있으며, 대중의 인기에 적응하지 못하면 도태된다는 맥락이 내재되어 있는 것이다.

참고문헌

한국소프트웨어진흥원(2008). 「디지털콘텐츠 산업백서」. 서울: 진한엠앤비.

키워드: 디지털 콘텐츠, 모바일 콘텐츠, 스마트 콘텐츠, 킬러 콘텐츠
작성자: 최창현(금강대)
최초작성일: 2014.06.

레짐이론(도시통치론; Regime Theory)

1. 개념

레짐은 "통치결정을 수행하는 데 있어 지속적인 역할을 유지하려는 제도적 자원에 대한 접근 가능성(access to institutional resources)을 지닌 비공식적이지만 상대적으로 안정적인 집단"을 의미한다(Stone, 1989). 즉, 레짐은 비공식적인 실체를 가진 통치연합(governing coalition)으로서, 자발적 결사체인 이익집단이 사안에 따른 이합집산을 통하여 정책결정을 하는 것이 아니라 도시정부라는 제도적 기제를 매개체로 하여 비공식적이지만 일정한 세력집단으로서 그 중추적 역할을 담당한다는 것이다. 레짐 개념은 엘리트론적 접근의 주요 요소를 포함하는 이론적 탄력성과 성장기구적 요소가 다분히 함축되어있으며, 기존의 이론들이 무시하기 쉬운 제도적 측면과 비제도적 측면의 도시정치적 연결망이 중요한 분석대상으로 설정되어 있다. 도시레짐과 성장연합 개념간 유사성이 도출되지만, 레짐개념은 '성장연합'개념보다는 광범위한 개념적 수단으로 볼 수 있다. 즉, '개인'이나 '구조'가 아닌 '제도'에 초점을 두며, 기업의 중심적 역할을 강조하면서도 지역주민집단과 같은 행위자들의 영향력을 간과하지 않는다. 또한 레짐은 협력을 위한 비공식적인 기반으로 형성되며, 이것은 포괄적인 통제구조 없이도 가능하다.

2. 이론적 배경

레짐이론은 도시정치에 있어 기존의 다원주의와 엘리트이론 간의 논쟁을 바탕으로 네오

마르크스주의적 도시정치경제론과 국제레짐이론을 수용하면서 1980년대 중반에 등장하였다. 자유주의적, 구조주의적 접근이 취하는 정치행위자에 대한 경제적 행위자의 중요성과 정치적 이해관계의 형성 및 이해관계의 행위로의 전환을 간과하는 경향에 대해 비판하면서, 레짐이론은 선택을 강조하는 자유주의적 이론과 구조적 과정을 중시하는 구조주의적 이론 사이에 중간적 위치를 취한다. 정치적 정책결정에 대한 경제적 영향력을 인식하지만, 도시변동을 형성하는 데 있어 정치적, 이데올로기적 요소의 중요성을 강조한다(Stone and Sanders, 1987). 즉, 경제와 정치 간 관계(the relationship between economics and politics)가 초점인 셈이다.

이와 같이 레짐이론은 '사회적 통제' 또는 '-에 관한 권력'으로부터 '사회적 생산' 또는 '-을 할 수 있는 권력'으로 다원주의-엘리트주의 간의 논쟁의 초점을 변화시킨다. 이것은 '누가 지배하는가'라는 문제의식에서 벗어나 공공적 목적이 어떻게 달성되며, 특히 그와 같은 목적들을 달성하기 위해 장기적이고 효율적인 통치연합이 어떻게 구축되고 유지될 수 있는가에 관한 관심으로 문제의식이 옮겨져 간다. 또한 네오마르크스주의적 연구에서 강조하고 있는 권력의 체계적 개념화와 정책결정과정에서의 기업의 특권적 위치 역시 레짐이론에 내재하고 있다. 그러나 이러한 제약 내에서도 정치제도와 행위자들은 복합적이고 상호연관적인 네트워크를 통해 여전히 영향력을 행사한다는 점도 지적된다. 이러한 조건 내에서 레짐이론은 정부와 비정부 행위자들이 난해하고 비일상적인 목적을 달성하기 위해 보다 안정적이고 강력한 관계를 형성하려는 시도에 초점을 두고 있다(Stoker and Mossberger, 1994).

레짐은 특정한 역사적 맥락에서 경제적, 공동체적, 이데올로기적 영향력 간의 상호작용에서 기인하는 구조화된 위치를 구성한다(Fainstein, 1994). 따라서 지방정부의 효율성은 정부 및 비정부행위자의 협력에 의존하며, 이러한 협력은 다양한 이해관계간의 상호작용과 협력을 용이하게 하는 제도적 배열을 요구하게 되는 것이다. 미국의 경우, 가장 영향력 있는 다섯 범주의 레짐 행위자 및 기관은 ① 이익집단, ② 기업인, ③ 도시정부, ④ 관료제, ⑤ 연방 및 주정부 등이다(Elkin, 1987). 레짐이론가들은 비록 다양한 그룹들, 즉 지역단체, 도시보존기구 등이 정치과정에 참여하고 있지만, 선출직 관료들과 기업집단이 대부분의 레짐에서 가장 강력한 권력을 지니고 있는 것으로 인식하고 있다. 이것은 도시정치의 구조적 프레임워크에서 기인한다.

3. 유형

1980년대 이후 발달되어져 온 레짐의 유형은 전후 미국의 도시발전과정을 대변한다고 볼 수 있다. 우선, 페인스틴 등(Fainstein and Fainstein, 1983)은 전후 시기적으로 세 가지의 지속적인 레짐적 특성으로서, 지도형(directive: 1950－1964), 권한양여형(concessionary: 1965－1974), 현상유지형(conserving: 1975년 이후)을 지적하고 있다. 엘킨(Elkin, 1987) 역시 시기적으로나 공간적으로 다양한 세 가지 유형의 레짐을 논의하면서, 이를 각각 다원주의형(pluralist: 1950년대에서 1960년대 초반까지 북서부 및 중서부지역), 연방주의형(federalist: 1960년대 중반에서 1970년대 후반까지 북동부 및 중서부지역), 그리고 기업가주의형(entrepreneurial: 2차대전 이후 남부 및 서부지역) 레짐 등으로 유형화시켰다. 페인스틴 등의 유형과 엘킨의 유형분류는 상이한 기준에서 이루어졌지만, 이중 앞서 두 가지의 유형은 매우 유사하다. 이들은 이를 포디즘시기로 규정한다. 엘킨은 도시정부에서의 통치레짐 개념을 수립하는 데 선구자적 역할을 하였고, 특히 그가 제시한 기업가주의형 레짐은 글로벌 경제적 재구조화시기에 매우 확산되어지고 있다. 한편, 레짐개념을 이론적으로 가장 체계화시킨 인물은 스톤(Stone)이다. 도시레짐연구에 있어 매우 중요한 의의를 차지하고 있는 스톤의 애틀란타(Atlanta) 연구(Stone, 1989)는 애틀란타시의 도시경제와 정치상호 간의 상호의존성 및 시기별로 그러한 상호의존성의 성격 변화를 분석하였는데, 그는 결론적으로 애틀란타시는 기업엘리트, 선출직 정치인, 언론사 간의 동태적 목표지향적 연합에 의한 통치체제를 구축하여왔으며, 이 과정에서 실용성과 시민협력(civic cooperation)이 강조되어졌다고 주장하였다. 스톤의 이론적 기여는 첫째, 1980년대 초반에 풍미하였던 도시정부의 구조적 한계성과 경제적 결정론을 주장한 피터슨(Peterson)의 도시한계론을 극복하였고, 둘째, 지방정부론에서의 정치영역의 복원, 그리고 셋째, 정부와 비정부 부문 간의 관계를 중심으로 도시정부체계이론을 재확립하였다는 점이다.

이상과 같이 대부분의 도시레짐과 성장연합에 관한 연구들은 미국을 초점으로 하고 있음을 알 수 있다(Elkin, 1987; Stone, 1989; Stone and Sanders, 1987; DiGaetano, 1989). 이에 대해 스토커와 모스버거(Stoker and Mossberger, 1994)는 레짐이론은 국가 간 비교연구에서 만나게 되는 매우 다양한 조직적 배열(organizational arrangements)을 설명하는 데 특히 유용하다고 주장한다. 이들은 비록 특정한 배열이 국가 간에 다르게 나타나고 있지만, 레짐이론이 강조하고 있는 정부 및 비정부 행위자의 상호의존성은 보편적으로 적용가능한 것으로 설명하고 있다. 스토커와 모스버거는 비교연구에서 사용할 수 있는 레짐의 유형들을 발전시켰는데, 그들은 도시레짐은 기본적으로, 그들의 목적, 참여자들의 동기, 공통의 목적의식을 위한 기반, 상이한 이해관계들간의 일치수준, 그리고 지방 및 비지방적 환경간 관계 등에 의해 상이하다고 주장한다. 동기의 상이성에 바탕을 두고 그들은 다음과 같이 도구적(instrumental), 유기적(organic), 상징적(symbolic) 레짐으로 유형을 분류하고 있다.

1) **도구적 레짐**: 미국의 연구에서 주도적으로 나타나고 있는 것으로 프로젝트의 실현지향성, 가시적인 성과, 그리고 정치적 파트너십 등이 특징적이다. 이러한 레짐들은 구체적인 프로젝트와 관련되는 단기적인 목표에 의해 구성되며, 단기적인 실용적인 동기가 함께 내포되어 있다. 올림픽 게임과 같은 주요한 국제적 이벤트를 유치하기 위해 구성되는 레짐은 도구적 레짐의 일례가 될 것이다.

2) **유기적 레짐**: 굳건한 사회적 결속체와 높은 수준의 합의를 특징으로 하는 레짐으로서 이들 레짐은 현상유지와 정치적 교섭에 초점을 두고 있다. 그들은 흔히 외부적 영향에 대해 오히려 적대적이며, 소규모 도시들은 대체로 유기적 레짐을 유지하려 한다.

3) **상징적 레짐**: 도시발전의 방향에 있어 변화를 추구하려는 도시에서 나타난다. 이들 레짐은 기존의 이데올로기나 이미지를 재조정하려 하며, 경쟁적인 동의라는 점에서 특징적이다. 이해관계와 개입(commitment)에 관해서 본질적인 상이성이 참여자들 간에 존재하며, 지배적인 가치에 대해서도 상당할 정도의 불확실성이 존재한다. 레짐의 형성에도 불구하고 레짐의 목적과 방향에 대한 이념적 논쟁이 흔히 지속된다. 이러한 상징적 레짐은 연합형성을 위한 다른 기반이 존재하지 않는 조건에서도 역시 중요하다. 영국의 글래스고우(Glasgow)나 셰필드(Sheffield) 모두 그들의 이미지와 경제적 구조를 변화시키기 위해 적극적으로 노력하였으며, 이들 레짐의 실례가 된다(Judd and Parkinsom 1990). 스토커와 모스버거에 따르면, 상징적 레짐은 흔히 과도기적 역할을 수행하며, 그들은 보다 안정적인 연합으로 나아갈 개연성이 크다.

4. 평가와 전망

레짐이론의 유연성과 다양성을 고려할 수 있는 이론적 설명력은 이러한 접근법의 주요한 강점을 구성하지만, 몇 가지 문제점은 여전히 남아있다. 우선, 레짐이론과 성장연합개념은 정확히 말해서 동일한 것이 아니다(DiGaetano, 1989). 그럼에도 이들 두 접근법이 가지고 있는 강점과 약점은 매우 유사하며, 따라서 많은 비판적 연구들은 두 개념을 함께 논의하거나 그들 개념들을 상호치환 해 사용한다(Cox, 1997; Fainstein, 1994). 광범위한 용어사용에서 보면, 최근의 분석들은 1980년대 후반에 나온 연구들보다는 보다 유연해지고 있다. 1990년대 중반에서 후반에 이르는 대다수의 새로운 연구들은 상당정도 조절이론과 글로벌화에 대한 연구에 몰두하고 있으며, 레짐이론을 글로벌경제에서의 지역성의 역할에 대한 연구와 결합시키고 한다(Cox, 1997; Lauria, 1997). 레짐이론의 지속적인 세련과 확대에도 불구하고, 다음과 같이 몇 가지 측면에서 이론적 비판이 지속적으로 나타나고 있다.

첫째, 지방경제발전에 있어 범주의 복잡성에 대한 부적절한 설명방식의 문제이다. 즉, '지방'개념과 관련된 실제 설명이 과도한 단순화로 나타나고 있다는 점이다. 예컨대, 스톤의 애틀란타연구는 세계와 미국의 구조적인 경제적 및 사회적 변동에 대한 관심이 거의 결여되어 있다는 비판을 피할 수 없다.

둘째, 국제 간 비교연구에 있어 레짐접근의 적용성이 매우 제한적이라는 점이다. 레짐이론은 기본적으로 미국 및 영국의 학자들에 의해 사용되어졌으며, 오늘날까지 국제 간 비교연구에서는 광범위하게 적용되지 못하고 있음을 지적할 수 있다. 문제는 레짐이론이 미국과 유럽(심지어는 유럽내부에서조차)간의 정치적 문화적 차이성과 미국식의 모델로서 유럽의 도시 거버넌스를 어떻게 설명할 수 있는가 하는 것이다(Newman and Thornley, 1996).

레짐이론은 궁극적으로 도시체제에서의 공공선택의 모델이다. 레짐이론은 공공정책이 다음과 같은 세 가지 요소에 의해 형성되는 것을 포착하는 것이다. 즉, ① 지역공동체의 통치연합의 구성, ② 통치연합 구성원들 간에 형성되는 관계의 성격, ③ 구성원들이 통치연합에 기여하는 자원 등이다. 레짐 구성원들은 기회뿐만 아니라 도시의 사회경제적 환경의 맥락에서 정책을 형성한다. 레짐 파트너 간의 협력을 성취시키는 것은 분산화되고 불확실한 세계에서의 기본틀이다. 정치에 있어 레짐접근방법의 본질은 정부 및 비정부 행위자들의 엘리트 파트너십을 확인하는 것이 아니라 오히려 그와 같은 파트너십이 창출되고 유지되는 조건을 탐색하는 것이 될 것이다.

참고문헌

Cox, K. R.(1997). "Governance, Urban Regime Analysis, and the Politics of Local Economic Development."In Lauria, M. ed. Reconstructing Urban Regime Theory, Regulating Urban Politics in a Global Economy. Thousand Oaks. CA: Sage Publications. 99−121.

DiGaetano, A.(1989). "Urban Political Regime Formation: A Study in Contrast." *Journal of Urban Affairs*. 11: 261−282.

Elkin, S. L.(1987). City and Regime in the American Republic. Chicago: University of

Chicago Press.

Fainstein N. and Fainstein S.(1983). "Regime Strategies, Communal Resistance, and Economic Forces." In S. Fainstein, N. Fainstein, R. C. Hill, D. R. Judd, and M. P. Smith. Restructuring the City: The Political Economy of Urban Redevelopment. New York: Longman, 245−281.

Fainstein, S.(1994). The City Builders. Cambridge, MA: Basil Blackwell.

Judd D. and Parkinson M. eds.(1990). Leadership and Urban Regeneration: Cities in North−America and Europe. Beverly Hills, CA: Sage.

Newman, P. and Thornley, A.(1996). Urban Planning in Europe: International Competition, National Systems and Planning Projects. London and New York: Routledge.

Stoker, G. and Mossberger K.(1994). "Urban Regime Theory in Comparative Prospective." *Environment and Planning C: Government and Policy.* 12: 195−212.

Stone, C. N.(1989). Regime Politics: Governing Atlanta 1946−1980. Lawrence, Kansas: University Press of Kansas.

Stone C. N. and Sanders H. eds.(1987). The Politics of Urban Development. Lawrence, Kansas: University Press of Kansas.

키워드: 통치연합, 도시변동, 이익집단, 도시정치, 상호의존성, 파트너십
작성자: 박재욱(신라대)
최초작성일: 2001.12.

리엔지니어링(Business Process Reengineering: BPR)

1. 리엔지니어링의 발전 및 의미

리엔지니어링은 1990년경 해머와 챔피(Hammer & Champy)의 글들이 소개된 후 유행한 전형적 조직변화 기법이다. 리엔지니어링은 조직성과의 개선을 위해 사업절차를 혁신적으로 재설계하는 것으로, 세 가지 특징적 요소를 – 즉, 근본적, 급진적, 극적 요소 – 지니고 있다. 리엔지니어링이 근본적이라 함은 존재 이유가 분명치 않은 조직 활동을 철저히 배제함을 의미한다. 한때 필요했던 관행도 낡거나 당위성이 의문시되면 이를 과감히 버린다는 것이다. 리엔지니어링이 급진적이라는 것은 점진적 개선이 아닌 재창조를 추구한다는 것이다. 기존의 모든 구조와 절차를 버리고 완전히 새로운 방식으로 업무를 처리하는 것이다. 마지막으로 리엔지니어링이 극적이라는 것은 리엔지니어링이 대규모의 개선을 추구한다는 것이다. 5퍼센트나 10퍼센트 정도의 한계적 이득은 리엔지니어링의 목표가 아니다.

2. 리엔지니어링의 특징과 원리

리엔지니어링은 다양성, 질, 개인적 선택 등을 중시하는 소비자 시대에 걸맞은 조직을 만들려는 것이다. 이른바 '절차 중심의 조직을 만들려는 것으로, 조직 내부의 절차, 특히 내부 구성원이 아닌 외부 고객(소비자, 시민)의 욕구를 충족시키는 핵심절차(core process)에 초점을 둔다. 그리고 전통적 조직이 지닌 기본 가정들을 부인하고, 다음과 같은 원리들을 통해 불필요하거나 느린 절차를 개선하고자 한다.

첫째, (기능이 아닌) 고객(절차) 중심으로 조직을 설계한다. 고객 중심의 조직은 고객에게 한 곳에서 신속하게 서비스를 제공하는 원스톱(one-stop) 서비스처럼 전적으로 고객의 편의를 위해 운영된다. 고객 중심의 조직 설계가 불가능할 경우에는 '절차 자체(the process itself)'를 재설계할 수 있다. 예컨대, 단순히 정보를 수집하고 건네주는 관리자나 관리 계층을 배제함으로써 업무단계를 축소하고 서비스를 신속하게 제공하는 것이다.

둘째, 연속적인 업무(절차)들을 병렬로 진행시킨다. 정보화 시대에는 조직 구성원들이 전자결재 등을 통해 동시에 동일한 정보를 습득할 수 있다. 이런 상황에서 전통적 조직처럼 단계나 계층별로 정보를 전달하는 것은 비효율, 오류, 왜곡 등을 초래할 뿐이다. 그렇다면, 조직의 업무들을 (특히 부가가치를 제공하지 못하는 활동들) 병렬로 진행시키는 것이 합리적 대안이 된다.

셋째, 정보를 '한 곳에서' '한 번에' 수집토록 한다. 전통적 조직은 기능에 따라 지나치게 전문화되었고, 부서별로 호환이 불가능한 컴퓨터를 활용하였으며, 고객이나 판매에 관한 자료도 따로 수집함으로써 정보를 한 번에 수집(활용)하기가 어려웠다. 리엔지니어링은 조직 내의 모든 기능의 소유자들을 한 곳에 모아 팀을 만들고, 이들로 하여금 처음부터 끝까지 서비스나 상품을 설계·생산하도록 한다.

넷째, 가능한 한 고객과 조직이 한 곳에서 만날 수 있는 공간을 마련한다. 이를 위해 구성원들을 전문가가 아닌 컴퓨터상에서 온라인으로 지원을 받는 일반가(generalist)로 만들고, 정보를 축적하는 부서들을 '절차 팀(process team)'으로 바꾸어 정보를 자유롭게 공유토록 하며, 구성원들이 다른 부서, 고객의 장소, 혹은 집에서 일할 수 있도록 융통적 환경을 조성한다.

다섯째, 고객에게 부가가치를 제공하는 '주된 절차(main sequence)'가 지속적으로 흐르게 한다. 주된 절차는 고객들이 기꺼이 지불하려는 활동으로서, ① 가까이 있는 서비스(상품), ② 빠른 서비스, ③ 고객이 관심을 갖는 서비스, ④ 사용이 편리한 서비스, ⑤ 고객의 욕구를 보다 잘 충족시켜주는 서비스, 그리고 ⑥ 정확하고 적시성 있는 정보 제공 등이다. 리엔지니어링은 이런 절차들이 부드럽고 빠르게 진행될 수 있도록 고객에게 부가가치를 제공하지 못하는 절차나 서비스를 (예컨대, 검사, 감사, 감독, 회계, 예산, 단순 중계업무, 신용 체크, 조화, 서류의 축적 등) 축소 또는 배제하고, 때로는 주된 과정에서 완전히 제거한다.

여섯째, 리엔지니어링 후 개선 절차를 자동화(automation)한다. 자동화는 리엔지니어링의 (처음 단계가 아니라) 최종 단계에서 이루어지는 필수 작업이다.

3. 정부조직에 적용과 한계의 극복

기업과 달리, 공공부문에서 리엔지니어링이 성공적으로 이루어지려면 다양한 조건들이 충족되어야 한다.

첫째, 무엇보다 리엔지니어링에 대한 올바른 이해가 필요하다. 리엔지니어링이 무엇인지, 그리고 이것이 어떻게 절차 개선을 위한 다른 방안들과 어울리는지를 이해해야 한다.

둘째, 리엔지니어링을 촉발하고 유지하기 위한 조직적·정치적 분위기를 조성해야 한다. 리엔지니어링을 하려면 ① 정말 변해야 하는지, ② 만약 변해야 한다면, 과연 '어느 정도' 조직이 혁신적 변화를 이루려고 하는지, 그리고 ③ 개선 노력을 위해 어떻게 정치적 지지를 동원(유지)할 수 있는지 등을 검토해야 한다.

셋째, 무(無)에서 시작하듯이 재설계를 하고, 그 후에 외적 제약점들을 고려하는 전술적 접근을 택해야 한다. 정부의 리엔지니어링은 정치적 상황에서 일어나기에, 해머와 챔피가 말하듯이 '무에서 시작한다'는 것이 매우 어렵다. 그러나 이와 같은 일련의 제약점을 갖고 개선에 임한다면 기본적 가정에 도전할 수 없다.

넷째, 고객을 확인하고 이들 간의 이해관계를 조정해야 한다. 공공부문에서는 누가 고객이고, 이들의 욕구가 무엇인지를 파악하기가 어렵다. 정부의 고객은 실질적 고객, 일반 국민, 숨겨진 고객 등 매우 다양하다. 이는 '끝에서 시작 한다'는 리엔지니어링의 원리가 정부조직에는 적용되기 어려움을 시사한다. 그럼에도 불구하고, 리엔지니어링을 시도하려면 일단 정부의 고객을 어떤 형태로든 파악(구분)하고, 특히 이들의 욕구가 상충 또는 중복하는지를 분석해야 한다.

다섯째, 업무개선의 대상이 되어야 할 절차의 우선순위를 정한다. 일반적으로 ① 고객에게 미치는 파급효과, ② 총체적 조직성과에 미치는 영향, ③ 실현가능성(feasibility) 등에 비추어 우선순위를 정하고, 대상들을 선정할 때 이들 간의 상쇄효과(trade-offs)를 고려해야 한다.

참고문헌

김호섭 외(2011). 「행정과 조직행태」. 서울: 대영문화사.

Caudle, S. L.(1994). *Reengineering for Results: Keys to Success from Government Experience*. Center for Information Management. National Academy of Public Administration.

Hammer, M. and Champy, J.(1993). *Reengineering the Corporation*. New York: Harper Business.

Linden, R. M.(1994). *Seamless Government: A Practical Guide to Reengineering in the Public Sector*. San Francisco: Jossey—Bass.

키워드: 조직변화, 핵심절차

작성자: 김호섭(아주대)

최초작성일: 2003.02., 수정작성일: 2019.12.

리터러시(Literacy)[1]

　　오늘날 리터러시(literacy)는 문자 해독력 중심의 원래적 의미를 벗어나 다양한 영역에서의 문제해결 능력, 즉 지식정보화시대의 분야별 적응 및 응용 능력을 의미하는 뜻으로 확대 적용되고 있다(정광호, 2008). 리터러시 개념은 기술이나 매체의 변화에 따라 진화·발전해 온 역동적 개념으로 시대별 사회 환경의 변화에 따라 그에 부합하는 새로운 리터러시 개념이 대두되어 왔는바(김선경·권정만, 2008), 과학 리터러시(scientific literacy), 문화 리터러시(cultural literacy), 지식 리터러시(knowledge literacy) 등을 들 수 있다. Bawden(2001)은 전통적 리터러시 개념에서 출발하여 오늘날의 복잡한 정보환경에서의 리터러시에 이르기까지 모든 리터러시를 '기술 기반 리터러시(skill-based literacy)'와 '정보리터러시(information literacy)' 그리고 '디지털 리터러시(digital literacy)'로 나누어 살펴보고 있다. '기술 기반 리터러시(skill-based literacy)'에는 라이브러리 리터러시(library literacy), 미디어 리터러시(media literacy), 컴퓨터 리터러시(computer literacy)가 포함되고, '디지털 리터러시(digital literacy)'에는 네트워크 리터러시(network literacy), 인터넷 리터러시(internet literacy), 멀티미디어 리터러시(multi-media literacy), 하이퍼 리터러시(hyper-literacy)가 포함되어 있다.

　　최근에는 디지털 미디어 환경에 따른 정보화 패러다임의 대두로 새로운 형태의 리터러시인 디지털 리터러시의 필요성과 중요성에 대한 논의가 점차 확산되고 있다(안정임, 2006). 이러한 리터러시 개념은 여러 분야별 개인 간 불평등과 격차를 조작화하고 측정하는 데 아주 유용하다. 예를 들어 오늘날과 같은 디지털 미디어 환경에서 정보격차(digital divide)란 정보기기의 단순한 소유 및 이용 차원을 넘어, 미디어를 통한 정보의 획득·평가·활용을 통해 삶의 질적 수준을 향상시키는 능력을 소유하고 있는가 하는 질적 격차를 반영해야 한다. 즉,

---

1) 최연태·박상인(2011)의 논문에 소개된 리터러시 개념을 요약하였음을 밝혀 둠.

정보격차 개념을 정의함에 있어 정보기기에 대한 물리적 접근(access) 및 사용(use)과 더불어 개인의 내면적 태도와 인식과 같은 심리적 특성과 능력도 고려되어야 하는바, 이러한 요소들을 반영하는 개념이 바로 '디지털 리터러시'라 할 수 있다.

참고문헌

김선경·권정만(2008). 지식리터러시 개념에 관한 탐색적 연구. 한국행정논집, 20(3): 815−837.

안정임(2006). 디지털 격차와 디지털 리터러시: 수용자복지 정책적 함의. 한국언론정보학보, 36: 78−108.

정광호(2008). 정책 리터러시(policy literacy) 함수 분석: 시민활동변인을 중심으로. 행정논총, 46(4): 73−104.

최연태·박상인(2011). 전자정부 서비스 이용이 정책리터러시에 미치는 영향 분석. 한국사회와 행정연구, 21(4): 73−98.

Bawden, D.(2001). Information and Digital Literacies: A Riview of Concepts. *Journal of Documentation*. 57. Issue 2. 218−259.

키워드: 디지털 리터러시, 정보격차

작성자: 최연태(경남대)

최초작성일: 2020.04.

목적론과 의무론(Teleology & Deontology)

현대 철학에서 가장 중요한 규범적 논의의 하나는 가치의 두 요소, 즉 '옳은 것(the right)'과 '좋은 것(the good)'을 어떻게 규정하고 연결하느냐에 있다. 그리고 '좋은 것'과 '옳은 것' 간의 가장 보편화된 규범적 관계는 두 개의 윤리적 접근방법, 즉 목적론(teleology)과 의무론(deontology)에 의해 제시되어 왔고, 이 둘은 상호 대조적 윤리형태를 – 효용론(utilitarianism) 계약론(contractarianism) – 취하면서 행정가치에 대한 철학적 사유와 구성에 지대한 영향을 미쳐 왔다.

1. 목적론

목적론은 인간 행위의 옳고 그름을 행위가 초래할 결과에 따라 판단하는 철학적 사조이다. 즉, 목적론의 정수는 일정한 행위가 좋은(good) 결과를 가져오거나 가져올 것으로 판단되면 이를 옳다(right)고 하는 데 있다. 이러한 사고는 행정의 윤리규범을 목적 달성을 위한 수단이나 장치(device)로 개념화하는 데 유용하다. 일반적으로 목적이 무엇인지는 '좋은 것'이 어떻게 규정되느냐에 따라 달라지지만, 근본 취지는 좋은 것을 (그것이 무엇이든 간에) 극대화하는 것이어야 한다. 일례로, 가장 저명한 목적론적 이론의 하나인 효용론(공리주의, utilitarianism)은 목적에 대한 실질적 준거로서 사회의 모든 성원을 위한 최대의 선 혹은 행복을 들었다.

목적론적 사고는 바람직한 행정이 갖추어야 할 두 가지 명제를 시사한다. 첫째, 바람직한 행정은 정책대안이 의도한 결과를 초래할 수 있는지, 혹은 하나의 정책대안이 다른 정책대안보다 많은 가치를 창출할 수 있는지를 보기 위하여 정책대안들을 비교·평가해야 한다는 것이다. 이러한 비교 논리의 대표적 사례는 편익으로부터 비용을 공제한 순잉여 가치의 극대화를 기준으로 하나의 정책을 추천하는 신효용론적 B/C 분석이다. 둘째, 바람직한 행정은 사회 전체의 최대의 선을 조장하는 '집합원리(aggregate principle)'에 근거해야 한다는 것이다. 집합원리는 어느 사회제도나 행정체제도 만약 이들이 사회 성원들에 대한 집합적 만족을 극대화시킬 수 있다면 만족의 합이 어떻게 사회 성원들 간에 배분되느냐에 관계없이 정당화될 수 있음을 시사한다.

2. 의무론

의무론은 인간 행위를 단순히 목표 달성을 위한 수단으로 보는 목적론과는 달리 인간 행위의 옳고 그름을 행위 자체에서 찾는다. 즉, 인간 행위가 일정한 도덕 규칙들(moral rules)과 일치하면 '옳은' 행위라 하고 이러한 규칙들을 어기면 '그른' 행위라 한다. 도덕 규칙들은 하나의 '궁극적 의무 원리(an ultimate principle of duty or obligation)'에 근거하는 데 이러한 원리는 행위를 옳거나 그르게 하는 목적을 따로 정하지 않는다. 대신 이러한 체제가 명시하는 것은 도덕적 행위에 적용되는 일련의 조건들이다.

의무론은 목적론처럼 바람직한 행정을 위한 하나의 의무적 명령과 주된 규범원리를 시사한다. 의무적 명령은 적극적(긍정적) 또는 소극적(부정적)으로 표현될 수 있는데, 그 핵심은 행정이 일정한 행위를 하거나 조장할(삼가할) 의무가 있다는 것이다. 이러한 행위들은 절대적, 구속적, 비절충적, 필수적인 것으로서, ① 그 자체가 스스로 유효성을 띠기에 더 이상의 변명이나 정당화가 필요치 않거나(예: 정직, 진실의 토로 등), ② 행위를 지배하는 원칙이나 원리 간의 논리적 관계에 의해서 정당화 된다(예: 자유, 절차적 형평의 보장 등). 의무론이 시사하는 규범적 원리는 '배분의 원리(distributive principle)'인데, 이는 목적론이 추구하는 '극대화 원리'와는 달리 정의, 평등, 복지 등 다양한 기준을 사용하고, 재화의 배분이 곧 '좋은' 것인 동시에 '옳은' 것임을 강조한다. 그리고 이러한 논리는 정당성 있는 사회조직이라면 반드시 국민의 의사를 정부과정에 반영해야 한다는 계약론적(contractarian) 전제로 더욱 넓혀진다.

3. 갈등과 조화

　목적론과 의무론은 각각 바람직한 행정을 위한 대조적 원리나 규칙들을 제공하였다. 목적론이 시사하는 규범적 원리들은 수단적, 실질적, 집합적, 획일적, 결과 중심적이고, 의무론이 시사하는 원리들은 최종적, 절대적, 형식적(혹은 관계적), 배분적, 복수적, 그리고 원칙 중심적이다. 목적론은 수단과 목표를 분리하고 지도원리로서 어떠한 행정행위도 국민을 위하여 최대의 선을 창출하기만 하면 정당화될 수 있다는 효용론을 취한다. 이에 비해 의무론은 행정행위가 공공재화와 용역의 공정한 배분에 기여할 때만 유효성을 지닌다는 계약론적 논지를 지지한다. 행정에 있어서 이러한 이원론적 특성은 갈등과 혼돈의 분위기를 조성하였고, 어느 원리가 행정행태를 지배해야 하는가에 대한 문제를 적절히 해소할 있는 초원리(super-principle)의 형성을 사실상 불가능하게 하였다. 따라서 현대 행정윤리에서 핵심과제는 바로 이처럼 목적론과 의무론에 기초한 다양한 행정가치들 간의 갈등을 어떻게 해소 또는 관리해 나가는 가에 있게 되었다.

참고문헌

김호섭(1988). 행정의 이원론적 가치체계: 인식론적 본질을 중심으로. 한국행정학보, 22(2): 613−626.
_____(1991). 행정책임의 논리. 한국행정학보, 25(3): 783−802.
Braybrooke, D. and Lindblom, C. E.(1963). A Strategy of Decision. Glencoe, Ⅲ.: The Free Press of Glencoe.
Denhardt, K. G.(1988). The Ethics of Public Service: Resolving Moral Dilemmas in Public Organizations. New York: Greenwood Press.
Dunn, W. N.(1983). Values, Ethics, and Standards in Policy Analysis. In S. S. Nagel. (ed.). Encyclopedia of Policy Studies. New York: Marcel Dekker.
Rawls, J.(1971). A Theory of Justice. Cambridge, Mass.: Harvard University Press.
Sidgwick, H.(1907). The Methods of Ethics. London.
Richter, W. L., Burke, F., & Doig, J. W.(1990). Combating Corruption, Encouraging Ethics. Washington, D. C.: American Society for Public Administration.

키워드: 공리주의, 집합원리
작성자: 김호섭(아주대)
최초작성일: 2003.02.

무의사 결정(Non-Decision Making)

1. 개념

무의사 결정(無意思決定)은 정책의제선정 이전단계(pre-politics)에서부터 존재하는 권력작용과 그 영향력을 설명하는 개념이다. 현존하는 세력판도나 이해관계를 파괴할 가능성이 있는 주제, 기득층의 실리추구에 방해가 될 잠재력을 가진 이슈가 부상하는 것을 미연에 막으려는 권력작용을 일컬어 무의사 결정이라고 지칭한 것이다. 신엘리트론자들(neo-elitists)에 의해 개발된 이 개념은 체제 내 엘리트집단이 싫어하는 이슈가 의제의 장에 등장하기 어려운 이유를 해석하고 있다. P. Bachrach와 M. Baratz는 E. Schattschneider가 1950년대에 제안한 '편견의 동원(mobilization of bias)'이라는 개념을 이용, 주제의 성격에 따라 어떤 이슈는 허용하고 또 다른 이슈는 사장(死藏, un-issueness)시켜 버리려 하는 소위 권력의 양면성(two-faces of power)을 설명한다. 엘리트의 이익에 안전한 문제는 의제의 장에 쉽게 등장시키는데(organized in) 반해 아무리 중요한 주제라 하더라도 껄끄러운 문제는 진입을 거절하는(organized out)관행이야말로 제한적 민주주의(limited democracy)의 한 단면이라는 것이다. 요컨대 특정한 집단(계층)의 편익향상이나 기존질서유지를 저해하는 주장이나 아이디어의 성장을 막으려는 체계적이고도 의도적인 권력작용을 말한다. 이와 같은 무의사 결정은 관찰하기는 쉽지 않지만 분명히 존재하는 현상으로서 검증해야 할 주요 연구대상이라는 것이다.

2. 존재형태

중앙정치권에서는 고위 행정관료, 이익집단의 리더, 그리고 정치엘리트들이 연합하여 소위 철의 삼각정부(iron-triangle government, 또는 sub-government)를 구축하고 그들의 공동이익과 기존질서를 저해(또는 개선)할 가능성이 있는 문제를 선별하는 하는 작업이 이루어진다. 또한 지역사회 유지나 토호세력이 서로 연합하여 그들 입장에 도전이 될법한 의제를 억눌러 성장하지 못하도록 하거나 아예 고사시켜 버리는 행위 등도 관측된다. 이와 같은 권력작용은 각 정책영역별 또는 정부부처별 의제설정과정에서도 개별적인 형태로 나타나는 현상이다. 무의사 결정이 도래하는 이유와 존재형태는 다음과 같은 몇 가지로 나누어 설명할 수 있다.

우선 특정한 주장이 대두되지 못하게 하거나, 문제의 제기가능성 자체를 없애버리기 위해서 관련 이론이나 근거자료와 정보를 사전에 차단시키려는 시도가 있다. 부담스러운 문제를 제기할 잠재력이 있는 집단에게 그들의 주장을 뒷받침할 만한 어떠한 논거나 근거도 제공하지 않으려는 의지가 포함된 행위이다.

둘째로 어떤 집단이 개혁적인 아이디어나 견해를 제기하려 하지만 현 체제 내에 그러한 시도를 반대하는 힘이 막강하게 존재한다는 것을 알아차리고 기존제도나 정책기저에 순응해 버리는 상황도 있다. 특정 정책을 제안하고자 하는 주체세력이 이를 반대하는 측이 쌓아놓은 장벽을 의식하고 스스로 포기해 버리는 경우가 여기에 해당된다. 기대하는 바대로 결실을 얻어내는데 드는 기회비용과 희생이 너무 크고, 또 현존 세력판도를 고려할 때 결실 가능성도 매우 낮을 때 나타나는 현상이다. 물론 막후에는 반대집단(opposition groups)의 보이지 않는 손이 작용하고 있는 것이다. 셋째로 사회 전반에 주요 문제로 이미 퍼져있는 체제의제나 공중의제(systemic agenda or public agenda)가 공식의제나 정부의제(institutional or governmental agenda)로 바뀌는 것을 방해하는 경우도 있다. 사회적 쟁점이 되는 주요 이슈라 할지라도 권력엘리트나 지역사회의 토호집단이 공식적으로 논의하는 것 자체를 거부하는 경우에 나타나는 갈등양상이다. 권력엘리트의 반대에 부딪혀 주장이나 의견을 의제의 장에 근접시키는 데 실패한 개인이나 집단은 체제 저항적 혹은 폭력적 참여수단을 선택하기도 한다.

의제설정단계를 거쳐 정책결정과정에서도 어떤 정책사업이 구체화되는 것을 저지하려는 집단적 막후 활동으로 긴장 상태가 조성되기도 한다. Cobb과 Elder의 주장에 의하면 체제에 내재하는 타성(system's inertia)은 강력하게 현상유지(status quo)를 선호하게 마련이며 법적, 제도적 장치도 그러한 방향으로 고안되어 있기 때문에 기존의 지배적인 구도를 뒤흔드는 주장이 부상(또는 선택)되기가 대단히 어렵다는 것이다. 정책과정에서 배제 당한 소외집단은 대응전략으로 선동적인 대중적 저항방법을 채택함으로써 사회적인 불안정을 야기하기도 한다.

3. 발전배경 및 이론정향

엘리트론자들(elitists)은 민주주의의 다수결 및 평등원리에 대해 다음과 같이 의문을 제기하였다. 사회의 권력구조가 계층화(stratified)되어 있고, 정보자원과 참여수단 등이 불평등하게 분포되어 있기 때문에 정치권에서 주요하게 다루어지는 이슈는 다수시민의 선택이라기보다 오히려 소수엘리트집단의 의도에 부합한다는 것이다. 이와 같은 엘리트론자들의 시각을 비판한 다원론자들(pluralists)은 사회의 권력이란 여러 세력(집단) 간에 다원적이고도 다면적으로 분산되어 있기 때문에 마치 권력이 서열화 되어있어 엘리트들만의 입장이 주로 반영된다고 보는 것은 잘못이라고 주장한다. 권력을 실제 행사하는 행위와 다만 그러한 권력을 소유하고 있는 것은 완전히 별개의 현상이기 때문에 연구자는 정책과정에서 행사가 되고 있는 영향력과 권력행태를 밝혀내는 것이 더 중요하다고 주장한다.

수정 엘리트론(neo-elitism) 또는 무의사 결정론자들은 이러한 다원론적 인식과 방법론을 재비판하는 입장을 취한다. 즉, Bachrach와 Baratz는 R. Dahl을 포함한 다원론자들이 의제의 장에 이미 진입한 의제들만을 대상으로 하여 대안결정에 미치는 상대적인 영향력을 분석하는 데 분주하다고 비꼰다. 쉽게 관측되는 권력행사에만 초점을 맞춤으로써 의제가 부담스럽다는 이유로 아예 등장조차 못하게 하는 막후 권력작용을 놓치고 있다는 것이다. 즉 권력을 소유한 집단의 행위가 제대로 관찰되지 않는다 하여 소유만 하고 있는(행사되지 않는) 것으로 간주하고 연구대상에서 제외시켜 버리는 것은 방법상의 큰 오류라는 것이다. 이러한 오류를 극복하기 위해서 이슈진입을 제한하거나 거부하는 권력작용도 확인하고 측정하여야 한다는 것이다. 나아가 정책결정과정에서도 다원론자들은 집단별 의중대로 사업내용이 형성되게 하려는 영향력만을 측정하는 오류를 범한다는 것이다. 똑같은 논리로 볼 때, 진입된 의제가 원치 않는 방향으로 결정되지 못하도록 힘쓰는 엘리트집단의 보이지 않는 영향력도 반드시 측정되어야 한다는 것이다.

이렇게 무의사 결정부분이 분석되면 의제의 장에 도달하지 못한 문제가 실제로는 매우 중요하고 이해관계가 첨예한 이슈일 수 있다는 점을 밝힐 수 있다. 또한 정책결정과정에서 각 집단이 그들의 입장을 반영시키기 위해 행사하는 권력작용의 이면에 존재하는 또 다른 차원의 영향력(그들 입장에 반하는 대안을 사장시키려는 시도)도 진단해 낼 수 있다는 것이다.

4. 평가와 전망

무의사 결정론은 Schattschneider가 '제한적인 정치참여(limited political participation)' 현상을 설명한 이래 Bachrach와 Baratz가 '권력의 양면성'을 논의함으로써 활성화된다. 그 이후 Cobb과 Elder가 이러한 관점들을 활용하여 의제설정과정에서의 무의사 결정 현상을 설명하면서 정책학 분야에서 주요한 개념이 되었다. 무의사 결정은 의제의 장에 등장여부가 이슈의 중요성을 측정하는 기준이 되어서는 안 된다는 점을 확인해 준다. 오히려 왜 사회적으로 중요한 문제가 이슈화되지 못하는지를 설명하는 권력구조 및 영향력의 존재형태를 밝히는 논거가 되고 있다. 특히 정책 소외집단이 저항적 참여방안을 채택하는 배경을 설명함으로써 무의사 결정현상이 정권불안정과 체제생존에 어떻게 관련되는지도 해설하고 있다. 이와 같이 무의사 결정론은 정책연구에 있어 적실성과 처방성, 그리고 방법론적 과학성을 제고하는 데 기여하는 분석의 틀로 자리잡게 된 것이다.

참고문헌

정정길(1999). 정책학원론. 서울: 대명출판사.

Bachrach, P. & M. Baratz.(1982). "Two Faces of Power." *The American Political Science Review*, 56(4): 947−952.

Cobb, R. & C. Elder.(1971). "The Political Agenda−Building: An Alternative for Modern Democracy Theory." *The Journal of Politics*, 3: 892−915.

Dahl, R.(1961). Who Governs? New Haven: Yale University Press.

McCalla−Chen, D.(2000). "Towards and Understanding of the Concept of Non−Decision Making and its Manifestation in the School Sector." *Educational Management & Administration*, 28(1): 33−45.

키워드: 권력의 양면성(two-faces of power), 다원주의론, 신(수정) 엘리트론, 의제설정, 제한적 민주주의(limited democracy), 제한적 참여(limited participation), 이슈의 소멸(사장)(un-issueness)

작성자: 김인철(한국외대)

최초작성일: 2001.11.

미군정기(美軍政期)

　　해방 직후의 미군정기는 3년(1945.8 – 1948.7)이라는 짧은 기간이었음에도 불구하고 정부 수립 이후 진행된 정치와 행정에 지대한 영향을 미쳤다. 미군은 연합국의 일원인 구소련과 이해관계를 같이하여 38선을 지정함으로써 현재까지도 한국을 세계 유일의 분단국가로 남게 하는 결과를 초래하였다. 또한 냉전시대에 구소련과의 경쟁에서 우위를 점하기 위한 방편으로 한국을 강대국의 위협으로부터 보호한다는 명목으로 한국에 대한 실질적인 통치권을 행사하였다.

　　미국은 한국을 일본에 소속된 점령지의 일부로 간주하였기 때문에 한국에 대한 치밀한 준비나 사전정보 없이 진입하였다. 이는 통치권행사에 있어서 여러 가지 시행착오를 거듭할 수밖에 없는 원인이 되었다. 미군은 미국의 실질적인 목적달성에 여념이 없었고, 책임자들의 행정적 경험과 능력의 부족, 언어소통의 장애 등으로 인하여 적국(敵國)인 일본인의 도움과 미국에 호의적인 소수의 한국인을 국정운영에 참여시키는 정도였다.

　　미군정기의 특징을 분야별로 간략히 살펴보면 첫째, 정치 분야는 정치적 중심이 다분화됨으로써 국민의 총합된 정치적 역량을 발휘하지는 못하였지만, 반공체제의 강화로 대소반공보루(對蘇反共堡壘)건설이라는 미국의 목표는 달성한 셈이다. 둘째, 경제분야는 해방 직후 일제가 독점한 자본과 기술 그리고 북한의 공업편재로 남한의 경제의 어려움은 미군정의 시장원리인 자본주의 경제시스템으로 더욱 악화되어 결국 통제경제로 전환하였다. 셋째, 미군정기의 사회현상은 자의적인 대량실업, 식량부족, 도난과 밀매, 인구증가 등으로 아노미현상이 나타나기도 했다. 넷째, 행정조직은 특수한 국가적 상황과 군정의 특수성으로 중앙집권이 강화되었고, 행정의 능률화 내지 효율화 측면에서는 어느 정도 성과가 있었다고 평가할 수 있다.

참고문헌

김종미(2001). "미군정기", 『한국의 행정사』. 서울: 대영문화사.

김운태(1992). 『미군정의 한국통치』. 서울: 박영사.

키워드: 통치권, 정치 다분화, 통제경제, 아노미현상, 군정의 특수성

작성자: 김종미(한국공공관리연구원)

최초작성일: 2006.02.

Burns의 거래적 - 변혁적 리더십론(Burns' Transactional-Transformational Leadership Theory)

1. 개념

Burns의 거래적 – 변혁적 리더십론(transactional – transformational leadership theory)은 Burns(1978)가 제시하였는데, 거래적 리더십은 지도자가 제시한 조직목표를 구성원들이 성취하면 그것에 따른 보상을 주는 목표달성과 보상을 서로 거래하는 현상을 리더십으로 보는 입장인 반면, 변혁적 리더십은 리더가 부하들에게 장기적 비전을 제시하고 그 비전을 향해 매진하도록 부하들로 하여금 자신의 정서, 가치관, 행동규범 등을 바꾸어 목표달성을 위한 성취의지와 자신감을 고취시키는 과정으로 보는 입장이다.

그 후 Bass(1985)는 Burns의 이론을 정교하게 제시하였는데, 부하들로 하여금 개인적 이해관계를 넘어 기대이상의 성과를 올리도록 높은 수준의 욕구를 충족시키며, 업무성과 중요성 및 가치를 인식케 함으로써 부하를 동기부여시키는 영향력 행사가 리더십이라는 입장을 제시하였다.

2. 유형

1) 거래적 리더십

거래적 리더십(transactional leadership)은 구성원 개인의 관심에 호소하는 유형으로서, 거래적 리더는 조직의 목적달성을 위한 추종자의 역할과 임무를 명확히 제시하는 특성을 가지고 있으며, 아울러 이와 같은 역할과 책임에 대한 구성원들의 순응(compliance) 행위를 강조하고 이에 대한 보상을 강조하는 유형이다.

2) 변혁적 리더십

변혁적 리더십(transformational leadership)은 개인적 관심보다는 좀 더 차원이 높은 도덕적인 가치와 이상에 호소하여 추종자의 의식을 변화시키는 유형이다. 따라서 교환을 중심개념으로 보는 거래적 리더십과는 달리 변화를 중심개념으로 본다. 변혁적 리더는 추종자들에 대한 권한부여(empowerment)를 강조하여 그들의 변화를 도모하며, 이를 통해 궁극적으로는 조직이나 집단의 목표달성을 위한 과업수준의 향상을 지향한다.

전술한 거래적 리더십과 변혁적 리더십의 특성을 좀 더 구체적으로 조명하여 비교해 보면 다음과 같다(<표 1> 참조).

즉, 거래적 리더십은 현상유지, 규정에 의한 활동, 개인보상, 리더와 추종자의 상호의존관계, 그리고 일상적 과업을 지향한다. 반면, 변혁적 리더십은 변화를 목적으로 하고, 규정의 변화를 통한 활동을 지향하며, 비개인적 보상, 상호독립적인 리더와 추종자의 관계, 그리고 비일상적 과업을 추구한다.

표 1. Burns의 거래적-변혁적 리더십론 개념도

구 분	거래적 리더십	변혁적 리더십
목 적	현상유지	변화
활 동	규정 또는 규칙에 의거	규정 또는 규칙의 변화에 의거
보 상	개인적	비개인적
리더-추종자의 관계	상호의존	상호독립
과 업	일상적	비일상적

3. 평가

Burns의 거래적-변혁적 리더십론은 다양한 기준을 근거로 그 유형을 거래적 리더십과 변혁적 리더십으로 구분하고 있다는 점에서, 분명 차별성을 갖고 있으며 본 분야에 의미 있는 기여를 하고 있다. 다만, 변혁적 리더가 추종자의 과업수행에 미치는 효과성은 경험적으로 검증되지 못하고 있다는 점에서, 한계를 갖는다고 할 수 있다.

참고문헌

김형식 · 이영철 · 신준섭(2007). 『사회복지행정론』. 파주: 양서원.

Bass, B. M.(1985). Leadership and Performance beyond Expectations, New York: Free Press.

Burns, J. M.(1978). Leadership, New York: Harper & Row.

Shortel1, S. M. & Kaluzny, A. D.(1994). Health Care Management: Organizational Design and Behavior(3nd ed). Albany, New York: Delmar Publishers Inc.

네이버지식백과<http://terms.naver.com>

키워드: Burns의 거래적−변혁적 리더십론, 거래적 리더십, 변혁적 리더십

작성자: 양승일(충남도립대)

최초작성일: 2013.07.

법가(法家)

1. 개념

법가는 중국의 춘추전국시대에 나타난 여러 통치사상 가운데 한 부류이다. 이들은 법을 기준으로 하여 신상필벌(信賞必罰)의 정치를 행함으로써, 기존 귀족의 특권을 인정하는 예(禮)를 배제하고 권력을 군주에게 집중하여 부국강병을 꾀하도록 주장하는 정치가 및 사상가이다. 법가는 법의 확립을 우선적 정치명제로 채택하고, 제정된 법의 운영에 관한 것만을 다루고 있으므로 법 제정의 절차나 내용에 관하여 구체적이지 않다. 봉건적인 예치사상(禮治思想)에서 벗어나 새로운 법치사상(法治思想)을 발전시킨 법가의 사상적 출발점은 인성(人性)이 악하기 때문에 예로써 다스릴 수는 없고, 객관적 보편적 기준인 법을 통해서만 치국이 가능하다고 보았다. 철저한 법치는 실정법에 의거하여 법을 제정한 군주를 포함하여 모든 사람들에게 예외 없이 일률적으로 상(賞)과 벌(罰)을 적용하는 엄형주의(嚴刑主義)가 핵심이다. 법을 일률적으로 적용하는 지배는 광범한 영역의 통치에 알맞은 것으로, 전국의 통일적 지배, 중앙집권화시대에 적합하다.

2. 발전배경

중국의 고대사상을 꽃 피운 시기는 춘추전국시대에 나타난 제자백가(諸子百家) 사상에서 연유한다고 할 수 있다. 고대사상의 대표적인 것은 유가(儒家), 법가(法家), 도가(道家) 등을 들 수 있다. 이들 사상들의 공통적인 관심대상은 혼탁한 사회의 질서를 어떻게 하면 바로 잡을 수 있는가에 대해서 바람직한 통치를 통해 가능하다고 보았던 것이다. 당시에 각 국은 대외적으로는 국가 간의 전쟁을 통해서 승리를 쟁취하여야만 하고, 대내적으로는 무질서와 혼란을 극복하고 안정상태를 창출하기 위해 질서를 회복하여야만 되었다. 복잡한 대내외적 문제를 해결하기 위해서 유가(儒家)는 그 실마리를 어떻게 하면 인간에 대한 교화를 통해 이상적인 인간사에 도달할 수 있는가 하는 윤리적인 측면에서 찾은 반면에 법가는 현실을 살아가는 인간의 삶의 측면에서 현실을 있는 그대로 직시하고 그 현실 속에서 해결책을 찾은 것이다.

3. 핵심내용

법가의 내용은 법(法), 술(術), 세(勢)에 의한 군주의 통치술이다. 대표적인 사상가로는 법사상에 상앙(商鞅), 술의 고찰에 뛰어난 신불해(申不害), 세를 중시한 신도(愼到), 세 사람의 사상을 종합한 한비자(韓非子) 등이 있다. 법의 사상적 내용으로는 형평성, 변법(變法), 엄형주의(嚴刑主義) 등이 있다. 법은 모든 사람에게 예외 없이 일률적으로 공정하게 적용되는 절대적인 기준임과 동시에, 사회의 상황이나 변화에 따라 그에 맞는 통치원리가 있음을 전제로 사회의 변화를 반영하는 제도 전반의 포괄적인 개혁을 꾀하며, 법 집행에 있어서는 도덕과 엄격히 구분하여 아무리 모질고 악한 법이라도 반드시 지켜야 한다고 보는 법실증주의에 입각하여 상과 벌을 통치의 수단으로 사용한다. 특히 商鞅은 公正無私한 객관적 기준에 의한 法一元的 정치로 법에 의해 국가를 다스려야 하며, 법치가 완전하게 실현된 사회는 윤리적 내용을 실현하고 있는 사회로 보았다. 術이란 법이 제정된 후에 법이 운용되는 방법을 말한다. 군주는 반드시 모든 일을 몸소 해야 하는 것은 아니고 관리들을 감독하는 대권을 총괄하는 것이므로, 군주는 신하의 말과 행동을 內心으로 은밀히 비교·검토하여 신하를 다스리는 통치기술인 술로서 다스리게 된다는 것이다. 申不害의 술치사상은 군주가 상황에 따라 상대방과 자신을 고려하여 자신의 의중을 전혀 드러내지 않으면서도 상대방의 의중을 가장 잘 파악할 수 있는 최적의 방법을 선택하여 언행을 하라는 것이다. 특히 한비자의 <內儲說上>篇의 七術을 보면 군주가 문제를 해결하는 데 있어 신하들을 다양한 방법으로 다루며, 또한 신하들의 의견을 수렴하여 비교·검토함으로써 나름대로 최선을 다하여 효과적인 것을 찾고자하는 것을 알 수 있다. 또한 군주에 있어서 勢란 賞罰이라는 二柄을 스스로 장악해서 운용해야 하는 것으로 세는 군주만이 아니라 신하라도 인위적으로 장악할 수 있다. 愼到는 군신의 관계에서 군주는 두 가지 세를 구비할 것을 강조하고 있다. 우선 군주와 신하의 역학 관계는 시소와 같이 서로 상반되는 것이므로 군주에게 절대권력과 절대권위의 부여를, 또 하나는 군주가 백성들에게 관직임명을 통해 능력에 따르는 일정한 지위와 세를 주어 최대한 의 능력을 발휘함으로써 얻어지는 民力의 집결을 의미하는 것으로 백성들의 국가내 유기적 통합을 가지게 하는 것이다. 군주에 있어서 세의 목적은 세의 강화뿐만 아니라 세를 통해서 부국강병을 효율적으로 달성하기 위한 것이다. 세에 대한 신도의 견해는 사람은 권위와 위 치를 중시하고 이것으로 형성되는 세를 이용해서 자신의 능력에 관계없이 타인을 제압할 수 있다고 보는 반면에 한비자는 세를 본인에게 유리하도록 활용할 수 있는가는 개인의 능력에 달려 있다고 보았다.

3. 법가사상의 한계

법가는 사상적 기초로 인간의 본성을 물질에 지배되는 性惡과 好利로만 극단적으로 파악 하였다. 때문에 현실 중심적으로 이해상벌만이 사람을 구사케하는 힘으로 보았다. 그러나 인 간은 현실과 도덕의 양면에 정도의 차이가 있을 뿐 모두 존재하므로 양면을 고려할 때 인간 을 온전한 모습으로 이해할 수 있다. 또한 국가의 통치관에 있어서 법가는 수단만을 강조하 는 극단적인 國家理解를 취하고 있다. 인간의 목적은 도덕성의 실현에 있고 이를 위해 이해 타산의 이익은 도덕적 인격실현을 위해서 육체적·물질적 제조건을 충족시키는 수단에 불과 하다. 그러나 법가는 국가가 인간을 위한 도덕적 이념성을 실현하기 위해서 법적 강제에 기 초하는 강력한 실력이 먼저 충족되어야 한다는 것이다. 이는 인간의 목적이라 할 수 있는 도 덕을 아예 포기하고 인간을 단지 이익을 목적으로 삼는 이익목적 합리적 인간으로 전락시켜 버렸다. 이외에도 법가는 법의 정의 지향적 이념과 같은 가치 합리적 이해자체를 포기하고, 목적 합리적 이해에 따라 국가의 질서안정기능을 위한 권력합리적 목적과 법의 안정기능을 위한 질서 안정적 목적만으로 국가의 이념과 법의 이념을 제한하고 있다. 국가와 법이 인간 을 목적으로 삼지 않고 그 자체를 목적으로 삼을 때 그것은 반드시 인간에 대한 침해로 나 타난다.

참고문헌

김종미(1999). '한비자의 법가사상에 대한 정치·행정적 함의'. 「한국행정학보」, 33(3).

_____(2000). '역대통치자의 법가적 특성에 관한 연구'. 「현대사회와 행정」.

송영배(1994). 「諸子百家의 사상: 원전 자료로 본 위한 중국철학사(고대편). 서울: 玄音社.

유택화(1994). 「중국 고대 정치사상」. 서울: 도서출판 예문서원.

임정기(1996). '법가의 국가관: 한비자를 중심으로'. 「인간과 사상」, 8.

조천수(1996). 「법가의 법치주의 사상 연구」, 고려대학교 법학과 박사학위논문.

키워드: 법가, 법치, 술치, 세치, 엄형주의, 변법주의, 신상필벌

작성자: 김종미(한국공공관리연구원)

최초작성일: 2001.10.

보직관리(Placement Management)

1. 보직관리의 개념

보직관리에 대해 논의하기에 앞서 보직(placement)의 개념을 살펴볼 필요가 있다. 보직(placement)은 "공직자를 일정한 직위에 배치하는 행위"로, 정부부문에서의 보직관리(placement management)는 공직자의 일정한 직위 배치를 관리하는 것이라고 할 수 있다(김정인, 2018: 171 재인용). 이처럼 보직관리는 수평적 인적자원 이동(조직 내부에서 인적자원이 수평적으로 이동하는 것)의 일환으로 해석될 수 있다(김정인, 2018).

정부부문에서 보직관리의 필요성을 개인차원과 조직차원에서 설명할 수 있다. 개인차원의 보직관리는 공무원 개인에게 적절한 보직을 부여함으로써 개인의 능력발전과 성과향상에 기여할 수 있다. 조직차원의 보직관리는 해당 직위의 직무요건과 공무원의 인적요건(능력, 자질, 태도, 기술)을 고려하여 공무원을 적재적소에 배치할 수 있으며, 공무원의 전문성을 제고하는 방안이 될 수 있다(김정인, 2018: 171). 또한 승진기회가 적은 보직에 근무하는 공무원을 승진기회가 높은 보직에 이동함으로써 승진의 불균형을 줄일 수 있으며, 장기간 근무로 인한 공직 침체와 권태를 방지하기 위한 수단으로 활용할 수 있다(고숙희, 2008: 36).

2. 보직관리의 등장배경과 특징

한국의 공직분야에서 오랫동안 유지해온 보직관리 제도로는 순환보직(job rotation)이 있다. 순환보직은 장점과 단점을 동시에 지니는 보직관리 방법이다. 순환보직의 장점은 장기근무에 따른 침체 비용을 줄일 수 있으며, 다양한 보직경험을 통해 종합적이고 통합적인 시각을 지닐 수 있도록 한다는 것이다. 또한 순환보직을 통해 다양한 시각에서 사회문제를 해결할 수 있으며, 직무 간 갈등이 존재할 때 순환보직을 경험함으로써 다른 직무를 이해하게 되어 갈등을 조정할 수 있다는 장점도 존재한다(김광호, 2008; 김정인, 2018). 이러한 장점에도 불구하고 한국에서 순환보직 제도의 가장 큰 문제점은 '잦은' 순환보직에 있다. 필수보직기간이 있음에도 불구하고 현실적으로는 잦은 보직이동이 발생하고 있다는 것이다. 이로 인해 전문성 축적에 장애가 발생하며, 잦은 순환보직으로 인한 업무인수·인계 비용과 시간낭비 등이 업무비효율성을 초래할 가능성이 높다(김정인, 2018). 또한 보직 간에도 불평등성이 존재하여 승진이 잘되고 단기적으로 성과가 쉽게 창출될 수 있는 보직을 상대적으로 선호하며, 반면에 단기적 성과창출이 어려우며 승진에 도움이 되지 않는 보직을 꺼려하는 보직선호의 양극화 문제점도 존재한다(김광호, 2008). 같은 맥락에서 한국 공직사회의 특징 있는 보직관리제도로는 'Z형 보직경로'가 있다. Z형 보직경로는 같은 계급이라도 보직의 중요성이 서로 다르게 인지되기 때문에, "처음에는 하위보직에 임명이 되었다가, 전보를 통해서 상위보직으로 이동하는 보직경로"를 의미한다(김광호, 2008: 6).

「공무원 임용령」 제43조의 '보직관리 기준'은 다음과 같다(국가법령정보센터, 2020). 첫째, 임용권자(임용제청권자)는 소속 공무원을 원칙적으로 '하나'의 직급이나 직위에 임용하여야 한다. 둘째, 임용권자(임용제청권자)는 소속 공무원을 보직할 때 '직위의 직무요건'과 소속 공무원의 '인적요건'을 고려하여 적재적소(適材適所)에 임용하여야 한다. 셋째, 임용권자(임용제청권자)는 직무의 곤란성과 책임도에 따라 직위를 등급화하고 소속 공무원의 경력과 실적 등에 따라 능력을 적절히 발전시킬 수 있도록 보직하여야 한다.

3. 보직관리 활용(연구) 경향

한국의 정부조직 내 보직관리 연구는 대부분 합리적인 보직관리 제고 방안과 잦은 순환보직제도 문제해결 방안에 초점을 두고 있었다(예: 권우덕·김영우, 2018; 김광호, 2008). 한국의 보직관리에 관한 연구들은 어떻게 하면 공직분야에서 '전문성(professionalism)'을 증가시킬 수 있는 가에 관심을 가졌다. 같은 맥락에서 최근 「공무원 임용령」과 「공무원 임용규칙」이 개정되어 국가공무원과 지방공무원 모두 보직관리에 있어서의 전문성 강화방안이 제시되고 있다(이하 김정인, 2018: 172 – 174). 첫째, 필수보직기간(공무원이 다른 직위로 전보되기 전까지 현 직위에서 근무하여야 하는 최소기간)을 3년으로 확대하였다. 둘째, 직무와 인재유형에 따라 경력경로를 이원화하는 보직관리제도(전문직위제 도입 및 운영)를 도입하여 공직의 전문성을 강화하였다. 셋째, 핵심정책 분야별 전문가를 양성하기 위하여 전문직 공무원제도를 도입하였다. 합리적인 보직관리 제도 운영을 위해서는 순환보직의 장점을 살리면서 전문성 강화를 위한 제도장치를 적극적으로 활용할 수 있는 방안을 모색할 필요가 있을 것이다.

참고문헌

국가법령정보센터(2020). 「공무원 임용령」.

권우덕 · 김영우(2018). 지방공무원의 전문성 제고 방안에 관한 연구: 순환보직 관행 개선을 중심으로. 「한국인사행정학회보」, 17(2): 115－141.

고숙희(2008). 경기도 공무원의 보직 및 승진관리를 통한 인적자원개발: 남녀인식차이를 중심으로. 「한국인사행정학회보」, 7(2): 33－58.

김광호(2008). 정부부문의 전문성 제고를 위한 인사제도의 개선－순환보직을 중심으로. 「KDI정책포럼」, 194: 1－9.

김정인(2018). 인간과 조직: 현재와 미래. 서울: 박영사.

키워드: 순환보직, 보직경로, 전문성

작성자: 김정인(수원대)

최초작성일: 2020.02.

복식부기(Double-entry Bookkeeping)

1. 개념

복식부기는(double-entry bookkeeping)는 경제의 일반현상인 거래의 이중성을 회계처리에 반영하여 기록하는 방식이다. 즉 자산, 부채, 자본을 인식하여 거래의 이중성에 따라 차변과 대변을 계상하고 그 결과 차변의 합계와 대변의 합계가 반드시 일치하여 자기검증 기능을 가지는 기장방식이다. 거래의 영향을 두 가지 이상의 상반된 측면에서 파악하여 각각 별도의 절차를 거쳐 기록하고 집계하는 것이 특징이며, 경제활동의 발생 시에 이를 기록하는 발생주의에서 주로 채택된다.

2. 이론적 모형

단식부기와 복식부기는 회계의 하위기술로서, 하나의 거래가 경제실체에 미치는 영향을 기록·분류·집계하여 정보화하는 방식을 말한다. 단식부기(single-entry bookkeeping)는 거래의 영향을 단 한 가지 측면에서 수입과 지출로만 파악하여 기록하는 방식으로서, 가계부가 가장 전형적인 단식부기의 사례에 속한다. 현금의 증감발생 시에 회계처리를 하는 현금주의에 주로 채택된다.

일반적으로 인식되고 있는 복식부기의 본질에 관한 대표적인 논의는 크게 세 가지로 구분할 수 있다. 첫째, 복식장부기입론이 있다. 이는 복식부기의 발달초기에 만쏘니(Manzoni), 슈바이커(Schweicker), 반닝헨(Waninghen) 등이 16-17세기에 주장한 것으로 분개장과 원장의 두 가지 부기사용을 강조한 것을 말한다. 거래를 이중성으로 회계하는 과정을 분개라고 하는데, 이는 운용측계정이 증감하는 것은 운용측의 해당계좌에, 자본측계정이 증감하는 것은 자본측의 해당계좌에 각기 좌우변의 상반된 변에 기장함으로써 모든 거래의 이중성을 기장할 계정 및 금액을 양변으로 구분하는 것을 말한다. 이 같은 분개식 기장은 계산의 검증을 쉽게 할 수 있게 해 준다.

둘째, 복식계산대상론이 있는데, 이는 장부에의 기입방법과 내용을 계정학설과 결부시켜 설명하려는 것으로 휴그리(F. Hügli)나 쉐어(J. F. Svhär)는 物的一計定學說에 입각해 자산과 부채를 포함한 의미의 재산과 자산을 그 대상으로 하고 있다. 또한 이들은 관청부기에도 복식부기가 사용될 수 있고, 자본계산을 하지 않는 경영체에도 복식부기가 있을 수 있다고 주장하고 있다. 그러나 이것은 오늘날 일반적으로 말하는 복식부기와는 다른 부기체계이다.

셋째, 복식기입론이 있는데, 이는 거래가 계정 간에 貸借 동등한 가치액으로 기입되며 대차평균의 원리에 따른 기입을 하는 것을 본질로 하고 있다. 이것은 16세기 중엽 이래 올드캇슬(Oldcastle)을 위시해 많은 지지를 받아왔다. 그러나 이는 전 거래가 기록의 대상이 되며 복기가 실질적 의미에서 실현되고 있음을 조건으로 하고 있다. 즉, 복식부기의 본질은 복식기입이 계정 및 計定座와 계산대상이 완전한 대응관계에서 파악할 수 있는 것을 기술적 조건으로 해야 계정기입가치액이 총액이나 각 계정잔액의 합계에 있어서나 반드시 대차균형관계가 성립된다는 것이다.

분개식 복식부기를 실시하는 이유는 다음과 같다. 첫째, 모든 거래의 이중성을 차변에 기장할 금액과 대변에 기장할 금액이 같도록 분개하여 기장하기 때문에 모든 계정의 차변과 대변에 기장한 금액이 같아져 차변기장금액의 총계와 대변기장금액의 총계가 평형을 이룰 수 있기 때문이다. 둘째, 분개하여 기장해도 운용측계정은 운용측의 해당계좌에 기장하고 자본측계정은 자본측의 해당 계좌에 기장하되 운용측계정의 증가액은 차변에 기장하고 감소액은 대변에 기장하며 자본측계정의 증가액은 대변에 기장하고 감소액은 차변에 기장하므로 증가액을 차변에 기장한 운용측계정은 대변에 기장한 감소액을 차감해도 차변잔액이 되고 증가액을 대변에 기장한 자본측계정은 차변에 기장한 감소액을 차감해도 대변잔액이 되면서 차변잔액인 운용측계정을 모두 합계한 금액과 대변잔액인 자본측계정을 모두 합계한 금액이 같게 되어 대차평형을 이룰 수 있기 때문이다. 즉, 분개적 복식부기는 분개에서 기장과 결산에 이르기까지 "대차평형의 원리"에 기초하기 때문에 대차가 평형되지 않을 때는 기장 및 계산상의 오류가 있음을 쉽게 파악할 수 있는 이점이 있다.

3. 발전배경

부기는 이탈리아 商業諸都市에서 15세기에 기본적 구조가 완성된 이후 1494년 베니스의 승려인 루카 파치올리(Lucas Pacioli)에 의해 복식부기가 세상에 처음으로 소개되었다. 이후 1531년과 1534년에 그의 저서가 독일어로 번역되었고, 1525년과 1534년에는 이탈리아어로, 그리고 1543년과 1562년에 영어로, 1549년과 1590년에 和蘭語로, 1550년과 1602년에는 불어로 번역돼 출판되는 등 복식부기가 세계 각국으로 전파되었다. 이 같은 복식부기의 전파는 당시 상업자본의 축적과정에 큰 기여를 하게 되었다.

자본주의 사회에서 대표적인 부기형태로서의 지위를 확보하고 있을 뿐만 아니라, 그 계산원리는 사회주의 사회에서도 이용되고 있다.

복식부기는 중세 이탈리아의 상업경영에 이용되는 부기로서 생성되고 발전되었으며, 그후 기업의 발달과 함께 기업회계로서의 복식부기로 완성되기에 이르렀다.

4. 제도화

우리나라 지방정부의 회계는 단식부기 방식으로 거래를 기록하고, 현금주의에 입각하여 거래를 인식하고 있다. 일반적으로 회계는 기장의 방식여하에 따라 복식부기와 단식부기로 나눌 수 있고, 거래의 인식시점에 따라 현금주의와 발생주의로 나누어진다.

현금주의에 기초한 단식부기제도를 발생주의에 기초한 복식부기제도로 변경하는데 반대하는 주장도 있으나 복식부기가 단식부기보다 우수한 제도라는 점에서는 이의가 없다. 일반적으로 단식부기는 비영리기관에 적합하고 복식부기는 영리기관에 적합하다는 고정관념은 옳지 못하다. 단식부기와 복식부기 중 어느 것을 도입해야 할 것인가의 문제는 선택의 문제라기 보다는 당위의 문제라 할 수 있다. 다만 복식부기도입을 반대하는 논리는 회계제도변경에 따른 비용이 많이 소요되고, 발생비용만큼 유용한 정보를 획득하기 어렵다는 점을 강조한다. 그러나 복식부기 도입에 관한 비용편익논쟁은 도입 이후의 복식부기의 장점을 얼마나 활용할 수 있는가에 맞추어져야 할 것이다.

정부에서 추진하는 "기업가적 정부"의 성공적 개혁을 위해서는 발생주의에 기초한 복식부기의 도입은 필수적이다. 즉 경쟁, 책임, 성과중심의 국정운영을 위해서는 성과평가를 위한 회계 및 재정정보가 필수적이며, 비용과 원가산정을 통하여 정부부문의 효율을 증대시킬 수 있는 회계제도가 먼저 확립되어 있어야 하기 때문이다.

발생주의에 기초한 복식부기의 도입이 필요하다고 할지라도 거래의 인식기준을 완전발생주의로 할 것인가, 수정발생주의로 할 것인가를 결정하는 일이 쉽지 않으며, 수정발생주의라도 축소수정, 순수수정, 확장수정 중 어느 것을 선택할지는 국가의 정책적 선택여하에 달려있다. 회계기준과 기장방식에 따라 다양한 유형의 회계제도가 존재할 수 있는데 각 나라에서는 실제 선택하고 있는 회계제도의 유형은 다음 표에 나타난 바와 같다. 이를 구체화하면, 현금주의에 기초한 단식부기(i, ii), 발생주의에 기초한 단식부기(iii, iv), 현금주의에 기초한 복식부기(v, vi), 발생주의에 기초한 복식부기(vii, viii)로 유형화할 수 있다. 가장 전형적인유형은 가계나 정부회계에서 볼 수 있는 (i, ii)형과, 기업회계에서 사용하고 있는 (vii, viii)유형이다. (v, vi)형은 절충형으로, 현금기준 재무상태변동표, 금융기관 재무제표 일부에서보듯이 현실적으로 운용이 가능하고 실제 독일, 스웨덴, 덴마크 등에서 사용되고 있다. 그러나 발생주의에 기초한 단식부기제도(iii, iv)는, 단식부기가 자산, 부채, 자본을 별도로 인식하지 않기 때문에 실질적인 운용이 불가능하며, 이 유형을 택하고 있는 국가는 없다.

표 1. 각국의 정부회계제도의 유형

인식기준 기장방식	현금주의	수정현금주의	수정발생주의	발생주의
단식부기	i	ii (한국, 일본)	iii	iv
복식부기	v (독일)	vi (덴마크, 스웨덴, 일본의 일부자치단체)	vii (프랑스, 네덜란드, 스페인, 미국, 유럽연합)	viii (뉴질랜드, 영국, 미국지방정부)

아직까지 우리나라 정부회계는 현금주의에 따라 지출이 발생했을 때 지출내역과 금액만 장부에 기재하는 단식부기 형태로 가계부나 금전출납부 수준에 불과하다. 때문에 내역을 고의로 빠뜨리면 찾기가 어려운데다 재산의 증감상태도 일목요연하게 파악하기 곤란하다. 이에 따라 기획예산처 전신인 기획예산위원회에서는 일부 지자체에 시범적으로 복식부기제도를 도입해 평가해본 뒤 점차 다른 지자체와 책임경영행정기관 등으로 확대하기로 했으며, 2002년부터는 중앙부처에도 복식부기제도를 도입하는 방안을 추진키로 한 바 있다.

참고로 복식부기 의무자가 종합소득세를 신고할 때 구비해야 할 서류는 다음과 같다.

※ **복식부기의무자(개인사업자)의 종합소득세 신고 시 필요한 서류**

구 분	직전연도 수입금액
도·소매업, 부동산매매업, 농업, 수렵업 및 임업(산림소득포함), 어업, 광업	3억 원 이상
제조업, 음식숙박업, 전기가스 및 수도사업건설업, 소비자용품 수리업, 운수창고 및 통신업 금융 및 보험업	1억 5천만 원 이상
부동산임대업, 서비스업	7천 5백만 원 이상

1. 각종 경비 영수증:
   - 차량유지비, 자동차보험료, 자동차세
   - 식대영수증, 접대비영수증
   - 소모품비영수증
   - 가스수도료, 전기요금, 전화요금(휴대폰요금포함)
   - 각종 세금과 공과금
   - 광고선전비, 운반비영수증
   - 은행송수수료 등, 기타사업관련 간이영수증
2. 대표자 주민등록등본 1통(장남이면 호적등본)
3. 본인, 부양가족 장애자의 경우(장애자증명수첩)
4. 개인연금저축납입증명서(60만 원 소득공제되므로, 대략 12만 원 소득세 절감 혜택 있음)
5. 국민연금보험료 납입증명
6. 세금계산서 부가가치세신고서 사본

5. 평가와 전망

15세기 말 이후 전세계로 급속하게 전파된 복식부기는 당시 상업자본의 축적과정에 큰 기여를 하게 되었다. 슘페터(Schumpeter), 눗쓰바움(Nussbaum), 로버트슨(Robertson) 등은 복식부기의 자본금계정으로 인해 비로소 추상적인 자본개념이 얻어졌으며, 자본의 이윤의 근원이며 객관적인 영리력임을 알게 함으로써 산업자본의 원시적 축적과정에 박차를 가할 수 있었다고 주장했다. 좀발트(Sombart)는 이러한 사실에 기초해 기업가로 하여금 그 목적을 계통화 해서 목적달성 여부를 확인할 수 있게 하고 장래의 활동에 계획성을 부여할 수 있게 해 주었다고 그 공적을 높이 평가한 바 있다.

복식부기는 단식부기의 단점을 보완하기 위해 만들어진 발전적인 회계제도이며, 유용한 회계정보의 산출과 통제가능성이라는 점에서 단식부기보다 훨씬 우월한 기장방식이다. 구체적으로 살펴보면, 첫째, 복식부기는 통합자료를 제공함으로서 정책결정자의 합리적인 의사결정에 유용한 정보를 제공한다. 반면에 단식부기는 각 담당자별로 관리하고 있는 개별자료만 제공되기 때문에 통합자료를 얻기 위해서는 별도의 특별작업이 필요하다. 게다가 이러한 특별작업은 매번 수년 전 자료부터 모두 다시 작업해야 하는 문제가 있다. 둘째, 복식부기는 대차평균의 원리와 내부통제기능에 의하여 자료의 상호검증(cross check)이 가능하고, 그 결과 회계자료의 신뢰성이 높아지고, 부정과 오류 등 회계부정을 방지할 수 있다. 셋째, 복식부기는 자기통제기능이 있어 매일 매일의 종합적인 재정상태를 알 수 있어서, 정보의 적시성(timeliness)을 확보할 수 있다. 따라서 신속 정확한 결산과 효율적인 회계감사가 가능하고, 공표되는 회계정보의 이해가능성이 증대되어 국민의 신뢰를 얻을 수 있을 것이다.

참고문헌

서울대학교 경영대학 회계학연구실(1996). 『회계학 핸드북』. 서울대학교 출판부.

소진덕(1987). 『최신 회계학 대사전』. 서울: 법경출판사.

윤영진(1999). "지방예산회계제도의 개혁과 복식부기제도". 『지방재정』, 2: 13 − 25.

후데야이사무 · 겔럽 앤 컴퍼니(1999). 『정부회계혁명』. 서울: 한 · 언.

http://ssri.kyungsung.ac.kr/doc/16 − 1.htm

http://user.chollian.net/~kasun85/acct − complexbookkeeping.htm

http://www.shontax.co.kr/tax − 8.html

키워드: 단식부기, 거래이중성, 발생주의

작성자: 이병렬(우석대)

최초작성일: 2001.11.

부성조직(부처조직)

1. 개념

부성조직(부처조직)이란 넓은 의미로는 공·사조직 등 모든 조직의 분화된 구조를 일컬으며, 좁은 의미로는 정부조직의 중앙행정기관을 의미하고, 더욱 좁은 의미로는 중앙행정기관 중에서 위원회 형태를 제외한 계선기관 형태의 부처를 의미한다.

2. 이론 모형

부성조직에 관한 이론은 조직의 분업화와 관련하여 부성조직의 원리가 고전적 원리로 인용되고 있으며, 부성조직의 영향요인, 부성조직의 개편 그리고 부성조직의 실제 등에 관한 논의들이 주를 이루고 있다.

3. 부성조직의 기준

부성조직을 분업화할 때는 업무의 유사성이나 동질성을 기준으로 묶어 분업화하게 된다. 이러한 기준으로 제시된 고전적인 이론모형은 귤릭(L. Gulick)의 부성화(또는 부문화)의 원리이다. 그가 제시한 기준으로는 1) 주된 목표, 2) 사용하는 과정, 3) 봉사 또는 처리의 대상이 되는 고객이나 물건, 4) 업무를 수행하는 장소이다. 첫째, 주된 목표 또는 기능에 의한 부성화는 국방부, 교육부 등 같은 목표나 기능에 해당하는 업무를 하나의 조직단위로 묶는 것을 의미한다. 둘째, 과정에 따른 부성화는 같은 기술을 사용하거나 같은 전문분야를 하나의 조직단위로 묶는 것으로 통계청, 공보처, 법제처 등을 들 수 있다. 셋째, 대상이나 고객에 따른 부성화는 같은 고객집단에 봉사하거나 같은 대상물을 다루는 사람이나 업무를 하나의 조직단위로 묶는 것으로 국가보훈처, 여성부 등을 들 수 있다. 넷째, 장소에 따른 부성화는 일하는 장소 또는 지역을 기준으로 업무를 하나의 조직단위로 묶는 것으로 외무부(우리나라의 외교통상부)에서 내국을 미주국, 아시아국 등으로 구분하거나 지방단위의 특별행정기관을 운영할 때 주로 이용하며, 부처 수준에서는 흔하지 않다. 이상의 부성화 기준은 주로 정부조직을 대상으로 한 것이지만 민간조직에서도 유사한 기준들이 제시되고 있다. 부성화의 기준에 대한 이러한 원리는 기준이 되는 용어가 다소 모호하고 서로 경합적이라는 점, 규범적이라는 점이 비판되고 있다.

4. 정부 부처의 수

한 나라의 총 부처(부성)부성화의 정도 즉 정부조직구조의 분화를 나타내는 척도이다. 1998년 5월 현재 세계 189개국의 총 부처 수는 각국별로 차이를 보이고 있다. 총 부처 수가 가장 적은 나라는 리히텐슈타인으로 2개 부처이며, 가장 많은 나라는 인도로 43개 부처이다. 한 때 소련은 100개 이상의 부처를 운영한 바 있다. 대체로 사회주의국가가 자본주의국가보다 정부부처의 수가 많다. 고소득 자본주의국가일수록 정부가 경제 및 사회분야에 대한 개입을 줄이기 때문에 정부부처의 수가 적다.

5. 정부 부처의 분화

정부 부처는 부처 조직 분화의 일반 이론과 각국의 특수한 사정에 따라 분화의 정도와 내용이 다르게 된다. 업무나 기능의 내용이 중요할수록 하나의 부처가 관장하게 되며(이를 '단독부처'라 함), 그것의 중요성이 상대적으로 약화되면 한 부처가 2개 이상의 기능을 담당하게 된다(이를 '구성부처'라 함). 확인된 정부의 기능 중 단독부처를 이루는 경우는 행정수반실, 내무부, 법무부, 국방부, 외무부, 재무부, 교육부, 보건부 등이며, 구성부처를 이루는 경우는 노동, 체신, 농업, 공업, 에너지, 교통, 문화, 지방, 통상, 주택, 복지, 스포츠, 경제, 정보, 과학, 환경, 청소년 기능 등이다. 즉 구성부처에서는 이들 중 두 개 이상이 짝을 이루어 하나의 부처를 구성하는데 예컨대 공업에너지부를 들 수 있다.

6. 부처할거주의

부처할거주의는 조직이 분화해 가는 과정에서 생기게 되는 현상 중의 하나로, 조직이 그 장을 정점으로 하여 하나로 단결하게 되고 다른 조직을 경쟁의 대상으로 인식하고 협조의 대상으로 인식하지 않는 것을 말한다. 이를 부처이기주의라고도 한다. 부처는 한 가지 기능, 절차, 대상 등 동질성에 따라 분업화되기 때문에 조직구성원 간에 강한 일체감이 있으며, 인식과 이익을 공유하게 되므로 다른 부처와 뚜렷한 입장 차이를 보이게 될 때가 많다. 여기에 대체로 부나 처에 등 중앙행정기관에서는 품의제를 통해서 어떤 안건에 대하여 합의와 단합이 이루어진다고 볼 수 있으므로 품의제는 부처할거주의를 가속화시키는 한 요인이 된다. 부처할거주의가 지나치면 국익을 소홀히 하게 되며, 범국가적 대응이 필요할 때 이에 대한 대응이나 의사결정의 지체가 일어나게 된다.

7. 평가 및 전망

귤릭의 부성화의 원리는 그야말로 고전적이다. 아직까지도 부처조직의 원리로서 근간을 차지하고 있다. 다만 원리로서 개념이 다소 규범적이라는 비판이 있으나 경험적인 연구결과에 의해 부분적으로 타당하다고 입증된 바 있다. 그러나 개별 국가에서 정부의 중앙행정기관을 대상으로 한 분업화는 각국별 특수성을 보이기 때문에 원리로서의 보편적 특성의 적용은 큰 제약을 받을 수밖에 없다. 정부조직을 개편을 할 때에는 으레 부성조직의 통폐합이 논의된다. 보다 정밀하게 정치경제체제나 각국의 국가 기능에 따른 처방이 요구된다.

참고문헌

민 진(1996). "중앙행정기구의 분화에 관한 연구." 「한국행정학보」, 27(3).

오석홍(1999). 「조직이론」. 제3판. 서울: 박영사.

조석준(1994). 「한국행정조직론」. 서울: 법문사.

Gulick, Lucher(1937). "Notes On the Theory of Organizations." In L. Gulick & L. Urwick. (eds.). Papers on the Science of Administration. New York: Institute of Public Administration, Colombia University.

키워드: 부성(부문)조직의 기준, 부처 조직의 수, 정부부처의 분화, 중앙행정기관, 부처 할거주의

작성자: 민 진(국방대)

최초작성일: 2001.08.

분권화(행정 분권화, Administrative Decentralization)

1. 분권화의 발전

분권화는 조직 내의 권력 배분을 둘러싼 구조적 특성으로서 지난 반세기 동안 행정학 분야에서 가장 많은 관심을 끌어온 주제 중 하나이다. 분권화는 20세기 초반 행정 이론과 실제를 풍미했던 집권화에 대한 대안으로 나타났고, 60-70년대에는 민주행정의 상징이 되었으며, 최근에는 행정학 분야의 패러다임 변화를 촉진하는 매체가 되고 있다. 계층제, 규칙, 절차, 폐쇄체제를 강조했던 관료주의 패러다임을 성과, 서비스, 참여, 개방체제 등을 중시하는 새로운 패러다임으로 변화시키고 있는 것이다.

현대 사회에서 분권화에 대한 사회적 요청은 민간부문과 공공부문, 선진국과 후진국, 그리고 학계와 실무계 등 모든 영역에서 나타나고 있다. 그러나 분권화에 대한 개념이 명확히 확립된 것은 아니고, 분권화가 초래할 결과에 대해서도 일치된 견해가 있는 것이 아니다. 그리고 분권화에 관한 논의는 중앙과 지방 간의 권력 배분을 의미하는 정치적 분권화와 행정조직 내의 상위부서와 하위부서 혹은 상위직과 하위직 간의 권력 배분을 의미하는 행정적 분권화로 이원화되어 있다. 행정학 분야에서 주된 관심을 끌어온 분권화는 이 가운데 후자의 사례이다.

2. 분권화의 개념과 유형

분권화는 절대적 개념이 아닌 상대적 개념이다. 분권화는 집권화와 함께 하나의 연속선상에서 이해되는 개념이다. 따라서 분권화는 '높은 수준의 분권화가 낮은 수준의 집권화', 혹은 '낮은 수준의 분권화가 높은 수준의 집권화'를 의미하는 일종의 개념상 논리 순환을 초래할 수 있다. 이런 난제를 전제로 할 때, 분권화는 크게 두 가지 측면에서 개념 정의가 가능하다. 첫째는 조직 내부에서 권한의 위임 정도를 분권화라 하는 것이다. 이런 개념은 계층 구조 속에서 의사결정이 '어디에서' 이루어지는가에 초점을 두는 것으로, 만약 조직의 상위층이 의사결정 과정을 통제하고 조직의 하위 단위들이 재량권을 거의 지니지 못한다면 이는 매우 집권적 구조를 지닌 것이라 할 수 있다. 분권화의 두 번째 개념은 특정의 계층을 전혀 언급하지 않은 채 의사결정과 관련된 몇 가지 속성에 비추어 분권화를 파악하는 것이다. 예컨대, 의사결정에 참여하는 직위의 수나 참여적 의사결정의 영역, 혹은 참여의 정도에 따라 분권화를 가늠하는 것이다.

이런 두 가지 유형의 분권화는 각각 수직적(vertical) 분권화와 수평적(horizontal) 분권화라 일컬어진다. 수직적 분권화는 공식적 의사결정 권한이 계층 구조에 따라 위에서 아래로 분산되는 것을 의미하고, 수평적 분권화는 모든 사람이 동등하게 의사결정에 참여할 때 완성 단계에 이른다. 이런 두 가지 유형은 외형상 서로 조화를 이루는 듯하다. 의사결정 권한이 조직 내 많은 사람들에게 분산되면 조직은 수직적으로나 수평적으로 분권화될 가능성이 크다. 그러나 이런 두 가지 유형을 서로 다른 조직 메커니즘으로 규정하고(즉, 전자를 분화 기제, 후자를 통합 또는 협력 기제로 규정), 실제 양자 간의 관계가 그리 높지 않음을 발견한 사례도 있다. 이런 연구 결과는 분권화를 논할 때 두 가지 유형의 분권화를 구분해야 함을 시사한다.

3. 분권화의 장단점

분권화는 보다 한정된 범위 내에서 의사결정을 유도하기에 조직 구성원들의 전문성과 문제해결 능력을 제고시킬 것으로 기대된다. 예컨대, 90년대 이후 세계 각 국의 행정개혁을 주도하여 온 정부혁신운동(reinvention movement)은 개혁의 핵심 요소로서 고객중심주의와 분권화를 표방했고, 분권화가 조직의 창조적 문제해결 능력과 능률을 향상시키는 데 기여할 것이라 믿었다. 더 나아가 분권화는 불확실한 상황 속에서 환경 변화에 대한 대응 능력을 제고시키고, 조직 구성원들의 사기를 제고하며, 국민 욕구에 보다 반응적인 관료 조직을 만들 수 있을 것으로 기대되기도 한다.

그러나 분권화가 항상 긍정적 결과만을 초래하는 것은 아니다. 권한 및 책임의 분산은 자칫 공무원들의 책무성을 약화시킬 수 있고, 운영상의 비용을 증가시키며, 부서 인사권자의 재량에 따른 자의적 운영을 초래할 수도 있다. 그리고 분권화는 (특히, 정치적 의도에서 이루어지는 분권화) 적절한 통제 장치가 따르지 않는 한 관료 비리나 부패를 조장할 가능성이 있고, 정부 정책에 대한 통제권을 유지하려 하는 정치인들의 개입으로 인해 의도한 바의 성과를 거두기 어려울 수 있다.

4. 전망과 과제

오늘날 범세계적으로 분권화에 대한 사회적 요청이 강하게 일어난다 해도, 분권화가 초래할 결과를 보다 신중히 고려하면서 접근할 필요가 있다. 분권화는 적절한 시기에, 적절한 정도로, 그리고 적절한 상황에서 활용될 때 기대한 바의 효과를 거둘 수 있다. 반면에 잘못된 상황에 무리하게 적용될 때는 오히려 득보다 해를 초래할 수 있다. 따라서 단순히 원론적 차원에서 분권화를 주장하거나 당위성을 강조하기보다 어떤 조직에서, 얼마나, 그리고 어떤 기능(영역)을 분권화하는 것이 바람직한지를 체계적으로 검토해야 한다.

우리나라의 경우, 지난날 정부조직이 지나치게 집권적이어서 미래의 행정수요를 충족하는데 어려움이 있을 것이라는 비판이 있었다. 그러나 근래 들어 비록 전반적으로는 집권화되어 있어도 일반적 인식처럼 그 수준이 그렇게 과도한 것은 아니며, 영역별로 집권과 분권이 혼재된 이중적 구조를 지니고 있다는 연구 결과들이 제시되고 있다. 승진, 채용, 업적평가 등 인사나 예산 분야에서는 매우 집권적 구조를 지니고 있으나, 정부 사업이나 정책, 그리고 개인적 업무와 관련해서는 중립적이거나 비교적 분권적 구조로 운영되고 있다는 것이다. 이러한 연구 결과는 우리나라 정부조직의 집권성을 논할 때 획일성을 지양하고 의사결정 영역이나 기능별로 구조적 특성의 차이를 인식할 필요가 있음을 시사한다.

참고문헌

김태룡(1994). 한국 지방정부의 권한배분 구조. 「한국행정학보」, 28(1): 223-239.

김호섭(2001). 분권화와 상과변수. 「한국행정학보」, 35(1): 35-51.

Frederickson, H. G., Smith, K. B., larmer, C. W. & Licari, M. J.(2016). *The Public Administration Theory Primer*. 3rd ed., Boulder, CO: Westview Press.

Mintzberg, H.(1983). *Structure in Fives: Designing Effective Organizations.* Englewood Cliffs, N. J.: Prentice—Hall.

Tannenbaum, A. S.(1968). *Control in Organizations.* New York: McGraw—Hill.

키워드: 수평적 분권화, 수직적 분권화, 집권화

작성자: 김호섭(아주대)

최초작성일: 2003.02., 수정작성일: 2019.12

1. 개념 정의와 목적

브랜드 슬로건(brand slogan)은 자치 단체나 조직이 자신의 정체성을 표시하는 짧은 상징 문구를 디자인을 통해 시각화한 것으로, 비주얼 이미지 표현이자 커뮤니케이션 요소이다. 캠페인 구호와 달리 지속적인 이미지 창출과 통합, 차별성 제고 등이 목적이다. 브랜드가 문자, 문양이나 기호 등의 심상적(mental picture) 표현이라면, 브랜드 슬로건은 짧은 어구의 디자인을 통한 시각적 표현으로 자치 단체나 조직이 무엇인가에 관한 연상을 자극하고, 정체성의 모호함을 제거하는 역할을 한다. 또 매력, 긍정, 성공적 이미지, 차별적 기억, 호의적 이미지 창출에 기여한다. 브랜드 슬로건의 표현 소재는 다양한데, 자치 단체들은 주로 긍정 추상적 가치, 자연 지리적 요소, 전통이나 인문 사회적 요소 등을 사용한다. 자치 단체들은 이를 지역 주민, 외부 사람들에게 반복적으로 노출하여, 주민들에게는 자기가 살고 있는 지역에 대한 긍지, 자기 존중(self-esteem), 개성, 편익 등을 강조하고, 투자자, 기업과 비즈니스, 방문객, 거주자들 대상으로는 이미지 개선, 투자나 기업 활동, 사업이나 여행지, 거주지로서의 선택과 유입을 촉진한다.

2. 전망과 추세

자치 단체나 조직의 브랜드 슬로건 개발은 21세기 특징적 현상의 하나이다. 미국 뉴욕시는 2005년 기존의 'Big Apple,' 'I Love New York'을 대체하는 새로운 슬로건 'The World's

Second Home'을 개발했고, 2017년에는 다시 'True York City'를 관광 마케팅 슬로건으로 정한다. 캐나다 토론토 시는 2005년 'Toronto Unlimited'를 새 브랜드 슬로건으로 채택한 바 있다. 서울시는 2002년 월드컵을 앞두고, 'Hi Seoul'을 만들고, 이후 자치 단체들도 브랜드 슬로건을 개발하여 장소와 관광, 지역 상품 마케팅에 이용하고 있다.

참고문헌

김원식(2001). 광고 슬로건. 언어와 언어학, 26: 1−34.

박의서(2004). 심벌과 슬로건을 활용한 관광브랜드 구축 방안. 관광정책학연구, 10(2): 63−83.

박흥식(2005). 도시 브랜드 슬로건의 개발: 국내 및 해외 도시 간의 비교. 한국거버넌스학회보, 12(2): 1−25.

Balmer, J. M. T., & Gray, E. R.(2003). Corporate brands: What are they? What of them? *European Journal of Marketing*, 37(7/8): 972−997.

Elliott, R., & Wattanasuwan, K.(1998). Brands as symbolic resources for the construction of identity. *International Journal of Advertising*, 17(2): 131−144.

Haigh, D., & Knowles, J.(2004). What's in a brand? *Marketing Management*, 13(3): 22−28.

Melewar, T. C., & Saunders, J.(1998). Global corporate visual identity systems standardization, control and benefits. *International Marketing Review*, 15(4): 291−310.

Supphellen, M., & Nygaardsvik, I.(2002). Testing country brand slogans: Conceptual development and empirical illustration of a simple normative model. *Journal of Brand Management*, 9(4/5): 385−395.

Trueman, M., Klemm, M., & Giroud, A.(2004). Can a city communicate? Bradford as a corporate brand. *Corporate Communications*, 9(4): 317−339.

키워드: 브랜드 슬로건, 브랜딩, 슬로건, 이미지 마케팅
작성자: 박흥식(중앙대)
최초작성일: 2019.12.

비교연구(Comparative Research)

1. 개념 정의

비교연구는 연구 주제가 관련성을 갖는 2개 이상의 연구대상들을 탐구하는 다양한 연구 방법들을 포괄하는 개념이다.

2. 출현 배경과 특징들

초기 근대, 유럽은 지리상의 발견들을 경험하고 다양한 외부 문화권들을 인지하게 되었다. 학문 하위영역들의 분화가 충분히 진전되어 있지 않은 상황이었지만 유럽과 다른 문화권들과의 비교를 시도하는 학문적 담론들이 태동하기 시작했다. 그런데 근대 세계질서의 형성을 주도하였던 유럽 국가들과 유럽에서 파생한 국가들에서 근대적 사회과학이 처음 발전하여 세계 전역으로 확산하였으므로, 유럽과 유럽에서 파생한 국가들에서의 세계 대상 관심은 사회과학에서 유럽중심주의·서구중심주의와 일반화·보편성 추구 사이에서의 긴장과 길항을 반복하면서 비교연구의 방법론적 발전을 추동하였다고 평가할 수 있다. 사회과학에서의 비교연구는 기초 학문영역으로서의 사회학이 주도한 관련 개념들을 다른 사회과학 학문영역들에서 수용하면서 발전하여 왔는데, 개별 연구자나 개별 학파마다 일반적 추상화 가능성 추구의 선호 수준들 차이에 따라서 비교연구에서의 일반적 추상화의 가능성을 낮게 기대하는 연구자들은 질적 비교를, 비교연구에서의 일반적 추상화의 가능성을 높게 기대하는 연구자들은 양적 비교를 선호하는 문화가 발생하기도 했다.

3. 관련 연구 및 활용 경향

질적 비교를 선호하는 사회과학 연구자들은 해석주의적 전통에 근거한 이념형들 기반 기술연구에 초점을 맞추는 경향성을 보인다. 이들은 이념형들을 현실과 비교하거나 이념형들을 비교하여 함의들을 도출하려고 노력하는데, 이들의 접근방법들은 수량적 연구에서는 달성하기 어려운 심층적 통찰들을 제시하는 탁월성을 공유하지만 대표성과 검증의 적절성이 의심받는다는 취약성도 노출한다. 양적 비교를 선호하는 사회과학 연구자들은 실증주의적 전통에 근거한 규칙성들의 연구에 집중하는 경향성을 보인다. 이들의 접근방법들은 단순한 개연성이 아니라 실제 통계학적 기법들을 활용하여 가공해낸 수치들에 근거하므로 구체적 설득력을 지니면서도 개별 변수들이 답변자나 행위 주체의 정확한 의도를 그대로 반영하지 않을 수 있어서 발생하는 신뢰성 문제와 상이한 문화권들에 소속한 대상들에서 개별 변수들이 반영하고 있는 주관적 함의들이 다를 수 있어서 발생하는 타당성 문제에서 자유로울 수 없다는 취약성도 가진다. 더하여 몰역사적 비교의 한계를 극복하거나(공시적 비교의 한계) 단일 대상의 시간적 변천만을 비교하는 접근의 시야 제약을 극복하려는 종합적 접근으로서 비교사적 연구도 출현하였고, 그 문제의식은 양적 비교연구에서 시계열분석과 횡단면분석을 결합시킨 패널분석의 제도화를 유발하기도 하였다.

참고문헌

김용학(1995). 「사회학의 비교연구방법」. 『비교문화연구』, 2집(서울대학교 비교문화연구소).
김웅진 · 김지희(2016). 『비교사회연구방법론: 비교정치 · 비교행정 · 지역연구의 전략』. 파주: 한울엠플러스[구 한울].

키워드: 질적 비교, 양적 비교, 해석주의, 실증주의
작성자: 배관표(충남대), 박종석(서울대 행정대학원)
최초작성일: 2020.01.

비선호시설의 입지정책

1. 개념

비선호시설이란 국가적·사회전체적 또는 지역적으로는 필요성이 일반적으로 받아들여지나 해당 입지지역 차원에서는 해악성이 강하게 부각되는 양면성을 지닌 시설을 의미하며, Popper는 이러한 비선호시설을 LULUs(Locally Unwanted Land Uses)라고 명명하였다.

비선호시설의 입지정책은 공공서비스를 제공하기 위해 시설물의 설치, 즉 공공시설 입지라는 핵심요소를 포함하고 있는 분배정책의 성격을 갖는다. 하지만 비선호시설 입지정책은 그 편익이 국가 및 지역사회 전체에 주어지는 반면 시설입지라는 지리적 특성 때문에 입지 주변지역에 부정적 효과를 유발시킴으로써 당해 주변지역 주민들에게는 입지로 인한 편익보다 비용을 크게 느껴 이의 수용을 거부하는 양상을 발생시킨다는 점에서 다른 분배정책과는 차이가 있다. 이러한 특성에 의거하여 비선호시설의 입지정책을 "정부 및 지방정부가 다수의 국민들을 위해 제공하는 공공적 성격을 갖는 시설 중에서 다음 표와 같이 입지예정시설의 위험성과 혐오성 등으로 인해 주민들의 수용거부 가능성이 큰 배분적 성격의 정책"으로 정의할 수 있다.

표 1. **비선호시설의 특성에 따른 분류**

시설의 특성	시설의 종류
혐오성	쓰레기매립장, 분뇨처리장, 화장장, 공원묘지, 하수종말처리장 등
위험성	주유저장소, 원자력발전소, 군부대시설, 핵폐기물처리장, 교도소 등
순수공익성	양로원, 아동복지시설, 정신병원, 장애자시설, 상수원 보호구역 등

* 출처: 김상대(1993). "혐오시설 입지에 따른 피해 및 보상에 관한 연구", 서울대학교 환경대학원 석사학위논문.

2. 특성

1) 공공재적 성격

비선호시설은 대부분 시장기구를 통한 자동적인 자원배분을 기대할 수 없는 공공재적 성격을 지닌다. 대부분의 비선호시설들은 공공성을 근간으로 하는 공익시설들로서 시장원리에 따라 적정한 공급이 이루어지기 어렵다. 따라서 주로 정부의 직·간접적인 개입에 의해 공급된다. 이를 Waste는 다음 그림에서와 같이 갈등을 거의 유발하지 않는 행정적 의사결정인 자율적 정책과 매우 큰 갈등을 유발시키는 강제적 정책을 양극단에 포함하는 연속선상에서 분류하고 있다. 이와 같은 분류에 의하면 화장장과 같은 비선호시설은 강제적(intrusive) 성격을 띤 정책에 의해 설치되는 것으로서 이에 수반되는 갈등의 수준은 증가하게 된다.

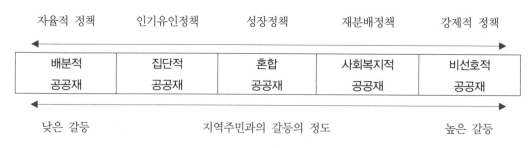

그림 1. 정책갈등의 유형화

* 출처: Waste(1989). "The Ecology of Policy-making", New York: Oxford University Press.

2) 특별한 입지요건의 충족

비선호시설의 입지 그 자체는 대부분 고도의 기술적인 문제와 직접적인 관련이 있기 때문에 비선호시설들은 제각기 특정 입지요건의 충족을 필요로 한다. 선호시설이 교통이 편리한 중심부로 수렴하는 경향이 있는 반면 비선호시설은 중심부에서 멀리 떨어져 주변지역에 입지하는 경향이 있으며 비선호시설의 최적의 입지지역으로 선정되는 장소는 지리학, 경제학, 인구통계학 등의 관점에서 매우 심도있게 다각적으로 고려된다. 따라서 비선호시설들은 제각기 특별한 입지요건의 충족을 필요로 하기 때문에 모든 지역에 균등하게 설립될 수 없는 입지제약이 뒤따른다. 극단적인 경우 비선호시설은 과학기술적인 요건의 충족이 우선적으로 고려됨으로써 입지 선정과정에 있어서 해당 입지지역의 의견이 소홀히 취급될 수 있는 높은 개연성을 지니고 있다.

3) 비용과 편익의 불균형성

선호시설과 비선호시설은 비용(cost)과 편익(benefit)을 동시에 유발하는 공공시설이지만 그것의 근접도에 따라 다음 그림에서 보듯이 편익과 비용의 공간적 차이를 보여준다. 먼저 선호시설의 경우 편익은 시설주변에 가까울수록 증가하는데 비해 비용은 공간적으로 고르게 분포된다. 따라서 선호시설은 가급적 근거리에 위치해 있는 것이 유리하다. 그러나 비선호시설의 경우 비용과 편익의 분포패턴이 선호시설과 반대로 나타나기 때문에 가급적 원거리에 위치해 있는 것이 유리하다. 즉 비선호시설은 그것의 입지에 따르는 편익은 해당 시설입지지역을 포함하여 전체 지역사회로 널리 분산되는 반면 소음, 악취, 매연발생, 교통혼잡, 공포심유발, 자연경관훼손, 지역이미지 손상, 재산적 가치의 하락 등과 같은 사회적 비용은 단기적으로 해당 입지지역에 집중되는 비용과 편익의 불균형성(imbalance of costs-benefits)을 지니고 있다. 이러한 특성 때문에 비선호시설은 입지 자체에 따르는 불이익뿐만 아니라 지역에 대한 상대적 박탈감을 유발함으로써 입지지역주민이나 해당 자치단체의 반발을 사는 것이 보편적이다.

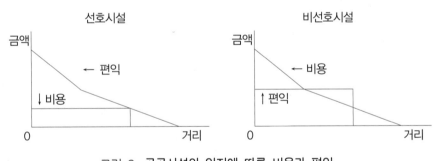

그림 2. 공공시설의 입지에 따른 비용과 편익

* 출처: 김흥식(1993). "지역이기주의 극복을 위한 정책연구", 「한국지방행정연구」.

4) 갈등과 마찰의 유발

비선호시설의 입지와 운영 및 관리를 둘러싸고 이해당사자들 간에 갈등과 마찰이 발생할 가능성은 매우 높다. 지가하락, 환경오염, 지역적 오명, 교통혼잡, 교육환경의 훼손 등과 같은 시설입지로 인한 부정적인 결과를 차단함으로써 지역이익을 보호하고자 하는 해당 지역사회와 비선호시설의 입지를 통해 공익을 실현하고자 하는 사업주체 간에 대립과 마찰이 발생할 가능성이 높다. 또한 이해관계를 달리하는 수많은 사람들이 시설의 영향권 내에 있기 때문에 입지를 둘러싸고 다양한 반응을 표출함으로써 이해관계의 상충이 발생할 수 있다.

3. 평가

비선호시설의 입지정책은 시급성을 기준으로 사회적으로 시급한 정책문제(pressing problem)와 정책결정자의 선호에 기반한 정치적 선택문제(chosen problem)로 나눌 수 있다. 전자는 전체 사회의 유지 및 생존이라는 기능적 시급성으로 말미암아 발생되는 정책문제이며, 후자는 정책의 기능적 절박성보다는 정치지도자의 선호에 의해 선택되는 문제이다. 그러나 이는 보는 관점에 따라 상대적이라 할 수 있다. 같은 비선호시설의 입지를 둘러싸고 이를 시행하려는 정책주체는 시급한 정책문제로 판단하는 반면에 이를 수용해야 하는 수용집단은 정치적 선택문제로 여기는 경우가 많다. 즉 정책주체는 상황을 급박하게 판단하여 비선호시설의 입지를 서두르려는 반면, 해당 수용집단에서는 상황적으로 여유가 아직 있음에도 불구하고 정책결정자가 자신의 정치적인 이익을 위해 강행하려 한다고 여기며 이를 지연시키려고 하는 경향이 있다.

참고문헌

박주용(2003). 비선호시설 입지정책을 둘러싼 갈등에 관한 연구. 고려대학교 석사학위논문: 5−10.
김형구(1994). 도시 비선호시설 정책집행의 영향요인. 부산대학교 박사학위논문: 2.
이종엽(1997). 입지정책의 결정과 집행과정에서의 정책수용성에 관한 연구. 충남대학교 박사학위논문: 20.
최응섭(1993). 정책집행과정에서 나타나는 NIMBY 현상에 관한 연구. 연세대학교 석사학위논문: 49.
이봉형 외(1995). 환경오염시설 설치에 따른 지역이기주의 극복방안. 한국행정학보: 1117.
김용철(1998). NIMBY와 PIMFY 현상의 정치적 갈등구조 비교. 한국정치학회보: 89.
Popper(1981). Siting LULU's, Planning Vol. 47: 12.

키워드: 비선호시설, 입지정책, LULUs, NIMBY
작성자: 박주용(서울시 의회사무처)
최초작성일: 2014.01.

사례연구(Case Study)

1. 개념 정의

　사례연구는 탐구 주제의 여러 구성요소들 가운데 구체적 개별 단위를 분석 대상으로 설정하여 연구하는 방법이다.

　연구자는 다양한 자료 수집 방법들을 구사하고, 이를 통해 획득한 자료들에 근거하여 추론을 진행함으로써 사례연구를 수행한다. 사례연구는 실증주의적 방식들을 구사한 이론의 검증, 해석적 방식들을 구사한 이론의 구축 그리고 이론을 지지하는 근거의 제공으로 그 목적들을 분류할 수가 있다. 양적 연구, 질적 연구 그리고 양자의 결합이 모두 적용 가능하다. 사회과학의 하위 영역들 가운데에서는 실용성을 추구하는 성향이 가장 두드러지는 경영학과 정책학 및 행정학에서 활용 빈도가 가장 높다고 평가할 수 있다. 다만, 사례연구는 경영학에서 흔히 활용하는 사례서술(case description)과는 목적과 형태가 다르므로 이해와 적용에서 주의하여야 한다. 사례서술은 비판적 사고와 그에 따른 토론을 유도하려고 현상을 서술하는 접근이라면, 사례연구는 현상을 설명하려는 구체적 분석의 과정이기 때문이다. 일부 자연과학 연구자들은 가설을 검증하는 실증적 사례연구와 관련하여 통제가 부적절하다며 사례연구를 부정하거나 평가절하 하는 경우가 없지 않지만, 적절하게 사례연구를 설계하면 이러한 비판을 극복할 만한 정확성을 달성할 수가 있다.

2. 출현 배경과 특징들

사례연구는 보편적 설명 적용 가능성을 추구하는 사회과학 이론들의 개별적 타당성을 검증하려는 시도들 가운데 하나로서 출현하였다. 다만 개별 단일 사례연구들만으로는 탐구하려는 이론의 적절성을 완벽하게 검증하기는 매우 곤란하다는 인식이 사회과학 연구자들의 전반적 이해이다. 그러므로 사례연구의 속성들 가운데에서 이론의 반증이나 확증에 기여할 수 있는 결정적 사례들에 치중하는 사례연구 지향이 가장 높은 평가를 받아 왔고, 더하여 사례연구가 검증하려 시도하는 이론의 인과적 기제를 분석하는 사례연구 지향에 초점을 맞추는 경향성도 나타나 왔다. 다만 사례연구의 한계들을 강조하는 이러한 지배적 인식의 지속과는 별개로, 2차 세계대전 이후의 사회과학 사례 영역들은 방대한 사례연구들을 지속하여 축적하여 왔고 이들을 계속 활용하는 이론, 인식과 실천에서의 괴리가 병존하여 왔다. 이와 같은 사례연구의 적용과 관련한 양면성 또는 이중구조의 고착은 사회과학 내부에서의 자연과학과 같아지려는 객관주의 및 과학주의와 그 한계들을 강조하는 상대주의 사이에서의 긴장을 온전하게 해결할 수 있는 방법이 아직 출현하지 않았기 때문에 발생한 결과라고 평가할 만하다. 이러한 질곡을 극복하려는 시도들로써는 비교사례연구나 본격적 비교연구로의 이행 따위가 가장 지배적 접근들이지만, 소수는 자연과학철학 연구의 방법론으로서의 비판적 실재론을 사회과학의 사례연구에도 도입하려고 시도하고 있다.

사례연구를 실험연구와 조사연구와 같은 다른 연구방법들과 비교하자면 독특한 강점들을 지니고 있다. 첫째로 사례연구는 이론의 구축과 이론의 검증에 모두 활용할 수 있다. 실증적 분석은 이론의 검증을 실행하는 주요한 수단이며, 해석적 사례연구에서는 밝혀진 적이 없는 구성개념이 연구과정에서 드러나기도 한다. 둘째로 사례연구에서는 연구과정의 초기에 연구질문을 수정할 수 있는 가능성을 풍부하게 제공한다. 셋째로 사례연구는 연구맥락과 관련한 자료들을 풍부한 배경들에서 탐색할 수 있으므로 다른 연구방법들보다 탐구 대상인 현상의 맥락에 부합하고 정확한 해석을 가능하게 도와줄 수 있다. 넷째로 연구문제는 다양한 문제의식들과 단위들의 설정에 근거하여 복합적 설정이 가능하다.

동시에 사례연구는 몇 가지 약점들도 지니고 있다. 첫째로 자연과학적 실험연구가 아니므로 실험처리나 통제나 추론의 내적 타당성이 확보되지 않는다. 그러므로 사례연구의 타당성 설계는 중요한 전제조건이 될 수 있다. 둘째로 연구자의 통찰력이 사례연구에서 도출하게 되는 통찰의 수준에 파급하게 되는 영향력이 크고, 그러므로 연구자들 사이에서의 관점·개성·역량에 따른 격차나 이견이 현저하게 나타나기 쉬워서 주관성의 적절한 제어가 까다롭다. 셋째로 사례연구에서 도출하게 되는 추론은 연구의 맥락과 관련이 깊으므로, 이 추론을 다른 연구 단위나 연구 맥락에서 일반화시켜 적용하기가 곤란하다.

3. 관련 연구 및 활용 경향

행정학과 정책학의 역사는 이러한 과학성과 주관성 사이에서 발생하여 온 긴장과 길항을 반영하는데, 고전적 행정학, 행태주의 전기 고전적 관점, 경제학적 접근을 중시하는 학파들은 자연과학과 같은 모형화를 지향하고 이에 반대하는 연구자들은 주관성 개재 가능성 또는 필요성을 강조하였다. 후자는 정책학과 행정학에서의 방법론적 다원주의와 연구방법들에서의 다각화를 가져오기도 했다. 미국의 경영학에서 이미 1919년부터 사례연구를 교육에 도입하였고, 미국의 행정학에서는 1930년대에 공무원 교육을 목적으로 사례연구들이 출현하기 시작하였다. 이렇게 나타난 사례연구는 세계경제대공황, 뉴딜 그리고 2차 세계대전이 가져온 고전적 행정학의 이론적 정체성의 공백과 위기 상태에서 교육과 연구의 핵심으로 팽창하게 되었다. 이후에는 신규 이론들의 출현 또는 인접 학문 영역들로부터의 이론들의 도입이 이어지면서 정책학과 행정학의 교육 및 연구에 있어서 사례연구의 비중은 줄어들었지만, 지금까지도 사례연구는 새로운 개념이나 구체적 실태의 검증·확인에 유용한 가장 강력한 수단으로서 기능하고 있다.

참고문헌

로버트 K. 인(Robert K. Yin), 신경식·서아영 번역(2016). 『사례연구방법(5판)』. 서울: 한경사.

얀 될(Jan Dul)·토니 하크(Tony Hak) 공저, 안동윤·이희수 번역(2017). 『직접해보는 사례연구』. 서울: 박영스토리.

이영철(2006). 「사회과학에서 사례연구의 이론적 지위: 비판적 실재론을 바탕으로」. 『한국행정학보』, 40(1).

_____(2009). 「보다 나은 사례연구: 논리와 예시」. 『정부학연구』, 15(1).

장용진(2014). 「사례연구를 통한 행정이론의 정립」. 『행정논총』, 52(4).

Jaeki Song, Miri Kim and Anol Bhattacherjee(2014). *Social Science Research: Principles, Methods, and Practices[In Korean]*(KOCW Open Access Textbooks).

키워드: 질적 사례연구, 양적 사례연구

작성자: 배관표(충남대), 박종석(서울대 행정대학원)

최초작성일: 2020.01.

사무배분의 기준

1. 개념

사무배분의 기준을 광의로 해석하면 중앙정부와 지방자치단체 간에, 지방자치단체 계층 간에, 그리고 정부와 민간 간에 행정사무를 배분하는 데 적용되는 기준을 의미한다. 그러나 협의의 행정사무의 배분문제는 중앙정부와 지방자치단체 간에 있어서 국민, 즉 주민을 위한 행정의 민주화와 효율적 운영 확보라고 하는 기술적, 기능적 측면의 문제로 파악된다. 지방 자치단체는 여러 가지 사무를 수행한다. 예를 들어, 지역공동체의 견해를 표명하는 일, 중앙 정부에 대한 완충역할, 지역주민들이 필요로 하는 서비스를 제공하는 일, 정치과정에 주민들 이 참여할 수 있게 하는 일, 중앙정부의 행정적 부담을 덜어 주는 일 등이 이에 해당된다. 이러한 지방자치사무를 속성에 따라 크게 나누면, 정치적 역할과 행정적 역할로 나눌 수 있 으며, 사무배분은 양자의 결합점에서 변화 도출되어지는 변수라고 할 수 있다.

2. 이론적 모형

선진국에서 제시되고 있는 중앙과 지방 간 사무배분의 원칙들에 비추어 볼 때, 우리나라 에 적용 가능한 사무배분의 기준은 다음과 같이 네 가지로 제시될 수 있다.

1) 정치적 책임성: 이는 기본적으로 사무배분이 지역주민의 직접적인 통제가 가능하도록 이루어져야 한다는 것을 말한다. 즉, 지방자치단체가 해당기능을 수행할 수 없다는 명백한 이유가 없다면, 다시 말해서 중앙정부가 수행할 수 있고 지방자치단체도 수행할 수 있는 기

능이라면 기본적으로 지방자치단체가 담당하는 것이 주민참여와 주민의 효과적인 통제를 통해 대응성(responsiveness)을 제고할 수 있다는 것이다. 이러한 사무수행에 대한 통제는 상급 자치단체나 중앙정부의 지도·감독에 의하기보다는 기초의회를 통해 이루어지는 것이 바람직하다.

2) 경제성: 이는 기본적으로 중앙정부와 지방자치단체 간의 사무배분이 능률을 극대화할 수 있는 방향으로 이루어져야 한다는 것을 말한다. 즉, 중앙정부가 가장 능률적으로 처리할 수 있는 사무는 중앙정부가 담당하고, 지방자치단체가 가장 능률적으로 처리할 수 있는 사무는 지방자치단체가 담당하여야 한다. 따라서 전국적인 처리를 요하는 사무, 외부효과를 초래하는 사무, 규모의 경제를 고려해야 하는 사무는 중앙정부에게, 지역마다의 특수한 실정을 감안해야 하는 사무는 지방자치단체에게 맡기는 것이 바람직하다. 또한, 해당 사무를 수행하는 데 필요한 행재정적 능력을 보유하고 있는 자치단체에게 그 사무를 맡기는 것이 바람직하다.

3) 공평성: 이는 기본적으로 사무의 배분이 지방자치단체 간에 공평성 또는 형평성을 확보하는 방향으로 이루어져야 한다는 것을 말한다. 즉, 지방자치단체 간에 어떤 사무를 수행할 수 있는 행재정적능력에 있어서 큰 격차가 존재한다면, 사무수행의 결과가 지방자치단체 간에 차이가 크게 날 수 있을 것이고, 각 지방자치단체의 주민들 간에 행정서비스의 수혜정도에 있어서도 격차가 날 수 있을 것이다. 따라서 각 지방자치단체 간에 심각한 불균형을 초래할 수 있는 사무의 경우에는 지방자치단체에게 맡기기보다는 지방자치단체가 수행함으로써 지방자치단체 간에 발생할 수 있는 사무수행의 결과에 있어서의 불균형을 시정해줄 수 있고, 행정서비스 공급에 있어서 최소한의 수준을 유지할 수 있다.

4) 행정책임 명확화: 이는 기본적으로 같은 성질의 사무는 중앙정부 또는 지방자치단체에게 총체적으로 배분되어야 하고 상호 간에 중복적으로 사무가 배분되지 아니하여야 한다는 것을 말한다. 사무가 중앙정부와 지방자치단체 간에 중복적으로 배분될 경우 경비부담이나 행정책임의 소재를 명확히 구분하기가 어렵게 되고 따라서 결과에 대한 책임을 서로 떠넘기는 현상을 초래할 수 있다. 그러나 이러한 기능배분에 있어서의 불경합성에 대한 반론으로 공동관리사무의 불가피성에 대한 주장도 있다. 즉, 도시계획, 토지이용, 지역개발, 공해방지, 환경보전, 사회복지, 재해관리와 같은 기능의 경우 광역적 성격과 지방적 성격을 동시에 가지고 있어서 한편으로는 광역적으로 통일된 기준이 필요하면서도 동시에 지역실정에 적합한 처리가 요청되고 있으므로, 중앙, 시·도 또는 시·군·자치구 중 어느 계층의 행정주체가 단독으로 자기완결적으로 처리할 수 있는 성질의 사무가 아니라 계층간의 유기적인 협력관계가 없이는 효과적으로 처리할 수 없는 성질의 사무가 존재하게 된다는 것이다. 이러

한 사무의 경우에는 기획과 결정뿐만 아니라 그 집행에 있어서도 행정계층 간에 공동으로 권한을 행사하고 경비를 부담하는 것이 바람직하며, 따라서 하나의 사무를 하나의 자치단체에 배타적으로 귀속시켜야 한다는 배타적 책임성 또는 책임의 명확성을 강조하는 기능배분 방식에 대한 재검토가 요구된다는 것이다. 이러한 배경에서 대두된 개념이 바로 공동관리사무 또는 기능분담(shared responsibility)이라고 할 수 있다.

이상에 논의된 사무배분의 원칙과 기준은 그 추상적 규정으로 인하여 실제 적용에는 한계가 있을 수밖에 없다. 따라서 실제로 특정 기능이나 사무의 배분시에 원칙과 기준을 적용시키기 위해서는 구체적인 적용지표들을 다양하게 개발할 필요가 있다. 또한, 사무의 귀속주체가 결정된다 하더라도, 사무의 가변성에 비추어 볼 때, 사무의 귀속주체에 대한 결정은 한 번 내려지면 변경할 수 없는 영속성을 갖는 것이 아니라 시대상황에 따라 지속적으로 재평가되어야 하는 반복적이고 유동적인 과정으로 인식되어야 한다.

3. 발전배경

중앙정부와 지방자치단체 간의 행정사무의 배분문제는, 사무권한의 재배분이라는 측면과 권한의 지방이양이라는 측면에서 검토될 수 있다. 첫째, 사무권한의 재배분이라는 것은 사회, 경제의 변동에 대하여 중앙정부와 지방자치단체 간에 있어서의 사무분담을 현실적 사태에 적응할 수 있도록 권한을 새롭게 배분하는 것으로서 배분방향은 기초자치단체 ➡ 광역자치단체 ➡ 중앙정부로의 방향과 중앙정부 ➡ 광역자치단체 ➡ 기초자치단체의 방향, 그리고 쌍방의 방향으로 사무의 권한을 옮기는 것을 말한다. 둘째, 권한의 지방이양이라는 것은 현재 지방자치단체가 사무를 처리하고 있음에도 불구하고 그 사무에 대해 자주적으로 결정·처리하지 못하는 구조를 개선하는 것을 말한다. 다시 말하면, 지방자치단체가 독립주체로서 자주적으로 시책을 선택·결정하고, 그 결과에 대해서는 책임을 질 수 있는 구조로 개선하는 것이다. 즉, 사무를 자주적으로 결정하고 처리할 수 있는 권한을 중앙정부로부터 지방자치단체로 옮기는 것을 말한다.

정부의 사무를 구분하는 것은 세 가지 實益이 있다. 첫째, 행정행위에 대한 책임소재를 분명하게 한다는 것이다. 중앙정부와 지방자치단체간에 명확한 사무구분이 없을 경우, 해당 행정사무의 수행이 가져올 결과에 대해 누가 책임을 질 것인가를 판단하기 곤란하다. 둘째, 지방자치단체의 고유한 사무를 법으로 명확히 규정함으로써 자치단체의 자율권을 확대시킬 수 있다는 것이다. 셋째, 중앙정부의 지방자치단체에 대한 감독기준과 범위를 분명히 함으로써 과도한 간섭을 배제하고 업무수행에 필요한 경비부담의 주체를 명료화 할 수 있다는 것이다.

이상의 견해를 고려해 볼 때, 중앙정부, 광역자치단체, 기초자치단체 사이에 행정사무의 처리권한, 비용부담의 주체, 책임의 소재를 명확히 배분하는 것은 지방행정·재정제도의 개선에 결정적인 요인이 된다는 점에서 그 중요성은 매우 크다. 왜냐하면 중앙정부와 지방정부 간의 사무가 어떻게 배분되었느냐에 따라 행정의 수행체제가 중앙집권적 또는 지방분권적으로 결정되고, 배분된 사무를 효율적으로 수행하기 위한 제도적 장치로서의 조직과 인력이 사무배분 정도에 따라 재조정되어야 하기 때문이다. 또한 행정사무의 실질적 수행을 보장하기 위한 재원도 정부 간의 사무배분 여하에 따라 결정되어야 하기 때문이다.

4. 제도화

우리나라의 사무배분의 기준은 「지방자치법」 제8조－제11조에 규정되어 있다. 「지방자치법」 제9조 제2항에는 지방자치단체의 사무를 포괄적 예시주의방식에 따라 다음과 같이 여섯 가지로 크게 나누어서 예시하고 있으며, 이를 다시 57개로 분류하고 있다.

첫째, 지방자치단체의 구역, 조직 및 행정관리에 관한 사무(일반행정사무)

둘째, 주민의 복지증진에 관한 사무(사회복지사무)

셋째, 농림·상공업등 산업진흥에 관한 사무(산업경제사무)

넷째, 지역개발 및 주민의 생활환경시설의 설치관리에 관한 사무(지역개발사무)

다섯째, 교육·체육·문화·예술의 진흥에 관한 사무(교육문화사무)

여섯째, 지역민방위 및 소방에 관한 사무(안전방위사무).

「지방자치법」 제11조에는 또한 지방자치단체가 처리할 수 없는 사무도 규정하고 있다. 법률에 명시되어 있는 국가사무는 다음과 같다.

－ 외교, 국방, 사법, 국세 등 국가의 존립에 필요한 사무

－ 물가정책, 금융정책, 수출입정책 등 전국적으로 통일적 처리를 요하는 사무

－ 농림·축·수산물 및 양곡의 수급조절과 수출입 등 전국적 규모의 사무

－ 국가종합경제개발계획, 직할하천, 국유림, 국토종합개발계획, 지정항만, 고속국도·일반국도, 국립공원 등 전국적 규모 또는 이와 비슷한 규모의 사무

－ 근로기준, 측량단위 등 전국적으로 기준의 통일 및 조정을 요하는 사무

- 우편, 철도 등 전국적 규모 또는 이와 비슷한 규모의 사무
- 고도의 기술을 요하는 검사·시험·연구, 항공관리, 기상행정, 원자력개발 등 지방자치단체의 기술 및 재정능력으로 감당하기 어려운 사무.

광역자치단체와 기초자치단체 간 사무배분의 경우, 「지방자치법」제10조 1항에는 광역자치단체의 사무로 광역적 사무, 동일기준사무, 통일적 사무, 연락·조정사무, 독자처리 부적당사무, 대규모시설 설치·관리사무 등 6개의 유형을 규정하고 있다. 또한, 「지방자치법시행령」제9조 [별표2]에는 자치구 사무배분의 특례에 해당하는 사무의 예시를, 그리고 동시행령 제10조 [별표3]에는 인구 50만 이상 시의 사무배분의 특례에 해당하는 사무의 예시를 열거하고 있다.

5. 평가와 전망

현행 우리나라의 사무배분 기준의 문제점은 「지방자치법」(제8조 – 제11조)에 규정된 사무배분의 원칙과 사무예시 등이 추상적이어서 개별법 제·개정 시 구체적으로 반영하는 것이 곤란하다는 것이다. 또한 사무예시 관련조항의 현실성이 부족하고, 대부분이 선언적 규정으로 직접적 구속력을 확보하는 데 미흡하다. 「지방자치법」상에 나타난 지방사무의 분류는 지방재정상의 경비분류(기능별 분류)와 상응하는 것으로서, 사무와 경비의 연계라는 측면에서 의미 있는 분류로 평가되고 있기는 하나, 너무 포괄적이어서 구체적으로 어떠한 사무가 이 범주에 해당하고, 어떠한 사무가 해당하지 않는지 구분한다는 것은 매우 힘든 일이다. 이 때문에 사무배분이 상당부분 사무구분 당사자들의 주관적인 판단이나 행정관례에 의해 이루어지고 있다.

또한, 「지방자치법」상에 규정된 국가사무에 비추어 볼 때, 「지방자치법」에서 제시된 중앙과 지방 간 사무배분의 원칙은 국가존립, 전국적 통일성, 전국적 규모, 기술 및 재정력으로 정리되나, 이 역시 구체적으로 명시적으로 체계적인 원칙과 기준을 규정하고 있다고 보기 어렵다. 예컨대, 국가존립사무로 규정된 외교의 경우, 지방업무와 관련된 외교는 지방자치단체가 국가의 감독하에 수행하는 것이 오히려 바람직하다고 할 수 있다. 또한 전국적으로 통일적인 처리를 요하는 사무가 반드시 국가기관에 의해서만 수행되어야 하는지에 대해서는 의문의 여지가 있다. 전국적인 통일을 요하는 사무는 오히려 법률에서 그 처리의무를 규정하고 그 처리방법을 정하여 지방자치단체가 이 기준에 따라 집행하도록 한다면 반드시 국가사무로 처리할 필요가 없다. 전국적 규모의 사업은 전국토 혹은 전국민을 대상으로 하는 사무라고 할 수 있는데, 구체적으로 무엇이 이에 해당하는지는 반드시 명확한 것이 아니

다. 사실 엄밀히 말해서 전국적 요소를 전혀 갖지 않는 순수히 지방적인 사무는 있을 수 없다. 지방자치단체의 기술과 재정능력을 넘는 사무는 지방자치단체가 사실상 수행하기 불가능하거나 매우 어려운 사무를 말하는데, 지방자치단체 간에는 그 행정적·재정적 능력에 있어 현격한 격차가 있으므로 일률적으로 적용한다는 것은 오히려 불합리하며, 2개 이상의 자치단체가 상호 협조하여 해결할 수 있는 경우에는 능력의 부족을 이유로 중앙정부가 반드시 해야 한다는 논리가 성립하지 않는다.

광역자치단체와 기초자치단체 간 사무배분에 있어서도 기초자치단체에 대해서는 단지 광역자치단체에 속하지 않는 잔여사무가 기초자치단체의 사무로 귀속된다고 규정하여 기초자치단체에 대해서는 사무배분의 규정이 없는 형편이다. 또한, 기준들 간에 서로 상충될 때에는 어느 기준을 우선시해야 하는지가 정해져 있지 않다. 이러한 사무배분 기준의 모호성 때문에 기초자치단체에서 처리해야 할 사무가 광역자치단체에 배분되어 있거나, 구체적인 배분원칙이 규정되어 있다 할지라도 제대로 지켜지지 않아서 사무가 광역자치단체와 기초자치단체 간에 중복적으로 배분되고 있다.

따라서 중앙정부와 지방자치단체 간, 광역자치단체와 기초자치단체 간 사무배분의 원칙과 기준은 재정립될 필요가 있다. 이는 원칙과 기준의 불명확성이 중앙과 지방 간에, 광역과 기초 간에 사무관할에 관한 분쟁을 지속적으로 야기할 수 있기 때문이다. 더 나아가 이러한 원칙과 기준은 단순히 지방이양과 사무재배분이라는 틀 속에서뿐만 아니라 보다 폭 넓게 국가기능의 배분이라는 관점에서 설정하여야 한다. 즉, 그 기능이 과연 필요한 것인지, 그 기능을 반드시 국가가 수행해야만 하는 것인지, 국가가 기능을 수행해야 할 경우에도 민간에 위탁을 줄 수는 없는 것인지, 중앙정부가 해야 하는지 또는 지방자치단체가 해야 하는지, 지방자치단체가 해야 할 경우에도 광역자치단체가 해야 하는지 기초자치단체가 해야 하는지, 이양(devolution)을 해야 하는지 또는 위임(delegation)을 해야 하는지에 대한 체계적인 검토가 동시에 요구되는 것이다.

참고문헌

김영수(1995). 「중앙과 지방정부간 사무배분에 관한 입법화 방안」. 서울: 한국지방행정연구원.
오희환(1991). 지방행정기능배분의 이론적 접근체제. 「지방행정연구」, 6(2).
이승종(1996). 중앙과 지방과의 관계. 「지방자치연구」, 8(2).
총무처(1992). 「국가·지방간 기능배분관련 외국자료 I (일본)」.

최병대(1996). 「서울시 자치시정의 구현을 위한 제도개선방안: 중앙 – 지방간 관계에 대한 이론과 사례」. 서울: 서울시정개발연구원.

하미승(1992). 중앙 – 지방간 기능배분업무의 효율화를 위한 전문가지원체계(ESS) 사례연구. 「한국 행정학보」, 26(3).

홍준현(1998). 광역자치단체와 기초자치단체간 중복기능 조정방안. 임주영 편. 「공공부문혁신을 위한 연구(Ⅲ)」. 서울: 한국조세연구원.

홍준현(1999). 「중앙사무 지방이양 추진사업의 개선방안」. 서울: 한국행정연구원.

Byrne, T.(1994). Local Government in Britain. London: Penguin Books.

키워드: 사무배분의 원칙, 기능배분, 지방이양, 지방분권, 지방이양추진위원회
http://www.dpla.go.kr, 지방자치법

작성자: 홍준현(중앙대)

최초작성일: 2001.11.

Sabatier의 옹호연합모형(Sabatier's Advocacy Coalition Framework: ACF)

1. 개념

Sabatier는 1988년 정책변동을 위한 설명으로서 옹호연합모형(ACF)을 제시했다. 이는 외적변수(external parameters), 정책옹호연합(policy advocacy coalition), 신념체계(belief systems), 정책중개자(policy brokers), 정책학습(policy learning), 정책산출(policy output), 그리고 정책변동(policy change) 등으로 구성된다(<그림 1> 참조).

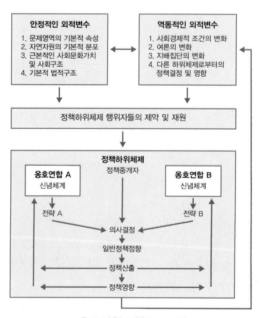

그림 1. **옹호연합모형(ACF)의 구조틀**

1) 외적변수

장기간에 걸친 정책과정의 변동을 이해하기 위해서 본격적으로 제시된 ACF는 특정정책을 옹호하고자 정치적으로 중요한 활동을 하는 정책옹호연합을 분석단위로 상정한다. 이러한 연합의 형성과 활동에 제약을 가하거나 전략적 기회를 제공하는 결정적인 영향은 정책하위체제의 외적변수에서 비롯된다.

외적변수는 안정적인 외적변수(stable external parameters)와 역동적인 외적변수(dynamic external events)로 구성되어 있는데, 전자는 문제영역의 기본적 속성, 자연자원의 기본적 분포, 근본적인 사회문화가치 및 사회구조, 기본적인 법적구조 등이며, 후자의 경우에는 사회경제적 조건의 변화, 여론의 변화, 지배집단의 변화, 다른 하위체제로부터의 정책결정 및 영향 등을 들 수 있다. 안정적인 외적변수들은 변화가 불가능하지는 않으나 마치 종교의 개종처럼 변화의 속도가 매우 더디고 범위 또한 협소하다. 반면, 역동적인 외적변수는 정책하위체제에 단기간에 큰 영향을 미친다.

2) 정책옹호연합

정책옹호연합은 어떤 일정한 정책영역 또는 하위체제 내에서 신념을 공유하는 행위자들끼리 서로 뭉치는 이해당사자를 의미한다. 정책은 합리적 분석과 정치적 산물이다. 정책과정상의 정치적 활동에는 경쟁과 함께 협력도 중요하다. 이런 과정에서 경쟁하는 세력에 대항해서 자신들의 이익이나 선호를 옹호하기 위해 연합의 형성이나 조직화된 협력들이 일어나게 되는 것이다.

3) 신념체계

정책하위체제를 살펴보면 관련자는 몇 개의 옹호연합을 구성하는데, 이들은 기본적인 가치, 정책에 대한 인과적 인식, 정책수단에의 동의와 같은 중요한 신념체계를 공유하는 행위자들의 협력체로 구성된다. 이러한 신념체계는 규범적 핵심, 정책핵심, 그리고 도구적 측면의 계층적 구조로 구성된다(<표 1> 참조).

규범적 핵심(normative core)은 신념체계 중 가장 최상위의 수준으로 자유, 평등, 발전, 보존 등의 존재론적인 공리가치의 우선순위를 정한다. 규범적 핵심은 연합을 형성하게 되는 가장 근본적인 시각으로 그의 지향점이 광대하므로 특정정책과의 직접적인 연관성은 다른 계층의 신념보다 떨어진다.

정책핵심(policy core)은 특정 하위체제에서 실제 운용되는 정책과 밀접히 연관되어 있다. 정책에 관련되어 어떠한 특정목표가 정해질 것인지 혹은 목표달성의 필수조건들이 어떠한 것인지에 관한 인과적 인식을 말한다.

이에 비해 도구적 측면(instrumental aspect)의 신념은 가장 범위가 좁은 것으로 행정상 혹은 입법상의 운용과정에서 나타나는 정책수단, 예산의 배분, 성과에 대한 평가, 법적 개정 등이다. 이는 특정한 세부적 정책에만 국한되는 것으로 가장 구체적이며 변화가능성이 다분하다.

표 1. **정책옹호연합의 신념체계**

구 분	내 용
규범적 핵심	규범적·존재론적 공리가치
정책핵심	실제 운용되는 정책
도구적 측면	정책수단, 예산의 배분, 성과에 대한 평가, 법적 개정 등

4) 정책중개자

정책옹호연합들 간의 대립과 갈등을 중재하는 제3자를 정책중개자라고 부른다. 정책중개자의 주요 관심은 정책옹호연합들 사이의 갈등을 줄이면서 합리적인 타협점을 찾아내는 것이다. 옹호연합들은 그들이 소유하는 재원을 동원하여 그들의 신념체계를 공공정책으로 변화시키려고 경쟁하게 되는데, 이때 정책중개자인 제3의 행위자들, 즉 정치인과 관료 등에 의해 중재되는 것이다.

5) 정책학습

정책학습은 경험으로부터 초래되며, 정책옹호연합의 믿음체계 변경과 관련되어서 나타나는 생각이나 행태의 변화를 의미한다. 따라서 정책학습은 정책옹호연합들의 신념체계 수정을 의미한다. 이러한 신념체계의 수정은 주로 신념체계의 계층적 구조에서 도구적 측면에 집중되며, 반면에 정책핵심에서는 변화가 일어나기 쉽지 않다. 정책핵심의 주요한 요소들을 변화시키기 위해서는 정책연구의 계도기능을 통한 장기간에 걸친 필요한 정보의 축적을 필요로 한다. ACF에서는 이러한 정책학습이 장기적이고 점증적인 변화를 촉진하는 힘으로 파악된다.

ACF는 정책옹호연합들의 신념체계 변화를 의미하는 정책학습을 유도하는 조건으로 옹호연합들 간 상당한 수준의 갈등과 논쟁을 촉진하는 전문적인 공개토론회·공청회·포럼 등이 있어야 한다.

6) 정책산출과 정책변동

결국, 정책옹호연합들 간의 정책학습을 통해 정책이 산출되게 된다. 이것이 이전과는 다른 정책산출일 경우 정책변동이 이루어졌다고 할 수 있다. 이러한 정책형성과정의 정책변동은 정책집행과정으로 이어지게 된다.

2. 평가

Sabatier의 옹호연합모형은 정책갈등 등 복잡한 정책변동현상을 논리적으로 조명하는데 기여를 하고 있으나, 정책변동의 명확한 시작점이 불분명하고, 상호작용이 정책학습으로만 국한되고 있다는 점에서 다양성에 한계가 있으며, 변수가 많아 시기별 분석에 문제가 있는 등 분명한 한계가 존재한다.

참고문헌

Sabatier, P. A.(1988), "An Advocacy Coalition Framework of Policy Change and the Role of Policy-oriented Learning Therein", *Policy Sciences*, 21.

Sabatier, P. A. & Jenkins-Smith, H. C.(1999), The Advocacy Coalition Framework: An Assessment, Boulder: Westview Press.

키워드: Sabatier의 옹호연합모형, ACF
작성자: 양승일(충남도립대)
최초작성일: 2013.05.

사회복지정보화(Social Welfare Informationization)

1. 개념

　사회복지정보화(social welfare informationization)에 대한 다양한 정의를 포괄하는 개념으로 '정보화의 복지'와 '복지의 정보화'에 대한 논의를 들 수 있다. '정보화의 복지'는 정보사회에서 발생할 수 있는 정보격차의 문제를 해소하고 사회의 모든 계층이 정보화의 혜택을 균등하게 받도록 하는 '보편적 접근성'의 확보에 초점을 맞추고 있다. '복지의 정보화'는 정보화를 통해 기존의 복지시설 및 복지행정기관들이 지니고 있는 복지행정 및 서비스 제공의 비효율적인 요소를 해소하고, 복지수요자들의 욕구를 충족시키는 복지서비스를 제공하며, 나아가 사회적 약자나 소외계층의 사회적 참여 통로를 확보해주는 데 초점을 맞추고 있다.

　오늘날은 정보화와 복지가 서로 분리된 개념으로 존재하기보다는 점차 상호의존적인 관계를 맺고 있다고 할 수 있다. 정보화는 '보편적 서비스'를 구현한다는 정책을 표명함에도 불구하고 기존의 불평등을 확대하고 새로운 정보격차를 만들어낼 위험을 안고 있다. 이 점에서 정보화의 추진은 사회통합과 복지에 대한 고려가 필요하다.

　한편, 사회복지서비스의 질적 향상, 사회복지자원의 체계적인 동원, 사회복지서비스 전달의 효율성 확보, 그리고 사회적 약자의 참여도 향상 등 사회복지의 선진화를 위해서는 정보통신기술의 적극적인 활용이 요구된다. 이처럼 정보화와 복지가 앞으로도 더욱 밀접한 상호의존적 관계로 진전되어 간다는 점을 고려할 때, 사회복지정보화의 개념을 '복지의 정보화'와 '정보화의 복지'를 모두 포함하는 것으로 하고자 한다. 다시 말해서 정보화와 복지가 만나 발전적으로 복지의 문제와 정보화의 문제를 서로 해결해 가는 영역을 사회복지정보화의 대상으로 삼고자 하는 것이다.

2. 원칙

사회복지정보화가 사회복지서비스의 질을 제고하고 사회복지서비스 주체들의 욕구들을 충족시키기 위해 명심해야 할 중요한 추진원칙들을 살펴보면 다음과 같다.

1) 수요자 중심의 정보화(기본원칙)

그동안의 많은 정보화사업들이 공급자 중심으로 이루어져 이용자의 활용도가 낮다는 지적을 받아왔다. 사회복지정보화의 경우 정보기술을 활용하여 사회복지서비스의 질을 제고하기 위해서는 수요자 중심의 정보화가 기본적인 출발점이 되어야 한다. 사회복지정보화의 수요자는 기존의 행정정보화의 수요자와는 다소 차이가 있다. 행정정보화의 주된 수요자로는 행정서비스의 고객인 시민과 기업이 있고 내부적으로는 행정정보시스템을 활용하는 공무원이 있다. 한편, 사회복지정보화의 경우 사회복지서비스의 수혜자인 클라이언트와 복지행정 및 정책을 담당하는 공무원이 수요자에 포함될 뿐만 아니라, 사회복지서비스를 공급하는 사회복지시설이나 사회복지서비스 종사자 그리고 자원봉사 등 사회복지서비스에 참여하기를 원하는 일반시민들이 주된 수요자로 포함된다.

사회복지서비스의 수요자는 온라인상에서 그들이 받을 수 있는 서비스가 무엇이며 어떻게 받을 수 있는가를 손쉽게 확인할 수 있고, 필요할 경우 온라인상에서 제공받을 수 있기를 원한다. 사회복지서비스 공급자는 정보화를 통해 적합한 클라이언트를 선정하고 그들에게 필요한 서비스를 효과적으로 제공해주는데 실질적인 도움을 줄 수 있기를 바란다. 사회복지에 관심을 가지고 있는 일반시민들은 사회복지서비스에 자신들의 자원을 어떻게 제공할 수 있는지를 알고 싶어한다. 마지막으로 복지행정 및 정책담당자는 행정의 효율성과 정책의 효과성을 뒷받침해 줄 수 있도록 정보화가 진행되고 정책자료가 수집될 수 있기를 기대한다. 이와 같이 사회복지정보화는 수요자들이 필요로 하는 정보와 서비스가 다양할 뿐 아니라, 수요자에 따라 이용수준과 이용목적이 다르므로 이들 이용자들의 정보욕구에 적절히 대응해 나가야 한다.

이러한 사회복지정보화의 수요자 모두의 욕구가 충족될 때 사회복지정보화의 궁극적인 효과를 거둘 수 있을 것이다. 다시 말해서 사회복지정보화는 사회복지서비스의 각 주체들인 사회복지서비스의 수요자와 공급자, 일반시민 및 복지행정 및 정책 담당자들 모두가 상호 유기적으로 연결되어지는 정보시스템을 바탕으로 사회복지서비스 관련 정보를 체계적으로 수집, 생산, 축적하고 효율적으로 유통함으로써 보다 질 높은 사회복지서비스를 제공하는데 기여하게 될 것이다.

2) off－line에서의 사회복지서비스와 on－line 상의 사회복지서비스의 연계

사회복지정보화가 아무리 진행된다고 하더라도 핵심적인 사회복지서비스의 제공은 여전히 off－line으로 진행될 것이다. 따라서 사회복지정보화는 사회복지서비스의 공급자인 사회복지서비스 종사자가 현장에서 클라이언트에게 사회복지서비스를 제공하는데 실질적인 도움이 되도록 하여야 한다. 이와 함께 적극적으로 on－line상에서 제공될 수 있는 사회복지서비스의 영역을 넓혀 나가야한다. 사회복지서비스의 제공에 있어 클라이언트의 자존심을 상하게 할 수 있는 서비스의 경우 익명으로 하는 온라인 서비스를 적극적으로 개발해야 한다. off－line과 on－line에서의 사회복지서비스는 서로 보완적 관계를 유지하면서 밀접하게 연계되어야 하며 궁극적으로는 클라이언트에게 보다 질 높은 사회복지서비스를 제공하는데 기여하여야 한다. 예를 들어 종합상담시스템을 구축할 경우 클라이언트는 온라인상에서 익명으로 상담서비스를 제공받을 수 있을 뿐만 아니라, 상담서비스 공급자는 축적된 상담자료들을 활용하여 현장에서의 상담서비스 질을 향상시킬 수 있다.

3) 개인정보보호에 대한 우선적 고려

정보화가 진행되면서 더 많은 개인정보와 신상기록들이 전자적인 형태로 관리되고 축적될 것이다. 사회복지정보화의 경우 사회적 도움을 필요로 하는 사람들의 개인신상정보가 많은 비중을 차지하고 있다. 상담서비스의 경우 성문제, 가정문제, 마약문제 등 개인의 민감한 문제들을 상담하게 되며, 장애인복지서비스의 경우 자신의 장애에 대한 세부적인 사항들이 정보로 축적될 것이다.

클라이언트는 이러한 개인정보에 대한 확실한 보호가 보장되지 않을 경우 정보화의 효과를 누리는데 주저할 것이며, 오히려 off－line에서의 서비스를 더 선호하게 될지도 모른다. 보건복지부에서 추진하여 왔던 원격의료사업이 제대로 정착되지 못하고 있는 것도 같은 맥락에서 이해할 수 있다. 온라인상에서의 사회복지서비스가 활성화되고 사회복지정보화의 효과가 극대화되기 위해서는 보다 더 개인정보의 보호에 만전을 기하여야 한다.

4) 사회복지서비스 영역 간의 정보화 연계(개별 서비스에서 종합적 서비스로)

사회복지정보화는 개별 서비스별로 필요한 부분의 정보화가 진행되어야 하지만, 이와 동시에 사회복지서비스를 종합적으로 제공하는데도 관심을 가져야 한다. 사회복지서비스의 경우 하나의 서비스만으로 클라이언트의 복지욕구가 충족되지 못하고 다른 사회복지서비스와 함께 제공되어야 클라이언트의 문제를 해결할 수 있는 경우가 많다. 예를 들어 재가노인복지서비스의 경우 재가노인들에게는 보건의료서비스, 간호서비스, 노인복지서비스가 종합적으로 제공되어야 한다.

이러한 서비스제공의 종합성을 확보하기 위해서는 사회복지 분야별 서비스에 대한 정보화가 서로 간의 연계에 대한 인식을 가지고, 아동복지, 장애인복지, 노인복지, 여성복지 등 사회복지 전반을 종합적으로 포괄하는 차원에서 추진되어야 한다. 이와 함께 클라이언트에 대한 종합적인 서비스를 제공해 줄 수 있는 포털사이트를 구축한다. 이러한 원칙은 개별 사회복지서비스 영역내의 정보화추진에도 동일하게 적용된다. 예를 들면 아동보육에 대한 정보화는 보육만을 고려하기보다는 아동복지의 전체적인 관점에서 다른 아동복지 관련 서비스와의 연계를 고려하면서 정보화를 추진해나가야 한다.

5) 사회복지 분야 간의 연계 네트워크 구축

사회복지서비스 영역들 간의 서비스 연계뿐만 아니라 사회복지 분야들 간의 정보연계가 네트워크의 관점에서 추진되어야 한다. 사회복지서비스는 사회보험, 공적부조, 복지행정과 같은 다양한 사회복지분야들과 배타적으로 독립되어 있는 것이 아니라 밀접한 연계를 가지고 있는 분야이다. 이들 분야 간의 활발한 정보공유가 실시간으로 이루어지도록 네트워크를 구축하여야 한다. 이는 정보의 중복가공으로 인한 예산과 시간의 낭비를 막고 관련 사회복지 분야와의 정보공유를 통해 사회복지서비스 제공의 신속성과 효과성을 확보할 수 있다.

사회복지서비스 업무의 주무부처가 보건복지부이기는 하나 업무를 수행함에 있어 노동부, 여성부, 교육부 등 타 부처와의 긴밀한 협조와 정보공유가 요구되는 경우가 많다. 그리고 국민연금관리공단과 같은 각종 사회보험관리공단, 복지시설 등과 같은 유관기관과도 밀접한 관계가 있다. 따라서 유관부처 및 유관기관과의 외부연계시스템 구축은 사회복지서비스의 질을 좌우하는 관건이 된다. 이와 함께 국가 전체적으로 추진되고 있는 전자정부노력과도 밀접한 관계 속에서 이루어져야 한다.

6) 민간의 참여와 협력체계 구축

복지사회의 건설이 정부만의 몫은 아니다. 민간의 참여와 활력을 사회복지분야에 끌어들여 함께 복지사회를 일구어가야 한다. 따라서 사회복지정보화는 민간의 참여와 협력체계를 구축하는데 보다 많은 관심을 가져야 한다. 미국의 경우 사회복지에 있어 비영리단체 중심의 민간참여가 활성화되어 있다.

　사회복지서비스에 민간의 참여를 활성화시키고 민간의 복지자원들을 활용하기 위해서는 민간의 복지자원에 대한 정보가 보다 체계적으로 DB화되어야 한다. 이와 함께 구축된 DB가 사회복지기관들에 의해 효과적으로 활용될 수 있도록 공유되어야 한다. 사회복지에 자신들의 자원을 투입하기 원하는 시민들도 자신이 자원봉사활동이나 기부를 할 수 있는 정보에 쉽게 접근할 수 있도록 정보화가 추진되어야 한다.

　민간의 사회복지에 대한 관심을 높이고 참여를 이끌어내기 위해 사회복지분야의 다양한 커뮤니티를 사이버공간에 형성하는 방안을 생각해 볼 수 있다. 이를 통해 일반시민과 사회복지서비스 수혜자들 간의 상호이해와 상호작용을 촉진시켜야 한다. 우리나라의 경우 사회적 약자에 대한 일반시민의 인식이 왜곡되어 있음을 고려할 때 사회복지정보화를 통해 이루어가야 할 중요한 작업이라 생각된다. 사회복지전문가들도 커뮤니티에 참여하여 전문적인 토론과 대안제시를 해 나갈 수 있다.

7) 정보소외계층을 정보활용계층으로

　정보화의 진전과 함께 사회적 소외계층이 정보소외계층으로 전락될 가능성이 높다. 사회복지정보화는 이러한 가능성을 최소화시키는데 많은 관심을 보여야 한다. 따라서 '보편적 서비스' 이념을 확장하여 '보편적 접근'을 목표로 삼고 나아가야 한다. 보편적 서비스 개념은 정보기술기반, 즉 네트워크에의 접속여부에 한정된 개념이다. 즉, 보편적 서비스는 지리적, 신체적, 경제적 접속 제약요인을 해소하여 접속빈도를 높이는 정책개념이다.

　그러나 보편적 서비스를 통한 사회적 소외계층의 접근기획 확대가 네트워크상에서의 정보활용을 의미하는 것은 아니다. '보편적 접근'을 확보하기 위해서는 이들의 정보활용능력 제고를 위한 교육도 함께 이루어져야 한다.

8) 사회복지정보화 기반구축

　사회복지서비스가 종합적으로 제공되기 위해서는 사회복지영역별 서비스 간에 연계가 되고 사회복지 분야들 간에도 정보의 흐름이 막혀서는 안 된다. 또한 사회복지기관들 간에 그리고 민간과의 연계에서도 서로 간에 정보가 아무런 어려움이 없이 공유되어야 한다. 이를 위해서는 무엇보다도 관련 기관들 간에 서류 및 양식이 표준화되어야 하고 업무와 관련된 각종 코드가 표준화되어야 한다.

　그러나 사회복지서비스 분야는 사회복지기관, 단체, 시설의 종류와 업무가 다양하고, 비정형적 업무 및 비정형데이터가 많아 표준화 과정이 복잡하다는 점을 염두에 두어야 한다. 사회복지서비스 공급의 일선에 있는 사회복지기관의 정보화 환경을 개선하고 사회복지서비스 담당자들의 정보화능력을 제고하는 노력도 사회복지정보화의 기반구축의 일환으로 수행되어야 한다.

이상에서 살펴보았듯이, 국가경영에 있어서 사회복지정보화의 완비는 다음과 같이 도식화할 수 있다.

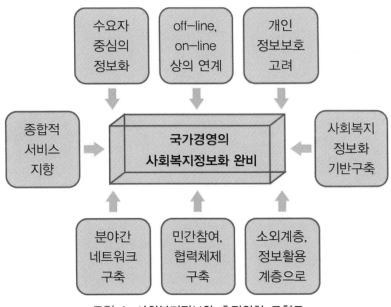

그림 1. **사회복지정보화 추진원칙 모형도**

3. 평가

사회복지정보화를 위한 완비 변수로서 수요자 중심의 정보화 등 여덟 가지를 제시했다는 점에서, 일정부분 의미를 갖는다. 다만, 이들 여덟 가지가 독립적으로 영향을 미치는 것뿐만 아니라 이들 간에 유기적인 연계를 통해 영향을 미치는 시너지효과 차원에서 분석하는 것도 필요하다고 판단된다.

참고문헌

보건복지부(2001). 「2002년 보건복지정보화촉진시행계획」.

_____ (2002a). 「2001년도 보건복지정보화추진평가보고」.

_____ (2002b). 「보건복지정보화촉진 기본계획(2002－2006)안」.

_____ (2003). 「2003 사회복지정보센터 운영지침」.

키워드: 사회복지정보화

작성자: 양승일(충남도립대)

최초작성일: 2013.10.

사회적 기업(Social Enterprise)

1. 개념 정의

사회적 기업(social enterprise)은 사회적 목적의 달성을 주목적으로 하는 기업이다. 시장에서 비즈니스 활동을 하지만, 사회 복지의 생산, 환경 보호, 경제적 수익이라는 세 가지 목적의 성취가 사명이다. 상업적인 조직도 그렇다고 순수 자선적인 조직도 아니다. 영리 조직처럼 경쟁 시장에서 사적 이익을 쫓아서 비즈니스를 하지만 1차적 목적은 비영리 조직처럼 사회 복지, 환경 보호 등 공익이라는 점에서 혼성 조직(hybrid organizations)이다. 이 때문에 사회적 기업에 대한 투자를 혼합 가치 투자(blended value investment)라고 한다. 기업들 중에 많은 조직들이 사회적 목표를 내세우지만, 사실 장기적으로 좋은 이미지를 얻어 보다 나은 수익 구조를 만들기 위한 것이다. 하지만 사회적 기업은 최대 목적을 사회 복지, 환경 보호에 둔다는 점이다. 사회적 기업은 주목적이 주주들의 수익 극대화가 아니라 사회적 또는 환경적 목표의 성취이다. 비즈니스 활동을 하지만 그로부터 얻어진 수익은 비영리 조직의 사업에 자금을 대출해 주거나, 사회적 목표를 달성하기 위한 프로그램 운영에 지출된다. 사회에 기여하는 좋은 아이디어가 있으나 투자 자금을 마련하지 못하는 사업가에게 자금을 빌려주거나, 사회적 약자, 소외된 사람들을 고용하고자 노력한다. 사회적 기업은 1980년대부터 미국과 유럽 등에서 증가해 왔고, 현재는 다양한 이름으로 전 세계로 확산 중이다. 사회적 기업 리더들과 실천가들은 2008년 Social Enterprise World Forum이라는 모임을 창립, 매년 포럼 개최와 더불어 사회적 기업의 성장과 발전을 위한 지원에 나서고 있다.

2. 미국과 유럽 간의 개념상 차이

자넬리 켈린(Janelle A. Kerlin)의 2006년 발표 논문에 따르면 미국과 유럽 사회는 사회적 기업에 대해 개념, 이용, 환경적 맥락, 정책 등에 차이가 있다. 미국에서는 사회적 기업의 범위를 매우 넓게 정의한다. 수익 지향적이나 자선 활동 또는 사회적 책임을 위해 노력하는 기업, 경제적 수익과 사회적 목적을 함께 추구하는 조직, 사회적 목표 달성이 주이고 수익 창출 활동은 부수적인 비영리 조직 등을 모두 여기에 포함시킨다. 반면 유럽에서는 사회적 기업을 영리와 비영리 기업 모두를 포함해 사회적 수요에 대응하는 조직으로 보는 시각과 제3섹터나 협동조합 등과 같은 조직에 한정하는 두 가지 시각이 있다. 전자는 기업의 사회적 책임도 포함시키나 후자는 사회적 기업의 이상형(ideal type)을 강조한다. 후자는 사회적 기업의 특징을 상품과 서비스 생산, 판매의 지속적 활동, 고도의 자율성, 상당한 수준의 경제적 위험 부담, 최소의 보수 지급, 목적을 지역 사회 편익의 제공에 둔다는 점, 시민들에 의한 이니셔티브, 자본 소유에 기초하지 않는 의사 결정, 사회적 기업 활동으로부터 영향을 받는 사람들의 참여 허용, 수익의 제한적 배분 등으로 설명한다. 또 유럽에서는 사회적 기업을 사회주의적 경제(social economy)에 속하는 조직으로 간주해 협동조합이나 협회, 재단을 포함시키나 미국은 사회주의적 경제 개념을 사용하지 않기 때문에 비영리 사회적 기업도 시장 경제에서 활동하는 것으로 간주하는 차이가 있다고 말한다.

3. 역할과 평가

사회적 기업은 정부나 기업이 하지 못하는 영역에서 사회가 필요로 하는 활동을 통해 사회적 가치 실현, 지역 사회의 발전적 변화를 촉진한다. 크리스틴 퍼거슨과 빈 시에(Kristin M. Ferguson and Bin Xie)는 집과 가족을 떠나 일정한 거처와 하는 일 없이 길거리를 돌아다니는 젊은이들은 불건강 증후군과 행동의 위험이 높은데, 사회적 기업을 도입하면 삶에 대한 만족, 가족과의 만남, 정신적 불건강 등을 개선하는 효과가 있다고 말한다.

4. 전망

사회적 기업의 필요와 중요성에 대한 인식은 지속적으로 증가하는 추세이다. 사회적 문제를 다루는 가장 유력한 방법 중의 하나로 주목받고 있다. 리처드 시몬스(Richard Simmons)는 정부가 민간 기업과 계약 또는 파트너십 관계를 통해 공공 서비스를 제공하면서, 기업적 기술(entrepreneurial skills)과 사회적 목적이 만나는 환경과 기회가 크게 증가하고 있다고 말한다. 사회적 기업은 사회적 목표에 성취를 위한 노력, 보다 많은 이해관계자의 참여, 그러면서도 투입 대 산출 비율의 개선을 통한 시너지 효과를 창출할 수 있기 때문에 공공 서비스를 제공하는 하나의 새로운 모델이 될 수 있다고 설명한다. 그러나 파트너십에서는 인센티브 부여가 어렵고 자율성이 낮다는 한계의 극복이 과제이다.

참고문헌

Borzaga, C., & Defourney, J.(2001). The emergence of social enterprise. London, UK: Routledge.

Ferguson, K. M., & Xie, B.(2008). Feasibility study of the social enterprise intervention with homeless youth. *Research on Social Work Practice*, 18(1): 5−19.

Kerlin, J. A.(2006). Social enterprise in the United States and Europe: Understanding and learning from the differences. *International Journal of Voluntary and Nonprofit Organizations*, 17(3): 246−262.

Kong, E.(2010). Innovation processes in social enterprises: An IC perspective. *Journal of Intellectual Capital*, 11(2): 158−178.

Nyssens, M. (Ed.).(2006). Social enterprises in Europe: Between market, public policies and communities. London, UK: Routledge.

Simmons, R.(2008). Harnessing social enterprise for local public services: The case of new leisure trusts in the UK. *Public Policy and Administration*, 23(3): 278−301.

키워드: 사회적 기업, 혼성 조직, 기업의 사회적 책임
작성자: 박흥식(중앙대)
최초작성일: 2019.12.

사회적 자본(Social Capital)

1. 개념

사회적 자본(社會的 資本)은 종전의 인적·물적 자본에 대응되는 개념이다. 이는 '사회구성원의 공동문제해결을 위한 참여조건 또는 특성' 혹은 '공동이익을 위한 상호 조정과정과 협력을 촉진하는 사회적 조직의 특성'으로 정의 할 수 있다. 이렇게 정의가 추상적인 이유는 사회적 자본이라는 개념을 이야기하는 학자가 많고 그 정의 또한 비슷한 듯하면서도 다르기 때문이다. 아래에서는 Adler & Kwon(2002)이 범주화한 세 가지 기준에 맞춰 다양한 개념정의를 정리하였다.

1) 사회적 지원관계에 의한 이용 가능한 자원으로서의 사회적 자본

Coleman(1990)은 한 개인이 그 안에 참여함으로써 특정한 행동을 하는 것을 가능하게 만들어 주는 사회구조 혹은 사회적 관계의 한 측면으로, Nahapiet & Ghoshal(1998)은 개인 또는 사회적 단위가 소유한 관계의 네트워크로부터 이끌어내어 이용 가능한 실제적으로 잠재적인 자원의 합으로 사회적 자본을 개념화 하였다.

2) 사회적 관계가 제공하는 기회와 이익의 총합으로서의 사회적 자본

Bourdieu(1986)은 친근감이나 상호 인지적 관계가 제도화거나, 지속적인 연결망이 유지되어 개인이나 집단이 실제 및 가상으로 얻게 되는 이점이나 기회의 총합으로, Granovetter(1985)는 이해관계를 추구하는 행위자들이 생산적으로 이용할 수 있는 사회적 구조 내에 축적된 자원으로 사회적 자본을 정의했다.

3) 공동체 유지를 위한 기제로서의 사회적 자본

Putnam(1995)은 상호이익을 증진시키기 위한 조정과 협력을 촉진시키는 네트워크, 규범 그리고 사회적 신뢰와 같은 사회조직의 특징으로, Fukuyama(1997)는 그룹과 조직에서 공공목적을 위해서 함께 일하도록 하는 사람들의 능력이며, 이러한 사람들 사이의 협력을 가능케 하는 한 집단의 회원들 사이에 공유된 어떤 비공식적인 가치 또는 규범 내지는 신뢰의 존재로서 사회적 자본을 규정하였다. Brehm & Rahn(1997)도 집단행동 문제들에 대한 해결을 촉진하는 시민들 사이의 협동적 관계망(사회적 연계망)이라는 비슷한 개념으로 사회적 자본을 바라보았다.

2. 특징 및 종류: 신뢰, 사회적 연계망, 상호호혜 규범, 믿음, 규율

첫째, 신뢰에 대해 Fukuyama(1997)는 사회자본이 사회 내에 존재하는 신뢰로부터 나오는 것으로 종교, 전통, 또는 역사적 관습 등과 같은 문화적 메커니즘에 의해 생겨나고 전파되기 때문에 다른 형태의 자본과는 다르다고 주장했다. 둘째, 사회적 연계망에 대해서 Brehm & Rahn(1997)은 현대 및 전통사회, 권위주의 및 민주사회, 봉건 및 자본주의 사회 등 어떠한 사회도 공식·비공식의 사람들 사이의 커뮤니케이션 및 상호교환이라는 네트워크에 의하여 특징지어진다고 볼 수 있다고 하였다. 세 번째, 상호호혜의 규범에 대해서 Adler & Kwon(2002)은 구성원들이 공유하고 있는 규범에 근거를 두는 것이라고 하였으며, 넷째, 믿음(beliefs)에 대해 Nahapiet & Ghoshal(1998)는 공통적인 전략적 생각(vision), 해석(interpretations), 그리고 의미의 체계(systems of meaning)의 형태인 믿음은 사회자본의 형성에 중요한 역할을 하고 있다고 하였다. 마지막으로 공식적인 제도와 규율(rules)들은 사회적 연계망, 규범, 믿음 등에 대한 영향을 통해서 사회자본에 매우 강력한 직·간접적인 영향을 줄 수 있다.

3. 연구의 경향: 사회적 자본과 한국의 시민사회 관점에서

사회적 자본이 국가(조직)경쟁력에 핵심변수라는 인식의 확대는 학자들 사이에서 한국의 사회적 자본에 대한 고민으로 나타났으며, 한국적 맥락에서의 발전적인 개념이 제시되고 있다. 구체적으로 사회적 자본의 동력이라고 할 수 있는 시민단체의 성격에 대한 문제를 고민하였고, 사회적 자본의 긍정적 활용 측면에 대해서도 고민의 흔적이 보인다.

박희봉(2001)은 사회적 자본이 사회의 변화에 따라 국가와 지역에 따라 축적의 방법도 다를 수 있고, 발현되는 양태도 다를 수 있다고 하였다. 서구의 관점에서 바라보면 우리나라의 친목회나 동창회 등의 수직적 단체가 부정적 영향을 미친다고 단정할 수 있을지 모르지만, 한국의 수직적 단체는 분명 회원들의 이익을 대변하면서 공동체의 발전에 일정부분 역할을 하고 있음을 볼 때, 형태는 다르지만 같은 역할을 할 수 있을 가능성이 많다는 의견을 제시했다. 그리고 그는 '한국적 상황에 맞는 사회적 자본의 재정립'에도 앞장서고 있는데, 한국사회에 긍정적인 사회적 자본을 만들기 위해 '사회관계 속에서 사회구성원의 참여, 네트워크, 신뢰에 바탕을 둔 관계에서 형성된 사회관계로 국가 및 사회발전에 긍정적인 영향을 미치는 것'으로 사회적 자본을 정의하자는 제안을 하였다. 또한 우천식 & 김태종(2007)은 한국사회는 '불균형'이란 말로 대표되는 사회로 판단된다면서 사이버 공동체의 등장에 주목했다. 과도기적인 상태이면서 동시에 과소대표의 우려가 없다고는 할 수 없지만, 대면활동을 대신해 사회적인 갈등조정이나 신뢰형성에 관한 새로운 학습의 장으로 기능할 수도 있는 새로운 형태의 결사체가 한축으로 등장했다는 것에 의의를 두었다. 장기적으로 사회적 자본이 진화한다면 '융합'이라는 시너지로 상승된 사회의 출현을 바라볼 수 있을 것이라며, 성취 조건으로서 규범제도의 확립, 열린 공동체 참여 촉진, 신뢰 친화적 문화 확산 등에 대한 고민, 그리고 시민사회 활성화에 대한 심도 있는 접근 등을 제시하였다.

참고문헌

박희봉(2001). '사회단체와 사회자본'. 한국 NGO학회 발표용 원고. 중앙일보시민사회환경연구소자료실.

우천식·김태종(2007). 한국경제사회의 발전과 사회적 자본. 한국개발연구원.

조광래(2008). 혁신클러스터 성공조건의 탐색적 연구: 사회적 자본(Social Capital)을 중심으로. 고려대학교.

Adler, P.S., & Kwon, S.W.(2002). Social Capital: Prospects for a New Concept. *The Academy of Management Review*, 27(1): 17−40.

Bourdieu, P.(1986). The forms of capital, In J. G. Richardson(Ed.) Handbook of Theory and Research for the Sociology of Education, Greenwood, New York.

Brehm, J., & Rahn, W.(1997). Individual−level evidence for the causes and consequences of social capital. *American Journal of Political Science*, 41: 999−1023.

Coleman, James S.(1990). Foundations of Social Theory. Cambridge, MA: Harvard University Press.

Fukuyama, F.(1997). Social capital and the modern capitalist economy: Creating a high trust workplace. Stern Business Magazine, 4(1).

Granovetter, M.(1985). Economic action and social structure: The problem of embeddedness. *American Journal of Socialogy*, 91: 481−501.

Nahapiet, J., & Ghoshal, S.(1998). Social Capital, Intellectual Capital, and the Organizational Advantage. *The Academy of Management review*, 23(2): 242−266.

Putnam, Robert D.(1995). Bowling Alone, Revisited. The Responsive Community, Spring, 18−33.

키워드: 신뢰이론, 퍼트남, 사회연결망

작성자: 이희철(동양대)

최초작성일: 2012.12., 수정작성일: 2019.12.

사회자본(Social Capital)[1]

경제자본과 달리 사회자본은 연결망, 규범, 신뢰 등과 같은 비경제적 요인(non-financial elements)에 의해 작동되며, 공동체 구성원 간의 거래 비용 절감과 정의 외부성(positive externalities) 발현을 통해 각종 사회문제를 효과적으로 해결할 수 있게 해주는 일종의 공공 재이다(박희봉, 2009; 정광호, 2011). 나아가 사회자본은 Coleman이나 Ostrom이 주장하는 집 단행동의 딜레마를 해결해주고 효과적인 공동의사결정을 촉진하여 개인 삶의 질 향상과 공 동체의 발전을 가능케 하는 요소로 주목받아왔다(putnam, 1993; 정광호(2011)에서 재인용).

사회자본은 '경제적 자본'이나 '인적 자본'에서의 자본 개념과 달리 사회적 관계 속에 내 재(embedded)되어 있다는 특징을 가지며, 전통적 연구들 역시 '한 개인의 집단 참여와 같은 사회적 행위에 내재된 사회적 구조성 또는 관계성'에 초점을 맞추어 왔다(Coleman, 1990; Lin, 2001; Portes, 1998; Putnam, 1993; 이준웅 외(2005)에서 재인용). 이는 사회자본이 사회적 관계와 구조 속에서 구현되는 자원으로 다른 사람들과의 관계 속에 존재하는 신뢰, 협력, 호 혜성, 규범 등을 통해 획득되기 때문이다(Bourdieu, 1986; Burt, 1992, 2001; Coleman, 1988, 1990; Flap, 1991, 1994; Granovetter, 1973; Lin, 1999, 2001; Portes, 1998; 심홍진·황유선(2010) 에서 재인용). 이처럼 사회자본에 대한 연구가 개인이 다른 개인 또는 집단과 맺고 있는 '관 계'에 주목하는 한, 이러한 관계를 형성, 유지, 발전시키는 대인간 커뮤니케이션과 분리해서 생각하기 어렵다(이준웅 외, 2005).

사회자본에 대한 연구는 다학문적 특성을 지니며 각 학문분야의 이론적 토대에 따라 사 회자본을 정의하는 방식이나 논의의 초점이 달라지나 대부분의 사회자본 연구들은 다음의 세 가지 요소들을 명시적으로든 묵시적으로든 포괄하게 된다고 한다. 첫째, 사회자본을 초래

---

1) 최연태(2012)의 논문에 소개된 '사회자본' 개념을 요약하였음을 밝힘.

하는 원인적 요인에 해당하는 '형성원(source)', 둘째, 사회자본이 형성되고 축적되는 실질적 구성물로서 '연결망(network)', 셋째, 이러한 연결망으로부터 도출되는 효과이다(이준웅 외, 2006).

이준웅 외(2005; 2006)의 논의에 따르면 사회자본 개념과 측정을 둘러싼 혼란은 두 가지 원인에 기인한다고 볼 수 있다. 첫째, 사회자본 개념 자체에 신뢰 형성 및 관계 유지와 같은 사회적 상호작용의 근거로 보는 관점과 관계망을 통한 영향력과 참여의 확대와 같은 커뮤니케이션 효과 과정으로 보는 관점이 병존하기 때문이다. 둘째, 개인적 차원과 공동체 차원을 동시에 설명하다보니 정확하게 개인이나 공동체의 어떤 특성을 의미하는지 모호하다는 것이다. 즉, 사회자본은 흔히 공동체 내 개인의 사회관계적 성취를 설명할 뿐 아니라(Bourdieu, 1980; Burt, 1992; Lin, 2001), 공동체 전체 차원의 가치 실현을 설명하는 요인으로 동시에 거론된다(Fukuyama, 1995; Putnam, 2000). 이렇듯 개인의 성취와 공동체 전체의 가치 실현을 동시에 다루는 복합성이 바로 사회자본을 둘러싼 개념적 혼란을 야기한다는 것이다(이준웅 외, 2006).

먼저 사회자본의 형성과정을 개인의 사적 이익(self-interest) 추구행위에 초점을 맞추고 설명하는 연구들로는 Bourdieu(1986)와 그의 뒤를 이은 Anheier et al.(1995)의 연구들과 Baker(1990)나 Burt(1992; 2000)와 같이 연결망 분석에 토대를 둔 일련의 사회자본 연구들이 이에 해당한다. 이들은 분석의 초점을 '개인'에 맞추고 사익을 극대화하고자 하는 개인들이 연결망을 형성하여 자원을 획득하는 과정을 강조하고 있다(이준웅 외, 2006). 부르주아 계급이 자신들의 우월한 사회경제적 지위를 세습하는 은밀한 기제로서의 사회 자본 개념을 도입한 Bourdieu(1986)는 사회자본을 '지속성을 가진 네트워크나 서로 알고 있는 관계가 지속됨으로써 획득되는 모든 자원의 총합'으로 정의한다. 특히 그는 자본가 계급이 잘 드러나지 않는 문화자본이나 사회자본을 이용해 경제적 자본축적을 도모함을 밝히고 있다(정광호, 2011). Lin(2001)은 사회 자본을 시장에서의 보상을 기대하고 사회적 관계에 투자하는 것이라 정의하면서 개인들의 도구적 목적을 위해 동원되는 자원으로 규정하였다. 그는 콜먼(Coleman, 1988)이 주장한 '신뢰'와 같은 공적 개념으로써의 사회 자본은 사회규범과 다를 바 없다고 말하며 개념적 혼란만 초래했다고 비판한다(최영 · 박성현, 2011).

이와는 달리 또 다른 일군의 연구들은 사회자본의 형성과정을 사익(self-interest) 보다는 '상호 이익(mutual interest)' 또는 '공통 이익(common interest)'과 그것을 실현하기 위한 집단행동(collective action)의 과정에 초점을 맞추어 설명하고 있다. Putnam(1995)은 사회적 자본을 네트워크나 규범, 사회적 신뢰와 같이 상호 이익을 위한 조정(coordination)과 협동

(cooperation)을 가능케 하는 사회 조직의 특성으로 정의하고 있다. 이들은 사회자본을 개인이 취득 가능한 하나의 자원이라기보다는 연결망에 속한 개인들의 특정한 행동을 촉진하는 "협조적 관계의 망" 혹은 "신뢰와 관용의 문화"와 같은 일련의 가치 혹은 문화가 내재된 연결망으로 이해한다(Coleman, 1990; Fukuyama, 1995; Brehm & Rahn, 1997; Inglehart, 1997; 이준웅 외(2006)에서 재인용). 그리고 앞서 살펴본 개인의 사익 추구에 초점을 맞춘 연구들과 달리 주로 집단 차원에서 공동체의 정치·경제적 발전과 같은 공통 이익 실현에 기여하게 되는 메커니즘에 초점을 맞추고 있다. 즉, 공동의 이익 추구를 위해 사회적 연결망을 형성하고 이러한 연결망에 배태되는 신뢰와 관용, 호혜성과 규범 등의 가치가 공익 실현을 위한 집단 행동의 토대로서 '사회자본'을 구성한다는 것이다(이준웅 외, 2006).

참고문헌

박희봉(2009). 「사회자본: 불신에서 신뢰로, 갈등에서 협력으로」. 서울: 조명문화사.

심홍진·황유선(2010). 마이크로블로깅 서비스(micro-blogging service)와 사회자본(social capital): 트위터 초기사용자 집단을 중심으로. 「한국언론학보」, 54(5): 327-347.

이준웅·김은미·문태준(2005). 사회적 자본 형성의 커뮤니케이션 기초: 대중 매체 이용이 신뢰, 사회 연계망 활동 및 사회정치적 참여에 미치는 영향. 「한국언론학보」, 49(3): 234-261.

이준웅·검은미·문태준(2006). 신뢰 형성을 위한 상호작용 유형과 커뮤니케이션 품질. 2006년 언론학회 봄철 정기학술대회 발표논문.

정광호(2011). 정부성과와 사회자본. 한국정책지식센터 온라인 포럼 발표문.

최연태(2012). 마이크로블로그의 정치적 이용이 참여적 사회자본에 미친 영향에 관한 연구. 「지방정부연구」, 16(1): 297-329.

최영·박성현(2011). 소셜 미디어 이용 동기가 사회자본에 미치는 영향. 「한국방송학보」, 25(2): 241-276.

Anheier, H. K., Gerhards, J. & Romo, F. P.(1995). Forms of capital and social structure in cultural fields: Examining Bourdieu's social topography. *American Journal of Sociology*, 100(4): 859-903.

Baker, W.(1990). Market networks and corporate behavior. *American Journal of Sociology*, 96: 589-625.

Bourdieu, P.(1980). 'Le capital social', *Actes de la recherche en sciences sociales*, 31: 2-3.

Bourdieu, P.(1986). The forms of capital. In. J. Richardson (Ed.), Handbook of theory and Research for the Sociology of Education, NY: Greenwood. 241-258.

Brehm, J., & Rahn, W.(1997). Individual—level evidence for the causes and consequences of social capital. *American Journal of Political Science*, 41: 999—1023.

Burt, R. S.(1992). Structural holes: The social structure of competition, Cambridge, MA: Harvard University Press.

Burt, R. S.(2000). The network structure of social capital, *Research in Organizational Behavior*, 22: 345—423.

Coleman, J. S.(1988). Social capital in the creation of human capital. *American Journal of Sociology*, 94: 95—120.

Coleman, J. S.(1990). Foundations of social theory. Cambridge, MA: Harvard University Press.

Flap, H. D.(1991). Social capital in the production of inequality. A review. *Comparative Sociology of Family, Health, and Education*, 20: 6179—6202.

Fukuyama, F.(1995). Trust: The social virtues and the creation of prosperity. New York: Free Press.

Granovetter, M.(1973). The Strength of Weak Ties. *American Journal of Sociology*, 78: 1360—1380.

Inglehart, R.(1997). Modernization and postmodernization: Cultural, economic and political change in 43 societies. Princeton, NJ: Princeton University Press.

Lin, N.(1999). Inequality in social capital. *Contemporary Sociology*, 29(6): 467—487.

Lin, N.(2001). Building a network theory of social capital. In N. Lin, K. Cook and R. S. Burt (Eds), Social captial: Foundation and applications: pp.3—29. New York: Aldine de Gruyter.

Portes, A.(1998). Social capital: Its origins and applications in modern sociology. *Annual Review of Sociology*, 24: 1—24.

Putnam, R.(1993). Making democracy work: Civic traditions in modern Italy. Princeton: Princeton University Press.

Putnam, R.(1995). Bowling Alone: America's Declining Social Capital. *Journal of Democracy*, 6(1): 65—78.

Putnam, R. D.(2000), Bowling alone: The Collapse and revival of American community. New York: Simon and Schuster.

키워드: 신뢰, 네트워크, 규범
작성자: 최연태(경남대)
최초작성일: 2020.04.

사회정의(Social Justice)

1. 개념

사회정의(social justice)를 실현하기 위해서는 권력과 의무, 기회와 재화, 이익과 부담, 지위와 특권 등 여러 사회적·경제적 가치들의 절대량에 관심을 갖기보다는, 이들 가치들이 사회 구성원들 사이에 어떻게 배분되어 있는가에 관심을 두게 된다. 따라서 사회정의란 분배적 정의(distributive justice)를 의미하며, 분배적 정의란 사회 구성원 각자가 자신이 향유하여야 할 사회적·경제적 가치의 응분(應分)의 몫을 누리는 상태를 의미한다. 그러므로 정의는 전통적으로 평등으로 이해되었다. 그것은 단순한 절대적 평등이 아니라, 각자에게 그의 몫을 실현시키는 평등이다. 정의는 또한 어떤 단순한 하나의 권리가 아니라 모든 권리와 의무와 관련된다. 즉, 권리와 의무의 올바른 분배 혹은 권리와 의무의 올바른 구현이 바로 정의이다.

2. 분배적 정의와 보상적 정의

아리스토텔레스는 일반적·절대적 정의와 특수적 정의를 구분한다. 전자 즉 일반적 정의는 인간의 심정 및 행동을 공동생활의 일반 원칙인 도덕이나 윤리 등의 덕목에 적합하게 하는 것을 말한다. 우리가 보통 말하는 정의는 후자, 즉 특수적 정의를 말한다. 특수적 정의는 두 가지로 구분하는데 그 하나가 분배적 정의이고, 다른 하나가 보상적 정의(혹은 시정적 정의)이다. 아리스토텔레스에게서 분배적 정의와 보상적 정의는 적용 대상에서의 차이라고 할 수 있다. 분배적 정의는 권력·명예·재화 등 시민들 간에 나누어야 할 것의 분배에 관한 원칙이고, 보상적 정의는 개인들 상호 간의 여러 가지 형태의 상호교섭에 있어서의 조정과 관련된 원칙으로서, 급부나 반대 급부 간에 균형을 유지하고, 사람에 따라 차별을 하지 않는 것을 말한다. 예를 들면, 보상적 정의는 매매에 있어서의 등가(等價)의 원칙을 적용한다던가, 손해를 입은 만큼 배상하도록 하는 원칙 등을 말한다. 분배적 정의의 원칙은 비례적 평등으로서 이에는 두 사람과 두 개의 몫이라는 적어도 네 개의 항이 개재된다. a(몫)가 A(사람)에게 지급되고, b가 B에게 지급되었다고 가정할 때, a의 b에 대한 비율이 A의 B에 대한 비율과 동일하면 분배적 정의의 원칙은 충족된다. 분배적 정의는 앞의 예에서와 같이 나누어 줄 몫이 있고 나누어 가질 사람이 두 명 이상 있는 경우 권력이나 재화 혹은 의무나 부담 등의 사회적·경제적 가치 등의 나누어 줄 몫을 이들 두 사람 이상의 사이에 응분의 몫으로 분배되었는가에 관심을 둔다. 따라서 분배적 정의에서는 두 사람 사이에 이들 가치들이 정당하게 분배되어 있지 않은 경우 이를 정의롭지 못한 것으로 본다. 한편, 보상적 정의는 상호교섭을 하는 당사자 간의 일대일의 관계로서 두 사람만으로 충분하게 된다. 예를 들면, 보상적 정의는 고용주와 피고용자 간의 관계로서 그들은 계약에 의해 일정한 노동과 임금을 교환하는 것이다. 따라서 보상적 정의에서는 고용주와 피고용자라는 두 사람 사이에 이루어지는 계약이 부당하게 이루어진 경우에 이를 정의롭지 못한 것으로 판단하게 된다. 이와 같이 정의가 동등한 것을 동등자에게, 동등하지 않은 것을 동등하지 않은 자에게 처방함을 의미한다면, 분배적 정의의 핵심적 문제는 어떠한 부동등(不同等)이 정의와는 무관한 것이고, 어떠한 것이 정의와 유관한 것인가를 밝히는 일이다. 즉 어떠한 부동등이 정의라는 기준에서 볼 때 용인될 수 있는 부동등인가를 밝혀야 하는데, 아리스토텔레스의 정의관에는 이것이 나타나 있지 않다. 이에 롤스(J. Rawls)는 그의 정의론을 통해 정당한 부동등(즉, 불평등)의 기준을 제시하고 있다.

3. 절차적 정의와 결과적 정의

분배적 정의는 곧 사회 구성원 각자가 사회적·경제적 가치들에 대한 '응분의 몫'을 누리는 상태를 의미한다고 할 수 있다. 즉 '각자에게 그의 몫'을 돌려줄 때 정의가 성립되는 것이다. 그러나 정의에 대한 이러한 형식적 정의(定義)는 정의(正義)가 무엇이냐 하는 물음에 아무런 도움이 되지 못한다. 따라서 구체적으로 응분의 몫(각자에게 그의 몫)을 정하는 데 있어서 합리적인 실질적 분배기준을 제시하는 것이 곧 정의의 문제를 해결하는 관건이 되는 것이다.

각자의 응분의 몫을 정하는 기준으로는 크게 절차 혹은 과정에 초점을 두는 경우와, 결과에 초점을 두는 경우가 있다. 그런데 대부분의 전통적 정의론에서는 각자의 응분의 몫을 결과의 정의로움에서 찾고자 하였고, 따라서 결과의 정의로움을 평가하기 위한 어떤 정형(pattern)을 제시하고자 하였다. 그러나 이러한 시도들은 어떤 특정한 정형적 기준만으로 인간적 정의의 다양한 상황을 모두 판단하기에는 한계가 있다는 비판을 받아왔다. 예를 들면, 응분의 몫을 정하는 가장 쉬운 기준으로서 들 수 있는 것이 각자가 성취한 성과(achievements)라는 기준이다. 이는 각자가 투여한 노력에는 상관없이 결과적으로 나타난 성과에 주목하여 이를 응분의 몫을 정하는 객관적 기준으로 하려는 것이다. 이러한 기준은 객관적인 평가와 측정이 용이하며, 생산을 유도할 수 있는 유인이 된다는 장점이 있으나 업적을 평가하는 데 있어서 서로 다른 업적 간의 양과 질을 상호 비교하는 데 어려움이 있다는 점이다. 우수한 예술가와 우수한 의사의 업적을 상호 비교하는 것과 같은 어려움이다. 분배적 정의에 대한 전통적 견해들은 대체로 필요에 따른 분배, 능력 및 성과에 따른 분배, 투여된 노력에 따른 분배, 생산성에 따른 분배, 사회적 효용에 따른 분배, 수요와 공급에 따른 분배 등을 단일의 기준으로 제시하고 있는 바, 이러한 견해들의 공통된 문제점은 정의가 요구하는 다른 모든 요구사항(claims)을 배제한 채 특정한 하나의 요구만을 단일의 기준으로 내세우고 있다는 데 있다. 한편, 이러한 일원론적인 정의관의 문제점을 해소하기 위해 다원론적인 정의관이 제시되고 있으나, 이 경우에도 다원적 정의 기준들 간의 상충을 해결하기 위해서는 또 하나의 어떤 기준이 필요하게 되는 것이다. 이러한 문제점 때문에 주로 다원론에서는 직관에 의존하여 상충의 문제를 해결하게 된다. 그러나 직관이라는 것은 지극히 주관적이며 임의적인 성격을 갖는다는 점에서 한계점이 있는 것이다.

4. 롤즈(J. Rawls)의 공정으로서의 정의론에서의 원초적 입장

롤즈는 사회계약설의 입장에서 아무런 정치적 사회적 관계도 갖지 않은 원초적 상태 하에서 계약에 참여하는 당사자들이 자신이 속하게 될 사회를 규제해 주는 정의의 원칙을 여러 가지 대안 중에서 선택하는 상황을 가정하고, 이들 계약 당사자들이 여러 대안들을 평가함에 있어서 갖추어야 할 자격요건을 규정하고 있는 데, 이러한 자격요건을 갖춘 도덕적 관점을 '원초적 입장(original position)'이라고 부른다. 원초적 입장, 즉 계약 당사자들의 자격요건을 충족시키는 관점에는 두 가지가 있는데, 하나는 당사자들의 인지상(認知上)의 조건으로서 '무지(無知)의 베일(veil of ignorance)'이라는 조건이고, 다른 하나는 동기상의 조건으로서 '상호 무관심적 합리성(mutually disinterested rationality)'이라는 조건이다.

1) 무지의 베일(veil of ignorance): 이는 원초적 입장의 조건 중에서 계약에 참여하는 사람들이 지니고 있어야 할 지식에 관련된 조건으로서, 원초적 입장의 당사자들이 자신과 소속된 사회의 특수한 사정에 무지하여야 한다는 조건이다. 롤즈의 공정으로서의 정의관에서는 이론의 기초로서 순수절차적 정의(pure procedural justice)라는 개념을 채용하고 있는데, 이는 합의된 원칙이 정의로운 것이라는 점을 보장하기 위해서 그러한 합의에 이르게 되기까지의 공정한 절차를 확립하기 위한 관점으로서 이를 원초적 입장이라 한다. 어떤 합의된 원칙이 정의로운 원칙이 되게 하기 위해서는 그 합의에 참여하는 사람들이 각자가 타고난 특정한 사회적·자연적 제 여건 등의 우연적 요인들을 알게 됨으로써 자기에게 유리한 합의를 이끌어 내려는 유혹이 없게 하여야 한다. 다시 말하면, 모든 합의의 과정은 이러한 우연성에 대한 무지의 베일 속에서 이루어진다고 가정하여야 한다는 것이다. 이로 인해서 당사자들은 제시된 대안들이 자신의 특정한 이해관계에 미칠 결과에 의해서 자기에게 유리한 흥정이나 결탁을 할 수 없으며 일반적인 고려 사항에 바탕을 두고서 평가하게 된다. 이러한 무지의 베일에 가려져야 할 특정 지식으로는 한 개인이 처한 사회적 지위나 형편, 그리고 그가 타고난 천부적 재능 등이다. 그리고 자기가 무엇을 선(善)이라고 생각하는가에 대한 가치관 및 자신의 심리적인 경향성에 대한 지식도 제외된다. 나아가서는 자신의 사회가 처한 특정 여건, 즉 정치적·경제적 상황이나 문명 및 문화의 수준을 알아서도 안 되며 심지어 자기가 어느 세대에 속해 있는가에 대한 정보까지도 제외된다. 그리고 허용되는 특수 사실 가운데 유일한 한 가지는 그들의 사회가 전술한 정의의 제 여건에 처하고 있다는 점이다. 한편, 허용이 되는 다른 일반적 고려 사항으로는 인간 사회에 대한 일반적인 사실들이다. 그들은 정치 문제 및 경제 이론의 제 원칙들을 이해하며 사회조직의 기초나 인간 심리의 제 법칙을 선택함에 영향을 미치는 일반적 사실은 모두 안다고 가정되며, 그러한 일반적인 지식에 대한 별다른 제한은 설정되지 않는다.

원초적 입장에서 이러한 특정 지식이 제한되는 조건하에서는 계약에 참여하는 사람들이 어떤 합의가 자기에게 유리할 것인지 불리할 것인지를 알 수 없게 되기 때문에 순수절차적 정의를 가능하게 하며, 특정한 정의관에도 만장일치의 채택이 가능하게 되는 것이다.

2) 상호 무관심적 합리성: 이는 원초적 입장에서의 동기상의 조건으로서 우선 원초적 입장의 당사자들이 일반적 의미에서 합리적 존재이며, 나아가서 그들은 이타적인 존재들이 아니라는 점이다. 일반적으로 합리적인 인간은 그에게 주어진 선택지(選擇肢, options)에 대한

일관된 선호의 체계(coherent set of preferences)를 갖는다고 생각되어진다. 그는 이러한 선택지들을 자신의 목적을 증진시켜 주는 정도에 따라 등급을 매기며, 자신의 욕구를 보다 많이 만족시켜 주고 보다 성공적으로 실현시켜 줄 가능성이 큰 것을 택하게 된다.

롤스가 이러한 일반적 합리성에 덧붙인 특수한 가정은 합리적 인간이란 다른 사람에게 손해만 입힐 수 있다면 자신의 어떠한 손실도 선뜻 받아들이는 그러한 파괴적인 심리적 시기심(envy)의 소유자도 아니고, 또한 상호간에 애정이나 동정심을 갖고 있지도 않다는 점이다. 원초적 입장에 있는 당사자들이 갖는 이러한 의미의 합리성을 롤스는 '상호 무관심적 합리성'이라 한다.

롤스는 순수 절차상의 정의가 보장되는 원초적 입장에서 당사자들 간에 타산적 판단에 의해 합의되는 일련의 원칙이 곧 사회정의의 원칙이 된다고 한다. 따라서 원초적 입장과 정의의 원칙과의 관계는 그에 의하면 연역적인 것이라고 한다.

3) 불확실성 하에서의 의사결정: 원초적 입장에 있는 당사자들은 그들이 채택할 특정 사회 체제 아래서 그들의 처지가 어떻게 될지 모르는 무지의 베일 속에 있기 때문에, 불확실한 상황에서 선택이 이루어진다고 할 수 있다.

5. 롤스 정의론에서의 정의의 두 원리

롤스는 정의의 원리를 발견하기 위한 발견적 장치(heuristic device)로서 순수절차상의 정의가 보장되는 원초적 입장을 가정하고, 거기에서 위에 열거한 제반 전제와 제약이 유효한 한 거기에서 합의되는 일련의 원칙이 곧 사회 정의의 원칙으로서 그들 계약 당사자들의 사회 협동체를 규제하게 된다고 한다. 롤스는 무지의 베일에 가려 있는 사람들은 우선 첫째로, 평등한 자유(equal liberty)의 극대화에 합의할 것이고, 둘째로 최소수혜자를 위시한 모든 사람들의 처지를 개선해 준다는 조건부 차등을 허용하는 데 합의할 것이라고 한다.

1) 정의의 제1원리: 이는 '평등한 자유의 원리(principle of equal liberty)'로서 모든 사람은 다른 사람의 유사한 자유와 상충되지 않는 한도 내에서 최대한 기본적 자유에 대해 평등한 권리가 인정되어야 한다는 기본적 자유의 평등 원리이다. 롤스는 사회정의의 문제가 크게 두 가지 측면을 가지고 있는 것으로 보았다. 하나는 국민의 기본적 자유에 관한 문제요, 다른 하나는 사회적 및 경제적 가치들의 분배에 관한 문제이다. 첫째의 원리는 인간의 기본적 자유에 대하여 모든 국민이 동등한 권리를 누려야 한다는 것을 규정하고 있다. 여기에서

의 기본적 자유는 투표권 및 피선거권을 포함한 정치적 자유, 언론과 집회의 자유, 양심과 사상의 자유, 인신(人身)에의 자유와 재산소유의 자유 등으로 민주주의의 이념과 일치하는 것이다.

2) 정의의 제2원리: 정의의 제2원칙은 '차등의 원리(difference principle)'로서 사회적·경제적으로 인정될 수 있는 '정당한 불평등(justifiable inequality)'은 다음과 같은 조건 아래에서만 허용된다는 것이다. 첫째, 공정한 기회 균등의 원리로서, 불평등의 모체가 되는 직위와 직무는 모든 사람에게 균등하게 공개되어야 한다는 조건이다. 둘째, 불평등이 최소 수혜자들의 편익을 최대화하여야 한다는 조건이다. 정의의 제2원리는 사회적 및 경제적 가치의 분배에 관한 원리로서 정당성을 인정받을 수 있는 불평등(justifiable inequality)의 기준을 밝히기 위한 원리이다. 롤스에 의하면 첫째로, 그 불평등한 분배에 있어서 보다 큰 몫을 차지할 수 있는 지위나 직무는 기회 균등의 원칙에 의하여 모든 사람에게 접근이 가능해야 한다. 둘째로는 '차등의 원리'로서 그 불평등으로 말미암아 모든 사람에게 이익이 되리라는 것이 사리에 따라 예견되어야 한다. 즉 그 사회에 있어서 가장 불리한 처지에 놓인 사람들까지도 그 불평등한 분배로 인하여 결과적으로 도리어 이익을 얻을 수 있으리라고 당연히 기대할 수 있는 그러한 내용과 정도의 불평등이어야 한다.

3) 원리들 간의 우선순위: 롤스는 이들 세 가지 원리들 사이의 우선순위에 대한 갈등을 방지하기 위하여 이들 세 가지 원리들 사이에 우선순위를 부여하고 있다. 그리하여 평등한 자유의 원리를 밝힌 제1원리가 제2원리에 우선한다. 따라서 첫째 원리에 의하여 규정되는 인간의 기본적 자유와 권리는 둘째 원리에 의해 발생하는 어떠한 사회적 또는 경제적 이익과도 교환될 수 없다. 롤스는 이를 '자유 우선성(priority of liberty)'의 원리로 설명한다.

롤스는 제2원리 사이에도 우선순위를 부여한다. 즉 제2원리 중에서 기회 균등의 원리가 차등의 원칙에 우선하여 적용된다. 나아가서 이러한 제2원칙은 효율성이나 공리의 원칙보다 우선적으로 적용되어야 한다는 것이다. 결국 롤스가 원리들 간에 우선순위를 부여한 것은 제1원리가 제2원리에 우선함으로써 제1원리가 요구하는 평등한 자유의 제도로부터의 이탈이 보다 큰 사회적 및 경제적 이득에 의하여 정당화되거나 보상될 수 없으며, 사회적·경제적인 불평등은 기회 균등이 보장이 된 전제하에서 그것이 모든 사람에게 이익이 될 때만이 정당한 불평등으로 될 수 있다는 것이다.

참고문헌

김여수(1984). "정의의 배분적 측면"(Rawls의 Maximin원칙을 중심으로)". 「정의의 철학」(크리스챤
  아카데미 엮음). 영학출판사.

김항규(2004). 「행정철학(3정판)」, 서울: 대영문화사.

Nozick, Robert.(1974). 「Anarchy, State and Utopia」. Basic Books, Inc., Rescher, Nicholas,
  (1966). 「Distributive Justice」. The Bobbs-Merrill Company, Inc.

Rawls, J.(1971). 「A Theory of Justice」. Cambridge, MA: Harvard University Press.

> **키워드**: 분배적 정의, 보상적 정의, 결과적 정의, 절차적 정의, 순수절차적 정의, 원초적
>   입장(original position), 무지의 베일(veil of ignorance), 차등의 원리(difference
>   principle)
>
> **작성자**: 김항규(목원대)
>
> **최초작성일**: 2008.06.

서번트 리더십(Servant Leadership; 섬김의 리더십)

1. 개념

서번트 리더십은 리더가 나아갈 방향을 제시하며 끌고 가기(leading) 보다는 먼저 남을 섬김(serving)으로써 이끌어가는 리더십이다. 서번트 리더십이 무엇인지 그 개념에 대해 학계에서 어느 정도 수용된 정의를 발견하기가 쉽지 않다.

서번트 리더십이라는 표현은 1970년 미국의 그린리프(Robert Greenleaf)가 "리더로서의 서번트(The Servant as Leader)"라는 에세이를 쓰면서 처음 사용하였다. 그는 미국 AT&T회사에서 35년간 근무하며 부회장까지 역임하였고 이후 경영컨설턴트로 12년을 활동한 경력을 가진 인물이다. 당시 지도자에 대한 사회적 불신이 팽배해 있었지만, 유능하고 헌신적인 사람들이 지도자의 자리를 떠맡지 않는 모습을 목격하면서 서번트 리더의 양성 필요성을 느꼈고, 자신의 오랜 현장 경험을 바탕으로 서번트 리더십의 개념을 정립 발표하였다. 그는 헤르만 헷세의 소설 "동방순례(Journey to the East)"(1932년)에 나오는 레오(Leo)라는 주인공 청년의 모습에서 서번트 리더의 영감을 얻었다.

그린리프(2006: 32)는 레오의 모습에서 우선 남을 섬기고자 하는 자연스런 감정에서 시작해서, 다음 단계로 남을 이끌어가려는 열망을 의식적으로 선택하는 리더십을 생각해냈다. 서번트 리더는 먼저 리더가 되려하기 보다 남을 위해 봉사하고 헌신하는 마음을 갖는 사람이다. 자신의 이해나 욕구를 넘어서, 남의 필요나 요구에 우선적으로 배려를 한다. 이를 통해 섬김을 받는 사람이 성장하고 발전하고, 결국 조직의 목표달성과 발전에 기여할 것으로 기대한다.

먼저 리더의 자리를 차지하고 리더십을 발휘하기 위해 섬김의 모습을 취하는 리더와 서번트 리더는 근본적으로 다르다. 의무감이나 압박에서 나오는 섬김이 아니라, 자발적인 감정에서 스스로 섬기고자 하는 리더인 것이다(천대윤, 2010). 많은 리더십 연구가 리더의 행동과 스타일에 초점을 두었다면, 서번트 리더십은 리더의 '마음'에 더 무게를 두고 있다.

　서번트 리더십은 역설적 표현이다. 종(servant)과 지도자(leader)의 상호 배치되는 개념을 합성해서 만든 용어로서 일견 모순되어 보이지만, 한 리더에게 두 역할이 배타적이지 않으며 동시에 수행될 수 있음을 전제로 한다. 서번트와 지도자를 융합하는 것은 위험한 창조인데, 논리로는 설명될 수 없으며 직관적 통찰에 의해 이해될 수 있는 부분이다(그린리프, 2006: 31).

　서번트 리더십은 왜 필요한 것인가? 그린리프는 1970년대 미국에서 지도자들이 돌이킬 수 없는 실수를 저지르는 모습을 목격하고, 월남전으로 방황하는 미국의 청년들을 보면서, 서번트 리더의 양성 필요성을 주창한다. 2000년대에 서번트 리더십에 대한 관심과 연구가 늘어나게 되는데, 지식기반사회가 되면서 지식근로자 개개인이 존중되고, 맡은 바 업무 내에서 자기 역량을 극대화하여 높은 성과를 내게 하기 위한 차원에서 서번트 리더십이 주목될 수 있다. 또한 새로운 거버넌스의 시대에 협치와 조정, 이해관계자 간의 존중과 경청, 조율과 상호신뢰가 중요한 가치인데, 이의 실현에 적합한 리더십을 서번트 리더십으로 보고 있다(배귀희, 2009).

2. 구성 요소

　서번트 리더십의 구체적 구성요소(constructs)는 무엇이며, 서번트 리더에게 요구되는 특성은 무엇인가에 대한 연구와 논의는 많은 편이다. 학자에 따라 다양한 덕목이 제시되고 있는데, 대표적 학자들이 제시한 특성을 예시해보면 다음과 같다.

　Spear(1995)와 그린리프(2006)는 서번트 리더의 특성으로 경청(listening), 감정이입(empathy), 치유(healing), 설득(persuasion), 직관력(awareness), 개념정립(conceptualization), 예지력(foresight), 청지기 의식(stewardship), 구성원 성장 지원(commitment to the growth of people), 공동체 형성(building community)의 열 가지를 제시하고 있다.

　Patterson(2003)은 서번 트리더십의 구성요소로서 일곱 가지를 제시하고 있는데, 이들은 아가페적 사랑(agapao love), 겸손(humility), 이타주의(altruistic), 비전제시(vision), 신뢰(trust), 서비스(service), 권한위임(empowerment)이다.

　Barbuto & Wheeler(2006)는 이타적 소명(altruistic calling), 감정치유(emotional healing),

지혜(wisdom), 설득력(persuasive mapping), 조직 차원에서의 청지기 의식(organizational stewardship)을 서번트 리더십 덕목으로 보고 있다.

Sendjaya 등(2008)은 자발적 종속(voluntary subordination), 진실된 자아(authentic self), 협약적 관계(covenantal relationship), 책임지는 도덕성(responsible morality), 초월적 영성(transcendental spirituality), 변혁적 영향(transforming influence)을 서번트 리더십의 핵심 구성요소로 제시하고 있다.

이들이 제시한 구성요소 또는 특성 간에 공통분모가 많지 않아 보이는데, 경청과 겸손, 감정이입과 이타주의, 설득력, 청지기 의식, 진정성, 신뢰, 권한 위임 등을 중복 발견할 수 있다. 서번트 리더십의 구성 요소와 이의 경험적 측정을 위한 지표는 대부분 외국 학자들에 의해 개발되었으며 이들이 개발한 도구가 국내에서도 많이 활용되고 있다.

3. 효과

서번트 리더십에 관한 국내외의 연구는 다양한 기관을 대상으로 여러 학문 분야에서 진행되고 있다. 공공조직 뿐만 아니라 기업, 학교, 사회복지기관, 종교단체, 정당 등 여러 유형의 기관에서 서번트 리더십을 적용한 사례를 실증 연구하고 있으며, 많은 연구가 서번트 리더십이 조직과 구성원에게 주는 영향과 성과에 초점을 두고 있다.

서번트 리더십은 리더와 부하 간의 관계에 긍정적 영향을 미치는데, 리더에 대한 부하의 만족도 향상, 리더와 부하 간의 신뢰 증진에 기여한다. 또한 서번트 리더십이 부하의 직무자율성, 직무만족, 조직몰입 또는 조직헌신, 공공봉사동기, 직무성과, 목표성취, 공정성 인식, 심리적 건강 등에 우호적 영향을 미치는 것으로 나타난다. 창의성 유발 여부에 대해서는 긍정과 미확인의 연구 결과가 공존한다.

개인에게 뿐만 아니라 조직 차원에서도 긍정적 영향이 발견되는데, 서번트 리더십은 조직에 대한 긍정적 이미지 형성, 이직율 감소, 갈등해소 등에 기여한다. 또한 부서 차원에서의 공공봉사동기를 높이고 이것이 집합적 조직시민행동에 긍정적 영향을 미치는 것으로 연구되었다(김선희 외, 2017).

4. 평가

서번트 리더십이 처음 언급된 지 반세기가 흘렀으며 이에 대한 연구는 꾸준히 지속되어 왔다. 실증적 연구를 통해 서번트 리더십이 구성원과 조직에 미치고 있는 긍정적 효과가 다수 확인되기도 하였다. 지식기반사회와 새로운 거버넌스 시대를 맞이하며 서번트 리더십에 대한 관심과 연구가 늘고 있다.

서번트 리더십은 조직 문화와 무관할 수 없다. 서양에서 출발한 개념이 동양 문화권에서 유효한지, 민간기업 전문가에 의해 주창된 개념이 정부조직에서 그대로 적용될 수 있는지 숙고해볼 필요가 있다. 한국 정부 조직과 같이 계층적이고 집단적이며 변화가 느린 곳에서 서번트 리더십이 긍정적으로 수용되고 지속될 수 있을지 의문이 없지 않다(Shim et al.).

서번트 리더십에 상징적인 면이 없지 않다. 섬기는 모습이나 섬김 그 자체에 더 의미를 둘 수 있다. 서번트 리더가 진정 필요한 것인지, 서번트 리더를 쉽게 받아들일 수 있는 것인지, 서번트 리더가 조직 내에서 제대로 능력을 발휘할 수 있을지에 대한 대답이 계속 필요하다. 이를 위해서는 서번트 리더십의 본질, 조직문화의 관계, 이의 양성방안이나 교육체계 등에 대한 연구와 논의가 더 필요하다.

참고문헌

김선희·심동철·박현희(2017). 섬김의 리더십, 집합적 공공봉사동기, 윤리적 풍토가 집합적 조직시민행동에 미치는 영향. 한국행정학보, 51(3): 63−91.

로버트 그린리프 지음, 강주헌 옮김(2006). 「서번트 리더십 원전」. 서울: 참솔.

배귀희(2009). 새로운 거버넌스를 위한 섬김 리더십에 관한 연구. 한국사회와 행정연구, 20(3): 97−116.

천대윤(2010). 공무원의 섬김의 리더십에 대한 고위관료의 인식. 창조와 혁신, 3(1): 191−224.

Barbuto, J.E. & Wheeler, D.W. 2006. "Scale Development and Construct Clarification of Servant Leadership." *Group & Organization Management*, 31: 300−326.

Patterson, Kathleen.(2003). *Servant leadership; A theoretical model*. *Unpublished doctoral dissertation*, Graduate School of Business, Regent University.

Sendjaya, Sen, James C. Sarros, and Joseph C. Santora.(2008). "Defining and Measuring Servant Leadership Behaviour in Organizations." *Journal of Management Studies*, 45(2): 402−424.

Shim, D.C., Park, H.H., & Eom, T.H.(2016). Public Servant leadarship: Myth or Powerful Reality? *International Review of Public Administration*, 21(1): 3−20.

Spear, L.C. ed.(1995). *Reflection on Leadership: How Robert K. Greenleaf's Theory of Servant−Leadership Influenced Today's Top Management Thinker*. New York: John Wiley.

키워드: 서번트 리더십, 섬김의 리더, 섬기는 정부, 리더십, 그린리프
작성자: 유평준(연세대)
최초작성일: 2020.04.

1. 선발의 개념

　인적자원 확보차원에서 선발(selection)은 "모집 후에 이루어지는 인적자원 확보과정"을 의미한다(이창길, 2016: 254). 이는 지원자 중에서 해당 직무에 가장 적합한 인재를 선발하는 과정이라고 할 수 있다(김정인, 2018: 115). 선발과 관련된 용어로 모집(recruitment)이 있다. 모집은 "선발시험에 응할 잠재적 인적자원을 찾아내어 지원하도록 유도하는 행위"이다(유민봉·임도빈, 2016: 191). 또한 유사한 용어로 임용(任用)이 있다. 「공무원 임용령」에 의하면 임용은 "신규채용, 승진임용, 전직(轉職), 전보, 겸임, 파견, 강임(降任), 휴직, 직위해제, 정직, 강등, 복직, 면직, 해임 및 파면" 등을 포함하며, 선발보다 넓은 의미로 이해될 수 있을 것이다(국가법령정보센터, 2020). 이처럼 선발은 인적자원 확보의 과정이지만 모집이나 임용과는 구분되는 개념이다.

2. 선발의 특징

　선발에서 중요하게 고려되어야 할 것은 공정성 차원에서의 선발도구 타당성과 신뢰성 확보이다. 선발도구의 타당성(validity)은 "선발도구가 선발하고자 하는 내용을 '정확하게' 측정했느냐의 문제에 대한 것"으로서, 기준타당성, 내용타당성, 구성타당성으로 분류된다(김정인, 2018: 116). 기준타당성(criterion validity)은 "선발도구의 시험성적과 본래 시험으로 예측하고자 했던 기준 사이에 얼마나 밀접한 상관관계가 있는지에 대한 논의"이며, 내용타당성

(content validity)은 "직무를 성공적으로 수행하는 데 필요한 지식이나 기술의 내용을 시험에 얼마나 반영시키는 가의 정도"를 의미한다. 구성타당성(construct validity)은 "측정하고자 하는 추상적인 개념이 실제로 측정되었는지를 판단하는 것"으로 정의할 수 있을 것이다(김정인, 2018: 116; 유민봉·임도빈, 2016: 220).

이에 반해 선발도구의 신뢰성(reliability)은 "측정도구의 측정결과가 얼마나 일관되게 나타나는 가와 같은 일관성(consistence)"을 의미한다(유민봉·임도빈, 2016: 215). 선발도구의 신뢰성 검증방법으로는 재시험법(test-retest, 즉 "시험을 본 수험생이 일정시간이 지난 후 같은 문제로 재시험을 보았을 때 두 시험에 대한 점수 간에 일관성을 검토하는 방법"), 동질이형법(equivalent forms, 즉 "문제의 내용 및 수준이 비슷한 두 개의 시험유형을 동일 대상에게 제시하고 두 개 시험의 결과에 대해 상관관계를 분석하는 방법"), 내적 일관성 검증(internal consistency, 즉 "하나의 시험유형 내에서 각 문항 간의 상관관계를 종합하여 시험의 내적 일관성을 검증하는 방식") 등이 있다(김정인, 2018: 116; 유민봉·임도빈, 2016: 216).

3. 선발의 활용(연구) 경향

인적자원 확보 차원에서 선발에만 한정해 연구를 수행한 경우는 매우 드물며, 대부분의 경우 인적자원 확보차원의 모집, 임용, 채용 전반에 관해 연구를 수행하였다. 보다 구체적으로 대부분의 인적자원 확보과정에 대한 연구는 한국의 채용제도 문제점, 채용유형, 채용시스템에 관한 연구들이 주를 이룬다(김정인, 2018). 선발을 중심으로 한 대표적인 연구로는 선발제도(시험)에 관한 연구로서, 시험의 공정성과 전문성 확보에 관한 연구가 있다(김정인, 2018: 123). 예를 들어 적극적 모집("젊고 유능한 인적자원이 공직에 대한 매력을 느끼고 적극적으로 지원할 수 있도록 하는 모집방법")에 관한 연구가 있다(유민봉·임도빈, 2016: 191). 최근에는 선발과정에서 학연, 지연, 혈연 등 연고주의의 한계를 극복하고, 공정성, 투명성, 전문성을 선발의 주요 기준으로 고려하는 '블라인드 채용'제도를 도입 운영하고 있다(김정인, 2018: 123). 면접과정에서 블라인드 채용제도를 도입함으로써 직무역량 중심의 공정하고 투명한 인재채용 달성을 시도하고 있는 것이다. 이외에도 선발도구와 관련하여 한국의 공무원 시험제도에 관해 분석한 연구도 있다(예: 김형성·황성원, 2016). 해당 연구에서는 현재 운영 중인 5·7·9급의 공개채용 시험제도의 문제점을 제시하고, 환경변화에 능동적인 공무원 인력을 충원하기 위해서 실제 업무에 도움을 줄 수 있는 타당성과 신뢰성 있는 시험제도가 마련될 필요가 있다고 강조한다. 또한 공무원시험 준비생들에 관한 실태 조사 연구도 있다. 이에 따르면 한국 공무원시험 준비생의 규모는 약 44만 명으로 추정되며, 청년들의 공무원 시험 쏠림현상은 사회적으로 문제가 될 수 있음을 실증분석 하였다(김향덕·이대중, 2018). 이와 같이 선발에 관한 연구는 제한적으로 시행되고 있지만, 채용의 공정성과 직무의 전문성을 고려한 선발제도의 필요성을 강조한다는 공통점을 지니고 있다.

참고문헌

국가법령정보센터(2020). 「공무원 임용령」.

김정인(2018). 인간과 조직: 현재와 미래. 서울: 박영사.

김향덕·이대중(2018). 공무원시험준비생 규모 추정 및 실태에 관한 연구. 「현대사회와 행정」, 28(1): 49−70.

김현성·황성원(2016). 공무원 채용시험제도에 관한 연구: 필기시험과목을 중심으로. 「한국인사행정학회보」, 15(2): 31−65.

유민봉·임도빈(2016). 인사행정론: 정부경쟁력의 관점에서. 서울: 박영사.

이창길(2016). 인적자원행정론. 서울: 법문사.

키워드: 모집, 시험, 채용
작성자: 김정인(수원대)
최초작성일: 2020.02.

선택적 노출이론(Selective Exposure Theory)[1]

온라인 공간상의 집단 극화(group-polarization) 현상을 설명하는 이론들 중 하나가 선택적 노출이론(selective exposure theory)이다. 애초 선택적 노출은 미디어의 제한적 효과(minimal effect)를 설명하는 개념으로 제시되었는바 자신의 입장과 상충하는 정보에 노출되지 않음으로써 입장을 바꾸지 않는다는 것이 핵심이다.

선택적 노출현상(selective exposure)이란 원래 매스 미디어의 수용자가 자신의 기존태도나 관심에 부합하는 내용만 접촉하려고 하며, 그렇지 않은 것은 기피하려는 심리학적 성향을 일컫는 용어였다(Klapper, 1960). 이와 비슷한 성향으로는 특정 내용만을 지각하려는 선별적 지각(selective perception)과 또한 특정 내용만을 기억하려는 선별적 기억(selective retention)이라는 현상이 있다. 이처럼 선택적 노출은 크게 기존 견해를 지지·강화하는 정보에 대한 선호와 기존 견해에 반대되는 견해에 대한 기피라는 두 가지 차원이 있다. 그런데 다른 견해에 대한 노출은 정치적 관용과 숙의민주주의의 전제이므로 후자는 전자에 비해 민주사회에 더 큰 위협요인이 된다. 즉, 반대견해에 대한 회피는 정치적 관용을 저해하고 정치적 분절화(political fragmentation)를 야기하므로 사회에 특히 해로운 영향을 미친다(Garrett, 2009). 이러한 선택적 노출 현상의 원인을 설명하는 Festinger(1957)의 인지부조화이론(cognitive dissonance theory)에 따르면 사람들이 자신들의 인식과 정보 간의 부조화를 최소화시키기 위해서 선택적 노출을 한다고 한다. 원래 선택적 노출현상은 1960년 Joseph T. Klapper가 매스 커뮤니케이션 효과에 관한 최초의 단행본인 "The Effects of Mass Communication"에서 개념화한 것으로 매스 미디어는 한정된 효과만을 지니고 있다는 한정효과이론(the Limited Effects Theory) 내지 소효과이론(the Minimal Effect Theory)의 근거로 제

---

1) 최연태·박상인(2011)의 논문에 소개된 '선택적 노출이론' 개념을 요약하였음을 밝힘.

시되었다. Klapper는 개인차이론(the Individual Difference Theory), 사회계층이론(the Social Categories Theory), 사회관계이론(the Social Relationship Theory) 등의 기본가정들을 바탕으로 해서 매스 커뮤니케이션 효과에 관한 선별효과이론(the Selective Influence Theory)을 체계화하였다(차배근, 1999).

선별적 노출현상에 관한 실증적 검증연구들이 특히 1950년대 후반부터 1960년대 전반까지의 기간에 Carl I. Hovland 학파를 중심으로 실험연구 방법을 위주로 활발히 이루어졌다. 주된 실험 방식은 피실험자의 견해에 부합하는 정보와 반대되는 정보가 담긴 메시지들을 제시한 뒤 그 중에서 읽고 싶은 것을 선택하도록 하여 만약 피실험자들이 전자를 선택하면 선별적 노출현상의 존재가 입증되었다고 보고 후자를 선택하면 선별적 노출현상이 입증되지 않았다고 보는 방식이었다(차배근, 1999). 실험연구 결과 선택적 노출 현상의 실재 여부에 대해 상반되는 연구결과들이 제시되어 선별효과이론에 대한 비판이 제기되었고, 이후 1970년대에서 1990년대 말까지 이 주제에 대한 연구가 한동안 휴면상태에 있다가 인터넷 등장에 따른 정보 환경의 변화로 2000년 이후 다시 활기를 띠게 되었다(Garrett, 2009).

참고문헌

차배근(1999). 「매스 커뮤니케이션 효과이론」. 서울: 나남출판.

최연태·박상인(2011). 전자정부 웹사이트 이용 상의 정치적 선택성에 관한 연구. 한국정책학회보, 20(3): 231–261.

Festinger, L.(1957). A theory of cognitive dissonance. Evanston, IL: Row, Peterson.

Garrett, R. K.(2009). "Politically Motivated Reinforcement Seeking: Reframing the Selective Exposure Debate". *Journal of Communication*, 59: 676–699.

Klapper, J. T.(1960). The effects of mass communication. Glencoe, IL: The Free Press.

키워드: 집단극화, 선택적 지각
작성자: 최연태(경남대)
최초작성일: 2020.04.

성과관리(成果管理 / Performance Management)

1. 성과관리의 의의

1) 성과관리의 개념

성과관리는 다양한 이름과 방식으로 정의되는 일련의 개념들을 포함하고 있다. 결과지향적 정부(results-driven government), 성과에 기초한 관리(performance-based management), 결과를 위한 통치(governing for results), 성과에 기초한 예산(performance-based budgeting) 등은 성과관리와 관련하여 함께 사용되는 용어들이다.

밴(Robert D. Behn)은 성과관리를 성과측정, 성과주의 예산, 성과계약, 성과급 보수 등 다양한 개념을 포함하는 것으로 언급하며, 성과측정(performance measurement) 측면에서만 보더라도 성과측정기준이나 성과정보의 도출 및 활용 등에 따라 성과관리 내용을 다르게 이해할 수 있음을 언급한 바 있다. 이와 같이 성과관리는 학자마다 달리 정의하거나 실제에서도 다양한 의미로 이해되며 사용되고 있다.

성과관리는 성과와 관리라는 두 개념의 합성어이다. 행정현실에서 성과란 무엇인가?

흔히 성과를 조직이 설정한 목표를 달성하는 정도(또는 수준)를 의미하는 것으로 결과적 측면에 주된 관심을 두곤 하는 경우가 많다. 그러나 성과는 어떤 정책(또는 사업)이 종료된 이후 나타나는 결과적 측면 이외에도 정책의 종료 여부와 관계없이 투입 및 과정적 측면 모두를 포함하는 포괄적인 개념으로 이해되어야 한다. 성과지표를 투입지표, 과정/활동지표, 결과지표(산출지표, 효과지표, 영향지표)로 구분·설정하여 성과를 측정하고 관리하고 있음은 성과를 포괄적 개념으로 이해해야 하는 이유이기도 하다. 따라서 성과는 정부가 수립하고 추진한 정책 또는 사업이 즉각적으로 나타낸 단순 결과적 측면에서의 1차적이면서 직접적인 산출물(outputs)과 그것이 2차, 3차 직·간접적으로 사회 및 수혜자에게 미치는 효과(outcomes), 그리고 그 효과로 인해 나타나는 최종의 실현정도인 영향(impacts) 등을 모두 포함하는 개념으로 정의할 수 있을 것이다. 이와 같은 개념의 성과가 실제에서 관리의 대상이 될 때 전제되어야 할 것은 반드시 가치지향성이 내포해야 한다는 것이다. 이에 대해서는 성과관리의 목적에서 논의한다.

2) 성과관리의 목적

바람직한 성과를 내기 위한 성과관리 노력이 행정현실에서 이루어져야 하는 이유는 대국민 책무성(accountability)을 제고해야 함에 있다. 즉, 정부가 '하고 있는 일'은 물론 지금까지 '해 온 일'과 '하고자 하는 일' 모두가 국민 세금을 재원으로 이루어지고 있고, 그렇기에 그 일은 반드시 '가치(value for money)'있는 일이어야 한다. 따라서 세금 재원으로 이루어지는 공공의 정책(또는 사업)의 성과는 사업담당자 내지는 사업추진기관의 단순한 결과물로서의 산출물(output)에 국한되지 않아야 할 뿐만 아니라 그 실적은 국민을 위한 긍정적인 효과(outcome)와 영향(impact)인 성과로 이어져야 한다. 이를 위해서 체계적인 성과관리가 이루어져야 하며, 이것은 성과관리의 본질이며 목적에 해당하는 것이다.

2. 성과관리의 과정

체계적으로 성과를 관리하기 위해서는 기관의 임무설정으로부터 전략목표와 성과목표의 설정·관리, 성과측정 방법 및 측정결과를 포함한 성과정보의 공개·활용이 이루어져야 한다 (<그림 1> 참조).

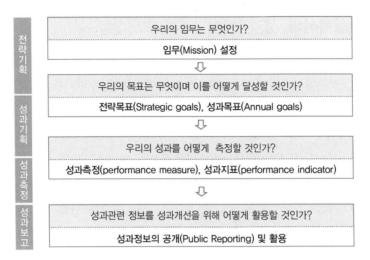

<table>
<tr><td>전략기획</td><td>우리의 임무는 무엇인가?
임무(Mission) 설정</td></tr>
<tr><td rowspan="2">성과기획</td><td>우리의 목표는 무엇이며 이를 어떻게 달성할 것인가?
전략목표(Strategic goals), 성과목표(Annual goals)</td></tr>
<tr><td>우리의 성과를 어떻게 측정할 것인가?
성과측정(performance measure), 성과지표(performance indicator)</td></tr>
<tr><td>성과측정</td><td rowspan="2">성과관련 정보를 성과개선을 위해 어떻게 활용할 것인가?
성과정보의 공개(Public Reporting) 및 활용</td></tr>
<tr><td>성과보고</td></tr>
</table>

그림 1. 체계적인 성과관리 과정

성과관리 체계의 첫 번째 구성요소인 전략기획에서는 기관의 존재의의에 해당하는 임무설정(mission setting)과 함께 이를 달성하기 위한 최소 3년에서 5년의 중·장기적 목표가 설정(goal setting)되어 제시된다.

두 번째 구성요소인 성과기획에서는 기관의 중·장기 목표에 해당하는 전략목표를 실현하기 위해 연 단위(1회계연도)의 사업 활동 목표인 성과목표(annual goals)를 설정하게 된다. 이때의 성과목표는 사업 추진 담당자는 물론 사업 관리자 및 사업의 이해관계자 등이 쉽게 사업의 성과를 파악하고 이해할 수 있도록 구체적이고 객관적이며 측정 가능한 형태로 제시되어야 한다.

세 번째 요소에는 전략기획과 성과기획에 따라 성과관리 대상 사업이 실시되었는지를 평가하기 위한 성과지표(performance indicator)의 설정과 이를 적용한 성과측정(performance measurement)이 해당된다. 성과측정 단계에서는 연단위의 성과목표를 달성하기 위한 구체적인 성과목표치(performance target) 대비 구체적인 사업의 성과를 대비 평가하게 된다.

네 번째 요소는 성과정보의 공개 및 활용이다. 연도별 시행계획의 대상년도(회계연도)가 종료된 이후, 성과지표를 적용한 측정 결과를 포함한 성과관련 정보를 포함하여 해당 사업의 성과를 평가한 의견(성과목표 계획 대비 달성·미달성 사유, 성과목표치의 현실적합성 여부 등)이 보고서로 공개·활용되어야 한다.

3. 정부현실에서의 성과관리

정부현실에서는 「정부업무평가기본법」과 「국가재정법」에 따라 성과관리가 제도화되어 운영되고 있다. 「정부업무평가기본법」 제2조(정의)에서는 성과관리를 정부업무를 추진함에 있어서 기관의 임무, 중·장기 목표, 연도별 목표 및 성과지표를 수립하고, 그 집행과정 및 결과를 경제성·능률성·효과성 등의 관점에서 관리하는 일련의 활동이라고 명시하고 있으며, 이외에도 동법과 그 시행령에서는 정부업무평가의 대상 및 범위로 성과관리 내용을 평가의 대상 및 범위로 설정하여 정부업무평가제도 운영과 관련된 내용들로 다루고 있다. 또한, 국가의 예산·기금·결산·성과관리 및 국가채무 등 재정에 관한 사항을 정함으로써 효율적이고 성과지향적이며 투명한 재정운용과 건전재정의 기틀을 확립하는 것을 목적으로 제정·시행되고 있는 「국가재정법」에 의해서도 성과관리의 내용은 평가의 대상 및 범위로 설정되어 재정사업에 대한 평가제도에서 다루어지고 있다.

참고문헌

공병천(2006). 통합성과관리를 위한 자체평가와 성과관리의 연계. 한국행정연구, 15(3).
김명수·공병천(2016). 「정책평가론」. 서울: 대영문화사.
박중훈(2005). 성과평가제도 및 운영실태에 대한 분석과 개선방안. 한국행정연구원.
정부업무평가기본법(법률 제14839호, 2017.7.26. 타법개정).
국가재정법(법률 제16328호, 2019.4.2. 타법개정).
Robert D. Behn.(2003). *"Why Measure Performance?: Different Purposes Require Different Measures)"*. PAR. Vol. 63, No. 5.

키워드: 성과관리, 정부업무평가, 재정사업평가
작성자: 공병천(국립목포대)
최초작성일: 2012.07., 수정작성일: 2019.12.

슈타인(L Von. Stein) 행정학

1. 슈타인 행정학의 성립배경

19세기 유럽은 정치적, 경제적, 사회적 상황과 지적 흐름에 있어서 격변기를 주도하는 자유주의 사상, 관념주의 철학사상, 자연과학과 기술의 발전, 칸트(kant)의 법치국가 이념 등으로 신·구세력간(新舊勢力間)의 갈등이 교차하면서 거대한 전환기를 맞게 되었다. 이 과정에서 독일은 시민적 법치국가의 경험을 하게 되었고, 정치적 혼란과 사회변동이 격심하였다. 슈타인은 이러한 시대적 상황에서 절대군주제에 지배적이었던 국가학으로서 경찰학이 학문적으로 의미가 없다는 것을 인식하였고, 또한 새롭게 대두된 행정법학에 대해서는 행정현상을 연구하는 행정과학적 접근방법으로서 이의를 제기하였다.

슈타인 행정학은 19세기 중반에서 후반에 걸친 당시 독일의 국가와 사회현실에 대한 체험적 통찰과 젊은 시절 학문적 기초를 형성시킨 프랑스 사회사상의 문제의식과 헤겔철학의 방법에 연결되어 체계화를 이루면서 탄생하였다. 그는 실정법과 사회적 환경의 상호연계성, 이론과 실제의 조화를 학문적 특성으로 하는 슈타인 행정학을 개척하였고, 독일의 행정학계보를 망라하는 관방학, 경찰학, 행정법, 행정학에 관련하여 206권에 달하는 방대한 저술활동을 하였다.

2. 슈타인 행정학의 주요 내용

슈타인의 행정개념은 사회이론에 따른 국가이론에서 귀결된 것으로 헌정과 구별하였다.

헌정(憲政)이란 개인이 國家意思의 형성에 참여하는 것이며, 헌정에 참여할 권리는 개인의 자유로서 이를 보장해야 한다. 반면에 행정은 형성된 국가의사를 구체적 행위로 실현하는 국가기관의 활동이다. 그는 국가의사의 형성을 헌정으로, 국가의사의 실현을 행정으로 구별하고, 상호 간의 우위를 점하는 이중관계로 설정하였고, 행정을 단순히 법률의 집행으로 여기지 않았다. 헌정과 행정은 각각 독자적 영역을 보유하고 있지만 불가분의 상호의존관계로 인식하였다. 헌정은 행정활동이 없다면 내용이 없는 공허한 것이며, 행정은 헌정이 없다면 아무런 힘이 없는 무력한 것으로 파악하였다.

이 같은 논리는 헌정과 행정의 관계를 사회와 국가간의 기능적인 원칙에 의한 것으로 보았다. 또한 정치체제와 관계없이 행정의 임무는 공통성이 있는데 이는 어떠한 체제나 나라에서 동일하며, 이러한 행정임무가 헌정을 초월해서 존재한다는 것은 행정이 헌정으로부터 독립된 존재라는 것을 입증하는 증거라고 하였다. 이러한 논리로 행정의 이념에 속하는 총론(總論)을 행정조직, 행정명령, 행정법의 3부로 구성하였고, 각론(各論)을 외무(外務), 군무(軍務), 재무(財務), 법무(法務), 내무(內務)의 5부로 구분하였다. 각론에 해당하는 5부는 행정이 국가의 의사에 따라 구체적으로 외국과 교섭하고 나라를 방위하여야 하며 법질서를 유지하고 국민의 경제생활과 복지 및 발전을 위한 서비스를 하는 것으로 규정하였다. 이는 국가가 수행해야 하는 기본적인 기능으로서 서구의 주요국가에 일관된 전형적인 중앙행정조직으로 편성되어 왔다.

3. 슈타인 행정학의 평가

슈타인 행정학이 19세기의 입헌주의적 행정학시대를 개척한 것은 행정학사(行政學史)에서 시사하는 바가 크다. 그는 관방, 경찰학에서 절대군주의 자의적이고 일방적인 통치의지인 경찰이념을 비판하고, 입헌주의에 입각한 헌정과 행정이념을 구분하여 절대주의적 권력에 대한 권력분립을 시도하였다. 그는 헌정에 의한 행정을 원칙으로 하는 독립적인 행정의 영역을 개척한 근대행정학의 창시자이다.

슈타인행정학은 위대한 체계적 사상가의 투철한 통찰력을 통하여 자본주의체제의 여러 모순에 대한 이론적 자각을 가져왔다. 그러나 당시 일반적인 관심은 당면과제였던 '법치국가의 원리'의 확립에만 치중되었다. 결국 행정학의 창시자인 슈타인의 업적은 사라지고, 그 일부가 행정학을 대신하여 등장한 행정법학에 흡수되고 말았다.

참고문헌

김규하(1999). "관방학과 행정과학". 경기대학논집, 1999년 12월.

김영만(1992). "한국최초의 현대행정학자 정인홍의 행정사상". 한국행정학보, 1992년 11월.

박연호(1986). "슈타인행정학의 본질과 이론속의 형성배경". 경희법학, 1986년 11월.

박응격(1995). "Lorenz von Stein의 학문적 생애와 행정사상". 한국행정학보, 29(4).

키워드: 관방학, 경찰학, 행정법학, 헌정, 프랑스사회주의, 헤겔의 법철학

작성자: 김종미(한국공공관리연구원)

최초작성일: 2006.02.

시민사회(Civil Society)

1. 개념

시민사회에 대한 논의는 절대주의 왕정으로부터 개인의 자유와 권리에 기반한 해방이라는 서구 정치사상의 흐름 속에서 잉태된 후 다양한 형태로 전개되었으나 이를 크게 두 가지로 구분하면 계약관계로서의 시민사회이론과 국가와의 대비개념으로서의 시민사회이론으로 대별할 수 있다.

1) 계약론 시민사회

사회계약론자로 불리는 사상가들은 중세의 기독교 철학으로부터의 해방이라는 맥락에서 계몽주의를 부르짖었고 절대왕정과 봉건적 신분제로부터 탈출하기 위하여 사람들의 자유의사에 기인한 계약에 사회론의 필요에 따라 시민사회를 계약관계로 파악하였다. 계약론자인 로크와 루소는 시민사회를 시민정부와 거의 동의어로 다루면서 원시사회나 자연상태와 구분하기 위하여 이 용어를 사용하였다.

(1) 루소의 시민사회 개념

시민사회란 시민이라는 특징을 가진 사람들이 만들어 내는 관계로 설명된다. 시민의 특징은 정치적으로는 합리적인 개인으로서의 자유와 권리를 가지며 경제적으로는 주로 상업이나 근대적 사업에 종사하는 계층으로 생활의 여유를 지는 사람이다. 또한 이들은 근대적 계몽주의사상에 영향을 받은 교육받은 계층으로서 교양있는 자유인이었다. 시민사회는 이러한 특징을 갖는 계층들이 주된 구성원으로 등장하는 사회라고 할 수 있다. 따라서 시민사회는 전체를 포괄하는 하나의 진보사상의 기초가 되는 것이고 이 진보사상은 학문적·경제적·정치적 진보를 지향하면서 인간의 윤리적 완성을 설계하는 출발점이 된다.

(2) 로크의 시민사회 개념

정치 또는 시민사회를 세습적 권위 그리고 자연상태와 대비시켜 설명하고 있다. 로크는 인간공동생활에 있어서 사회현상 이전의 자연상태에 대한 개념은 "목가적이고 낭만적인 원시적 공동사회"로 그려진다. 로크는 자연상태를 설정하고 이 속에서 인간들은 소유의 완전한 자유와 평등을 실현하며 살아간다. 결국 이러한 자연상태의 위험성에서 자신의 안전, 재산, 권리 그리고 자유를 지키기 위하여 합의에 의한 하나의 결사체로서 사회를 구성했다는 것이다.

2) 국가 대비 시민사회

헤겔, 마르크스 등의 정치사상가들은 시민사회를 계약관계가 아닌 국가라는 개념과 대비시켜 이해하고 있다. 계약론자들의 관심은 사회의 생성원리가 신이나 절대적 군주에 있지 않고 자유로운 개인들 간에 합리적 계약관계에서 출발한다는 점을 설득시킨다는 점에 있었기 때문에 시민사회를 국가 또는 정치와 대비되는 개념으로 이해하는 면이 빈약했다고 볼 수 있다. 그러나 19세기 말부터 시민사회는 국가와는 별도의 사회·경제적 제도이며 정부로부터 아무런 지도나 간섭 없이 개개인이 그들의 공동이익을 추구할 수 있도록 해주는 모든 기구를 의미하는 용어로 쓰이기 시작했다.

(1) 헤겔의 시민사회 개념

시민사회와 국가는 서로 대립된 개념으로서 보편적 원리에 기초한 국가와는 달리 시민사회는 인간들의 본능과 특수한 욕구에 근거하는 갈등의 마당으로 보았다. 시민사회는 갈등의 마당이기에 자기 해체적 성향을 지니므로 그것은 이성적 실체인 국가에 의해 마땅히 통제되어야 할 것으로 믿었다. 그러나 헤겔의 시민사회관은 서구에서 나타난 시민사회의 확대현실과 맞지 않았다. 결국 자기 해체적 속성을 갖고 있는 헤겔의 시민사회 개념은 민주적인 제도의 발전으로 오히려 자율적인 시민사회의 확대발전을 가져왔다.

(2) 마르크스의 시민사회 개념

초기에 마르크스는 시민사회를 지양하는 주체로 국가를 본 헤겔의 입장을 비판하면서 국가를 오히려 시민사회를 보존·강화시키는 것으로 보았다. 마르크스의 시민사회 논의는 근대 시민사회의 속성을 비정치적인 것으로 보고 시민혁명과 같은 정치적 혁명을 통하여 모든 사회적 요소들이 국가로부터 분리되었으며, 정치적 해방은 사회가 정치로부터 해방됨과 동시에 시민사회의 이기적 정신을 억제했던 정치적 멍에가 사라졌음을 의미한다고 보았다. 그러나 후기에 가서 정치경제학적 시각을 취한 뒤 시민사회를 자본주의사회와 같은 것으로 인식하였다. 따라서 마르크스가 본 시민사회는 비인간적이고 소외된 사회이다. 사유적 존재인 인간이 원자적 개인으로 살아간다는 점에서 비인간적이고 주체로서의 인간이 객체인 상품처럼 거래된다는 점에서 소외받고 있다는 것이다. 마르크스는 시민사회의 해부는 정치·경제의 구조에서 찾아질 수 있다고 주장하면서 시민사회의 모순이 응결된 것이 국가이고, "국가는 유산계급의 집행위원회"에 불과하다는 것이 마르크스의 진단이다. 마르크스는 시민사회를 공산사회로 대체될 중간단계로 이해하면서 일차적으로 사회는 소외된 개인들로 분열되고 이차적으로 양대 계급으로 분열된다고 보았다.

2. 기원

시민은 원래 고대 도시국가들에 있어서 출생신분에 따라 부여된 정치적 결정권의 담당자를 말한다.

고대 도시국가인 아테네 시민들은 '민회'를 만들어 직접민주주의의 시원을 일으켰으나 이때의 시민은 도시에 토지를 소유한 재산소유자를 일컫는다. 이런 제약은 아리스토텔레스가 정치론에서 규정한 시민개념이 근세사회까지 영향을 끼쳐왔음을 뜻한다.

아리스토텔레스에 따르면 시민은 특정계층의 시민과는 달리 가난하고 무지한 결함이 많은 다수의 사람을 의미하기도 한다. 그러나 실제 아테네에서 시민은 자유인만을 의미하는 것이다.

로마공화국의 시민도 일부계층 즉 귀족에 국한되어 있었고 농민, 노동자, 상인 등을 포함하는 평민계층은 로마시민의 자격에서 제외되었다. 그러나 재산과 부를 축적하게 된 평민과 귀족간의 결합으로 새로운 귀족계급을 형성, 로마시민의 핵으로 등장하면서 평민도 시민이 되었다.

중세시대에 들어와 민주주의가 퇴보하고 독재정치가 진행됨에 따라 시민사회는 위축, 시민 개념은 발전이 지체되었다. 중세시대 봉건영주의 통제에 저항하는 상인 및 수공업자들은 자신들의 자유를 스스로 보호하기 위하여 세속적인 권력과 교회의 권위에 대항하여 싸웠다. 이 때 나타난 것이 '길드'인데 길드는 중세에서 근대로 오면서 시민사회가 형성되기까지 도시를 중심으로 한 시민계층의 성장과정에서 하나의 시민적 자주권을 확보하게 되는 역사적 연결고리를 보여준다.

중세 후기에 시민은 정치적 신분의 지위를 얻게 되었는데 절대주의적 군주지배체제라는 국가권력의 중앙집중화에 이르러서는 시민공동체와 함께 정치적·행정적 참여권은 상실되고 말았다. 여전히 신분과 재산소유 정도에 따른 구별이 일정한 의미를 갖고 있었다.

시민의 개념규정은 17세기에 하나의 전환점을 맞게 된다. 시민세력의 등장은 국가권력의 절대군주에 의한 독점화로 말미암아 그의 정치적 의미를 박탈당한 부르주아에게 국가권력의 통제와 행사에 참여토록 한다는 것이었다. 그러나 시민은 역시 재산소유 시민에 한정되었다.

영국에서는 시민계층이 자주적 힘으로 통일되기까지는 17세기와 비슷한 이해관심을 추구하는 토지귀족과의 밀접한 결합이 필요했고 그 정치적 절정이 명예혁명으로 이르게 된다. 영국의 혁명은 법률을 만들어 청교도적인 근검, 검소, 절약의 정신을 실천에 옮기고자 했으며, 혁명 주도세력의 사상과 활동은 민주주의 발전과 시민사회 형성에 크게 기여했다.

3. 발전과정

유럽에서의 시민사회 형성을 보면 비정치적·비경제적 사회영역의 변화가 단선적인 변화는 아니었다. 봉건주의의 붕괴 과정도 유럽의 역사에서 단선적으로 진행된 것이 아닌 것처럼 시민사회의 구성요소들의 변화도 경제와 정치의 변화에 따라서 대단히 다양한 변화를 보였다. 영국의 경우 국가의 정책결정에 영향을 미치는 비경제적인 요소는 비판적인 여론과 대중이었다.

영국의 시민사회 형성은 주로 경제적으로 금융자본의 발전, 법적으로 도서출판의 검열폐지와 정치적으로 내각제의 등장에 의해서 영향을 받았다. 커피점이나 클럽과 같은 공공적인 장소가 국가와 사회에 대한 비판의 공론화를 가능케 했고 여러 가지 잡지들이 대중을 상대로 문학과 정치에 대한 토론을 활성화시켰다. 독자들이 현재 일어나고 있는 정치적 사건에 대한 정보를 쉽게 접하게 됨에 따라서 사람들이 정치에 더 많은 관심을 가지게 되었다. 국왕과 의회의 활동에 대한 비판과 토론은 권력을 국민의 여론 앞에 드러나게 했다.

영국에서 나타난 자유주의적 시민사회는 언론의 발달과 대중교육의 발달을 통하여 시민사회 내에서의 의사소통이 보다 확대되면서 권위주의적 국가권력이 점진적으로 약화되는 과정을 특징적으로 보여주었다. 언론 이외에 사회문제를 다루는 자선조직협회나 금주협회와 같은 시민단체들은 사회에서 발생하는 여러 가지 문제들(빈곤, 음주, 도덕적 타락 등)을 해결하기 위하여 국가와 대중을 상대로 활동을 벌였다. 노동자들의 조직인 노동조합과 협동조합도 기본적으로 영국의 노동문제를 다루기 위한 조직들이었다. 이러한 조직들이 국가의 일방적 억압이 아니라 점진적인 수용을 통해서 국가에 대한 도전을 통해서가 아니라 국가에 요구를 함으로써 정치적 해결을 추구하였다.

영국의 자유주의적 시민사회는 영국의 점진적인 정치적 발전과 관계가 깊다. 영국의 자유주의는 정치적으로 영장 없는 체포, 구금의 불법화와 재판을 통한 처벌을 제도화하여 국가권력의 자의적인 행사를 제한하였다.

프랑스의 경우 구체제의 몰락 이후에도 테러와 왕정이 반복되었기 때문에 정치적으로 불안정하였다. 그 결과 국가로부터 개인의 권리를 보호하는 법치주의가 정착되지 못하고 법 위에 존재하는 국가의 실체를 인정하는 국가주의가 발전하였다. 공화정은 정치적 이상으로서 제시되었으나 현실제도로 구체화되지 못했다. 절대왕정의 권력을 대체하는 새로운 국가권력은 또 다른 형태로 절대권력을 행사하게 되었다. 구체제하에서 시민사회의 발전은 구조적으로 불가능했던 반면 구체제가 붕괴된 이후에도 시민사회의 발전은 정치적으로 억제되었다. 극작가 빅토르 위고가 부러워했던 영국의 자유주의는 프랑스의 경우 1877년 공화정의 승리를 통하여 정치적 안정이 이루어진 이후에 어느 정도 발전할 수 있었다.

혁명을 통한 구체제의 타파나 점진적 민주주의의 발전을 경험하지 못한 19세기 초 독일에서 독서시민과 일부 경제시민을 중심으로 하는 보다 급진적인 자유주의가 등장하였다. 후발 자본주의사회이면서 동시에 후진국이었던 독일에서 나타난 급진적 자유주의는 현실과 맞지 않는 하나의 이상이었다. 대표적으로 독일에서 발전한 관념철학에서 유래하는 칸트의 '시민사회'이론은 보편적인 인간의 권리에 기초한 법치국가를 이상으로 제시했다. 이것은 '계급 없는 시민사회'의 독일적 표현이었다.

그러나 초기의 급진주의적 자유주의는 실현의 가능성이 없었던 정치이념이었다. 그것을 실천에 옮길 수 있는 사회세력이 부재한 '현실적인 자유주의' 혹은 '온건한 자유주의'조차 실현되기 어려운 사회·정치적 조건을 보여주었다. 결국 국가의 권력을 통제하고 의회를 통해서 사회성원의 이해를 대변하는 의회주의는 성장하지 못했고, 권위주의적 국가에 의해서 이루어진 '위로부터의 개혁'이 이루어졌다. 위로부터의 개혁은 행정관료제도의 근대화나 법률제도의 정비 등과 같은 근대적인 국민국가의 형성을 촉진시키는 개혁이었다. 영국의 자유주의자와는 달리 독일 자유주의자들은 노동계급과의 일정한 연대 혹은 연합을 통하여 정치를 민주화시키는 민주연합을 구성하지 못했다. 이것은 시민사회내의 조직과 대중적인 정치적 저널리즘이 발전되지 못한 채 소수의 급진적인 사회주의운동이 등장하면서 자유주의자들은 급진적인 사회주의운동에 대해서 위험을 느꼈던 것이다. 이러한 변화는 동일한 후발 자본주의국가였던 스웨덴에서 이루어진 자유주의－사회주의 민주연합의 경험과도 매우 다른 경로였다. 보수주의와 자유주의연합이 사회주의세력과 대립되는 양상이 나타났던 것이다. 19세기동안 계속된 프랑스 시민사회의 저발전은 20세기 초까지 지속되었다.

아시아지역에서의 시민사회 형성은 영국형이나 프랑스형보다는 독일형에 가깝다. 즉 권위주의적이고 중앙집권적인 국가전통이 강하게 남아있으면서 자본주의화가 진행되었기 때문에 시민사회의 성장은 억제되었고 자유주의 세력은 크게 성장하지 못했다. 전형적으로 일본의 경우 시민사회의 발달은 국가의 개입과 위계적인 사회질서를 통하여 크게 억제되었다. 그 대신 국가권력이 지역수준에서나 중앙수준에서 다른 모든 사회단체나 조직위에 군림하는 권위주의적 정치체제가 형성되었다.

'위로부터의 혁명'이었던 메이지유신은 구체제를 해체시키고 근대화를 추진하려는 포괄적인 혁명이었다. 이 과정에서 권력을 집중하려는 국가에 저항했던 세력은 봉건적인 사회집단들이었다. 영주, 무사, 농민층은 중앙집권적 국가형성과정에서 나타나는 정치적 변화에 대해서 저항했다. 영주와 무사집단은 덕천막부에 충성을 보였던 구 지배세력이었지만, 농민층은 영주와 무사집단에 착취당했던 집단이었다. 그러나 이제 새로이 국가에 의해서 조세의 형태로 수탈을 당했기 때문에 농민들의 불만이 대단히 높았다.

구체제의 불만과 저항이 약화되면서 보다 근대적인 자유주의운동이 '자유민권운동'의 이름으로 등장하였다. 자유민권운동은 천황의 왕권을 대신하는 입헌공화제와 자유권적 기본권의 보장을 목표로 활동했지만 확고한 국가권력과 일본의 대외진출 속에서 관심을 끌지 못했다. 일부 지식인이나 정치인들을 중심으로 했던 민권운동은 대중적인 조직으로 나아가지 못했다. 이미 의무교육을 통해서 국가의 발전과 국가 이데올로기가 시민사회 내의 핵심적인 이데올로기가 되었다. 그러므로 개인의 자유와 계급적인 사회구조에 대한 인식은 크게 발전하지 못했다. 다른 한편으로 집회나 결사를 엄격하게 탄압하는 조례와 법률을 만들어 법에 의한 탄압, 비민주적 법치주의가 발전하였다. 서구에서 법치주의는 강력한 절대왕권을 제한하기 위하여 등장하였지만 일본에서는 국민들의 시민권을 억압하는 절대권력의 수단이 되었다.

일본에서는 영국에서와 같은 근대적인 자유주의국가와 자유주의적 시민사회가 결합된 근대로의 이행이 아니라 근대적인 행정조직을 갖춘 절대주의국가와 시민사회의 결합이 이루어졌다. 시민사회의 공공영역은 국가에 의해서 장악되었기 때문에 자유로운 의사소통과 결사를 통한 비판과 저항은 철저하게 제거되었다. 초기 모든 생활세계의 조직들이 국가의 통제하에 들어감으로써 자율적인 시민사회 영역은 폐쇄되었다. 오늘날의 일본사회가 전형적으로 보여주고 있는 저발전된 시민사회는 일본의 이러한 역사적 경험을 바탕으로 한 것이다.

경제적인 측면에서 자본주의의 발달이 순조롭게 이루어짐에 따라 경제와 정치의 분리가 되지 않았다는 점에서 독일과도 차이를 보이고 있다. 국가가 경제에 깊숙이 개입하여 자본형성과 투자에 영향을 미쳤다. 정치와 경제의 미분리는 국가중심적인 경제발전의 원인이자 결과였다. 보다 포괄적인 의미에서 '위로부터의 혁명'은 국가가 경제와 사회의 변화를 주도하는 국가주의적 근대화를 의미한다. 그 결과 절대국가에 의해서 이루어진 산업자본주의화가 성공하였지만 일본이 경제선진국이 되었음에도 불구하고 정치적으로 또한 사회적으로 봉건적인 요소를 그래도 간직하고 있는 현실이 나타난 것이다.

한국이나 중국의 경우 시민사회의 성장은 국가권력과의 투쟁을 통해서 이루어졌다. 국가의 권력에 저항하는 비합법적인 조직이나 결사를 통하여 국가에 저항한 민주화운동이 이러한 투쟁을 대표하고 있다. 이 과정은 의식과 조직에서 몇 가지 단계를 거치면서 이루어졌다. 먼저 한국과 중국에서 이루어진 변화는 귀족에 의해서 대표되는 보수세력과 이에 저항하는 부르주아의 대립구조에 바탕을 둔 것은 아니라 왕권에 상응하는 어떠한 사회세력도 인정되지 않았기 때문에 국가와 왕권 혹은 정부를 구분해서 보는 권력관이 형성되어야 한다. 그리고 근대적인 서구 자유주의에서처럼 관이나 공과 사를 구분하면서 사적인 요소의 강조가 이루어져야 한다. 그리고 사적인 요소가 정치적인 영향력을 행사할 수 있기 위해서는 각기 다른 사적인 요소들의 공개적이고 자율적인 활동을 통하여 여론이 형성될 수 있는 조건이 만들어지거나 혹은 억압하에서 여론을 통한 저항의 형성 등이 가능해야 한다.

이러한 점에서 중국에서의 시민사회형성은 정치적인 차원에서 의회가 발달하지 못한 상태에서 시민운동에 의해서 공공영역이 확장된 시민사회를 의미한다. 서구의 시민사회의 형성이 동일한 경로를 통하여 이루어진 것이 아니었다는 점을 인정한다면 '초기적 시민사회'는 자유주의적 전통이나 사회세력이 약한 조건에서 나타나는 '밑으로부터의' 요구에 의해서 가능했다. 서구적인 개인주의를 바탕으로 하는 자유주의는 정치적 이념으로서 존재할 수 있었지만 중국인들의 전통적인 친족관계와 위계적인 가치체계와 양립하기 힘든 이념이었다. 제국주의적 위협과 침탈로 인하여 전통과의 단절보다는 서양세력을 막는 것이 더욱 중요하였다. '초기적인 시민사회'는 한편으로 내적인 변혁과 다른 한편으로 외부의 위협을 극복해야 하는 이중적인 요구 속에서 형성되었던 것이다.

한국사회에서의 시민사회는 중국보다는 훨씬 더 분명한 경로를 밟았다. 오랫동안 식민지 지배를 경험한 한국사회는 식민지 지배하에서 모든 결사체와 조직들이 통제의 대상이 되었고, 식민지배 이후에는 전혀 발전되지 못한 시민사회와 식민지배를 위해서 강화되었던 강력한 국가기구를 중심으로 많은 갈등과 사건이 분출되었다. 이 과정에서 취약한 자본주의경제 – 약한 시민사회 – 과대성장한 국가로 특징지어진 주변부 사회구성체가 형성되었다. 자본주의경제가 점차 강화됨에 따라서 독점적인 정치권력에 대한 도전이 시민사회에서 형성되었다. 도전의 주체는 부르주아가 아니라 학생집단과 정치인들이었다. 서구에서와 같이 부르주아가 주도했던 자유주의적 전통이 없었다. 대신 한국의 부르주아는 권위주의적 국가와 연합을 이루었다. 취약한 자본가계급의 성장은 전적으로 국가에 의해서 이루어졌기 때문에 부르주아는 권위주의국가에 도전하는 것이 아니라 복종하는 사회계급이 되었다.

국가와 부르주아보수연합에 대항하는 민주연합은 사회적으로 근대적인 교육을 받을 수 있었던 대학생, 지식인, 종교인, 정치인 등이었다. 군대와 경찰을 동원한 국가의 억압 속에서 국가로부터 상대적으로 자유로울 수 있었던 대학, 교회, 정당을 중심으로 민주연합세력이 형성되었다. 이들은 경쟁적으로 국가에 의해서 만들어지고 운영되었던 많은 관련단체들과 생활세계에 개입하였다. 개입의 결과는 공공영역의 이중성이 형성되었다. 공공영역은 대체로 국가의 통제하에 있었던 언론기관과 관변 단체들에 의한 왜곡된 언술이 지배하는 '타율적 공공영역'과 비제도적 언술(유언비어 등)과 민주연합에 가담한 단체들이 만들어내는 비합법적 매체들이 지배하는 '자율적 공공영역'으로 구성되었다. 자율적 공공영역은 저항의 형태로 만들어진 사회적 공간으로서 민주화투쟁의 진전에 따라 이 공간은 확대되기도 하고 축소되기도 하였다. 1987년 6·29 선언에 의하여 자율적 공공영역의 정당성이 정치적으로 보장된 셈이다.

한국에서 시민사회의 형성은 시민사회의 자율성 확보를 내용으로 하고 있으며, 궁극적으로 이 문제는 권위주의정치체제의 극복과 연결되어 있었다.

참고문헌

유팔무 외(1995). 시민사회와 시민운동. 서울: 한울.

임현진 외(1993). 시민사회의 도전. 서울: 나남.

정동근(1997). 시민사회체계분석. 서울 법문사.

하일민(1995). 시민사회의 철학. 서울: 한길사.

한국사회학회(1992). 한국의 국가와 시민사회. 서울: 한울.

한국정치학회(1994). 시민계급과 시민사회. 서울: 한울.

Cohen, Ronald and Elman R. Servece(eds.)(1978). Origins of the State, Philadelphia: Institute for the Study on Human Issues.

Frederickson, H. George(1982). "The Recover of Civism in Public Administration", *P.A.R.*, Vol. 42, No. 6.

키워드: 계약론, 시민사회, 국가대비 시민사회

작성자: 이창기(대전대)

최초작성일: 2001.09.

시장실패(Market Failure)

1. 행정에서 시장실패의 의미

행정의 중요한 양태는 정부가 사회적으로 바람직한 목표의 달성을 위해 민간에 개입하는 것으로 나타난다. 바람직한 경제사회질서의 형성, 자원의 효율적 배분, 소득의 공평한 분배, 경재의 안정과 성장 등 보다 나은 사회를 이루어내기 위한 중요한 목표들을 달성하기 위해서는 어김없이 행정이 요구된다. 그렇다면, 이들 목표를 달성하기 위해 왜 행정이 필요한 것일까? 그리고 그 근거는 무엇일까?

사실 국방과 경찰과 같은 기본적인 사회질서의 유지를 위해 정부가 민간에 개입하는 것 외에는 사회의 문제에 대해 정부의 개입 없이 민간이 스스로 해결해 나가는 것이 보다 바람직할지도 모른다. 현대 경제학의 아버지로 일컬어지는 아담 스미스(Adam Smith)에 의하면 폭력으로부터 사회를 보호하고, 다른 사회의 침입을 방지하며, 가능한 한 사회의 모든 구성원들에 대해 불평등과 억압을 배제시키는 기본적인 기능 이외에는 소위 '보이지 않는 손(invisible hand)'에 의해 사회문제를 해결해 나가는 것이 보다 효율적임이 주장되기도 했다.

그러나 사회의 모든 문제가 이런 시장에서의 가격기제를 통해 해결될 수 있는 것은 아닌데, 그것은 바로 사회 문제 중 민간의 자율적인 노력으로는 해결이 되지 못하는 영역이 존재하기 때문이다. 즉 시장에서 당사자들 간의 자유로운 선호의 표출과 이를 통해 형성된 가격에 근거한 교환의 메커니즘으로는 해소되지 못하는 사회의 본질적인 문제가 있을 수 있으며, 나아가 이런 시장의 교환 메커니즘이 오히려 불평등과 같은 사회문제를 심화시키는 경우도 있을 수 있기 때문이다. 이렇게 정부의 민간에 대한 개입근거로서 지적되는 시장 메커니즘의 결함을 바로 시장실패(market failure)라고 한다. 따라서 정부의 존재이유를 분명하게 이해하기 위해서는 바로 시장실패에 대한 명확한 이해가 선행되어야 함을 알 수 있다.

물론 정부의 개입근거가 모두 이런 시장실패에서 비롯되는 것은 아니다. 예를 들어 시장에서 이루어지는 소득분배의 공평성의 문제에 대해 윤리적 측면에서 부정적인 견해가 지배적인 한, 시장은 이미 경제사회적 공평의 실현 도구로서는 중요하게 기능할 수 없다. 또한 인간의 자유나 기본권과 같이 거래되어서는 안 될 사회적 가치도 있다. 그러나 이런 경우를 제외하고는 정부의 개입근거가 몇 가지 시장의 결함 또는 시장실패의 요인으로 설명될 수 있다는 것은 매우 놀라운 것이 아닐 수 없다.

2. 시장실패의 원인

그렇다면 시장실패는 구체적으로 무엇이며 어떤 원인으로 발생하는 것일까? 전통적으로 시장실패는 정부개입을 정당화시킨 이론적 근거로 활용되어 왔다. 시장실패가 있는 경우 민간의 자율적인 의사결정을 통해서는 최적의 효율성을 달성할 수 없기 때문에 정부가 나서서 이를 해결해 주어야 한다는 논리이다. 시장에서의 가격이 사회후생을 최적화하는 파레토 효율을 달성하지 못하기 때문이다. 이런 시장실패는 독점과 공공재, 외부성과 같은 시장의 불완전성 때문에 발생한다. 한편, 이와 같은 효율성 기준과는 달리 형평성의 측면에서 볼 때, 사회적인 소득배분이 심각하게 불완전한 경우에도 시장실패가 발생한다고 본다.

1) 독점

독점은 대표적인 시장실패의 한 요인이다. 독점이 발생하는 이유는 경제활동이 수확체감이나 한계비용체감을 초래하기 때문이다. 비용이 체감하는 조건아래에서는 단일한 생산자에 의한 재화생산이 가장 효율적인 것이다. 그러나 이 경우 독점사업자에 의한 가격지배가 이루어지기 때문에 시장에서의 가격이 완전경쟁이 이루어지는 때보다 높게 책정될 것이고, 소비자의 후생은 그만큼 떨어지는 문제가 발생한다. 이런 독점상황은 이처럼 그 자체로서도 비효율을 갖지만, 독점사업자가 새로운 재화나 서비스를 개발할 유인을 갖지 못하기 때문에 동태적인 의미에서도 효율적이지 못하다.

2) 공공재

공공재는 비경합성(non-rivalry)과 비배제성(non-exclusiveness)을 가지고 있어서 시장의 가격기구를 통해서는 사회가 요구하는 최적 수준의 재화나 서비스를 공급할 수 없는 상황을 말한다. 무임승차의 문제(free-rider)가 발생하기 때문이다. 한편 이런 공공재는 생산과 소비가 보통 동시적으로 이루어지고 축적되지 않는다는 특성을 가지고 있기도 하다. 이는 공공재의 생산이 곧 소비로 이어지기 때문에 공공재적 성격을 가진 재화나 서비스는 항시적으로 공급되어야 함을 의미한다. 예를 들어 대표적인 공공재인 국방서비스가 간헐적으로 이루어진다면 국가보안에 치명적인 결과를 초래 할 것임을 쉽게 예견할 수 있는 것이다. 어쨌든 이처럼 공공재는 사회가 꼭 필요한 재화이긴 하지만 아무도 비용을 지불하려 하지 않기 때문에 필연적으로 과소공급(under-supply)되는 문제를 야기한다.

3) 외부성과 거래 비용

외부성이란 어떤 경제행위가 사회적으로 그 행위의 가치에 대한 대가를 치르지 않은 상태에서 추가적인 파급효과(spillover)를 야기시키는 것을 말한다. 이런 외부성이 문제가 되는 것은 생산자가 생산량을 결정할 때 이를 고려하지 않기 때문에 결과적으로 비효율이 발생되기 때문이다. 즉 만약 이런 파급효과가 외부경제를 의미하는 순편익일때는 생산량이 사회적 최적수준보다 적어지고, 그 반대로 외부불경제인 순비용일때에는 사회적 최적수준보다 많아지게 된다.

물론 이런 외부성이 발생된다고 하더라도 언제나 정부개입이 정당화되는 것은 아니다. Coase에 의하면 사회적 문제는 기본적으로 쌍방적 성격(reciprocal character)을 지니고 있기 때문에, 거래 비용이 존재하지 않는다고 한다면, 굳이 정부가 개입하지 않더라도 이해당사자 간의 협상을 통해 시장에서 문제가 바람직스럽게 해결될 수 있기 때문이다.

문제는 현실에 있어서 거래 비용이 영(零)인 경우는 존재하지 않는다는 데 있다. 사회경제적 관계는 모두 정보비대칭(information asymmetry)에 근거한 주인－대리인 관계(principal－agent relationship)로 구성되어 있기 때문에 경제생활에서 서로 상대방의 특성과 행위를 정확하게 파악하기 위해서는 필연적으로 측정비용(measurement cost)과 집행비용(enforcement cost)과 같은 거래 비용이 초래될 수밖에 없기 때문이다. 따라서 상당한 거래 비용이 존재하는 현실의 시장에서는 재산권을 포함하여 시장에서 이루어지게 될 모든 거래 및 계약관계를 규율하는 각종의 시장제도가 거래 비용을 최대한 감소시킬 수 있도록 바르게 설정되어 있어서 거래상대방이 좀 더 쉽게 협상을 하고, 거래를 이루고, 계약을 성사시킬 수 있도록 되어 있는지 여부가 그 사회가 경제적으로 효율적인 결과에 도달할 수 있느냐 여부를 결정짓게 되고, 정부는 이런 과정에서 일정한 역할을 부여받게 되는 것이다.

4) 소득불균형

다수의 학자들은 시장실패에 대한 논의에 있어서 소득불균형을 제외하는 경우가 많다. 이는 소득불균형이 시장이 정상적인 작동을 통해서도 초래될 수 있는 것이기 때문이다. 시장은 효율성에 주목하지 형평성에 주목하고 있지는 않은 것이다. 그러나 Viner가 관찰한 것처럼, 시장에 대한 정부의 간섭은 주로 현재의 소득배분에 대한 불만으로부터 야기되며, 실제로도 경제행위의 결과로서의 소득불균형은 정부가 시장에 개입하는 중요한 요인으로 작동해왔다.

사실 소득불균형은 최적 소득배분수준을 이끌어내지 못하는 시장자체의 결함에 의한 것이기도 하다. 더욱이 Wolf에 의하면 소득배분이란 공공재의 한 형태로 볼 수도 있는데 그 이유는 사회의 자율적인 경제행위를 통해서는 최적 소득배분수준을 도출할 수 없기 때문이다. 왜냐하면 이를 달성하기 위해서는 박애와 자선과 같은 민간의 자발적 기부행위를 통해서 이루어져야하지만, 이런 행위는 대부분 외부성이 큰 것들로 대가를 주고받지 않는 것이기 때문에 필연적으로 무임승차의 문제가 발생되기 때문이다.

한편 Friedman은 이와는 다른 이유로 정부개입을 인정하고 있는데 그것은 빈곤하게 살 수밖에 없는 사회적 무능력자는 지원을 해주어야 한다는 논리이다. 장애인이나 고아와 같은 사회적 약자들은 시장에서 경제주체로 활동할 수 있는 능력이 없기 때문에 자유, 경쟁에 기반한 시장체계 아래에서는 독자적인 생존이 불가능할 정도로 극심한 경제적 궁핍에 도달할 수밖에 없기 때문이다. 물론 이렇게 될 경우 과연 누가 정부의 지원을 필요로 할 정도로 충분히 사회적 약자인지, 즉 그 인정범위의 문제가 발생하게 되지만, 그렇다고, 정부가 이를 간과하는 것은 스스로 그 역할을 태만하는 것으로 볼 수밖에 없다고 주장했다.

3. 시장실패와 정부개입의 관계

시장실패에 대한 논의에서 중요한 것은 바로 시장실패가 정부개입의 필요조건이지 충분조건은 아니라는 점이다. 따라서 시장실패가 있다고 하더라도 자동적으로 정부의 개입, 즉 지원정책의 수립과 적용을 정당화해서는 곤란하다. 시장실패로 인한 문제는 적절한 정부간섭으로 해소될 수 있을 것으로 간주하고, 이 간섭은 아무런 사회적 비용도 초래하지 않은 것으로 상정하는 것은 매우 위험한 발상인 것이다. 따라서 현실의 정책과정에서는 시장실패가 매우 심각하여 정부의 개입에 의하지 않고서는 도저히 극복될 수 없는 것인지에 대한 판단이 주의 깊게 이루어질 필요가 있다. 사실 시장실패는 존재여부의 문제가 아니고 정도의 문제이기 때문에 단순히 시장실패가 있는지, 없는지에 따라 정부정책을 추진하게 되면 정부의 개입으로 발생할 수 있는 또 다른 문제, 즉 정부실패의 문제가 나타날 수 있는 것이다.

한편 시장실패의 범위는 환경변화나 기술발전과 같은 외부적인 영향으로 인해 유동적인 경우가 많다. 전통적으로 시장실패의 영역으로 판단되어 온 독점, 공공재, 외부성, 정보비대칭의 경우에도 기술의 발달과 새로운 이론적 발견, 그리고 현실적으로 매우 다양한 특성의 재화가 존재하는 등의 이유로 인해 점점 더 시장실패의 범주에서 멀어지고 있기도 한 것이다. 예를 들어 과학기술의 발달로 자연독점 산업은 더 이상 논리적으로 독점성을 보장받지 못하는 경우가 많아지게 되었으며, 공공재의 공급에 있어서도 비배타성과 비경쟁성의 넓은 범위로 인해 소위 요금제(toll goods)나 공공자원(common resources)과 같은 것은 시장에 의한 공급이 가능한 여지가 많다는 것이 밝혀지기도 한 것이다. 또한 Coase에 의하면 외부성이 존재하는 곳에서도 만약 당사자들 간의 재산권(property right)이 명확하게 설정되어 있고 거래 비용(transaction costs)이 충분히 작다면 굳이 정부의 개입을 통해 문제해결을 할 필요가 없다는 것을 보여주고 있기도 하다.

따라서 시장실패가 정부개입의 유일한 정당성의 논거이기는 하지만 구체적 적용에 있어서는 정부가 언제나 왜 시장을 통해서는 정부가 성취하기 원하는 정책목표가 실현될 수 없다고 믿는지 그 이유를 명확히 제시하고 입증하지 않으면 안 된다. 이는 소득불균형과 같은 형평성을 위한 정부개입에서도 마찬가지이다. 소위 복지국가의 실현을 위한 재분배 정책은 지대를 둘러싼 본질적인 정치성의 개입과 복지수혜자의 도덕적 해이, 정부기능의 한계로 인한 소득불평등의 지속이라는 결과를 낳은 점 등으로 인해 그 주장의 근거가 불분명한 점이 많기 때문이다.

[참고문헌]

최병선(2006). "신제도경제학에서 본 규제이론과 정책: 이견과 확장". 「행정논총」, 44(2).

Coase, Ronald H.(1960). "The Problem of Social Cost", *Journal of Law and Economics*, Ⅲ.

Coase, Ronald H.(1988). "The Lighthouse in Economics", *The Firm, the Market, and the Law*, University of Chicago Press.

Friedman, Milton.(1962). *The Role of Government in a Free Society, Capitalism and Freedom*, Chicago: The University of Chicago Press.

Wolf, Jr., Charles.(1988). *Market or Governments: Choosing between Imperfect Alternatives*, The Rand Coorporation.

Zerbe Jr, Richard O. & Howard E. McCurdy.(1999). "The Failure of Market Failure", *Journal of Policy and Management*, Vol. 18, No. 4.

키워드: 시장실패, 독점, 공공재, 외부성, 소득불균형, 정부실패
작성자: 이혁우(배재대)
최초작성일: 2010.03.

신제도경제학

1. 신제도경제학에서 제도의 개념과 유형

North에 의하면 제도는 게임의 규칙(rule of game)라고 한다. 이 말의 의미는 제도는 인간의 상호작용이 이루어지게 해 주는 인간에 의해 고안된 일련의 규칙인 것이다. 따라서 제도는 인간의 상호작용에 대해 지침을 제공해 줌으로써 불확실성을 감소시켜 주고, 안정성을 만들어주며, 특히 교환의 구조를 제공해 준다. 따라서 정책분석에서 신제도경제학적 입장을 취하게 되면 기존에 단순히 정책의 원인들을 나열하는 접근만으로는 설명에 한계가 있는 정책을 둘러싼 이해당사자들의 행위의 패턴을 설명할 수 있게 되고, 그 결과 예기치 못한 결과의 원인에 대해서도 적실성 있는 설명이 가능해진다.

한편 신제도경제학에서 관심을 갖는 제도에는 공식적 제도와 비공식적 제도가 있는데 공식적 제도는 헌법, 법률, 재산권 등과 같은 입법기관이나 정부에 의해 외적으로 형성된 것인 반면, 비공식적 제도는 관습, 행위규범 등을 포함하는 것으로 인간생활에서 내적인 과정을 거치면서 점진적으로 진화되어 온 것을 말한다. Hayek의 견해를 이에 접목시켜 본다면 공식적인 제도는 조직의 질서(man-made order)에 해당하며, 비공식적 제도는 자연발생적 질서 (spontaneous order)에 해당하는 개념으로 대표적인 것으로는 시장질서가 된다.

그런데 이 두 가지 유형의 제도가 항상 조화로운 것은 아니며, 흔히 갈등과 긴장관계를 가지게 되는데 이것이 사회 및 경제적인 변화방식에 중요한 함의를 제시하게 된다고 한다. 또한 Hayek는 두 제도(질서)를 단순히 혼합하는 것은 합리적일 수 없는데, 이는 조직의 질서에 근거한 직접적인 지시와 명령은 자연발생적인 질서를 교란시켜서 자연발생적 질서 속에 형성된 조화를 파괴하기 때문이라고 한다.

2. 신제도경제학의 주요 개념

신제도경제학에서 활용하는 정책분석을 위한 핵심적인 개념이자 접근방법은 바로 재산권과 거래 비용이다.

1) 재산권 접근방법

재산권 접근방법의 특징은 개인은 주어진 제약 하에서 자신의 효용을 극대화하는 방향으로 경제적 선택을 하게 되므로, 구체적 상황에 있어서의 재산권의 구조와 같은 제도적 환경이 매우 중요하게 된다는 것이다. 또한 이와 같은 개인적 선호에 따른 시장에서의 경제활동은 법과 제도, 국가규제의 영향을 많이 받게 되므로 고전적 경제이론에서 설명하는 이윤최적화, 파레토 최적화의 논리는 상당부분 약화되어지게 된다. Alchian & Demsetz에 의하면 흔히 생각할 수 있는 재산권의 구조인 공유재산(common property)과 사적재산(private property) 중에서 사적재산권구조를 취하는 것이 명확하게 효율적이라고 한다. 그것은 공유재산구조 아래에서는 개개인이 사회적 행위를 함에 있어서 비용에 대한 명확한 측정을 할 필요가 없고, 무임승차의 유인이 발생하므로 사회적 비효율이 발생하기 때문이다.

그런데 이렇게 사유재산권의 바람직함에도 불구하고 현실에서는 이 제도가 반드시 구현되는 것은 아니다. 그것은 바로 외부성과 정보비대칭에 근거한 주인-대리인 문제에 기인한다. 즉, 외부성은 특정인이 어떠한 대가를 치르지도 않으면서 다른 사람에게 혜택이나 손해를 초래하는 것을 말한다. 이는 경제적 활동에 있어서 개개인의 사적재산권이 명확하게 보장될 수 없는 원인 중의 하나가 된다. 한편 주인-대리인 이론은 정보비대칭 상황아래에서 대리인이 주인에 대해 속이려는 유인이 발생하게 되고 이것으로 인해 주인의 재산권이 확실히 보장받지 못하는 상황을 말한다. 결국 모든 이유로 인해 재산권 이론에서는 개인의 행위를 결정하게 하는 재산권을 비롯한 사회적 제도에 대한 연구의 중요성을 한층 더 강조하게 된다.

2) 거래 비용 접근방법

전통적 경제학이론에서는 시장에서의 거래는 그 자체로서 완전히 청산된다고 보기 때문에 교환과정에서는 어떠한 비용요인도 고려치 않고 있다. 그러나 North에 의하면 교환의 과정에서도 비용이 발생하고, 이는 제도에 의존한다고 한다. 그에 의하면 거래 비용은 측정비용(enforcement cost)과 집행비용(enforcement cost)으로 나누어 볼 수 있다. 측정비용은 교환되는 것의 가치를 측정하는 데 드는 비용이고, 집행비용은 거래가 이루어질 수 있도록 재산권이나 계약관계를 보호하는 데 드는 비용이다.

거래 비용 이론에서 중요한 것은 이와 같은 거래 비용이 제도의 영향을 받는다는 것이다. 즉 제도는 기술과 함께 거래 비용과 전환비용을 결정하는 교환의 구조를 제공함으로써 특정한 상황에서 거래가 이루어지게 하는 바탕이 된다. 이러한 거래 비용은 역사를 통해서 급격하게 변화해왔을 뿐만 아니라 현대에서도 여러 경제와 제도, 구조에 따라 다르기 때문에 각각의 상황에서 거래의 양태는 달라지게 된다는 것이다. 한편 이런 맥락에서 중요하게 고려되어야 할 것이 정치적인 의사결정에 의해서 재산권이나 개인 간의 계약을 규율하는 규칙들이 형성됨으로 인해서 시장에서의 순수한 거래와는 왜곡되는 교환과 거래가 이루어지도록 만드는 거래 비용이 발생한다는 것이다. 기본적으로 이것은 정치적 결정이 시장에서의 결정보다 비효율적임으로 말하는 것이다.

3) 재산권 이론과 거래 비용 이론의 연계

재산권이론은 공유재산구조에서는 무임승차와 비용측정의 불명확성 등으로 인해 사회적 비효율이 발생하기 때문에 각 경제주체의 사적재산을 보장해 주어야 한다고 주장한다. 또한 모든 사회적 상호작용은 이러한 재산권구조의 측면에서 분석함으로써 보다 풍부하고 정확한 설명이 가능해 진다고 본다. 그러나 다수의 재산권 이론이 지적하는 바와 같이 현실에서 사적재산권은 완벽하게 보장되지 못한다. 그 이유는 앞에서도 언급한 바와 같이 외부성(externality)과 주인－대리인 문제 때문이다. 특히, 주인－대리인 문제는 정보비대칭으로 인해 대리인이 주인의 재산권에 대해 기회주의적으로 사용하게 되는 것을 말한다.

한편 거래 비용은 실제 교환이라 거래에서 발생하는 측정과 집행비용을 말한다. 이는 일종의 마찰과 같은 것으로 거래과정에서 부득이 하게 발생하는 불확실성과 정보의 문제 때문에 발생된다. 예를 들어 부동산 거래에 있어서 중개업자를 통하여 계약을 하는 데 드는 비용이 대표적인 거래 비용의 예이다. 실제에서 부동산을 사는 사람과 파는 사람 모두 이들 거래 비용을 기꺼이 부담하는 이유는 이를 활용함으로 인해서 사는 사람은 부동산에 대해 보다 많은 정보를 얻을 수 있게 되고, 팔려는 사람은 사려는 사람의 불확실성(신뢰가능한지 여부)을 줄일 수 있기 때문이다. 그런데 이와 같은 거래 비용의 문제는 정보의 비대칭이 심각해질수록 더욱 중요하게 된다. 왜냐하면 이 경우에는 계약에 있어 사전적으로 물건의 특성을 알기 힘든 역선택(adverse selection)과 계약 이후에 계약당사자가 계약내용을 준수할 것인지 여부를 알기 어려운 도덕적 해이(moral hazard)의 문제가 발생하기 때문이다. 이 경우에는 거래 비용이 커져서 시장에서의 거래가 정상적으로 기능하지 않을 수도 있게 된다. 문제는 이 과정에서 문제가 된 주인－대리인의 문제로 인해 주인의 재산권이 대리인에 의해 침해되는 현상이 발생하게 된다.

이렇게 볼 때, 재산권이론과 거래 비용이론은 주인－대리인 이론을 연결고리로 해서 밀접하게 연관되어 있음을 알 수 있다. 이를 좀 더 구체적으로 분석한다면 결국 "정보의 문제"로 귀결된다는 것을 알 수 있다. 즉 정보비대칭으로 인해 발생하는 주인－대리인 문제로 주인의 사유재산권이 제대로 보장받지 못하는 문제가 발생하며, 다른 한편으로는 역선택과 도덕적 해이로 인해 거래 비용을 제대로 측정하기도 힘들뿐더러 그것이 가능하다고 하더라도 매우 커져서 시장에서의 교환이 제대로 이루어질 수 없게 만드는 것이다.

3. 정책분석에서 신제도경제학의 함의

게임의 규칙(rule of game)으로서의 제도를 강조하는 신제도경제학의 접근은 기존의 정책 및 행정학 연구에 대해 어떤 함의를 가지는가? 정책과 행정에 대한 연구는 정부의 기능과 역할에 대한 연구이므로 이 문제는 신제도경제학적 접근에서는 정부의 기능과 역할을 어떤 시각에서 바라보고 있으며, 이는 기존의 이론과는 어떤 차이를 보이는가라는 문제로 귀착된다. 그렇다면 신제도경제학적 접근방법이 기존의 행정 및 정책연구와는 구별되는 독특한 시각은 무엇인가? 대체로 세 가지 측면에서 분석이 가능하다.

첫째, 인간에 대한 가정이다. 신고전학파 경제학(neo-classical economy)으로 대표되는 기존이론들이 주로 자원의 희소성 아래에서 부와 효용을 극대화하는 완전한 합리성을 가진 인간의 경제적 선택의 문제를 다루고 있는 데 반해, 신제도경제학 접근에서는 인간의 행위 동기의 다양성, 제도에 기반한 환경의 이해와 판독을 강조한다. 즉 신제도경제학에 의하면 인간의 행위동기가 단순히 부와 효용의 극대화가 아닌 이타주의나 스스로 부과한 제약에 의해 영향을 받으며, 인간의 행위는 대부분 사회 내에서 착상되어 있는 제도에 영향을 받는다고 보는 것이다.

둘째, 조직에 대한 접근방법이다. 기존의 행정과 정책을 연구에서는 조직 내의 과정을 단순히 주어진 것으로 보고, 개별행위자에 대해서만 분석을 시도해왔다. 그러나 신제도경제학에 의하면 조직은 구성원들 사이의 계약에 의해 성립된 것으로 그 안에서는 정보의 문제로 인한 주인－대리인 문제(principal－agency problem)가 항상 문제가 된다. 특히 정부 관료제의 경우 상급자와 하급자사이의 기회주의적 행동(opportunistic behavior)이 항상 문제가 되는데 이것도 역시 주인－대리인 이론(principal－agency problem)에 의해 설명이 가능하다. 이렇게 볼 때, 신제도경제학적 접근을 통해 정책과 행정을 연구하면 조직이 왜 발생하였으며, 조직 내의 구성원들 사이의 관계는 어떻게 규정되는가를 보다 정확하게 설명해 줄 수 있다는 것을 알 수 있다.

셋째, 시장에 대한 개입에 있어서의 시각차이이다. 이미 언급한 바와 같이 정부가 시장에 개입하는 이유는 주로 보호, 생산, 재분배의 목적을 가진다. 기존의 행정과 정책이론은 대부분 이러한 입장을 견지해 왔으며 특히 재분배의 경우, 사회주의적 복지국가의 이념이 도입됨으로 인해 오늘날 정부의 핵심기능의 하나로 인식되고 있다. 그러나 신제도경제학에 의하면 순수한 시장실패를 제외한 이유로 정부가 시장에 무분별하게 개입하게 되면 오히려 시장에 이미 존재하는 질서를 파괴하여 심각한 문제를 야기시킬 수 있다고 주장한다. 예를 들어 석유가격이 상승하였다는 이유만으로 정부가 가격규제를 통해 시장에 개입하게 되면, 시장에 존재하는 정보를 왜곡시켜서 지속적으로 석유위기에 취약한 사회구조를 재생산한다는 것이다.

이러한 세 가지 신제도경제학의 특징들은 기존의 행정과 정책이론들이 간과한 많은 것들을 정확히 분석하고 설명해 줄 수 있다는 장점을 가진다. 즉 신제도경제학은 인간에 대한 행위가정을 보다 현실과 부합하게 하고 있을 뿐만 아니라, 조직 내의 인간 상호작용의 문제를 파악함에 있어서도 정보비대칭으로 인한 통제의 문제를 보다 잘 설명할 수 있다. 또한 기존의 이론들이 형성적 합리주의(constructivist rationalism)에 입각하여 정부주도의 개입을 강조한다면, 신제도경제학은 사회의 기저에 작동하고 있는 제도에 대한 존중과 인정을 통해 문제를 해결하려는 진화적 합리주의(evolutionary rationalism)에 입각해 있음으로 해서 정부개입의 방향에 있어서도 새로운 시각을 제시해 주고 있는 것이다.

참고문헌

이민창(2006). "재산권 이론의 정책학적 기여에 관한 소고: 이론적 함의를 중심으로". 「행정논총」, 44(2).

이혁우(2009). "정책사례연구대상으로서의 예기치 못한 결과". 「행정논총」, 47(1).

최병선(2006). "신제도경제학과 규제이론". 「행정논총」, 44(2).

Armen A. Alchian & Harold Demsetz(1973). The Property Right Paradigm, *Journal of Economic History*, Vol. 33, Issue 1.

Coase, Ronald H.(1960). The Problem of Social Cost, Journal of Law and Economics, Ⅲ.

Douglass C. North(1990). Institutions, Institutional Change and Economic Performance, Cambridge University Press.

Eirik G. Furubotn & Svetozar Pejovich(1972). Property Right and Economic Theory: A Survey of Recent Literature", *Journal of Economics Literature*, Vol. 10, Issue 4.

Hayek(1977). Competition as a Discovery Procedure, New Studies in Philosophy, Politics, Economics and the History of Ideas. The University of Chicago Press.

Wolfgang Kasper & Manfred E. Streit(1998). Institutional Economics: Social Order and Public Policy, Edward Elgar.

키워드: 신제도경제학, 재산권, 거래 비용, 정보비대칭, 신고전경제학

작성자: 이혁우(배재대)

최초작성일: 2010.07.

신제도주의(New Institutionalism)

1. 개념 정의

신제도주의는 구제도주의와는 구분되는 것이다. 구제도주의는 제도를 역사적 진화의 자연스러운 산물로 간주하는 데에 반해 신제도주의는 개인과 집단들이 제도들의 형성·지속·변화에서 발휘할 수 있는 자율성의 강도와 범위들의 차이에 주목하고 있다.

2. 출현 배경과 특징들

신제도주의 이론은 2차 세계대전 종료 이후부터 1960년대까지 서방 사회과학 연구의 핵심 관점이던 행태주의 이론의 약점들을 비판하면서 1970년대 전반에 등장하여 지금까지 지속하고 있는 사회과학의 주요한 이론적 경향이다. 제도주의의 하위 경향들인 구제도주의와 신제도주의는 모두 사회현상들의 발생이나 그 연구·이해에서 개인들과 집단들만이 아니라 사회들에 존재하는 규범·질서들로서의 제도들도 독자적인 변수들로서 영향들을 발휘한다고 이해한다. 그런데 신제도주의는 제도들이 의도한 결과들을 창출한다는 구제도주의의 이해와 달리, 제도와 개인·집단들의 지속적 상호작용들이 유발하는 제도 변이에 초점을 맞춘다. 신제도주의는 개별 제도를 생성·지속·변화·소멸시키는 동력들에 따라 합리적 선택 신제도주의, 역사적 신제도주의, 사회학적 신제도주의 3개 하위 관점들로 분류할 수 있다.

합리적 선택 신제도주의는 경제학과 정치학에서의 신제도주의 연구에서 두드러지게 출현하였고 개인들과 집단들이 각자의 이익·효용을 극대화하기 위해 거래 비용을 최소화하는 과정들을 반복하면서 제도들이 생성·지속·변화·소멸하게 된다는 점을 중시하는 관점이다. 이 관점에서는 보편적·안정적 선호들을 지닌 개인들이 실행하는 자발적 선택들의 종합이 제도들의 생성·지속·변화·소멸을 추동한다고 설명하는 연역적 접근들을 활용한다.

역사적 신제도주의는 비교정치 연구자들이 신생 독립국가들을 비롯한 다양한 국가들의 정치체제들을 고찰하면서 제창하였다. 이들은 개별 사회의 전체 구조나 개인이 아니라 중간 범위의 분석대상들인 구체적 제도들의 중요성을 강조했다. 역사적 신제도주의는 중간 범위의 제도들의 양상이 시공간마다 서로 현저하게 다를 수 있다는 점을 인식한다. 이 관점에서 개별 사회의 제도들은 권력관계들에서의 비대칭성에 근거한 사회적 가치들의 불공정한 배분 가능성의 상존, 지속이 유발하게 되는 경로의존적 재생산, 제도들의 의도하지 않은 결과들이 유발하는 역기능들에 수반한 비효율성이 나타나게 된다고 이해하며 아주 드물게 발생하는 사회 내부나 사회 외부의 급격한 변화만이 이러한 지속성을 감소시키거나 소멸시켜서 단절적 변화들을 유발할 수가 있다고 설명하는 비교적이고 역사적 접근들을 활용한다.

사회학적 신제도주의는 20세기 후반 행정국가의 기능부전 현상과 역작용 현상이 나타나자 이를 지켜보던 행정 연구자들이 공유하게 된 문제의식에 근거하여 출발하였다. 개별 사회들이나 집단들에서의 특정한 제도들의 선택과 도입은 목표들이나 수단들의 효율성보다 당연하거나 자연스럽거나 정당하다고 인정받는 인식들과 부합하여야 먼저 가능하게 된다고 해석하는 관점이다. 이 관점에서는 성문화한 규범들뿐만이 아니라 상징체계들까지도 광의의 제도들로 간주하면서 제도의 채택이나 지속은 정당성을 지닌다고 보이는 인식의 내부·외부에서의 공유가 가장 중요한 원인으로서 작용한다고 설명한다. 그리고 사회들 사이에서 또는 조직들 사이에서의 구조의 변화들을 추동하는 핵심 동력은 이러한 정당성 관련 인식들의 공유 또는 전파 때문이라고 강조한다. 이러한 변화는 사회들 또는 조직들이 서로 똑같아지거나 닮아가거나 비슷해지는 동형화(isomorphism) 양상들로 나타나는데, 이 양상들은 외부로부터 내부 정당성을 증진하거나 획득하라는 압력이 작용하면서 발생하게 되는 강압적 동형화(coercive isomorphism), 조직이 목표나 성과나 환경이 불확실할 때 이미 성공한 다른 조직을 따라 배우려는 동기가 작용하면서 발생하게 되는 모방적 동형화(mimetic isomorphism), 동일한 교육과정을 경험한 개인들이나 집단들 사이에서 그 결과로서 발생하게 되는 규범적 동형화(normative isomorphism)의 세 가지 하위 유형들로 분류할 수 있다.

3. 관련 연구 및 활용 경향

합리적 선택 신제도주의는 경제학에서의 신제도주의 학파를 중심으로 다양한 시장제도들의 거래 비용·정보비용을 줄이는 방법에 대한 연구 활동들로서 구체화하였고, 자본주의 시장경제 질서들을 구성하고 있는 비시장적 기제들 그리고 시장적 기제들에서의 구체적 형태들을 탐구하는 데에 주력한다. 역사적 신제도주의는 개별 정치체마다 나타나는 정치와 행정의 특수성들을 고찰하는 데에 유용하게 활용할 수 있는 접근법들을 채택하고 있으므로, 사례 단위 실증연구들과 이들에 근거하여 설계될 수 있는 정책대안들의 한계범위 설정과 현실적합성 제고를 위한 연구에서 주로 발견된다. 사회학적 신제도주의는 제도들과 관련한 개인들·조직들의 인식에서 나타나는 주관성을 파악할 수 있는 분석방법들을 제시할 수 있으므로, 조직구조의 설계와 관련하여 변화를 추동하거나 조직 구성원들의 수용성을 조절하려면 필요한 조건들을 파악하고 활용할 수 있는 이론적 근거들을 제시하고 있다.

참고문헌

김성수(2019). 『새로운 패러다임의 비교정치(개정판)』. 서울: 박영사.

하연섭(2011). 『제도분석: 이론과 쟁점(2판)』. 서울: 다산출판사.

키워드: 구제도주의, 신제도주의, 행태주의, 합리적 선택 신제도주의, 역사적 신제도주의, 사회학적 신제도주의

작성자: 배관표(충남대), 박종석(서울대 행정대학원)

최초작성일: 2020.01.

실현가능성(Feasibility)

1. 개념정의

실현가능성(feasibility)이란 어떤 정책대안이 채택되어 충실히 집행될 수 있는 가능성 정도를 나타낸다. 특히 정책형성과정에서 정책대안의 식별 후 정책대안들이 정책목표를 얼마나 효과적으로 달성할 수 있는 가에 대한 분석이 필요하고, 타당하고 신뢰성 높은 정책대안의 결과를 도출하기 위해선 정책대안의 평가기준에 대한 타당화가 우선적으로 요구된다. 정책대안의 평가기준으로는 소망성(desirability)과 실행가능성(feasibility)이 동시에 고려된다. 소망성은 어떤 대안이 채택되어 집행되는 것이 얼마나 바람직한 것인가에 대한 평가기준을 의미하기 때문에 정책의 채택가능성에 초점을 두는 반면, 실현가능성은 집행가능성에 초점을 두고 논의될 수 있다. 그러나 정책이 채택된 이후 실현가능성이 낮아 실제적인 정책집행이 불가능하다면 이 또한 바람직한 대안이라고 볼 수 없기 때문에 실현가능성은 정책대안의 채택가능성과 집행가능성을 포함하는 개념으로 이해된다.

2. 실현가능성 평가 기준

실현가능성이 정책대안의 채택가능성과 집행가능성에 대한 평가 준거로서 작동하기 위해선 평가기준에 대한 조작화가 요구된다. 실현가능성 평가기준은 학자에 따라 다양한 기준이 제시된다. 던(Dunn)은 정책대안의 실현가능성으로 정치적 실현가능성, 경제적 실현가능성, 사회적 실현가능성, 법적 실현가능성, 행정적 실현가능성, 기술적 실현가능성 등 여섯 가지 기준을 제시하고 있으며, 바커(Barker) 등은 기술적 실현가능성, 사회적 실현가능성, 경제적 실현가능성, 정치적 실현가능성, 시간적 실현가능성 등 다섯 가지를 실현가능성의 평가 기준으로 제시하고 있다.

1) 경제적 또는 재정적 실현가능성(Economic or Financial Feasibility)

재정적 실현가능성은 정책대안의 실행을 위해 소요되는 비용을 현재의 재정적 수준 또는 이용 가능한 자원으로 부담할 수 있는 지 여부를 의미한다. 특히 공공정책에 있어서 재정적 실현가능성은 예산 제약 문제와 표리관계에 있다. 예산 제약은 한정된 정부 재원의 효과적 배분과 관련이 되는 만큼 특정 정책대안을 집행할 수 있는 예산이 투입될 수 있을 지는(재정확보가 가능한 지) 정책대안의 실현가능성을 판단하는 데 중요 기준이다. 특히 재정적 실현가능성은 정부의 예산뿐만 아니라 사회적으로 동원할 수 있는 자원의 제약을 받기도 하기 때문에 재정적 실현가능성을 검토할 때 사회적으로 동원할 수 있는 인적·물적자원 등에 대한 고려가 함께 이루어져야 한다. 즉, 정부 재정의 확보에도 불구하고 사회적으로 동원할 수 있는 인적, 물적 자원이 부족한 경우(예를 들어 정부 재정은 확보할 수 있으나 실제적으로 확보할 수 있는 천연자원이 부족한 경우) 역시 재정적 실현가능성은 제약 받게 된다.

2) 기술적 실현가능성(Technical Feasibility)

기술적 실현가능성은 정책 대안이 현재 이용 가능한 기술로서 실현이 가능한가 여부를 의미하는 기준으로, 일반적으로 정책집행에 필요한 수단으로서 기술의 개발, 획득 정도를 의미한다. 따라서 기술적 실현가능성은 현재 이용 가능한 기술이 존재하는 지 여부와 함께 해당 기술과 정책목표 달성에 기여할 수 있는 지에 대한 정책목표와 정책대안의 인과관계를 살피는 중요 판단 기준으로 작용한다.

3) 정치적 실현가능성(Political feasibility)

정치적 실현가능성은 각 대안이 정치체제에 의해 정책결정과정에서 정책으로 채택되고 집행될 가능성이 있는 지 여부를 의미한다. 다시 말해 정치적 실현가능성은 정책결정과정이나 정책집행과정에서 정책대안을 지지할 강력한 정치세력의 존재 여부를 의미한다. 정치적 실현가능성은 주된 행위자를 포함한 이해관계자들의 정책이슈에 대한 입장, 이용 가능한 자원, 이용 가능한 자원의 상대적 서열 등에 의해 결정된다. 특히 정치적 실현가능성에 따라 재정적·행정적 실현가능성이 좌우될 수 있고, 이를 통해 기술적 실현가능성이 좌우되기 때문에 정책대안의 실현가능성의 판단을 위한 중요 기준으로 여겨진다.

4) 법적 실현가능성(Legal feasibility)

법적 실현가능성은 정책대안이 다른 법률과 모순되지 않을 가능성을 의미하는 것으로 대안의 채택 및 집행과정에서 다른 법률에 의한 제약을 받지 않을 가능성을 의미한다. 통상적으로 정책은 법령의 형태를 취하고 있는 경우가 많은 만큼 법적 실현가능성은 다른 법령과의 모순과 충돌 방지할 수 있는 가를 통해 판단된다. 따라서 법적 실현가능성은 정책의 일관성 유지를 위한 기준이기도 하다.

3. 연구 경향

실현가능성은 정책분석과정에서 정책의 채택가능성과 집행가능성에 대한 판단 준거라는 점에서 판단 기준 수립이나 준거의 타당성에 대한 연구보다는 개별정책의 도입과정에 대한 정책대안의 채택 및 집행가능성에 대한 실제적 분석 기준으로 보다 많이 활용되고 있다. 예를 들어 최근 전 세계적으로 경제적·사회적 불평등이 증가함에 따라 각 국가마다 도입 가능성이 논의 되고 있는 기본소득에 대한 재정적 실현가능성, 정치적 실현가능성, 윤리적 실현가능성이 개별적으로 연구되고 있으며, 개인이나 정당의 정책 공약의 실현가능성을 집합적으로 판단하기 위한 연구 등에 주요 판단 준거 및 기준으로 활용되고 있다.

참고문헌

권기헌(2018). 「정책학 강의」. 서울: 박영사.

노화준(2017). 「기획과 결정을 위한 정책분석론」. 서울: 박영사.

이태종(2001). 「온라인 행정학 사전-정치적 실현가능성, 법적 실현가능성, 정치적 실현가능성, 기술적 실현가능성」. 한국행정학회.

정정길 외(2006). 「정책학 원론」. 서울: 대영문화사.

Baker, R. F., Michaels, R. M. & Preston, E. S.(1975). Public Policy Development. New York, NY: John Wiley & Sons.

W.Dunn(1981). An Introduce to Public Policy Anslyais. Englewood Cliff: Prentice-Hall.

키워드: 정치적 실현가능성, 재정적 실현가능성, 기술적 실현가능성, 법적 실현가능성
작성자: 백승주(한국교육개발원)
최초작성일: 2020.03.

심리적 자본(Psychological Capital, PsyCap)

1. 개념

　심리적 자본(psychological capital, PsyCap)은 Luthans 교수와 동료들에 의해 시작된 긍정조직행태 연구에서 가장 핵심적인 연구주제로서, 개인의 심리적 강점을 바탕으로 목표를 달성하고 성과를 향상시킬 수 있는 긍정적 심리상태를 의미한다. 심리적 자본은 ① 도전적인 업무를 성공시킬 수 있다는 자기효능감(self-efficacy), ② 현재와 미래의 성공에 대한 긍정적 귀인을 하는 낙관주의(optimism), ③ 목표를 향해 인내하고, 필요한 경우 성공을 위하여 다른 방법을 선택하는 희망(hope), ④ 문제와 역경으로 인하여 고통 받을 때 목표를 달성하기 위하여 지탱하고 회복하거나 극복하는 능력인 복원력(resilience) 등과 같은 조직구성원의 긍정적 심리상태 등으로 구성된다.

2. 심리적 자본의 구성요인

　심리적 자본은 자기효능감(self-efficacy), 희망(hope), 복원력(resilience), 낙관주의(optimism) 등의 하위요인으로 구성되어 있다. 첫째, 자기효능감(self-efficacy)이란 '주어진 상황에서 특정 목표를 성공적으로 수행하는 데 필요한 동기부여, 인지적 자원과 행동 과정 등을 동원할 수 있다는 능력에 대한 확신이나 믿음'이다. 자기효능감은 개인이 가진 능력에 대한 긍정적 평가, 긍정적 선택, 동기부여 노력, 인내 등을 이끌어내며, 긍정적 효능감과 높은 자신감은 긍정적 사고 패턴과 스트레스에 대한 저항능력에 직접적으로 영향을 준다.

둘째, 희망이란 '목표를 직접 추구하고자 하는 의지(will-power)이며, 목표가 달성될 수 있다고 믿는 긍정적으로 동기부여 된 상태'이다. 일반적으로 희망 수준이 높은 사람은 목표에 대해 신념이 강하고 도전적이고 진취적이며, 타인과의 상호작용을 즐기고, 쉽게 새로운 것을 받아들이며, 동료들과 협력적 관계를 유지하며, 스트레스 상황에 강하며, 환경변화에 보다 더 수용적이다. 조직의 관점에서 보면, 높은 수준의 희망은 조직구성원들이 동기부여된 방법을 통해 목표를 설정하고 달성하고자 하는 의지력을 갖게 한다. 또한 목표달성을 위한 다양한 방법을 모색하고, 장애물을 예측하고 만일의 사태에 대비한 계획을 준비할 수 있게 한다.

셋째, 복원력이란 '역경, 불확실성, 갈등, 실패로부터 되돌아 올 수 있는 또는 회복할 수 있는 긍정적 심리 역량'이다. 복원력이 강한 사람은 역경과 어려움을 통해 성장할 수 있다. 복원력에서 의미하는 회복이란 단지 이전 상태로의 복귀가 아닌 보다 높은 수준의 성과로 나아가고, 삶의 과정 속에서 의미와 가치를 발견하는 것을 의미한다.

넷째, 낙관주의란 목표달성이 긍정적으로 이루어질 것이라고 믿는 것으로, 목표달성 실패와 같은 부정적인 것은 일시적이며 특수한 것으로 귀인하는 것을 말한다. 낙관주의는 목표추구에 대해 동기를 부여하고 미래에 대해 대응하는 긍정적 기대를 형성한다. 낙관주의자는 보다 열심히 일하는 동기가 쉽게 부여되며 높은 도덕성을 보인다. 또한 높은 수준의 열망을 갖고 목표를 설정하며, 난관과 장애에 직면했을 때 인내하며, 실패를 분석하고 바로 회복한다. 따라서 낙관적인 조직구성원들은 과거의 문제나 실패와 상관없이 긍정적 기대를 바탕으로 지속적으로 발전할 수 있다.

3. 전통적 자본과 심리적 자본

심리적 자본은 경제적 자본, 인적 자본(지적 자본), 사회적 자본 등과 같은 자본의 개념을 넘어 자본개념을 확장하려는 시도로 시작되었다. 자기효능감, 희망, 복원력, 낙관주의 등과 같은 개인의 심리적 강점을 바탕으로 조직목표를 달성하고 성과를 향상시킬 수 있는 긍정적 심리 상태(state)를 의미하는 심리적 자본은 '긍정적 개발에 의해 변화할 수 있는 상태'에 관심을 둔다.

심리적 자본은 다음과 같은 강점을 갖는다. 첫째, 양의 지배를 받는 경제적 자본과 달리 심리적 자본은 양적인 한계가 존재하지 않는다. 긍정적 심리 상태에 기반을 둔 심리적 자본은 지속적으로 확대시킬 수 있다. 둘째, 경제적 자본과 사회적 자본 등의 자본들에서 나타날 수 있는 배타성으로 인한 경쟁 또는 불평등의 문제가 발생하지 않는다. 심리적 자본이 강조하는 긍정적 요소들은 개인, 집단 또는 조직 간의 경쟁이나 불평등을 야기하지 않는다. 오히려 집단 및 조직수준에서 심리적 자본이 강조되고 개발될 경우 구성원들 간의 시너지 효과로 인해 심리적 자본은 더욱 커질 수 있다. 셋째, 개발에 있어 많은 비용과 시간이 소요되며 즉각적인 성과로의 전환이 어려운 인적자본과 달리, 심리적 자본은 비교적 잘 변하며 개발될 수 있는 상태(state-like)의 특성을 가지고 있기 때문에 교육과 훈련에 따른 개발이 용이하다.

표 1. **자본개념의 확장**

경제적 자본	인적 자본	사회적 자본	심리적 자본
What you have	What you know	Who you know	Who you are
− 재정(finances) − 유형자산 　(tangible 　asset)	− 경험 　(experience) − 교육 　(education) − 기술(skills) − 지식 　(knowledge) − 아이디어(idea)	− 관계 　(relationships) − 접촉의 네트워크 　(network of 　contact) − 친구(friends)	− 자기효능감 　(self-efficacy) − 희망(hope) − 복원력(resilience) − 낙관주의 　(optimism)

4. 심리적 자본의 개발

긍정조직행태의 가장 핵심적인 연구주제인 심리적 자본은 조직적 개입을 통한 개발이 가능하다. 심리적 자본의 하위 구성요인별 구체적인 개발방법에 대한 논의를 살펴보면 다음과 같다. 첫째, 자기효능감은 직접적 경험/성과 달성(mastery experience/performance attainments), 긍정적 간접경험/대리학습/모델링(vicarious positive experience/vicarious learning/modeling), 사회적 설득(social persuasion) 및 생리적·심리적 자극 등과 같은 다양한 방법에 의해서 개발된다.

둘째, 희망의 개발은 도전적인 목표를 설정하는 목표설정훈련(stretch-goal)과 목표를 세

분화하고 단계적 기법(stepping method)을 통해 목표를 하나씩 달성하여 다음 단계로 나아가는 장기전략, 참여와 개입을 통한 몰입의 확보, 만일의 사태에 대비한 계획(contingency plaining), 난관에 직면했을 때 비현실적인 희망과 같은 헛된 고집을 인식하고 목표를 재설정하는 기술(skill of re-goaling), 중요한 사안에 대한 정신적 리허설(mental rehearsals)의 실행 등에 의해서 이루어진다. 또한 재정적 자원뿐만 아니라 권한, 권한위임, 정보, 커뮤니케이션 채널, 신뢰 등을 통해서도 희망은 강화된다.

셋째, 복원력의 개발은 위험과 스트레스요인들을 감소시키는데 초점을 둔 위기중심전략(risk-focused strategies), 긍정적 산출물에 대한 개연성을 높일 수 있는 자원에 대한 강조와 확대에 초점을 둔 자원중심전략(asset-focused strategies), 새로운 사건에 대한 유연하고 신속한 대응을 위해 전략적 계획의 수립과 조직 학습 등에 초점을 두는 프로세스 중심전략(process-focused strategies) 등에 의해서 이루어진다.

넷째, 낙관주의는 과거에 대한 관용, 현재에 대한 감사, 미래 기회에 대한 탐색, 현실적이고 유연한 시각 등에 의해서 개발된다. 개발되어진 낙관주의는 자신의 통제 범위 밖에 있는 비우호적인 상황 조건을 탓하거나 자신의 상황을 누군가의 탓으로 돌리는 비관주의를 현실적이고 건강한 긍정주의로 전환하는 데 도움을 준다.

5. 평가와 전망

국외의 심리적 자본과 관련한 연구들은 주로 긍정조직행태 연구자들을 중심으로 이루어졌으며, 심리적 자본이 소개되고 이론화되었던 초기에는 심리적 자본의 연구 의미, 이론적 토대, 타당성 있는 측정도구 개발 및 심리적 자본의 개발 전략에 연구들이 집중되었다. 이후 연구에서는 각종 조직성과와 관련한 다양한 변수들과의 관계에 대한 실증적 연구들이 이루어졌으며, 개인적 수준에서는 심리적 자본과 성과에 초점을 두고 있었다. 최근에는 개인적 수준에서 벗어나 집단과 조직수준에서의 심리적 자본과 성과에 대한 연구가 이루어지기 시작하였다.

국내의 심리적 자본에 대한 연구는 이론적 배경을 소개하고, 통계적 기법을 통한 실증적 연구가 중심을 이루고 있다. 심리적 자본에 대한 국내 학계의 연구경향은 리더십, 조직문화 등 심리적 자본의 선행요인을 규명하는 연구, 심리적 자본의 매개효과 또는 조절효과에 대한 연구 및 심리적 자본이 조직구성원 개인과 조직성과 및 조직유효성에 미치는 영향을 검토하는 연구 등에 집중되어 있다. 또한 심리적 자본에 대한 국내의 연구는 주로 경영학과 조직심리학 분야에 치중되어 있으며, 행정학 분야의 연구는 아직까지 활성화되지 못한 상태이다.

참고문헌

Luthans, F.(2002a). Positive Organizational Behavior: Developing and Managing Psychological Strengths. *Academy of Management Executive.* 16(1): 57−75.

Luthans, F.(2002b). The Need for and Meaning of Positive Organizational Behavior. *Journal of Organizational Behavior,* 23: 695−706.

Luthans, F., Avey, J. B., Avolio, B. J., Norman, S. M. & Combs, G. M.(2006). Psychological capital development: toward a micro−intervention. *Journal of Organizational Behavior,* 27: 387−393.

Luthans, F., Avolio, B.J., Avey, J. B., & Norman, S. M.(2007). Positive psychological Capital: Measurement and Relationship with Performance and Satisfaction. *Personnel Psychology,* 60: 541−572.

Nelson, D. L., Debra L. & Cooper, C. L.(2007). *Positive Organization Behavior,* California: SAGE Publications Inc.

키워드: 심리적 자본, 긍정조직행태, 자기효능감

작성자: 김대건(강원대)

최초작성일: 2011.07., 수정작성일: 2019.12.

ADR(Alternative Dispute Resolution, 대안적 갈등해결방식)

최근에 가장 주목 받고 있는 협력적 갈등해결방법에는 대안적 갈등해결방식(Alternative Dispute Resolution: ADR, 이하에서는 'ADR'이라 함)이 있다. ADR은 'Alternative Dispute Resolution'의 첫 머리글자로 전통적인 법원소송과 판사와 배심원에 의한 재판을 통한 갈등해결이 아닌 그 외 갈등해결방법의 통칭하여 이르는 말이다(Davis, 2001). 다시 말해 갈등당사자들이 제3자의 도움으로 갈등을 해결하는 방법으로, 공식적인 법원의 소송 등 법률적 절차(과정) 이외의 갈등해결방식과 기법을 통칭한다고 할 수 있다(임동진, 2012). 이는 한 갈등당사자가 다른 갈등당사자에게 일방적인 승리가 목표가 아니며 공동상생을 위한 상호 수용가능한 갈등해결 방안을 도출하는 것이다(Bowers, 1980).

대안적 갈등해결방식(ADR)은 1976년 미국의 파운드회의(Pound Conference)에서 처음으로 논의되기 시작하였다(김희곤, 2008; 최승필, 2009). 당시 파운드 회의에서 Berger 대법원장(Chief Justice)은 미국 사법시스템의 고비용, 저효율의 문제를 해결하기 위한 방안으로 ADR을 주장하였다. 이러한 파운드 회의 이후 미국 내에서 ADR에 대한 논의와 연구가 급격히 증가하였는데, 이를 'ADR 운동(ADR movement)'이라 한다(유병현, 2009).

이처럼 ADR이 주목을 받는 이유는 다음과 같다: ① 높은 갈등해결율, ② 적은 비용, ③ 적은 시간, ④ 전체적인 해결의 결과에 대한 만족도 향상, ⑤ 갈등당사자 간 참여와 의사소통 강화, ⑥ 기타 영역에서의 당사자 간의 신뢰 및 협력적인 분위기의 확산(Carnevale, 1993)이다. 다시 말해, ADR의 장점은 비교적 적은 시간과 경제적 거래 비용(lower transaction), 문제해결에 대한 학습능력 증가, 갈등당사자 간의 관계성숙과 유지의 향상에 도움이 된다는 것이다(Goldberg, 1989).

ADR은 활용기법에 따라 크게 협상, 조정, 중재로 구분할 수 있다. 먼저, 협상(negotiation)

은 갈등당사자들의 자발적인 합의와 대화로 갈등을 해결한다는 점에서 조정과 유사하지만 그 과정에 제3자인 조정자가 참여하지 않는다는 차이를 보이고 있으며, 그 결과에 대한 법적인 효력이 없고 결정의 모든 책임에 대해 갈등당사자의 자유의사에 맡기는 특징을 지니고 있다. 다음으로, 조정(mediation)은 갈등해결에 있어 제3자인 조정자가 참여를 하지만 중재의 중재자와 달리 조정자의 경우 갈등당사자들의 갈등해결에 조언자 또는 자문의 역할을 수행하며, 최종적인 결론은 갈등당사자들의 합의로 결정이 나도록 한다. 대부분의 조정의 경우 법적인 효력이 인정되지 않는 경우가 많으며, 제3자가 갈등해결에 있어 그 권한이 거의 없다는 점에서 중재와 가장 큰 차이를 가진다. 마지막으로, 중재(arbitration)는 갈등의 해결에 있어서 갈등당사자들의 직접적인 갈등해결이 아닌 중립적인 제3자가 갈등당사자들의 동의를 얻어 협상에 개입하여 분쟁당사자들이 쉽게 해결점에 도달할 수 있도록 도와주는 갈등해결 방법이라고 할 수 있다. 중재는 갈등을 해결하는 데 있어서 당사자들의 자발적인 참여보다 제3자인 중재자에게 전권을 위임하고 그 결과에 승복하는 형태로, 소송과 유사하지만 그 효력에 반드시 법적인 효력이 있는 경우가 없는 경우가 있어 이에 소송과 차이를 보이고 있다.

이러한 협상/조정/중재를 제외하고 기타 여러 가지 ADR을 활용하는 것을 '혼합적 ADR 모델'이라고 한다. 이 '혼합적 ADR 모델'은 반드시 특정한 한 가지 해결도구만을 의미하는 것은 아니다. '혼합적 ADR 모델'에는 ① 사적 재판(private judging), ② 사실확인(fact-finding), ③ 약식심판(minitrial), ④ 옴부즈만(Ombudsman), ⑤ 약식배심원심판재판(summary jury trial), ⑥ 협상된 규칙제정(regulatory negotiation), ⑦ 조정-중재(med-arb), ⑧ 다단계(multi- step), ⑨ 이중접근법(two-track approach)이 있다. 먼저, 사적 재판(private judging)은 갈등해결을 위해 당사자들이 합의로 재판관을 선임해 사적·비공식적인 절차를 통해 분쟁을 해결하는 방법이고, 사실확인(fact-finding)은 중립적 제3자가 사실확인 및 보고서 제출을 통해 당사자 간 협상을 지원하는 방법을 말하며, 약식심판(minitrial)은 고도로 구조화된 갈등해결 절차로 당사자들의 요구에 따라 형식의 변화가 가능한 갈등해결 방법을 의미한다. 또한 옴부즈만(Ombudsman)은 선정된 옴부즈만이 부여된 권한과 기능을 이용하여 사실확인이나 조정과 같은 다양한 방법을 통해 분쟁을 해결하는 방법을 말하며, 약식배심원심판재판(summary jury trial)은 배심원심판으로 확대될 우려가 있는 사건 해결에 있어서 절차를 약식으로 진행하여 보다 편의성과 신속성을 확보하고 이를 기반으로 추가적인 분쟁에 대한 배심원심판의 이용을 편리하게 하기 위한 방법이며, 협상된 규칙제정(regulatory negotiation)은 중립적 제3자의 주재로 정부 공무원과 규제 영향자들이 함께 협상과 규칙제정에 참가하는 방법을 의미한다. 마지막으로, 조정-중재(med-arb)는 조정으로 갈등해결을 하지 못한 경우 조정과정의 정보를 통해 중재를 하는 방법이며, 다단계(multi-step)는 계약조항으로 점진적 갈등해결 절차를 사전에 약속하는 방법이며, 이중접근법(two-track approach)은 대안적 갈등해결 방법과 소송을 연계해 진행하는 분쟁해결 방법을 의미한다(김준한, 1996; 안순철·최창섭, 2003; 김용섭, 2004; 김경배, 2005; 김용, 2008; 김희곤, 2008; 김영욱·임유진, 2010).

참고문헌

김경배(2005). 한국 대체적 분쟁해결제도(ADR)의 제도화 및 발전방안에 관한 연구. 산업경제연구, 18(1): 251－274.

김영욱·임유진(2010). 언론－소스 간 갈등해소와 '조정'기능 강화 장치로서 언론중재제도 연구. 한국언론학보, 54(1): 182－204.

김 용(2008). 학교교육 관련 분쟁에 관한 대안적 분쟁 해결 제도의 현황과 과제. 한국초등도덕교육학회 학술발표자료.

김용섭(2004). 행정법상 분쟁해결수단으로서의 조정. 저스티스, 37(5): 5－39.

김준한(1996). 행정부와 대체적 분쟁해결제도. 한국행정학보, 30(4): 37－53.

김희곤(2008). 행정사건과 ADR. 법학연구, 26: 61－115.

안순철·최창섭(2003). 대안적 분쟁해결(ADR)의 이론과 실제: 미국의 경험과 한국사회에의 적용. 분쟁해결연구, 1(1): 5－38.

유병현(2009). 미국의 소송대체분쟁해결제도(ADR)의 현황과 그 도입방안. 민사소송, 13(1): 490－524.

임동진(2012). 대안적 갈등해결방식(ADR)제도의 운영실태 및 개선방안 연구, 서울: 한국행정연구원 연구보고서.

최승필(2009). 행정법상 재판외 분쟁해결제도(ADR)에 대한 고찰: 조정제도를 중심으로. 공법학연구, 11(1): 325－354.

Bowers, M. H.(1980). Grievance Mediation: Another Route to Resolution. *Personnel Journal*, 59: 132－139.

Carnevale, D. G.(1993). Root Dynamics of Alternative Dispute Resolution: An Illustrative Case in the U.S. Postal Service. *Public Administration Review*, 53(5): 455－461.

Davis, B. D., & Netzley. M.(2001). Alternative Dispute Resolution: A Business and Communication Strategy. *Business Communication Quarterly*, 64(4): 83－89.

Goldberg, S. B.(1989). Grievance Mediation: A Successful Alternative to Labor Arbitration. *Negotiation Journal*, 5: 9－15.

키워드: 조정, 중재, 협상
작성자: 임동진(순천향대)
최초작성일: 2013.07.

MBTI

1. 의미

MBTI(Myers-Briggs Type Indicator)는 캐서린 브릭스(Katharine C. Briggs)와 딸 이사벨 마이어스(Isabel B. Myers)가 칼 융(Carl G. Jung)의 이론에 기초해 개발한 성격 유형 검사 지표이다. MBTI는 성격 유형을 16가지로 분류하고, 사람이 인식과 결정 등에서 어떤 선호(preferences)를 가졌는가를 나타내는 4개의 알파벳 글자 조합으로 표시한다. 어떤 사람이 ESTJ라고 할 때, 외향성(Extraversion, E), 감각형(Sensing, S), 사고형(Thinking, T), 판단형(Judgment, J)의 첫 글자 조합이다. MBTI 측정은 네 가지 선호의 차원을 제시하고, 각 차원마다 두 개의 대조되는 유형 중 어느 것을 더 선호하는지로 이루어진다. 검사 결과는 네 글자로 코드화된 서로 다른 성격 유형 점수로, 개인이 선호하는 반응, 관심, 동기, 기술, 흥미 등의 패턴을 알려준다(한국심리검사연구소, 2010). 이것은 자신의 성격 유형과 다른 유형이 갖는 성격 특성과의 차이 정보를 제공한다. 융은 사람이 어떤 일을 할 때 일에 대한 정신 또는 심리적 선호를 갖는다고 말한다. 마치 사람이 태어날 때 왼손잡이와 오른손잡이 둘 중 어느 하나를 더 잘 쓰는 유형으로 태어나는 것과 같다는 것이다. 사람은 살면서 자기가 보다 잘 쓰는 사고 또는 행동 유형을 계속 발전시키게 된다고 주장한다. MBTI 검사 질문지는 마이어스와 브릭스가 융의 심리적 선호 유형 이론을 이용하여 개발한 것이다. 한국에서는 여러 연구소들(한국MBTI연구소, 한국심리검사연구소, 한국심리유형학회)이 문화적 차이를 고려하면서 MBTI 검사지를 번역, 표준화한 한국어판을 개발하여 사용 중이다(한국심리검사연구소, 2010).

2. 개발 배경

마이어스와 브릭스는 제2차 세계대전 동안 사람마다 성격이 다르고, 어떤 사람은 다른 사람들보다 특정한 일을 할 때 보다 편안하고 효과적이라는 생각을 갖는다. 만일 사람들의 성격 특성에 관한 지식이 있다면 戰時 관련 일자리에도 그에 맞는 성격 유형을 가진 사람이 할 수 있도록 하면 도움이 될 것이라고 믿는다. 당시 융은 사람들의 합리적 판단 작용('rational' judging functions)과 비합리적 인식 작용('irrational' perceiving functions)이라는 두 가지 유형의 존재를 주장하면서, 전자는 사고와 감정(thinking and feeling), 후자는 감각과 직관(sensing and intuition)으로 이루어진 것으로 생각한다. 또 이러한 작용은 내향적(introverted) 또는 외향적(extraverted)이라는 두 가지 형태에 의해 표출된다고 믿는다. 마이어스와 브릭스는 1940년대 초 성격 유형을 측정하기 위한 연구를 시작하면서, 융의 연구 성과를 이용하고자 자신들의 연구에 참여할 것을 요청하나 그는 나이, 다른 연구, 지리적 거리 등으로 거절한다. 마이어스와 브릭스는 독자적으로 융의 성격 유형 이론을 토대로 1962년 MBTI(Myers-Briggs Type Indicator)라는 심리 유형 측정 지표를 완성한다. 오늘날 사람 간의 성격 차이(personality differences)를 이해하는 데 가장 광범위하게 사용되는 MBTI라는 측정도구는 이후 마이어스가 약 반세기에 걸쳐 지속적인 연구를 통해 발전시킨 것이다.

3. MBTI 성격 유형의 네 가지 차원

MBTI는 선호의 네 가지 차원과 각 차원마다의 상반된 두 개념으로 구성되고, 이들의 조합을 통해 16가지의 심리 유형을 만들어 낸다. 네 가지 차원과 각 차원마다의 二分的 유형(dichotomous pairs of four dimensions)은 다음과 같다.

(E) 외향성(Extroversion)　　　－　　(I) 내향성(Introversion)

(S) 감각형(Sensing)　　　　　－　　(N) 직관형(iNtuition)

(T) 사고형(Thinking)　　　　　－　　(F) 감정형(Feeling)

(J) 판단형(Judging)　　　　　－　　(P) 인식형(Perceiving)

1) **태도(Attitudes)**: 외향성(Extroversion, E) 대 내향성(Introversion, I) 차원. 외향성과 내향성은 융이 제시한 개념이다. 외향적 태도(extroverted attitude)는 외부 행동, 일, 사무 지향

적 인식 작용이다. 반면 내향적 태도(introverted attitude)는 인식 작용의 방향이 아이디어나 숙고, 성찰 등 내면적 세계에서 작용하는 것으로 사색 지향적이다. 외향성 대 내향성 차원은 사람의 에너지 작용 방향을 가리킨다. 외향적 유형의 사람은 행동 지향적이고, 행동을 통하여 에너지를 얻는 반면 내향적 성격의 사람은 내면세계에서의 숙고나 성찰을 선호하고, 행동도 그로부터 나온다. 한국심리검사연구소(2010)는 외향형을 폭넓은 대인 관계, 사교적이며 정열적이고 활동적인 반면 내향형은 깊이 있는 대인 관계, 조용하고 신중하며 이해한 후 행동하는 것으로 특징을 요약한다.

2) **인식 작용(perceiving functions)**: 감각형(Sensing, S) 대 직관형(iNtuition, N) 차원. 감각형 대 직관형은 무엇으로 인식하는가로, 새로운 정보를 획득하고 해석하는 정보 수집 활동의 차원이다. 감각형의 사람은 현재의 정보, 유형적이고 구체적인 정보를 더 선호한다. 감각 기관을 통해 인식되는 정보를 신뢰하고, 정보 수집도 이러한 방식을 좋아한다. 대신 예감이나 육감, 직감 등은 잘 믿지 않는다. 구체적이고 사실 정보 지향적이고 의미도 여기에서 찾는다. 반대로 직관형의 사람들은 직관 작용에 의한 정보 수집을 선호한다. 맥락이나 패턴의 확인, 또는 다른 정보와의 관계 해석을 통한 추상적이거나 이론적인 정보 획득을 선호한다. 정보의 의미도 패턴이나 이론과의 관련성에서 찾는다. 한국심리검사연구소(2010)는 감각형을 다섯 가지 감각과 실제 경험을 중시하고 지금의 상황에서 생각하며 정확하고 철저한 일처리를 지향한다. 반면 직관형은 육감, 영감을 중시하고 미래지향적이며 가능성과 의미를 높게 평가한다. 또 숲을 보고 일처리도 빠르다고 말한다.

3) **판단 작용(judging functions)**: 사고형(Thinking, T) 대 감정형(Feeling, F) 차원. 사고형 대 감정형은 어떻게 결정하는가, 즉 판단, 의사 결정 작용의 차원이다. 감각 또는 직관을 통해 정보 수집과 해석이 끝나면, 이러한 정보에 기초해 결정을 하게 되는데, 사고와 감정은 사람이 결정을 할 때 나타나는 서로 다른 두 가지 인식 유형이다. 사고형의 사람은 객관적 사실에 관심을 갖고 논리적이고 분석적으로 사실을 판단한다. 반면 감정형은 사람과의 관계를 중시하며 상황적이고 감정 이입, 정상 참작 등을 통한 결정을 선호하는 경향을 나타낸다(한국심리검사연구소, 2010). MBTI 성격 유형 이론은 모든 사람들이 어느 정도씩 이러한 인식 작용 둘 다를 갖지만, 실제 결정을 할 때는 어느 한 방식을 더 자주 사용하거나 또는 익숙하게 사용한다고 주장한다. 하지만 어느 유형이 더 합리적이거나 훌륭한 결정이라는 뜻은 아니라고 말한다.

4) **생활 방식(Lifestyle)**: 판단형(Judging, J) 대 인식형(Perceiving, P) 차원. 마이어스와 브릭스는 융의 심리 모형에 판단형 대 인식형 차원을 새로이 추가한다. 판단형은 분명한 목

적과 방향을 정하고 기한을 중시하며 철저하게 계획한다. 반면 인식형은 목적과 방향은 유동적이고 일정도 상황에 따라 달라질 수 있다고 생각한다. 즉 자율적이고 융통성 선호 경향을 보인다(한국심리검사연구소, 2010). 이 차원은 어떤 생활 양식을 갖고 있는가에 관한 것으로, 인식형의 사람도 감각(Sensing)이나 직관(Intuition) 중 어느 하나를 선호한다. 따라서 SP형은 실체적으로, NP형은 추상적으로 파악한다. 마찬가지로 TJ형이 논리적이라면, FJ는 감정 이입형으로 나타난다고 설명한다.

4. 융의 성격 유형 이론과의 차이

융은 사람은 사고, 감정, 감각, 직관(thinking, feeling, sensing, and intuition), 네 가지 인식 기능을 이용하고, 이러한 인식 기능은 외향적(extraverted) 또는 내향적(introverted), 두 가지 지향성 중 어느 하나로 나타난다고 말한다. 이를 통해 총 여덟 가지 유형을 만들었다. 반면 마이어스와 브릭스는 융의 심리 모형에 Judging(J), Perceiving(P)이라는 새로운 차원을 추가해 16가지 유형을 제시한다. 하지만 둘 모두 실험이 아닌 개념적 산물이다.

5. 유용성과 활용

맥컬리(McCaulley, 2000)는 컨설턴트들이 MBTI를 관리자나 직원들의 직무 수행이나 인간관계 능력을 개선하는 데 이용할 수 있다고 주장한다. MBTI가 사람 간의 차이에 대한 이해와 존중을 촉진하고, 직원 간의 업무에 대한 책임과 효과적 협력을 돕는다는 것이다. 또 직원 채용 과정에서도 유용하다고 말한다. 개인이 타고난 자질을 최대한 발휘할 수 있도록 하는데 도움을 준다는 것이다. MBTI는 실제 개인 성격 유형 측정 도구로써 다양한 분야에서 활용되고 있다. 커리어 상담(career counseling)이 대표적 분야이고, 기타 자기 이해(self-understanding), 스트레스 관리, 팀 구축, 학습법, 마케팅, 리더십 훈련, 커뮤니케이션 등에서도 이용된다. 한국에서 MBTI 연구는 심리학, 교육학, 행정학, 간호학, 정치학, 상담학, 체육, 종교, 무용 분야 등이 하고 있다.

6. 사용 지침과 윤리

MBTI(Myers-Briggs Type Indicator)는 유형일 뿐 특성의 정도, 특히 능력의 정도를 나타내지 않는다. 둘 중 한 가지를 다른 것에 비해 더 선호한다는 것만 말할 뿐이다. 외향성에서 점수가 높더라도 실제 더 외부 활동적이라는 것은 아니고, 내면적 활동인 혼자 사색보다 선호한다는 뜻이다. 점수가 높다는 것은 단지 그러한 인식 또는 표현을 얼마나 더 선호하는지를 가리킬 뿐이다. 따라서 테스트는 능력 평가의 방법으로 이용될 수 없고, 사람들을 분류나 평가, 약점으로 고려되어서는 안 된다. 테스트 받을 것이 강요되지도 말아야 한다. 또 결과도 비밀로 다룰 것을 권고한다.

7. 비판

MBTI는 사람의 성격은 자신만이 알 수 있다고 가정한다. 조사 결과도 자신의 응답에 기초한 것이다. 사람들로 하여금 적어도 자신이 어떤 유형인지에 대한 이해를 촉진하는 효과를 갖는다. 맥컬리도 이러한 점을 들어 유용성 측면을 높게 평가한다. 하지만 많은 연구자들은 MBTI의 직무 성과와 같은 조직 행동을 예측하는 데 있어서의 효용성에 의문을 제기한다. 가드너와 마르틴코(Gardner & Martinko, 1996)는 MBTI와 직무 성과, 조직 행동 등에 관한 광범위한 연구를 수행한 후, 비록 많은 연구들이 이 둘 사이에 관계가 있다고 주장하나 방법론적 문제가 적지 않기 때문에 단순히 그렇게 결론 내리기는 이르고 좀 더 연구가 필요하다고 말한다. 호간 등(Hogan, Hogan, & Roberts, 1996)도 인력 선발(personnel selection)과 능력 개발에 유용할 수 있다고 하면서도, 성격 유형 평가의 의미나 중요성에 대해서는 아직 상당한 의문이 있다고 말한다. 비판은 첫째, MBTI는 성격 유형 측정 도구로써의 타당성, 신뢰성이 충분히 높지 않다. 통계적 타당성이 낮아서 직업 상담에서 유용한 도구가 되기 어렵다. 측정 결과가 본인이 자신이 누구라고 생각하는 성격 유형과의 일치도가 높지 않았다. 신뢰도도 MBTI 성격 유형 테스트 후 몇 주 또는 몇 년 지나 다시 측정하면 결과가 상당히 다른 유형으로 나타난다는 것이다. MBTI 정확성은 성격 유형 측정 대상자가 얼마나 정직하게 답하는가에 의존하는데, 특정 직원을 선발하는 기준으로 사용할 경우, 응답자가 불이익 당할 것을 두려워하여 사실과 다른 답을 할 수 있는 문제가 있는데도 제대로 고려되지 않고 있다는 지적도 있다. 적어도 MBTI가 진로 계획, 직무 성과, 만족도 등의 설명에 효과적이고, 유용한 예측 수단이라는 증거는 아직 충분하지 않다. MBTI은 어떤 직업이 좋은가나 직무 성과 등의 예측 도구로 개발되지 않았고, 사용 매뉴얼도 그런 용도로 사용하지 말 것을 권고한다. 둘째, 성격 유형이 애매하고 포괄적이어서, 어떤 행동도 모든 성격 유형으로 분류될 수 있다. 셋째, 각 차원은 서로 반대되는 두 개의 극단점을 갖고 있어, 응답자의 점수는 양 끝에 두 개의 최댓값을 가진 쌍봉 분포를 보여야 하나, 실제 측정을 해 보면 그렇지 않고 중간에 하나의 정상 분포가 만들어지고 두 가지 유형으로 분류되지 않는다는 것 등이다.

참고문헌

김정택 · 심혜숙(2006). MBTI Gs형 − Myers−Briggs Type Indicator. 서울: 한국심리검사연구소.

안광일(1994). MBTI 이론에 따른 한국 공무원 의식 구조의 진단 · 분석. 한국행정학보, 28(1); 69−92.

최연택 · 권경득(2009). 조직구성원의 성격 유형(MBTI), 직무 행태 및 조직 성과에 관한 연구: 행동 유형을 중심으로. 한국인사행정학회보, 9(3): 187−217.

한국심리검사연구소(2010). MBTI 성격유형검사.

Bryan, K. R., & Ashley, K. D.(2004). Using the Myers−Briggs Type Indicator in career counseling. *Journal of Employment Counseling*, 41(1): 38−44.

Gardner, W. L., & Martinko, M. J.(1996). Using the Myers−Briggs Type Indicator to study managers: A literature review and research agenda. *Journal of Management*, 22(1): 45−83.

Hogan, R., Hogan, J., & Roberts, B. W.(1996). Personality measurement and employment decisions: Questions and answers. *American Psychologist*, 51(5): 469−477.

McCaulley, M. H.(2000). Myers−Briggs Type Indicator: A bridge between counseling and consulting. *Consulting Psychology Journal: Practice and Research*, 52(2): 117−132.

McCrae, R. R., & Costa, P. T.(1989). Reinterpreting the Myers−Briggs Type Indicator from the perspective of the five−factor model of personality. *Journal of Personality*, 57(1): 17−40.

Myers, I. B., & Myers, P. B.(1980, 1995). Gifts differing: Understanding personality type. Mountain View, CA: Davies−Black Publishing.

Myers, I. B., McCaulley, M. H., Quenk, N. L., & Hammer, A. L.(1998). MBTI manual − A guide to the development and use of the Myers Briggs type indicator(3rd ed.). Consulting Psychologists Press.

Pittenger, D. J.(2005). Cautionary comments regarding the Myers−Briggs Type Indicator. *Consulting Psychology Journal: Practice and Research*, 57(3): 210−221.

키워드: MBTI(Myers−Briggs Type Indicator), 성격 유형, 칼 융(Carl Jung)

작성자: 박흥식(중앙대)

최초작성일: 2019.12.

연구설계(Research Design)

1. 개념 정의

연구설계는 실증적 연구에서 자료를 수집하고 분석을 실행하기 위한 포괄적 연구 계획을 지칭하고자 사용되는 개념이다. 연구설계는 특정한 연구질문의 해답을 얻거나 가설을 검증하기 위해 준비하는 연구과정의 한 단계로서, 연구과정 전체를 계획하는 과정이다. 연구설계는 대체로 세 가지로 과정으로 나뉘는데, ① 자료 수집(data collection) → ② 측정도구 개발(instrument development) → ③ 표본 추출(sampling)이다.

2. 특징들

자료 수집 방법들은 흔히는 실증적 방법들(positivist methods)과 해석적 방법들(interpretive methods)로 구분한다. 실증적 방법들은 가설들과 이론들을 검증하기 위해 사용되고, 연역적 접근들에 근거하여 실증자료들을 수집하여 실행한다. 해석적 방법들은 이론들을 형성하기 위해 사용되고, 수집된 자료들에 근거하여 귀납적 추론을 실행하고서 현상들로부터 이론들을 도출하여 실행한다. 양적 연구(quantitative research)와 질적 연구(qualitative research) 모두 혼용할 수 있는데, 전자는 수치로 나타나는 자료들의 활용을 의미하고 후자는 수치가 아닌 형태들로서 나타나는 자료들을 변환시키는 코딩을 거친 뒤에 그 의미를 해석하는 작업을 의미한다. 실증적 연구들에서는 양적 자료들이 더욱 빈번하게 활용되지만, 필요하다면 질적 자료들도 활용한다. 반대로 해석적 연구들에서는 질적 자료들을 더욱 빈번하게 활용하지만,

상황에 따라 양적 자료들도 활용한다. 이처럼 연구목적에 부합하게 양적 자료들과 질적 자료들을 병용하는 방식을 혼합조사설계(mixed-mode design)라고 한다.

측정도구의 개발은 ① 구성개념과 구성요소들을 보다 간결하고 명확한 용어로 정의하는 개념화(conceptualization) → ② 구성개념을 측정하기 위한 지표나 항목을 고안하는 조작적 정의(operationalization) → ③ 측정수준(level of measurement) 또는 척도(rating scale) 설정, 또는 복수 구성개념들을 비교하는 수단으로서 유형분류체계(typology) 설정 → ④ 측정 실행과 판단을 수행하는 척도화(scaling) 단계들을 거쳐서 구체화된다.

마지막으로 모집단 대상 관찰과 통계적 추론에 필요한 모집단의 부분집합(표본)을 선택하는 통계학적 과정의 실행을 표본 추출이라고 부른다. 사회과학 연구에서는 노력, 비용, 시간의 제한과 실현 가능성의 부재나 제약 따위의 원인들 때문에 전체 모집단들을 연구하기는 어렵기 때문에, 관심 대상 모집단으로부터 대표성을 지니는 표본을 선택하여 관찰 및 분석을 수행하는 연구가 일반화되어 있다. 표본을 연구하여 도출한 결론을 일반화할 수 있으려면 모집단을 정확하게 대표할 수 있는 표본의 선정이 무엇보다 필수적이다. 표본 추출 과정은 ① 연구의 대상이 되는 특성을 지니고 있는 모든 대상들인 모집단(population)의 정의 → ② 목표 모집단으로의 접근 가능성을 설정하는 표집 범위(sampling frame)의 설정 → ③ 적절한 표본추출기법을 사용하여 표집 범위로부터 표본을 추출하는 표본 추출 단계들을 거친다.

3. 활용 경향들

연구설계의 주요한 형태들로는 원인과 결과를 서로 다른 시간에 측정하여 인과관계를 실증하는 실험연구(experimental study), 비실험 연구설계로서 독립변수 또는 실험 자극을 조작하지 않고서 통계학적 수단들을 사용하여 변수들의 효과들을 측정 시도하는 현장조사(field survey), 기성 자료들을 재해석하는 이차자료 분석(secondary data analysis), 특수한 현상에 집중하여 탐구하는 사례연구(case research or case study), 작은 인구집단을 모아놓고 특정 주제 대상 토론을 실시하며 그것을 관찰하는 표적집단연구(focus group research), 행동을 실행하여 그 행동이 탐구 대상 주제 현상에 미치는 영향을 탐구하는 행동연구(action research), 연구자가 탐구 대상 사회나 집단에 소속·참여하면서 관찰·기록하는 에스노그래피(ethnography) 등이 존재한다. 연구설계를 적절하게 수행하려면, 개별 연구목표와 가장 적절하게 부합하는 구체적 방법을 선택하여야 하고 기법들과 자료들의 적절한 배합 또는 선택을 실행하여야 하며 해석에서의 열린 가능성을 고려하여야 한다.

참고문헌

Jaeki Song, Miri Kim and Anol Bhattacherjee, *Social Science Research: Principles, Methods, and Practices[In Korean]* (KOCW Open Access Textbooks, 2014).

키워드: 자료 수집, 측정도구 개발, 표본 추출
작성자: 배관표(충남대), 박종석(서울대 행정대학원)
최초작성일: 2020.01.

연방제(Federalism/Federal State)

1. 개념정의

연방제의 개념과 의미는 어떤 상황에서 어느 방향의 목표를 추구하는지에 따라 다르게 나타날 수 있다. 연방제는 정부조직 운영 내용과 관점을 동시에 제공하여(Elazar, 1987: 38) 방향성을 가진 개념이며, 중앙집권주의와 지방분권주의적 의미를 모두 담을 수 있는 개념이다(조소영, 2018: 346-347).

가장 잘 알려진 협의로서의 연방제 개념은 웨어(Wheare, 1946)의 정의로써, 연방제는 상호 독립이면서 서로 협조하는 중앙정부와 지방정부 사이의 권력분배 방법에 대한 정치제도이다(Wheare, 1946: 11). 광의의 연방제는 협의에서의 중앙정부와 지방정부 관계가 국가내뿐 아니라 국가간의 관계로 확장된다.

연방제를 넓게 보면 정치조직형태, 정치체제로 나눌 수 있다. 연방제를 정치조직형태로 이해하면, 부분국가와 전체국가사이에서 국가의 모든 업무에 대해 구속력이 있는 의사결정이 가능한 정치조직형태로 정의할 수 있다. 반면 연방제를 정치체제로 이해한다면 부분국가 정부는 헌법상 행정권, 경제권, 사법권을 보장받아 서로 침해하지 않도록 권력분립되어 있고, 연방정부가 국제법상 능력으로 외교, 군사권을 가지는 체제로 볼 수 있다(조소영, 2018).

어떠한 관점으로 이해하여도 연방제의 핵심은 중앙과 지방 사이의 자원 배분 및 그 관계를 설정하는 것이다.

2. 배경 및 특징

연방제의 구성요소에 대해서도 다양한 학설이 존재하나 일반적으로 아래의 다섯 가지를 꼽는다. 연방제를 구성하기 위해서는 중앙국가와 지방국가가 존재해야 하며, 권한과 재원의 배분과 관련하여 분권화 혹은 비집권화 관계가 있으며, 중앙국가의 의사결정에 대한 지방국가의 참여와, 중앙국가와 지방국가의 분쟁해결 방법이 존재하고, 경성헌법에 의한 연방제의 보장이 필요하다(조소영, 2018).

헌법상 통치구조와 자치 수준에 따라 연방제는 다양한 모습을 보일 수 있다(이옥연, 2015). 통합성이 강한 순서대로 통일국가, 분권화된 국가, 연방, 연합, 국가 간 기구, 작게 나뉘어진 국가들을 정부 형태로 구분할 수 있으며, 이 중 연방은 연방국가(federal state)와 연방연합(federal union)으로 구분가능하다(Law, 2013). 이 외에 미국과 푸에르토리코의 관계와 같은 비대칭연방, 프랑스와 모나코의 관계와 같은 종속영토도 연방으로 포함하여 구분하기도 한다(Watts, 2008; 이옥연, 2015).

3. 연구경향

전 세계적으로 연방제를 운영중인 미국, 캐나다, 호주, 독일 등의 사례를 기반으로 많은 연구가 진행되고 있다.

한국의 맥락에서 연방제 논의는 대한민국과 북한이 통일을 할 시, 통일 한국의 운영형태를 연방제로 할 것인지 혹은 어느 수준까지의 지방분권으로 가능할지에 대한 대답을 찾기 위해 주로 이루어져 왔다. 2000년대 초반까지는 북한의 고려연방제를 비판하는 이념적 논의가 주로 있어왔는데(이기우, 2010: 2), 이 때 연방제의 단점에 대한 논의가 많이 이루어졌다. 2000년대 이후에는 지방분권과 관련하여 단일국가 개념과 대비해 연구의 대상(김동성, 2010; 이기우, 2010)이 되어왔으며, 이때부터 장점과 단점을 모두 살펴보기 시작하였다. 2017년 대통령이 북한과 낮은 수준의 연방제를 달성하겠다는 공약을 내걸면서 이와 함께 연방제 형성 가능성과 관련한 법적 논의(조소영, 2018) 및 지방행정, 정치학적 관점(이옥연, 2015)에서의 연구가 등장하고 있는 추세이다.

참고문헌

김동성(2010). 연방주의적 지방분권에 관한 연구. 경기개발연구원.

이기우(2010). 연방제적 지방분권의 발상. 경기연구원 CEO Report, 24: 1−24.

이옥연(2015). 연방제도 다양성과 통일한국 연방제도의 함의. 한국정치연구, 24(1): 55−81.

조소영(2018). 연방제 수준의 지방분권 실현 가능한가. 공법학연구, 19(4): 337−357.

Law, J.(2013). How Can We Define Federalism?. *Perspectives on Federalism*, 5(3): E88−E120.

Watts, R.(2008). *Comparing Federal Systems*. 3rd ed. Montreal: McGill−Queen's University Press.

키워드: 중앙정부, 지방정부, 권력분배

작성자: 나보리(서울대 행정대학원)

최초작성일: 2020.03.

오우치(William Ouchi)의 Z이론

70년대 이후 일본 경제의 눈부신 성장은 많은 사람들의 관심을 끌어들였다. 특히 미국에 진출하기 시작한 일본기업의 놀라울만한 생산성 및 경쟁력 향상은 상대적으로 침체일로에 있었던 미국 기업과 대조되면서 그 원인을 설명하려는 다양한 연구들을 불러 일으켰다. 일본인 특유의 근로의식과 윤리가 생산성의 원천이라는 문화적 관점의 설명이 제시되기도 했으며, 일본 기업 조직의 특성과 경영관리방식에서 그 원천을 찾는 설명이 제시되기도 하였다.

월리암 오우치는 일본기업과 미국 기업의 생산성 격차가 양국의 문화적 특성이나 행동방식상의 차이, 또한 이로부터 크게 영향을 받고 있는 기업조직 및 경영관리방식상의 차이에서 기인하는 것으로 설명하고 있다. 오우치는 1973부터 일본 기업과 미국기업을 각각 12개씩 모두 24개 기업과, 이들 각각이 상대국가에서 운영하고 있는 자회사나 합작투자회사 24개를 합쳐 총 48개의 기업을 대상으로 연구를 진행시켜 나갔다. 오우치가 특히 주목한 것은 미국에서 활동하고 있는 일본계 기업이 미국내의 전형적인 미국 기업이나 일본에 진출하고 있는 다른 미국 기업들보다 월등히 높은 수준의 생산성을 보여 주고 있다는 점이었다. 또한 오우치는 미국 기업들 가운데에서도 일본기업과는 직접적으로 무관하지만 일본 기업과 조직 및 경영상의 특성을 공유하고 있는 기업들, 예컨대 IBM, 프록터 앤 갬블, 휴렛 페커드, 이스트만 코닥 등의 뛰어난 경영성과에 주목하고 있다.

오우치는 일본식 기업조직과 경영관리상의 특징을 생산성의 원천으로 설명하고 있다. 하지만 그렇다고 해서 이러한 일본식 경영조직의 특징이 일본 특유의 것은 아닌 것으로 본다. 오우치는 미국에서 자연적으로 발전했으나, 일본 기업과 유사한 특징을 많이 공유하고 있는 IBM등 미국의 기업조직을 'Z타입 조직'으로 명명하고 있다.

오우치는 Z타입 기업조직의 특성을 설명하기 위해 우선 전형적인 미국 기업(A타입)과 대조적인 일본기업(J타입)의 특징을 분석하고 있다. 오우치가 파악하고 있는 일본 기업조직의 가장 큰 특징은 종신고용에 있다. 일본 기업의 구성원들은 일단 채용이 되면 본인이 희망해서 떠나지 않는 한 정년퇴직시까지 종신고용이 보장된다. 종신고용제도는 능력이나 성과와 무관하게 일률적으로 보너스가 지급되는 상여금제도에 뒷받침되기도 한다. 종신고용제도는 구성원들의 회사에 대한 일체감과 상호협동, 충성심, 자발적 헌신 등의 유인을 제공한다. 반면 미국 기업의 종사자들은 생애 3－4번의 직장이동을 경험하기 때문에 평생직장의 개념이 희박하다. 이는 미국 기업 종사자들의 높은 수준의 이직율(하층직위의 경우 50%－90%, 경영층의 경우 25% 이상으로 일본의 4－8배 수준)로 나타난다. 따라서 전형적인 미국기업에서는 구성원의 회사에 대한 강한 귀속감이나 충성심을 찾아 볼 수 없다.

일본 기업은 구성원에 대한 능력평가와 승진이 매우 완만하게 진행된다. 능력과 성과가 뒤떨어진다고 평가되더라도 보수나 승진 면에서 즉각 여기에 따르는 불이익이 주어지지 않는다. 반면 이직률이 높은 미국 기업에서는 사원들에 대한 능력평가와 차등적 성과급 지급, 승진 등이 신속하게 이루어진다. 미국 기업에서는 구성원들의 직무에 대한 충실히 객관적이고 공정한 평가제도와 성과에 상응하는 신속한 보상제도에 의해 유인된다면, 일본 기업에서는 소속 부서나 작업집단에 대한 일체감과 소속감, 작업동료들과의 친밀감이나 협동의식에 의해 이루어진다.

한편 일본 기업의 또 하나의 특징은 전문성을 강조하지 않는 사원양성 방식 및 수평이동식 순환근무제도에서 발견된다. 일본 기업은 거의 모든 구성원들에 대하여 정년퇴직 때까지 여러 부서를 돌아가며 업무를 두루 경험하도록 하는 순환보직제를 운영하고 있다. 반면 미국 기업은 직무를 단순화, 전문화하여 사원들로 하여금 특정의 한 분야에서만 전문성을 살려 나가도록 한다. 순환근무제의 장점은 거의 모든 부서의 근무자들이 다른 부서의 사람이나 업무절차, 그리고 부서가 당면한 문제점을 잘 알기 때문에 상호협력을 원활히 할 수 있고, 자기 부서 중심의 편협성으로부터 탈피하여 회사전체의 이익을 고려하는 넓은 시야를 가질 수 있다는 점이다. 순환근무제는 또한 직원들의 회사에 대한 소속감, 일체감 형성에 기여하며, 고용주도 안심하고 사원들의 능력개발에 투자할 수 있는 장점을 갖는다. 반면 모든 경력을 한 분야의 직무에만 쏟아온 사람은 회사전체의 목표보다는 그 분야의 부차적 목표에 집착하기 쉽고, 또 다른 부서의 사람이나 그 부서의 당면문제를 잘 모르기 때문에 타부서와 효율적인 협동을 하기가 어렵다.

일본 기업의 기본적인 경영관리 통제구조는 가시적이며 직접적인 형태를 띠고 있지 않고, 매우 미묘하고 잠재적 형태로 내재되어 있다. 사시 등에 나타나 있는 기본적인 경영원칙이나 고용주의 경영철학 등에 대한 기본적 합의에 기초하여 구체적인 경영목표나 목표추진을 위한 수단적 절차가 신축적이고 탄력성 있게 마련된다. 반면 미국 기업은 명확하고 구체적인 목표설정, 목표관리, 프로그램 계획, 평가, 손익분석 등의 외재적 통제장치에 의존하여 조직이 관리된다.

또한 일본 기업은 참여유도적 의사결정 방식을 채택하여, 조직 단위별로 그 결정에 의해 영향을 받는 집단구성원 전체가 의사결정과정에 참여한다. 의사결정과정은 정보소통 및 정보의 공유과정으로 기능하며, 특히 상급자와 하급자 간 의사결정책임의 공동분담이 이루어질 수 있게 된다. 합의에 의한 의사결정은 결정의 질을 제고하는 한편, 결정된 사항의 효율적 실행에 이바지 한다. 반면 미국 기업은 단위 부서나 조직의 장이나 책임자가 의사결정권을 단독으로 행사하고, 그 책임도 개인적으로 짊어지는 경향이 있다. 미국식 의사결정은 책임소재가 분명할 수 있다는 장점을 갖는다.

일본 기업 문화의 큰 특징은 또한 집단적 가치기준, 특히 공동체적인 책임에 대한 강한 지향성이다. 일본에서는 일상생활의 중요한 일들이 모두 집단적 노력 속에서 이루어지며, 특정 개개인의 공과를 따지는 일은 거의 없다. 구성원 개인의 활동도 집단 구성원들과의 연대의식과 공동보조 차원에서 선택되며, 나 개인의 업적보다는 내가 속한 집단의 성과가 보상의 준거가 되기 때문에 서로 상호의존 속에서 협동하게 된다. 반면 구미의 개인주의 성향은 집단성원들 간의 경쟁과 대립을 불러일으킨다.

한편 일본 기업에서 상급자와 하급자는 직무분야에 한정되지 않고, 그 밖의 다양한 생활영역에 걸쳐 전인격적, 포괄적 성격을 갖는 관계를 갖는다. 이러한 구성원들 사이의 포괄적 관계의 특징은 노사관계에서도 잘 나타난다. 대부분의 구미 지역에서는 직무수행과 직결된 활동에만 노사관계가 국한되는 부분적 결합의 형태를 보이고 있는 반면, 일본 기업의 노사관계는 포괄적, 통합적 성격을 갖는다.

오우치는 일본식의 J타입 조직형태는 동질성, 고착성, 집단주의와 같이 개개인의 행동을 친밀하게 결합시키는 사회 환경에 적응하여 나타난 것으로, 미국식 A타입 조직 형태는 이질성, 이동성, 개인주의와 같이 개인들 간의 연대의식이 미약하고 상호 간 친밀을 조장할 수 없는 사회환경에 적응하여 나타난 것으로 보고 있다.

오우치는 IBM 등 미국에서 뛰어난 경영성과를 보이고 있는 기업들 가운데에는 놀랍게도 순수한 A타입의 기업보다는 J타입 즉, 일본 기업조직과 매우 유사한 기업들이 많다는 점을 밝혀내고, 이를 Z타입으로 정형화하고 있다. Z타입의 미국기업은 장기적 고용관계, 완만한 능력평가와 승진제도, 순환근무제, 직원들의 능력개발을 위한 투자, 구성원 간 활발한 의사소통과 협동적 노력의 강조, 수익성보다는 고객중시의 경영원칙 등을 특징으로 하고 있으며, 이러한 요소들이 일본 기업의 그것들과 매우 흡사한 것으로 설명하고 있다. 오우치는 일부 미국 기업이 일본 기업을 모방해서 Z타입의 기업이 출현했다고 보는 것은 아니다. 그는 A타입을 생성시킨 미국의 사회적 환경 속에서도 경영전략 차원에서 Z타입의 요소들이 선택되어질 수 있었다는 점에 주목하고 있는 것이다.

키워드: 종신고용, 순환근무, 참여
작성자: 윤홍근(서울과기대)
최초작성일: 2001.12.

WLB(일과 생활의 균형:Work-Life Balance)

1. 'WLB(일과 생활의 균형)'의 개념

일과 생활의 균형(work-life balance)이란 삶을 구성하는 두 가지 큰 축인 일과 일 이외의 영역(가족, 여가, 자기개발 및 교육, 커뮤니티 활동, 인간관계) 등의 균형을 의미한다. 일과 생활의 균형에서 말하는 균형이란 양쪽의 같은 무게를 의미하는 것이 아니며, 개인이 느끼는 신체와 정신의 안정성 등 심리적 균형을 의미한다.

조직학 연구에서 논의되는 일과 생활의 균형은 조직구성원들의 일과 일 이외의 생활을 조화롭고 균형 있게 만들어 줌으로써, 조직구성원들에게 개인적인 삶의 만족을 제공하며, 이를 통해 조직은 생산성을 높이는 전략이다. 조직구성원들의 일과 생활의 균형을 배려하는 데 있어 가장 중요한 것은 지금까지 간과해왔던 조직구성원들의 심리적 균형을 배려하는 것이다. 즉 임금, 승진과 같은 외적 보상을 통해서 조직구성원들을 움직이는 것이 아니라 조직구성원들 스스로에게 즐거움, 행복, 재미를 추구하는 내적보상이 가능하도록 조직 환경을 바꾸는 방식이다.

2. 'WLB(일과 생활의 균형)' 발전배경

일과 생활의 균형에 대한 논의는 Dubin(1956)의 연구에서 시작되었으며, Rapoport & Rapport(1975)의 연구에서 구체화되었다. Rapoport & Rapport(1975)는 연구에서 개인의 발달과정(life line)에 대한 연구에서 일(work), 가정(family), 여가(leisure)라는 개념을 구분하였다. 또한 1972년 국제 노동관계 회의(International Labor Relations Conference)에서 도입된 삶의 질(QWL: Quality of Work Life)의 개념에서 일과 생활의 균형의 개념이 좀 더 구체화되었다. 삶의 질(QWL)은 조직구성원의 욕구에 따라 근로자가 자신의 삶을 설계할 수 있도록 도와주기 위해 조직이 제공하는 프로그램과 전반적인 과정 또는 근무조건과 조직구성원의 행복을 동일시하는 것으로 정의된다. 삶의 질(QWL)은 조직구성원에게 보상, 직업 안정성, 성장의 기회를 제공함으로써 조직구성원의 만족감을 지원하고 증대시키는 우호적인 노동 및 근무환경을 제공하는 초석이 되었다. 이러한 삶의 질(QWL)의 개념이 발전하여 조직구성원의 가정생활을 중심으로 여가, 교육 등을 중시하는 일과 생활의 균형으로 논의가 확대되었으며, 관련 연구가 활성화되었다.

일과 생활에 대해서는 예전부터 많은 연구가 이루어졌으나, 대부분 두 영역을 독립적인 것으로 간주하고 연구가 이루어졌다. 최근 이러한 전통적 접근방식에서 벗어나, 일과 생활 간의 갈등이나 조화가 개인의 생활뿐만 아니라 가족, 동료, 조직성과에 까지 영향을 미칠 수 있다는 연구결과들이 등장함에 따라 일과 생활의 균형이라는 주제가 중요한 사회적 관심사가 되고 있다.

3. 일과 생활의 관계 모형

일과 생활의 관계에 대한 논의는 전통적으로 전이모형, 보상모형, 분리모형 등의 모형을 중심으로 이루어졌다. 전이모형이란 일에 대한 개인의 경험 특성은 일 이외의 영역으로 유입되어 태도와 행동에 영향을 미친다고 보는 관점이다. 즉, 일과 일 이외의 물리적, 시간적 경계에도 불구하고 한 영역에서의 감정과 행동이 다른 영역으로 전이된다는 이론이다. 보상모형은 일에서 박탈감을 느낀 개인은 일 이외의 영역을 선택함으로써 보상으로 받으려 한다고 본다. 즉, 한 영역에서 잃어버렸던 것을 다른 영역에서 보상받으려 한다고 본다. 분리모형은 일 이외의 영역은 관련성이 없이 독립적으로 존재하는 별개의 것으로 보는 관점이다. 이들 세 가지 모형은 일과 생활의 관계에 대한 명확한 증거를 제시하지 못하였다.

최근 전통적 모형에서 벗어나 일과 생활의 관계에 대한 갈등모형과 경계모형 등과 같은 새로운 이론적 논의가 이루어졌다. 갈등모형은 일과 일 이외의 영역의 요구가 상충되며, 이 중 하나를 선택하여야 하는 상황에서 갈등이 빚어진다고 보는 입장이다. 일에서 요구받고 있는 역할이 일 이외에 개인 생활, 가정이나 종교, 취미활동 같은 영역에서 기대되는 역할과 균형을 이루기보다는 대립적인 관계에 놓이는 경우가 많다는 점에 주된 관심을 둔다. 경계모형은 다소 추상적이기는 하지만, 개인이 일과 생활의 영역을 수시로 넘나들고 있다고 주장한다. 경계모형은 직장에서 조직구성원이 존중받으며 즐겁게 일할 수 있다면 일과 생활의 관계는 더 이상 대립적인 관계가 아닌 상호 협력적인 관계가 될 수 있다고 주장한다.

표 1. 일과 생활의 관계모형

모형의 종류	일관 생활의 관계	영향력
분리모형	분리	없음
전이모형	전이	긍정적, 부정적 전이를 통한 영향
보상모형	보상	한 영역의 결핍을 다른 영역을 채움으로써 보상
갈등모형	갈등	두 영역의 요구가 상충하여 선택의 상황에서 갈등
경계모형	월경	일과 생활의 두 영역을 수시로 옮겨 다님

4. WLB(일과 생활의 균형)와 조직유효성

일과 생활의 균형은 조직구성원의 불필요한 에너지의 낭비를 막고, 그들이 업무에 몰입하게 하여, 조직유효성을 높일 수 있는 효과적인 수단이다. 2003년 영국 노동기구(The work foundation)의 조사결과에 의하면 일과 생활의 균형은 유능한 조직구성원들의 이직을 방지한다. 2005년 미국의 National Study of Employee에서는 일과 생활의 균형이 조직구성원이 보다 업무에 몰입할 수 있게 되고, 직무만족도 증가한다고 보고하였다. 또한 일과 생활의 균형은 조직몰입, 조직만족도, 소속감에 긍정적 영향을 미치며, 직무스트레스와 이직의도에 부정적 영향을 미치는 것으로 알려져 있다.

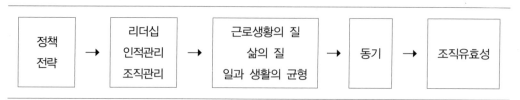

그림 1. 일과 생활의 균형과 조직유효성

참고문헌

김종관·이윤경(2009). 업무구조, 조직문화, WLB제도가 조직유효성에 미치는 영향: 일과 생활의 균형의 매개효과를 중심으로. 「인적자원관리연구」, 16(4): 57－77.

Dubin, R.(1956). Industrial Workers World: A Study of the Central Life Interests of Industrial Workers, *Social Problems*, 3(3): 131－142.

Newstrom, J. W. & Davis, K.(2006). *Organizational Behavior: Human Behavior at Work*, McGraw Hill Higher Education(12th edition).

Rapoport, R. & Rapoport, R. R.(1975). *Leisure and the Family Life Cycle*, Landon, UK: Routledge.

키워드: 일과 생활의 균형, 삶의 질, 조직 유효성
작성자: 김대건(강원대)
최초작성일: 2011.07.,   수정작성일: 2019.12.

위원회(Committee)

1. 위원회의 특성과 현대행정에서의 의의

위원회란 일반적으로 단독제에 대한 대조가 되는 것으로서 법제상 결정에 단일인이 아닌 합의제로 구성되는 여러 사람이 참여하게 되어 있는 것을 의미한다. 즉, 최종 의사결정을 1인이 내리는 단독제(monocracy)와 달리 위원회를 구성하고 있는 위원 간의 합의에 의해 결정하는 다수지배형(polycracy) 합의제 기관이라고 할 수 있다. 위원회는 Committee, Commission, Team, Board, Group 등의 여러 다른 이름으로도 불리우고 있다. 위원회가 주로 수행하는 기능은 시민으로 하여금 의사결정에 참여하는 기회제공, 시민과 공무원 간의 상호 의사전달 촉진, 그리고 다양한 기능적 분야에서 시민의 전문지식을 활용하는 것 등을 들 수 있다. 이러한 위원회제도는 원래 영·미에서 발달한 제도로, 영국에서는 지방정부 형태자체를 위원회 형식으로 구성하는 경우가 많이 있고, 미국에서는 특히 경제·보건·사회복지·교육 등의 분야에서 독립규제위원회(independent regulatory commission)의 형태로 구성되는 것을 볼 수 있다. 그러나 20세기 들어 행정활동이 양적으로 팽창하고 질적으로 변화하면서 행정수요가 다양화·전문화됨에 따라 행정의 효과성과 민주성 증진을 위해 오늘날은 선·후진국을 막론하고 정부·기업·교육 등 모든 형태의 조직에서 널리 적용되고 있다. 종래 행정의 능률성을 강조하던 고전적 조직이론에서는 수직적 계층제와 명령통일의 원리 등에 기초한 단독제적 관료제의 구축이 관심대상이었던 반면, 현대조직이론에 있어서는 계서제와 조직경계의 타파, 적응적·유기적 구조, 고객지향 등을 특징으로 하는 반관료제적 조직에 대한 탐색이 다양하게 시도되고 있는 바, 위원회 구조는 매트릭스조직, 프로젝트조직, 태스크 포스, 네트워크 구조 등과 함께 조직운영의 신축성과 자율성·적응성 확보가 가능한 adhocracy의 한 형태로 제시되고 있다. 위원회는 중요한 결정에 국민을 참여시키지 않으면 정책실패가 유발될 수 있다는 입장에서 국민참여와 의사소통이 이루어질 수 있는 담론공간을 제공함으로써 파트너십 형성과 훈련기회 제공을 통해 새로운 국정관리 양식인 거버넌스 구현에 기여할 수 있다. 따라서 위원회와 같은 합의제 조직에 대한 처방적 선호는 앞으로도 계속 높아질 것으로 전망된다.

2. 위원회의 유형과 종류

위원회의 유형을 구분하는 방식은 매우 다양하다. 고전적인 행정학자들의 분류에 따르면 Urwick은 위원회의 기능에 따라 집행(executive)위원회, 조정(coordinative)위원회, 자문(advisory)위원회, 교육(educative)위원회로 분류하고 있고, Pfiffner 등은 기능과 구성방법을 기준으로 행정(administration)위원회, 규제(regulatory)위원회, 반독립(board tied into hierarchy)위원회, 항구적 자문(permanent advisory)위원회, 직책에 의한(ex-officio) 위원회, 초당파(bipartisan)위원회 등으로 분류하고 있다. Mitchell은 위원들의 대표성에 따라 위원회 유형을 수탁인대표(trustee representation), 대리인대표(delegate representation), 지위대표(status representation), 상징대표(symbolic representation)로 분류한다. 권한을 기준으로 할 경우 자문위원회(advisory committee), 의결위원회(legislative committee), 행정위원회(administrative board)로, 기능을 기준으로 할 경우 조정위원회(coordinative committee), 조사연구위원회(research committee), 심의위원회(discussion committee), 협의위원회(negotiation committee), 검사위원회(scrutiny committee)로, 구성을 기준으로 할 경우 초당파(bipartisan)위원회, 초이익(biinterest)위원회, 당연직(ex-officio)위원회, 국민대표(representative)위원회로, 지위를 기준으로 할 경우 독립위원회(independent commission), 반독립위원회(board tied hierarchy)로 분류되기도 한다.

우리나라에서 설치·운영되고 있는 정부위원회의 경우 근거법령을 기준으로 헌법상 위원회와 법률상 위원회로 양분할 수 있다. 헌법에 규정된 합의제적 위원회 기관은 국무회의, 감사원, 선거관리위원회 등을 들 수 있다. 법률에 의한 위원회의 종류는 정부조직법 등의 규정에 따라 크게 자문위원회와 행정위원회로 분류할 수 있다. 실제로는 양자의 구분이 명확치 않은 경우가 많아 상임위원이나 직제에 관한 규정이 법령에 정해져 있으면 행정위원회로, 그렇지 않으면 자문위원회로 구분하여 관리하는 것이 보통이다. 자문위원회(advisory committee)는 정책결정자에게 조언·지지·설명·합의·연구수행 등의 역할을 제공하는 합의제 부속기관으로, 구속력 없는 의사결정을 통해 단순한 의견을 제시하는 순수자문위원회·정책의 최종결정에 앞서 관련자들의 의견을 조정하고 심의하는 심의위원회·국민의 권리나 의무와 관련된 사무에 대한 의결적 기능을 수행하는 의결위원회로 세분할 수 있다. 우리나라의 자문위원회는 국무총리 소속의 정보화추진위원회나 기획재정부의 기금정책심의회, 문화재청의 문화재위원회 등을 들 수 있다. 반면, 행정위원회(administrative committee)는 행정부에 소속되어 있지만 어느 정도 독립된 지위를 누리면서 행정관청적인 성격을 갖는 합의제 행정기관을 의미한다. 행정위원회가 집행권을 가진다는 점에서 자문위원회와 구별된다고 할 경우 우리나라에 설치된 대부분의 위원회는 자문위원회이고 행정위원회는 공정거래위원회 등 소수에 그친다. 행정위원회가 준사법·준입법 기능까지 가질 수 있다는 점에서 독립규제위원회와 유사한 점이 있다. 그러나 독립규제위원회(Independent regulatory commission)의 경우 입법·사법·행정부와 독립된 제4부의 위상을 가지고 있고 주로 규제활동에 종사한다는 점에서, 행정부에 소속되어 있고 다양한 행정업무를 수행하는 우리나라의 행정위원회와는 상이하다고 할 수 있다. 다만, 대통령이나 국무총리, 기타 어느 부처에도 속하지 않는 국가인권위원회와 방송위원회는 독립규제위원회의 특성이 매우 강하다고 할 수 있다.

3. 위원회의 순기능과 역기능

위원회에 참여하는 위원들의 전문적인 지식과 경험을 활용할 수 있으므로 현대 기술민주주의 사회가 요구하는 기술적 전문성을 제고할 수 있다. 뿐만 아니라 이해와 합의를 도출하는 과정에서 편협하고 성급한 의사결정을 막고 사후적 문제발생을 미연에 방지한다는 측면에서 정책결정 기준상의 능률성도 향상될 수 있다. 또한 투표나 국민소환과 같은 직접 민주주의 방식을 제외하면 직접참여의 실천적 한계를 극복할 수 있는 가장 보편화된 정치참여 방식 중 하나라고 할 수 있다. 공청회가 시민의 무관심과 낮은 참여율, 정보와 지식의 부족 등으로 정부의 일방적 홍보수단으로 전락하는 경향이 많은 반면, 위원회는 잘 '구조화'된다면 단순히 가치선호를 표명하는 공청회보다 정책의 질을 높이는 데 중요한 역할을 하는 참여매체가 될 수 있다. 행정에서의 민주성을 구현하기 위한 주된 측면을 참여·공개·책임·통제라고 할 때 위원회를 통한 시민참여는 특히 참여와 공개 측면에서 대단히 효과적인 기제라고 할 수 있다. 아울러, 위원회를 통해 다양한 부처 또는 부서의 대표자가 참여하게 되므로 할거주의 타파에 기여할 수 있고 구성원들로 하여금 주제에 대한 전문성과 제도에 대한 수용성을 발전시킬 수도 있다. 조직 간 연계와 상호학습의 결과는 새로운 조직이론모형의 하나인 학습조직의 구축에도 기여할 수 있다.

　반면 위원회는 기본적으로 여러 사람이 모여서 논의하는 합의제 기구이기 때문에 필연적으로 의사결정의 신속성을 저해하고 기밀유지에도 어려운 측면이 있다. 위원회의 회의개최 빈도가 높아지고 회의시간이 길어질 경우 위원들의 참여도를 떨어뜨릴 수도 있고 회의를 위한 회의가 이어질 경우 목표의 전치(goal displacement)가 발생할 수도 있다. 또 많은 의사주체의 참여는 많은 의사결정점(decision point or veto point)의 발생과 정책과정이 보다 복잡해짐을 의미하므로 이에 따른 조정비용과 감독비용과 같은 거래 비용 증가를 유발하게 된다. 위원회의 효과는 인적·제도적·환경적 요인에 따라 가변적일 뿐만 아니라 효과분석의 주된 대상인 참여목표가 불명확하고 다양한 관계로 일반화된 결론을 도출하기 곤란하다. 따라서 개별 위원들은 자신들의 결정에 대해 책임감을 덜 느끼게 되고 타협적인 결정을 초래할 수도 있다. 결과적으로 위원회를 통한 정책결정은 책임소재를 불분명하게 할 수 있고 결국 사후에는 누구의 책임도 아닌 결과를 초래할 가능성이 있다. 위원들의 전문지식이 부족한 경우는 물론 비록 전문지식을 갖추었더라도 위원회에서 논의하고자 하는 정책문제에 대한 정보나 자료가 부족한 경우 이론적·피상적 논의에 치우치거나 정부정책에 동조적인 발언을 할 수 밖에 없다. 위원회에의 시민참여가 정책결정에 그리 큰 영향을 미치지 못했다고 보는 견해도 있으며, 문제를 해결하기보다는 반대파의 포섭과 여론·의회의 동요를 잠재우기 위한 수단으로 활용되는 경우도 있다고 한다.

　정부에서는 위원회를 통해 국민의 신뢰를 확보하거나 대규모 공공사업 등의 정당화를 위한 방패막이로 활용할 동기도 갖게 된다. 최근 들어 대형 국책사업과 관련한 정책실패 사례들이 정부위원회가 정책결정과정에 관여하였다는 공통점을 갖고 있는 점도 주목할 점이라고 할 수 있다. 특히 친정부적 성향을 가진 인사들을 위주로 위원회가 설립될 경우 개별부처의 입장을 대변하는 창구로 악용될 수 있고 이럴 경우 개별 행정부처들은 실무 집행기구 설치 등을 통해 위원회를 부처의 조직과 예산을 확대하는 기회로 활용할 가능성도 크다. 한편, 자신의 이익과 직접적인 관계없이 시간과 노력을 들여 위원회에 참여할 수 있는 일반시민이 많지 않을 뿐 아니라, 위원회를 구성하는 집단에서도 가급적 명망가가 참여하기를 선호하는 경향이 크므로 비교적 높은 사회경제적 지위를 가진 사람들이 제한적으로 참여할 우려가 높다. 또 공무원이 아닌 민간위원들의 경우 서로 상이한 목적함수를 갖고 있어서 공익과 상충되는 특정이익이나 협소한 집합적 이익에 집착할 우려도 크다고 할 수 있다. 특히 위원회가 정치적 고려에서 설치된 경우 기관 간 기능혼선, 옥상옥 기관화의 우려가 있고 조직의 기능

확대에 따라 합의제 기관이라는 취지와 달리 위원장의 독임형 기관장화 경향이 심화될 수도 있다.

참고문헌

김병섭·김철(2002). 정부위원회 조직의 개혁: 반복되는 답과 잃어버린 질문. 「한국행정학회 추계학술대회 발표논문집」. pp.79−96.

정홍익·김호섭(1991). 위원회제도를 중심으로 한 시민참여의 활성화. 「한국행정학보」, 25(2). pp.437−464.

한국행정학회(2003). 「정부위원회의 효율적 운용방안」. 서울: 한국행정연구원.

Adams, Brian.(2004). Public Meetings and the Democratic Process. *Public Administration Review*, 64(1).

Daft, R.(1998). Organization Theory and Design. Cincinnati: South−Western College Publishing.

Mitchell, Jerry.(1997). Representation in Government Boards and Commissions. *Public Administration Review*, 57(2). pp.160−168.

Thurston, Wilfreda·Farrar, Pip·Casebeer, Ann and others.(2004). Hearing Silenced Voices: Developing Community with and Advisory Committee. *Development in Practice*, 14(4). pp.481−494.

키워드: 행정위원회, 자문위원회, 위원회의 순기능과 역기능
작성자: 우윤석(숭실대)
최초작성일: 2008.04.

유연근무제(Flexible Work Program)

1. 유연근무제 도입 배경

최근 공직사회에서 저출산, 고령화에 따른 생산인구 감소, 장시간 근로에 의한 노동생산성 저하, 지구 온난화, 정부의 세종시 이전 등 국가적 현안 해결을 위해 새로운 일하는 방식의 도입 및 활성화가 요구되고 있다. 이에 정부조직은 종래 획일적인 근무형태를 유연한 근무방식으로 다양화함으로써 공직내부의 생산성 향상과 공무원의 사기앙양을 도모하려는 목적으로 유연근무제(Flexible Work Program)를 도입하였다.

2. 유연근무제 운영 현황

정부조직에서 유연근무제는 2010년 7월 「유연근무제 운영지침」을 수립·시행함으로써 본격화되었다. 유연근무제가 공직사회에 제도적으로 정착할 수 있도록 직접적인 신청근거 및 불이익 금지조항을 2011년 7월 「국가공무원 복무규정」에 명문화 하였다. 이는 '일과 가정의 양립'을 위한 유연근무제의 근거규정으로서 근무시간과 근무장소를 자율적으로 선택하여 소속기관의 장에게 신청할 수 있는 명시적인 근거를 마련한 것이다. 각 행정기관의 장은 유연근무를 신청한 공무원의 보수, 승진 및 근무성적평정 등에 불이익을 줄 수 없도록 하였다. 그리고 유연근무제의 실행력 확보 차원에서 정부업무평가(인사부문) 등을 통해 기관별 유연근무제 활성화 실적을 반영('12년: 기관별 총 현원 대비 유연근무제 실시인원 7% 이상 3점, 3% 미만 0점)해 왔다.

3. 유연근무제 형태

유연근무제는 근무형태, 근무시간, 근무장소에 따라 시간제근무, 시차출퇴근, 재택근무 등 일곱 가지 근무유형으로 개념화할 수 있다. 유연근무제는 공무원 사기앙양 및 생산성 향상을 위해 개인, 업무, 기관별 특성에 맞게 근무형태를 다양하게 운영하도록 되고 있다. 그 가운데 원격근무제 방식의 하나인 스마트워크센터(smart work center)는 공직사회에서 일하는 방식의 혁신을 위해 2010년 11월 도봉·분당 스마트워크센터 개소를 시작으로 확대되어 왔다.

표 1. 유연근무제 유형 및 개념

구 분	유 형	개 념
근무형태	시간제근무	Full-time보다 짧은 시간 근무
근무시간	시차출퇴근	1일 8시간 근무하되 출퇴근 시간 자율조정
	근무시간선택	주 40시간 근무하되 1일 근무시간 자율조정
	집약근무	주 40시간 근무하되 5일 미만 근무
	재량근무	출퇴근 없이 프로젝트 수행으로 주 40시간 인정
근무장소	재택근무	사무실이 아닌 집에서 근무
	원격근무	거주지 인근 스마트워크센터 등 별도 사무실 근무

참고문헌

국가공무원 복무규정(대통령령 제29375호, 2018.12.18).
안전행정부(2012). "유연근무제 운영지침".

키워드: 유연근무제, 스마트워크센터, 정부조직, 정부업무평가
작성자: 이경호(행정안전부)
최초작성일: 2013.09., 수정작성일: 2019.12.

윤리적 리더십(Ethical Leadership)

1. 개념 정의

윤리적 리더십(ethical leadership)은 리더의 "개인적 행동뿐만 아니라 개인 간 관계에서 규범적으로 적절한 행동을 하고, 커뮤니케이션, 지원, 의사 결정을 통해 부하들에게 규범적 행동을 장려하는 능력"이다(Brown, Trevino, & Harrison, 2005: 120). 마누엘 맨돈카와 라빈드라 카눈고(Manuel Mendonca and Rabindra Kanungo)는 리더 자신의 행동 및 리더십 영향력 행사가 윤리적 및 도덕적 가치와 일치하는가가 윤리적 리더십의 조건이라고 말한다. 윤리적 리더십은 리더의 사회적 책임에 관한 것으로, 리더는 사회적 권력(social power)을 누리는 만큼, 자신의 권력을 다른 사람의 권리와 품위를 존중하고, 공동체 사회에 기여하는 식으로 행사해야 할 책임이 있다. 윤리적 리더십의 초점은 다른 사람들에게 영향을 줄 수 있는 결정이나 행동에 있어서 어떻게 그것을 행사하여야 하는가이다. 리더십은 전통적으로 조직이나 집단을 이끄는 지위나 행동, 공동의 목표 달성을 위하여 구성원들의 도움을 이끌어 내거나 돕는 능력으로 정의되었으나, 21세기에 들어와 대기업 파산과 사회 문제가 리더의 비윤리적 행동 때문인 것으로 드러나면서 윤리적 리더십이 리더의 새로운 조건이자 자격으로 등장한다. 훌륭한 리더십(good leadership)은 이제 단순히 구성원들의 태도, 가치, 믿음을 조직의 목표, 비전과 일치시키고 추동하여 조직이나 집단의 이익을 극대화하는 능력에 머물지 않고, 자신의 윤리적 책임에 대한 인식과 실천뿐만 아니라 나아가 구성원들도 윤리적으로 행동하고, 사회에 기여하는 방식으로 업무를 처리하도록 영향력을 행사하고 촉진하는 힘이다.

2. 윤리적 리더십의 중요 요소

연구자들(Mendonca, 2001; Mendonca & Kanungo, 1998)은 윤리적 리더십의 중요한 구성 요소로 첫째, 윤리적 성실성(integrity)을 꼽는다. 리더 자신의 윤리적 품성과 인격이다. 이러 한 자질은 윤리적 결정, 가치, 믿음을 위해 중요하다. 둘째, 윤리적 가치의 중요성에 대한 자 각과 이를 행동과 일치시키는 능력이다. 윤리적 리더는 자신의 행동에 대하여 책임을 지는 사람이자, 부하들에게는 직접 무엇이 도덕적 성실성(integrity)인가를 모범으로 보여주는 사 람이기도 하다. 리더는 공정하게 행동하고, 자신의 사회적 권력을 어떻게 행사해야 하는지를 알고 있어야 한다. 자기 조직 또는 자신만의 이익뿐만 아니라 사회 전체의 이익에 기여하는 방식으로 일을 해야 한다는 자각이 있고, 또 이의 실천이다. 셋째, 윤리적 동기 부여의 능력 이다. 조직과 부하들이 공동의 목표를 성취하는 과정에서 윤리적으로 실천할 수 있도록 만 드는 사람이다. 윤리적 리더는 부하들의 윤리적 행동에 대하여 보상하고, 커뮤니케이션 등을 통해 촉진하고자 노력한다. 윤리적 가치에 대한 자신의 분명한 입장을 밝히고, 부하들에게도 이를 알리는 사람이다(Trevino et al., 2003). 윤리적 리더는 조직 문화와 직원의 윤리적 가치 를 한 단계 높게 끌어 올리는 역할을 한다.

3. 효과

덴 덴 하토그와 프랭크 벨샥(Deanne N. Den Hartog & Frank D. Belschak, 2012: 35)은 윤 리적 리더십은 부하들의 자아 개념(self-concept), 믿음, 동기 부여, 태도, 행동에 영향을 미 친다고 말한다. 도널드 피콜로(Ronald F. Piccolo) 등은 윤리적 리더의 행동은 부하들로 하여 금 자신의 업무를 매우 의미 있는 것으로 생각하도록 만들고, 동기 부여, 노력을 촉진하고, 생산적 행동을 늘리게 한다고 주장한다. 부하에 대한 윤리적 리더십의 효과는 리더와 자기 동일시(self-identification)에 기초한 동기 부여 및 사회적 학습 과정, 크게 두 가지를 통해 나 타난다(Den Hartog & Belschak, 2012). 부하들로 하여금 우리가 일체라는 의식 함양으로, 업 무 몰입, 신뢰 수준을 개선하고, 윤리적 행동에 대한 사회적 학습을 촉진한다. 덴 하토그와 브라운 등(Brown et al., 2005)은 부하들은 윤리적 리더를 자신의 롤 모델(role models)로 삼 고, 리더의 행동을 바람직한 것으로 간주하며, 진실성(integrity), 신뢰, 가치를 자신의 것으로 받아들이게 하는 효과가 있다고 말한다. 벨샥(Belschak, 2012: 36)도 윤리적 리더는 부하들에게 윤리적 정체성의 모델로, 무엇이 규범적으로 적절한 행동인가를 자신의 행동뿐만 아니라 다른 사람과의 관계에서 직접 보여준다고 설명한다. 부하들은 가치 주도적 리더를 존경하고 리더의 가치와 행동을 모방하고, 자신도 동일하게 하고자 노력하게 된다는 것이다. 부하들의 윤리적 가치와 아이디어에 대한 내재화는 윤리적 리더의 효과로, 롤 모델, 정보 교환, 보상의 제공 등을 통해 나타난다.

참고문헌

Brown, M. E., Trevino, L. K., & Harrison, D. A.(2005). Ethical leadership: A social learning perspective for construct development and testing. *Organizational Behavior and Human Decision Processes*, 97(2): 117−134.

Den Hartog, D., & Belschak, F.(2012). Work engagement and Machiavellianism in the ethical leadership process. *Journal of Business Ethics*, 107(1): 35−47.

Mendonca, M.(2001). Preparing for ethical leadership in organizations. *Canadian Journal of Administrative Sciences*, 18(4): 266−276.

Mendonca, M., & Kanungo, R. N.(1998). Ethical leadership in three dimensions. *Journal of Human Values*, 4(2): 133−148.

Piccolo, R. F., Greenbaum, R., Den Hartog, D. N., & Folger, R.(2010). Task significance and job autonomy as motivational mechanisms in the ethical leadership process. *Journal of Organizational Behavior*, 31(2/3): 259−278.

키워드: 윤리적 리더, 행정 윤리, 리더십
작성자: 박흥식(중앙대)
최초작성일: 2019.12.

의사소통(Communication)

1. 개념

의사소통(communication)은 통상 의사전달 등이라 부르며, 현재 한국사회에서는 약칭해서 소통이라는 용어가 점점 더 자주 사용되고 있다. 일반적 의미의 의사소통은 의사전달자가 의사수신자의 행위를 변화시키기 위한 목적으로 의미를 전달하는 과정을 뜻한다. 따라서 의사소통은 의사전달자(sender), 의사수신자(receiver), 메시지(message), 매체(media) 등의 기본요소들로 구성된다.

2. 중요성

조직에서 의사소통은 매우 중요한 요소이다. 조직의 의사소통은 크게 조직 내의 의사소통, 조직과 환경 사이의 의사소통으로 나눌 수 있는데, 성공적인 성과를 위해서 이 두 차원의 의사소통이 모두 중요하다.

Skidmore(1990)는 조직에서 의사소통이 중요한 이유를 다음의 세 가지로 들고 있다.

1) 효과성

조직에서 서비스를 효과적으로 전달하기 위해서는 조직구성원 상호간에 의사소통이 원활하게 이루어져야 한다. 조직에서 효과성은 직원상호 간, 특히 상위직과 하위직 사이에 생각과 감정을 서로 공유하는 데 달려 있다. 쌍방적인 의사소통(two-way communication)은 민주적 과정의 일부이며 바람직한 의사결정을 하고 효과적인 정책을 결정하는 데 필수적이다. 또한 의사소통은 생각 같은 인지적 차원뿐만 아니라 감정 같은 정서적 차원도 가지고 있음에 유의해야 한다.

2) 효율성

효율성은 조직 구성원 간의 의사소통이 공개적이고 개방적일 때 높아진다. 조직 내에서 구성원들이 업무와 관련된 절차, 방법, 사례, 정책, 목적 그리고 자신들이 기대하는 바에 대하여 서로의 생각과 느낌을 공유하는 것은 매우 중요하다. 효율적인 서비스기법을 알고 있는 직원의 경우, 상대적으로 알지 못하는 다른 직원들과 정보를 공유함으로써 업무의 효율성을 높일 수가 있고, 비효율적인 어떤 절차에 대해서도 다른 직원에게 알려줌으로써 시행착오를 줄일 수 있는 것이다.

3) 사기

조직의 운영에 있어서 사기는 특히 중요하다. 최고관리층과 조직구성원 간에 의사소통이 잘 되면 훨씬 더 지지적이 되고 기관의 목적을 달성하는 것도 원활하게 된다. 사기의 성공적인 고취에는 많은 요소가 개입되어 있다. 경우에 따라서는 조직의 사기문제에 민감한 일부 구성원들이 의사소통의 원활함을 대폭 증대시키거나 원천적으로 봉쇄할 수도 있으므로, 사기문제의 중요성을 인식하기 위해서는 종래의 계량적 접근만으로는 충분하지 않으며 상황에 맞는 질적인 접근법을 필요로 하게 된다.

사기의 적합한 고취를 위해서는 조직이 처한 정서적·문화적 차원에 대한 고려와 함께, 조직과 그 구성원들이 경험해 온 전기적 삶에 대한 상호주관적 인식과 경청의 태도 또한 긴밀히 요구된다. 그리고 의사소통구조에 대해 충분히 고려하지 않은 상태에서 사기고취의 활동을 전개하게 되면, 그런 활동에 대한 습관화된 불신과 무력감이 반복되기 때문에, 의사소통의 원활을 통한 사기의 고취는 매우 신중하고 심층적으로 이루어져야 한다.

3. 원칙과 과정

1) 원칙

효과적인 의사소통을 위한 원칙은 학자들의 접근입장차이로 다양하게 정의되고 있지만 다음과 같은 공통적 요인을 포함한다.

(1) 명료성(clarity): 의사소통은 수신자가 그 의미를 정확하게 이해할 수 있도록 해야 한다. 애매한 의사소통은 불신을 초래하는 경향이 있다.

(2) 일관성(consistency): 의사소통은 전후의 메시지가 모순되지 않고 일관성을 유지해야 한다. 좋은 의사소통은 좋은 말만 하는 것이 아니라, 적합한 말을 일관되게 하는 데에 있다.

(3) 적시성(timeliness): 의사소통은 적절한 시점에서 이루어져야 한다. 시간과 장소에 따라 의사소통하고자 하는 메시지 내용이 달리 해석될 수 있음은 모든 의사소통 담당자들에게 거듭 환기되고 훈련되어야 할 항목이다.

(4) 배포성(distribution): 정보는 정확한 수신자에게 전달되어야 한다. 무관한 수신자를 많이 만들어내는 의사소통구조를 피하고 관련된 수신자에게는 관련된 메시지가 반드시 전달되는 의사소통구조의 확립이 필요하다.

(5) 적정성(adequacy): 전달된 정보의 양이 너무 많거나 적어 수신자의 이해를 어렵게 하면 안 된다. 따라서 의사소통 담당자들은 정보의 양을 적절하게 조정하여 이해를 제고시켜야 한다.

(6) 관심과 수용(interest & acceptance): 의사소통은 수신자가 관심을 갖고 수용적인 태도를 보일 때 가장 효과적으로 이루어질 수 있다. 따라서 수신자의 관심에 부합하는 메시지를 전달하기 위하여 노력할 필요가 있는 것이다.

2) 과정

의사소통은 세 가지의 과정 즉, 공유, 이해, 그리고 명확화가 있는데, 이를 살펴보면 다음과 같다.

(1) 공유

공유(sharing)는 메시지를 보내고 받는 과정을 말하는 것으로 언어적으로, 비언어적으로 또는 문서 등의 방법으로 다양하게 이루어지며, 수직적 또는 수평적 통로를 통해 이루어진다. 공유의 과정은 의사소통 공학기술의 발전수준에 의해서도 많은 영향을 받기 때문에, 의사소통 담당자는 총괄적인 기획과정에서 공유의 문제를 진지하게 취급해야 한다.

(2) 이해

이해(understanding)는 메시지를 이해하는 과정으로 주고받는 말의 내용이 동일함을 의미한다. 만일 양자가 다르다면, 의사소통은 이루어지지 않는 셈이므로 이해의 과정은 메시지를 사실 그대로 들으려는 명확화의 과정에 의해 완전해진다. 이해의 과정은 조직의 인력구조가 내재하고 있는 구성적 이질성에 의해서 많은 영향을 받는다. 이질성이 너무 높으면 적정 이해수준이 교란을 받는 경우가 많으며, 이질성이 너무 낮으면 조직의 환경으로부터 조직의 생존에 필수불가결한 정보가 조직으로 유입되지 않는 경우가 발생할 수 있다.

(3) 명확화

명확화(clarifying)는 효과적인 의사소통을 하는 데 특히 중요하다. 이는 들은 내용을 정확히 이해하기 위한 질문이나 반복의 과정인 것이다. 명확화는 다른 무엇보다도 민주적 조직문화로부터 많은 영향을 받는다. 이 경우 광범위한 민주적 과정이 모든 경우에 항상 순기능만 수행하는 것은 아니다. 적절한 수준의 민주적 참여와 함께 민주적 리더십의 적절한 개입과 질서부여가 의사소통의 명확화에 기여하는 것이다.

4. 유형

1) 제도적 절차에 따른 의사소통 유형

(1) 공식적 의사소통

공식적 의사소통(formal communication)은 공식적 조직에서 공식적인 수단(공문서, 협조전 등)에 의해 의사가 전달되는 것을 말한다. 공식적 의사소통의 목적은 조직구성원에게 목표, 정책결정, 지시, 이행을 전달하거나 관리자에게 보고하고 의견을 전달하는 데 있다.

(2) 비공식적 의사소통

조직의 의사소통체계가 아무리 잘 마련되어 있다 하더라도 그것은 조직구성원들이 필요로 하는 모든 정보를 다 전달하기에는 부족하다. 그래서 항상 비공식적 의사소통(informal communication)을 통해 공식적 의사소통을 보완해 주는 것이며, 이는 조직과 관계없이 비공식 수단(소문, 자신의 판단 등)에 의해 의사가 전달되는 것이다.

전술한 공식적 의사소통과 비공식적 의사소통을 개념, 수단, 그리고 장·단점 차원에서 살펴보면 <표 1>과 같다.

표 1. 공식적 의사소통과 비공식적 의사소통의 비교

공식적 의사소통	구 분	비공식적 의사소통
공식조직 내에서 계층제적 경로와 과정을 거쳐 공식적으로 행하여지는 의사소통으로서 고전적 조직론에서 강조	개 념	계층제나 공식적인 직책을 떠나 조직구성원 간의 친분·상호신뢰와 현실적인 인간관계를 등을 통하여 이루어지는 의사소통
공문서, 협조전 등	수 단	소문, 자신의 판단 등
·상관의 권위유지 ·의사소통의 확실 ·책임소재가 명확	장 점	·전달이 신속하고 적응성이 강함 ·배후사정을 상세히 전달 ·긴장과 소외감 극복 ·관리자에 대한 조언 ·공식적 의사소통을 보완
·법규에 근거하므로 의사소통의 신축성이 낮은 수준 ·배후사정을 전달하기가 곤란 ·변동하는 사태에 신속한 적응 곤란	단 점	·책임소재가 불명확 ·의사결정에 활용할 수 없는 점 ·공식적 의사소통을 마비시킴 ·수직적 계층 하에서 상관의 권위손상 우려 ·조정·통제가 곤란

2) 상하 간에 따른 의사소통 유형 – 수직적 의사소통과 수평적 의사소통

상하 간에 따른 의사소통 유형에는 수직적 의사소통(vertical communication)과 수평적 의사소통(horizontal communication)이 있는데, 전자가 상하간의 종적 의사전달인 반면, 후자는 같은 수준의 횡적 의사전달로서, 이들의 차이점은 <표 2>와 같다.

표 2. 수직적 의사소통과 수평적 의사소통의 비교

수직적 의사소통		수평적 의사소통
상향적	하향적	
보고, 제안제도, 의견조사, 태도조사, 설문조사, 면접, 면담, 고충조사 등	명령, 지시, 지령, 훈령, 구내방송, 게시판 등	회의, 위원회, 회람 등

5. 평가

전술한 의사소통들을 근거로 살펴볼 때, 의사소통 시 고려할 사항으로는 사실과 감정을 있는 그대로 전달해야 하고 중요한 문제와 사소한 일에 대한 의사전달의 시간을 고려해야 한다는 것이다. 또한 기억의 한계가 있으므로 반복적으로 전달할 필요성이 있고, 효과적인 청취자가 되기 위해 경청하는 것이 필요하다.

아울러 의사소통의 저해요인도 발견되는데, 이는 조직의 불신 분위기, 언어의 장애, 부하가 상사의 관심분야나 자신의 공로만 보고하는 의사전달자의 자기방어, 상사의 정보독점으로 인해 필요한 정보가 다른 부하나 다른 부서에 전달이 되지 못하는 문제, 지나친 전문화로 인해 자기부서에 대해서만 맹목적으로 충성하고 다른 부서에 필요한 정보를 공유하지 않는 부서 간 이기주의, 비공식 통로의 발달로 공식 통로가 단절되는 비공식 통로의 역기능 상태 등을 들 수 있다.

참고문헌

권육상·전대성·홍석자·서상범·조미영·홍전희(2004). 『사회복지행정론』. 서울: 유풍출판사.

김형식·이영철·신준섭(2007). 『사회복지행정론』. 파주: 양서원.

이평원(2000). 『행정조직의 이해』. 책과 공간.

장천식(2006). 『사회복지행정의 이해』. 서울: 창지사.

Lewis, P. V.(1987). Organizational Communications: The Essence of Effective Management, Englewood Cliffs, NJ: Prentice Hall.

Skidmore, R. A.(1990). Social Work Administration: Dynamic Management and Human Relationships(2nd ed). Englewood Cliffs, NJ: Prentice－Hall.

_____(1995). Social Work Administration: Dynamic Management and Human Relationships, Boston, MA: Allyn and Bacon.

키워드: 의사소통, 제도적 절차에 따른 의사소통 유형, 상하 간에 따른 의사소통 유형
작성자: 양승일(충남도립대)
최초작성일: 2013.07.

이원국가론(Dual State Theory)

1. 개념

지방정부에 대한 전통적 이론의 관심은 과도하게 과장하든지 아니면 과소하게 무시하는 경향을 보였다. 다원주의는 지방정부의 민주주의적 가치를 과도하게 묘사하였고, 마르크시즘은 지방정부를 과소하게 폄하하였다. 결국, 지방정부의 특성이 제대로 설명되지 않는 가운데, 기존의 다원주의와 마르크시즘 그리고 조합주의 이론의 장단점을 결합시켜 '지방'의 특성을 극단적으로 설명하는 이론으로 제시된 것이 이원국가론이다.

이원국가론을 주창한 손더스(Saunders, 1984: 23)는 '주류 정치이론과 마르크시스트 이론의 장점을 결합시키고 약점을 피할 것'을 역설한다. 마르크시스트들의 강점이 다원주의자들의 약점이고, 또 그 반대도 사실이라는 것을 손더스는 충분히 인식하고 있었다. 다원주의나 마르크시즘 같은 통짜배기 이론(unitary theory)의 한계를 극복하고, 이론적 삼각화(triagulation)를 지향고자 하는 노력이 이원국가론으로 결과된 것이다.

전통적 다원주의와 마르크시즘이 지방정부에 대하여 '과소한 관심 아니면 과도한 관심'을 기울이게 된 것은 단원론적 설명이 갖는 한계였다. 여기서 손더스는 지방정부를 수평적으로는 정책의 유형으로 나누고 수직적으로는 지방과 중앙으로 나눈 다음, 여기에 다원주의와 마르크시즘을 대입시키는 설명방식을 착안하였다.

2. 이론구성

손더스가 발전시키는 이원국가론을 구체적으로 그 이론구성의 과정이라는 관점에서 분석해 보면 세 단계로 나뉘어진다. 첫 단계는 국가의 기능을 유형화시키는 것이다. 손더스(Saunders, 1984)와 코오슨(Cawson, 1985)은 국가기능을 사회적 투자(social investment)와 사회적 소비(social consumption)로 이분한다. 두 번째 단계는 이러한 기능적 이분론을 제도적 이분론에 대입시키는 과정인데, 정부의 계층을 중앙과 지방으로 나눈 다음 특정한 기능을 특정한 정부계층에 대입시킨다. 손더스에 따르면, 사회적 투자기능은 중앙정부에 의해 관장되는데 반해, 사회적 소비기능은 지방정부에 의해 관장된다. 그런데 자본주의 사회에서 사회적 소비는 사회적 투자에 의해 압도되므로 지방정부는 자연적으로 중앙정부에 비해 열등한 지위를 가지게 된다. 사회적 투자기능이 생산의 여건을 지속시키는 데 보다 직접적으로 관련되어 있음은 물론이다. 마지막, 세 번째 단계는 중앙과 지방정부의 정책결정을 이익의 중개(interest mediation)와 의사결정의 양식이라는 차원에서 비교하는 과정이다. 중앙정부에서의 사회적 투자기능은 노사간의 계급갈등에 바탕을 둔 조합주의적 성격을 띠는데 반해, 지방정부에서의 사회적 소비기능은 경쟁적 참여의 특성을 갖는 다원주의에 의해 특징지워 진다. 구체적으로 이원국가론이 제시하는 지방정부의 네 가지의 특성을 중앙정부와 비교론적 시각에서 제시하면 <표 1>과 같다.

표 1. 이원국가론에서 나타나는 지방정부의 네 가지 특징

차 원	계급정치	정책부문상 정치	긴 장
조직차원	중 앙	지 방	집권적 지시 對 지방자치
기능차원	생 산	소 비	경제 對 사회정책적 우선순위
정치이념	조합주의적	경쟁적	합리적 기획 對 민주적 책임성
이념차원	이익(profit)	필요(need)	사유재산 對 시민권

3. 발전배경

시대적으로 이원국가론이 등장했던 1980년대 초반은 영국을 비롯한 구미에서의 지방정부 연구들이 기능주의적인 다원주의를 기반으로 하는 시기였다. 이러한 다원주의적 기능주의와 단조로움에 대항하여 이원국가론이 잉태되었던 것이다. 대략 오 년 정도를 앞서 코크

번이 비슷한 문제의식으로 지방국가론을 제창한 바 있었다. 1967년과 1968년 영국의 지방선거에서 전국적으로 노동당이 참패하고 보수당이 득세하는 변화가 일어났다. 새로 집권한 보수당은 재정긴축과 업무상의 효율성 향상을 기치로 내걸고 기업식 경영을 추구하게 된다. 전문적 계획과 의사결정, 중앙정부 및 다른 지방정부와의 효율적 연계, 집행부 중심의 능률적 관리 지향 등의 현상이 나타났다. 지방의회 중심으로 설계된 영국의 지방정부 체계에서 지방의회의 약화와 행정적 전문성 중심의 지방정치 운영은 주목을 끌기에 충분한 사태변화였다. 삼 년 후 노동당이 다시 집권하고도 이러한 추이가 지속되자 코크번은 그 이유를 자본주의 국가와의 관계 속에서 설명하고자 시도하였다. 지배정당의 교체에도 불구하고 주민의 민주주의적 요구와 관계없이 지방정부의 운영이 결정되는 것은 자본주의 구조와 질서, 맥락속에 지방정부가 놓여있기 때문이라는 것이었다.

그러나, 마르크시즘 진영에서의 위와 같은 설명은 지방정부의 고유성을 설명하는 데 실패한 시도일 뿐이었다. 지방국가의 독특한 작동을 설명해내지 못하는 지방국가론을 향하여 손더스는 '지방정부는 그 자신의 독특성을 갖고 있다(Saunders, 1982: 57)'고 분명히 지적하고 있다. 전통적 다원주의가 '민주주의 방파제', '풀뿌리', '초등학교'와 같은 용어로 지방정부를 과장했다면, 마르크시즘은 지방정부의 고유성을 조명하지 못하고 만 것이다. 이원국가론자들은 여기서 양 이론의 장점을 취하고, 단점을 버리고자 하였다.

4. 평가와 전망

디어로브와 손더스(Dearlove and Saunders)가 지적하듯이, 이원국가론은 정부현상의 상이한 측면을 설명하는 데 상이한 이론이 필요하다는 사실을 일깨워 주었다. 지방정부를 설명함에 있어 이원국가론은 광범한 사회경제적 맥락과 지방정부의 독특성을 함께 설명해 주었다. 그러나, 다른 한편으로 이원국가론은 다양한 비판에 직면하기도 하였다. 이들 대부분의 비판들은 실증적 적용에서 발견되는 한계들로서 이원국가론이 지나치게 이론적이고 추상적인 이념형이라는 내용이다.

첫째의 비판은 국가의 기능 내지는 정책을 분류하는 과정에서 발견된다(Dearlove, 1984: 71). 국가의 정책이 어느 특정의 정책유형에 배타적으로 분류될 수 있는 경우는 없다. 그 분류는 사회마다 시기마다 다를 수 있고, 어느 특정의 사회와 특정의 시기 내에서도 국가정책들은 어느 하나의 정책유형에 귀속되기 어려울 뿐 아니라, 일부의 정책들은 여러 유형의 성격을 동시에 갖는다. 예컨대 교통정책이 사회적 생산기능인지 아니면 사회적 소비기능인지 구분하기 어려우며(Stoker, 1988: 236), 교육도 사회적 소비와 사회적 투자기능 양측의 성격을 동시에 갖고 있다(Dunleavy, 1984: 71). 이원국가론이 상정하는 국가기능의 배타적 유형화는 여기서 한계를 갖는다. 둘째, 사회적 생산과 사회적 소비라는 기능이 중앙과 지방이라는 어느 특정의 정부계층에 전적으로 귀속되어질 수 있느냐 하는 문제이다. 중앙정부가 사회적 생산기능을 전담하고 지방정부가 사회적 소비기능을 전담한다는 주장에 많은 반증이 제기될 수 있다. 대다수의 국가에서 사회적 소비기능이 지방정부에 의해 독점되지는 않고 있으며 (Sharpe, 1984: 41), 지방정부의 기능은 사회적 비용, 사회적 생산, 사회적 소비 등에 광범하게 걸쳐있다. 중앙정부 역시 쉽게 집권화 될 수 있는 금전이체(money transfer) 같은 분야에서 사회적 소비분야를 상당 정도 수행하고 있다. 특정한 정부 계층이 특정 기능만을 수행한다는 기능대입은 여기서 비판될 수 있다. 셋째, 정책결정의 양식에 있어 지방정부가 다원적, 경쟁적이지 않은 예가 얼마든지 발견된다. 지방정책의 결정에서도 조직화된 비다원주의적 측면이 있음을 많은 실증연구들은 보여주고 있다(Rhodes, 1986). 빌라드센(Villadsen, 1986: 257)은 지방 정책결정을 조합주의로 설명하고 있으며 킹(King)도 지방정부에서 조합주의적 요소를 지적하고 있다. 샤프(Sharpe, 1984: 41)도 이원국가론은 지방정부의 민주적 수용성을 과장하고 있다고 비판한다. 외적인 민주적 구조에도 불구하고, 이원국가론이 상정하는 것 만큼 지방정부가 민주적이지 못하다는 것이 이들의 견해이다.

참고문헌

Cawson, A.(1985). "Corporatism and Local Politics", Wyn Grant(ed.) The Political Economy of Corporatism, London: Macmillan.

Cockburn, C.(1977). The Local State, London: Pluto Press.

Dunleavy, P.(1984). "The Limits of Local Government", M. Boddy and C. Fudge(eds.), Local Socialism, London: Macmillan.

Rhodes, R. A. W.(1985). Beyond Westminster and Whitehall, London: Unwin Hyman.

Saunders,Peter(1984). "Rethinking Local Politics", M.Boddy and C.Fudge(eds.) Local Socialism. London: Macmillan.

Sharpe, L. J. and K. Newton(1984). Does Politics Matter? — The Determinants of Public Policy, Oxford: Clarendon Press.

Stoker, Gerry(1988). The Politics of Local Government. London: Macmillan.

Villadsen, S.(1986). "Local Corporatism? The Role of Organisations and Local Movements in the Social Welfare State", *Policy and Politics*, Vol. 14, No. 2: 247－266.

키워드: 사회적 소비, 사회적 투자, 이론적 삼각화, 이원국가론, 지방정부
작성자: 이종수(연세대)
최초작성일: 2001.09.

이익충돌(이해충돌, Conflict of Interest)

1. 이익충돌의 의의

이익충돌은 국민의 이익을 위해 행동해야 할 공직자가 자신의 사적 이익을 위해 공익을 저해하는 행동을 하는 상황이다. 한 마디로, 직무 수행과정에서 공직자가 추구하는 사익과 공익이 충돌하는 것이다. 이익충돌은 오늘날 공직 사회의 비리가 상당 부분 겉으로 드러난 외형적 범죄보다 업무 수행과정에서 사적 이해관계에 기초한 부당 의사결정이나 알선·청탁 등 이권개입의 형태로 나타나기에 그 중요성 두드러진다. 이런 속성은 비리 여부의 확인은 물론 행위 자체의 윤리적 판단을 어렵게 함으로써 비리 통제의 실효성을 크게 저하시킨다.

2. 이익충돌의 개념적 속성

이익충돌은 크게 두 가지 상황을 전제로 한다. 하나는 공직자 개인(친구 또는 가족 등)의 이익과 봉사 대상인 타인(국민)의 이익 간에 충돌이 발생하는 것이고, 다른 하나는 이런 충돌이 공직자 자신의 직위나 직책에 맞는 임무 수행을 방해하는 것이다. 이런 상황들을 전제로, 이익충돌의 개념적 속성을 보다 구체화하면 다음과 같다.

첫째, 이익충돌의 당사자는 공직자에 한정되지 않고, 공직자의 친구, 가족, 기타 고객 등 제3자를 포함할 수 있다. 둘째, 이익충돌은 공직자가 자신이나 타인의 이익을 조장함은 물론 이를 위협할 때도 발생한다. 셋째, 이익 간의 충돌은 반드시 실제적(actual)일 필요가 없다. 잠재적인 갈등도 이익충돌을 초래할 수 있다. 넷째, 이익충돌이 공직자의 임무 수행에 어려움을 주어야 한다. 즉, 이익 간 충돌이 공직자로 하여금 자신의 공적 임무를 수행하는 데 방해가 되어야 한다. 다섯째, 이익충돌은 공직자처럼 타인에 의해 고용되거나 공적 의무를 수행하는 사람에게만 발생한다. 환언하면, 공적 업무가 없거나 남에 의해 고용되지 않는 사람은 이익충돌을 경험하지 않는다.

3. 이익충돌의 규제와 치유

이익충돌의 규제는 공직 비리의 발생을 억제하고, 궁극적으로는 공직에 대한 국민적 신뢰를 제고하는 데 결정적 역할을 한다. 이익충돌에 대한 규제는 그 근원을 플라톤(Plato)의 저서에까지 거슬러 올라간다. 플라톤은 당시 지배계층이었던 철인들(Philosopher Kings)에게 국가로부터 제공되는 제한된 보상 외에 어떤 사적·경제적 이익도 추구하지 말 것을 권고한 바 있다. 이런 권고는 공직자가 추구하는 이익(목적)이 크게 두 가지 있을 수 있고—즉, 공적 임무의 수행과 개인의 사적·경제적 이익의 추구—이들 간의 충돌이 발생할 때 바람직한 통치의 구현이 어려움을 시사한다.

이익충돌을 규제하기 위한 제도적 장치는 대개 예방적(prophylactic) 성격을 띤다. 공직 수행에 방해가 되는 타락한 정신 상태를 방지하는 것이 규제의 근본 목적이다. 따라서 해결책으로는 주로 선물 수수, 계약 체결같이 공직자들의 판단을 손상시키거나 공직을 이용한 부적절한 사익 추구를 조장하는 일련의 행동들을 금하려고 한다.

이익충돌을 규제하기 위한 제도적 노력은 각 국이 처한 문화, 정치체제, 정부조직의 관행 등에 따라 조금씩 다르다. 하지만 국가를 초월하는 보편적 규제장치도 존재한다. 비록 이익의 개념과 범위에 따라 규제 내용이 달라지겠지만, 넓게는 계약, 겸직, 부당한 영향력 행사, 공직의 남용 및 공적 행위에 대한 사적 보상, 공직을 통한 사익의 충족, 뇌물, 선물, 부당이득, 기밀정보의 누설 및 활용, 사익의 대변, 외부취업·영리활동, 퇴직 후 활동(취업) 제한 등 공직의 윤리성 제고를 위한 거의 모든 제도적 장치들을 망라할 수 있다. 이 가운데 특히 중요한 것은 뇌물/약인(quid pro quo)·선물(증여)·부당이득, 퇴직 후 활동 등 공직을 이용한 사익 추구 행위의 규제이다.

현재적 이익충돌을 치유하기 위한 방법으로는 제척이나 블라인드 신탁 등이 주로 사용된다. 제척은 이익충돌에 빠진 사람이 이로부터 벗어나기 위해 다른 사람으로 하여금 자신의 공적 임무를 대행케 하는 것이고, 블라인드 신탁은 공직자의 이익충돌을 야기할 만한 재산의 통제권을 포기토록 함으로써(divestiture) 이익충돌을 피하고자 하는 것이다.

4. 이익충돌 규제의 제도적 실태

현재 우리나라에는 「공직자윤리법」, 「공무원 행동강령」, 「부정청탁 및 금품수수의 금지에 관한 법률」 등 다양한 윤리 관련 법규들이 이익충돌에 관한 금지원칙이나 규제조항들을 단편적으로 규정하고 있다. 그러나 어느 제도도 이익충돌이 무엇인지를 명확히 규정하지 않고 있다. 그리고 이익충돌의 당사자, 공익과 사익의 충돌 사례, 이의 해결 방안 등에 대한 분명한 원칙 등을 정립하지 않아 제도의 내용 및 체제 면에서 적지 않은 문제점을 노출하고 있다.

「공직자윤리법」은 공무원 개인의 재산상 이익과 공정한 직무수행 간 충돌을 지적함으로써 간접적으로 이익충돌의 의미를 시사한다. 그리고 사실상 백지신탁을 이익충돌을 치유하는 하나로 수단으로 지정하고 있다. 이런 점에서 「공직자윤리법」은 이익충돌 규제에 관한 체계적 규정이 아니라 이익충돌에 관한 선언적 규정을 마련하고, 백지신탁제도를 통해 이익충돌 상황을 방지하려는 제도적 수단이라 할 수 있다.

「공무원 행동강령」은 좀 더 구체적으로 이익충돌 회피와 관련된 내용들을 규정한다. 특히, '공정한 직무수행'을 구성하는 하위 조항을 두어 직무관련자(이해관계자)의 이해관계 직무의 회피를 규제하는 내용을 담고 있고, 2018년에는 해당 조항의 전문개정을 통해 이해관계자의 범위를 보다 확대하고 구체화했다. 2016년 시행된 「부정청탁금지법」(일명 김영란법)은 (미국의 '부정청탁금지 및 이해충돌방지법'처럼) 본래 이익충돌에 관한 장을 별도로 마련해 공직자의 이익충돌을 규제하려 했으나, 선물 규제를 포함한 부정청탁 부분만 반영되고 통과되지 못했다.

참고문헌

김호섭(2019). 「현대 행정의 가치와 윤리」. 서울: 대영문화사.

Carson, T. L.(1994). Conflicts of Interest. *Journal of Business Ethics*, 13(5): 387－404.

Plato.(1982). *The Republic*. Cambridge, MA: Harvard University Press.

Stark, A.(2000). *Conflict of Interest in American Public Life*. Cambridge, MA: Harvard University Press.

키워드: 블라인드 신탁, 예방적 성격
작성자: 김호섭(아주대)
최초작성일: 2003.02., 수정작성일: 2019.12.

1. 개념 정의

인간관계 운동(human relations movement)은 조직 내 집단(groups), 특히 작업장 근로자 집단과 구성원들의 행동에 대한 일련의 관심과 연구를 말한다. 미국에서 1920년대 공장 근로자들의 사회관계(social relations), 동기 부여 및 근로자 만족도가 공장의 생산성에 어떤 영향을 미치는가를 탐구했던 호손 연구(Hawthorne studies)로부터 시작되었다. 이후 많은 대학 및 연구소가 인간관계에 대한 연구를 수행한다. 인간관계 운동은 공장 근로자들을 기계의 톱니바퀴처럼 교체될 수 있는 것이 아니라 심리 및 회사와의 적합도 차원에서 볼 수 있도록 만든다. 기존에 근로자들을 보는 관점은 경영자와 근로자 간의 상호 수평적 협력이나 의견 교환보다는 수직적 통제나 관리의 대상이었다. 인간관계 이론(human-relation theories)의 특징은 조직을 기계적 장치로 보았던 고전적 조직 이론과 달리 인간 협력 시스템으로 간주한다는 점이다. 인간관계 운동 참여 연구자들은 1950년대 이후 명성을 얻는다. 조직 관리에 인간 심리(humanistic psychology)의 시각을 도입한다. 행동 과학 연구자들(behavioral scientists)이 이러한 흐름을 대표한다. 근로자들의 태도, 동기 부여, 행동에 관심을 보이면서, 조직 관리에서 새로운 방향을 제시하였다. 이러한 관심은 70년대 조직 관리에 있어 근로자들의 참여를 높여야 한다는 주장으로 나타난다. 이유는 달랐지만, 의사 결정에서 참여가 개인과 조직 효과성 둘 다를 증가시킬 수 있다는 믿음은 같았다.

2. 등장 배경

산업 혁명 이전에는 대부분의 일은 장인들의 손에 의해 이루어졌다. 근로자는 한 상품의 처음부터 끝까지 작업 해 완성시켰다. 양복 재단, 가구 제작, 제화와 같은 일은 장인이 정해진 기간 동안 제한된 제품만 완성할 수 있었고, 오랜 시간이 걸렸다. 이런 시스템에서 산출량은 제한될 수밖에 없었다. 그러나 산업 혁명이 일어나면서 근로자가 하는 일과 역할은 크게 바뀐다. 공장은 장인 한 사람의 수백 배의 일을 하고, 고용주는 근로자를 상품 제조를 위한 하나의 부품이나 재료 정도로 인식한다. 오랫동안 근로자들의 욕구가 생산성에 어떤 영향을 미치는가는 깨닫지 못한다. 관리자들은 근무 조건, 안전성, 근로자들의 동기 부여 등을 거의 중요하지 않게 생각하였다. 작업 시간은 길고 보수는 적었다. 20세기에 들어서면서 프레더릭 테일러(Frederick Taylor) 등은 공장의 제품 생산에 과학적 관리법을 도입한다. 대량 생산은 과학적 관리법이 발전할 수 있는 환경을 제공하고, 결국 조립 라인의 길을 연다. 연구자들은 일을 세분화하고 전문화한 다음 각각을 근로자들에게 맡길 때 생산성은 향상될 것으로 믿는다. 하지만 사람들은 테일러가 말하는 일의 분담이 근로자들을 착취한다고 비판한다. 근로자를 부품처럼 마치 언제든지 교체할 수 있다고 보는 것이 작업장의 비인간화를 촉진한다는 것이었다. 엘튼 메이요(Elton Mayo) 등 하버드 대학(Harvard University) 소속 연구자들은 1920년대 중반부터 1940년대 초반에 걸쳐 시카고 근교 호손 공장(Hawthorne plant of Western Electric Company)에서 호손 실험 또는 연구(Hawthorne experiments or studies)를 진행한다. 작업장의 물리적 근로 환경이 근로자 생산성에 어떤 영향을 미치는가에 대한 연구로 기본 가정은 공장의 물리적 환경을 개선하면 근로자도 기계처럼 생산성을 높인다는 것으로, 근로자의 역할이나 중요성은 고려하지 않은 것이다. 실험에서 처음에는 작업장을 충분히 밝게 한 후, 뒤에 불빛의 양을 줄여갔는데, 결과는 애초 기대와 달리 생산성은 줄지 않고 오히려 증가하였다. 연구자들은 결과가 실험에 참여한 근로자들이 실험자들로부터 관심과 주의를 받으면서 보다 생산적이 되었기 때문이라고 해석한다. 이것이 호손 효과(Hawthorne effect)로, 인간관계 운동의 단초를 제공한다. 연구자들은 근로자 자신들이 중요한 것으로 인정받고 있다고 느낄 때 작업에 속도를 내도록 동기 부여 받는다는 것을 깨닫는다. 근로자들이 기계의 부속품이 아니며 생산성에 영향을 미치는 하나의 독립적인 주요 변수라는 사실의 발견이다. 관리자들도 인간관계가 조직의 생산성에 상당한 영향을 미친다는 것을 깨닫는다. 인간관계 운동 또한 독자적이고 중요한 하나의 연구 분야로 등장하고, 근로자를 복잡한 인간으로 보는 단계로 나아간다.

3. 내용

인간관계 운동의 기본적 생각은 작업장에서 근로자들은 사회적 만족을 추구하는 존재인데, 과학적 관리법에 기초한 조직의 공식구조와 보수 체계는 근로자들의 욕구를 만족시키지 못해 감독이 잘 안되고 생산성도 개선되지 않는다는 것이다. 근로자들의 직무 중심적 인간관계 기술을 향상시켜야 조직의 생산성을 높일 수 있다고 주장한다. 근로자들에게 이러한 기술을 훈련시키는 것은 '소프트 기술(soft skills)'이라고 부른다. 근로자들이 효과적으로 의사를 전달하고, 동료들의 감정을 헤아리고, 또 느낌을 자유롭게 말하고, 이를 통해 갈등을 해결할 수 있어야 한다고 생각한다. 체스터 바너드(Chester I. Barnard)는 인간관계 운동의 대표적 연구자로, 조직 관리에서 다음 세 가지를 강조한다.

첫째, 자연적으로 형성된 집단에서는 사회적 측면이 기능적 조직 구조보다 우선한다.

둘째, 상향적 커뮤니케이션이 이루어져야 한다. 쌍방향 커뮤니케이션은 근로자로부터 최고 경영자에 대한 것뿐만 아니라 그 반대에 의한 것까지 포함한다.

셋째, 단결과 뛰어난 리더십은 구성원들이 목표를 알게 하고, 효과적이고 일관된 의사 결정을 가능하게 한다.

4. 의미와 한계

인간관계 운동은 조직 행동론의 발전에 여러 가지 중요한 의미를 갖는다.

첫째, 산업 사회학(industrial sociology)의 등장을 의미한다.

둘째, 작업장 내 근로자들의 불만족, 노동조합, 갈등 등 문제와 해결책에 대한 연구 시작의 동기를 제공한다. 이러한 과정에서 인간관계와 산업 심리학은 사실상 동의어로 사용된다.

셋째, 작업장 내의 경제적 동기 부여보다 근로자들의 행동에 영향을 미치는 감정이 보다 강조된다.

넷째, 비공식 집단의 중요성에 대한 관심의 증가이다. 공식 조직은 능률성이라는 관리상의 필요에 바탕을 두지만, 비공식 작업 집단의 규범은 구성원 간의 사회적 관계에 기초한 것으로, 활동은 공식 조직의 목표와 불일치할 수 있다.

인간관계 운동은 인간관계가 근로자의 생산성을 높이는 성공적인 경영 기법으로 인식한다. 이것은 만족한 젖소가 가장 많은 우유를 준다는 '젖소 사회학(cow sociology)'으로까지

나아간다. 관리자들에게 근로자들의 문제에 대한 이해를 넓힐 것을 요구한다. 적대감을 낮추고, 근로자 중심적 감독을 권고한다. 나아가 참여적 관리, 근로자들에 의한 자기 감독 개념을 발전시킨다. 그러나 이 운동의 연구자들은 궁극적으로 관리층의 입장에서 근로자의 효과적 통제 방법을 제시하면서, 인간관계기법은 조작적이고 근로자 관리적 통제(managerial control)의 고전적 방법이라는 비판을 받는다.

참고문헌

Barnard, C. I.(1938). The functions of the executive. Cambridge, MA: Harvard University Press.

Bruce, K.(2006). Henry S. Dennison, Elton Mayo, and Human Relations historiography. *Management & Organizational History*, 1(2): 177−199.

DuBrin, A. J.(2007). Human relations interpersonal job−oriented skills (9th ed.). Upper Saddle River, NJ: Pearson Prentice Hall.

Vaughan, E. J.(1976). Some observations upon the logic of participative management. *Journal of Industrial Relations*, 18: 220−228.

Wilson, D. C., & Rosenfeld, R. H. (Eds.).(1990). Managing organizations: Text, readings and cases. London, UK: McGraw−Hill Book Company.

Wray, R., Luft, R., & Highland, P.(1996). Fundamentals of human relations: Applications for life and work. Cincinnati, OH: Southwestern Publishing.

키워드: 인간관계 연구, 비공식 조직, 호손 실험
작성자: 박흥식(중앙대)
최초작성일: 2019.12.

인포데믹스(Infodemics)

1. 인포데믹스의 개념

인포데믹스(infodemics: 정보감염병)는 정보(information)와 전염병(epidemics)의 합성어로서 "부정확한 정보가 전염병처럼 빠르게 확산되어 생기는 다양한 사회적 병리현상"을 의미한다(정정길 외, 2019: 419). 이는 "잘못된 정보나 루머가 인터넷이나 미디어를 통해 퍼지고, 공포감을 만들어 사회에 치명적인 위기를 초래하는 것"으로서 정보 확산에 따른 사회적 부작용을 초래한다(과학백과사전, 2020).

인포데믹스가 발생하게 된 원인은 정보통신기술의 발달로 인해 정보획득이 수월해지고 사회관계망서비스(Social Network Service: SNS)를 통해 정보 확산과 정보유통이 빠르게 진행되었기 때문이다. 특히 인포데믹스가 활성화되는 이유는 사회관계망서비스를 통해 근거 없이 정보를 생산하고 소비하는 개인행동이 강화되었기 때문이다. 사생활 침해 우려와 사회관계망서비스에 의한 파급 효과가 과소평가되면서 왜곡된 정보가 개인에 의해 비판 없이 생산 · 소비되고 있는 것이다. 정보에 대한 비판적 수용 능력 부족, 정보 진실여부 판단 및 출처 확인 미흡 등과 같은 개인적 행위로 인해 인포데믹스가 활성화 되었다(천현진, 2010: 14). 또한 인포데믹스의 활성화 원인은 정보의 사실여부 판단에 앞서 비판 없이 사회관계망서비스에 의해 빠르게 유통되는 '디지털 포퓰리즘'에 있다. 정부정책이 구체적으로 결정되기 이전에 사회관계망서비스를 통해 왜곡된 정보가 빠르게 유통되어 병리적 여론이 합리적 정책결정을 위협함으로써 민주주의의 원칙을 파괴시키기에 이르는 것이다(정정길 외, 2019: 420). 또한 인포데믹스는 사회관계망서비스를 통해 유통되는 정보에 대한 사람들의 신뢰가 정부가 공식적으로 제공하는 정보에 대한 신뢰보다 높을 때 더욱 심각해진다(정정길 외, 2019: 419).

2. 인포데믹스의 등장배경과 특징

인포데믹스는 최근 들어 널리 사용되고 있는 용어임에도 불구하고 사화과학 연구에서 학문적으로 확립된 용어는 아니다. 인포데믹스라는 용어는 2003년 워싱턴 포스터(Washington Post) 신문 논평에서 공포와 혼재된 일부 사실들이 루머로 급속하게 확산되는 정보통신의 부작용을 설명하면서 처음 사용되었다(Rothkopf, 2003). 실제 인포데믹스라는 용어가 널리 활용되어 사용된 것은 2007년 다보스포럼에서 소개된 이후부터이다(천현진, 2010; 추병완, 2011).

인포데믹스는 사회관계망서비스 등의 활성화로 인해 발생한 사회적 병리현상으로 개인과 사회에 미치는 부정적 영향이 매우 크다. 정확한 사실에 기반을 두지 않고 추측이나 뜬소문이 더해진 부정확한 정보를 인터넷, 사회관계망서비스 등을 통해 전염병처럼 급속도록 빠르게 전파함으로써 개인의 사생활은 침해되고, 사회적으로는 경제, 정치, 안보에 치명적인 영향을 미칠 수 있는 것이다(추병완, 2011: 12). 이로 인해 정부에서 제공하는 공식적이고 객관적인 정보에 대한 신뢰는 추락하고 정부에 대한 부정적 여론이 형성되는 등, 인포데믹스로 인한 합리적 정책결정과 정책집행에도 어려움을 겪게 된다(정정길 외, 2019: 420). 인포데믹스로 인해 합리적 정책결정의 어려움, 정책집행의 지연, 정책집행의 한계, 정부불신 등 상당한 사회적 비용이 발생한다는 것이다(정정길 외, 2019: 420). 예를 들어 메르스 사태, 코로나 바이러스 19 감염병 사태 등과 같이 감염병 자체에 대한 정보가 제한된 상황에서 잘못된 정보나 루머가 화학작용을 일으켜 사회관계망서비스 등을 통해 빠르게 확산되면서 심각한 사회적 문제가 되기도 하였다(채민석, 2015: 188).

3. 인포데믹스의 활용(연구) 경향

인포데믹스에 관한 학문적 연구는 최근까지 거의 이루어지지 않고 있다. 주로 정보화의 역기능으로서 인포데믹스가 논의되고 있으나, 이를 학문적이고 체계적으로 연구한 논문은 드물다. 그럼에도 불구하고 향후 사회관계망서비스가 발달함에 따라 인포데믹스는 가짜뉴스(fake news)와 함께 매우 중요한 이슈가 될 것이다. 인포데믹스의 사회적 부작용이 나타나는 사회는 대부분 저신뢰 국가들이다. 특히 국민의 정부에 대한 신뢰가 낮은 국가에서 인포데믹스 문제가 발생할 가능성이 높다. 따라서 인포데믹스의 사회적 병리현상을 극복하기 위해서는 정부신뢰 증진 노력이 수반될 필요가 있으며, 온라인상에서 지속적으로 생성되고, 유통되며, 공유되는 정보를 모니터링 하면서 잘못된 정보에 빠르게 대응하는 관리방안이 마련될 필요가 있다(정정길 외, 2019: 421-422).

참고문헌

과학백과사전(2020). 인포데믹스.

정정길 외(2019). 새로운 패러다임 행정학. 서울: 대명출판사.

채민석(2015). 어쩌면 바이러스보다 더 무서운 것. 「의료와사회」, 1: 184-190.

천현진(2010). 소셜 미디어 시대의 인포데믹스 이슈. 한국인터넷진흥원.

추병완(2011). 클라우드 컴퓨팅(Cloud Computing) 시대에서 사이버윤리교육의 과제. 「도덕윤리과 교육연구」, 32: 1-20.

Rothkopf, D. J.(2003). *When the buzz bites back.* Washington Post, 11 May, 2003.

키워드: 가짜뉴스, 디지털 포퓰리즘, 사회관계망서비스

작성자: 김정인(수원대)

최초작성일: 2020.02.

일선관료(Street-Level Bureaucrat)

일선관료는 일선관료제의 구성원을 말하는데, 대체로 공공조직의 일선에서 시민과 직접 대면하여 업무를 처리하는 사람들이 이에 속한다. 일선관료의 개념에서 중요한 것은 그가 하는 업무의 성격이며, 이 점에서 계층제적 시각에서 말하는 말단관료와 구분될 수 있다. 곧, 업무상 시민과 대면적 상호작용이 필수적인 공무원들 가운데는 고위직도 있을 수 있기 때문에, 일선관료라고 해서 반드시 관료제의 하위계층에 있다고 볼 수는 없다.

일선관료제에 대한 권위자인 립스키(Lipsky)에 의하면 일선관료는 첫째, 정규업무에서 시민들과 지속적으로 상호작용을 해야 하며, 둘째, 관료제적 구조에서 일하지만 재량의 행사 및 독특한 업무환경 등을 통해 직무상의 독립성이 강하고, 셋째, 대면하는 시민에 대해 강한 잠재적 영향력을 가진다.

립스키가 일선관료의 전형적인 예로 든 범주는 교사, 경찰, 법률집행공무원, 사회복지서비스요원, 하급법원판사, 변호사, 법원의 관리, 보건요원, 기타 공공서비스를 제공하는 공무원들이다.

한편, 일선관료제의 일선관료는 시민과의 관계에서 다음과 같은 기능을 수행하고 있는 것으로 주장된다. 먼저, 일선관료는 서비스배분자로서의 역할을 행사한다. 이들은 비교적 낮은 직위의 공무원이지만 정부가 전달하는 서비스를 실제로 구성하며, 이들의 개인적 결정은 기관의 정책으로 된다. 일선관료의 재량적 행위는 혜택, 허가, 정부권한 및 서비스에 대한 접근 등을 결정함으로써 시민의 삶의 기회를 구조화하고 제약한다. 둘째, 일선관료는 정부와 시민 간의 접촉점의 역할을 한다. 일선관료는 시민과 대면적으로 접촉함으로써 정부를 국민에게 대표하고, 시민 또한 관료와의 대면을 통해 정부를 경험한다. 셋째, 일선관료는 사회통제자로서의 역할을 한다. 일선관료가 제공하는 공공서비스는 자본주의경제체제가 사회적으로 뒤진 계층에 미치는 악영향을 완화하고, 주요 사회경제제도의 정당성을 확보하는데 기여한다는 점에서 일선관료들은 현대사회의 갈등을 규제하는 역할을 한다. 또한 서비스신청자는 목적달성을 위해 서비스의 수혜요건을 충족시켜야 하고, 일선관료에게 공손한 태도를 취해야 한다는 점도 일선관료의 사회통제자적 성격을 드러내는 예이다. 마지막으로 일선관료는 정책결정자로서의 역할을 한다. 그는 정책집행단계에서 활동하지만 업무의 상대방인 시민에 대한 결정에서 넓은 재량을 행사하고, 이들의 개별적 결정들이 모여서 궁극적으로 기관의 행태를 결정한다는 점에서 정책에 영향을 미치고, 정책을 변화시키게 된다.

일선관료제이론은 일선관료제의 독특한 업무환경이 일선관료의 고유한 행태를 낳는다고 주장한다. 일선관료는 수요의 제한, 가용자원이용의 최소화, 그리고 기관이 정한 절차에의 순응성의 확보를 위해 서비스의 배급관행을 발전시킨다. 배급관행의 대표적인 예는 서비스에 대한 금전적 비용부과, 서비스대기시간, 정보의 제한, 자존심을 상하게 하는 심리적 비용부과 등이다. 다음으로 일선관료는 자신의 업무자원을 보존하기 위해 고객과 업무상황을 통제한다. 고객통제적 관행의 예로는 고객과 관료의 공간적 분리, 고객 간의 분리, 관료－고객 간 상호작용의 구조화를 통한 상호작용의 내용, 시간, 속도에 대한 통제, 일상적 질서를 어기는 고객에 대한 통제규칙, 비정규적 문제처리를 위한 특별전담부서 등을 들 수 있다. 마지막으로 일선관료는 자신의 목표를 제한함으로써 가용자원과 목표성취 간의 간격을 줄이고자 하는데, 그 결과 직무와 고객의 개념을 변형시킨다고 본다. 직무개념의 변형은 자신의 능력과 목표 간의 심리적 간격을 줄이기 위해 관료가 사적으로 목표를 정의하는 행동으로서 이것의 부정적 결과가 우대주의와 집단편견이다. 고객개념의 변형은 고객의 분류를 통해 제한된 고객에 대해서만 이상적 직무개념에 따른 성과개념을 적용하는 행동을 말한다. 예를 들어 가치 있는 고객－무가치한 고객, 협조적 고객－비협조적 고객, 반응적 고객－무반응적 고객 등의 구분 아래 전자의 집단에 대해서만 주된 관심을 보이는 것이 고객개념의 변형에 해당한다.

참고문헌

조일홍(1992). "Michael Lipsky의 일선행정관료체제에 관한 연구", 오석홍 편. 『행정학의 주요이론』. 서울: 법문사.

Lipsky, Michael.(1980). Street－Level Bureaucracy: Dilemmas of the Individual in Public Services. New York: Rusell Sage Foundation.

Protass, Jeffery Manditch.(1979). People－Processing: The Street－level Bureaucrat in Public Service Bureaucracy. Lexington: D.C. Heath and Co.

키워드: 립스키, 재량
작성자: 윤주명(순천향대)
최초작성일: 2003.02.

임파워먼트(Empowerment)

1. 임파워먼트의 개념

임파워먼트(empowerment)란 의사결정 혹은 집행과정에서 조직구성원에게 부여되는 재량권과 책임의 배분, 그리고 정보공유 등을 통한 권한의 배분을 의미한다. 임파워먼트는 권위적 의사결정과 정보의 집중에 따른 문제점을 해결하기 위한 관리기법으로 조직구성원들의 직무동기를 증진시키고, 이를 통해 직무책임성을 강화하고 조직구성원들의 전문성을 효율적으로 활용하기 위한 목적을 지닌다. 또한 임파워먼트란 권한위임과 같이 파워의 크기가 정해져 있는 외적인 상태가 아닌 개인적 자신감에 대한 내면적 신념과 동기부여가 증가된 상태와 개인의 내재적인 업무동기를 증진하도록 파워를 증진하는 개인의 심리적인 과정으로 정의되기도 한다.

일반적으로 임파워먼트는 개인, 집단, 조직 수준으로 확산되는 특징을 가지고 있다. 임파워먼트 된 개인은 자긍심이 증진되고 자신의 사고를 변화시키며 역량이 증대된다. 개인 임파워먼트는 타인과의 상호작용과정에서 다시 타인과 구성원의 역량을 증대시키며, 이 과정에서 권한이전과 관계증진이 이루어진다. 또한 집단 임파워먼트는 궁극적으로 조직전체로 확산되어 제도 및 구조의 변화를 통한 행태의 정착으로 조직 임파워먼트를 형성한다.

2. 임파워먼트의 발전배경

임파워먼트는 사회학, 정치학, 심리학 등 사회과학 분야에서 연구가 활발하게 진행되고 있는 주제이다. 1950년대 임파워먼트에 대한 연구는 행태과학의 관점에서 개인의 동기부여, 개인의 가치 및 잠재력을 중심으로 이루어졌고, 1970년대 후반부터는 개인 수준에서 벗어나 집단과 조직에 대한 상황론적 접근이 이루어졌다. 이후 1990년대 이후부터 몰입, 만족, 주인 의식 등의 주제와 함께 본격적인 연구가 시작되었다.

공공부문을 연구대상으로 하는 행정학 관점에 따른 임파워먼트 연구를 보면, 일반 기업 이나 조직을 대상으로 하는 경영학의 임파워먼트에 대한 관심에 비해 공공부문에서는 임파 워먼트에 대한 실증적이고 경험적인 효과 등에 대한 많은 연구가 이루어지고 있지 못하다. 공공관리분야에서는 임파워먼트에 대한 개념적 필요성을 강조하는 수준의 연구가 이루지고 있으며, 실제 임파워먼트와 개인 또는 조직수준의 변수 간 연관성이나 선행요인에 대한 경 험적 연구는 매우 드문 편이다.

3. 임파워먼트의 접근방법 및 중요성

1) 임파워먼트의 접근방법

임파워먼트에 대한 접근방법은 미시적 접근방법과 거시적 접근방법으로 구분할 수 있다. 첫째, 미시적 접근방법은 동기적/심리적 차원의 임파워먼트를 의미하며, 조직구성원들이 개 인적 차원에서 자신들의 직무에 대해 느끼는 믿음인 자기효능감과 밀접하게 관련되어 있다. 둘째, 거시적 접근방법은 관계적 접근방법을 의미하며, 조직구성원에게 권한과 책임을 부여 하는 관리기법이다. 거시적 관점의 임파워먼트는 조직성과 등을 증진시키기 위한 목적으로 조직구성원의 역량을 발휘할 수 있는 효과적인 권한과 책임의 이동을 통해 조직 내 권한의 균형을 이루는 것에 초점을 둔다.

2) 임파워먼트의 중요성

임파워먼트는 조직구성원들로 하여금 자신의 일이 조직의 성패를 좌우한다는 강한 사명 의식을 갖도록 한다. 임파워먼트는 우수한 인력을 양성하거나 확보하는 것에 초점을 두며, 업무를 수행하는 조직구성원 개인의 역량을 향상시키는 데 초점을 둔다. 임파워먼트는 조직 구성원이 담당하고 있는 일에 대해 스스로 의사결정권을 갖게 하여 통제감을 높임으로써 무 력감과 스트레스를 해소하고, 나아가 강한 업무의욕을 갖게 한다. 또한 임파워먼트는 이해관 계자에 대한 서비스를 향상시키고, 환경변화에 신속한 대응을 가능하게 한다.

4. 임파워먼트의 구성요인

임파워먼트는 일반적으로 의미(meaningfulness), 역량(competence), 자기결정력(self-determination), 영향력(impact) 등 네 가지 하위요인으로 구성되어 있다. 첫째, 의미란 주어진 과업의 목적과 요구되는 역할이 개인의 신념과 가치관에 얼마나 부합되는가를 뜻한다. 임파워먼트의 구성요인으로서 의미는 조직구성원들이 인식과 판단을 근거로 하는 심리적 요인을 의미한다. 개인적으로 의미 있는 과업을 수행하는 개인은 그렇지 않은 개인에 비해 목적의식과 열정을 가지고 에너지를 투입하는 행태를 보인다.

둘째, 역량이란 특정과업에 대한 개인의 능력에 대한 믿음을 의미하며, 개인의 능력에 대한 조직구성원 개개인들이 소유하고 있는 기술이나 능력으로 업무를 수행할 수 있다고 믿는 태도나 지각을 말한다. 잠재적인 능력은 개인적인 신념을 반영하기 때문에 조직구성원들이 직무를 수행하는 데 있어서 자신의 능력에 대한 확신감이 없다면 임파워먼트의 지각 정도가 낮아지게 된다.

셋째, 자기결정력은 개인이 누구의 간섭 없이 재량권이나 주도권을 가지고 행동을 통제할 수 있다는 믿음이나 행동을 의미한다. 자기결정력은 직무활동 방식, 작업과정의 시작과 유지 등에 대한 자율성과 작업에 대한 속도와 노력 등에 대한 의사결정이 포함된다. 자기결정력이 주어지게 되면 조직구성원들은 자신의 행동이 외부적인 요인의 통제 속에서 발생하는 것이 아니라 자기 자신의 결정에 의해 발생한 것으로 판단하기 때문에 과업을 수행하는 데 있어서 진취적이고 능동적인 역량을 나타내게 된다.

넷째, 영향력은 과업 수행에 대한 전략적, 관리적, 실무적 절차와 결과에 대하여 개인이 자신이 속한 조직에 영향력을 미칠 수 있는 정도를 의미한다. 영향력은 소속된 팀이나 조직에서 개인이 얼마나 차별화되어 있는 존재인가를 지각하는 정도를 반영한다. 조직구성원은 목표달성을 위한 자신의 활동이 조직 전체의 시스템에 영향을 미칠 수 있다는 신념을 통해 임파워먼트를 지각하게 된다.

5. 임파워먼트에 대한 평가와 전망

조직구성원 개인과 조직의 임파워먼트는 조직의 정책수립 및 의사결정과정에서 계층제의 상위직에 위치한 구성원만이 갖고 있던 권한과 책임을 중하위직 조직구성원에게 부여하고 그 결과에 대한 책임을 지우는 과정에서 출발한다. 이러한 임파워먼트는 개인적 측면에서 조직구성원의 자긍심, 상하 대인관계 능력 및 집단의사결정 능력을 증진시킨다. 조직적 측면에서는 환경에 대한 탄력성의 증대, 조직경쟁력의 확보 및 조직풍토 개선을 이끌어낸다.

이러한 임파워먼트에 대한 논의는 급변하고 있는 외부환경에 대응하고 성과를 극대화하기 위해 기존의 권위적 의사결정과 집권적 운영 대신에, 조직구성원 간 협력을 바탕으로 자율성과 책임성을 강화해가는 조직관리 전략이 강하게 요구되는 공공부문에서 중요한 의미를 갖는다. 특히 전형적인 계층조직인 정부관료제의 한계에 대한 비판이 확산되고, 정부조직에서 발생하는 문제점에 대한 해결노력이 요구되는 공공부문에서 임파워먼트에 대한 관심과 연구는 활성화될 것으로 전망된다.

참고문헌

성영태(2006). 「기초자치단체장의 리더십 유형이 공무원의 조직몰입에 미치는 영향: 임파워먼트 매개변수를 중심으로」. 박사학위논문, 계명대 대학원.

조태준 · 신민철(2011). 임파워먼트와 인식된 조직성과 간 관계에 대한 연구: 개인 및 조직수준의 매개변수를 중심으로. 「행정논총」, 49(1): 31−61.

Seibert, S. E., Silver, S. R., & Randolph, W. A.(2004). Taking empowerment to the next level: a multiple−level model of empowerment, performance, and satisfaction. *Academy of Management Journal*, 47: 332−349.

Spreitzer, G. M.(1995). Psychological empowerment in the workplace: Dimensions, measurement, and validation. *Academy of Management Journal*, 38: 1442−1465.

Spreitzer, G. M., & Quinn, R. E.(2001). A Company Leaders: Five Disciplines for Unleashing the Power in Your Workplace. San Francisco: Jossey−Bass.

키워드: 임파워먼트, 동기부여, 자기결정력
작성자: 김대건(강원대)
최초작성일: 2011.07., 수정작성일: 2019.12.

자원의존이론(Resource Dependency Theory)

1. 개념

전략적 선택관점(strategic choice view) 중의 하나로 분류할 수 있는 자원의존이론(resource dependency theory: RDT)은 조직과 조작화(enacted)된 인위적 환경 간의 적합도를 유지하려 한다(Pfeffer, 1982). 상황이론의 특징 중의 하나는 환경에 대한 결정론적인 지향성인데, 상황이론의 대안으로 대두된 전략적 선택관점은 환경에 대한 임의론적인 지향성을 강조하여 의사결정가가 전략적 선택을 통해 어느 정도는 상황적 제약조건을 완화할 수 있다는 것이다.

2. 이론적 모형

구조적 상황이론을 자원의존이론으로 발전시킨 Pfeffer와 Salancik(1978)는 환경의 한 차원으로서의 불확실성이 너무 불확실한 개념인 바, 더욱 구체적인 환경차원으로서 자원의 집중도(Degree of Concentration of Resources), 자원의 희소성(Scarcity or Munificence of Resources), 조직 간의 상호연관성(Interconnectedness of Organizations) 등을 환경변수의 조작화변수로 제안한다. 그들의 주장은 조직이 상황요소에 단지 반응하는 것이 아니라 상황적 제약조건들을 어느 정도까지는 전략적인 조정을 통해 상황요인의 영향을 완화시킬 수도 있다는 것이다.

구조적 상황이론이 환경에 대한 결정론적인 인식론에 입각한 반면 Pfeffer와 Salancik의 이론은 조직구조가 단순히 객관적·기술적 환경에 대한 조직적 적용이 아니라 고위정책결정자의 환경에 대한 선택적 인식을 통한 전략적 선택을 강조한다는 점에서 환경에 대한 임의론적 인식론에 입각한 전략적 선택이론의 범주에 속한다고도 볼 수 있다.

Pfeffer와 Salancik(1978)은 기업의 흡수, 통합 및 합병과 같은 조직 간의 조정은 조직이 의존하는 핵심적인 희소자원에 대한 통제에 의해 더 잘 설명될 수 있다고 주장한다. 자원에 대한 종속성이 관리자가 다루어야 할 여러 가지 상황요인들의 하나로 간주될 수 있다는 점에서, 자원의존이론이 단지 구조적 상황이론의 한 유형에 불과하다는 주장이 있다.

3. 발전배경

종속성의 개념과 종속성의 권력에 대한 함축성은 Blau(1964)의 저서인『사회생활에 있어서의 교환과 권력(Exchange and Power in Social Life)』에서 처음 연구되었다. Blau에 의하면 사회생활은 사회적 행위자 간의 비용과 편익의 교환이라는 관점에서 이해될 수 있다. 만일 행위자 갑이 행위자 을의 호의에 대해 보상할 수 없다면 갑은 을의 의지에 복종하게 된다. 이는 Blau의 교환이론을 극단적으로 단순화한 것이지만 자원의존이론을 설명하기 위해 편의상 행위자 갑에 대한 행위자 을의 권력이 행위자 갑의 행위자 을에 대한 종속정도에 의거해 발생된다고 이해할 수 있다.

사회적 교환이론개념을 확장시킨 자원의존이론은 조직 간의 분석수준에 일반적인 분석틀을 제시한다. 조직은 희소자원을 통제할 능력이 있다면 다른 조직에 비해 비교적 더 권력을 받게 되고 따라서 희소자원의 통제는 권력의 종속성을 창조함에 있어 가장 중요한 요소라는 것이다.

한 조직이 핵심자원을 통제하는 다른 조직과 독립적으로 존재할 수 있는 정도는 다음 네 가지 조건에 의해 결정된다. ① 자원에 대한 접근가능성, ② 대체자원의 존재여부, ③ 희소자원을 통제하는 타조직에 대한 영향력, ④ 자원 없이도 조직을 유지할 수 있도록 근본우선권을 변경할 수 있는 가능성 등이 바로 네 가지 조건이다. 이 네 가지 조건이 충족되지 않으면 조직은 희소자원을 통제하는 타조직에 종속된다.

Pfeffer와 Salancik(1978)은 외부적 통제관점이 상호의존성으로부터 비롯되며 조직이 환경적 자원에 의존한다는 사실이 이러한 관점을 불가피한 것으로 만든다고 주장한다. 또한 조직이 조직외적 제약조건에 단순히 반응할 뿐만 아니라 동시에 자연적, 경제적 혹은 사회적 환경을 인위적 환경으로 변화시키기 위해 의도적, 목적적 혹은 합리적 행동을 취한다고 주장한다. 이러한 점에서 보면 그들의 주장은 다소 모순적이다. 이러한 모순적인 주장은 과

연 조직이 환경적인 제약조건에 의해 결정되는가, 혹은 전략적 선택에 의해 창조되는가 하는 의문을 제기한다.

4. 평가와 전망

자원의존이론은 조직 내 부서 간의 권력 차이를 중요시함으로 인해 조직 내의 계층 간 권력 차이는 무시하는 경향이 있다. 그러한 조직 내의 계층 간 권력차이는 부서 간 권력투쟁의 결과를 무효화할 수 있다는 점에서 전략적 선택의 분석에서는 이러한 계층 간 권력차이를 반드시 고려해야 한다. 왜냐하면, 부서 간 권력 차이는 누가 최고관리자가 되느냐를 결정하는 데 중대한 영향을 주지만, 일단 조직의 계층이 정해지면, 최고 관리자의 권력이 조직의 전략적 선택을 결정하는 데 가장 중심적인 역할을 하기 때문이다.

자원의존이론은 초점 조직에 주로 중점을 두며 조직 간 분석에 한정된다. 이러한 이유로 Benson(1975)은 어느 한 초점 조직보다는 조직 간 네트워크의 특질에 초점을 맞추는 좀더 거시적인 네트워크 분석을 제한한다. Benson의 정치경제학은 자원의존이론의 적용 가능성을 한층 더 광범위한 분석 수준으로 연장시켰다고 할 수 있다. 또한 자원의존이론의 조직 간 관계에 관한 연구는 의존성을 중심으로 한 권력의 교환이론으로 집약되어 영리조직인 기업 조직의 연구시각으로 받아들여지고 있기도 하다.

참고문헌

최창현(1995). 조직사회학. 서울: 학문사.

Pfeffer, Jeffrey, and Salancik, Gerald R.(1978). The External Control of Organizations: A Resource Dependence Perspective, New York, Harper & Row.

키워드: 자원의 집중도(Degree of Concentration of Resources), 자원의 희소성(Scarcity or Munificence of Resources), 조직 간의 상호연관성(Interconnectedness of Organizations)

작성자: 최창현(금강대)

최초작성일: 2001.07.

자치경찰제

1. 개념

자치경찰제의 개념은 지방분권제도와 지방자치사상에 따라 경찰운영에 필요한 모든 책임과 권한을 지방자치단체가 수행하는 제도로 파악하는 행정학자들의 관점과 국가와 지방간의 기능배분의 원칙에 따라 경찰의 지방적 기능을 지방자치단체가 감독과 책임을 담당하는 제도로 파악하는 경찰학자들의 관점으로 나누어 볼 수 있으며, 이는 지방자치를 강조하느냐 아니면 기능배분의 입장에서 접근하느냐의 차이로서 각국 자치경찰 제도의 여건과 운영상황에 따라 달라질 수 있다.

2. 장·단점

1) 장점

일반적으로 자치경찰제의 장점은 다음과 같이 네 가지로 설명할 수 있다.

첫째, 지방자치단체가 작은 지역에 집중된 조직이기 때문에 대체로 주민의 경제상태나 문화의 과정 등에 따라서 지역마다 색다른 특색을 유지하고 있고 범죄·교통 등 경찰상의 제반문제들 안에서도 서로 다르며 그 특색에 따라 대응할 수 있는 유리한 조건이 주어져 있다.

둘째, 경찰관이 지방자치단체의 소속 공무원이기 때문에 치안수요에 대한 책임감이 강할 뿐 아니라 토착생활을 하려는 경향이 많아 공복으로서 주민에 대해 비교적 친절하며 무책임한 행동이 적어질 수 있다.

셋째, 지방자치단체가 작은 지역의 독립조직이므로 필요한 조직운영의 개혁이 용이하다. 특히 인접 또는 동급의 지방자치단체와의 경쟁심에서 개혁이 더욱 촉구되는 경우가 많다.

넷째, 지역상황에 적응한 인선을 할 수 있다. 이러한 토대위에서 인사행정이 안정될 수 있는 관계로 같은 지위에 오래 있을 수 있고, 경우에 따라서는 우수한 실적을 올릴 기회가 비교적 많을 수 있다.

2) 단점

자치경찰제의 단점은 다음과 같이 다섯 가지로 설명할 수 있다.

첫째, 자치경찰은 지역단위로 운영되는 경찰이므로 전국적·광역적 범죄에 대응하기 곤란하다.

둘째, 타 경찰기관과의 통일적 업무수행이 거의 불가능하고 업무협조가 어렵다.

셋째, 지방정부의 정치적 영향력과 토착비리에 유착될 가능성이 크다.

넷째, 지역 간 인사배치·전환이 거의 불가능하므로 무사안일주의가 팽배하여 업무의 능률성이 저하되고, 교육훈련이나 특수시설의 개별 설립 및 관리로 전국적으로 재정적 낭비를 초래할 수 있다.

다섯째, 자치단체별 재정과 자치단체장의 행정능력의 차이로 인하여 지방자치단체별 치안서비스의 질에 차이가 발생할 수 있다.

3. 도입 필요성

1) 지방분권의 내실화

자치경찰제 도입의 가장 중요한 필요성은 자치경찰제 실시가 한국 지방자치를 완결시키는 첩경임과 동시에 전통적인 국가 권력기관의 중립화 내지 분권화로의 정부조직 개편이라는 점에 있다.

2) 지방자치단체의 종합행정 실현

자치경찰제 실시로 주민생활과 밀접한 치안서비스를 자치단체의 권한과 책임하에 자율적으로 처리할 수 있는 집행력을 확보함으로써 주민의 기대에 부응하는 진정한 의미의 종합행정을 온전히 수행할 수 있게 된다.

3) 맞춤형 치안서비스 제공

자치경찰제는 국가적인 이해관계보다 지역의 안정과 질서유지를 우선적으로 도모하게
되어 지역에 적합한 치안서비스를 제공할 수 있게 된다.

4) 자치단체와 경찰 간 마찰 해소

자치경찰제가 도입될 경우 중앙경찰업무와 자치경찰업무 간의 업무 적절성에 따른 적절
한 배분 기능으로 경찰과 자치단체 간의 마찰이 상당히 해소될 것이며, 자치단체의 행정력
을 경찰이 뒷받침함으로써 행정력 제고에 기여하게 될 것이다.

5) 체감치안 개선 및 국가 전체적인 치안역량 강화

자치경찰제는 국가경찰의 업무과부화로 인해 불가피하게 소홀할 수밖에 없었던 주민생
활 주변의 치안수요에 민감하게 대응하고 자치단체가 지역별로 특화된 치안서비스를 제공함
으로써 지역치안에 대한 주민만족도를 향상시킬 수 있다. 국가경찰도 이러한 상황에서 자치
경찰과 선의의 경쟁과 협력에 응하지 않을 수 없게 될 것이며 자치경찰과의 경쟁관계를 통
해 치안의 사각지대가 해소되어 궁극적으로는 전국적인 치안역량이 대폭 강화될 것이다.

4. 평가 및 전망

자치경찰제의 도입은 지방행정과 치안행정의 연계성을 확보하고 지역특성에 적합한 주
민생활 중심의 치안서비스를 제공함으로써 주민의 복리를 증진하기 위한 지방자치단체의 종
합행정력을 제고시키는 한편 국가 전체의 치안역량을 강화할 수 있다. 그러나 자치경찰제는
비단 경찰체제만을 바꾸는 것이 아니라 국가행정의 주요 골간을 바꾸는 것으로서 신중한 접
근, 충분한 검토, 광범위한 토의가 선행되어야 할 것이며 중앙과 지방이 상생할 수 있는 방
향으로 전개되어야 할 것이다.

참고문헌

곽영길 · 신인봉(2011). 한국의 자치경찰제 도입방안에 관한 연구. 자치경찰연구: 7.
김만기 · 심익섭 외(1998). 정부조직의 혁신. 서울: 대영문화사.

박성우(2011). 자치경찰제도 도입 실태와 개선방안 연구. 연세대학교 행정대학원 학위논문: 75.

신현기 외(2012). 경찰학사전. 서울: 법문사.

이상열(2013). 자치경찰제 도입방안. 입법&정책: 48 – 72.

이상열 · 전준석(2008). 자치경찰제 실시에 따른 문제점 극복방안에 관한 연구. 자치경찰연구: 117.

이승철(2004). 한국의 자치경찰제 도입에 관한 연구. 대구대학교 학위논문: 17 – 18.

자치경찰제실무추진단(2008). 자치경찰제 추진 중간보고서. 행정자치부: 21, 31.

장석헌(2007). 자치경찰제 도입논의. 국회 행정자치위원회: 39.

전희재(2006). 자치경찰제 도입방안과 법안에 대한 연구. 한국경찰연구: 50 – 51.

조철옥(2008). 경찰학개론. 서울: 대영문화사.

키워드: 자치경찰제, 지방분권, 경찰학

작성자: 박주용(서울시 의회사무처)

최초작성일: 2014.01.

자치분권

1. 개념정의

지방자치분권 및 지방행정체제개편에 관한 특별법[시행 2018. 3. 20.] [법률 제15501호, 2018. 3. 20., 일부개정]의 개정과 함께 행정용어로 대두되었다. 동법 제2조 제1항의 정의에 따르면 "지방자치분권"(이하 "자치분권"이라 한다)이란 국가 및 지방자치단체의 권한과 책임을 합리적으로 배분함으로써 국가 및 지방자치단체의 기능이 서로 조화를 이루도록 하고, 지방자치단체의 정책결정 및 집행과정에 주민의 직접적 참여를 확대하는 것을 말한다.

국립국어원 표준국어대사전에 의하면 자치(自治)는 자기 일을 스스로 다스리는 일로, 지방자치단체가 국가로부터 위임받은 행정 업무를 수행하는 일이며, 분권(分權)은 권리나 권력을 분산하는 의미이다. 위 단어들의 조어로서 자치분권은 중앙정부로부터 권리나 권력을 분산하여, 지방자치단체가 스스로 업무를 수행하는 것을 의미한다. 즉 자치분권은 '자치'를 위해 중앙의 권한을 분산하는 데 집중하는 개념이다.

2. 배경 및 특징

지방자치, 지방분권, 자치분권 등의 용어가 혼재하여 활용되어 왔다. 지방자치분권 및 지방행정체제개편에 관한 특별법 개정 전(법률 제11829호, 2013. 5. 28., 제정)에는 '지방분권'의 용어를 사용하다가 2018년 개정시(법률 제 15501호, 개정 2018. 3. 20.) 같은 이념정의에 대해 '자치분권'의 용어를 사용하였다. 그러나 자치분권은 지방분권과 같은 단어라고 보기에는 논란의 여지가 있다.

표준국어대사전에서는 지방분권(地方分權)에 대해 통치권력이 중앙정부에 집중되지 않고 지방자치단체에 분산돼 있는 일으로 설명한다. 중앙집권의 반대말로써 지방분권은 지방의 권한 확대와 관련한 개념이다. 지방분권이 권한배분 및 시민사회의 역할증대 모두와 관련을 가진다는 광의의 풀이도 사용되지만(한국지방자치학회, 2008), 자치분권은 이 중 주민참여와 자주성을 강조하는 개념이다. 자치분권은 지방분권과 지방자치 결합한 용어로(안성민, 2018), 지방분권은 국가 권력의 지방 이양을 주장하고, 지방자치는 지역주민 참여를 통한 지방 운영을 주장하는 개념들의 결합으로도 보기 때문이다.

3. 연구경향

용어의 사용은 조금씩 변화하였으나 자치분권과 비슷한 의미를 가진 개념어는 꾸준히 연구 및 활용되어 왔다. 지역거버넌스와 지방분권, 정부 간 관계로서의 지방분권연구가 이루어졌으며(하혜수, 최영출, 2013), 자치역량개발에 관련해서도 연구들이 이루어져 왔다(김이수, 2017). 지방분권 활성화를 위한 자치재정이 강조되었으며(류영아, 김필두, 2015), 미국(최용환, 2014), 프랑스(김영식, 2016), 일본 등 타국의 지방분권 논의에 대한 사례연구를 수행하기도 했다.

지방분권에 대해 1990년과 2000년대 중반에 지방행정분야 내에서 비슷한 비중으로 연구가 이루어졌다가 2010년대에 와서는 비중이 조금 줄어들었는데(김이수, 2017), 2017년 새 정부가 들어서면서 논의가 촉발되었다. 특히 자치분권을 위한 개헌 논의가 집중적으로 이루어졌는데, 이는 연방제 수준의 자치 실현 논의를 위해 연방제를 뒷받침할 헌법의 근거가 필요하기 때문이다. 지속적이고 안정적일 뿐 아니라 실제적인 지방자치제도의 강화를 도모하기 위해 지방분권을 위한 법이론적 근거를 확보해야 한다고 주장하고 있다(김용훈, 2018).

2020.1.9. 지방이양일괄법 제정으로 46개 법률에 해당하는 400개 중앙권한 및 사무를 지방에 이양하게 되어, 앞으로 자치분권과 관련한 많은 이슈들과 연구가 이어질 것으로 보인다.

참고문헌

김용훈(2018). 지방자치분권을 위한 헌법 개정 방향 소고. 지방자치법연구, 18(1): 99－134.
김이수(2017). 지방자치 및 지방행정연구경향 분석: 한국거버넌스학회보 1999－2016년 게재논문을 중심으로. 한국거버넌스학회보, 24(3): 29－61.

안성민(2018). 자치분권의 방향: 자치단체의 자율성과 책임성 강화. *Local Government Review*, 2018－11월호: 30－37.

하혜수·최영출(2013). 지방자치 및 지방행정 연구경향 분석. 한국사회와 행정연구, 24(2): 125－151.

한국지방자치학회(2008). 한국지방자치의 이해. 서울: 박영사.

키워드: 지방분권, 자치분권, 지방자치

작성자: 나보리(서울대 행정대학원)

최초작성일: 2020.03.

재난관리(Disaster Management)

1. 개념

재난관리란 재난으로 인한 피해를 극소화하기 위해 재난의 예방, 대비, 대응, 복구와 관련하여 행하는 모든 활동으로 정의된다. 재난관리의 대상이 되는 재난은 위험의 의미를 내포하고, 위험의 개념은 손실을 입을 가능성을 의미한다. 그러나 손실의 크기와 발생정도는 불확실한 것이기 때문에 '불확실성'이야말로 재난의 의미에 있어서 핵심요소이다. 이러한 불확실성은 어느 시대에나 존재해 왔으나, 오늘날 더욱 커지고 있다. 오늘날의 사회·경제적 변화의 예측이 대단히 어렵고 미래에 대한 예측가능성이 극히 제한적이기 때문에 불확실성의 존재로 인한 위험과 재난의 출현은 항상 존재할 수밖에 없다.

재난은 위험과 불확실성을 내재적 속성으로 지니고 있고, 재난관리는 이러한 위험과 불확실성을 관리하는 것이다. 즉, 재난관리는 '위험과 불확실성을 본질적 속성으로 하는 재난의 발생을 예방하고 최소화시키는 한편, 이미 발생한 재난에 대해서는 신속하고 효과적으로 대응하여 가능한 빠르게 정상상태로의 복귀를 돕는 것'으로 정의된다.

「재난 및 안전관리기본법」은 "재난"을 국민의 생명·신체·재산과 국가에 피해를 주거나 줄 수 있는 것으로서 정의하면서 자연재난과 사회재난으로 구분하고 있으며, 대한민국의 영역 밖에서 대한민국 국민의 생명·신체 및 재산에 피해를 주거나 줄 수 있는 재난으로서 정부차원에서 대처할 필요가 있는 재난을 "해외재난"으로 규정하고 있다. 또한 "재난관리"는 재난의 예방·대비·대응 및 복구를 위하여 하는 모든 활동으로 정의하고 있다(동법 제3조).

재난의 개념을 종합해 볼 때, 재난은 피해의 정도와 규모가 커서 그 사회의 자원과 역량으로는 해결할 수 없는 재해라고 정의할 수 있다. 따라서 재난의 관리는 국가와 지방정부의 모든 조직과 자원, 지역사회 및 시민사회, 민간기업 등의 총체적 협력 없이는 해결되기 어려운 측면이 있다. 최근의 재난 발생 추이는 과거의 자연적 요인 위주에서 점차 기술적 요인이 증가하고 있으며, 재산 피해보다는 인명 피해와 2차적인 영향에 의한 사회적 피해가 심각해지는 경향이다.

2. 재난관리 이론

　재난 발생의 원인과 배경에 관하여는 세 가지 대표적인 이론적 접근이 있다. 각각의 이론적 접근에 따라 재난을 이해하는 관점이 다르기 때문에 재난관리에 대한 기본적인 관점도 다르다. 첫째, 재난배양이론(Disaster Incubation Theory)이다. 이 이론은 주로 재난발생의 사회적, 문화적 측면에 주목하면서 재난이 이미 사회 속에 내재되어 있다는 것을 강조한다. 즉, 위험 발생의 초기 단계인 배양(incubation) 단계에서부터 사회 속에서는 위험이 잠재되어 누적되어 가고 있다는 것이다. 이러한 위험의 배양에 대한 강조는 위험 그 자체보다는 위험을 야기하는 사회적 상황에 대하여 사전적인 관심을 기울여야 함을 의미한다. 둘째, 정상사건이론(Normal Accidents Theory)이다. 복잡하고 꽉 짜여 진 기술적 체계는 필연적으로 사고(accidents)를 발생시킬 수밖에 없다는 것이 정상사건이론의 핵심주장인데, 이러한 복잡하고 꽉 짜여 진 체계에서 예기치 않은 조그만 사건이 발생하게 되면 그것은 곧 가속화의 과정을 거쳐 거대한 재난으로 확대되는 경향이 있다. 즉 복잡성과 꽉 짜여 짐의 조합은 사고의 발생을 불가피하게 만들며 사고의 확대를 촉진하게 된다. 이 이론은 이렇게 발생하는 사고를 '정상' 사고(normal accident)라고 명명하고 위험 발생의 필연성을 강조하는 것으로 그 관리에 대하여는 일종의 비관적 자세를 취하는 입장이다. 셋째, 고도신뢰이론(High Reliability Theory)이다. 이 이론은 위험 예방이 가능하다는 전제 아래, 복잡성과 꽉 짜여 진 체계에서 위험 발생 가능성을 낮출 수 있는 조직의 전략을 발전시킬 수 있으며, 따라서 사고는 예방할 수 있고, 조직의 안전에 관한 신뢰성도 높일 수 있다고 주장한다. 고도신뢰이론은 정상사건이론의 비관적 측면에 대한 반발과, 과거 결정론적인 세계관에 근거한 합리적 의사결정의 전통에 대한 수정을 근간으로 한다. 고도신뢰 이론의 위기관리 전략으로는 구체적으로 가외성(redundancy) 전략, 의사결정 분권화(de-centralization) 전략, 관점의 유연화(conceptual slacks) 전략, 조직 학습(organization learning) 전략 등이 있으며, 이들은 오늘날 재난관리의 핵심적인 내용을 구성하고 있다.

3. 평가와 전망

재난(disaster)은 위기(crisis), 비상사태(emergency), 재해(hazard), 위험(risk, danger), 위협(threat), 재앙(catastrophe), 우발상황(contingency), 사건(incident), 사고(accident) 등의 유사 개념을 지니고 있다. 또한 재난관리(disaster management)는 위기관리(emergency management), 위험관리(risk management), 우발사건관리(contingency management) 등의 유사용어와 혼용되고 있다. 따라서 향후 무엇보다도 가장 먼저 선행되어야 할 문제는 우선 "재난"(disaster)의 개념을 좀 더 명확하게 규정하는 일일 것이다. 개념규정은 연구의 범위를 명확히 한정해주며 이에 따라 연구의 나아갈 방향을 제시해주는 역할을 하기 때문이다. 이러한 관점에서 볼 때 재난의 개념은 학제적 관점에서 정의되어 져야 하며, 사회적 환경과 과학기술의 발전정도에 따라 계속 진화되어야 할 개념이다.

참고문헌

김영수(1992). 국가 재난대비 행정체제의 구축방안. 서울: 한국지방행정연구원.

김영평(1994). 현대사회와 위험의 문제. 한국행정연구, 3(4): 5 – 26.

김태윤(2003). 우리나라의 국가재해관리체계의 모색. 「재해재난 관리체계 재정립 방안」. 행정개혁시민연합, 16 – 41.

재난 및 안전관리 기본법 [시행 2020. 6. 4.] [법률 제16666호, 2019. 12. 3., 일부개정]

양기근·류상일·송윤석·이주호·이동규·홍영근(2016). 「재난관리론」. 서울: 대영문화사.

양기근(2004). 「위기관리 조직학습 체제에 관한 연구: 한국과 미국의 위기관리 사례 비교분석을 중심으로」. 박사학위논문, 경희대학교 대학원.

이재은(2000). 「한국의 위기관리정책에 관한 연구 – 집행구조의 다조직적 관계 분석을 중심으로」. 박사학위논문, 연세대학교 대학원.

이재은(2004). 재난관리시스템 개편과정 쟁점 분석 및 향후 방향. 「행정논총」, 42(2): 147 – 169.

French, Steven P.(1991). The Technical Feasibility of Risk Analysis. Raymond J. Burby(ed.). Sharing Environmental Risks: How to Control Governments' Losses in Natural Disasters. Boulder, Co: Westview Press, Inc.

Fritz, C.(1961). Disasters, in R. Merton & R. Nisbeet(eds.). *Social Problems*. New York: Harcourt Brace.

Perrow, C.(1984). Normal Accidents: Living with High – Risk, Technologies, Basic Books, New York.

Petak, William J.(1985). Emergency Management: A Challenge for Public Administration. *Public Administration Review*, 45(Special Issue, Jan.): 3−7.

Pickett, John H., & Barbara A. Block.(1991). Day−to−Day Management. In Thomas E. Drabek & Gerard J. Hoetmer(eds.), Emergency Management: Principles and Practice for Local Government. Washinton, DC: International City Management Association.

Rijpma, Jos A.(1997). Complexity, Tight−Coupling and Reliability: Connecting Normal Accidents Theory and High Reliability Theory. *Journal of Contingencies and Crisis Management*, 5(1): 15−23.

Roberts, K. H.(1993), Introduction. Roberts (ed.), New Challenges to Understand Organizations, Macmillan, New York.

키워드: 재난, 재해, 재난관리, 위기, 위기관리

작성자: 양기근(원광대)

최초작성일: 2006.07., 수정작성일: 2019.12.

저작권(Intellectual Property Right)

1. 개념

지식재산권(intellectual property right)의 일부를 구성하는 저작권(copyright)의 개념은 논자에 따라 다양한 관점에서 정의할 수 있지만 대체로 "문학·학술 또는 예술의 범위에 속하는 창작물(저작물)을 만든 저작자가 그 저작물을 저작권법에 명시된 권한(복제, 실연, 공연 등)을 행사할 수 있는 배타적 권리"로 정의할 수 있다. 이러한 개념정의는 한국의 저작권법(법률 제6134호)과 미국의 저작권법(Copyright Act of 1999)에 근거한다. 저작권의 개념자체는 19세기 중엽에 확립되어 오늘날에는 거의 대부분의 나라가 저작권법제를 가지고 있으며, 지금도 계속 확산·발전되고 있는 과정에 있다. 저작권과 같은 지식재산권은 무형의 재화로서 다수가 동시에 다발적으로 이용될 수 있는 중요한 재화이기 때문에, 이를 국제적으로 보호되고 있는 것이다. 지식재산권에는 신기술, 산업적 디자인, 상표 등 산업활동의 영역에 관한 '산업재산권'과 학술, 문학, 예술적 창작물에 관한 '저작권'으로 양분되어 있는데, 최근에는 영업비밀, 컴퓨터프로그램, 반도체 칩, 생명공학, 변종동식물 등의 새로운 지식재산권이 지속적으로 등장하고 있다.

2. 이론적 배경

저작권의 주요내용을 간략하게 보면 다음의 네 가지이다. 즉 ① 복제(copy)를 금하며 ② 관념(idea)의 표현을 보호하며 ③ 독창적이고 창의적인 작품을 보호하며 끝으로 ④ 정당한 사용을 인정한다는 것 등이다. 우선 원칙적으로 저작권법에서는 복제를 금한다. 그리고 단순히 관념을 보호하지는 않으며, 표현된 관념을 보호한다. 특히 저작권법은 단순한 관념의 표현이 아니라 독창적이고 창의적인 작품을 보호한다. 물론 여기에는 편찬물(compilation)도 포함된다. 또한 저작권법은 저작자에게 독점적으로 저작권을 부여하기도 하지만 이용자들의 정당한 사용(fair use)을 인정하고 있다. 저작권제도의 근본원리는 저작자에게 경제적 보상을 줌으로서 창작활동에 대한 동기를 부여하고, 이의 결과로 정보환경을 풍부하게 함으로써 결국 사회발전과 문화향상을 도모하려는 것이다. 이러한 저작권제도의 논리적 근거는 자연권적 이론과 산업동기이론에서 찾을 수 있다. 자연권적 이론에 의하면 일반재산권의 기초가 되는 노동이론에 입각하여 노동에 의해 창조된 것에 대한 배타적인 권리는 정신적인 노동의 산물에도 그대로 적용된다는 것이다. 즉 저작물의 창작과정에서 저자의 노력이 투입된 만큼 산출된 산출물에 대한 권리를 인정하는 것은 자연적이고 당연하다고 보는 시각이다. 산업동기이론은 저작물에 대한 권리를 부여함으로써 창작활동을 장려·유인하여 정보환경을 풍부히 하고, 결국은 사회적 이익을 도모한다는 시각이다. 최근에는 산업동기이론적 시각에서 저작권제도를 보는 경향이 많다. 즉, 과학과 예술의 발전을 도모하기 위해 저작자들에게 여러 가지 독점권을 주어 보상하여야 한다는 시각이다.

3. 저작권제도의 평가와 전망

정보통신기술(ICT)의 발달로 인해 정보의 재생산자체가 용이하면서도 저렴해 졌으며, 재생산된 복사물의 질은 원본과 비교해 볼 때 거의 완벽에 가까울 정도로 같게 되었다. 수천번 복사해도 질의 차이는 변함이 없게 된 것이다. 또한 현재의 정보이용자들은 과거 종이시대 같으면 많은 비용과 범죄의도를 가져야만 할 수 있는 일들을 쉽게 할 수 있게 되었다. 이러한 상황에서 저작권을 어떻게 보호할 것인가의 문제가 중요하게 되었으며, 특히 디지털정보환경을 어떻게 그리고 얼마나 적절히 수용할 것인가가 매우 중요하게 되었다. 분배를 제한함으로서 정보의 가치를 소유자에게 부과하려던 저작권법의 적용이 어려워졌으며, 점점 정보가 그 정보를 담고 있는 형체로부터 독립됨에 따라 정보생산자와 판매자들은 정보의 단위를 세는 새로운 방법을 만들어 내야하는 문제에 봉착하게 되었다. 또한 저작권을 보호하는 차원은 동시에 공정사용법리와 맞물려 그 해결이 결코 쉽지 않다. 저작권자의 보호를 강조하는 저작권과 저작물을 사용하는 사용자의 보호를 강조하는 공정사용법리는 서로 충돌하고

있는 것이다. 결국 저작권제도는 디지털환경하에서 어떻게 변용할 것인가가 주요한 과제로
대두되었다.

키워드: 지적재산권, 공정사용법 원리

작성자: 이기식(한중대)

최초작성일: 2003.02.

적극적 조치(Affirmative Action)

1. 개념

적극적 조치는 고용과 관련한 문제를 해결하기 위한 정부의 행동계획 및 실천활동이며 정책대상은 인종, 성, 장애인이라는 이유로 고용상의 차별을 당하는 것을 없애기 위한 정책이다.

특히 여성을 대상으로 할 경우 정책내용은 여성노동활동의 자유롭고 평등한 경제활동 참여를 가로막는 장애요인들을 제거하고, 여성노동억압이나 성차별문제를 해결하려는 의도적인 개입의 총체라 할 수 있다.

2. 적극적 조치의 기원

적극적 조치의 기원은 미국에서 시작되었다. 차별금지를 위한 행정명령은 루즈벨트 대통령기에서부터 있어왔지만, 정부조달계약에서의 인종차별을 금지하고, 대통령직속평등고용위원회를 설치한 것은 케네디 대통령기의 행정명령 "Executive Order 10925"으로 구체화되었다. 그럼에도 초창기에는 모호하고 파악하기 어려운 용어로 받아들여졌다. 즉 계약자는 차별이 없다는 것을 명확히 하는 일종의 적극적 방안을 취하라는 것을 문구화하였을 뿐이다. 그때까지 적극적 조치가 무엇을 말하는 것인지에 관하여, 또는 계약준수사항을 어떻게 평가할 것인지도 분명하지 않았었다. 그러다가 1961년에 Lockheed 사례의 경우로부터 적극적 조치의 윤곽이 드러났다. 이는 록히드 회사가 직업상의 차별(job discrimination)을 한다는 소송이 제기되었고, 흑인을 차별한다는 것이었다. 낮은 임금, 장학프로그램, 부서배치 등에서 제한이 있다는 것이었다. 이러한 소송에 대한 대응으로 록히드 회사는 전면적인 적극적 조치 계획(sweeping affirmative action plan)을 하게 되었다. 채용단계에서 흑인채용을 확대하고, 지방의 소수그룹과 연계를 형성하며, 흑인의 연수프로그램을 확대한다는 것을 공포하였다. 이로부터 적극적 조치의 완전한 준수는 준수대상자(participants)의 계획(plans)이 있음으로써 '행정명령 10925'의 적극적 조치 요구에 대하여 완전하게 이행하는 것으로 인식되었다.

3. 차별의 유형화

고용평등위원회(EEOC)에서는 차별의 유형을 세 가지의 불평등 처우, 혼합차별, 불평등 효과 유형을 구분하고 있으며 차별을 입증하는 데 증거가 각기 다르다. 첫째, 불평등 처우 (disparate treatment)는 개인이 유사한 고용상황에서 인종, 성, 출신국 등과 같은 개인적 특성을 이유로 다르게 대우받았다고 고발한 경우이다. 불평등 처우에서 주요한 이슈는 고용주가 차별구제 요청자(complaint)를 의도적으로 다르게 대우했는가의 여부이다. 둘째, 혼합 차별로 간주하는 불평등 처우의 한 형태는 고용주가 한 가지 이상의 여러 이유로 다르게 대우했다고 고발하는 경우이다. 셋째, 불평등 효과(disparate impact)는 고용주의 중립적이거나 고의가 없는 고용관행이나 기업정책이 실제로 소수집단에게 불이익을 주는 경우이다. 불평등 효과이론은 법원이 민권법 제7장(The Civil Right Act, Title Ⅶ)의 차별금지조항에 근거해서 판결하는 경우, "남성적 편견을 가진 채용 기준을 제거하는 데 활용할 수 있게 된다. 특히 남성적 기준에 의해 그 직무가 수행되어져야 한다는 인식으로 인해 여성들이 남성 중심 직종에서 배제되지 않도록 하는 장치로 작용하고 있다. 세 가지의 형태의 차별개념은 민권법 제7장과 관련한 고용차별 소송사건에서 차별했는지의 여부를 판단하는 데 중요한 기준이 되고 있다. 이때 차별개념을 불평등 효과로 해석할 경우 차별금지는 기회의 평등을 넘어서서 결과의 평등을 실현하는 개념적 도구가 된다는 사실이다. 미국이 형식적인 차별금지로부터 실질적인 차별금지로 확대해 나감으로써 적극적 조치를 실행할 수 있었던 또 다른 요인은 법원이 고용차별 소송에서 차별의 개념을 "불평등 효과"로 해석하고 구조적이고 역사적인 차별개선의 통로를 만들어 나갔기 때문이다.

4. 그리그스(Griggs) 사건

차별개념에 대한 사회적 인식을 변화시켰던 결정적인 법적 사건은 그리그스(Griggs)사건의 대법원 판결(1972년)이다. 이것은 민권법 제7장에 명시된 "불리한 효과(adversely impact)"에 비중을 두어 해석하면서 차별의 잣대를 "불평등 처우"로부터 "불평등 효과"로 바꾸어 기회의 평등을 결과의 평등 개념으로 변화시켰다. 그리그스 사건은 듀크 파워 회사가 사원을 채용하면서 지원 자격을 고교 졸업이상으로 제한 한 것이 발단이 되었다. 그리그스(Griggs)는 고교 학력 이상의 요건이 자신을 포함한 흑인 집단에게 지원할 자격조차 주지 않는 차별적인 채용방식이라는 이유에서 법원에 소송을 제기했다. 대법원은 그리그스의 편을 들어 원고 승소 판결을 내렸다. 대법관인 버거(Burger) 판사는 민권법 제7장의 목적과 차별의 의미를 다음과 같이 해석했다.

> 민권법 제7장의 제정목적은 ① 고용기회의 평등을 실현하고 ② 다수집단인 백인종업원에게 유리하도록 과거부터 운영되어 온 장벽을 제거하는 데 있다. 법은 명백한 차별 뿐 아니라 형태(form)는 공정하지만 운영(operation)상의 차별적인 관행을 금지하는 것이다.

이러한 규정은 고용차별을 협의의 개념인 불평등한 처우(disparate treatment)로부터 광의의 개념이 불평등한 효과(disparate impact)로 확대해석하는 것을 의미했다. 또한 평등실현의 목표를 기회의 평등뿐만 아니라 결과의 평등에 둔다는 발상의 전환을 뜻했다. 불평등 효과를 고용차별의 기준으로 적용하게 됨으로써 고용주의 의도적인 차별 뿐 아니라 비의도적인 차별도 제재를 받게 되었다. 대법원은 듀크 파워사의 이와 같은 채용관행이 업무수행과 어떠한 관련을 갖고 있는지를 물었다. 민권법 제7장은 "직무수행 자격요건이 기업경영상 필요한 경우는 예외로 한다"는 규정을 두고 있었기 때문이다. 이 사건에서 고교졸업 학력이 직무수행과 관련되어 있음을 입증하지 못함으로써 패소했다. 법원은 그리그스(Griggs) 사건에서 고용주가 고교졸업이라는 채용 기준이 가난으로 인해 학교 교육을 받을 기회를 갖지 못한 흑인 집단을 "결과적"으로 차별했다는 판결을 내렸다.

이 사건은 불평등 효과이론을 민권법 제7장의 "차별금지"에 적용시킨 최초의 사례로 경제적 불평등이 구조화된 자본주의 사회에서 소수집단을 결과적으로 차별하는 "불평등 효과"가 어떻게 차별적인지를 인식할 수 있게 하는 계기를 마련했다. 뿐만 아니라 그리그스 사건은 기업으로 하여금 직접 차별뿐만 아니라 간접 차별도 법적 금지 대상에 포함된다는 사실을 새롭게 부각시켰다. 또한 고용주가 소수인종과 성별 비율을 고려하면서 채용하고 승진하게 함으로써 소수집단이 과소 대표되지 않도록 "기업의 행위"를 바꾸는 데 지대한 영향을 주었으며, 1972년 이후 주정부와 지방정부가 민권법 제7장을 채택하도록 하는 데 기여했다.

5. 적극적 조치의 발전

1972년 의회가 적용대상의 범위를 넓히고 실행기구의 법적 권한을 강화하는 방향으로 민권법 제7장을 수정한 고용평등기회법을 통과시키고 '행정명령 제11246호' 적극적 조치의 이행방법을 목표비율의 설정과 이행계획서로 구체화하면서 미국의 고용평등정책은 크게 활성화되었다. 1978년 고용평등위원회(EEOC), 공무원인사위원회(CSC), 노동부의 연방계약준수국(OFCCP), 법무부는 공동으로 종업원 선발 절차에 관한 표준 가이드 라인을 개발했다. 여기서 정한 기준은 고용주, 정부계약자, 노조 등이 반드시 준수해야 하는 사항으로 정해졌다. 가이드 라인이 제시하는 원칙은 기업을 포함한 특정 조직의 고용정책이나 관행이 소수집단에게 불리한 영향(adverse impact)을 줄 경우 민권법 제7장과 행정명령 제11246호를 위반하게 된다는 것이었다.

불평등 효과(disparate impact) 개념은 고용기회평등위원회가 정한 고용차별 금지와 관련한 가이드라인의 기본이념이 되었고 적극적 조치와 관련한 사건을 법원이 심사하는 과정에서 중요한 기준이 되었다. 불평등 효과 분석은 소수집단의 불이익이 구조적이고 집단적 차원의 발생연원을 갖는다는 것을 보여준다. 고용에서의 차이를 줄이는 것이 과거의, 제도화된 차별을 수정하는 (성, 인종)인지적(gender sensitive) 고용이라는 일종의 수단이라는 것을 정당화하였다.

한국의 적극적 조치 사례

1. 여성공무원 채용목표제(1996년 – 2002년까지 적용)
2. 여성과학기술인력채용목표제(2001년 – 2010년까지 적용)
3. 여교수임용목표제(2003.7 이후 –)
4. 장애인 의무고용제 등 다수의 정책이 추진 중임.

참고문헌

김경희(2000). 남녀고용평등과 적극적 조치의 정치: 미국 AT&T사를 중심으로. 이화여자대학교 대학원 박사학위청구논문.

김혜영(2005). 여성정책의 출발점과 향후방향. 한국행정학회 동계학술대회자료집.

Pedriana, Nicholas Anthony.(2000). *Maximizing Law's Impact: Early Enforcement of Title VII of The 1964 Civil Rights Act and the Transformation of State Capacity 1965−1971*. A Doctoral Thesis Iowa University.

키워드: 민권법, 차별금지

작성자: 김혜영(한국여성개발원)

최초작성일: 2006.03.

적극행정(Active Administration)

1. 적극행정 개념

적극행정(Active Administration)은 "행정의 집행을 맡고 있는 직업 공무원이 자신의 재량 행위에 관련된 사항을 합법성의 범위 내에서 성실하고 진취적인 태도로 처리하여 공익을 증진하는 행위"(이종수, 2016: 7)로서, 능동적이고 자율적인 공무원 행위를 의미한다. 적극행정 개념 정의는 법령에 보다 구체적으로 제시되어 있다. 감사원의 「적극행정 면책제도 운영규정」에 의하며, 적극행정을 "공무원 등이 국가 또는 공공의 이익을 증진하기 위해 성실하고 능동적으로 업무를 처리하는 행위"로 정의하고 있으며, 2019년 8월에 제정된 대통령령인 「적극행정 운영규정」과 「지방공무원 적극행정 운영규정」에 의하면 적극행정은 "공무원이 불합리한 규제를 개선하는 등 공공의 이익을 위해 창의성과 전문성을 바탕으로 적극적으로 업무를 처리하는 행위"라고 규정하고 있다. 적극행정과 반대되는 소극행정은 "공무원이 부작위 또는 직무태만 등 소극적 업무행태로 국민의 권익을 침해하거나 국가 재정상 손실을 발생하게 하는 행위"라고 정의된다(국가법령정보센터, 2020).

대표적인 적극행정의 예로는 ① 통상적으로 요구되는 정도의 노력이나 주의의무 이상을 기울여 맡은 바 임무를 최선을 다해 수행하는 행위, ② 업무관행을 반복하지 않고 가능한 최선의 방법을 찾아 업무를 처리하는 행위, ③ 새로운 행정수요나 행정환경 변화에 선제적으로 대응하여 새로운 정책을 발굴·추진하는 행위, ④ 이해충돌이 있는 상황에서 적극적인 이해조정 등을 통해 업무를 처리하는 행위 등이 포함된다(적극행정 울림 홈페이지).

2. 적극행정 등장배경과 특징

적극행정 등장배경의 이론적 근거는 행정관료의 재량행위에 기반을 두어 크게 세 가지 관점에서 설명할 수 있다(이하 이종수, 2016: 6-7). 첫째, 1948년 D. Waldo의 행정국가 관점에서의 관료의 적극행정이다(전문성과 재량권 강조). 둘째, 법학 관점의 행정자율이론에 의하면 행정(집행부)은 자율적인 법 해석이 가능하고 독자적인 법 해석권을 지닌다는 것이다. 셋째, 민주적이고 효율적인 정부 역할을 수행하기 위해서는 관료들의 적극행정이 반드시 달성되어야 한다는 것이다. 공직사회에서 적극행정의 실현이 어려운 이유는 다음과 같이 제시될 수 있다. 불명확한 규정, 여건 변화를 수용하지 않는 비현실적 규정, 공급자 중심의 행정편의주의적 규정, 타규제와의 상충, 여러 기관에 중복된 또는 복잡한 규제, 집행조직의 기관 내 부서 간 업무 협조 미비, 적극적 업무처리 공무원에 대한 인센티브 부족, 관료업무 처리 권한 및 주도권 부족, 구체적 업무 지침·선례 부족으로 인한 자신감 부족, 공무원 개인의 전문성 부족, 공무원 업무 과중, 잠재적 민원 및 특혜시비 우려, 업무 부담 증가 우려, 감사 우려, 공무원의 위험 회피 성향, 공무원의 과정 및 절차에 대한 선호, 부정적 정보에 대한 주의, 손실에 대한 인식 등으로 인해 적극행정 실현이 어렵게 된다는 것이다(김난영, 2019: 108).

공무원의 적극행정을 유도하기 위해서 위험을 예방적으로 분담할 수 있는 '사전컨설팅'제도를 도입하고 있다. 한국에서는 2014년에 「경기도 적극행정 지원을 위한 사전컨설팅 감사 규칙」이 제정·공포되었다. 행정안전부는 2015년 「사전컨설팅제도 시행 및 사전컨설팅감사 운영 규정」을 마련하였으며, 감사원은 2015년 「공공감사에 관한 법률 시행령」을 개정하였고, 2016년 「지방자치단체에 대한 사전컨설팅감사 운영에 관한 규정(국무총리 훈령)」이 제정되었다(김난영, 2019).

3. 적극행정 활용(연구) 경향

적극행정에 관한 연구는 공직사회에서 적극행정이 성공적으로 달성되지 못하는 이유와 성공적인 적극행정 활성화 방안에 대한 연구가 주를 이룬다(예: 이종수, 2016). 적극행정을 달성하기 위해서 기관장 책임 하에 솔선수범하여 공직사회에 적극행정을 정착시킬 수 있도록 적극행정 문화를 확산시켜야 하며, 공무원들의 적극행정 지원과 면책을 강화하는 방안이 필요하다는 연구가 제시된다(예: 이종수, 2016). 특히 공직자가 공공의 이익을 위하여 성실하고 적극적으로 업무를 처리하였는데도 결과가 잘못되었을 경우 고의나 중대한 과실이 없다면 책임을 면제·감경해주는 적극행정 면책제도(qualified immunity system) 도입이 필요하다는 연구가 있다. 이때 면책제도는 "법률이 규정하는 권리와 의무 그리고 실정법을 명백히 위반하지 않는 한 공무원에게 책임을 묻지 않는 것"을 의미한다(이종수, 2016: 15). 또한 적극행정을 시행한 공무원에게 인사상 우대조치(특별승진·승급 등) 등 동기부여를 제공해 줄 필요성이 있다. 그럼에도 불구하고 적극행정 면책제도 활성화가 이루어지면 공무원들의 재량권 남용으로 과잉(過剩)행정문제가 발생할 수 있다는 우려도 제기된다. 적극행정을 활성화하기 위해 면책제도와 사전컨설팅제도 강화가 제시되지만 지나친 관료의 재량행위 확대는 합법성을 저해할 수 있는 한계를 지닌다는 것이다(김정인, 2018).

참고문헌

국가법령정보센터(2020).「적극행정 면책제도 운영규정」,「적극행정 운영규정」,「지방공무원 적극행정 운영규정」.

김난영(2019). 감사기구와 적극행정: 17개 시·도 사전컨설팅제도 운영 성과와 위험요인 분석.「한국행정학보」, 53(4): 103-136.

김정인(2018). 인간과 조직: 현재와 미래. 서울: 박영사.

이종수(2016). '적극행정'의 활성화를 위한 쟁점과 방안 고찰.「지방행정연구」, 30(4): 3-24.

적극행정 울림 홈페이지(2020).

키워드: 과잉행정, 사전컨설팅제도, 재량행위
작성자: 김정인(수원대)
최초작성일: 2020.01.

전략적 선택이론(Strategic Choice Theory)

1. 개념

구조적 상황이론이 다분히 결정론적인 지향성을 보이는 반면, 전략적 선택이론은 인간행동의 임의론적 지향성을 강조한다. Chandler(1962)는 환경이 전략을 결정하고, 다시 전략이 조직구조를 결정한다고 본다. Child(1972)는 모든 구조적 상황이론가들이 전략적 선택의 중요성을 간과하고 있다고 비판하면서, 환경의 영향이 관리자의 인식을 통해 조정된다고 본다. Miles, Snow와 Pfeffer(1974)는 조직이 어느 정도는 환경을 선택할 수 있다고 본다. 개방체제적 관점이 조직을 환경에 의존적인 것으로 일반적으로 간주하나 Thompson(1967)의 견해에 의하면 합리적 조직은 권력을 획득함으로써 이러한 종속성을 반전시키려는 조직이다.

2. 이론적 모형

Child(1972)가 구조적 상황이론에 대해 제기한 첫 번째 비판은 크게 두 가지로 설명될 수 있다. 첫째, 조직과 환경은 어느 정도 느슨하게 연결되어 있기 때문에, 동일한 환경하에서도 조직이 주어진 목표에 도달할 수 있는 방법은 다양하다는 것이다. 즉 등종국성(equifinality)의 개념이 제기된다. 물론 효과적인 조직을 만드는 방법 중 가장 교과서적인 것은 구조적 상황이론이 제시하는 바와 같이 조직구조를 조직이 처한 상황에 적합하게 설계하는 방법일 것이다. 그러나 조직효과성을 제고하는 방법은 그러한 방법 이외에도, 기술혁신이나 조직구성원들의 직무수행 동기를 제고하는 등 수많은 대안 또는 보조적 수단들이 있는 것이다. 이러한 여러 대안에 대한 판단은 관리자의 자율적 영역에 속하는 것이므로, 관리자는 여러 대안 중에서 전략적 선택을 한다는 것이다. 둘째, 환경 그 자체보다는 조직과 환경의 연결 역할을 하는 관리자의 환경에 대한 지각이 중요하기 때문에, 구조적 상황이론이 전제하는 것처럼 조직과 환경이 그렇게 긴밀하게 연결된 것으로 볼 수 없다는 것이다. Weick(1979)에 의하면 조직은 관리자의 지각체계를 통해서 조직환경을 인식하는 것이기 때문에, 동일한 환경에 처한 조직이라도 관리자의 환경에 대한 지각 차이로 인해 상이한 선택을 할 수 있다는 것이다.

Hambrick와 Mason(1984)에 의하면, 이러한 관리자의 환경에 대한 지각에 영향을 미치는 두 가지 주요 요소는 관리자의 인지적 기초(cognitive base)와 가치관이다. 여기서 관리자의 인지적 기초라 함은 관리자가 미래의 사건에 대하여 알고 있는 지식이나 가정, 관리자가 환경에 대해서 취할 여러 가지 대안에 관해서 알고 있는 지식, 관리자가 각각의 대안이 가져올 결과에 대해 알고 있는 지식 등이다. 또한 관리자의 가치관이란 대안이나 대안이 가져올 결과에 대해 본인의 선호에 따라 서열을 정하는 원칙들이다. 즉 Hambrick와 Mason(1984)에 의하면, 의사결정자는 본인의 인지적 기초와 가치관을 바탕으로 환경을 인식하며, 이렇게 인식된 환경을 기초로 관리자의 전략적 선택이 이루어진다.

결국 전략적 선택이론은 관리자의 자유재량 영역이 존재하고, 이에 따른 관리자의 전략적 선택을 강조한다는 점에서 조직의 행동을 임의론적으로 바라보는 이론인 것이다.

3. 발전배경

Child(1972)에 의해서 제기된 전략적 선택이론(strategic choice theory)은 구조적 상황이론을 비판하면서 대두되었다. 구조적 상황이론은 Lawrence와 Lorsch(1967)의 명저 『조직과 환경(Organization and Environment)』에서 발전되어 나왔다고 볼 수 있다. 그들 연구의 주요 결론은 모든 상황에서 효과적인 유일의 조직유형은 있을 수 없으며, 효과적인 조직설계 유형은 환경의 불확실성에 따라 다르다는 것이었다.

구조적 상황이론은 이처럼 조직의 효과성(organizational effectiveness)이라는 변수를 설명하기 위하여 조직구조와 상황변수(예: 환경, 기술, 규모 등)의 관계를 살펴보는 이론인 것이다. 구조적 상황이론은 모든 상황에서 유일 최고의 방법이란 있을 수 없다는 것을 제시함으로써 현대 조직이론에 막대한 영향을 주었으며, 특히 관리·응용분야에서 더욱 넓게 받아들여지고 있다.

그러나 Child(1972)는 구조적 상황이론이 전략적 선택의 중요성을 무시하고 있다는 점을 비판하면서 전략적 선택이론은 등장하게 된다. 구조적 상황이론에 대한 비판은 첫째, 구조적 상황이론이 전제하고 있는 것처럼 조직이 환경에 매우 밀접하게 연결된 것은 아니라는 것이고, 둘째, 구조적 상황이론이 중시하는 효과성(effectiveness)만이 조직구조를 결정하는 사람들의 유일의 관심사는 아니라는 것이다. 오히려 관리자들은 조직 내에서 자신의 지배와 통제를 계속 유지하기 위하여 권력, 안정성, 자율성 등의 목적을 달성하는 방향에서 결정하는 경향이 높다고 주장하면서 전략적 선택이론을 발전시켰다.

4. 평가와 전망

전략적 선택이론은 상황이론의 바탕 위에 사회학과 심리학의 도움을 받아 왔으며, 조직의 성공은 통제력의 유지를 통한 조직의 유효성을 증대시키는 것이라고 보고 있다. 또한 조직은 환경을 조종하고 통제하기 위한 힘을 획득하기 위해서 전략적 선택을 실행할 수 있는 상당한 허용범위와 자유를 가지고 있는 자율적 행위자로서 파악된다. 따라서 조직은 환경과 견고하게 연결되어 있으며 환경의 작용을 받아 내부구조를 적응시키는 것이 아니라, 때때로 그 환경을 조직에 유리하도록 조종하거나 통제할 수 있는 영향력을 가지고 있어 환경을 스스로 창조할 수 있다고 본다는 점에서 환경을 심리적이고 인지적인 현상으로 파악하게 해준다.

전략적 선택이론은 조직과 환경의 연결역할을 하는 최고 관리자의 능동적인 역할을 매우 강조하고 있다. 이것은 상황이론이 지향하는 환경결정론과 대조적인 것으로서 상황이론의 한계점을 수정·보완해 주는 역할을 하고 있다. 또한 전략적 선택이론은 상황이론의 결정론적 성향에서 오는 한계점을 수정·보완해 주는 점에서 공헌도가 크다. 즉 전략적 선택이론은 상황이론의 유용성을 거부하기보다 상황이론의 한계점을 보완하여 줌으로써 상황이론과 더불어 현실에서 조직의 환경적응행동을 보다 잘 설명할 수 있게 해주고 있다.

참고문헌

최창현(1995). 조직사회학. 서울: 학문사.

Chandler, Alfred(1962). Strategy and Structure, Cambridge, MA: MIT Press.

Child, J.(1972). Organization Structure and Strategies of Control: A Replication of the Aston Studies, *Administrative Science Quarterly*, June, vol. 17, pp. 163–177.

_____.(1973). Predicting and Understanding Organization Structure, *Administrative Science Quarterly*, 18, pp. 168–185.

키워드: 등종국성(equifinality), 결정론, 임의론, 구조적 상황이론, 전략적 선택, 구조
작성자: 최창현(금강대)
최초작성일: 2001.07.

전략환경영향평가(Strategic Environmental Impact Assessment)

1. 개념

전략환경영향평가는 정책, 계획, 또는 프로그램들이 환경에 미칠 영향을 종합적, 체계적으로 평가하여 환경파괴를 사전에 예방할 수 있도록 하는 일련의 과정이다. 여기서 정책은 국가 에너지정책이나 교통정책 등과 같이 공공문제의 해결이나 목표의 달성을 위한 공공기관의 행동방침이고, 계획은 도로건설계획, 경제개발계획, 도시계획, 지역개발계획 등 정책의 목표를 달성하기 위한 일련의 구체적 행동들을 의미한다. 그리고 프로그램은 도로건설사업 등 특정한 지역에서 진행되는 일련의 단위사업들을 총칭하는 것이다.

전략환경영향평가는 단위사업위주의 환경영향평가의 한계를 극복해 줄 수 있는 사전예방적 환경정책수단이다. 환경영향평가는 단위사업이 가져올 환경에 대한 영향을 평가하는 것이기 때문에 사업의 시행자체가 타당한가를 평가하는 데에는 한계가 있다. 뿐만 아니라 여러 개의 개별 단위사업들이 가져올 환경에 대한 누적적인 영향을 예방하는 데에도 한계가 있다. 그러나 전략환경영향평가는 환경영향평가를 정책, 계획, 프로그램의 차원으로 그 적용범위를 확대함으로써 단위사업보다 환경에 대한 영향이 훨씬 더 광범위하고 큰 정책, 계획, 프로그램에 대한 환경영향을 평가하고 이를 예방하려는 것이다. 최근 전략환경영향평가는 환경피해의 사전 예방뿐 아니라 궁극적인 목적을 지속가능발전에 두기도 한다.

2. 전략환경영향평가의 장점과 한계

전략환경영향평가의 장점은 첫째, 환경영향평가가 확정된 단위사업에 대한 평가라는 점에서 사후적이고 소극적인 접근이라면 전략환경영향평가는 사전적이고 적극적인 접근이다. 둘째, 보다 근본적으로 환경파괴를 예방할 수 있는 정책대안의 제시에 유리하다. 예를 들면, 에너지문제를 해결하기 위한 정책대안에 공급위주의 에너지정책과 수요관리위주의 에너지정책을 두고 보다 근본적인 비교와 검토를 할 수 있다. 셋째, 개개의 활동자체만으로는 환경에 미미한 영향을 미치는 것이어도 이들이 종합적으로 시행될 때 나타날 수 있는 환경에 대한 누적적인 영향을 종합적으로 파악할 수 있다. 넷째, 단위사업에서 발생되는 이차적인 영향들도 파악한다. 다섯째, 사업활동이 아닌 행동, 예를 들면 농촌다양화프로그램, 철도의 민영화작업 등의 영향을 탐지할 수 있다는 장점들을 가진다.

그러나 전략환경영향평가에 문제가 없는 것은 아니다. 기술적, 정치적인 문제가 있어 이의 시행에 어려움을 겪을 수 있다. 우선 기술적인 문제로서는 첫째, 정책, 계획, 프로그램의 영향은 공간적으로 광범위한 영향을 미치기 때문에 이들의 영향을 분석한다는 것은 대단히 복잡한 일이며 정보가 충분히 존재하지 않는다. 둘째, 정책, 계획, 프로그램 자체의 성격이 기본적으로 분명하지 않은 경우가 많아 그 영향을 예측하는 것이 힘들다. 셋째, 정책, 계획, 프로그램 간의 경계가 분명하지 않다. 어디까지가 정책이고 어디까지가 계획인지가 분명하지 않은 경우가 많다. 넷째, 전략환경영향평가를 어떻게 시행하는지 성공적인 모델이 적다는 점 등이다.

기술적인 문제보다 전략환경영향평가의 집행에 더 심각한 문제을 야기할 수 있는 것이 정치적 문제인데, 첫째, 전략환경영향평가를 수행할 수 있는 능력의 문제는 이를 수행하겠다는 의지의 문제보다는 심각하지 않은 경우가 많다. 정책결정자들이 자신들의 권한이 전략환경영향평가에 의해 침해받는다고 생각할 수 있기 때문이다. 둘째, 정책입안가들은 자신들의 정책이 잘 개발될 때까지는 비밀을 유지하기 때문에 전략환경영향평가가 계획의 초기단계에 시행되기가 힘들다. 셋째, 전략환경영향평가는 정책입안가들과 환경평가자들 간의 새로운 정치적 역학관계의 형성을 의미하는 것이다. 이는 정책, 계획, 프로그램에 대한 의사결정권한이 정책입안가로부터 분석가로 이동될 수 있다는 것을 의미하기 때문에 정치적 역학관계의 문제는 물론 경우에 따라서는 대표성의 문제도 야기시킬 수 있다. 넷째, 효과적인 전략환경영향평가는 서로 다른 부서 간에 긴밀한 체크와 협조를 요구하는 것인데 현재의 행정가나 정치가들은 이에 익숙치 않다. 기존의 행정가들에게 이러한 전략환경영향평가는 득이 되지 않는 것으로 간주될 가능성이 크기 때문이다.

3. 한국의 전략환경영향평가제도

환경영향평가법상 전략환경영향평가는 "환경에 영향을 미치는 계획을 수립할 때에 환경보전계획과의 부합 여부 확인 및 대안의 설정·분석 등을 통하여 환경적 측면에서 해당 계획의 적정성 및 입지의 타당성 등을 검토하여 국토의 지속가능한 발전을 도모하는 것"으로 정의된다(환경영향평가법 제2조 1항). 우리나라의 전략환경영향평가는 1999년 개정 환경정책기본법의 "사전환경성검토"로 처음 도입되었고, 2006 개정 환경영향평가법에서 전략환경영향평가 체제로 발전한다. 사전환경성검토의 평가대상 계획과 내용이 확충되면서 전략환경영향평가로서 기능이 확대된 것이다. 이후 2011년 개정 환경영향평가법에서는 환경영향평가가 전략환경영향평가, 환경영향평가, 소규모환경영향평가로 세분화되면서 기존의 사전환경성검토 중 소규모 개발사업에 대한 사전환경성검토를 제외하고는 전략환경영향평가로 확대 시행되고 있다. 환경영향평가는 해당 용어에서 별도로 설명하고 여기서는 사전환경성검토와 전략환경영향평가를 차례로 설명한다.

1) 사전환경성검토제도

사전환경성검토제도는 환경에 영향을 미치는 각종 행정계획이나 개발사업을 수립·시행하기 전에 환경적 측면에서 입지의 타당성, 개발구상 및 토지이용계획의 적정성, 장래 당해 및 주변지역에 미치는 환경영향을 사전에 검토·분석하여 환경친화적인 개발을 유도하기 위한 제도이다. 낮은 단계의 전략환경영향평가로서 사전환경성검토제도는 환경영향평가제도와 함께 사전예방적 환경정책수단에 속한다. 양 제도 모두 환경에 미치는 영향을 사전에 고려, 검토, 평가하여 친환경적인 개발이 되도록 한다는 점에서 유사하다. 그러나 환경영향평가제도는 대규모 개발사업을 대상으로 환경영향 줄이기 방안을 중점 검토하는 제도인데 비하여 사전환경성검토제도는 환경정책기본법과 개별법에 근거하여, 행정계획과 환경 민감 지역의 소규모 개발사업을 대상으로, 계획이 확정되기 이전단계에서 입지나 개발의 적정성·타당성을 환경적 측면에서 사전 검토한다는 점에서 차이가 있다. 사전환경성검토는 계획단계에서 사업의 적정성과 입지의 타당성 등 환경성을 사전 평가함으로써 환경영향평가의 한계를 보완하는 제도로 기능해 왔다.

사전환경성검토제도는 2006년 6월 환경정책기본법 및 동법시행령의 개정을 통해 검토대상 행정계획의 수를 구체적인 개발사업의 상위 행정계획으로 확대하여, 입지의 적정성, 계획의 타당성을 미리 검토할 수 있도록 하고 검토과정에서 주민, 전문가, 시민단체 등 이해관계자의 의견수렴을 거치도록 하는 전략환경평가체제로 발전하였다.

도로, 댐, 철도 등 개발사업의 상위 행정계획을 포함하여 91개 행정계획(2006. 6 동법시행령 제7조 별표2)을 사전환경성 검토 협의대상 행정계획으로 규정하고, 개발사업의 경우 환경적으로 보전가치가 높은 19개 용도지역 내에서의 일정규모(5천~1만㎡) 이상의 개발사업에 대해 사전환경성 검토를 거치도록 하고 있었다. 2006년 6월 전략환경평가체제로 확대·개편 시 도시기본계획, 도로정비기본계획, 댐건설장기종합계획 등 그간 사회적 갈등의 대상이 되어왔던 개발사업의 상위 행정계획이 새롭게 검토 대상으로 포함되어 개발과 보전을 둘러싼 사회적 갈등을 미리 예방할 수 있는 제도적기반을 마련하는 계기가 되었다.

이에 따라 환경에 영향을 미치는 행정계획 및 개발사업이 환경적으로 지속가능하게 수립 시행될 수 있도록 관계행정기관의 장이 사전환경성검토를 실시하되, 환경부장관 또는 지방환경관서의 장에게 행정계획의 경우에는 해당계획을 수립 확정하기 전까지, 개발사업의 경우에는 허가 등을 하기 전까지 그 협의를 요청하도록 하였다.

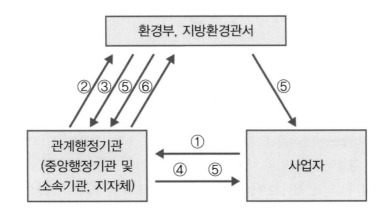

① 허가·승인·인가신청(구비서류 제출)   ④ 허가·승인·인가
② 협의요청   ⑤ 협의의견이행여부확인(사후관리 감독)
③ 협의결과 통보   ⑥ 협의의견반영과 관련한 조치내용 통보

그림 1. **환경성검토 체계도**

출처: 환경부(2011).「2011 환경백서」. 과천: 환경부, p.372.

검토대상은 환경영향평가대상 사업을 내용으로 하는 행정계획과 보전이 필요한 지역 안에서 시행되는 개발사업으로 하고 있었다. 검토대상 행정계획의 수를 구체적인 개발사업의 상위 행정계획으로 확대, 입지의 적정성, 계획의 타당성을 미리 검토할 수 있도록 한 것이다. 행정계획으로 사전환경성검토의 대상이 되는 계획은 도시개발, 산업입지및산업단지조성, 에너지개발사업예정구역의 지정, 항만의 건설, 도로건설, 수자원개발, 철도의 건설, 공항의 건설, 하천의 이용및개발, 개간 및 공유수면의 매립, 관광단지의 개발, 특정지역개발, 폐기물처리시설 분뇨처리시설 및 축산폐수공공처리시설의 설치, 국방 군사시설의 설치, 토석 모래 자갈 광물 등의 채취 등이며, 보전이 필요한 지역 내에서의 개발사업 등이 검토의 대상이 된다(2006년 환경정책기본법시행령 제7조 별표2).

검토과정에서 주민, 전문가, 시민단체 등 이해관계자의 의견수렴을 거치도록 하여 환경갈등으로 인한 사회·경제적 예방할 수 있는 기반이 보다 강화되었다. 개발사업에 대한 사전환경성검토는 행정계획의 경우 대안검토 및 스코핑을 위한 환경성검토협의회 구성 및 설명회·공청회 주민의견수렴절차를 추가적으로 이행해야 한다. 그리고 협의의견을 통보받은 관계행정기관의 장은 이를 행정계획 또는 개발사업에 반영하기 위한 필요한 조치를 해야 하고 조치결과를 협의기관의 장에게 통보하도록 하였다. 그리고 협의의견을 통보받은 후 사업규모가 변경되는 경우 혹은 행정계획과 개발사업에서 제외되도록 한 지역을 포함하게 되거나 개발하고자 하는 경우 재협의를 하도록 하였다(2006년 환경정책기본법 제26조의2).

2) 전략환경영향평가제도

전략환경영향평가는 2011년 7월 환경영향평가법 전면개정을 계기로 중요한 변화의 계기를 맞게 된다(2011.7 개정, 2012.9 시행). 동 개정법은 사전환경성검토와 환경영향평가를 하나의 법률로 단일화하는 내용으로 환경영향평가법을 전부 개정하였으며 2012년 7월부터 시행되었다. 개정된 환경영향평가법의 내용은 다음과 같다.[1]

첫째, 환경평가제도를 전략환경영향평가, 환경영향평가 및 소규모 환경영향평가로 구분하고, 종전의 「환경정책기본법」에 따른 사전환경성검토 대상 중 행정계획은 전략환경영향평가를 받도록 하고, 개발사업은 소규모 환경영향평가를 받도록 하였다.[2]

---

1) 환경부(2011). 「2011 환경백서」. 과천: 환경부, pp. 366－368. Lawkorea 대한민국법률정보 최근개정법령. 환경영향평가법. http://www.lawkorea.com/index.asp (2012.5.23.)
2) 사전환경성검토대상: **행정계획**으로 도시개발, 산업입지및산업단지의 조성, 에너지개발, 항만의 건설, 도로의 건설, 수자원개발, 철도의 건설, 공항의 건설, 하천의 이용및개발, 개간 및 공유수면의 매립, 관광단지의 개발, 특정지역의 개발, 체육시설의 설치, 폐기물처리시설 분뇨처리시설 및 축산폐수공공처리시설의 설치, 국방군사시설의 설치, 토석 모래 자갈 광물 등의 채취, 친구구역조성사업 등 17개

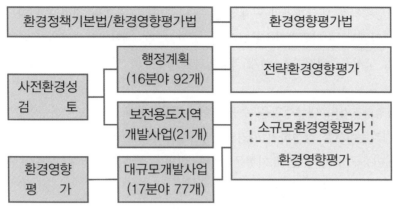

그림 2. 개정된 환경영향평가 체계(환경부. 2011: 367)

즉, 기존 사전환경성검토의 대상을 정책계획과 개발계획으로 구분하여 정책계획에 대해서는 평가서 초안작성과 주민의견수렴절차를 거치지 않도록 하는 대신 전문가, 자문위원회 등을 활용하도록 개선하였다. 정책계획이란 '국토의 전 지역이나 일부 지역을 대상으로 개발 및 보전 등에 관한 기본방향이나 지침 등을 일반적으로 제시하는 계획', 개발계획은 '국토의 일부 지역을 대상으로 하는 계획으로서 구체적인 개발구역의지정에 관한 계획 또는 개별 법령에서 실시계획 등을 수립하기 전에 수립토록 하는 계획으로서 실시계획 등의 기준이 되는 계획'을 말한다. 전략환경영향평가의 검토대상 행정계획은 지속적으로 확대되어왔으며 평가대상계획을 주기적으로 갱신하도록 하였다.

전략환경영향평가의 대상 계획은 다음과 같다.

1. 도시의 개발에 관한 계획 2. 산업입지 및 산업단지의 조성에 관한 계획 3. 에너지 개발에 관한 계획 4. 항만의 건설에 관한 계획 5. 도로의 건설에 관한 계획 6. 수자원의 개발에 관한 계획 7. 철도(도시철도를 포함한다)의 건설에 관한 계획 8. 공항의 건설에 관한 계획 9. 하천의 이용 및 개발에 관한 계획 10. 개간 및 공유수면의 매립에 관한 계획 11. 관광단지의 개발에 관한 계획 12. 산지의 개발에 관한 계획 13. 특정 지역의 개발에 관한 계획 14. 체육시설의 설치에 관한 계획 15. 폐기물 처리시설의 설치에 관한 계획 16. 국방·군사 시설의 설치에 관한 계획 17. 토석·모래·자갈·광물 등의 채취에 관한 계획 18. 환경에 영향을 미치는 시설로서 대통령령으로 정하는 시설의 설치에 관한 계획(환경영향평가법 제9조 제1항).

부문, 보전이 필요한 지역내의 개발사업으로 국토의계획및이용에관한법률 적용지역, 개발제한구역의 지정 및 관리에 관한 특별조치법 적용지역, 자연환경보전법 및 야생동식물보호법 적용지역, 산지관리법 적용지역, 자연공원법 적용지역, 습지보전법 적용지역, 수도법 하천법 소하천정비법 지하수법 적용지역, 초지법 적용지역, 그밖의 개발사업 등 8개 부문의 **소규모 개발사업**.

전략환경영향평가 대상계획의 구체적인 종류는 대통령령으로 정하고 있다. 정책계획은 국가기간교통망계획, 수자원장기종합계획 등 33개 계획, 개발기본계획은 혁신도시개발예정지구의 지정, 도시군관리계획등 84개 계획이다(환경영향평가법시행령 제7조 제2항 별표2, 개정 2019.4.23).

전략환경영향평가의 대상계획을 수립하려는 행정기관의 장은 전략환경영향평가를 실시하기 전에 평가준비서를 작성하여 환경영향평가협의회의 심의를 거쳐 전략환경영향평가 대상지역, 토지이용구상안, 대안, 평가항목·범위·방법 등 전략환경영형평가항목 등을 결정하여야 한다(환경영향평가법 제11조).

그림 3. 환경영향평가등 절차도 및 협의과정

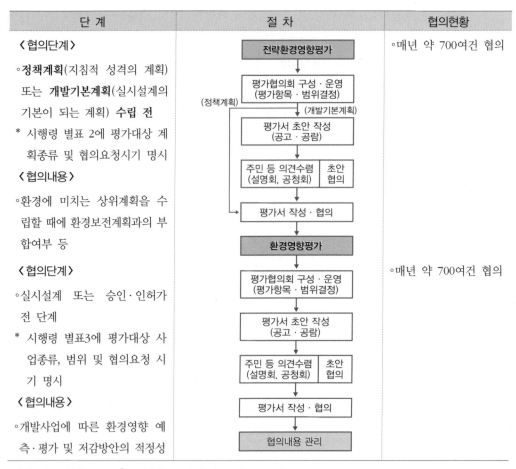

단 계	절 차	협의현황
〈협의단계〉 ◦**정책계획**(지침적 성격의 계획) 또는 **개발기본계획**(실시설계의 기본이 되는 계획) **수립 전** * 시행령 별표 2에 평가대상 계획종류 및 협의요청시기 명시 〈협의내용〉 ◦환경에 미치는 상위계획을 수립할 때에 환경보전계획과의 부합여부 등	전략환경영향평가 평가협의회 구성·운영 (평가항목·범위결정) (정책계획) / (개발기본계획) 평가서 초안 작성 (공고·공람) 주민 등 의견수렴 | 초안 (설명회, 공청회) | 협의 평가서 작성·협의	◦매년 약 700여건 협의
〈협의단계〉 ◦실시설계 또는 승인·인허가 전 단계 * 시행령 별표3에 평가대상 사업종류, 범위 및 협의요청 시기 명시 〈협의내용〉 ◦개발사업에 따른 환경영향 예측·평가 및 저감방안의 적정성	환경영향평가 평가협의회 구성·운영 (평가항목·범위결정) 평가서 초안 작성 (공고·공람) 주민 등 의견수렴 | 초안 (설명회, 공청회) | 협의 평가서 작성·협의 협의내용 관리	◦매년 약 700여건 협의

출처: 환경부(2019). 「환경백서」, 과천: 환경부, p.586.

4. 평가와 전망

전략환경영향평가는 미국, 유럽연합, 덴마크, 핀란드, 프랑스, 독일, 이태리, 스페인, 네덜란드 등에서 도로건설계획, 토지이용계획, 법안, 정책 등에 다양하게 적용되고 있다. 특히 유럽연합에서는 회원국간의 지역적 격차를 해소하기 위한 목적으로 만들어진 구조기금(Structural Funds) － 유럽지역개발기금(ERDF), 유럽사회기금(ESF), 유럽농업지도및보장기금(European Agricultural Guidance and Guarantee Fund)들－ 의 지원을 해당지역이 마련한 지역개발계획을 지속가능한 발전의 관점에서 평가하여 지원토록 함으로써 전략환경영향평가의 개념을 1990년대 초반부터 적용시켜왔다. 2001년에는 전략환경영향평가의 도입을 위한 유럽지침이 발효되었고 2004년 7월까지 EU 소속국가에 도입되도록 의무화하였다. 국가별로 차이가 있긴 하나 전략환경영향평가를 도입하고 있고, 자국의 법체계내에서 전략환경영향평가를 적극적으로 수용하고 있는 회원국들도 증가하고 있다(김지희, 2017). 우리나라도 제도상의 발전을 지속하고 있다. 그러나 전략환경영향평가가 궁극적으로 지속가능성의 실현을 위한 것이라는 점, 환경에 큰 영향을 미치는 에너지와 국토개발의 근간이 되는 국토 도시계획의 상위계획등이 평가대상에서 누락되거나 부처 간의 합의가 이루어지지 어려운 점, 그리고 민관협력과 주민참여의 측면에서 보완되어야 할 여지가 많다.

참고문헌

김지희(2017). 사전배려의 원칙의 실현도구인 전략환경영향평가의 개선방향. 「법학논총」, 34(4).
문태훈(1999). 「환경정책론」, 파주: 형설출판사.
환경부(2011). 「환경백서」. 과천: 환경부.
환경부(2019). 「환경백서」. 과천: 환경부.
환경영향평가법. 2019.11.26. 일부개정, 11.26 시행.
Canter, Larry W.(1996). *Environmental Impact Assessment*. McGraw－Hill, NY.
European Environmental Agency. 2001. Implementation of strategic environmental assessment (SEA) in the transport sector. http://www.eea.eu.int/
Glasson, John.(1995). "Regional Planning and The Environment: Time for a SEA Change". pp.713－731. *Urban Studies, Vol. 32*. No. 4－5.

키워드: 환경영향평가, 사전예방적 환경정책, 사전환경성검토제도, 유럽연합 구조기금
작성자: 문태훈(중앙대)
최초작성일: 2020.01.

전자문서관리시스템(EDMS)

1. 개념

전자문서관리시스템(Electronic Document Management System: EDMS)이란 다양한 형태의 전자문서와 디지털자료를 문서의 전체 생명주기에 걸쳐 일관성있고 체계적으로 통합관리하기 위한 정보시스템을 말한다. 전자문서관리(EDM)의 목적은 문서와 문서처리과정에 대해 새로운 정보통신기술을 적용함으로써 업무수행시의 성과와 생산성을 향상시키는 데에 있다. EDM이라는 용어를 정의하면, 현대적인 정보통신기술을 활용하여(electronic), 하나의 단위로서 저장되고 취급되는 문서(document)를 생성, 저장, 조직화, 전달, 검색, 조작, 갱신, 배열하는 관리활동(management)이라고 말할 수 있다(Sprague, 1995). 그러므로 EDMS는 일관된 문서관리체계와 사용자친화적 인터페이스를 필요로 하며 조직의 정보관련활동을 지원하는 정보 기반구조로서의 역할을 기대받게 된다. EDMS의 핵심기술로는 전자문서관리(EDM), 이미지문서관리(Imaging), 컴퓨터출력물관리(COLD), 워크플로우(Workflow) 등이 있다. 각각을 살펴보면 다음과 같다.

1) 전자문서관리(Electronic Document Management)

EDM이란 워드프로세서, 스프레드시트, 전자우편, 웹문서 편집기 등에 의해 전자적으로 작성된 텍스트 형식의 문서를 관리하기 위한 기술이며 적은 용량의 멀티미디어 데이터도 관리할 수 있다. 주요 기능으로는 문서 분류, 반입/반출, 버전 관리, 이력 관리, 문서 검색, 보안 관리, 백업 및 복구, 문서보존 관리, 복제 등을 수행한다.

2) 이미지문서관리(Imaging)

이미지문서관리는 최근 그 중요성을 크게 인정받고 있는 분야이다. 이미지문서는 종이나 필름 등에 저장된 문서를 스캐너나 디지털카메라 등의 화상입력장치를 통해 디지털화하여 컴퓨터에 저장되는 문서를 말하는데 Imaging이란 이러한 이미지문서를 컴퓨터에 입력하고 색인을 첨부해 저장, 관리하는 기술을 말한다. Imaging도 EDM과 마찬가지로 모든 형식의 문서를 저장·관리할 수 있기는 하지만, 주로 이미지 문서를 관리하기 때문에 대용량 데이터의 처리에 초점이 모아진다. 주요기능으로는 EDM과 유사하여 색인 서비스, 저장장치 관리 서비스, 문서 입력, 주석 생성, 문서 관리, 문서 검색, 보안 관리 등이다.

3) 컴퓨터출력물관리(Computer Output to Laser Disk: COLD)

여기에서 컴퓨터출력물이란 DBMS를 통해 주기적으로 발생하는 각종 보고서 및 기록물과 같이 레코드 형식의 대용량 정형화된 자료를 말한다. COLD란 이를 관리하기 위한 기술로써 예를 들면 공공요금 고지서, 회계내역서, 금융거래 내역서 등을 관리한다. COLD는 컴퓨터출력물들을 대용량 광디스크를 이용하여 저장·관리하고 이를 활용하기 위해 검색·조회하는 기능을 제공한다. COLD는 기존의 COM(Computer Output to Microfilm) 기능을 대체한 시스템이다. 주요 기능으로는 색인 관리, 자료 임포트(Data Import), 압축기능, 검색 기능, 폼(Form) 오버레이, APA(All Points Addressable: 일반 텍스트 이외에 다양한 폰트, 로고, 그림 등이 포함된 문서를 저장, 색인, 읽기, 출력할 수 있도록 고안된 형식을 말함)이 기능 지원 등이 있다.

4) 워크플로우(Workflow)

워크플로우는 조직 내의 문서 작업의 흐름을 관리하고 통제하기 위해 업무 프로세스의 흐름을 자동화시켜주는 기술을 의미한다. 이를 가능하게 하기 위해서는 사무자동화, DBMS, 전자우편, EDM, 소프트웨어 프로세스 관리, 업무 프로세스 모델링 등의 구축을 전제로 한다. 업무 규칙과 절차에 따라 원하는 정보를, 원하는 시점에, 원하는 사용자에게 제공함으로써 정해진 시간내에 업무를 자동적으로 수행되도록 하기 위한 도구이다. 주요 기능으로는 자동 작업경로 지정 및 전달 기능, 업무분배 기능, 정보관리 기능, 정보취합 기능, 타 시스템 연동 기능 등이 있다.

2. 전자문서관리시스템(EDMS)의 필요성 및 구축효과

전자적 문서관리가 필요한 이유는 기존의 수작업에 의한 문서관리가 여러 가지 문제점을 가지고 있기 때문이다. 예를 들면 통합적인 문서관리가 미흡하여 문서가 개별적으로 생산, 보관되고 충분히 공유되지 않아 종이문서가 중복적으로 양산되고 있으며, 유통되는 정보량이 급증함에 따라 오히려 종이문서의 출력량이 정보화이전보다 훨씬 더 크게 증가하고 있다. 현재 공공기관에서 사무관리규정에 의거하여 시행중인 문서관리업무의 문제점을 문서관리의 생명주기에 따라 살펴보면 다음과 같다. 먼저 생성단계에서는 필요이상으로 과다한 종이문서가 생성된다는 것이다. 이는 잦은 보고를 규범시하는 보고문화와 형식과 절차를 중시여기는 문서만능주의 등에 기인한다고 볼 수 있다. 그리고 유통단계를 보면, 전자우편이나 전자게시판 혹은 전자결재를 통하는 방식보다는 아직까지도 직접 문서를 소지하고 대면접촉을 선호하는 경향이 우세하다. 보관단계에서는 종이문서와 전자문서의 이중보관이 문제시되는데, 보안제일주의의 다소 경직된 관행 때문에 아직까지도 전자파일의 저장에 관해서는 충분한 안도감을 갖지 못하는 듯 하다. 마지막으로 문서폐기에 있어서도 폐기 대상 재검토 및 폐기절차에 많은 인력과 시간이 과다하게 소모되는 점이 지적될 수 있다.

Sprague(1995)는 EDMS의 구축을 통해 무엇을 얻을 수 있을 지를 논하면서 다음과 같이 출판절차의 향상(Improving the publishing process), 조직과정의 지원(Supporting organizational processes), 의사소통 지원(Supporting communication among people and groups), 외부정보에 대한 접근도 향상(Improving access to external information), 문서관리의 생성과 유지(Creating and maintaining documentation), 기록 유지(Maintaining corporate records), 교육훈련 촉진(Promoting training and education)을 제시한 바 있다. 문서관리의 완전한 디지털화에 가장 큰 걸림돌은 기술이 아닌 문화와 제도라는 점에 주목하고자 한다. 특히 고위직으로 갈수록 문서관리와 관련되어 수작업을 고수, 선호하고 있다. 그러므로 업무체계 자체가 새로운 시스템에 적합하도록 재설계되어야 함을 전제로 한다.

3. 전자문서관리시스템(EDMS)과 문서의 생명주기

문서는 생성 단계에서부터 등록, 승인 및 유통, 저장, 검색 및 재활용, 보존 및 폐기의 과정을 거쳐 관리된다. 각 단계에서 EDMS가 어떻게 적용되는가를 알아보면 다음과 같다(<그림 1>).

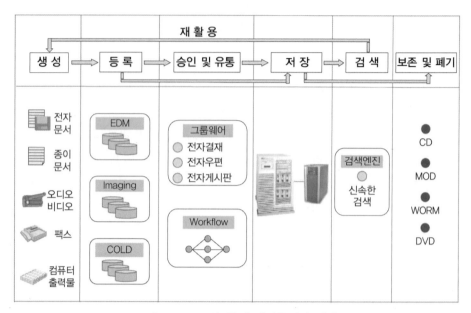

그림 1. EDMS와 문서 생명주기의 관계

출처: 한국전산원(1999).

○ **생성:** 워드프로세서, 스프레드시트, 웹 문서 편집기 등 전자문서 생성기 및 그룹웨어를 이용한 자료 생성, 스캐너를 이용한 종이 및 도면 등의 이미지 문서 생성, 그리고 레코드 형태의 컴퓨터출력물 등이 모두 포함된다.

○ **등록:** 생성된 문서는 그룹웨어나 Workflow 시스템을 통하여 승인 및 유통 과정을 거치거나, 텍스트, 이미지, 컴퓨터출력물 등의 문서 형태에 따라 직접 EDM, Imaging, COLD 시스템에 등록되어 관리가 이루어진다.

○ **승인 및 유통:** 승인 과정은 그룹웨어의 전자결재나 정형화된 업무 중심의 워크플로우 시스템을 이용하며, 생성 또는 등록된 자료를 그룹웨어 등 협업(Collaboration) 도구와 결합하여, 전자우편, 전자게시판에 의해 유통함으로써 공유될 수 있다.

○ **저장:** 문서의 저장은 문서를 등록하거나, 승인 및 유통 과정에서 결재가 완료된 문서가 EDMS로 이관될 때 이루어진다. 문서의 본문은 EDMS 저장장치에, 문서의 등록정보(속성)는 DBMS에 저장된다. 저장된 문서중 보관기관이 경과된 문서는 자동적으로 보관매체에 이관된 후, 폐기된다.

○ **검색:** 저장장치에 저장되어 있는 문서는 편리한 방식에 의해 검색되어 문서의 공유가 가능하고, 검색된 문서는 필요에 따라 문서생성 과정에 재활용될 수 있다.

○ **보존 및 폐기**: 문서관리 규정에 의해 보관 단계 이후, CD/MOD/WORM/DVD 등 보관매체로의 영구보존이 가능하다.

참고문헌

김현성(2000). "전자정부 추진에 있어 전자문서관리시스템 (EDMS) 도입의 쟁점과 전략," 『2000 한국행정학회 하계학술대회 논문집』.

한국전산원(1999). 『전자문서관리시스템(EDMS) 구축 지침(안)』.

Sprague, Ralph H.(1995), "Electronic Documentation Management: Challenges and Opportunities for Information Systems Managers," *MIS Quarterly*, Vol. 19, March.

키워드: 전자문서, 전자문서관리(EDM), 이미지문서관리(Imaging), 컴퓨터출력물관리 (COLD), 워크플로우(Workflow), 문서생명주기

작성자: 김현성(서울시립대)

최초작성일: 2001.11.

정보관리(Information Management)

1. 개념

일반적으로, 정보관리(information management)란 각종 정보를 가장 능률적이며 합리적으로 정확하게 수집·분류·정리·분석·전달하고 이용해서 처분하는 일련의 과정이며 정보를 그 목표달성의 수단으로 이용하는 관리방식이다. 오늘날 모든 조직들은 막대한 정보를 수용하는 정보망을 형성하고 있으며 이러한 제반 정보의 효율적인 관리를 위해 정보관리를 필요로 하고 있다.

조직활동에 관한 막대한 양의 정보를 획득하고 보관해서 필요할 때, 즉시 활용하는 능력을 갖춰주는 이러한 정보관리는 인간이 가지는 인지능력과 시간적 한계성을 극복하도록 도와주며 높은 수준의 복잡한 정보를 신속하고 효율적으로 활용하도록 도와줌으로써 효과적인 관리를 가능케 하는 것이다.

이후부터는 제 학자들이 공통적으로 제시하고 있는 내용을 근거로 정보관리를 조명하고자 한다.

2. 필요성

1) 정보자체의 요인

서비스를 제공함에 있어 엄청난 양의 정보를 적시적소에 이용하기 위해서는 정보관리가 필요하다.

2) 합리적인 정책결정

조직에서 합리적인 정책결정에 도움이 될 수 있는 정보를 수집·분석·가공하여, 필요한 경우 즉시 정책결정자에게 제공하여 도움을 줄 수 있어야 한다.

3) 행정서비스 요구의 증가

오늘날 행정조직이 요청받고 있는 다양한 서비스(원격진료, 상담, 교육, 쇼핑, 뱅킹, 재택근무 등)를 효과적으로 전달하기 위해서는 정보관리가 중요하다.

4) 행정서비스 전달체계의 효율성 향상

행정조직의 정보관리는 다양한 조직과 자원을 상호 연계시켜 줌으로써 서비스 전달체계의 효율성을 향상시키는 데 필요한 것이다.

5) 행정서비스의 참여기회 확대

행정조직의 정보관리는 정보사회에서 서비스의 제공자와 소비자 간의 의사소통장애를 제거함으로써 복지서비스의 참여기회를 확대한다.

6) 모든 국민의 삶의 질 향상

조직의 정보관리는 정보사회에서 사회적 약자를 포함한 모든 국민의 삶의 질을 향상시킬 수 있는 기회를 제공한다.

3. 부작용

1) 비밀보장의 어려움

컴퓨터의 전산화를 통해 모든 정보를 공유하기 때문에 조직은 물론 고객의 사적부분까지 과다 노출될 가능성 있는 것이다.

2) 정보의 소외현상

정확하고 시의 적절한 정보를 얻기 위해서는 정보기술에 접근이 용이해야 되는데, 이때 컴퓨터를 잘 다루지 못하는 사람의 경우는 정보로부터 소외될 수 있다. 더욱이 정보의 접근성이 곧 조직의 위치가 될 수도 있다는 점에서 이것이 곧 삶의 격차로 작용할 수도 있는 것이다.

3) 잘못된 정보의 획득

조직에서 정보를 공유함에 있어서 잘못된 정보를 그대로 받아들임으로써 고객 등에게 혼선을 자아낼 수 있는 것이다.

4) 기준행동의 유발

전산화로 된 일정형식에 의거하여 자료를 정리할 때 발생할 수 있는 문제로서, 더욱 많은 자료를 정리할 수도 있겠지만, 일정형식에 따라서 이정도면 되겠지 라는 나름의 기준을 결정하게 된다는 것이다.

4. 조직의 요구정보 – 사회복지조직

조직사례 중 사회복지조직을 활용하여 요구정보를 살펴보면 다음 내용과 같다(<표 1> 참조).

표 1. 사회복지조직의 요구정보 유형

정보종류	내 용
클라이언트 및 지역사회정보	클라이언트의 인구학적 특성, 기관의 이용현황 등
욕구정보	지역사회주민과 클라이언트의 복지욕구 내용 등
서비스와 자원정보	제공하는 서비스의 종류와 내용, 서비스의 질에 관한 것 등
처우정보	처우계획, 실시내용 등
기술정보	사회복지사의 전문적 지식, 활용 가능한 기술 등
참가정보	후원자, 자원봉사자활동, 이벤트와 강좌 등
규범정보	조직 내 규칙과 지침서 등
환경정보	정부시책, 행정방침, 관련정책과 제도의 변화추이 등
관리정보	조직의 재무, 인사, 타 조직에 관한 사항 등

참고문헌

권육상·전대성·홍석자·서상범·조미영·홍전희(2004). 『사회복지행정론』. 서울: 유풍출판사.

김병섭·박광국·조경호(2000). 『조직의 이해와 관리』. 서울: 대영문화사.

김병식(2003). 『사회복지행정론』. 서울: 창지사.

김영종(2000). 『사회복지행정』. 서울: 학지사.

김태수·백종섭·신희영(1998). 『복지행정론』. 서울: 대영문화사.

신복기·박경일·장중탁·이명현(2002). 『사회복지행정론』. 파주: 양서원.

Huizing, A. & Vries, E. J. D.(2008). Information Management, lsevier Science Ltd.

키워드: 정보관리, 요구정보

작성자: 양승일(충남도립대)

최초작성일: 2013.07.

1. 정보력 개념

국가정보력의 개념 정의는 크게 국내 차원의 헌법수호 관점과 해외 불확실성 제거 차원으로 분류할 수 있다. 일반적인 내부모순이 존재하는 상황에 급격한 외부 충격이 가해지면 국가적 위기 상황이 발생한다고 한다. 그래서 국가정보력 정의도 두 가지 관점에서 정의 할수 있다.

1) 헌법수호 관점의 국가정보력 정의

'국가의무'를 국민의 생명, 그리고 국민과 국가 이익을 보호하고, 국가정체성(헌법)을 지키는 것이고, '국가정보'는 헌법수호 차원 특히 '국가안보'에 관한 '정보력'을 말한다. 이는 국가정체성을 부인하고 국가전복이나 반체제 세력 또는 잠재적 적국의 국익을 위해 활동하는 세력 대한 국내외 정보활동 능력을 말한다.

2) 불확실성 관점의 국가정보력 정의

'국가정보력'은 국가 최고통치자가 국가안위에 대한 정확한 판단과 최종 결심을 할 때, '국가차원에서 정보를 수집하고 분석－종합－해석하여 불확실성을 제거하여 올바른 판단을 할 수 있도록 제공하는 능력'이다. 국가정보력의 핵심은 국가위기상황을 사전에 경보하는 선견지명 능력이다. 이 경우는 주요 적국이나 가상의 적국으로부터 군사적 공격을 사전에 감지하기 위한 정보활동 능력이다.

3) 국가정보력의 기능 관점

일반적으로 '국가정보'는 국가안보에 관한 '조기경보'와 전략적 판단을 요하는 '장기 전망'과 안보관련 '정책지원' 그리고 국가비밀을 유지하는 '비밀보호'로 구성된다. 미국은 국가정보를 정치정보, 경제정보, 군사정보, 과학기술정보, 인물정보와 네트워크정보로 기능중심으로 세분한다. 반면 우리나라는 해외정보, 국내정보, 북한정보, 경제·통상정보, 안보사범 수사, 테러정보, 산업정보, 국제범죄 차단, 보안·방첩 활동, 기술정보활동, 사이버안전 활동 등으로 지역과 기능을 혼합하여 세분한다.

2. '국가정보력'과 국력 간의 연계

국력 관점에서의 정보력은 자국의 정책과 전략을 타국이 알 수 없도록 '비밀'을 유지하며 실현해내는 능력이다. '정보(intelligence)'에는 비밀(secret)이란 의미를 내포하고 있다.

국력에는 공개적으로 보여줄 수 있는 파워뿐만 아니라 비밀활동을 통해 자국의 전략을 타국에 실현해 낼 수 있는 능력도 존재한다. '비밀파워'는 국력을 구성하는 정치, 경제, 외교, 문화, 정보통신 및 과학기술 그리고 국방력 등 여러 영역에 분포하고 있으나 '비밀파워' 성격 자체가 비공개이며 측정하기 어렵다는 특성을 가진다. 이렇듯 '비밀파워'는 모든 국가가 보유하고 있는 실재하는 파워이다. 그러나 기존 '정보력' 측정은 'intelligence power'가 아닌 'information communication telecommunication power(ICT power)' 즉 정보통신력을 주로 측정했다. 기존 정보통신력만으로는 '비밀파워'를 측정할 수는 없다. 그래서 국가정보력 측정에서는 보이지 않는 힘인 비밀파워를 측정하고자 노력을 했다.

'비밀파워'를 측정하는 데 발생한 문제점은 직접측정에 사용할 수 있는 자료가 거의 없다는 것이다. 이를 극복하기 위해 휴리스틱(heuristic) 방법론으로 간접지표를 선정하여 측정했다. 간접측정을 통해 보이지 않는 힘, '비밀파워'의 실체를 측정하고자 노력했다.

3. 정보력 측정 세부 지표

국가별 정보력을 평가하기 위해선 정보기관에 대한 국민의 신뢰도, 지도자의 정보기관

운용 능력, 정보예산, 정보조직과 인원, 정보관련 법규와 정보기관에 대한 의회 감시제도 등을 중심으로 평가해야 한다. 그러나 대부분의 국가가 정보예산과 상세한 정보조직은 비밀로 유지하고 있다는 점과, 국가별 당면한 안보위협이 다르기 때문에 정보예산, 조직과 인원 등 정량적 평가항목 또한 객관적 평가지표로 사용하기 어렵다. 그래서 위의 평가 지표에 대한 자료를 수집하기 어려워 간접지표를 사용하여 국가정보력을 평가한다. 간접지표로는 국방예산, 궤도에 있는 인공위성, 인터넷 호스트와 1000명당 인터넷 사용자, 세계 1000위권 대학 보유, 외국에 대한 직접투자, 그리고 국가안정도를 사용할 수 있다.

'국가정보예산'은 통상적으로 국방비의 1/10수준이 적절하다고 알려졌다. 그리고 상당부분 정보수집자산과 운용은 군이 담당하고 있다. 물론 군사정보와 국가정보는 같지 않으나, 상관관계가 높기 때문에 사용했다.

표 1. 정보력 측정 지표

직접측정	간접측정
1) Input	1) 투입
① 정보기관에 대한 국민의 신뢰	① 국가정보예산(국방예산의 1/10)
② 국민과 국가가 축적한 지식과 경험	② 수집 및 배포(인공위성, 인터넷)
2) Conversion	2) 전환 및 활용
① 지도자의 국가정보 운용능력	① 해석(세계1000위 대학 보유)
② 정보기구 관련 법률과 감시제도	② 해외직접투자
3) Outcome	3) 결과
① 국가정보력	① 성공국가지수[실패국가지수(FSI) 역순]

참고문헌

Military Balance(2013). IISS(International Institute of Strategic Studies), England.

World Factbook(2013). CIA.

IMD(2013). World Competitiveness Yearbook.

키워드: 정보력, 국방예산, 궤도에 있는 인공위성, 인터넷 호스트와 1000명당 인터넷 사용자, 세계 1000위권 대학 보유, 외국에 대한 직접투자, 성공국가지수

작성자: 최창현(금강대)

최초작성일: 2014.07.

정보리터러시

1. 개념

정보리터러시란 정보활용능력을 나타내는 용어로서 정보가 필요한 때를 인식하고 이 정보를 효과적으로 찾아내고, 평가하며 사용할 줄 알도록 개인에 요구되는 일단의 능력을 말한다. 정보리터러시는 오늘날과 같이 기술적 변화가 빠르게 이루어지고 정보자원 자체가 양적으로 팽창하는 환경에서는 더욱 그 중요성이 강조되고 있다. 이러한 상황은 학습환경이나 작업환경, 심지어는 개인의 일상생활에 이르기까지 예외 없이 적용되는 점에 주목할 필요가 있다.

정보는 유·무형을 막론하고 다양한 미디어의 형태를 가지고 있으므로 이에 대처하는 능력 또한 광범위하다고 할 수 있다. 사회에 정보가 풍부하게 존재한다는 사실만으로 사회 구성원들이 보다 풍족한 정보생활을 누릴 수 있다는 것을 의미하지는 않는다. 그 정보를 효과적으로 사용할 줄 알아야만 풍부한 정보로부터 큰 부가가치를 이끌어낼 수 있을 것이기 때문에 정보활용능력의 중요성이 대두된다.

지식정보화사회에서의 정보화교육은 일시적이라기보다는 평생교육적인 속성을 지니고 있다. 그것은 새로운 정보통신기술이 계속해서 발전하고 있기 때문이다. 그러나 이보다 더 중요한 이유는 개인이 일생에 걸쳐 계속해서 변화하는 업무환경과 생활양태를 가지게 되기 때문에 이에 적응하기 위해서는 정보통신기술에 대한 단순한 사용법 숙지를 벗어나는 종합적인 정보활용능력이 요구되기 때문이다.

정보활용능력에 관한 기존의 연구들은 주로 각종 정보의 수집, 정리, 활용을 핵심 연구영역으로 하고 있는 도서관학 분야와 하드웨어 및 소프트웨어의 구성이나 어플리케이션을 영역으로 하고 있는 전산학의 영역에서 이루어져 왔다. 그러다가 최근에는 정보활용능력을 보다 포괄적으로 이해하는 경향을 보여주고 있다. 예를 들어 정보통신기술을 정부 행정이나 교육에 응용하여 각종 정보를 처리하는 것에 관심을 가지고 있는 연구들에서는 정보활용능력 개념에 있어 도서관학 분야에서의 개념 정의에 추가하여 정보를 처리하는 데 필요한 수단으로서의 정보통신기술의 활용능력과 그 활용에 있어서의 윤리적인 사항들에 대한 이해의 정도, 그리고 정보 사회에 관한 일반적 이해력 등이 중요한 요소 개념으로 정의하는 연구들이 등장한다(김현성 등, 2001).

2. 정보통신기술의 발달과 정보리터러시의 관계

정보통신기술 기능(information and communication technology skills)이란 학문적, 작업관련, 개인적 목표 등 광범위한 목표를 달성하기 위해 컴퓨터, 응용소프트웨어, 데이터베이스와 그 밖의 기술들을 사용할 줄 아는 능력을 말하며 이는 컴퓨터리터러시 혹은 컴퓨터리터러시라 불리기도 한다. 이보다 넓은 의미를 가지고 있는 용어가 정보리터러시라고 볼 수 있다. 정보리터러시의 측면에서 보면 기술에 대한 숙련된 기능을 익히는 것은 필수불가결한 기본요건이 된다. 컴퓨터리터러시란 특정 하드웨어나 응용소프트웨어에 대한 기술적 학습과 관련이 있고 정보리터러시란 정보기술을 활용하여 문제해결이나 비판적 사고에 적용하는 것까지를 포함하는 것으로 설명하면서 이를 광범위한 기술능력이다.

3. 정보처리과정에 근거한 정보리터러시

Eisenberg와 Berkowitz(1996)는 정보를 효과적으로 활용하기 위해서는 여섯 가지 영역에서의 세부적인 능력을 갖춰야 한다고 정의한다. 이 Big Six 모형은 정보처리에 중점을 둠으로써 이후의 정보활용능력 연구에 많은 영향을 끼친 바 있다.

① **문제정의 영역**: 업무 및 업무를 완수하기 위하여 필요한 정보가 무엇인지를 인식할 줄 아는 단계
② **정보탐색전략 영역**: 필요한 정보가 어디에 위치하고 있는 지를 알아내는 능력
③ **발견과 접근 영역**: 선택한 정보원에 접근하여 이 정보원내에 존재하는 필요한 정보의

발견

④ **정보의 사용영역:** 정보를 직접 대면하고 발췌하는 등 수집과 관련된 행위

⑤ **종합 영역:** 다양한 정보원으로부터 획득한 정보를 체계적으로 조직

⑥ **평가 영역:** 정보처리과정이 얼마나 효율적이었는지, 또 획득한 산출물이 얼마나 문제해결에 효과적이었는지를 평가

4. 공무원 정보리터러시의 개념적 구성요소

정보리터러시는 정보의 생명주기별로 구분될 수 있다. 복잡한 생명주기 단계를 두 단계로 구분하면 정보수집생산능력과 정보처리활용능력으로 나타낼 수 있다. 정보수집생산능력을 인간을 중심으로 정보를 끌어들이는 구심력적 차원이라 한다면 정보처리활용능력이란 인간으로부터 업무에 적용시키는 원심력적 차원이 된다. 이 두 가지 능력은 상호 대칭적 개념이면서도 상호 보완적인 복합적인 구조를 갖고 있다.

공무원의 정보리터러시는 모두 세 가지의 하위체계로 구성되어 있다. 즉, 정보통신기술에 관한 이해를 포함하여 전자정부관련 업무처리 및 법제도에 관한 이해, 그리고 정보통신윤리에 관한 이해 등이다. 이상을 그림으로 나타낸 것이 <그림 1>이다.

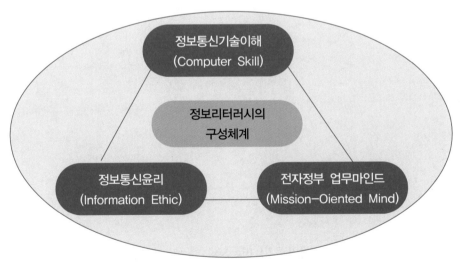

그림 1. **정보 활용능력의 개념적 구성 요소**

정보활용능력이란 비단 컴퓨터를 불편없이 능숙하게 사용하는 것만을 의미하는 것이 아

니다. 물론 전산기술지식이 큰 영향을 주는 것은 사실이지만, 이에 부가하여 반드시 고려해야 할 사항은 과연 정보를 자신의 업무에 어떻게 효과적으로 연계시킬 줄 아느냐에 달려있다. 아무리 전산지식이 뛰어나다고 하여도 '컴퓨터 따로' '업무 따로'라면 아무런 효과도 거두지 못할 것이다. 특히 전자정부에서의 공무원은 전자정부 운영과 관련된 각종 제도적 사항은 물론, 자신의 업무와 유관업무, 행정환경의 변화에 대해서도 적절한 지식을 갖추어야 한다. 마지막으로 정보를 다루는 업무의 전 과정에 걸쳐 윤리적 차원의 고려도 매우 중요한 사항이다. 즉 불건전정보의 유통이나 개인정보보호, 지적재산권, 그리고 명예훼손 등에 대해 적절한 이해가 없이는 아무리 뛰어난 컴퓨터기술지식과 업무파악력을 가지고 있다고 하여도 그 정보의 활용을 통해서 공익에 도움이 되는 결과를 가져오지 못할 수 있다(김현성 등, 2001).

참고문헌

김현성(2001). 전자정부에서 공무원 정보활용능력 개념의 재정립. 「행정과 전산」, 23(1).
김현성 외(2001). 「공무원 정보화 교육수요 및 활용능력 조사를 위한 연구」. 행정자치부 연구보고서.
Eisenberg, Michael B. and Robert E. Berkowitz.(1990). Information Problem-solving: The Big Six Skills Approach to Library and Information Skills Instruction. Norwood, NJ: Ablex Publishing.

키워드: 정보활용능력, 정보생명주기, Big Six, 컴퓨터러시, 정보화교육
작성자: 김현성(서울시립대)
최초작성일: 2001.11.

정보윤리(Information Ethics)

1. 개념

　정보윤리(information ethics)는 정보를 획득, 처리 및 활용하는 과정에서 지켜져야 할 규범을 말한다. 정보의 획득, 처리 및 활용하는 빈도가 상대적으로 많은 지식정보화시대에 있어서는 정보이용자의 정보윤리가 매우 중요한 것이다. 지켜야 할 규범의 구체적인 내용은 논자에 따라 매우 다양할 수 있는데, 흔히 PAPA로 표현되는 프라이버시보호(Privacy), 정보의 정확성(Accuracy), 정보소유(Property) 그리고 정보접근가능성(Accessibility) 등을 들 수 있다. 최근에는 정보보안과 관련한 정보윤리가 중요시되고 있으며, 사이버공간에서의 윤리(the ethics of cyberspace)도 강조되고 있다.

2. 이론적 배경

　정보윤리는 최근에 강조되는 개념으로 디지털정보환경에로의 변화와 무관하지 않다. 특히 온라인을 통한 정보의 획득, 처리 및 활용과정에서 사생활보호, 정보의 정확성 유지, 정보독점소유방지, 정보접근 및 정보보안 등과 그 맥을 같이 한다. 정보윤리의 기본은 개인의 프라이버시를 침해하지 않으면서 정보를 획득, 처리하고 활용하는 것이다. 사생활보호는 기본적으로 혼자 있을 수 있는 권리(the right to be let alone)로부터 출발되는데, 자신이 동의하지 않거나 모르는 사이에 자신에 대한 정보가 확산되지 못하게 하는 것(타인에 대한 접근통제)과 자신에 관한 잘못된 정보를 확인하고 시정하는 것(정확성의 통제)이 주요 내용이다. 프라이버시보호를 위한 법적 규제로는 ① 미국의 프라이버시법(1974) ② 독일의 연방데이터보호법(1977) ③ 프랑스의 정책결정 축적 및 자유에 관한 법률(1978) ④ 일본의 주민기본대장법(1967) 및 ⑤ 한국의 프라이버시보호법(1992) 등이 있다. 정보윤리의 두 번째 요소는 정확성(accuracy)이다. 지식기반사회는 다양한 정보들이 DB화되거나, 전달되고 유통된다. 특히 DB에 들어 있는 정보는 최근정보로 바꾸어주는 것이 중요한데, 이때 가장 중요한 것은 정확성이다. 정확하지 않은 정보가 들어있을 경우 오히려 정보가 없는 것보다 못할 수 있는 것이다. 이런 점에서 정보의 정확성은 아무리 강조해도 지나치지 않는 요소이다. 정보윤리의 세 번째 요소는 정보소유(property)이다. 과연 누가 정보를 소유할 것인가?하는 점이다. 지식기반사회에서는 누가 정보를 소유하느냐에 따라 정책결정에서의 영향력에 차이가 있을 수 있으며, 권력관계의 변화도 유발할 수 있는 것이다. 특정한 사람이나 계층에게 정보가 독점되지 않도록 하기 위해서는 모든 공공정보는 공유되도록 하는 것이 바람직하다. 정보윤리의 네 번째 요소는 정보접근가능성(accessibility)이다. 정보접근이란 특정정보에 다가가는 것과 관련된다. 정보접근이 가능하여야 정보가 공유되고, 활용될 수 있기 때문에 이 요소도 매우 중요하다. 예를 들어 컴퓨터를 구입할 만큼의 경제적인 여유가 없거나, 구입할 필요를 느끼지 못할 경우 해당 당사자는 심각한 상대적인 피해를 볼 수 있으므로 윤리적인 위기가 존재할 가능성이 있다. 끝으로 정보보안이다. 이것은 다른 기관이나 개인으로부터 자신의 시스템이나 정보를 약탈당하거나, 침해받지 않아야 한다는 것이다. 정보보안문제는 최근에 많은 관심을 가지된 문제로서 어떻게 해킹이나 바이러스로부터 정보나 정보시스템을 보호할 것인가에 관련되는데, 정보윤리문제와 직결된다.

3. 평가 및 전망

모든 계층의 사람들이 정보소스 또는 정보시스템에 쉽게 접근이 가능해야 하며, 이를 통해 획득된 정보는 정확해야 한다. 그리고 정보의 획득, 처리 및 활용으로 인해 타인에게 프라이버시가 침해되어서는 안되며, 특정한 사람이나 집단(조직)에게 정보가 독점적으로 소유되어서는 안될 것이다. 최근에는 사이버공간에서의 윤리가 중요하게 대두되었는데, 이에 대해서도 관심을 가져야 한다. 사이버공간에서 타인의 명예를 훼손하거나, 함부로 욕설을 하는 행위 그리고 해킹이나 바이러스 유포 또는 스팸메일을 보내는 등의 제반 행위를 해서도 안될 것이며, 저작권이 있는 저작물을 함부로 사용해서도 안 될 것이다. 이러한 점에서 정보윤리는 지식정보화시대, 인터넷시대 그리고 네트워크시대에 지켜져야 할 가장 중요한 요소 중의 하나이다.

키워드: PAPA, 디지털 정보환경
작성자: 이기식(한중대)
최초작성일: 2003.02.

정보접근(Information Access)

1. 개념

정보접근(information access)이란 정보가 위치하고 있는 정보소스(source)에 다가가는 것을 말한다. 기본적으로 정보시스템을 이용한 온라인 방법과 기존의 도서관 등을 이용하는 오프라인 방법에 의해 정보접근이 가능하다. 정보접근의 개념은 여섯 가지 차원으로 나눌 수 있다. 첫째, 비용차원이다. 정보접근에 따른 비용(cost)이 많거나 적을 경우 정보접근에 영향을 미친다. 주로 정보접근에 따른 비용이 많을 경우 그 접근빈도는 적을 수 있으며, 정보의 질은 상대적으로 높을 수 있다. 오프라인에 의한 정보접근은 정보소스에의 거리로 인해 과다한 비용이 발생할 수 있으며, 이로 인해 정보접근이 어렵게 될 수 있다. 둘째, 속도차원이다. 요즘과 같은 지식정보시대에는 정보소스에의 거리나 위치와 같은 물리적 차원보다는 정보접근속도가 문제가 될 수 있다. 정보소스의 접근속도가 떨어질 경우 정보접근을 하지 않거나 그 빈도가 적을 수 있다. 셋째, 대면적 차원이다. 이것은 정보소스를 이용하는 방법과 관련된다. 즉 컴퓨터시스템의 조작방법, 컴퓨터언어에의 친숙도 등에 따라 정보접근에 차이가 있다는 것이다. 오프라인에 의한 정보접근에 있어서도 도서관에서의 색인찾는 법, 도서대출방법 등을 모르거나 익숙하지 않을 경우 정보접근이 용이하지 않을 수 있다. 넷째, 컨텐츠적 차원이다. 정보컨텐츠가 빈약할 경우 정보접근의 빈도가 줄어 들 가능성이 있으며, 반대로 컨텐츠가 좋을 경우 정보접근의 빈도가 많을 수 있다. 다섯째, 정보적 차원이다. 원하는 정보의 위치나 장소를 파악하고 있는지의 여부와 관련된다. 원하는 정보소스에 대해 명확히 인지하고 있는 경우는 그렇지 않는 경우보다 정보접근이 더 용이하게 이루어질 수 있다. 끝으로 사회적 차원이다. 정보격차(digital divide)가 있을 경우 정보접근이 용이하지 않을 수 있다. 예를 들어 컴퓨터를 통해 인터넷접속이 가능한 계층과 그렇지 못한 계층은 정보접근에 차이를 보일 가능성이 크다.

2. 이론적 배경

정보접근은 정보접근에 대한 인지(perceived accessibility), 정보공개, 정보공유, 정보보안, 정보격차, 정보인프라 또는 지식인프라 등과 밀접한 관련을 가진다. 예를 들어 정보접근을 위해서는 정보·지식인프라가 적절히 이루어져야 하며, 정보가 공개되어야 하며 또한 누구에게나 정보가 공유(share)되도록 해야 한다. 그리고 정보보안이 이루어져야 하며, 정보격차가 있어서는 곤란하다.

3. 평가 및 전망

흔히 정보접근이라고 하면 단순히 '정보소스에 다가가는 것'을 의미하지만 정보접근의 개념에는 전술한 바와 같이 여섯 가지 차원이 함축되어 있으므로 상당히 역동성을 띤 단어라고 할 수 있다. 일반적으로 정보인프라가 구축되어 있을 경우 보다 용이하게 정보접근이 가능할 것이다. 그리고 정보접근에 의해 획득된 정보의 질은 결국 콘텐츠(contents)에 의해 좌우되므로 콘텐츠는 정보접근에 있어서 매우 중요한 요소라 할 수 있다. 정보사용자의 입장에서 보면 정보화(informatization)가 진전되면 될수록 정보접근은 더욱 용이해 질 수 있으므로 정보화수준과 정보접근은 밀접한 관련성을 가진다. 결국 정보접근은 정보인프라, 콘텐츠, 정보화수준, 정보공개, 저작권, 프라이버시, 정보윤리 등의 제반 정보이슈와 밀접한 연관을 가지고 있다.

키워드: 정보격차, 정보소스
작성자: 이기식(한중대)
최초작성일: 2003.02.

정부경쟁력(Government Competitiveness)

1. 용어에 대한 개념정의

정부경쟁력이란 '정부가 주어진 상황에서 국내외 자원을 동원하여 ① 그 나라 국민들에게 중요한 욕구를 효율적으로 충족시켜주고, ② 미래의 바람직한 방향으로 이끌어내는 힘'을 의미한다. 경영학에서 말하는 마이클 포터의 경쟁력은 주로 국가, 지역, 클러스터 등의 공간적 범위내에서 산업(industry) 혹은 기업의 생산성(productivity)을 논의한다. 이에 반하여, 정부경쟁력은 각 나라의 '시간(시대적 상황)' 그리고 '공간(발전된 상태)'에 따라 정부가 해야 할 일을 전년도 대비하여 얼마나 변화시켰는지에 대한 '역량(capacity)'을 평가함에 목적이 있다.

'국민의 욕구를 충족'시키는 측면에서는 Maslow의 욕구계층론 개념을 발전시킨 '정부의 욕구단계이론'으로 설명한다. 국민들은 Maslow의 이론과 같이 생리적 욕구, 안전의 욕구, 사회적 욕구, 자기존중의 욕구, 자아실현의 욕구의 순서대로 정부에게 욕구의 충족을 요구하며, 하위 욕구가 채워져야 그 다음 욕구가 유발된다.

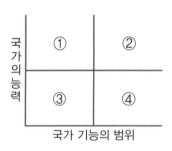

'미래의 바람직한 방향으로 이끌어내는 힘'에 대한 이상적인 정부의 상태는 Fukuyama가 도해한 '정부기능(x축)'과 '정부능력(y축)'의 모형을 응용한 ①분면을 의미한다. 제한된 국가의 기능을 강력하게 수행할 능력이 있는 경우로서, 이때 국가의 능력과 국가 기능의 범위는 그 나라의 발전단계(준비기 – 도약기 – 발전기)를 고려해야 한다.

'자원을 동원하여 바람직한 방향으로 이끌어내는 힘'은 단계적으로 이루어지는데, 이 단계에 대한 개념은 Easton의 체제이론을 적용하여 투입, 전환, 산출, 결과로 경쟁력을 구분한다. 특히 정책 환경으로부터 투입된 요소를 변환(conversion)하는 전환 단계에서의 정부 역량에 초점을 맞춘다.

2. 용어의 (등장) 배경 및 특징

매년 IMD, WEF와 같은 국제기구에서 발표하는 국가경쟁력 순위를 정하는 방식이 경제적 생산성 및 효율성에 치우쳐있다는 문제인식에서 출발하였다. 이에 따라 여러 정책분야에서 바람직한 정부의 역할을 통합적 관점에서 비교행정적 접근으로 평가한다.

3. 용어관련 활용(연구) 경향

서울대학교 정부경쟁력 연구센터는 2013년부터 매년 전세계 정부경쟁력 보고서를 발간하고 있다. 2019년 정부경쟁력 보고서는 OECD 34개국을 대상으로 경제, R&D, ICT, 보건복지, 재난관리, 거버넌스, 문화관광, 농업식품, 교육, 환경 등 총 10개 분야에 대해, Non-OECD 89개국을 대상으로는 재난관리와 R&D 분야를 제외하고 인프라 분야를 추가한 총 9개 분야에 대한 평가를 하였다.

참고문헌

임도빈(2014). 정부경쟁력-이론과 평가지표. 서울: 박영사.

임도빈(2015). 한국정부 왜 16위인가? (정부경쟁력 2015보고서). 서울: 문우사.

Ho, Alfred Tat-Kei, and Tobin Im. "Challenges in building effective and competitive government in developing countries: An institutional logics perspective." *The American Review of Public Administration* 45, no. 3(2015): 263-280.

Im, Tobin, and Kris Hartley. "Aligning needs and capacities to boost government competitiveness." *Public Organization Review* 19, no. 1(2019): 119-137.

Im, Tobin, and Youngmi Choi. "Rethinking national competitiveness: A critical assessment of governmental capacity measures." *Social Indicators Research* 135, no. 2(2018): 515−532.

정부경쟁력센터 홈페이지 http://gccenter.net

정부경쟁력 위키피디아 소개

https://en.wikipedia.org/wiki/Government_competitiveness

키워드: 정부경쟁력, 정부성과, 정부역량

작성자: 임도빈(서울대)

최초작성일: 2017.09., 수정작성일: 2020.01.

정부마케팅(Government Marketing)

1. 개념 정의

정부마케팅(government marketing)은 공공 가치 창출을 위한 정부의 마케팅 개념, 전략과 기법의 활용이다(박흥식, 1999, 2020). 정부마케팅 연구 초창기 마이클 모카(Michael P. Mokwa)는 정부마케팅을 '정부가 시민을 대상으로 한 자발적인 가치 교환 프로그램의 기획, 분석, 집행 및 통제 활동'이라고 정의한 바 있다. 정부마케팅은 정부의 공공재의 생산 및 전달에 상업적 마케팅 철학과 방법의 적용으로, 전통적 행정과 달리 소비자 관점(고객 중심적 사고, 필요와 욕구), 경쟁, 시장 지향성에 기초한 사업과 서비스의 전달이다.

2. 발전 배경

정부마케팅에 대한 관심의 출현은 1960년대 말이다. 필립 코틀러와 시드니 레비(Philip Kotler and Sidney J. Levy)가 1969년 마케팅학회 학술지(Journal of Marketing)에 '마케팅 개념의 확장(Broadening the Concept of Marketing)'이라는 논문을 게재하고 처음으로 정부 기관도 공공 서비스 제공에 마케팅이 필요하다고 주장하면서부터이다. 1970년대 후반 비즈니스 스쿨 마케팅 연구자들이 미국행정학회 연례 학술대회에 참여하여 정부 부문에서의 마케팅의 필요와 증거 사례를 보여주는 보다 체계적인 연구 논문들을 발표하고, 마이클 모카와 스티븐 펄무트(Michael P. Mokwa and Steven E. Permut)는 이러한 논문들을 묶어 1981년 「정부 마케팅: 이론과 실제(Government Marketing: Theory and Practice)」라는 책을 펴내면서 정부

마케팅 필요 주장이 본격화된다. 초창기 이러한 주장은 공공서비스마케팅에 초점을 둔 것으로, 미국 비즈니스 스쿨 연구자들이 마케팅 개념의 다른 분야에 확장 시도 차원에서 나온다.

영국 정부는 1980년대에 신공공관리 개혁을 추진하면서 공공 서비스의 광범위한 분야에 시장적 경쟁과 마케팅 개념 및 기법을 공식적으로 채택한다. 키론 월시(Kieron Walsh)는 대처 정부의 개혁을 뒷받침하기 위하여 1989년 공무원들을 대상으로 책 「지방정부 마케팅 (Marketing in Local Government)」을 출판한다. 미국에서 1970년대 사회 서비스 제공 기관들이 공공서비스마케팅을 도입하고 1970년대 후반부터는 일부 공공 기관들이 부족한 재원 자체 마련을 위하여 채택한 것과 달리 영국에서는 중앙 정부가 지방 정부를 대상으로 공공 서비스 품질 개선, 비용 절감 등 공공 관리의 수단으로서 채택한다.

정부마케팅은 1990년대에 크게 발전한다. 발전의 주요 배경은 국가나 도시들 간의 경쟁 증가이다. 국가 간 경계의 붕괴, 글로벌 시장의 형성, 자본, 노동, 인력 등의 자유로운 이동이 촉진되면서, 국가와 도시들은 투자, 기업과 비즈니스, 방문객, 거주자 유치를 위한 경쟁을 시작하고, 정부 부문은 마케팅 이론과 기법을 채택하여 고객 유치 경쟁을 전개한다. 마케팅이 정부의 업무 수행의 중요한 한 부분을 차지하면서 각국 정부들의 마케팅 사고(고객 중심적 사고, 필요와 욕구 충족, 경쟁, 지속적 혁신), 고객, 고객 만족 등의 개념 사용도 보편화한다. 많은 지방정부들이 직접 마케팅 직원을 채용한다. 한국 「행정서비스헌장제정지침」(대통령훈령 제70호, 1998)도 제1조가 국민을 행정의 고객으로 명시한다. 중앙공무원교육원(현 국가공무원인재개발원)은 1999년 「행정마케팅 과정」을 개설한 바 있다.

3. 성격과 내용

정부마케팅은 공공 가치 생산을 위한 시장적 방법이자 공공 관리의 수단으로 공공 마케팅(public marketing), 공공 부문 마케팅(public sector marketing)이라고도 한다. 장소마케팅, 공공서비스마케팅, 사회마케팅, 지역상품마케팅, 4개 하위 분야로 이루어진다. 장소마케팅은 투자자, 기업과 비즈니스, 방문객, 거주자 등을 대상으로 한 장소 상품의 판매 활동으로, 목적은 국가와 도시 간 경쟁을 통한 일자리 창출, 주민 소득의 증대, 지역 경제의 발전이다. 공공서비스마케팅은 공공 서비스 상품 생산과 전달에 마케팅 철학(고객 중심적 사고, 필요와 욕구, 시장 지향성)과 기법의 적용으로 지속적 혁신을 통한 공공 서비스 품질 개선, 고객 만족이 목적이다. 사회마케팅은 마케팅 지식을 이용하여 개인이나 사회에 바람직한 인식이나 태도,

행동의 변화와 확산을 유도하는 일련의 과정으로, 비만, 저출산과 같은 사회적 문제 해결을 통한 개인 삶의 질, 사회 발전에 초점을 둔다. 마지막 지역상품마케팅은 지역 공산품이나 농축수산물 등의 수출 촉진 마케팅이다. 지역 경제 활성화, 주민 소득의 증대, 일자리 확대가 주요 목적이다.

4. 특징

정부마케팅은 첫째, 비권력적이다. 권력적 강제가 아닌 자유 교환의 촉진 활동이다. 설득, 권고, 조언의 넛지적(nudging) 방법을 사용한다. 둘째, 경쟁을 지향한다. 다른 공급자나 과거에 비해 더 나은 품질과 저비용을 추구한다. 셋째, 소비자 중심적이다. 고객의 필요와 욕구를 식별하고 충족을 통해 선택을 얻기 위한 활동이다. 넷째, 분권적 접근을 선호한다. 정부 조직이나 공공 기관에 독립, 자율적 공공 서비스 제공을 허용한다. 다섯째, 기업마케팅이 사적 이익을 위한 것이라면 정부마케팅 목적은 공익이고, 다면적이어서 하위 분야별로 다르다. 기타 법적, 정치적 환경에 지배되고, 거버넌스 방법을 사용한다.

5. 평가와 전망

각국 정부와 도시들은 이미 마케팅 철학과 방법을 광범위하게 도입하여 사용한다. 고객, 경쟁, 브랜드 개념의 사용, 성과 지표로서의 고객 만족 등이 마케팅 사용의 증거이다. 마케팅은 경쟁의 수단을 제공한다. 글로벌 사회 변화의 가장 두드러진 특징은 국경을 넘는 자본, 거주자, 방문객 이동성의 증가이다. 정부의 글로벌 사회 의존성이 빠른 속도로 증가하면서 권력적 강제가 아닌 경쟁 시장의 상품 공급자로서 역할 비중도 지속적으로 확대되고 있다. 정부가 글로벌 시장에서 고객(투자, 기업과 비즈니스, 방문객, 거주자들)을 유치해야 할 때, 지방 소멸의 위기 극복을 위해서, 정부 신뢰가 떨어질수록, 저출산이나 비만 등 권력적 강제에 의한 문제 해결이 어려운 정책적 이슈가 늘어날수록 마케팅 지식에 대한 수요는 더욱 증가할 전망이다.

참고문헌

박흥식(1999). 정부마케팅 연구: 내용과 성과, 그리고 한계. 중앙행정논집, 13(1): 55-68.

박흥식(2020). 정부마케팅. 서울: 박영사.

Mokwa, M. P., & Permut, S. E. (Eds.).(1981). Government marketing - Theory and practice. New York, NY: Praeger Publishers.

Smyth, H.(1994). Marketing the city. London, UK: E & FN Spon.

Snavely, K.(1991). Marketing in the government sector: A public policy model. *American Review of Public Administration*, 21(4): 311-326.

Walsh, K.(1994). Marketing and public sector management. *European Journal of Marketing*, 28(3): 63-71.

키워드: 장소마케팅, 공공서비스마케팅, 사회마케팅, 지역상품마케팅

작성자: 박흥식(중앙대)

최초작성일: 2019.12.

정부 신뢰(Trust in Government)

1. 개념 정의

정부 신뢰는 개인들이나 집단들이 정부에게 보여주고 있는 기대나 지지 따위의 긍정적 태도들을 총칭하는 개념이다. 정부 신뢰는 정책들의 당위성 또는 필요성을 민간 이해당사자들이나 나머지 대중에게 설득시켜서 이들이 공익의 실현에 동의하면서 사익을 절제하거나 포기하도록 유도하려면 필수인 전제조건이다. 그리고 국가기구들과 사회의 상호작용 과정들에서 발생하게 되는 거래 비용을 축소시키고 정책의 효과성·효율성을 제고시킬 수 있다.

2. 출현 배경과 특징들

정부 신뢰 연구는 서방 자유민주주의 국가들이 1960년대－1970년대에 경험하였던 정책과정들의 정당성 위기로부터 자극받아 본격화되었다고 평가할 수 있다. 서방 자유민주주의 국가들은 2차 세계대전 종료 후 공산주의와 파시즘의 도전을 억제하면서 자유민주주의 정치질서와 혼합형 자본주의 시장경제 질서를 결합한 정치경제체제를 안정화시킬 수 있었다. 그러나 그 과정에서 거대해진 국가기구들은 1960년대 중반－1970년대에 새롭게 출현한 사회변화들에 제대로 대응하지 못하였고, 국가개입이 증대하였는데도 오히려 국가권력의 효용성을 의심하게 된 여러 개인들과 집단들이 행정 대상 불신을 표출하는 일이 빈번하게 발생했다. 또한 이러한 사회변화들은 개인들 차원에서의 정체성들의 다원화와 집단들 차원에서의 사회경제적 이해관계들의 분절화를 유발하였는데, 기성 거대 전국정당들과 최상위 사회경제적 이익대표 정상조직들의 대응은 충분하지 않았으므로 이들의 기능부전에 실망한 대중의 정책과정들 대상 순응성 감소가 확대되기도 했다.

정부 신뢰를 결정하는 원인들은 대중의 정부 부패 인식 수준, 대중의 정부 개입 범위와 효과성 또는 효율성 사이에서의 비교 인식 수준, 대중의 정부 구성과 정책과정들에서 나타나게 되는 당파적 성향들과 이데올로기적 성향들의 적절성 인식 수준, 대중의 정책과정들 대상 절차적 정당성 인식 수준 따위이다. 이러한 원인들에 대응하는 정부 신뢰를 제고할 수 있는 선택지들은 정부 내부의 기본적 부패문제들의 억제, 정부역량들의 강화, 정부 규모의 축소, 거버넌스 기제들의 강화, 근거 기반 정책결정의 확대, 당파성과 이데올로기성의 억제 또는 현실적합성 제고 따위일 것이다. 그런데 정부 내부의 기본적 부패문제들의 억제를 제외한 나머지 선택지들은 개인마다 정부규모와 정부의 개입방식들, 개입범위들 관련 선호들이 매우 다르므로 완벽한 합의를 형성하여 모두 적용하기란 곤란하거나 불가능할 수 있다.

3. 관련 연구 및 활용 경향

정부 신뢰 연구는 일반적 신뢰 연구의 맥락에서 발전해왔다. 일반적 신뢰 연구들의 연구 가설에 국가 단위 사회관계들과 사회조직들의 상이성 수준, 사회 단위 인구구성의 이질성 수준, 정부 정책과정들의 절차적 정당성 준수 수준 등을 추가하여 사용하는 경향성을 보여왔다. 1995년에 발표하였던 Mayer 등의 신뢰 연구모형이 일반적 신뢰 연구 전반에서 지속적 유효성을 입증하여 왔기 때문에 정부 신뢰 대상 연구도 이 연구모형을 자주 활용하여 왔으나, 이 연구모형을 구체화시켜 적용하는 방식이 설문조사에 치중되어 있다는 한계를 지적할 수 있다. 설문조사는 질문 문항들의 미세한 변화만으로도 응답자들의 답변들 구성을 변동시킬 수 있다는 약점을 지니고 있는 조사방법이고 개별 정치체마다 존재하는 문화적 특수성 때문에 시대나 장소가 달라지면 비교연구의 유효성이 감소하거나 사라지는 문제도 유발할 수 있다. 그리하여 최근에는 소셜 미디어들에서 개인들이 구사하는 표현들을 수집하여 통계처리한 뒤에 분석하는 접근들이 정부 신뢰 연구의 객관성을 제고하는 새로운 방법들로 제시되고 있다.

참고문헌

문명재(2019). 『초변화사회의 신뢰받는 미래정부』. 고양: 문우사.

이병철(2014). 『정부신뢰성과 행정』. 울산: 울산대학교 출판부.

정광호(2011). 『정부신뢰』. 파주: 법문사.

Mayer, R. C., Davis, J. H., & Schoorman, F. D.(1995). An integrative model of organizational trust. *Academy of management review*, 20(3), 709－734.

키워드: 신뢰, 신뢰 연구모형

작성자: 배관표(충남대), 박종석(서울대 행정대학원)

최초작성일: 2020.01.

정부실패(Government Failure)

1. 정부실패의 개념과 행정학에서의 의미

흔히 시장실패는 정부개입의 근거로 제시된다. 그 이유는 시장이 자체적으로 사회문제를 해결하는데 실패할 경우 정부가 개입하여 이를 보완하는 것이 바람직하다고 생각하기 때문이다. 그러나 시장실패가 정부개입의 필요조건은 되지만 충분조건은 아니다. 왜냐하면 정부의 개입은 민간의 자유로운 의사결정과정을 교란시키는 결과를 가져오기 때문에 효율성에 부정적인 영향을 미치게 될 뿐만 아니라 시장이 실패하는 것과 마찬가지로 정부실패가 발생할 수 있기 때문이다. 이처럼 정부가 시장실패 등의 문제를 해결하기 위해 개입했음에도 불구하고 원래 의도했던 문제의 해결에 실패하거나 오히려 문제를 더욱 악화시키는 것을 정부실패라고 한다. 이것은 흔히 사회문제의 해결을 위한 두 가지 중요한 기제로 언급되는 정부와 시장 모두 완전한 것이 아니기 때문에 이들 중 어느 하나를 선택해 특정한 사회문제의 해결을 시도한다는 것은 본질적으로 불완전할 수밖에 없음을 의미하는 것이다.

한편 이런 정부실패에 대해서는 일찍이 Charles Wolf, Jr.에 의해 비시장실패의 개념으로 그 유형과 원천, 그리고 메커니즘이 잘 정리된 바 있다. 그는 시장실패(market failure)에 대비하는 개념으로 정부로 대표되는 공공부문의 실패를 비시장실패(non-market failure)로 개념화 했다.

2. 정부영역(비시장 영역)에서의 수요와 공급의 특성

정부실패를 파악하기 위해서는 그것을 초래하는 정부영역(비시장 영역)에서의 수요와 공급의 특성을 살펴보아야 하는데 이 중 중요한 요소는 다음과 같다.

1) 비시장적 수요의 특성

(1) 시장결함에 대한 인식 증대

비시장적 개입에 대한 수요가 증대한 것은 최근 시장의 결함에 대한 인식이 증대되면서부터이다. 특히 1930년대부터 1980년 사이에 시장에서의 교환과 거래의 메커니즘의 결과가 사회적으로 최적이 아니거나 사회적으로 바람직하지 못하다는 인식과 정보가 널리 유포됨에 따라 이에 대해 정부의 개입을 통해 해결해야 한다는 비시장적 활동에 대한 수요가 증가되었다.

(2) 정치적 조직과 민권신장

한편 기존에 정치과정에서 소외되고 소극적이었던 여성단체, 소수민족, 환경운동가, 소비자보호단체, 원자력옹호론자와 그 반대자들 등의 이익집단들이 6, 70년 이후로 정치적으로 조직화되어 권익신장을 이루어냈는데, 이들이 정부에 대해 자신들이 제기한 사회문제의 해결을 요구하기 위해 여러 가지 압력을 제기함으로써 비시장적 활동에 대한 수요가 증가되었다.

(3) 정치적 보상구조

시장의 불완전함에 대한 인식이 증대되고, 이를 해결하기 위한 민간으로부터의 다양한 요구가 증가함에 따라 정치인이나 관료는 이에 적극적으로 대응해야 하는 것으로 보상구조가 형성되게 되었다. 특히 정치적 영향력이 높은 이익집단의 요구를 해결하기 위해 적극적인 조치를 취하지 않을 경우 자신들의 정치적 지위의 유지가 어려워질 가능성이 높기 때문에 정치인이나 관료는 이익집단 등의 정치적 조직의 요구에 부응하여 시장에 개입하기 위한 다양한 정책을 설계하게 된다.

(4) 정치인의 높은 시간할인율

정치인은 짧은 임기 때문에 사회가 요구하는 것보다 높은 시간할인율을 가진다. 즉 정치적 보상구조와 짧은 임기 때문에 미래에 생기는 편익과 비용은 대폭 할인되지만, 현재나 가까운 장래에 생기는 편익이나 비용은 지나치게 과장될 수 있다. 따라서 장기적인 분석과 실험, 충분한 이해에 기반한 정책을 선택하기 어렵고, 단기적이고 가시적으로 선심성 정책을 남발하게 될 가능성이 높다.

(5) 수익과 부담의 분리

현재나 미래의 정책으로 인한 편익이 특수한 소수집단에 집중적으로 귀착되는 반면 그 비용은 불특정 다수인이 부담하게 되는 경우, 비시장적 활동에 대한 수요가 왜곡되는 결과를 초래한다. 왜냐하면 이런 경우 소수의 이익집단의 이익이 정치과정에 과도하게 투입되어버려, 다수의 비용부담자의 비가시적인 정책수요는 상대적으로 부각되지 못하게 되기 때문이다.

2) 비시장적 공급의 특성

(1) 산출의 정의 및 측정상의 곤란

비시장적 산출물은 정의하기도 어렵고 현실적으로도 잘못 정의되는 경우가 많다. 예를 들어 교육이나 복지, 환경규제 등 이를 양적으로 측정하거나 질적으로 평가하기는 매우 어렵다. 이것은 비시장적 산출물이 국민소득계정에서 산출요소가 아닌 투입요소로 인식되고 중간재와 같은 성격을 가지기 때문이다.

(2) 독점적 생산

비시장적 산출물은 독점적 관할권이 법률에 위임되어 있거나 행정적으로 단일 기관에 의해 귀속되어 공급된다. 예를 들어 정부에서 농업관련 정책을 산출하는 부처는 농림수산식품부가 유일하며, 국가유공자 관련 정책을 산출하는 부처는 국가보훈처가 유일한 것이다. 따라서 이런 비시장적 상황에서는 경쟁에 의한 가격메커니즘을 기본원리로 하는 시장과 달리, 경쟁기관이 존재하지 않으며, 이것은 비시장적 산출물의 질에 대한 평가를 어렵게 하는 요인이 된다.

(3) 생산기술의 불확실성

비시장적 산출물의 생산기술은 알려져 있지 않은 경우가 대부분이고, 설령 알려져 있다 하더라도, 불확실성과 모호성의 한계를 갖는다. 이는 비시장적 공급에 대한 개선을 어렵게 하는 이유가 된다.

(4) 하한선과 종결메커니즘의 결여

시장에서 이루어지는 기업의 평가는 손익의 계산을 통해 즉각적으로 나타나며 성과에 매우 민감하다. 반면, 비시장적 산출물에는 성과평가를 위한 명확한 기준의 설정이 어렵고 한계에 이른 정책을 종결하는 메커니즘이 부재하다. 따라서 비시장적 공급의 과다와 비효율이 초래된다.

3. 정부실패의 유형, 원천, 메커니즘

위에서 살펴본 정부영역(비시장 영역)에서의 수요와 공급의 특성으로 인해 정부의 시장에 대한 개입활동은 다양한 비효율을 초래하게 되는데, 이것이 바로 정부실패가 된다. 이런 정부실패의 유형이자 원천, 그리고 메커니즘은 다시 비용과 수입의 괴리, 내부성과 조직목표, 파생적 외부효과, 분배상의 불공평으로 나누어져 설명될 수 있는데 이를 구체적으로 설명하면 다음과 같다.

1) 비용과 수입의 괴리

시장은 "가격"을 통해 무엇을 생산하거나 어떤 활동을 수행하는데 드는 '비용'과 그러한 행위를 지속시켜 주는 '수입'을 연계시킨다. 하지만 정부활동에는 이러한 연결고리가 없다. 왜냐하면 정부활동을 유지하는 수입은 비가격적 원천(정부에 납부하는 세금, 정부 및 각종 정부 산하기구에 제공되는 헌금 또는 가격이 붙여지지 않은 다른 수입원천)으로부터 나오기 때문이다.

이처럼 정부활동에는 꼭 필요한 연결고리가 없기 때문에 정부생산물의 적절한 양과 가치는 생산비용과 분리되어 결정된다. 어떤 활동을 유지하게 하는 수입이 그 활동의 생산비와 연결되지 않으면 일정한 산출물을 생산하는데 필요 이상의 자원이 소모되거나, 시장실패를 정상화하기 위해 필요한 것보다 정부활동이 더 많이 공급될 수 있다. 생산비용과 수입이 단절되어 있기 때문에 비효율이 조장되기 때문이다.

그 결과 정부활동은 부가적인 비용(redundant costs: X-비효율성, 다시 말해 생산이 생산가능경계곡선 내부에서 이루어지는 것)을 나타내거나 시간이 지남에 따라 비용을 상승시키는 경향이 있다. 부가적인 비용은 산출물 특정이 어렵고 또 그것으로 인하여 원래 의도했던 것과는 매우 동떨어진 조직목표를 세우려는 필요성과 가능성으로부터 초래될 수 있다. 시장활동을 책임지고 있는 사람들은 생산을 확대하고 비용을 낮추려는 유인을 갖게 되지만, 정부생산을 책임지고 있는 사람들은 권한의 확대 등을 위해서 비용을 증가시키려는 유혹을 받거나 (ex. 직원의 증가), 가치 증가분이 비용 증가분에 미치지 못하는 경우에도 산출물을 증가시키려는 자극을 받을 수 있기 때문에 부가적인 비용은 계속 상승한다.

2) 내부성과 조직목표

내부성(internalities)이란 시장부문에서의 소비자행위, 시장점유율, 손익분기점과 같은 직접적인 성과지표가 없는 공공기관에서 조직과 인력의 성과를 유도하고 규제하며 평가하기 위하여 정부조직 내부적으로 적용되는 목표를 말한다.

시장조직 역시 이런 내부기준이 필요한 것은 사실이지만 시장의 요구에 부응하기 위해서는 조직 내부의 가격체계가 외부의 가격체계와 연결되어야 한다. 그렇지만, 비시장 영역의 대표적인 예인 정부조직은 ① 산출물 측정이 곤란하고 ② 소비자로부터의 환류나 신호가 없거나 믿을 수 없고 ③ 경쟁자가 없기 때문에 경쟁을 통한 비용통제의 내부기준을 마련하기 위한 경쟁적 유인이 약하다. 따라서 정부조직은 원래 의도한 공식 목표와 관련이 없는 내부성을 종종 발전시킨다.

이런 내부성의 구체적인 사례를 들면, 정부의 예산확대 경향이다. 즉 정부기관은 시장과 달리 동기의 부여(motivating)와 그러한 성과를 평가할 수 있는 기준인 이윤(profit)이 존재하지 않기 때문이다. 이로 인해 정부기관은 중요한 내부성으로서 예산의 크기를 적어도 묵시적으로 채택하거나 받아들일 수 있다. 이러한 예산 내부성의 결과는 기관 활동의 왜곡을 가져온다(사회적으로 최적결과를 생산하지 못하는 정부실패). 예산내부성의 또 다른 변형으로 기관의 고용수준도 있다.

3) 파생적 외부성

시장실패를 치료하기 위한 정부의 간섭은 예상치 못한 부작용을 발생시킬 수 있다. 그 이유는 다음과 같다. 정부와 같은 대규모조직은 세부적인 문제에 대해서까지 자세히 알기 어려워서 결과를 정확히 예측하지 못하고 현실과 거리가 먼 정책수단을 사용할 가능성이 매우 높다. 이처럼 정부가 정책수단을 잘못 사용할 경우 정부의 개입은 시장에 큰 피해를 줄 수 있다. 이러한 파생적 외부성(derived externality)의 가능성은 정부산출물의 수요와 공급특성(정부개입을 원하는 강력한 정치적 압력, 정치가들의 좁은 시야와 높은 시간적 할인율 등) 때문에 더욱 증가한다.

한편 파생적 외부성은 공공정책의 결과가 원래의 목표와 크게 동떨어질 수 있기 때문에 예측하기가 어렵다. 예를 들어 과거 브라질과 한국의 대미 철강수출 할당량 설정 조치는 미국 내 철강산업의 실업해소를 위한 조치였으나 오히려 채무국의 외채관리능력 약화로 인해 채권자인 미국은행들이 타격을 받는 결과를 초래했다.

4) 분배상의 불공평

공공정책은 어떤 사람의 손에 다른 사람에게 행사할 수 있는 권한을 부여한다. 이러한 권한은 의도적으로 또는 불가피하게 몇몇 사람에게만 귀속되고 다른 사람들은 배제된다. 이처럼 정부활동으로부터 야기되는 분배상의 불공평은 직접적인 소득이나 부의 형태보다는 종종 권력이나 특권의 재분배로 나타난다.

또한 정부활동은 권력뿐만 아니라 소득으로 표시되는 다른 분배상의 불공평을 초래할 수 있다. 공공정책(수단)은 어떤 요소, 기술, 서비스 그리고 산출물에 대한 수요를 증진시켜서 이익을 누리게 한다. 또한 공공정책은 이익을 누리지 않는 사람들에게 비용을 부과하기도 한다. 다시 말해 편익과 비용이 각각 다른 그룹에 의해 발생하게 된다. 따라서 공공정책으로부터 (잠재적) 편익을 누리게 되는 집단은 사회적인 최적 결과를 초래하기 위해서 실제로 추정되는 것보다 더 많은 공공정책이 필요하다고 주장할 가능성이 높다. 그 결과 정부활동은 조직화된 이익집단의 편익을 과도하게 보호하는 규제정책의 형태를 포함하여 필요 이상으로 많은 공공정책의 형태로 나타나기 쉽다.

참고문헌
Wolf, Jr., Charles(1988). *Market or Governments: Choosing between Imperfect Alternatives*, The Rand Coorporation.

키워드: 정부실패, 비용과 편익의 분리, 내부성과 조직목표, 파생적 외부효과, 배분적 불공평
작성자: 이혁우(배재대)
최초작성일: 2010.04.

정부업무평가(政府業務評價 / Government Policy Evaluation)

1. 정부업무평가의 의의

정부업무평가는 '정부업무'와 '평가'라는 두 개념의 합성어로 중앙행정기관, 지방자치단체, 공공기관 등에 대하여 이들 기관(또는 조직) 및 기관이 수행한 일(정책 또는 사업)에 대하여 평가를 함을 일컫는다. 이에 대하여는 평가의 대상인 '정부업무'를 무엇으로 이해할지, 정부업무를 대상으로 이루어지는 '평가'를 어떻게 이해할지에 따라 각기 해석에 차이가 있을 수 있다. 정부현실에서 사용되고 있는 정부업무평가의 개념을 현행 「정부업무평가기본법」(법률 제14839호, 이하 평가기본법)에서 명시하고 있는 정의와 학계에서 논의되고 있는 주요 내용을 중심으로 살펴보면 다음과 같다.

1) 평가의 개념 및 목적

평가는 "어떤 활동(예컨대 정책/사업)의 가치(worthwhile)를 판단하기 위하여 체계적인 방법을 적용하여 증거(evidence)를 수집하는 과정 및 활동을 의미하는 것" 또는 "진행 중인 사업이 달성하고자 하는 목표와 관련하여 그것이 대상 집단에 미친 효과를 객관적·체계적·실증적으로 검토하는 것" 등 다양한 논의가 있다.

실제로 평가라는 용어가 정부현실에서 사용될 때에는 사정(assessment), 평정(appraisal), 측정(measurement), 서열화(rating), 등급화(grading) 등의 다양한 개념을 포함하고 있다. 사정은 어떤 대상에 대하여 조사 또는 심사하여 결정하는 일을 말하고, 평정은 어떤 대상에 대하여 가치나 수준을 평가하여 결정하는 일을 의미하며, 측정은 어떤 대상의 수준을 일정 기준에 비추어 헤아려 결정하는 일이다. 서열화는 어떤 대상을 일정 기준에 의거하여 순서대로 나열하는 일인 반면에 등급화는 어떤 대상에 대하여 높고 낮음이나 좋고 나쁨의 차이를 여러 단계로 구분하는 일이다.

한편, 평가는 좁은 의미와 넓은 의미로 나누어 이해되기도 한다. 전자는 정책/사업의 효과와 능률성, 정책의 집행과정 및 정책구조에 관한 검토를 의미하는 것인 반면, 후자는 전자를 포함하여 해당 정책/사업의 성공과 실패 여부에 대한 측정 및 결과에 대한 원인규명까지를 포함한다. 이와 같은 다양한 내용이 포함되는 평가는 정부현실에서 평가를 왜 하는지에 해당하는 평가목적에 따라 다양한 의미로 해석되어 수행되고 있다.

실제로 평가기본법에 따라 이루어지고 있는 정부업무평가는 앞서의 다양한 개념을 반영하고 있다. 평가기본법 제2조(정의)에서는 평가를 "일정한 기관·법인 또는 단체가 수행하는 정책·사업·업무 등에 관하여 그 계획의 수립과 집행과정 및 결과 등을 점검·분석·평정하는 것"으로 명시하고 있다.

2) 「정부업무평가기본법」상의 정부업무평가

현행 평가기본법은 이전의 「정부업무등의평가에관한기본법」(법률 제6347호)하에서 이루어져 온 평가제도 운영 현실의 문제점을 해결하기 위한 사실상의 대체입법으로, 그간에 평가현실에서 나타난 중복평가 및 개별평가 실시로 인한 행정업무의 비효율성, 평가업무 부담, 평가와 성과관리의 미연계 등의 문제를 해결하고자 함에 입법 취지를 두고 제정·시행되고 있다.

평가기본법 제2조(정의)에서는 정부업무평가를 "국정운영의 능률성·효과성 및 책임성을 확보하기 위하여 중앙행정기관(대통령령이 정하는 대통령 소속기관 및 국무총리 소속기관·보좌기관을 포함), 지방자치단체, 중앙행정기관 또는 지방자치단체의 소속기관, 공공기관이 행하는 정책 등을 평가하는 것"으로 명시하고 있다.

2. 정부업무평가의 제도화

1) 정부업무평가의 발전

우리나라 정부업무평가는 현재 평가정책총괄 기관으로서 역할을 수행하고 있는 국무총리를 중심으로 정부현실에 공식적으로 평가제도가 도입·운영되기 시작한 1961년 제도도입 단계로부터 과도기, 재정비단계, 발전단계 이후 현재에 이르는 통합단계 등 5단계로 구분·

가능하다.

도입기(1961.9 – 1981.10)는 1961년 국무총리가 정부업무 전반에 관하여 통제기능을 효율적으로 수행하기 위하여 「정부의기획및심사분석에관한규정」(대통령령 제6143호)에 따라 심사분석제도가 운영되었고, 과도기(1981.11 – 1994.12)는 종래의 대통령령에 대한 전문개정으로 경제기획원 주관의 심사분석과 「정부주요정책평가및조정에관한규정」(총리령 제364호)에 근거를 둔 국무총리 행정조정실의 평가로 이원화되었다. 이후 재정비기에는 「정부업무의심사평가및조정에관한규정」(대통령령 제14531호)에 따라 이전의 이원화되었던 평가제도가 심사평가제도로 일원된 되었다. 발전기(1998.3 – 2006.3)는 종래 대통령령이나 총리령에 근거를 두고 시행되어 왔던 정부업무평가가 평가에 관한 기본법인 「정부업무등의평가에관한기본법」(법률 제6347호)에 따라 시행된 시기이다. 이때 정부 내에는 현재 이루어지고 있는 기관평가의 도입이 이루어졌다. 현재의 통합발전기(2006.4 – 현재)에서는 이전의 대체입법으로 현행 평가기본법이 제정·시행됨에 따라 그간에 나타난 평가현실의 문제를 해결하고자 한 시기로 정부 및 공공부문에서 이루어지고 있는 다양한 평가제도의 통합·운영, 평가와 성과관리 간의 연계가 주요 내용에 해당한다.

2) 정부업무평가의 종류

현행 평가기본법에 따라 이루어지고 있는 정부업무평가는 대상기관을 기준으로 중앙행정기관 평가, 지방자치단체 평가, 공공기관 평가로 구분·실시되고 있다(<그림 1> 참조). 중앙행정기관 평가는 국무총리가 국정을 통합적으로 관리하기 위하여 주요정책 및 기관역량 등을 평가하는 특정평가와 중앙행정기관이 주요정책, 재정사업, R&D사업, 행정관리역량(조직·인사 등)에 대하여 자체적으로 평가를 실시하는 자체평가로 이루어진다. 지방자치단체 평가는 국가위임사무등에 대한 평가와 지방자치단체 자체평가로 구분·실시된다. 공공기관 평가는 중앙행정기관의 장 등 평가실시기관이 공공기관을 대상으로 경영실적, 연구실적 등에 대하여 실시하는 평가이다.

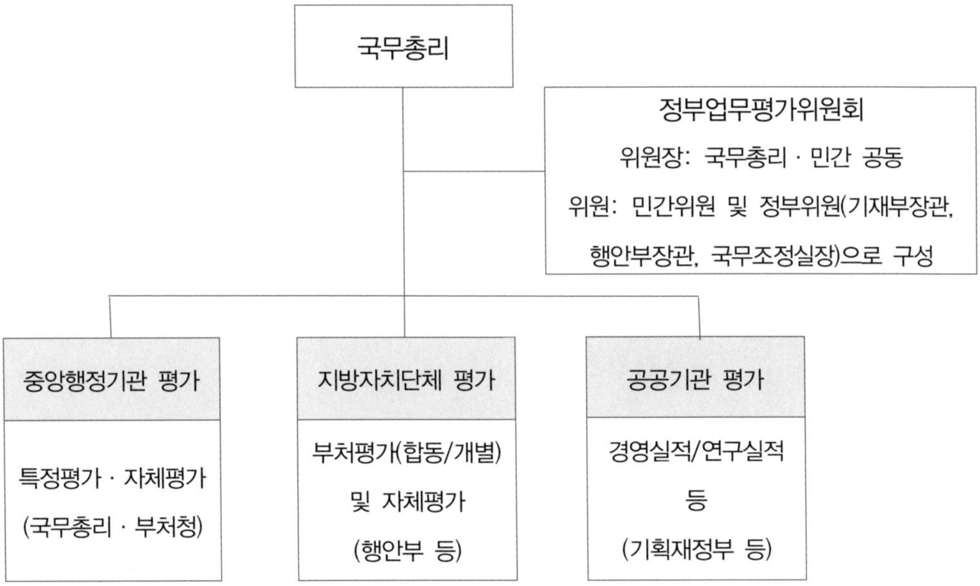

그림 1. **정부업무평가의 종류 및 추진체계**

참고문헌

공병천(2008). "통합성과관리체계 하에서의 성과관리와 평가에 관한 소고". 한국정책학회보, 17(1).
국무조정실(2007). 「정부업무평가백서」.
김명수·공병천(2016). 「정책평가론」. 서울: 대영문화사.
정부업무평가기본법.

키워드: 정부업무평가, 기관평가, 성과관리
작성자: 공병천(국립목포대)
최초작성일: 2012.07., 수정작성일: 2019.12.

정책 조정

1. 개념

정책 조정이란 정부 정책의 실행에 있어 두 개 이상의 실행 주체들이 상호 간에 부정적인 영향을 미칠 것을 우려하여 부처 간 조율에 의해 정책이 조정되는 행태이다.

정책 조정에 관한 명확한 개념 정의를 위하여 정책에 관한 이해가 필요하다. 정책은 민주주의 제도 하에서 의회에 의해 결정되고, 정부에 의해 집행되는 국가의 행동지침이다. 이익집단과 시민단체, 그리고 여론은 정책의 형성 및 집행과정에 있어 영향력을 발휘한다. 이렇듯 다양한 정책대상은 정책 실행주체들 상호 간에 긍정적이거나 부정적인 영향을 미치게 된다. 긍정적인 경우는 동일한 목표를 수행하는 정책 간에 시너지 효과가 발생할 때 발생될 수 있다. 하지만 부정적인 경우는 다양한 부처가 유사한 프로그램을 중복적으로 실행하고 있는 경우에 발생하게 된다. 특히 정책을 집행하는 각 주체들이 부처 이기주의의 성격을 보이게 된다면 프로그램 간 충돌이 발생하고, 예산의 투입 대비 그 성과에 있어 비효율적인 운영이 예상되기 때문에 이를 반드시 조정해야만 한다. 정책 조정은 정책 충돌을 막기 위하여 각 부처의 의견을 충분히 듣고, 의견 수렴을 통해 타협점을 찾는 일종의 정치적 조정과정으로 볼 수 있다.

2. 정책 조정 대상 및 기능

정책 조정의 대상은 바로 기능중복(redundancy)과 업무처리의 비일관성(incoherence), 그리고 다수의 주체가 처리하지 못하는 사각지대(lacunae)이다(Peters, 1996). 그에 따라 정책 조정은 정부 정책의 집행주체가 다수일 경우에 발생하는 다양한 문제점들을 극복하기 위한 공공관리로도 볼 수 있다.

대형국책사업 수행이나 자연재해 처리 등을 위해서는 다수 중앙부처의 참여와 유기적 역할 수행이 필수적이다. 즉, 복합적인 성격을 갖는 사업들의 경우 이를 처리할 부처들의 수도 증가하게 된다. 하지만 해당 사업들을 처리할 때 각 부처가 가지고 있는 문화적 이질성의 극대화나 커뮤니케이션의 부재, 혹은 부처 이기주의 등 다양한 원인에 의하여 부처 간 갈등이 발생할 수 있다. 이는 사회적으로 정책 갈등 비용을 유발시킨다. 나아가 부처 간의 업무 중복 등이 발생함에 따라 정책의 비효율을 발생시킨다. 이러한 정부의 사업 운영 행태는 국민의 입장에서 정부 불신을 발생시킬 수 있다(이성우, 1993).

다수 부처 공동 운영 사업의 발생은 정책 조정의 필요성을 증대시킨다. 이러한 상황 속에서 정책 조정은 공동의 목적 달성을 위하여 다양한 조직 구성원들의 활동을 조화시키고(오세덕·여윤환, 1997), 조직의 추진력을 강화시키는 작용을 한다(서진완·윤상오, 2007). 즉, 정책 조정은 정책의 효과성을 높이기도 하고, 조직 측면에서 살펴보았을 때 조직이 보다 유기적이고 체계적이며 효과적으로 활동할 수 있게 하는 통합적인 작용을 돕는다.

3. 연구의 경향: 평가와 전망

공공영역에서 발생한 갈등의 경우 강제적인 조정보다는 자율적인 조정을 통해 해결하는 것이 지속적인 조직의 운영을 위해 바람직하다(Rogers & Whetten, 1982)는 연구가 있다. 하지만 각 부처들이 자기 과업에 집중한 나머지 사업 전체를 보는 시각이 부족한 경우들이 발생할 수 있기 때문에 공공 조직 간 갈등의 경우 스스로 해결하는 방식의 수평적 조정으로는 해결하기 힘들다고 보는 시각이 존재한다(Deutsch, 1973). 두 논의를 고려해 볼 때, 정책 조정을 이끄는 상위 기관의 개입이 있다고 하더라도 거시적 측면에서 상위 기관의 역할이 내부적 주체들의 자율적 해결을 위한 노력의 일환으로 작동될 필요성이 있다. 이렇게 되면 정치적 조정방식을 사용할 가능성이 높아질 수 있다. 주의할 점은 정치적 조정방식의 경우 관료 간의 권력게임의 결과로 변질될 가능성이 있다는 점이다. 정책 조정의 필요성이 대두되고 있는 만큼 정치적 조정을 위한 합리적이고 민주적인 과정이 마련되어야 할 것이다.

참고문헌

서진완·윤상오(2007). 정책평가와 정책조정의 변화: 테마마을 사업 사례. 한국정책과학학회보, 11(1): 1－31.

오세덕·여윤환(1997). 현대행정관리론. 서울: 동림사.

이성우(1993). "행정부의 정책조정체계 연구". 한국행정연구원 연구보고서.

Deutsch, M.(1973). The resolution of conflict: Constructive and Destructive Processes, New Haven: Yale University Press.

Peters, B. G.(1996). The Futures of Governing: Four Emerging Models. Lawrence: Univ. of Kansas Press.

Rogers, David L. and David L. Whetten.(1982). Inter－organizational Coordination: Theory, Research and Implementation. Ames: Iowa State University Press.

키워드: 정책 조정, 정책 충돌, 수평적 조정

작성자: 유송희(연세대)

최초작성일: 2012.12., 수정작성일: 2019.12.

정책갈등의 3×3 유형론(3×3 Types Of Policy Conflict)

1. 개념

정책갈등의 3×3 유형론(3×3 types of policy conflict)은 참여자의 성격을 기준으로 하여 아홉 가지로 정책갈등의 유형을 도출한 이론이다.

현재, 정책갈등의 유형에 대한 다양하고 적극적인 논의는 미비한 것이 사실이다. 다만, 정책갈등의 초기 이론을 제공하고 있는 정책의 유형에 있어서는 다양한 의견이 제시되고 있는데, Lowi(1964 ; 1972)는 정책이 사회에 미치는 영향과 정책결정에 관여하게 되는 사람들 간의 관계에서 나타나는 특성을 기준으로 분배정책, 재분배정책, 규제정책, 구성정책으로 유형화했고, Almond & Powell(1978)은 기능주의적 관점을 기준으로 분배정책, 규제정책, 추출정책, 상징정책으로 나누었다. 그리고 Ripley & Franklin(1982)은 정책유형이 정책형성뿐만 아니라 정책집행의 성패에도 큰 영향을 미친다는 것을 기준으로 분배정책, 재분배정책, 경쟁적 규제정책, 보호적 규제정책으로 유형화하였다.

이러한 정책의 유형은 정책갈등의 유형으로 발전하고 있는데, 먼저, 홍성만(2000)은 경쟁조직의 성격에 따라 정책경쟁의 유형을 아홉 가지로 도출했다. 즉, Ⅰ 유형은 정부조직 간 정책경쟁을 의미하고, Ⅱ 유형은 정부조직과 비정조부조직 간, Ⅲ 유형은 비정부조직 간, Ⅳ 유형은 시장조직과 정부조직 간, Ⅴ 유형은 정부조직과 시장조직 간, Ⅵ 유형은 시장조직 간 정책경쟁으로 유형화하여 제시하였다. 이 중 Ⅰ 유형이 정책을 둘러싸고 가장 흔하게 나타나는 유형이라고 전제하고 있다(<표 1> 참조).

표 1. 경쟁조직의 성격을 기준으로 한 정책갈등 유형

구 분		경쟁조직 A		
		정부조직	비정부조직	시장조직
경쟁조직 B	정부조직	I 유형 (동일영역 간 경쟁 I)	II 유형 (상이영역 간 경쟁 I)	IV 유형 (상이영역 간 경쟁 II)
	비정부조직	II 유형 (상이영역 간 경쟁 I)	III 유형 (동일영역 간 경쟁 II)	V 유형 (상이영역 간 경쟁 III)
	시장조직	IV 유형 (상이영역 간 경쟁 II)	V 영역 (상이영역 간 경쟁 III)	VI 유형 (동일영역 간 경쟁 III)

그리고 이민창(2010)은 유인과 규범을 기준으로 정책갈등의 유형을 조작화했는데, I 유형은 정책순응 혹은 협력이 발생하는 상황이고, II 유형은 유인이 강하지만 규정이 거의 없는 상황을 나타낸다. 그리고 III 유형은 유인은 약하지만 규범의 강도는 높은 수준을 나타내는 것이고, IV 유형은 유인의 제공과 규범의 강도가 모두 낮은 수준을 나타내는 것이다. 이 중 I 유형에 있어서 정책갈등이 가장 낮게 나타나고, IV 유형은 가장 높게 나타난다는 것이다(<표 2> 참조).

표 2. 유인과 규범을 기준으로 한 정책갈등 유형

구 분		유인의 제공	
		높은 수준	낮은 수준
규범의 강도	높은 수준	I 유형	III 유형
	낮은 수준	II 유형	IV 유형

전술한 정책갈등의 유형, 즉 일정한 기준에 의한 체계적인 매트릭스화, 경쟁조직의 성격 등을 근거로 정책갈등의 3×3 유형론을 살펴보면 <표 3>과 같다. 즉, 선별주의 지지연합과 보편주의 지지연합에 각각 제도적 참여자, 혼합적 참여자, 비제도적 참여자를 배치하여, 아홉 가지의 유형을 도출한 후 정책갈등의 정체성 등을 명확히 하고자 하는 것이다.

여기서 제도적 참여자란 정책과정에 공식적인 법적 권한을 가지고 참여하는 조직 등을 의미하는 것으로 지방자치단체의 장·지방의회의 지방자치단체, 사법부 등을 의미한다. 한편, 비제도적 참여자란 공식적인 법적 권한은 없지만 공식적 참여자와 밀접한 관계를 가지고 정책과정에 영향을 미치는 조직 등을 의미하는 것으로 시민단체, 이익단체, 여론 등을 말한다. 한편, 혼합적 참여자란 제도적 참여자와 비제도적 참여자가 함께 지지연합을 형성하는 것을 의미한다. 아울러, 이들은 자신들의 주장을 선점하기 위해 각종 정책전략(policy strategy)을 지향하게 된다.

표 3. 정책갈등의 3×3 유형론

구 분		선별주의 지지연합		
		제도적 참여자	혼합적 참여자	비제도적 참여자
보편주의 지지연합	제도적 참여자	제도-제도적 참여자 간 갈등	혼합-제도적 참여자 간 갈등	비제도-제도적 참여자 간 갈등
	혼합적 참여자	제도-혼합적 참여자 간 갈등	혼합-혼합적 참여자 간 갈등	비제도-혼합적 참여자 간 갈등
	비제도적 참여자	제도-비제도적 참여자 간 갈등	혼합-비제도적 참여자 간 갈등	비제도-비제도적 참여자 간 갈등

2. 평가

정책갈등의 3×3 유형론은 제도적 참여자, 혼합적 참여자, 비제도적 참여자 등 참여자의 성격을 기준으로 하였다는 점에서, 복잡한 정책갈등에 있어서 정체성을 일정부분 제고하였으나, 정책갈등 연구의 실효성을 높일 수 있는 참여자의 강도 등에 대한 언급은 없어, 이를 고려한 종합적인 정책갈등 유형의 도출이 필요할 것으로 본다.

참고문헌

이민창(2010). "유인, 규범, 신뢰할 만한 공약과 정책갈등: 정책갈등 유형분류를 위한 시론", 행정논총, 48(4): 31-54.

홍성만(2000). "정부와 비정부조직의 정책경쟁". 고려대학교 박사학위논문.

Almond, G. & Powell, G.(1978). Comparative Politics: System, Process, and Policy, Boston: Little and Brown.

Lowi, T. J.(1964). "American Business Public Policy, Case Studies and Political Theory", World Politics, XVI.

Ripley, R. B. & Franklin, G. A.(1982). Bureaucracy and Policy Implementation, Homewood, Ⅲ: The Dorsey Press.

키워드: 정책갈등의 3×3 유형론, 제도적 참여자, 혼합적 참여자, 비제도적 참여자

작성자: 양승일(충남도립대)

최초작성일: 2013.03.

정책결정과정(Policy Making Process)

1. 개념

정책결정과정에 대한 개념정의는 학자들의 접근입장차이로 다양하게 정의되고 있는데, 기존의 개념정의를 근거로 한 일반적인 정책결정과정(policy making process)은 정부조직이 국가목표를 달성하기 위해 정책대안을 탐색하고 그 결과를 예측·분석하고 채택하는 역동적인 과정을 의미한다. 즉, 정책결정과정은 어떤 상태가 불만족스럽게 진행되거나 앞으로 그렇게 될 것으로 생각할 때 시작되며, 결국 최적의 정책대안, 정책산출물을 선택하는 것이다.

2. 구조

어떤 사태에 대하여 불만스럽게 여긴다는 뜻은 실제 또는 예상하는 상황의 전개가 소망하는 내용과 일치하지 않는다는 것을 의미한다. 이렇게 느끼는 괴리가 다름 아닌 정책문제이다. 정책문제를 인지하면, 인간은 본성적으로 원하지 않는 문제상황을 소망하는 목적가치에 합치시키려는 의지를 발동시키게 된다. 이것이 바로 정책의지이다.

이 정책의지에 따라서 원하지 않는 문제상황을 피하고 원하는 목적가치를 실현할 수 있는 실천적인 행동방안을 탐색, 설계, 채택하면, 이것이 곧 정책산출물이 된다. 정책산출물이 현실적으로 실천할 수 있는 것이 되려면 현실의 여건에 적합하여야 한다. 즉, 돈, 물자, 기술, 인력 등의 여러 자원과 정치적 지지를 확보하여야 한다. 그러므로 정책결정과정은 현실의 여건 속에서 실천가능한 여러 행동방안인 정책대안을 탐색, 설계, 그리고 선택하는 일련의 과정으로 전개된다.

결국, 일반적인 정책결정과정은 목적가치의 탐색, 과거경향의 파악, 미래전망의 예측, 문제상황의 발견, 정책문제의 정립, 현실여건의 분석, 행동대안의 설계, 그리고 최적 정책대안 (정책산출물)의 채택 등을 연관시키는 과정이라고 할 수 있는 것이다.

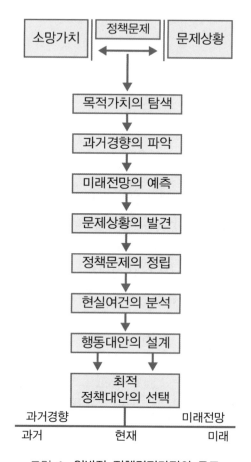

그림 1. **일반적 정책결정과정의 구조**

3. 전달

전술한 정책결정과정은 정책집행과정으로 이어진다. 일반적으로, 정책집행과정은 정책결정과정의 정책산출물을 전달받아 실현하는 과정이다.

결정된 정책산출물을 집행하기 위해서는 대략 네 단계의 과정을 거치게 된다. 정책지침작성, 자원활동, 정책실현, 그리고 감시·감독 등이 그것이다. 시간상으로 보면 정책지침작성과 자원확보는 선후관계가 없으나, 이들이 이루어진 다음에 물리적 실현활동으로서의 정책실현활동이 있게 된다. 감시·감독단계는 시간상으로 보면 정책실현활동이 이루어지는 현장에서나 정책실현활동 후에 사후적으로 일어나는 단계이며, 집행담당자들의 집행활동에 직접적인 영향을 주면서 앞의 두 가지 단계에 필요한 정보를 환류시킨다.

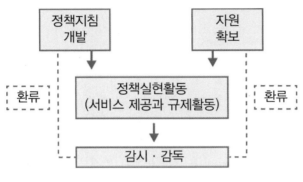

그림 2. **전달과정(정책집행과정)**

참고문헌

조선일(1995). 「정책학개론」. 서울: 학문사.
네이버지식백과＜http://terms.naver.com＞
넷츠고 자료실＜http://myhome.netsgo.com＞

키워드: 정책결정과정, 정책집행과정
작성자: 양승일(충남도립대)
최초작성일: 2015.08.

정책과정론(Policy Process Theory)

1. 정책과정론의 개념

정책과정론(policy process theory)은 정책문제의 인지로부터 목표설정·대안의 분석·결정·합법화·집행·평가의 과정을 거쳐 정책이 종결되기까지의 과정을 다룬 이론이라고 할 수 있다. 이러한 정책과정은 정치적 성격을 띠고 정치적 역동성을 지닌다. 하지만 현실의 정책과정은 이러한 합리적 순서에 의해 이루어진다고 보는 견해는 미미하다고 할 수 있다. 현실에서는 이전의 결정패턴에 수정을 가하면서 진행하거나, 또는 어떤 정책을 세우는 여러 조건의 조합이 중요하다는 등의 견해가 있다.

2. 학자별 정책과정론

1) Lasswell의 정책과정

Lasswell(1956)은 정책과정을 정보과정, 건의과정, 처방과정, 발동과정, 적용과정, 평가과정, 그리고 종결과정 등 일곱 단계로 대별하고 있다(<표 1> 참조). 현재에 정형화된 정책과정은 Lasswell의 정책과정을 근거로 이루어졌다고 볼 수 있다.

표 1. Lasswell의 정책과정

단 계	내 용
정보과정	정보를 수집하여 예측하고 기획하는 단계
건의과정	정책대안을 작성하는 단계
처방과정	최종안을 선정하는 단계
발동과정	최종안을 잠정적으로 시행하는 단계
적용과정	본격적으로 집행하는 단계
평가과정	정책의 성공여부를 판정하는 단계

2) Anderson의 정책과정

Anderson(1975)은 정책과정을 문제의 인식·의제형성과정, 정책형성과정, 정책채택과정, 정책집행과정, 그리고 정책평가과정 등 다섯 단계로 대별한다.

(1) 문제의 인식·의제형성과정

이는 정부가 문제점을 인정하여 적극적인 해결책을 모색하면서 정책문제를 선정하는 단계이다. 수없이 많은 요구가 정부에 제시되지만 정책결정가들이 관심을 표명하거나 관심을 표명할 수밖에 없는 문제는 많지 않다. 이와 같이 정책결정가들이 해결책을 모색하기 위하여 선정되는 문제들이 정책의제로 구성된다.

(2) 정책형성과정

이는 문제해결에 이바지할 수 있는 실현가능한 대안들을 발전시키는 단계이다. Anderson (1975)은 정책형성이 항상 새로운 법령 등의 제정을 가져오는 것이 아니라는 점을 강조하고 있다.

(3) 정책채택과정

이는 최종안을 선택하고 지지세력을 규합하여 권위 있는 기관이 의결하거나 합법성을 부여하도록 조치하는 단계이다.

(4) 정책집행과정

이는 결정된 정책을 실천에 옮기는 단계이다. 이 단계에서 일어나는 일들은 단순한 것

같으나 그 결과가 정책의 실질적인 내용에 큰 영향을 미친다.

(5) 정책평가과정

이는 정책의 효과성을 판단하며 성공 또는 실패의 요인이 어디에 있는가를 규명하는 단계이다. 이 단계에 있어서 가장 중요한 문제는 인과관계를 정확히 규명하는 것이다.

3) Jones의 정책과정

Jones(1977)는 정책과정을 문제정의과정, 형성·합법화과정, 집행과정, 평가과정, 그리고 종결과정 등 5단계로 대별한다.

(1) 문제정의과정

이는 정책의제형성과정과 동일한 것으로 정책문제를 선정하는 단계이다.

(2) 형성·합법화과정

이는 문제를 해결하기 위한 행동방안을 결정하고 권위 있는 기관이 행동방안에 합법성을 부여하는 단계이다.

(3) 집행과정

이는 권위 있는 기관에 의하여 합법성이 부여된 정책을 실천에 옮기는 단계이다.

(4) 평가과정

이는 실천에 옮겨진 정책을 평가하는 단계이다. 정책의 효과는 오랜 시일을 두고 서서히 나타나는 경우가 있는가 하면 다른 변수들이 게재되어 특정한 정책의 효과를 끄집어내기 어려운 경우도 있다.

(5) 종결과정

이는 문제가 해결되어 정책을 종결시키거나 정책을 수정하는 단계이다. 즉, 정책변동이 일어나는 단계인 것이다.

4) Dye의 정책과정

Dye(1981)는 정책과정을 문제의 인식과정, 정책대안결정과정, 정책합법화과정, 정책집행과정, 그리고 정책평가과정 등 다섯 단계로 대별한다.

(1) 문제의 인식과정

이는 특정 또는 불특정 다수 등이 정부에 문제해결을 촉구하는 요구를 표출하는 단계이다.

(2) 정책대안결정과정

이는 문제의 인식과정에서 나타나는 요구에 대한 공공의 토론으로서 정책의제가 설정되는 단계이다. 그리고 문제를 해결할 수 있는 사업계획대안이 개발된다.

(3) 정책합법화과정

이는 정책대안결정과정에서 개발된 정책대안을 선택하는 단계이다. 그리고 대안에 대한 정치적 지지를 확보하려고 노력하게 된다. 정치적 지지를 확보한 후에는 법의 제정을 촉구한다.

(4) 정책집행과정

이는 집행을 위하여 관료제조직을 집행에 적합하도록 정리하는 단계이다. 그리고 집행에 필요한 인적·물적 자원을 적절하게 동원하게 된다.

(5) 정책평가과정

이는 정책과정의 마지막 단계로서 정책사업을 검토하고 이에 대한 결과를 보고한다. 그리고 대상조직과 비대상조직에 대한 정책사업의 영향을 평가하고 정책에 대한 변화와 조정이 제시된다.

5) Hogwood & Peters의 정책과정

Hogwood & Peters(1983)는 정책과정을 의제형성과정, 정책결정과정, 합법화과정, 조직화과정, 집행과정, 평가과정, 그리고 종결과정 등 일곱 단계로 대별한다.

(1) 의제형성과정

이는 사회 내에서 존재하는 문제들의 해결을 위해서 정부의 행위가 요구된다고 인식되며, 이들 문제들의 해결을 위해 공식적 의제의 위치를 차지하게 되는 단계이다.

(2) 정책결정과정

이는 환경 속에서 인지된 바 있는 문제, 즉 어려움을 완화할 수 있는 정책산출물이 마련되는 단계이다.

(3) 합법화과정

이는 정책결정과정에서 수립된 정책산출물이 일련의 공식적 행위를 통해서 권위를 갖게되는 단계이다. 이와 같이 정책산출물이 권위가 있게 되고 합법화되기 위해서는 입법조치, 규제조치, 그리고 국민투표 등의 절차가 필요하다.

(4) 조직화과정

이는 정책을 집행하기 위한 조직구조가 개발되는 단계이다. 물론, 전혀 새로운 조직을 설립하기보다는 기존 조직에 정책을 집행하게 할 수도 있는 것이다.

(5) 집행과정

이는 행정조직이 실제로 정책을 집행하는 단계이다. 이 단계에서는 정책이 바람직한 산출을 가져오게 하기 위하여 합법적인 집행가, 책정된 자원, 그리고 집행조직을 환경에 연계시키는 작업이 포함된다.

(6) 평가과정

이는 산출이나 산출의 영향이 특정한 기준에 의해서 분석되고 평가되는 단계이다. 여기서 기준이란 합법화에서 유래될 수도 있으며, 조직구조와 집행단계에서 형성된 정책의도의 수정에서 기인할 수도 있다.

(7) 종결과정

이는 정책집행조직이나 다른 정책결정기구들의 활동을 종식시키기 위한 단계이다. 이를 위해 이미 다양한 절차들이 이미 개발된 바 있으며, 이 절차들이 정책의 종결과정에서 활용되고 있다.

6) Ripley & Franklin의 정책과정

Ripley & Franklin(1986)은 정책과정을 형성·합법화과정, 집행과정, 평가과정, 그리고 정책변동과정 등 네 단계로 대별한다.

(1) 형성·합법화과정

이는 정책의제를 설정하고 정보를 수집하여 타협과 협상을 거쳐 인준까지 받는 단계이다. 이 단계의 산출물은 정책이나 프로그램의 목표, 디자인, 결과 등에 관한 일반적 법률이라고 할 수 있다.

(2) 집행과정

이는 자원을 획득하고 정책에 대한 해석을 내리며 기획, 조직을 거쳐 대상조직에게 혜택, 서비스를 제공하는 단계이다. 이 단계의 산출물은 구체적인 정책이나 프로그램의 활동이다.

(3) 평가과정

이는 집행의 결과로 발생한 단기적인 실적이나 장기적인 영향을 평가하는 단계이다. 평가의 결과를 근거로 정책변동과정이 이어진다.

(4) 정책변동과정

이는 평가결과를 근거로 정책의 미래에 관한 결정이 이루어지며, 이 결정이 형성·합법화단계로 환류된다.

7) Palumbo의 정책과정

Palumbo(1988)는 정책과정을 의제형성과정, 정책결정과정, 정책집행과정, 정책평가과정, 그리고 정책종결과정으로 대별한다.

(1) 의제형성과정

이는 하나의 이슈가 공공의제의 위치를 차지하게 됨으로써 시작되는 단계이다. 그리고 이는 입법부, 사법부, 행정부 등의 기구에 의하여 이슈가 취급되어져야 함을 의미한다.

(2) 정책결정과정

이는 문제가 정의되고, 이익집단들이 지지와 반대를 중심으로 하여 결합되며, 그리고 제기된 문제를 해결할 수 있는 특정한 방안이 채택되는 단계이다.

(3) 정책집행과정

이는 과거에 정책과정에 생략되었으며 간과되어지기도 했으나 오늘날에는 활발하게 연구되고 강조되는 단계이다. 이 단계에서는 사업계획이 설계되고, 집행기구와 정책이 목표로 하는 대상조직의 요구, 자원, 소망 등에 맞도록 정책을 수정하기도 한다.

(4) 정책평가과정

이는 정책집행과정에서 집행된 바 있는 정책과 절차가 대상조직에게 의도되거나 의도하지 않은 어떤 영향이 나타났는가에 대해 평가하는 단계이다.

(5) 정책종결과정

이는 정책이 정치적 지지를 상실하거나, 목표를 달성하지 못한다는 것이 입증되거나, 높은 수준의 비용이 소요되는 이유로 인해 종결되는 단계이다.

3. 평가

전술한 바와 같이, 학자들마다 정책과정에 대해 다양한 의견을 제시하고 있어 합의되거나 접근된 의견이 미미한 상태이다. 따라서 어느 정도의 합의된 정책과정이 필요하다는 전제아래 이를 간략히 제시해 보면 다음의 <표 2>와 같다.

표 2. 제 이론을 근거로 한 정책과정

구 분	Lasswell	Anderson	Jones	Dye	Hogwood & Peters	Ripley & Franklin	Palumbo
정책 형성 과정	정보과정 건의과정 처방과정	문제의 인지· 의제형성 과정 정책형성 과정 정책채택 과정	문제정의 과정 형성· 합법화 과정	문제의 인식과정 정책대안결정 과정 정책 합법화 과정	의제형성 과정 정책결정 과정 합법화 과정 조직화 과정	형성· 합법화 과정	의제형성 과정 정책결정 과정
정책 집행 과정	발동과정 적용과정	정책집행 과정	집행과정	정책집행 과정	집행과정	집행과정	정책집행 과정
정책 평가 과정	평가과정	정책평가 과정	평가과정	정책평가 과정	평가과정	평가과정	정책평가 과정
정책 변동 과정	종결과정	–	종결과정	–	종결과정	정책변동 과정	정책종결 과정

참고문헌

정정길·최종원·이시원·정준금(2005). 『정책학원론』. 서울: 대명출판사.

Anderson, J. E.(1975). Public Policy Making, New York: Praeger Publishers.

Dye(1981). Understanding Public Policy, Englewood Cliffs, New Jersey: Prentice Hall.

Hogwood, B. & Peters, B. G.(1983). Policy Dynamics, New York: St. Mar－tin's Press.

Jones, C. O.(1977). An Introduction to the Study of Public Policy, North Scituate: Duxbury Press.

Lasswell, H. D.(1956). The Decision Process: Seven Categories of Functional Analysis, College Park: University of Maryland.

Palumbo, D. J.(1988). Public Policy in America: Government in Action, New York: Har－court Brace Jovanovich Publisher.

키워드: 정책과정론
작성자: 양승일(충남도립대)
최초작성일: 2013.11.

정책기획(Policy Planning)

　　정책결정은 정책이 발전되는 과정을 지칭하고, 기획은 계획이 만들어지는 과정을 지칭한다. 기획을 분류하는 기준은 너무나 많고, 또 학자마다 제각기 다른 기준으로 다양하게 분류하고 있는데, 밀렛(John D. Millett)은 조직의 계층에 따라서 정책기획과 운영기획으로 나누고 있다. 정책기획(policy planning)은 행정조직의 상위계층, 즉 중앙정부의 고위층에서 광범위한 목표 설정을 내용으로 하여 이루어지는 정책적 차원의 기획이다. 여기에는 기본적인 정치·경제·사회적 목표를 설정하는 가치판단의 문제가 내포된다. 이러한 맥락에서 스탈링(G. Starling)은 정책기획을 거시적인 목표와 목표의 우선순위를 결정하는 과정으로 이해한다. 우리나라 대통령자문 정책기획위원회, 외교통상부 정책기획국, 미국의 국무부 정책기획실(the policy planning staff of the department of state) 등이 그러한 예이다. 운영기획(operative planning)은 정책기획이 설정한 목표를 실천에 옮기기 위한 관리차원의 기획으로서 조직의 중간계층 이하에서 이루어지게 된다. 현재 우리나라의 중앙정부와 지방정부의 주요업무계획이 대표적인 예이다.

　　그러나 행정실무에서는 정책기획이라는 용어는 중앙정부뿐만 아니라 지방정부에서도, 그리고 고위층뿐만 아니라 중간관리층에서도 광범위하게 사용하고 있다. 충청남도의 정책기획관실을 예로 들 수 있으며, 일부 지방공무원교육원에서는 6~7급 공무원들을 대상으로 '정책기획과정'을 개설하기도 한다. 이때 정책기획은 결정을 준비하는 합리적이고 분석적인 절차이며 집행계획을 준비하는 과정인데, 정책기획이 잘못되면 바람직한 정책결정과 정책집행이 이루어지기 어렵다. 정책기획이란 보다 나은 수단으로 정책목표를 달성하기 위하여 장래의 행동에 관한 일단의 결정을 준비하는 과정이다. 정책기획은 정책분석과 결정, 그리고 결정된 정책을 구체화시키는 기획과정을 포괄하는 의미로 사용된다. 즉, 정책기획이란 정책의 개념과 기획의 개념을 포괄하는 개념으로서 바람직하다고 생각하는 목표를 설정하고 그러한 목표를 달성할 수단으로서 제재(sanctions)와 프로그램 활동들을 설계하며, 이들 양자 간의 관계를 구체화하는 목적 지향적이며 동태적인 활동이다. 일본학자들은 'Policy Planning'을 정책분석으로 번역하고 있다. 일부 행정학자들이 기획 부문을 정책분석과 정책결정에 포함하여 생략하는 이유도 여기에 있다.

결국 정책기획은 바람직한 정책결과를 얻기 위하여 의견을 개진하고 집약하는 집합체 혹은 매체인 포럼, 입법기관과 위원회 등 경쟁무대, 그리고 분쟁조정기구인 법정을 설계하고 활용하며 그 결과로서 소망하는 정책계획(policy plan)을 산출해내는 과정으로 정의할 수 있다. 정책과 계획의 설계를 집행과 분리시켜 생각하면 치명적인 재난을 초래할 수 있다. 왜냐하면 이와 같은 분리로 인해 방향감각을 상실한 맹목적인 집행이 될 수도 있기 때문이다.

참고문헌

김신복(1993). 「발전기획론」. 서울: 박영사.

김창수(2005). 점진주의 정책기획의 지혜. 「한국행정학보」, 39(2).

노화준(2004). 「정책학원론(전정판)」. 서울: 박영사.

정정길(1997). 「정책학원론」. 서울: 대명출판사.

최신융 외(2005). 「행정기획론(제3판)」. 서울: 박영사.

행정학용어표준화연구회(1999). 「행정학용어사전」. 서울: 새정보 미디어.

九州大學出版會(2004). 「政策分析2003: 政策・制度への歷史的接近の視軸から」.

Bryson, John M.(1995). *Strategic Planning for Public and Non−Profit Organizations*. San Francisco: Jossey−Bars Publishers.

Conyers, Diana.(1982). *An Introduction to Social Planning in the Third World*. New York: John Wiley & Sons, Ltd.

Hambleton, Robin.(1978). *Policy Planning and Local Government*. London: Hutchinson & Co., Ltd.

Hudson, Barclay.(1979). Comparison of Current Planning Theory: Counterparts and Contradictions. *Journal of American Planning Associations*. 45(4).

Millett, John D.(1959). *Government and Public Administration*. New York: Mc Graw−Hill.

Starling, G.(1996). *Managing the Public Sector*. Illinois: Dorsey Press.

키워드: 정책기획, 기획, 정책, 정책분석, 정책결정, 운영기획
작성자: 김창수(부경대)
최초작성일: 2006.06.

정책네트워크(Policy Network)

1. 개념

정책네트워크(policy network)는 특정한 정책을 둘러싸고 각기 이해당사자가 존재하고, 이들 간에 일정한 관계가 형성되면서, 상호작용에 초점을 맞추는 정책망이라고 할 수 있다. 미국에서는 다원주의, 철의 삼각, 이슈네트워크 등으로, 유럽에서는 조합주의 등으로, 영국에서는 정책공동체 등으로 사용되고 있다.

이러한 정책네트워크의 유형은 다양하게 제시되고 있으나, 여기에서는 일반적으로 언급되고 있는 참여정도에 따른 정책네트워크 유형, 상호작용행태에 따른 정책네트워크 유형을 종합·정리하여 조명하고자 한다.

2. 유형

1) 참여정도에 따른 정책네트워크 유형

(1) 정책커튼모형

정책커튼모형(policy curtain)은 Yishai에 의해 제시된 개념으로서, 정책과정이 정부기구 내의 권력장악자에 의해서 독점되는 경우를 가정한다. 외부의 행위자에 의한 요구는 전혀 고려되지 않으며, 이들의 요구는 정책결정의 장으로 진입되는 것이 차단되어 정책결정이 독점되고 외부로부터의 참여는 전적으로 배제되는 행태로서, 이 경우 정부엘리트는 외부의 영향으로부터 자율적이며 외부세력과의 상호작용이 일어나지 않는다.

(2) 하위정부모형

어떤 특정 정책분야의 정책형성과정에서 주요 행정기관의 행정관료, 입법자들과 이들의 보좌관, 이익집단의 대변자들은 지속적인 상호작용을 통하여 정책결정에 중요한 영향을 미치는 하위정부모형을 구성한다.

이와 같은 하위정부모형(subgovernment model)은 각각의 참여자들이 제공하는 상호지지를 중심으로 구축된다. 그들이 상호작용과정에서 행정관료의 역할은, 특히 입법기관의 입법자들과 보좌관들에게 필요한 전문적 지식과 조언을 제시하며, 이러한 지식과 조언을 바탕으로 관료들은 정책결정의 권한을 공유한다. 각 정책영역별로 하위정부에 참여하는 이익집단들의 수는 많지 않으며, 공통된 이해를 반영하기 때문에 이들 간의 관계는 갈등관계가 아닌 것이다.

(3) 정책공동체모형

정책공동체모형(policy community model)이 하위정부모형과 다른 점은 정책공동체의 구성원이 관료들, 개개 정치인과 그들의 막료, 조직화된 이익집단과 그 지도자 및 막료, 정책에 대하여 연구하는 대학·연구기관·정부 내의 전문가들로서, 하위정부모형의 구성원에 전문가집단이 추가된 것이다.

각 분야별 정책공동체의 구성원들은 관심사항을 공유하고 있고, 서로 상대방이 유용하게 활용할 수 있는 자원을 가지고 있다는 이유 때문에 정기적으로 상호 접촉하며, 그 과정에서 각기 자기의 정책분야에서는 어떤 문제가 중요한 문제인지, 그리고 어떤 해결방안들이 바람직하고 실현 가능한 것인지에 관한 일련의 공통된 이해와 공동체적 감정을 가지게 된다. 공동체의 구성원들은 정책문제가 공동체 내부에서 해결되어야 한다는 규범에는 동의하지만 구성원들의 이해관계와 아이디어가 다르기 때문에 정책문제의 해결방안을 둘러싸고 갈등이 발생할 수도 있다. 따라서 정책공동체모형은 참여자들 간의 합의, 의견일치, 협력에 의하여 정책결정이 이루어진다고 보는 하위정부모형과는 다른 입장을 견지하고 있다.

(4) 이슈네트워크모형

Heclo(1978: 88)는 하위정부모형에 관한 비판을 토대로 이슈네트워크모형(issue network model)을 제시하였다. 그는 하위정부모형이 잘못되었다기보다는 매우 불안정하다고 지적한다. 그는 미국에서 이익집단이 수적으로 크게 늘어나고 다원화됨에 따라 하위정부나 철의 삼각이 불가능해졌다고 주장한다. 폐쇄적 삼각관계만을 보는 경우, 정부결정에 미치는 영향이 커지고 있는, 상당히 개방적인 사람들의 네트워크를 놓치게 된다는 것이다. 그러므로 Heclo는 정책결정이 규모가 훨씬 큰 이슈네트워크 내에서 이루어진다고 보는 것이 가장 적절하다고 주장한다.

이슈네트워크는 공통의 기술적 전문성을 가진 대규모의 참여자들을 묶는 지식공유집단을 말한다. 단순하고 분명하게 정의된 하위정부모형의 경계와는 달리 이슈네트워크의 경계는 가시화하기 어렵고 잘 정의되지 않는다. 참여자들의 진입·퇴장은 쉬운 편이며, 네트워크의 경계를 찾는 것은 거의 불가능하다.

표 1. **참여정도에 따른 정책네트워크 유형**

구 분	정책커튼모형	하위정부모형	정책공동체모형	이슈네트워크모형
참여자 수	외부참여 없음	제한적 참여 <HL>	제한적 참여 <LL>	무제한 참여
참여 배제성	매우 높음 (폐쇄적)	높음	보통	낮음 (개방적)

[주] <HL>은 높은 수준, <LL>은 낮은 수준, <ML>은 중간 수준을 의미함. 이는 변수·항목의 상대적 수준에 기초함.

2) 상호작용행태에 따른 정책네트워크 유형

(1) 국가주도 네트워크

국가주도 네트워크(state directed network)는 정부관료제가 정책과정을 독점하며 행정기관 간 협상과 조율에 따라 정책이 결정된다는 점에서 관료정치모형(bureaucratic politics)과 유사하다. 이 모형에서 개별 이익집단과 공익집단은 정책과정의 투입주체가 아닌 적극적 정책옹호자의 역할을 수행하며 정부는 정책네트워크의 중심에 위치하여 정책결정을 유도해가면서 사회집단 간 이해관계가 상충될 경우 이를 권위적으로 조정한다.

(2) 조합주의 네트워크

조합주의 네트워크(corporatist network)는 정부가 우월한 권력관계를 바탕으로 한 주도적인 입장에서 해당 분야별로 기업 등 사적이익집단과 노동, 환경 등 집합적 단체연합이 균형적 협의기제를 구축하여 정책형성의 사회적 합의를 추구한다. 국가는 해당 정책영역에 있어서 전국규모의 이익대표연합에게 이익대표권의 독점을 제도적으로 보장하고 정책과정 내부 투입 활동을 독점적으로 보장함과 동시에 개별적인 이익집단 활동을 통제한다.

(3) 압력다원주의 네트워크

압력다원주의 네트워크(pressure pluralism network)에서 정부는 독자적으로 정책을 좌우할 수 있는 자율성을 가지며, 다수의 이익집단과 시민단체는 정부의 정책적 관심과 지원을 획득하기 위해 갈등적 경쟁관계를 지속한다. 이익집단과 시민단체 등을 중심으로 형성된 압력다원주의 네트워크는 정책결정과정의 정책참여자라기보다는 이슈별 정책옹호자로서의 역할을 수행한다.

(4) 고객다원주의 네트워크

고객다원주의 정책네트워크(clientele-pluralism network)에서는 정부의 자율성과 응집력이 상대적으로 약하여 이익집단들에게 지배되거나 그들의 이익에 봉사하는 관료적 포획현상(bureaucratic capture)이 나타나며, 이익집단을 중심으로 형성된 정책네트워크는 정책과정전반을 압도하는 핵심적 정책주창자로서의 역할을 수행한다.

표 2. **상호작용행태에 따른 정책네트워크 유형**

구 분	국가주도 네트워크	조합주의 네트워크	압력다원주의 네트워크	고객다원주의 네트워크
정책 행위자	정부 <자율성=HL>	국가·시민· 시장	다수의 이익집단 <자율성=LL>, 정부 <자율성=ML>	다수의 이익집단 <자율성=HL>, 정부 <자율성=LL>
행위자 관계	집중적 협력관계	균형적 협력관계	경쟁·갈등 관계	경쟁·갈등 관계
구조적 특성	수직적 집중형	수평적 균형형	수평적 분산형	수평적 분산형

참고문헌

권기창(2003). "인터넷내용 규제정책의 도입을 둘러싼 네트워크 분석". 한국정책과학학회보, 7(3).

노화준(2003). 「정책학원론」. 서울: 박영사.

박용성(2004). "정책네트워크의 동태적 유형분석에 관한 연구: 한강 및 낙동강 유역정책 수립 및 입법화과정을 중심으로". 한국행정학회 하계학술대회.

이학수(1998). "한국개발제한구역정책의 비일관성에 관한 연구". 고려대학교 박사학위논문.

Heclo, H.(1978). Issue Networks and the Executive Establishment in Anthony King, The New American Political System, Washington: The American Enterprise Institute.

Meier, K. J.(1985). Regulation: Politics, Bureaucracy and Economics, New York: St. Martin's Press.

키워드: 정책네트워크, 참여정도에 따른 정책네트워크 유형, 상호작용행태에 따른 정책네트워크 유형

작성자: 양승일(충남도립대)

최초작성일: 2015.08.

정책 독점(Policy Monopoly)

정책 독점(policy monopoly)은 정책 영역(policy domain)에서 소수가 월등히 우세한 힘으로 정책 과정을 지배하는 현상이다. 정책 독점은 프랭크 바움가트너와 브라이언 존스(Frank Baumgartner and Bryan Jones)가 1993년 연구에서 미국 정치에서 정책 아젠다가 설정되는 과정을 설명하면서 처음 사용한다. 독점이란 개념은 경제학에서 차용한 것으로, 시장에서 독점은 개인이나 기업이 특정 상품 생산이나 판매 등에 다른 사람들의 접근을 막는 등의 통제권을 행사하는 상태이다. 시장에서 경제 행위자들의 자유로운 참여가 제한되는 '경쟁의 부족'을 가리킨다. 독점은 정책 커뮤니티에서 소수의 지배적인 행위자들(dominant actors)이 상품의 생산이나 판매가 아닌 정책 아젠다 설정으로부터 결정에 이르는 일련의 정책결정 과정을 다른 잠재적 이해관계자들의 참여를 통제하면서 지배하는 것을 의미한다. 정책이 폐쇄적 시스템(closed system)에 의해 좌우됨을 뜻한다. 버클랜드(Birkland, 2005: 115-116)에 따르면 정책 독점에서는 소수 유력 행위자들이 사회 문제들 중 자신들이 원하는 것을 골라 정책 이슈(policy issues)로 설정하고 문제를 정의한다. 독점자들은 정책 이슈에 대한 자의적 관리뿐만 아니라 아젠다 설정에서 원하는 이슈의 우선순위는 높이고 싫어하는 이슈는 의도적으로 순위를 낮추는 식으로 정책 과정을 지배하고, 종국에는 자신들에 유리한 대안을 제시하는 방식으로 영향력을 행사한다. 이 때문에 시민 사회나 외부 집단들은 정책 문제에 대한 해석과 대안 제시의 정당한 기회를 제한받는다. 정책 독점은 정책 커뮤니티에서 일반 시민이 아닌 소수의 엘리트 집단이 정책결정 과정의 지배를 통해 시민 사회의 이익과 배치되는 독점적 이익을 행사할 때 나타난다.

참고문헌

Baumgartner, F. R., & Jones, B. D.(1993). Agendas and instability in American politics. Chicago, IL: University of Chicago Press.

Birkland, T. A.(2005). An introduction to the policy process: Theories, concepts, and models of public policy making (2nd ed.). Armonk, NY: M.E. Sharpe.

키워드: 정책 독점, 정책결정, 철의 삼각(iron triangle)
작성자: 박흥식(중앙대)
최초작성일: 2019.12.

정책변동(Policy Change)

1. 개념

정책의 변동은 그 정책내용(정책목표와 정책수단 및 대상집단 등)의 변동만이 아니라 정책 집행방법의 변동(서비스제공체계상의 변화를 비롯한 표준운영절차상의 변화 등)까지도 포함한다.

정책의 변동은 정책결정도중이나 정책집행도중 또는 평가활동 도중에도 발생할 수도 있으나, 전형적으로는 정책평가에서 밝혀진 정보가 정책결정과정에 환류(feedback)되어 발생한다. 그러므로 후자의 경우가 정책과정상의 환류 중에서 가장 중요한 부분이라고 할 수 있다. 따라서 정책의 변동은 정책결정에서 일어나는 정책이 수정, 종결만이 아니라 집행·평가단계에서 일어나는 것도 포함하게 되나, 정책변동론에서의 초점은 역시 대체로 전자에 두어지고 있다.

2. 이론적 발전

정책의 변동은 어떠한 정책이라 할 지라도 경험하고 있음에도 불구하고, 학자들 간에 이에 대한 연구에 관심이 표명되기 시작한 것은 비교적 최근의 일이다.

라스웰(Lasswell)이나 존스(Jones)는 당시의 여타학자들과는 달리 정책과정의 한 단계로서 정책의 종결단계를 제시하여 정책의 종결뿐만 아니라 수정도 포함시키고 있으나, 이들은 정책변동의 다측면성과 정책과정의 순환적 영속성, 현대 정책결정의 승계적 경향을 세심하게 고려하지 않았다. 또한 맥로린(McLaughlin), 나까무라(Nakamura)·스몰우드(Smallwood),

린드블롬 (Lindblom)도 정책의 변동이 보편적인 현상이라고 본 것 같으나, 정책변동의 중요성을 크게 부각시키지 않고 있다. 리플리(Ripley)·프랭클린(Franklin)은 정책과 프로그램의 미래에 대한 결정단계를 제시하며 정책과정의 순환성을 강조하고 있으나 이의 내용에 대한 구체적인 언급이 없다.

정책변동의 이념형 중 특히 정책종결에 대한 연구는 조직변동에 대한 연구와 보조를 같이 하면서 최근에 많이 나오고 있으나, 감축관리(cutback management)나 조직의 쇠퇴(organizational decline)와 정책의 종결은 개념규정상 이견이 있을 수 있으므로 명확한 개념 구분 하에서 연구할 필요가 있다.

정책변동에 관한 보다 체계적인 연구로서는 호그우드(Hogwood)·피터스(Peters), 호그우드(Hogwood)·건(Gunn) 등의 저서를 들 수 있다. 물론 서구에 토대를 둔 연구결과이므로 여타 국가의 정책변동 연구에서는 경험적 특수성을 고려하여야 하겠지만, 상당히 보편적인 이론적 틀을 제시하였다는 점에서 높이 평가된다.

최근에 와서는 일반적인 정책변동과정과 변동요인에 대한 논문들이 경제정책, 복지정책, 규제정책, 환경정책, 노동정책, 교육정책, 에너지정책, 보건정책, 농업정책, 언론정책, 관광정책 등의 분야에 초점을 맞추어 많이 나오고 있을 뿐만 아니라 정책변동에 대한 이론적인 일반화를 기하고자 연구들도 행해지고 있다. 특히, 사바티에(Sabatier)는 정책변동이 외부환경적 요인과 정책지향학습(policy-oriented learning)의 작용으로 인한 정책체제나 지지연합(advocacy coalition)의 변동에 의하여 발생한다는 것을 내용으로 하는 장기적인 정책변동의 분석틀을 제시하였으나, 이 모형은 미국의 다원론적 시각에 바탕을 둔 것으로서 정책에 대한 비판과 대안 제시가 자유롭지 못한 정치체제에서는 이론적 설득력에 한계가 있다. 앞으로 모든 정책의 변동성, 정책변동의 다측면성을 염두에 두면서 정책변동에 대한 연구가 축적될 때 정책학의 체계화와 바람직한 정책결정이 가능할 것이다.

3. 유형

정책의 변동은 정책의 쇄신(policy innovation), 정책의 승계(policy succession), 정책의 유지(policy maintenance), 정책의 종결(policy termination) 등의 네 가지 이념형으로 분류할 수 있으나 대표적인 정책변동은 정책의 승계라고 할 수 있다. 그리고 어떠한 정책변동이라도 실제로는 이들 이념형 중 한 가지 이상의 성격을 내포하고 있다.

정책의 쇄신은 정부가 이전에 관여지 않았던 분야에 진출하여 새로운 정책을 수립하는 것으로서, 이러한 변동은 성격상 의도적(purposive)이다. 또한 활동영역이 완전히 새로운 분야이기 때문에 기존의 조직이나 법규, 예산항목이 존재하지 않는다. 그러므로 순수한 형태의 정책쇄신은 논쟁의 여지가 있지만, 20세기 후반의 정부에서는 거의 발생하지 않는다.

정책의 승계는 동일한 활동분야에서 기존의 정책을 다른 정책으로 의도적으로 대체(replacement)하는 것을 의미한다. 정책의 대체도 새로운 요소를 내포하는 것처럼 보일지 모르나, 정부가 새로운 활동분야에 진출하지 않는다는 점에서 정책쇄신과 구별된다. 정책의 승계는 기존 정책의 대체방식에 따라 선형적 승계, 정책의 통합, 정책의 분할, 부분적 종결, 비선형적 승계, 우발적 승계 등으로 유형화되고 있다.

정책의 유지는 적응적 변동(adaptive changes)으로서, 새로운 목적을 설정하거나 기존의 정책을 대체하는 것을 의미하지 않는다. 단지 원래의 정책목표에 합치될 수 있도록 프로그램의 산출(program output)을 조정할 뿐이다. 따라서 예산항목이 계속 유지되며, 조직과 법규의 변동이 발생하지 않는다.

정책의 종결은 정책의 쇄신과 정반대의 이미지(mirror image)를 보여주는 것으로서, 특정한 정책을 의도적으로 종결시키거나 중지하는 것을 의미한다. 따라서 기존의 조직, 법규 및 지출이 폐지, 소멸되게 된다. 정책의 종결은 소요시간이라는 관점에서 정책이 일시에 폐지되는 폭발형, 정책이 서서히 소멸되다가 결국 종식되는 점감형, 그리고 양자의 성격이 모두 나타나는 혼합형 등의 세 가지 유형으로 구분된다.

4. 제도화

정책과정에서는 끊임없이 환류가 일어나지만, 그 중 가장 중요한 것은 과정평가(process evaluation)에서 밝혀진 내용을 바람직한 정책집행전략을 수립하는 데 활용하는 것이나 총괄평가(summative evaluation)에서 얻은 정책의 결과에 대한 정보를 정책결정과정에 환류시키는 것이다. 이러한 환류활동은 정책활동의 진행도중에 얻게 되는 새로운 지식이나 정보를 활용하는 것으로서 정책체제의 중요한 학습활동이다. 그런데 정책체제의 학습활동에 해당하는 환류활동은 여러 가지 이유로 인해 제대로 그 기능을 수행하지 못하는 경우가 많다. 따라서 새로운 문제나 사태의 발생으로 정책의 내용이나 추진방법이 변화되어야 함에도 불구하고 이러한 변화에 적절히 대응하지 못하는 경우가 대부분이다.

5. 평가와 전망

정책과정 전반에 걸쳐서 인지될 수 있는 환경이나 문제의 변화는 새로운 정책내용이나 방법을 결정하기 위해서 환류가 되어야 한다. 그러나 크게 두 가지 이유, 즉 분석적·지적 문제와 이해관계자의 반대나 저항 때문에 환류가 제대로 되지 않아 정책의 변동에 활용되지 못하고 있다.

먼저 분석적·지적 문제란 상황의 변화에 대한 부정확한 인지 내지는 인지된 내용의 부적절한 전달로 인해 정책변동이 불완전해지는 경우이다. 이를 극복하기 위해서는 무엇보다도 합리적 판단에 의한 정책변동의 추진이 반드시 필요하다. 즉, 정책의 내용 중에서 어느 부문을 수정, 대체, 종결, 추가할 것인지와 관련하여 여러 가지 대안을 탐색하고, 그 결과를 예측해서 비교·평가한 후에 최선의 대안을 선택해야만 한다. 아울러 평가결과의 난해한 표현방법이나 계층제적 관료제하의 정보의 왜곡·삭제 및 이용자의 무지 등과 같은 전달과정상의 장애요소를 최대한 제거하려는 정책담당자의 노력과 제도적 장치의 마련이 또한 중요하다.

다음으로 현재상태(status quo)의 잘못을 지적하는 정책평가 결과의 경우에는 언제나 이러한 상태를 야기한 책임자에게 위협요인으로 작용하므로 환류를 둘러싼 갈등이나 저항이 불가피하다. 이를 해소하거나 완화할 수 있는 전략으로서는 정책변동으로 인한 희생의 보전, 정책변동의 필요성 홍보 및 지지세력 확대, 정책변동을 가능하게 하는 제도적 장치(영기준예산, 일몰법 등)의 마련 등이 제시되고 있다. 그렇지만 보다 근본적으로는 정책담당자의 능력과 성향, 정치체제의 분위기와 규범, 정치체제의 구조(권력구조) 면에서 정책변동의 일상화가 가능한 정치체제의 특성을 구비해 나가야만 한다.

참고문헌

유훈(1993). 「정책학원론」. 서울: 법문사.
이태종(1994). 「정책의 승계와 정책산출내용의 변동요인에 관한 연구: 관광정책변동(1955-1987) 사례를 중심으로」. 행정학박사학위논문, 서울대학교 대학원.
정정길(1989). 「정책학원론」. 서울: 대명출판사.
Hogwood Brian W. & Gun, Lewis A.(1984). Policy Analysis for the Real World. New York: Oxford University Press.
Hogwood Brian W. & Peters, B. Guy(1983). Policy Dynamics. New York: St. Martin's Press.

Rose, Richard(1976). Models of Change. In R. Rose(ed.), The Dynamics of Public Policy: A Comparative Analysis. London: Sage Publication, Ltd.

Sabatier, Paul A.(1988). An Advocacy Coalition Framework of Policy Change and the Role of Policy-oriented Learning therein, *Policy Science*, 21(2−3): 129−168.

키워드: 정책결정, 정책집행, 정책평가, 환류(feedback), 정책의 쇄신(policy innovation), 정책의 승계(policy succession), 정책의 유지(policy maintenance), 정책의 종결(policy termination)

작성자: 이태종(경주대)

최초작성일: 2002.03.

정책변동 모형(Policy Change Model)

1. 개념정의

정책변동(policy change)이란 정책의 내용이나 집행방법이 변하는 것을 의미하는 것으로, 정책결정과정에서 이루어지는 정책의 수정·종결뿐만 아니라 집행단계에서 일어나는 정책의 변화도 포괄한다. 특히 현대 사회에서는 복잡한 사회 구조에 대응할 수 있는 정책의 동태성, 복합성, 순환성이 강조되고 있으며, 정책의 지속가능성과 발전을 위한 정책혁신(policy innovation)과 정책학습(policy learning)이 강조되는 맥락에서 정책품질 제고를 위한 정책변동의 역할이 중시되고 있다. 따라서 정책변동 모형은 복잡한 정책현실 속에서 정책변동과정에 영향을 미치는 내외부적 환경과 참여자들의 동태적인 역학 관계와 연계 과정을 이론화하려는 노력의 산물로 이해할 수 있다.

2. 정책변동 모형의 유형

정책현장에서의 정책변동은 경제적 환경의 변화, 정책수혜자의 가치관 변화, 법률의 제·개정 및 폐지, 최고 정책관리자의 교체, 정책집행조직의 반항, 조직 간의 경쟁, 기술의 변화 등 다양한 사회 환경 변화와 정책이해관계자의 양태 변화를 통해 발생한다. 정책변동모형은 이러한 정책변동의 다양한 요인과 과정을 이론적으로 모형화한 것으로 대표적으로 창도연합모형, 패러다임변동모형, 정책흐름모형, 이익집단 위상변동 모형들이 제시된다.

1) 창도연합모형

사바티에와 젠스킨－스미스(Sabatier & Zenskin－Smith)가 개발한 정책창도연합모형(Advocacy Coalition Framework: ACF)은 첫째, 정책변화에 대한 이해는 장기간에 이루어지며, 둘째 정책변동을 이해하기 위해선 다양한 수준의 정부에서 활동하는 행위자들의 모두 포괄하는 정책하위체제에 대한 이해가 필요하며, 셋째 정책하위체제 내에는 정책신념을 공유하는 정책창도연합들이 존재한다는 점을 전제로 정책변동 과정을 모형화하고 있다. 이들이 제시하는 정책변동의 요인은 안정적 외부 요인과 역동적 외부 요인, 정책체제 내부를 구성하는 정책행위자들의 지지연합과 신념체계로 구성된다. 특히 정책의 변동은 정책지지연합의 신념체계의 변경과 외부적인 충격(사건)으로 발생하는 데, 이중 정책지지연합의 신념체계 변화는 정책지향적 학습(policy oriented learning)을 통해 발생하는 구조이다.

2) 패러다임변동모형

홀(Hall)은 정책결정자들은 정책문제의 본질을 파악하고, 수단을 구체화 하는데 일정한 사고와 기준의 틀, 즉 정책패러다임(policy paradigm) 속에서 행동하기 때문에 정책의 변동은 패러다임이 변화와 함께 일어난다고 본다. 특히 패러다임 변동 모형에서 설명하는 정책변동은 패러다임 안정기, 변이의 축적기, 실험기, 기존 패러다임의 손상기, 새로운 패러다임의 경쟁기, 새로운 패러다임의 정착 및 안정기라는 단계를 거쳐 진행된다고 설명되며, 창도연합모형과 마찬가지로 새로운 패러다임의 태동을 위한 정책학습의 중요성을 강조된다.

3) 정책흐름모형

킹던(Kingdon)의 정책흐름(policy stream)모형에서는 서로 무관하게 각각의 규칙에 따라 흘러 다니는 정책문제의 흐름, 정치의 흐름, 정책대안의 흐름이 결합하면서 정책변동이 이루어지게 된다. 특히 세 가지 흐름이 결합하여 정책변동이 발생하기 위해서는 일종의 점화장치(trigger 혹은 촉매제)가 필요한데 사회적으로 극적인 사건이나 정치적 사건이 촉매제의 역할을 하게 된다. 킹던(Kingdon)은 세 개의 흐름이 결합하는 현상을 정책의 창(policy window)이 열리는 것으로 묘사한다.

4) 이익집단 위상변동 모형

무치아로니(Mucciaroni)는 정책변동은 이슈맥락과 제도맥락의 틀 속에서 이익집단의 위상변동(reversals of fortune model)이 발생하고, 이러한 이익집단의 위상변동이 정책변동을 가져온다고 본다. 이때 이슈맥락(issue context)은 정책의 유지나 변동에 영향을 미치는 정책요인을 의미하며, 제도맥락(institutional context)은 정책결정 집단이 제도에 대한 갖고 있는 선호나 행태를 지칭한다. 이익집단의 위상은 이슈맥락과 제도맥락의 유·불리에 따라 그 위상이 상승, 저하, 유지, 쇠락하게 되고, 이를 통해 정책의 변동이 발생하게 된다.

3. 연구 경향

정책변동 모형들은 복잡한 정책현실을 논리적으로 접근하려는 노력을 통해 점차 복잡성이 증가하는 정책현실을 설명하고, 이해할 수 있는 근거를 마련하고 있다. 또한 정책변동 이론들은 정책과정상의 일련의 흐름으로 이해하려는 틀을 탈피하고, 복잡한 정책동학을 모형화 하려는 시도가 지속하고 있다. 하지만 정책 변동 모형의 틀이 몇몇의 사례를 통해 제시되어 모형의 일반화를 높이기 위한 체계적 검증이 이루어지지 못하고 있다는 점은 정책 변동 모형의 한계로 지적된다.

참고문헌

권기헌(2018). 「정책학 강의」. 서울: 박영사.

남궁근(2008). 「정책학－이론과 경험적 연구」. 서울: 법문사.

노화준(2016). 「정책학 원론」. 서울: 박영사.

정정길 외(2006). 「정책학 원론」. 서울: 대영문화사.

Kingdon, John W.(1984). Agenda, alternative, and Public Policies, Boston: Litte, Brown, and Co.

Mucciaroni, Gary.(1995). Reversals of fortune: Public policy and private interests, Washington D.C.: Brookings institution.

Peter A. Hall.(1993). Policy Paradigms, Social Learning, and the State: The Case of Economic Policy making in Britain, *Comparative Politics*, 25(3).

Sabatier, P. A. & Jenkins－Smith, H. C.(1999). The Advocacy Coalition Framework: An Assessment, Boulder: Westview Press.

키워드: 창도연합모형, 패러다임변동모형, 정책흐름모형, 이익집단 위상변동 모형
작성자: 백승주(한국교육개발원)
최초작성일: 2020.03.

정책수단(Policy Instruments)

1. 개념정의

정책수단(Policy instruments)이란 정책목적을 달성하기 위하여 활용되는 도구를 의미하며, 정책도구(Policy tools), 통치도구(governing instruments) 등의 용어와 혼용되어 사용된다. 특히 정책수단은 공공문제를 해결하기 위하여 정책대상 집단의 행동을 변화시키고자 하는 의도를 가진 정책설계의 요소들로 정책목표를 달성하기 위하여 정부가 사용하는 대상물(object), 활동(activities), 기술(technology)들을 포괄하는 각종 수단과 활동을 의미한다. 정책수단은 정책 대안을 선택하는 과정에서 정책목표의 효과적 달성을 결정하는 주요 요인이다. 예를 들어 서로 다른 정책 수단이 가져오는 정책목표의 효과성이 차별적인 것은 물론 동일한 정책효과를 가져오더라도 어떤 정책수단을 활용하는 가에 따라 정책대상 집단의 행동 변화와 이를 위한 부대비용은 큰 차이가 있다. 더욱이 정책수단은 정책목표 이외의 많은 부수적 효과를 가져 오는 경우가 많아 정책 목표와는 다른 독자적인 중요성을 갖는다.

2. 정책수단의 유형

정책과정에서 정책결정자가 사용할 수 있는 정책도구는 매우 다양하다. 특히 사회문제가 복잡해짐에 따라 정부가 사용하거나 활용할 수 있는 정책도구의 수와 종류는 더욱 증가하고 있다. 여기에서는 비덩(Vedung)과 살라몬(Salamon)의 유형 구분을 소개한다.

1) 비덩(Vedung)의 정책수단 유형

비덩(Vedung)은 정책수단을 상징적 표현으로 채찍(sticks), 당근(carrot), 설교(sermon)로 구분한다. 비덩(Vedung)은 조직이 사용하는 권력을 강제적 권력, 보상적 권력, 규범적 권력으로 구분하는 것에 기초하여, 정책수단을 규제(강제도구), 인센티브(경제도구), 설득(정보도구)으로 구분한다. 규제수단은 정부가 강제력을 통해 국민이 특정한 행동을 준수하도록 강제하는 것을 의미하며, 인센티브는 정부가 국민들에게 재화나 서비스의 제공 혹은 미제공을 통해 특정행동을 유도하는 수단을 의미한다. 또한 설득은 정부가 국민이나 정책이해당사자들에게 정보나 지식을 전달하여 행동변화를 유도하는 수단을 의미한다.

2) 살라몬(Salamon)의 정책수단 유형

살라몬(Salamon)은 정책수단이 정부프로그램의 효과성과 운영에도 영향을 미친다고 보면서, 정책수단은 "공공문제를 해결하기 위하여 정부행동이 구조화되는 식별 가능한 방법"이라고 정의한다. 이는 정책수단은 정부가 정책목표를 달성하기 위한 도구에 불과한 것이 아니라, 정책수단을 정책 그 자체 혹은 제도의 하나로 간주하면서 정책수단을 이에 관여하는 사람들의 역할과 관계를 규정하는 집합적 행동의 총체로 이해한다. 실제로 정책 도구의 구성은 매우 복합적이며, 정책도구에는 재화(활동)의 유형, 전달수단, 전달체계, 그리고 전달체계를 구성하는 실체들 간의 관계를 규정하는 공식 혹은 비공식 규칙 등이 포함된다. 살라몬(Salamon)은 이러한 구성요소를 중심으로 정책수단을 <표 1>과 같이 유형화하였다.

표 1. **살라몬(Salamon)의 정책수단 유형**

	정책수단	산출/활동	전달수단	전달체계
직접수단	정부소비	재화 또는 서비스	직접제공	공공기관
	경제적 규제	공정가격	진입 또는 가격규제	규제위원회
	직접대출	현금	대출	공공기관
	공기업	재화 또는 서비스	직접제공/대출	준공공기관
간접수단	사회적 규제	금지	규칙	공공기관/피규제자
	계약	재화 또는 서비스	계약 및 현금지급	기업, 비영리기관
	보조금	재화 또는 서비스	보조금 제공, 현금지급	지방정부, 비영리기관
	대출보증	현금	대출	민간은행
	보험	보호	보험정책	공공기관
	조세지출	현금, 유인기제	조세	조세기관

사용료/과징금	재정적 제재	조세	조세기관
손해책임법	사회적 보호	손해배상법	사법제도
바우처	재화 또는 서비스	소비자 보조	공공기관/소비자

※ 출처: 남궁근(2008), p.94.

3. 연구 경향

정책수단에 대한 연구는 정책수단의 유형화에 대한 연구, 정책수단의 활용에 대한 비교 연구, 정책수단의 효과에 대한 실증적 연구들이 주를 이룬다. 정책수단의 유형에 관한 연구는 사회가 복잡해짐에 따라 정책수단의 종류가 다양해지고 있으며, 국가마다 정책 환경이 상이하여 학자마다 다양한 유형이 제시되고 있다. 다만 새로운 국정운영의 패러다임이 등장함과 함께 이에 조응할 수 있는 효과적인 정책수단이 무엇인가에 대한 연구들이 활발해 지고 있다. 또한 정책연구에 활용 가능한 자료가 양적·질적으로 증가함으로서 환경, 문화, 범죄, 에너지 분야 등 다양한 정책영역에서 정책 수단의 효과성을 비교·검증하려는 연구들이 활발히 이루어지고 있다.

참고문헌

남궁근(2008). 「정책학-이론과 경험적 연구」. 서울: 법문사.

노화준(2017). 「기획과 결정을 위한 정책분석론」. 서울: 박영사.

정정길 외(2006). 「정책학 원론」. 서울: 대영문화사.

Salamon, Lester, ed.(2002). The Tools of Government: A Guide to the New Governance. New York: Oxford University Press.

Vedung, Evert.(2003). Carrots, Sticks & Sermons: Policy Instruments & Their Evaluation.

키워드: 정책도구, 통치도구, 규제, 인센티브, 설득

작성자: 백승주(한국교육개발원)

최초작성일: 2020.03.

정책승계(Policy Succession)

1. 개념

정책승계(policy succession)는 Hogwood & Peters(1983)가 언급한 정책변동의 유형 중 하나로, 기본적으로 기존에 존재하고 있는 정책을 높은 수준으로 변동하여 승계시키는 행태를 의미한다. 즉, 정책승계는 기본성격에 있어서는 의도적 성격을 나타내고, 법률측면에 있어서는 제정 및 기존 법률의 개정이 발생하며, 조직측면에서는 기존 조직의 개편이 나타나고, 예산측면에서는 기존 예산이 존재하며 이를 조정하는 모습을 보이는 것이다.

2. 유형

정책승계의 세부유형에는 선형형, 정책통합형, 정책분할형, 부분종결형, 그리고 비선형형으로 나눌 수 있는데, 선형형은 동일한 목표아래 정책대안이 변동되는 것을 의미하고, 비선형형은 상대적으로 상이한 목표아래 정책대안이 변동되는 것을 말한다. 그리고 정책통합형은 정책대안 A, B가 하나의 정책대안으로 통합되는 것이고, 정책분할형은 정책통합형과 반대가 되는 세부유형이다. 부분종결형은 정책대안 중 일부는 종결이 되고, 일부만 대체되는 것을 의미한다.

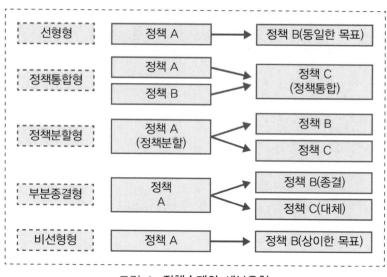

그림 1. 정책승계의 세부유형

3. 전망

　과거 권위주의적 시절에는 정책결정에 의한 변동이 정부관료제에 의해 주로 이루어져 왔으나, 현대 다원주의시대에 있어서는 정부관료제뿐만 아니라 시민단체, 이익집단 등 제 이해당사자들의 범위와 영향력이 현저하게 높아져, 환경에 따른 정책변동의 요구가 봇물을 이루고 있는 것이 주지의 사실이다. 이에 맞춰 정책승계 역시 높은 수준으로 발생하고 있는데, 일례로 신행정수도건설정책을 둘러싸고 이해당사자들 간 상호작용을 통해서 행정중심복합도시건설정책으로 변동되는 정책승계 등이 그것이라고 할 수 있다.

참고문헌

유훈(2002). 『정책학원론』. 서울: 법문사.

정정길(2000). 『정책학원론』. 서울: 대명출판사.

Hogwood, B., & Peters, B. G.(1983). *policy Dynamics*, New York: St. Mar－tin's Press.

키워드: 정책승계, 정책변동
작성자: 양승일(충남도립대)
최초작성일: 2010.04.

정책오류(Policy Error)

1. 개념

정책결정이란 바람직한 미래의 상태를 서술한 것이라고 할 수 있다. 이 점에 있어서 정책결정은 조직의 목표와 유사한 개념이지만, 정책결정은 조직목표에 비해서 구체적이고 수단적이며 하위목표적인 성질을 갖는다.

정책결정가가 어떤 정책대안을 채택하는 이유는 그것이 만들어 낼 귀결의 조합이 자기가 바라는 것과 가장 가까울 것이라고 예상하기 때문이지만, 대부분의 정책은 바라는 결과와 예상하지 못한 결과가 함께 나타나기가 보통이고, 따라서 바람직하지 못한 정책의 귀결이 포함될 수 있다는 것이다.

이에 근거해서, 일반적으로 정책오류(policy error)란 바람직하지 못한 정책의 귀결이 나타남을 의미하는데, 학자들마다 정책오차라고도 한다. 정책오류가 발생했다는 판단기준은 정책을 집행한 후에 있으므로, 정책오류란 정책의 집행결과가 의도했던 것과 다르게 나타난 것이라고 할 수 있다.

즉, 정책이란 가설이고 검증되지 않는 미래의 행동방안이기 때문에 항상 오류가 발생할 가능성이 있으며, 정책오류란 정책의 집행결과가 예상한 기대에 미치지 못한 바람직하지 않은 정책결과가 나타나는 것을 의미한다. 그러나 바람직하지 않는 정책의 모든 결과를 지칭하지는 않으며 그 중에서도 일정한 한도를 넘는 것을 가리킨다.

2. 요인

정책오류에 대한 요인은 학자들마다 다양하게 정의하고 있지만, 일반적으로 제시하고 있는 내용을 조명하면 다음과 같다.

1) 인식오류

인식오류는 정책문제에 대한 인식을 잘못하여 발생하는 현실과의 오류이다. 소위 3종 오차가 발생되는 것을 의미한다. 일반적으로 정책문제는 복잡하거나 애매한 성격을 가지고 있다. 복잡한 정책문제란 정책문제를 구성하는 인과적인 구성요소들이 상호 얽혀 있어 이들 간의 관계를 파악할 수 없는 문제를 가리킨다.

정책문제는 너무 복잡하여 인과관계이론으로는 그것을 해결하기란 쉽지 않다. 아무리 합리적인 결정자라 하더라도 내용 면에서 제약을 받을 수밖에 없다. 정책은 소위 제한된 합리성 하에서 정책결정을 하게 되며 정책으로서 결정된 순간부터 이미 오류를 가지고 있게 된다. 정책은 그것이 현실로 구체화되는 단계에서는 오류가 더욱 커지게 된다. 정책결정자가 정책문제를 잘못 인식하여 인식오류를 가져올 경우에는 정책문제해결의 실패가능성이 크다. 왜냐하면 정책문제가 정확히 파악되어야만 정책목표의 설정도 보다 정확히 이루어질 수 있기 때문이다.

정책문제의 정확한 분석은 바람직한 결정을 위해 필수적이다. 정책문제의 파악은 곧 정책문제의 원인과 결과, 그리고 이들 간의 인과관계로 파악하는 것이다. 무엇이 정책문제인가에 대한 내용을 과학적이고 체계적인 방법으로 분석하는 것이 정책문제인지에 대한 내용을 과학적이고 체계적인 방법으로 분석하는 것이 된다. 인식오류는 이러한 문제의 인식이 잘못됨으로써 발생하게 된다.

2) 설계오류

정책결정자는 정책의 설계과정에서 정책문제를 어떻게 해결할 것인가에 대한 계획을 세워야 한다. 특히, 정책이 주기적인 과정을 통해 목표를 실행하는 단계에서 발생될 의도하지 않는 결과의 산출가능성을 고려해야 한다.

이러한 정책설계에 따라 정책의 성공과 실패가 영향을 받게 된다. 정책이 성공적인 집행이 되기 위해서는 정책처방과 그러한 처방을 통해서 추구하고자 하는 변화와의 관계에 대한 적절한 이론적 설명과 그와 같은 정책을 실시하기 위해 필요한 기술이 확보되어야 한다.

결정된 정책이 정책집행단계에서 실패하는 경우는 적절한 인과관계가 결여되는 데서 나온다. 정책설계단계에서 인과적인 관계의 설정이 잘못되어 정책의 실패가 나오게 되는 것이다. 인과관계 면에서 고려될 수 있는 설계오류는 목표와 수단 간의 연계체계에서 발생한다. 목표와 수단이 상호 연계체계로 되어 있어 주어진 목표를 효과적인 수단의 탐색으로 실현할 수 있다고 보는 것이다.

정책목표와 수단 간의 관계에 대해 이를 순차적인 관계로 파악하는 것은 오류를 발생시킨다. 원래 정책목표란 막연하고 모호하여 암시적이지도 않고 이들 간에는 상호 모순되는 속성을 가지고 있다. 또 정책목표는 미래지향적인 것이므로 장기적인 예측을 통하여 설정되므로 큰 의미가 없고 변화하는 성질을 가지고 있다. 그러므로 현실의 세계에서 정책목표와 수단을 완전히 분리해서 고려한다는 것은 인간의 능력한계로 불가능하다. 목표와 수단은 언제나 서로 얽혀 있는 것이며, 따라서 상호 교호과정이지 분리된 과정이 아니다.

설계오류를 가져오는 또 다른 요인은 결정구조이다. 계획에 관련된 사람들이 갖고 있는 다양한 가치나 동기가 의사결정이 이루어질 때마다 계획의 반응과 형태를 결정한다고 볼 때, 결정과정 속에서 이루어지는 수많은 다단계적인 결정구조는 다양한 가치가 개입되어 오류의 발생가능성이 높아지게 된다.

3) 집행오류

행정기관은 결정과정에서 학습된 규칙에 따라 결정하고 집행한다는 점에서 오류가 발생한다. 조직은 인간과 같이 학습하게 되며 학습의 결과로서 의사결정을 하는 규칙을 만들어내고 비슷한 문제가 발생할 경우 여기에 근거해서 의사결정을 하게 된다. 조직도 개인과 같이 인지상의 한계가 있기 때문에 프로그램의 레퍼토리에 따라 과거에 채택했던 대안을 현실의 문제해결에서 그대로 또는 약간의 수정을 거쳐 다시 사용하여 결정하게 된다. 그러나 표준운영절차를 사용하는 방식으로서의 집행은 관료제조직의 능률성을 가져오지만 이를 표준화시킬 수 없는 성격의 정책까지도 지나치게 적용하여 집행할 경우에는 오히려 비능률과 오류발생의 소지가 높아진다.

행정조직은 이외에도 공식적 구조 자체가 가지는 한계로 오류를 발생시킨다. 행정기관은 수평적 구조이면서 수직적 구조를 가지고 있기 때문에 정책결정과정에서 하부부서 간 또는 상하부서 간 역할에 따라 정책결정에 미치는 영향이 다르다. 관료제내의 하위조직들은 자신이 속한 부서의 이해관계를 우선적으로 고려하여 다른 부서에게 가지고 있는 정보를 제공하거나 협조하지 않는다. 소위 부처내의 할거주의에 의한 조직구성원들의 활동이 정책결정에

작용하고 이러한 할거주의가 부처 간에도 이루어져 타 부처에 대한 정책문제에 대해서 소극적인 자세를 취하게 된다. 정책집행이 하나의 행정기관만이 아니라 다른 기관과의 관계 속에서 이루어지기 때문에 이러한 조직의 수평적인 특성은 정책오류를 유발시킨다.

정책집행은 순환적인 과정이기 때문에 정책결정자와 집행자간의 의사전달의 여하에 따라 오류발생의 여지가 크다. 정책집행은 정책결정자가 의도하거나 요구하는 것이 무엇인지를 정책집행자에게 명확하고 일관성 있게 전달했을 때, 정책이 현실을 효과적으로 집행되나 전달자로부터의 잘못된 메시지, 수용자로부터의 잘못된 해석, 전달훼손, 과잉부하, 부적절한 끝동작이나 순응메커니즘 등으로 오류가 발생되기 쉽다.

의사전달의 잘못된 행태를 구체적으로 보면 다음과 같다.

첫째, 전달자로부터의 잘못된 메시지는 말이나 적혀진 의사전달로부터 나온다. 메시지를 흐리게 하는 한계와 더불어 잠재적인 용어의 애매성과 혼합된 정책메시지 때문에 정책집행에 영향을 크게 미친다.

둘째, 수용자의 잘못된 해석은 의도적이거나 비의도적인 것이 있다. 수용자가 가진 이해와 인지, 목표가 전달자의 그것과 상충되기 때문에 메시지를 잘못 해석할 수 있다. 집행자는 정책결정자의 메시지가 여러 가지 관료적 또는 자신의 특권을 위협한다고 볼 때, 정책결정자에 의해서 전달된 메시지를 무시하거나 잘못 받아들이게 된다. 그러므로 집행자의 수용성은 의사전달과정의 또 다른 중요한 요소가 된다.

셋째, 전반적인 집행체계는 의사전달의 실패를 받기 쉽다. 메시지를 효과적으로 전달할 수 있는 기제가 없으면 메시지가 전달되지 않거나 잘못 전달된다. 다른 것은 같은 시간에 너무나 많은 정보를 전달하여 과잉부하가 되는 것이다. 또 다른 것은 메시지가 전달되었다는 것을 확인할 수 있고 그에 따라 적절한 행동을 취할 수 있는 추종 및 순응 메카니즘의 결여로 체제의 실패가 발생한다.

4) 시정오류

시정오류는 정책주기에서 오류가 발견되는 경우 오류를 수정하는 과정에서의 오류를 말한다. 정책은 모든 과정에서 오류를 범할 수 있다. 이러한 시정오류는 정책평가를 통해서 알 수 있다. 정책평가는 크게 과정평가와 성과평가로 나눌 수 있다.

과정평가는 어느 특정정책이나 사업이 정해진 지침에 따라 집행된 정도를 검토하는 것이다. 정책문제의 인지, 정책목표의 설정, 대안탐색 및 대안결정, 그리고 결정된 정책의 집행이 제대로 이루어졌는가를 평가하는 과정이다. 이는 정책이 전개된 활동과 그에 따른 성과를 평가하는 것이므로 정책의 성공과 실패의 요인을 찾는 데 유용하다.

그리고 성과평가는 정책을 통해서 달성하고자 한 성과를 평가하는 것이다. 그러므로 성과평가는 정책이 집행된 결과에 대한 평가이다. 이러한 사후적인 평가에는 여러 분야의 전문가나 공공이익단체 또는 정책에 관여하지 않은 사람들이 평가자가 된다. 특히, 정책집행자는 정책평가의 기초가 되는 많은 지식과 정보를 가지고 있기 때문에 평가에 관여하게 된다.

정책평가가 이러한 목적을 가지고 이루어지면 평가로부터 얻은 지식과 경험을 통하여 새로운 정책을 결정하거나 집행에 활용하게 된다. 그러나 실제의 평가에서 제대로 된 평가가 이루어지지 않아 오류를 그대로 안을 수 있다. 이 결과 정책은 거듭되는 오류의 소지를 가지고 있어 결국에는 정책실패로 이어지게 되는 것이다.

참고문헌

송하진(1994). "정책실패의 제도화에 관한 연구". 고려대학교 박사학위논문.

이하행(1985). "정책오차의 원인귀인과 오차수정에 관한 연구". 고려대학교 석사학위논문.

March, J. A., & Olsen, J.(1976). Ambiguity and Choice in Organization, Oslo, Norway: Clniversitets, Forgets.

키워드: 정책오류, 인식오류, 설계오류, 집행오류, 시정오류

작성자: 양승일(충남도립대)

최초작성일: 2015.09.

정책집행 모형(Policy Implementation Model)

1. 개념정의

정책집행(policy implementation)이란 정책을 수행하고, 달성하며, 실현시키고, 완성하는 행위를 의미하는 것으로 정책에 포함된 목표 혹은 내용을 구체적으로 달성하는 행위를 의미한다. 구체적으로 정책집행은 정책목표와 정책수단으로 구성된 정책의 내용을 실현하는 것으로 정책수단을 실현시켜 정책의 본래 목적을 달성하는 과정이다. 특히 정책과정단계에서 볼 때 정책이슈에서부터 정책이 결정되기까지의 과정에 대한 연구를 정책형성연구로, 정책이 결정되어 사회에 미치는 영향과 목적 달성여부와 관련된 연구를 정책평가연구로 본다면, 정책집행연구는 정책결정과 정책평가 사이에 실종된 고리에 대한 연구라고 할 수 있다. 따라서 정책집행 모형은 정책결정과 정책평가 사이에서 발생하는 동태적인 과정을 이론화 하려는 노력의 산물로 볼 수 있다.

2. 정책집행 모형의 발전 및 유형

대체로 현대적 정책집행연구는 프레스만과 윌다브스키(Pressman & Wildavsky)의 집행론을 기점으로 삼는다. 1960년대 미국 존슨 행정부는 위대한 사회(Great Society) 건설을 위해 적극적 정책을 펼쳤음에도 불구하고 정책문제의 불확실성과 엄격한 권력분립 속에서 만들어지는 관련 법률들의 모호함으로 인하여 많은 정책들이 정책집행과정에서 난관에 부딪치게 된다. 이러한 배경속에서 프레스만과 윌다브스키(Pressman & Wildavsky)의 오클랜드(Oakland)

사례연구는 집행연구에 대한 관심을 촉발하였다. 이후 집행연구 발전과정 속에서 나타난 정책집행 모형의 유형은 하향적 모형, 상향적 모형, 통합 모형으로 구분된다.

1) 하향적 집행 모형(Top – down model)

하향적 집행 모형은 정책결정자 또는 정책설계자 중심의 집행 모형으로 정책설계의 중요성을 강조하는 정책중심적 접근방법이다. 따라서 하향적 집행 모형에서는 정책집행 과정은 일련의 명령의 체인(chain of command)으로 구성되며, 정책목표의 효과적 달성은 각각의 인과적 체인의 연계를 실행해나가는 역량에 달려있다. 대표적으로 반 미터와 반 혼(Van Meter & Van Horn)의 정책집행 모형은 정책집행의 성과를 구성하는 요소로 정책의 목표와 기준, 가용자원, 조직 간 관계, 집행기관의 특성, 사회적 환경, 집행자의 성향 및 반응을 제시하고 있으며 이들의 인과적 관계를 모형화하여 제시하고 있다.

2) 상향적 집행 모형(Bottom – up model)

상향적 집행 모형은 일선집행현장의 집행자 관점에서 시작되는 일련의 집행연구들을 의미한다. 다시 말해 상향식 집행모형은 정책의 집행에 참여하는 집행자 및 이해관계자의 입장에서 정책은 참여자 개인들의 목적과 조직목적, 전략, 접촉의 네트워크에 의해 정의되기 때문에 일선현장의 정책 참여자들은 명령의 체인이 아니라 정책문제를 후향적으로 맵핑(backward mapping)하는 존재로 인식된다. 상향식 집행 모형의 대표적인 예로는 립스키(Lipsky)의 일선관료모형과 엘모어(Elmore)의 후방향적 집행연구를 들 수 있다.

3) 통합모형

집행연구의 통합모형은 절충모형이라고도 불리며, 하향적 집행 모형과 상향적 집행 모형의 요소를 종합하여 구성된 일련의 집행 모형을 일컫는다. 대표적으로는 윈터(Winter)의 통합집행모형을 제시할 수 있는 데, 윈터는 개별적인 집행연구 중에서 가장 효과적인 이론적 요소들을 통합하여 하나의 결합(joint model)을 만들고자 시도한바 있다. 윈터는 집행결과에 영향을 미치는 요소를 정책형성과정(정책설계과정)과 집행과정에 영향을 미치는 요인들로 범주화 하였는데, 전자에는 갈등, 인과관계, 상징적 행동, 주의 등이 포함되며, 후자에는 조직 내 및 조직 간 집행, 일선집행관료의 행태, 정책대상 집단의 행태들로 구성된다.

3. 연구 경향

정책집행 연구의 발전과정에서 확인할 수 있는 바와 같이 집행연구는 점차 복잡성과 역동성이 높아지는 집행과정을 이론화하고, 현실을 설명하기 위한 다양한 모형을 제시하고 있다는 장점이 있다. 더욱이 최근 정책집행 이론과 모형은 정책순응과 불응, 정책실패 등의 연구로 그 활용이 확장되고 있다는 점에서 학문적 중요성이 높아지고 있다. 하지만 집행모형들이 대체로 단일 혹은 몇몇의 사례를 통해 제시되어 모형의 적절성과 체계성에 대한 검증이 이루어지지 못하고 있다는 점은 집행모형의 한계로 지적된다.

참고문헌

남궁근(2008). 「정책학-이론과 경험적 연구」. 서울: 법문사.

노화준(2016). 「정책학 원론」. 서울: 박영사.

정정길 외(2006). 「정책학 원론」. 서울: 대영문화사.

Elmore, R.F.(1979). Backward mapping: Implementation research and policy decisions. *Political Science Quarterly*, 94 (4).

Lipsky, M.(1980). Street-level Bureaucracy: Dilemmas of the Individual in Public Services. New York: Russel Sage Foundation.

Pressman, J.L. and Wildavsky,(1973). Implementation. Barkley and Los Angeles: University of California Press.

Sabatier, P. A. & Jenkins-Smith, H. C.(1999). The Advocacy Coalition Framework: An Assessment, Boulder: Westview Press.

키워드: 정책집행, 상향적 집행 모형, 하향적 집행 모형, 통합모형
작성자: 백승주(한국교육개발원)
최초작성일: 2020.03.

정책평가 모형(Policy Evaluation Framework)

1. 개념

일반적으로 정책평가 모형(policy evaluation framework)은 정책과정, 즉 정책의제형성과 정, 정책결정과정, 정책집행과정 이후에 위치한 과정과 관련된 모형으로서, 이를 통해 환류 의 과정을 밝는다. 한편, 정책평가 모형과 밀접한 관련이 있는 정책평가과정은 정책집행과정 에서 등장하는 여러 가지 문제점을 해결하여 보다 나은 집행전략과 방법을 모색하기 위하여 실시되는 것과 정책집행 후 당초 의도했던 효과를 성취했는지 여부를 판단하는 것으로 분류 할 수 있다(<그림 1> 참조).

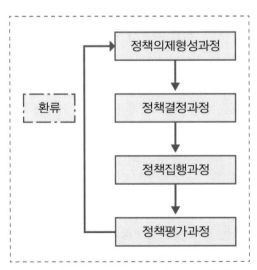

그림 1. 정책과정에 있어서 정책평가의 위치

2. 유형

1) Hofferbert의 정책평가 모형

Hofferbert(1966)는 정책평가 모형을 제시했는데, 이는 정책목표에 미치는 기존 정책목표, 정책의 시간적·공간적 변화, 정책집행조건, 그리고 정책수요자의 반응 등을 고려해서 정책을 평가해야 한다는 것이다.

아무리 정책집행가가 기존정책의 기준에서 벗어나려고 해도 벗어날 수 없다는 점에서 정책평가 시 기존 정책목표를 고려해야 하며, 정책목표를 바람직한 방향으로 이끌기 위해서 정책과정에서 나타나는 시간적·공간적 특성과 관련된 변화 등을 반영해야 한다는 것이다. 그리고 정책집행조건은 집행기관의 내부적 요인과 아울러 집행기관 간의 갈등과 충돌의 상호작용인 외부적 요인을 포괄하는 개념으로서 정책평가 시 내부적 요인뿐만 아니라 외부적 요인도 깊이 있게 조명해야 하며, 정책목표가 성공적으로 달성되기 위해서는 정책수요자들이 관련정책에 대해 이해하고 긍정적인 시각을 가지고 있어야 한다는 점에서 이러한 정책수요자의 반응도 정책평가의 중요한 고려대상이 되어야 한다는 것이다.

2) Goldenberg의 정책평가 목적 모형

Goldenberg(1983)는 정책평가 목적 모형을 제시했는데, 정책평가의 본질을 이해하기 위해서는 정책운영의 효과, 조직통제, 그리고 정치환경에 대한 영향력 등 정책평가의 목적에 대한 이해가 선행되어야 한다고 정의한다.

즉 정책평가의 목적은 개선을 위한 융통성 있는 방침을 제공하고, 정책집행가나 조직의 행위를 적절히 통제해야 한다는 것이다. 그리고 정치적 영향력을 행사하는 다양한 집단들은 각기 다른 이해관계를 가지고 있기 때문에 같은 문제에 대해 상반된 해석을 하게 된다는 점에서, 정책평가가 객관적으로 명백히 이루어져야 이들의 기대를 유도하고 상반된 관점을 조정하는데 도움이 된다는 것이다.

3) 평가시기모형

평가시기 모형은 사전평가, 과정평가, 그리고 사후평가로 대별된다. 먼저 사전평가는 정책을 실행하기 전에 수행하는 평가로서 정책의 개념적합성, 실현가능성, 재정적 지원 등을 평가하기 위한 것이다. 과정평가는 정책을 집행하는 과정에서 이루어지는 평가로서, 기존의 정책목표가 제대로 달성될 수 있도록 실행이 되고 있는지, 단계별·과정별 전략과 하위목표가 적절하게 진행되고 있는지 등을 판단하는 과정이다. 그리고 사후평가는 정책집행 후에 당초 목표로 하였던 결과 및 영향을 평가하는 것으로, 이에 따라 정책을 유지, 수정, 그리고 종결하는 데 영향을 미치기도 한다.

4) 평가주체 모형

평가주체 모형은 자체평가, 내부평가, 그리고 외부평가로 대별된다. 먼저 자체평가는 정책담당자가 직접 자신들의 활동 전반에 대해 실시하는 평가로서, 정책에 대해 많은 정보를 가지고 있으나 정책실패에 대해 책임을 회피할 가능성이 있다. 내부평가는 기관내부의 책임자나 동료에 의해 실시되는 평가로서 이 또한 객관성에 한계가 나타날 수 있다. 그리고 외부평가는 외부의 평가자에 의해서 이루어지는 평가로서 언급한 평가들에 비해서 공정성과 일관성의 유지가 가능하지만 정책에 관한 정보획득에는 한계가 있을 수 있다.

3. 평가

정책평가 모형을 Hofferbert의 정책평가 모형, Goldenberg의 정책평가 목적 모형, 평가시기 모형, 그리고 평가주체 모형 등으로 제시하여 평가모형의 유형을 다각도로 제시하고 있다는 점에서, 일정부분 의미를 갖는다고 할 수 있다. 다만, 합의되거나 일치된 견해가 부재하여 지배적인 정책평가 모형의 유형을 도출할 필요는 있다.

참고문헌

김경우 · 양승일 · 강복화(2008). 『사회복지정책론』. 서울: 창지사.

김학만 · 김경우 · 이용환 · 전석범(2005). 『사회복지정책론』. 파주: 대왕사.

전재일 · 배일섭 · 정영숙(2006). 『사회복지정책론』. 파주: 형설출판사.

현외성(2005). 『사회복지정책강론』. 파주: 양서원.

Goldenberg, E. N.(1983). "The Three Faces of Evaluation", *Joural of Policy Analysis and Management*, 2(4).

Hofferbert, R. I.(1974). The Study of Public Policy, Indianapolis: Bobbs−Merrill.

Mucciaroni, G.(1995). Reversals of Fortune: Public Policy and Private Interests, Washington D. C.: Brookings Institution.

키워드: 정책평가 모형, Hofferbert의 정책평가 모형, Goldenberg의 정책평가 목적 모
       형, 평가시기 모형, 평가주체 모형
작성자: 양승일(충남도립대)
최초작성일: 2014.01.

정책학(Policy Sciences)

1. 개념

정책학이란 공공이 해결하고 달성해야 할 문제나 목표를 분석하고 필요한 선택대안을 준비하여 그 중에서 가장 합리적이고 원만한 해결책을 결정하며, 이를 실제의 문제나 목표 상황에 적용하여 얼마만큼의 실질적인 효과나 효용이 있는지를 평가하는, 문제중심적이고 해결중심적인 종합과학적 성격을 가지고 있는 응용사회과학의 한 분야이다. 그러나 정책학을 학문적으로 정책학(Policy Sciences)이라고 대부분의 학자들은 명칭하고 있으나, 때로는 정책연구(Policy Studies), 공공정책(Public Policy), 정책분석(Policy Analysis) 등으로 다양하게 부르기도 하기 때문에, 보편타당하며 일반적으로 통용되는 정책학의 명칭과 개념을 정립하기가 쉽지 않음을 알 수 있다. 또한 정책학이 어떠한 현상을 그 연구대상으로 하며, 어떤 방법으로 그 연구목적을 추구하고자 하는가 하는 정책학의 의의와 목적과 방법론 등에도 많은 정책학자들이 동의하는 일정한 범위와 한계를 정립하기가 어려운 점도 있다. 그러나 가장 일반적으로 정책학의 중심적인 개념을 다음과 같이 정리할 수 있다. 즉 정책학은 개인이나 집단 또는 공공이 선택하고 결정해야 할 정책과제에 필요한 다양한 선택거리를 준비하는 사회처방과학(a social prescription science)이며, 다양한 선택사양을 어떠한 방법으로 준비할 것인가 하는 것에 관한 이론과 방법을 연구하는 학문이고, 준비되고 선택된 정책대안이 실제로 제공하는 정책효용과 효과에 관한 인과관계를 기술하는 응용사회과학이라고 할 수 있다.

2. 이론적 과제

정책학의 이론적인 과제를 두 가지로 요약할 수 있다. 첫째는, 종합과학적인 특성을 가진 정책학을, 정책학 고유의 독자적인 이론과 방법을 가진 학문으로서 정책이론을 성장·발전시키는 과제이다. 다양하고 복잡한 다차원의 정책현실을 어느 한 학문분야의 이론과 방법만으로 해결할 수는 없는 것은 사실이다. 그러나 다양한 정책문제와 목표에 공통적이고 기초적인 내용과 기법을 체계적인 정책학의 방법론으로 이론화시켜서 정책학의 고유영역과 이론으로 재창조하는 것이 정책학의 이론적인 과제이다.

두 번째는, 이렇게 개발되고 발전된 정책이론과 방법론이 과학적 이론이 될 수 있을 것인가 하는 점을 연구하는 과제이다. 정책학은 과학으로서의, 모든 정책현상이나 사례를 설명하고 예측가능한 보편타당한 일반이론으로 정립시킬 수 있어야 한다. 즉 현실적으로는 복잡하고 다양한 정책사례를 합리적인 방법으로 설명하면서, 동시에 신뢰성과 타당성이 있는 정책이론을 과학적으로 형성할 수 있어야 한다는 의미에서, 일반적으로 '정책학(Policy Sciences)'이라고 할 수 있을 것이다. 그러나 때로는 정책학은 과학(science)이라기 보다 하나의 예술(art)이라는 주장도 많다. 사회나 개인이 당면하는 문제를 해결하고, 추구하는 목표를 달성할 사회처방전을 제시하기 위해서는 사실적이고 과학적인 이론뿐만 아니라 주관적이고 가치판단적인 지식도 개발할 필요가 있으며, 이것이 정책학의 주요 이론이 될 수 있어야 한다는, 즉 정책이론을 예술 또는 기술에 관한 과학(a science of artifactual)으로 이해해야 한다는 주장이다. 따라서 정책학은 과학이면서 동시에 예술로서의 양면적인 성격을 설명하고 이에 적절한 이론을 발달시켜야 하는 과제를 가지고 있다.

3. 정책학의 목적

정책학의 존재가치나 목적을 여러 가지로 파악할 수 있으나 크게 여섯 가지로 정리할 수 있다. ① 보다 합리적이고 원만하며 만족스러운(reasoned and harmonious argument) 문제해결 수단이나 목표달성 방안을 마련하기 위함이다. ② 실질적으로 정책을 결정하고 실행하여 그의 효과나 효용 등이 배분되는 과정과 방법을 이해하고 연구하기 위함이다. ③ 정책과제의 선택과 그의 해결방안의 결정 그리고 정책시행에 따른 다양한 이해관계를 연구하기 위함이다. ④ 정책의 선택결정과 시행 그리고 정책분석의 전반적인 내용과 과정에 민주주의를 실현하고 신장시키기 위함이다. ⑤ 정책이론을 체계적으로 연구하고 학습하며 정책학의 과학화를 신장시키고자 함이다. ⑥ 정책현실과 이론과의 괴리를 극복하고 정책학의 실용성과 효용성을 높이기 위함이다.

4. 발전배경

정책학의 기원과 역사를 정확하게 설명하기는 대단히 어렵다. 왜냐하면 인류의 역사가 시작되고 문명화가 진행되면서 국가나 단체의 의사결정에 필요한 정보와 지식이 필요했을 것이고, 이것을 수행하는 정책전문가나 보좌관 또는 정보제공자들이 있었기 때문이다. 그래서 William Dunn은 정책학의 초기기원을 BC 18세기의 Babylon의 통치자인 Hammurabi 왕에 의해서 국가정치의 기본원칙을 법으로 정한 함무라비 법전(the Code of Hammurabi)에서 찾기도 했다. 그러나 근대적 의미의 국가정책이나 사업에 적절한 지식과 이론을 체계적으로 구축하고 제공할 수 있었던 본격적인 시초는 2차 세계대전이 종결된 직후부터 시작된, Harold Lasswell을 중심으로 하는 정책연구가 본격화되면서부터 정책학이 탄생되고 발전된 것이라고 보는 것이 통설이다. 그래서 Lasswell을 정책학의 근대적 창시자(the modern founder)라고 하는 이유도 여기에 있다.

응용사회과학의 학 분야로 탄생된 정책학의 역사도 아직까지 일천하다. 특히, 지역적으로도 1940년대에 미국을 중심으로 정책학이 학문분야로 탄생되었고, 미국에서 발달된 정책학의 이론과 방법을 한국에서는 1970년대 중반부터 대학의 행정학과를 중심으로 소개되었다. 미국에서 처음으로 정책학을 연구하게 된 출발점은 Lasswell을 중심으로 하는 초기의 정책학자들이, 법을 국가의사결정의 과정으로 연구해야 할 필요성을 주장한 때부터라고 할 수 있다. 법 사실주의(legal realism)와 실증주의(positivism)의 한계와 문제점이 특히 2차 세계대전 이후에 크게 대두되면서부터, 그 당시에 Chicago 대학교의 정치학과에 있던 Lasswell 교수가 Yale 대학교 법과대학 교수로 이직하면서 본격적으로 정책학을 개발하고 연구하게 되었다. 그는 법을 단순히 사실적인 해석과 논리구조로만 이해할 것이 아니라, 국가의사를 결정하고 이에 따라서 개인이나 지역이 받게 될 영향을 경험적이면서도 가치판단적으로 연구해야 된다고 보았다. 법은 단순한 문자의 나열이 아니라, 국가나 지역의 의사를 공식적인 권위를 가지고 결정한 정책이기 때문에 이것을 종합과학적인 관점에서 연구하고자 했다. 그래서 널리 알려져 있는 것처럼, Lasswell은 정책학이란 공공의 의사결정에 필요한 지식

(knowledge of)과, 의사결정에 있어서의 지식(knowledge in)을 추구하는 학문이라고 한 것은 유명하다. 이때 의사결정에 필요한 지식은 실제로 정책을 결정하고 집행할 때 필요한 체계적이고 경험적인 이론을 의미하고, 의사결정에 있어서의 지식은 현실적으로 의사결정은 그 사회의 이용가능한 지식과 자원에 접근할 수 있는가 하는 것에 따라서 결정되는 것이라고 했다. 또한 정책학(policy sciences)이라고 했을 때, '과학(science)'은 경험적으로 검증가능한 지식을 추구(pursuit of empirically verifiable knowledge)하는 것이고, 이것은 정책결정에 필요한 지식뿐만 아니라 정책의 실체에 관한 지식을 향상시키는(improving knowledge of and in policy) 일이라고 했다. 그러나 1937년에 Harvard 대학교에 행정대학원(graduate school of public administration)이 설치된 이후에는, 행정학의 대학원 수준에서 정책학이 크게 연구되기 시작했으며 또한 정치학의 한 분야로 연구되기 시작했다. 그러다가 1970년대 중반 이후부터는 독립된 정책학과, 특히 박사과정과 전문학위 과정이 설립되면서부터 정책학이 독자적인 사회과학의 한 분야로 발전하게 되었다.

처음으로 미국에 정책학이 연구될 당시에는 Lasswell을 제외하고, 그 누구도 정책연구를 정책학(policy sciences)이라고 부르지 아니했다. 사실상 Lasswell 그 자신도, 19951년 Daniel Lerner 교수와 공동으로 편집한 책, 「The Policy Sciences: Recent Developments in Scope and Method」의 제목을 붙이면서 처음으로 '정책학(policy sciences)'이라고 했을 정도이다. 그러다가 1970년에 와서 Lasswell이 정책학이라는 개념을 제안하는 논문, "The Emerging Conception of Policy Sciences"를 제시하면서 정책학이라는 명칭이 구체화되었다. 정책학의 전문학술지로 1970년에 처음으로 「Policy Sciences」가 출간되었을 때 정책학이라는 명칭이 보편화되었다. 그러나 역설적으로 이 학술지는 미국에서 출판된 것이 아니라 Netherlands의 Amsterdam에 있는 Elsevier Scientific Publishing Company에서 출판되었다(1985년부터는 Netherlands의 Dordrecht에 있는 Kluwer Academic Publishers Group에서 지금까지 출판되고 있다). 그 이후로 1972년에 미국의 PSO(Policy Studies Organization)에서 「Policy Studies Journal」이 창간될 때, 정책학의 학문적인 발달에 크게 공헌한 Hebrew 대학교(Jerusalem)의 Yehezkel Dror가 그의 논문, "The Challenge of Policy Sciences(vol. 1, no. 1)"에서 정책학의 과학(science)에 대한 도전 가능성과 어려움을 간단히 기술한 것이 있었다. 또한 이때에 수학자이고 체제분석학자인 Edward Quade도 1970년 창간호의 「Policy Sciences」에 "Why Policy Sciences?"라는 제목에서 정책학이라고 명칭하였다. 실질적으로 Lasswell도 그가 작고하기(1978년 작고) 수 년 전에 출간한 1971년의, 「A Pre-View of Policy Sciences」에서 '정책학'이라는 제목을 붙이면서도 이것을 하나의 'pre-view'라고 하는 입장을 제시하여 정책학의 발전을 후학에게 남기고 있었다. 그럼에도 불구하고 현재에도 많은 경우에 정책학을 정확하게 정책학(policy sciences)이라는 명칭 대신에 'public affairs, public policy(철학이나 행정학)', 'policy studies(정치학)', 'policy analysis(경제학 및 의사결정)' 등으로 다양하게 부르고 있다. 현재 미국에서 정책학의 학회도 미국 정치학회(American Political Science Association)나 행정학회(American Society for Public Administration) 한 분과로 소속되어 있고, 정책학자들이 중심이 되고 있는 학회의 명칭도 정책학회가 아니라 'Policy Studies Organization(PSO)'로 하고 있다. 한국에서도 1992년에, 행정학자를 중심으로 창립된 한국정책학회(The Korean Association for Policy Studies)나, 정치학자 및 정책분야별 연구를 강조하는 공공정책학회(1993년 창립)(Korean Association of Public Policy)도 '정책학'이라는 용어를 사용하지 아니했다. 그러나 최근에(1997) 창립된 한국정책과학학회(Korean Association of Policy Science)는 정책학이라는 명칭을 사용하고 있기도 하다.

5. 평가와 전망

정책학의 이론적인 발달이 대단히 부진하다는 비판과 지적은 정책학이 탄생된 미국에서도 계속되고 있다. 예를 들면, 정치학자들이 연구하고 있는 국제정치나 외교정책 등은 실질적으로 정책이론의 발달에 크게 공헌하지 못하고 있다는 지적이다. 그렇다고 행정학이나 관리과학 또는 경제학자들의 정책이론은 정책학에 고유한 이론이라기 보다 구체적인 전공분야의 정책사례의 연구결과물이기 때문에 정책학의 이론발달에 크게 기여하기 어렵다. 그래서 왜 비싼 등록금을 내고 이와 같은 잡동사니 이론들을 배워야 하는지 모르겠다는 비판 등이 제기되고 있는 실정이다. 한국에서도 정책사례와 정책문제 중심의 연구경향이 정책이론의 구체적이고 부분적인 발달에는 크게 기여하고 있지만, 한편으로는 정책학의 학문적인 이론구성과 체계화라는 점에서는 많은 아쉬움을 남기고 있다.

따라서 정책학의 발전전망과 그의 과제를, 정책학은 적절하고도 과학적인 지식체계를 구비하여야 할뿐만 아니라, 정책과제나 사례를 가장 합리적이고 이성적이며 원만한 방법으로 해결해야 할 현실적인 실용성을 갖춘 학문으로 발전해야 될 것이다. 구체적으로는, 첫째, 정책학은 과학적이고 적절한 지식과 이론체계를 정립해야 할 것이다. 개별적이고 구체적인 정책사례나 분석활동 등에 적용되고 설명되는 공통적이고 기초적인 정책이론을 정립하는 것이 정책학의 연구과제로 등장하고 있다. 어떻게 정책학을 연구하며 그의 이론적인 체계를 과학화하고 보편화시키며, 이론과 실제와의 괴리를 좁힐 수 있을 것인가 하는 정책학의 실용성을 향상시켜야 하는 과제이다. 그리고 정보통신사회와 지방자치시대, 지구촌사회로 발전하고 있는 21세기의 현실에서, 농경사회와 산업사회를 배경으로 하고 탄생되고 발전된 정책학의 이론이 얼마만큼 적실하고 타당할 것인가 하는 점 등을 지방자치와 정책학, 정보화시대의 정책학, 국제화시대의 정책학 등으로 연구하고 발전시켜야 할 것이다. 특히 2001년 9월 11일 미국의 세계무역센터(World Trade Center)의 폭파사건 이후, 국제적인 테러리즘(terrorism)에 지구촌(a global village)이 어떻게 효과적으로 대응하여 21세기의 지구촌사회를 번영과 행복으로 발전시킬 것인가 하는 과제도 중요한 정책학의 연구영역으로 등장하고 있다. 나아가 정책학 그 자체적으로도, 다양하고 개별적으로 복잡하게 발달하고 있는 정책과정이론과 정책분석이론을 정책학의 이름으로 이들을 체계적으로 통합할 수 있는 과제도 정책학의 중요한 이론적인 연구과제가 될 것이다.

둘째, 정책학은 정책현실에 적용되어 실용적으로 정책과제를 해결해야 하는 실천적 처방과제(practical prescriptions)를 발전시켜야 한다. 정책학이란 이론적 체계와 과학성을 추구하는 학문일 뿐만 아니라, 현실적인 정책진단과 처방을 제시해야 하는 응용과학과 규범과학으로서의 성격을 동시에 가지고 있다. 그렇다고 해서 정책학이 단순히 개별적 정책사례를 설명하고 그에 적용되는 이론만을 연구하는 것은 아니다. 구체적인 정책사례에 공통적으로 적용될 수 있고 설명될 수 있는 이론을 연구하고 체계화시켜 이를 여타의 정책과제에 적용시킬 수 있도록 하는 것이 중요한 정책학의 실천적 과제일 것이다.

참고문헌

김형렬(2000). 「정책학」. 서울: 법문사.

이해영(1997). 「정책학신론: 이론－실제 이원론의 극복」. 서울: 학현사.

정정길(1989). 「정책학원론」. 서울: 대명출판사.

deLeon, Peter and E. Sam Overman, 1989, "A History of the Policy Sciences," in Handbook of Public Administration, edited by Jack Rabin, W. Bartley Hildreth, and Gerald J. Miller, (New York: Marcel Dekker, Inc.).

Dror, Yehezkel, 1972, "The Challenge of Policy Sciences," (*Policy Studies Journal*, vol. 1, no. 1).

Dunn, William N, 1981, 1994, Public Policy Analysis: An Introduction, (Englewood Cliffs, New Jersey; Prentice－Hall International, Inc).

Lasswell, Harold D. and Daniel Lerner, edited, 1951, The Policy Sciences: Recent Developments in Scope and Method, (Stanford, California; Stanford University Press).

Lasswell Harold D., 1971, A Pre－View of Policy Sciences, (New York, New York; American Elsevier Publishing Company, Inc.).

Lasswell, Harold D. and Myres S. McDougal, 1992, Jurisprudence for A Free Society: Studies in Law, *Science and Policy*, (New Haven, Connecticut; New Haven Press, vol. 1 and 2).

McCall, George J., 1994, "Policy Analysis Across Academic Disciplines," in Encyclopedia of Policy Studies, 2nd edition, revised and expanded, edited by Stuart S. Nagel, (New York, New York; Marcel Dekker, Inc.).

Palumbo, Dennis J., 1988, Public Policy in America: Government in Action, San Diego, (California: Harcourt Brace Jovanovich, Publishers).

Quade, Edward S., 1970, "Why Policy Sciences?"(*Policy Sciences*, vol. 1).

Weimer, David L. 1992, "The Craft of Policy Design: Can It Be More Than Art?" (*Policy Studies Review* Vol. 11, No. 3/4).

Wittrock, Bjorn and Peter deLeon, 1986, "Policy as a Moving Target: A Call for Conceptual Realism," (*Policy Studies Journal* vol. 6, no. 1).

키워드: 정책학(policy sciences), 사회처방과학, 종합과학적 방법, 정책학의 기원, 정책학회, 이론적인 연구과제, 실천적인 처방과제

작성자: 이해영(영남대)

최초작성일: 2001.11.

조세감면

1. 개념

감면은 경제적·사회적 정책적 목적에서 납부하여야 할 세금을 면제하거나 경감해주는 것이다. 면제(과세면제)는 납부할 세금전액을 납부하지 않도록 하는 것을 의미하며, 경감(세액경감)은 납부할 세금의 일부를 납부하지 않도록 하는 것을 의미한다. 조세의 납세의무는 부담의무와 납세협력의무로 크게 두 가지로 나눌 수가 있다. 부담의무는 부과된 세액을 부담하여야 할 의무이며, 납세협력의무(행위의 의무)는 세금을 부담할 의무와 달리 세금의 발생과 관련되는 어떠한 사건이 발생하였을 때 이의 신고, 관련서류제출, 또는 징수·납부 등 세금의 징수에 협조하여야 할 의무를 말한다. 감면은 납세의무 중 부담의무의 전부나 일부는 면제되지만, 납세협력의무는 면제되지 않는다.

2. 비과세제도와의 관계

비과세와 감면은 납세자의 입장에서 볼 때, 납부해야 할 세금을 납부하지 않아도 된다는 점에서 동일한 것처럼 보인다. 그러나 비과세는 법률에 의하여 과세대상에서 원칙적으로 제외되어 조세가 과세되지 않는 것임에 반하여 감면은 정책적 목적 등을 위하여 과세함이 부적당하다고 인정하여 납부하여야 할 세금을 면제하거나 경감해주는 것을 의미하므로 서로 차이가 있다. 또한 감면의 경우는 부담의무는 면제되지만 납세협력의무(행위의 의무)는 면제되지 않는 반면, 비과세는 납세의무 중 부담의무와 납세협력의무(행위의 의무)가 모두 면제된다는 점에서도 차이가 있다.

3. 국세감면과 지방세감면의 차이

경제정책이나 사회정책적 목적으로 조세를 비과세하거나 감면하는 제도를 조세지원제도라고 한다. 조세지원제도는 국세와 지방세에 있어 다소 상이하게 운영되고 있다. 국세의 조세지원제도에는 직접감면인 세액감면, 세액공제, 비과세, 저율과세와 간접감면인 준비금과 특별상각으로 분류된다. 그리고 국세의 조세지원제도는 성장잠재력확충, 국토균형발전지원, 경제·사회 안정기반 구축이라는 국가정책목표달성을 위해 12개 대상을 중심으로 지원하고 있다. 한편, 지방세의 조세지원제도는 국세보다는 단순하여 간접감면은 없고 직접감면인 비과세, 감면, 불균일 과세 및 일부 과세가 있다.

키워드: 조세감면, 세액감면, 세액공제, 준비금, 특별상각, 조세지원, 비과세, 불균일 과세, 납세협력의무, 부담의무

작성자: 이삼주(한국지방행정연구원)

최초작성일: 2001.11.

조세지출(Tax Expenditure)

1. 개념

조세지출은 경제적, 사회적 목표를 달성하기 위하여 조세제도를 매개로 행해지는 정부지출이라고 설명될 수 있으며(OECD, 1984: 16), 그 개념은 Surrey에 의해 처음으로 제기되었다. 초기에 Surrey는 각종 사회 경제적 목적을 달성하기 위하여 조세를 통해 이루어지는 정부지출을 지칭하는 연방세법상의 특례규정이 조세지출이라고 정의하여(Stanley S. Surrey, 1970: 705), 조세지출을 연방정부의 차원에서 이루어지는 세법상의 특례규정으로 한정하였었지만, 이후 조세지출을 특정산업, 특정활동, 특정 사람들을 우대하기 위해 정상적 조세체계로부터 일탈된 제도라고 정의하여, 조세지출의 범위를 확대 정의하고 있다. 결과적으로 조세지출은 민간에게 보조금을 간접적으로 지출하는 것이며, 이는 일종의 조세탈루(tax erosion)라고 할 수 있다. 따라서 조세지출은 정상적 세수구조로부터의 일탈을 의미하게 되지만, 그 목적은 특정활동을 지원하기 위한 것이며, 그 효과는 정책목표의 달성이라는 본원적 목적 외에 일부집단에 대한 특혜, 세수손실 등이 발생하게 된다. 그러므로 하나의 조세제도가 조세지출로서 간주되기 위해서는, 표준적 조세제도로부터의 일탈, 세수손실, 특정활동 지원, 특혜발생 등을 그 요소로 하고 있어야 한다.

2. 발전배경

조세지출의 개념이 정립되기 전에는, 조세지출을 부과와 동시에 발생하는 환불(simultaneous

exchange)이란 개념으로 실무적으로만 이해되고 있었다. 이는 수평적 형평(horizontal equity)의 개념에 기원을 두고, 동등한 수입이 있는 경우 그 수입원이 어디에 있던지 동등한 세율이 적용되어야 한다는 것을 의미하였다(Christoper Howard, Mary William, 1995: 440). 이러한 조세지출은 1968년 미국재무성에 의해 최초로 도입되어 사용되었으며, Surrey가 1977년 국제재정학회에서 그 개념(The Concept of Tax Expenditure)을 최초로 제시하였다. Surrey는 조세구조상의 두 가지 측면을 제시하고, 이를 구분함으로서 조세지출의 개념을 정의하고 있다. 즉 조세구조는 과표, 세율, 공제수준, 과세기간 등 정상적인 과세요건이 있으며, 두 번째는 특정산업의 진흥, 특정집단의 경제활동을 촉진하기 위해 조세유인(tax incentives) 및 조세보조금(tax subsidies) 등을 명시하고 있는 조세우대조치로 구성되어 있다. 이중 두 번째 요소가 바로 조세지출이라는 것이다(Surrey &McDaniel, 1985: 3).

1968년 미국의 재무성에서 처음으로 조세지출예산을 작성한 후 그 범위나 이용면에서 급격히 증가해왔다(Surrey &McDaniel, 1985: 1-29). 일례로 1974년의 의회예산 및 지출거부 통제법(Congressional Budget and Impoundment Control Act of 1974)에서는 조세지출예산을 필수적인 과정으로 설정하였고, 이에따라 1975년부터는 모든 예산에 조세지출이라는 타이틀이 부여된 특별분석이 포함되었으며, 여기에는 조세지출의 개념과 소득세의 조세지출에 관한 상세한 도표가 제시되고 있다. 1976년의 경우 국제재무협의회(International Fiscal Association)와 국제재정연구소(International Institute of Public Finance)에서는 그들의 연례회의에서 조세지출의 개념을 주요의제로 채택하였고, 1979년 캐나다정부는 연방소득세와 주민세중 조세우대(tax preference)에 대하여 포괄적 항목과 개념적 분석결과를 발표한 바 있다. 1984년 OECD에서 최초로 회원국들의 조세지출에 대한 비교가 이루어졌으며, 현재 대부분의 OECD 국가에서는 조세지출의 내역을 의무적으로 제출하도록 하고 있다(OECD, 1996: 9).

3. 유형

조세지출이 "정부가 특정 활동이나 집단을 우대하기 위한 지출을 의미하며, 납세자에게는 보조금 및 대출 등 정부의 직접지원 수단이 아닌 조세체계를 통해 영향을 미치는 것"이라고 정의할 경우, 이에 해당하는 수단은 다양하게 나타날 수 있다. 다만 하나의 조세는 각 나라의 역사적, 사회적 발전과정 속에서 환경과의 대응관계에서 발전되어 온 것이므로, 나라별로 조세지출의 유형은 많은 차이가 발생하고 있다. 국가별로 다양하게 형성되어온 조세지출제도 중 대표적인 유형으로는, 첫째 OECD에서 회원국들 중 공통적으로 시행되고 있는 유형을 중심으로 분류한 OECD 유형과 둘째 조세지출의 개념을 처음으로 성문화한 미국의 1974년 의회예산법에서 분류한 유형을 들 수 있다. 먼저 OECD 유형은 1984년과 1996년에 발표한 보고서를 중심으로 분류하고 있는데, 이중 1996년의 조세지출 유형은 ① 면세, ② 소득공제, ③ 세액공제, ④ 우대세율, ⑤ 납기의 이연 등으로 분류하고 있다(OECD, 1996: 9). 여기서 면세는 과세기초에서 제외되는 소득을 의미하며, 소득공제는 과세소득 중 공제되는 액수, 세액공제는 과세표준 중 공제되는 소득, 우대세율은 특정납세자 집단이나 특정활동에 낮은 세율을 적용하는 것 그리고 납기의 이연은 세액의 납부기한을 연장해주는 것 등을 의미하고 있다. 둘째 미국의 의회예산법에서는 비과세, 면세, 소득공제, 과세표준의 이연, 세액공제, 특혜적 세율 등 여섯 가지로 조세지출을 분류하고 있다.

4. 전망

조세지출은 세수의 감소를 초래한다는 일반적인 효과 이외에, 실제적으로 직접지출과 조세지출 중 어느 것이 더 효과적인지에 대한 의문은 거의 모든 나라에서 제기되고 있다.

이에대해 OECD의 보고서는 조세지출의 장점을 다음과 같이 기술하고 있다(OECD, 1984: 13–15). 먼저 조세지출의 장점은 첫째 조세지출이 지출의 증가가 아니라 정부의 지출을 일정선 이내로 억제하는데 용이하다. 둘째 이용가능한 수단이 다양하기 때문에 정부의 조세정책 수단의 선택에 신축성이 있다. 셋째 조세를 통한 지원은 법에 의해 자동적으로 이루어지기 때문에, 필요성을 인식한 후 예산의 편성과 같은 일정한 절차를 거쳐하는 직접지출에 비해 신속하게 대처할 수 있다. 이러한 조세지출의 장점에 반해 다음과 같은 단점도 갖고 있다. 첫째 조세지출은 직접지출에 비해 가시적이지 않기 때문에 지출에 대한 통제가 용이하지 않다. 다시 말해 세법개정안이 제출되었을 때에 그 법안과 관련된 조세지출을 심사한다고 하더라도 대부분의 국가에서 조세지출 전반에 대하여 정기적인 심사를 하고 있지 않으며, 뿐만 아니라 지원의 대상이 특정계층일 경우에는 통제가 더욱 어려워진다. 둘째 조세지출의 확대는 잠재적 세수와 실제적 세수 간의 격차를 심화시키고, 세제를 복잡하게 한다. 이로 인해 세제전반에 대한 파악이 어려워진다. 셋째 법에 의해 획일적으로 조세우대하게 되므로, 일부단체에 조세혜택을 주고자 할 경우, 당해 단체의 재산이 없거나 소액에 불과할 경우 조세지출로 인한 혜택이 미미하게 된다. 반대로 자생력이 충분하여 조세혜택의 필요성이 없는 단체에는 좀 더 많은 혜택이 주어지게 된다.

우리나라 지방재정의 경우는 불필요한 단체에 조세혜택을 주거나 사후관리가 어렵다는 점 외에도, 조세지출로 인한 지역 간의 불균형이 심화된다는 문제가 발생하고 있다. 다시 말해 지방재정 특히 지방세와 관련하여 발생하는 문제점 중의 하나는 세원이 지역적으로 불균등하게 배분되어 있다는 점이다.

결과적으로 조세지출은 장점과 문제점을 모두 보유하고 있는데, 다만 이러한 단점은 직접지출이 조세지출에 비해 근본적으로 우수한 제도이기 때문에 도출되는 것이 아니라, 조세지출제도의 운영과정에서 나타나는 문제에 기인한다고 볼 수 있다.

현행의 조세우대조치가 많은 문제점을 내포하고 있고 이러한 문제를 해결하기 위한 방안도 다양한 각도에서 모색되고 있다. 이러한 방안의 하나로 조세지출예산제도의 도입을 고려해 볼만 하지만 우리의 경우 이 제도의 도입을 위해서는 아직도 해결해야 하는 과제 또한 산적해 있음을 인정하지 않을 수 없다. 외국의 경우도 조세지출예산의 필요성을 인식하면서도 조세지출예산제도를 운용하는 데에는 많은 어려움이 있음을 피력하고 있다. 일례로 영국에서는 통합조세지출계정을 제출하지 않기로 결정하였는데 그 이유는 조세지출로 간주되는 조세특례 중 보조금적 요소의 실질가액, 감면의 폐지로 얻어지는 세수증가액 등 각 수치들이 각각 상이함으로 인해 조세지출계정은 오해를 불러일으킬 소지가 있기 때문이다. 그 결과 영국에서는 조세특례를 특정지출사업과 연계시키지 않고, 감면항목과 가능한 범위 내에서 그 금액을 간단히 발표하는 방식을 채택하고 있다.

이렇게 조세지출예산제도를 오랫동안 실시하고 있는 나라에서도 실시하는데 어려움을 피력하고 있다는 점은 이 제도의 도입 시 좀 더 신중한 고려가 필요함을 시사하는 것이라 할 수 있다.

참고문헌

Benker, Karen M.(1986). Tax Expenditure Reporting: Closing the Looohole in State Budget Oversight. National Tax Journal, vol. 34, no. 4, dec.

Howard, Christoper, William, Mary(1995). Testing the Tools Approach: Tax Expenditure versus Direct Expenditure. PAR, sep/oct, vol. 55, no. 5.

OECD(1984). Tax Expenditures A Review of the Issues and Country Practices.

OECD(1996). Tax Expenditure: Recent Experience.

Surrey, Stanley S.(1970). "Tax Incentives as a Device for Implementing Policy: A Comparison with Direct Government Expenditure". *Havard Law Review*, vol. 83, no. 4.

키워드: 조세지출, 조세지출예산제도, 비과세, 감면
작성자: 이삼주(한국지방행정연구원)
최초작성일: 2001.11.

조직구조에 대한 여러 학자들의 의견을 근거로 공통된 부분을 도출하여 조명해 보면 다음과 같다.

1. 개념

조직구조(organizational structure)는 조직의 하위체계 사이에 성립되어 있는 관계의 틀을 의미하는 것으로, 조직의 기능, 권한, 그리고 책임 등이 어떻게 배분되고 조정되는지와 관련되는 것이다. 어느 조직이든 그 구조는 수직적으로 계층제를 유지하고 있으며, 수평적으로는 통솔범위가 설정돼 있다. 즉, 수직적인 관계를 살펴보면 명령통일이 가능하도록 구성되어 있는 반면, 수평적인 관계는 분업·전문성을 기초로 조직구조가 분화되어 있다는 점에서 공동의 목표를 추진할 수 있도록 통합조정의 기능도 조직구조에 반영되어 있는 것이다. 어쨌든, 이를 기초로 권한에 준하는 책임이 부여됨으로서 조직의 역학관계가 설정되는 것이다.

즉, 조직구조는 조직이 내부적으로 운영되는 과정을 이해하는 데 도움을 준다는 점에서, 조직의 내부운영과정에 따라 다양한 조직행태가 표출될 수 있는 것이다.

2. 조직구조의 구성요소

전술한 조직구조에 대한 구성요소로는 복잡성, 공식성, 그리고 집권성 등이 존재한다.

1) 복잡성

조직구조에 대한 구성요소로서 복잡성(complexity)은 조직목적을 달성하기 위한 활동이 분화되어 있는 정도를 의미하는 것으로, 분화에는 단위부서사이의 횡적분리 정도 등을 나타내는 수평적 분화, 조직의 계층화정도를 나타내는 수직적 분화, 그리고 조직의 시설 및 구성원의 지역적 분산정도를 나타내는 공간적 분화 등이 있다. 대개 수평적 분화·수직적 분화·공간적 분화 중 어느 한 요소만 증가해도 조직의 복잡성은 높아진다고 할 수 있다.

(1) 수평적 분화

수평적 분화(horizontal differentiation)는 조직이 수행하는 업무를 조직구성원들이 횡적으로 분할하여 수행하는 행태를 의미하는 것으로, 포괄적인 활동을 수행하게 하는 분화행태도 있고 업무를 미세하게 나누어 추진할 수 있게 하는 형태도 있다. 어쨌든, 조직 내에서 전문화된 지식과 기술을 요구하는 직무의 수가 높은 수준일수록 수평적 분화가 더욱 높아져 조직은 그만큼 복잡하게 형성되는 것이다.

(2) 수직적 분화

수직적 분화(vertical differentiation)는 조직 내 계층의 수를 의미하는 것으로, 조직은 상하관계가 분명한 위계로 구성되어 있으며, 계층의 각 수준마다 지위와 역할에 있어 뚜렷한 차이를 보이게 되는 것이다. 즉, 계층마다 직무를 수행하는 개인에게 공식적인 힘을 부여하며 이러한 위계질서를 바탕으로 조직이 제도화되는 것인데, 최고관리층과 직원 사이에 계층이 많으면 많을수록 조직은 더욱 더 복잡해진다. 이럴 경우, 의사소통의 왜곡가능성이 그만큼 높아지고, 관리자들의 의견을 조정하기가 점점 더 어려워지며, 최고관리자가 직원의 행동을 세밀하게 감독하고 보살피는 일도 더욱 힘들어지는 것이다.

한편, 조직구성원의 수가 같다고 해서 모든 조직이 언제나 같은 수의 계층조직을 갖는 것은 아니다. 같은 인원이라 할지라도 어떤 조직은 다계층조직(고층조직)의 행태를 갖기도 하고, 어떤 조직은 소계층조직(평면조직)을 보유하기도 한다. 즉, 조직의 계층이 높은 수준인 다계층조직을 갖느냐, 권한계층이 낮은 수준인 소계층조직을 갖느냐 하는 것은 통제의 범위에 달려 있는 것이다.

(3) 공간적 분화

공간적 분화(space differentiation)는 장소적 또는 지역적 분화라고도 하는데, 이는 조직의 물리적인 이용시설·생활시설 등의 복지시설과 사회복지사 등의 인력 등이 지리적으로 흩어져 있는 정도를 의미한다. 즉, 분화의 정도가 높을수록 의사소통·조정·통제 등이 어렵다는 점에서, 복잡성이 증가하게 되는 것이다.

2) 공식성

조직구조에 대한 구성요소로서 공식성(formalization)은 조직 내의 직무가 표준화되어 있는 정도를 가리키는 말로서, 조직구성원 및 조직 관련자가 언제, 무엇을, 어떻게 해야 하는가를 규정하고 명시하는 것이다. 일반적으로 공식성의 정도가 높은 수준의 조직에서는 직무활동의 내용을 명확하게 기술한 직무기술서, 수많은 조직규칙, 그리고 명확하게 규정된 절차 등에 따라 업무를 수행함으로써 똑같은 투입물을 똑같은 방법으로 처리하여 일괄된 동일표준의 산출물을 얻고자 한다. 이럴 경우 업무가 표준화되어 있어 구성원은 어떤 대안적 행동을 취할 수 있는 가능성뿐만 아니라 그에 대한 욕구나 필요성마저 축소시킨다. 반면, 공식화의 정도가 낮은 수준의 조직은 직무수행활동이 비교적 정형화되어 있지 않아 종업원들은 자신의 의사대로 재량권을 행사할 수 있는 것이다.

한편, 관리자는 여러 가지 방법을 활용하여 조직구성원의 행동을 공식화(표준화)할 수 있는데, 선발과정, 역할요구, 규칙·절차·방침, 훈련, 그리고 의식 등이 그것이다.

첫째, 선발과정은 지원자가 조직에 적합한 인물인가, 직무를 만족스럽게 수행할 수 있는가, 조직이 바라는 성격·작업습관·태도 등을 가지고 있는가를 따져 조직이 지원자를 채용하는 것이다.

둘째, 역할요구는 조직에서 수행되어야 할 직무와 직무수행을 위해 필요한 조직구성원의 행동을 규정하는 것으로, 조직이 수행해야 할 직무를 확인하고 그 직무에 따른 역할기대를 통해 구성원의 행동을 규제하는 것이다.

셋째, 규칙·절차·방침이다. 규칙은 모든 종업원이 해야 할 행동과 하지 말아야 할 행동을 명문화한 것이며, 절차는 과업의 달성을 위해 조직구성원이 거쳐야 할 일련의 과정을 가리킨다. 그리고 방침이란 구성원이 앞으로 일을 치러 나갈 방향과 계획 등의 지침을 의미한다. 이들은 조직구성원의 행동을 규제하기 위해 조직이 사용하는 공식화의 기법으로서, 규칙은 특정하게 구체적으로 요구되는 행동양식을 밝혀주기 위한 것이고, 절차는 작업과정의 표준화를 확보하기 위한 것이며, 방침은 종업원의 자유재량적 행동을 통제하기 위해서 설정되는 것이다.

넷째, 훈련은 조직구성원으로 하여금 직무에 대해 보다 나은 직무행동 또는 태도를 갖도록 하는 것이다.

마지막으로, 의식은 조직구성원으로 하여금 조직에 강한 충성과 결단을 갖도록 하는 데 목적이 있는 공식성의 기법이다.

3) 집권성

조직구조에 대한 구성요소로서 집권성(centralization)은 조직 내에서 의사결정이 어느 위치에서 이루어지는가에 초점을 맞춘 것으로 조직에 관한 의사결정이 최고관리층에 의해 내려질 경우 집권성에 속하고, 하위계층의 관리자에게도 의사결정의 재량권이 주어질 경우 분권성에 속한다.

조직이 집권성과 분권성 중 어떤 성향을 갖느냐의 판단기준은 주로 권한의 집중·분산 정도, 의사결정권의 소재 등에 있다. 이러한 기준에서 볼 때, 집권성은 자유재량에 따라 선택을 할 수 있는 공식적 권한이 조직의 상위계층에 집중되어 있고 하위계층의 종업원들에게는 작업에 대해 최소한의 발언권만이 허용되고 있는 정도를 가리킨다. 집권성은 지역적 집중이 아닌 조직 내 의사결정권한의 집중을 가리키는 것으로, 주로 관료적 조직형태에서 두드러지게 나타난다.

반면, 분권성은 집권성과는 달리 의사결정권 등 재량적 권한을 조직전반에 걸쳐 하위계층으로 대폭 이양시킴으로써 조직구성원들로 하여금 자주적으로 계획을 수립하고 결정을 내릴 수 있게 하는 관리형태이다.

다만, 전술한 두 행태가 극단적으로 집권성과 분권성의 이분법적으로 나타나지는 않는다는 것이다.

3. 구성요소 간 관계

복잡성, 공식성, 그리고 집권성 사이에서는 일정한 관계가 존재하는데, 이를 복잡성과 공식성, 복잡성과 집권성, 그리고 공식성과 집권성의 순으로 조명하고자 한다.

1) 복잡성과 공식성의 관계

복잡성과 공식성의 관계는 다양하게 나타난다. 고도의 훈련을 받은 전문가는 업무수행에 있어서 많은 규칙이나 규정을 필요로 하지 않는다는 점에서, 상대적으로 전문가를 수반하는 복잡성의 정도가 높은 수준일수록 공식성의 정도는 낮아진다. 반면, 과업이 고도로 세분화되면 조정과 통제를 촉진시키기 위한 규칙이나 절차 등의 공식성이 그들의 행동을 지배하게 된다는 점에서, 복잡성의 정도가 높은 수준일수록 공식성의 정도는 높아질 수 있는 것이다. 이와 같은 상반된 주장은 복잡성 자체가 수평적 분화 또는 수직적 분화에 따라 달라지기 때문에 모두 설득력이 있다. 즉, 고도로 수직적 분화일 경우에는 조직관리자 및 전문직의 수가 증가하고 그들은 비일상적인 작업을 수행하며, 미리 사회화과정을 통해 행동의 통제규범을 내면화했기 때문에 일반적으로 공식성의 정도는 낮아진다. 반면, 고도로 수평적 분화의 경우는 작업에 대한 조정과 통제를 촉진시키기 위해 공식성의 정도를 높이게 된다는 점에서, 분화의 방향이 복잡성과 공식성의 관계를 결정하게 되는 것이다.

2) 복잡성과 집권성의 관계

일반적으로 복잡성과 집권성의 관계는 서로 반비례적 관계가 나타난다. 즉, 높은 수준의 복잡성은 낮은 수준의 집권성을 나타내는 것이다. 복잡성에 따라 전문직종의 수가 증가하는 것은 전문성과 의사결정능력의 증가를 의미함에 따라 조직구성원들이 의사결정에 참여할 가능성은 더욱 높아지는 것이다.

3) 공식성과 집권성의 관계

공식성과 집권성의 관계는 다양하게 나타나고 있는데, 전문직으로 조직구성원을 고용하는 경우 행동지침을 제공하기 위한 높은 수준의 규칙이나 규정이 제시되지 않고, 의사결정 능력이 높다는 점에서, 일반적으로 낮은 수준의 공식성·집권성의 관계를 갖는 것이다.

반면, 비전문직으로 조직구성원을 고용하는 경우, 조직구성원에게 행동지침을 제공하기 위한 규칙이나 규정이 제시되어 높은 수준의 공식성이 나타나고, 조직구성원의 의사결정능력의 부재로 인해 상위관리자에게 결정이 집중된다는 점에서, 높은 수준의 집권성을 갖게 되는 것이다.

4. 평가

조직구조에 대한 개념, 구성요소, 관계 등을 통해 일정부분 본 분야에 체계적인 접근을 하고 있으나, 조직구조 자체가 높은 수준의 복잡성을 나타내고 있는 면을 고려한다면 이정도의 접근만으로는 분명 한계가 있다. 따라서 조직구조의 구성요소 간 관계 등에 있어서 좀 더 체계적으로 표준화하는 데 차후 입체적 노력이 필요하다.

참고문헌

김병섭·박광국·조경호(2000). 『조직의 이해와 관리』. 서울: 대영문화사.

김영종(2007). 『사회복지행정론』. 서울: 학지사.

신철우(1999). 『조직행동론』. 서울: 문영사.

오석홍(2003). 『조직이론』. 서울: 박영사.

이평원(2000). 『행정조직의 이해』. 책과 공간.

허만형(2007). 『사회복지행정론』. 서울: 법문사.

키워드: 조직구조, 복잡성, 공식성, 집권성

작성자: 양승일(충남도립대)

최초작성일: 2013.07.

조직군 생태학이론(Population Ecology Theory)

1. 개념

조직군 생태학이론(population ecology theory)은 1970년대 중반에 등장한 이론으로 이 이론의 특징은 첫째, 조직환경의 절대성을 강조하고, 둘째, 생물학의 자연도태이론을 적용함으로써 분석수준을 개별 조직에서 조직군으로 바꾸어 놓은 것이다. 이 이론은 전략적 선택이나 집단적 행동의 중요성을 경시한다는 점에서 환경 결정론적 관점이라고 할 수 있다. 조직군이란 특정 환경하에서 생존을 유지하는 유사한 조직구조를 갖는 조직들을 의미하며, 환경적소란 특정 조직군이 다른 조직군과 경쟁하여 생존할 수 있는 공간, 즉 환경의 수용능력을 의미한다. 조직군 생태학이론에서는 조직 변화가 외부환경의 선택에 의해 좌우된다는 것이다.

2. 이론적모형

비록 구조적 상황이론이나 자원종속이론이 조직을 환경과 관련지어 파악하고 있으나, 타 조직과 조직과의 관계 내지는 외부환경의 선택을 등한시하고 있다. 사회적 다위니즘(social Darwinism)의 조직적 응용으로서의 조직군 생태학이론(population ecology theory)은 전략적 선택이나 집단적 행동의 중요성을 경시한다는 점에서 극단적으로 결정론적 내지는 비관론적인 관점이나, 조직군 생태학이론은 Lamarckian적응(조직이 어떻게 환경에 적응하는가?) 관점으로부터 Darwinian선택(환경이 어떻게 특정조직을 선택하느냐?) 관점으로의 전환을 가능케 한다.

조직군 생태학이론의 가정은 다음과 같다.

① 분석단위는 개별조직 혹은 개체군이며

② 조직론의 지배적 관점인 적응관에 대한 대안이자 도전이다.

③ 조직은 구조적 타성에 빠지기 쉬우며, 적응능력을 제한하는 구조적 타성개념이 바로 적응관점을 도태관점으로 대치하는 근거를 제공한다.

④ 조직변화는 종단분석(Longitudinal Analysis)에 의해서만 검증가능 하다.

⑤ 조직구조는 조직구조와 환경적소간에 일대일의 상관관계가 존재한다는 동일성원칙에 입각하여 환경적소로 편입되거나 도태된다(Carroll, 1988 ; Ulrich, 1987 ; Singh et al., 1986).

이러한 가정에 입각하여 조직군 생태학자들은 조직변화가 외부환경의 선택(도태)에 의해 좌우된다고 주장한다. 자연도태모형(Natural Selection Model)은 변이(variation), 선택(selection) 및 보존(retention)이라는 세 가지 동시다발적 단계로 설명될 수 있다(Aldrich, 1979).

환경이 다양한 조직으로부터 특정조직을 선택하기 위해서는 확산과정을 통해 조직군에 파급되는 조직구조상의 변이가 존재해야만 한다. 변이의 원인으로 구조적 상황이론이나 자원종속이론은 환경에 대한 적응이나 전략적 선택 등과 같은 계획적 변화만을 강조하나, 조직군 생태학이론은 이 외에도 우연한 사건이나 행운 등과 같은 우연적 변화를 추가한다. 일단 변이가 발생하면 여러 조직구조는 환경과의 적합도 수준에 따라, 즉 동일성원칙에 입각하여 환경적소(environmental niche)로부터 도태되거나 선택된다. 보존이란 선택된 특정조직이 환경에 제도화되고, 그 구조를 유지하는 것을 의미한다.

보존 메커니즘 중의 하나인 관료제화는 "구조적 타성"(Betton &Dess, 1985 ; Singh et al., 1986)을 유발시켜 조직의 적응성을 저하시킨다.

3. 발전배경

전통적인 조직이론들은 변화란 환경에서 비롯되는 것이라는 생각에 의해 지배되어왔다. 앞에서 이미 보았듯이 조직은 개방체제(an open system)로서 생존을 위해 필요한 여러 조건들을 창조하는 한 수단으로서 투입물을 산출물로 변화시키고, 그 외부적인 환경과 상호작용하는 것으로 간주되어졌던 것이다. 비록 조직의 생존에 영향을 미치는 주요한 요인이 적응(adaptation)인가 아니면 선택(selection)인가에 대해 많은 논쟁이 있어 왔지만, Lamarckian적응관점과 Darwinian선택관점은 조직이 당면한 주요한 문제들이 환경에서의 변화로부터 유래한다고 믿는 점에서는 일치하였던 것이다.

4. 제도화

구조적 상황이론에서 주장하는 환경의 불확실성개념 이외에, 조직군 생태학이론은 환경변화의 빈도 및 기간(Grain of environment)을 추가적으로 도입하여, 환경변화가 매우 빈번하거나 장기적으로 발생할 경우 조직적응의 결과를 예측하기가 거의 불가능하다고 주장한다. 그리고 이러한 이유로 장기적 관점 혹은 조직군의 수준에 있어서 조직의 적응을 맹목적인 변이로 간주한다. 다시 말해 단기적으로는 아무리 합리적인 조직의 적응전략이라 할지라도 장기적으로 보면 합리적인 결정으로 볼 수 없다는 것이다.

5. 평가와 전망

조직군 생태학이론은 조직론에 도입된 지 얼마 되지 않으면서도, 그것을 보완하는 개체군 관점이나 이러한 관점을 더 확대한 공동체관점으로 그 연구가 진행될 전망이다. 개체군 및 공동체관점은 그 분석단위로서 조직개체군이나 공동체를 적용함으로, 환원주의보다 신비주의(holism)적 맥락에서 조직현상을 파악할 필요가 있다는 것을 암시하고 있다. 그러한 의미에서 조직군 생태학이론, 나아가서 개체군관점 및 공동체관점은 조직에 대하여 생태계 내에 살아 있는 실체와 그 활동과정으로 관찰할 수 있는 가장 적합한 이론을 조직론에 제공해 주고 그것을 발전시키는 데 충분히 기여할 것이라고 본다.

참고문헌

Carroll, Glenn R.(1988). Organizational Ecology in Theoretical Perspective in Glenn R. Carroll(Ed.), Ecological Models of Organizations, Cambridge, MA: Ballinger Publishing Co.
Hannan, Michael T. and Freeman, John H.(1977). Population Ecology of Organizations, *American Journal of Sociology*, 82.
_____.(1984). Structural Inertia and rganizational Change, *American Sociological Review*,

49(Apr.), pp. 149-164

_____.(1988). Density Dependence in the Growth of Organizational Populations in Glenn R. Carroll(Ed.), Ecological Models of Organizations, Cambridge, Mass.: Ballinger Publishing Co.

키워드: 조직개체군, 생태학, Darwinian Selection, Lamarkian Adaptation
작성자: 최창현(금강대)
최초작성일: 2001.07.

조직규모(Organizational Size)

1. 개념

조직의 규모(organizational size)는 조직의 크기를 말하는데, 그것은 조직구조의 결정에 영향을 주는 주요 변수로 인식되고 있다. 그런데 조직의 규모가 무엇인지에 대해서는 개념적으로 미숙한 상태에 놓여 있다. 규모라는 말의 의미와 그에 관한 측정 단위를 미리 밝히지 않는 경우가 많다. 그런데 상당수의 조직연구자들은 연구의 대상이나 목적과 관련하여 조직의 규모를 조직에 속하고 있는 인력의 크기로 정의하고, 측정 지표로 '조직 구성원의 수'를 제시하고 있다. 이것이 조직의 규모를 모두 대변한다고 볼 수 없기 때문에 통합적인 개념 정의가 필요하다는 주장도 있는데 조직 규모의 구성 요소들인 인력 규모를 비롯하여 물적 수용능력, 투입 및 산출 그리고 재정적 자원 등이다.

2. 규모의 측정

킴벌리(Kimberly)에 의하면 조직의 규모는 인력 외에도 물적 수용능력, 투입 및 산출 그리고 재정적 자원 등이 매우 유용하다고 제의한다. 첫째, 인력이란 조직이 사용할 수 있는 인적 자원이다. 어떤 조직에나 구성원이 있고 객관적으로 측정이 가능하기 때문에 조직의 규모를 나타내는 지표로 가장 많이 사용되어 왔다. 둘째, 물적 수용능력이란 조직이 보유하고 있는 물적 장비나 시설의 규모이다. 병원에서는 병상(침대)의 수, 화물운송회사는 대형트럭의 수 등으로 비교적 객관적인 측정이 가능하다. 셋째, 투입 및 산출이란 조직이 수행하는 주된 업무나 성과의 크기를 말한다. 투입은 조직에 수용된 고객의 수, 산출은 조직의 매출액 등을 예로 들 수 있다. 넷째, 재정적 자원이란 조직이 자율적으로 쓸 수 있는 재정적 자원의 양이다.

이처럼 다양한 조직규모의 측정치들은 그들이 근거하고 있는 개념이 다르기 때문에 서로 교환하여 사용되지는 않는다. 그러나 많은 연구들은 이들 측정치가 매우 높은 상관관계가 있다는 것을 보여준다.

3. 이론(접근방법)

조직의 규모에 관한 접근모형은 매우 다양하지만 그 중 대표적인 것으로 규모결정모형 (size as a imperative perspective)과 정보처리모형(an information processing model)을 들 수 있다. 규모결정모형은 조직의 규모가 조직의 구조를 설명하는 데 매우 중요한 요소라는 것 이며, 이 때 조직의 규모는 여러 가지 측정 지표로 조작적으로 정의된다. 즉 조직의 규모가 조직의 복잡성, 분화, 집권화 등에 영향을 준다는 것이다. 이 모형은 동조하는 연구자도 많 지만 비판도 적지 않다. 한편 정보처리모형은 조직의 규모는 관리적 구조 안의 활동을 조정 하는 비용으로 인해 제안을 받는다는 점을 제시한다. 즉 규모가 증가하면 생산비용이 증가 한다는 관리적 문제를 제기하는 것이다. 이 외에도 조직의 다양성이 조직의 규모보다 조직 의 구조에 더 큰 영향을 미친다는 주장과 조직의 규모가 조직의 생활주기－조직의 생성, 성 장, 쇠퇴－와 밀접한 관련이 있다는 연구도 있다. 생활주기와 관련해서는 조직규모의 변화 가 조직의 진화적 단계나 도약을 할 때 일어날 수 있다.

4. 규모의 조직구조에 대한 영향

조직의 규모가 조직 구조의 주요 변수인 복잡성, 공식성, 집권성 등에 어떤 영향을 미치 는가를 살펴보자. 조직의 규모가 커 가면 구조의 복잡성은 체감하는 비율로 증가한다. 첫째, 조직의 규모가 증대함에 따라 처음에는 분화의 속도가 빠르지만 점점 상승의 폭이 낮아진 다. 규모가 커지면 수직적 계층의 수도 커지며 수평적 분화, 지역적 분산도 커진다. 대규모 조직에서는 사기업이 공공기관보다 규모가 복잡성에 미치는 효과가 크다. 둘째, 조직의 규모가 커지면 구조의 공식성은 높아진다. 조직의 하위단위들이 크면 조직 전체의 공식화 수준은 낮아진다. 셋째, 조직의 규모가 커지면 권한의 집중화는 감퇴된다. 조직이 작으면 대체로 권한은 집중된다. 그런데 조직의 규모와 집권화는 조직이 사기업인가 공공기관인가에 따라 정도의 차이가 있다. 기타 조직의 규모가 커지면 유지관리구조가 상대적으로 줄어든다는 견해가 있으나 일부에서는 이를 부인한다.

5. 평가와 전망

지금까지는 규모결정론에 입각해서 조직의 규모가 조직의 구조적 특성에 미치는 영향을 주로 연구해왔다. 상당한 수준에까지 그들의 관계가 입증되고 있으나 아직 조직의 다양한 특성에 따라서 차이가 있다는 점이다. 특히 공적 조직과 민간 조직의 차이에 따라 상당한 차이가 있다는 점은 행정학자들이 관심을 갖게 한다. 지금까지는 조직의 규모가 증가할 때가 주된 관심사였다. 행정개혁을 할 때 감축관리, 인력감축 등이 정책수단으로 제시되고 있기 때문에 이제는 조직의 규모가 커질 때와 같이, 조직의 규모가 감소하는 경우도 규모에 관한 연구의 대상이 되어야 한다. 조직의 규모의 증가가 조직구조에 미치는 영향이 조직의 규모의 감소가 조직구조에 미치는 영향과 반드시 반대가 되지는 않을 것이다. 아울러 조직의 규모가 이론의 차원에서 주로 연구되었는데, 조직의 규모와 구조를 적합하게 하는 관리적 차원의 연구도 나올 것이다.

참고문헌

김병섭 · 박광국 · 조경호(2000). 「조직의 이해와 관리」. 서울: 대영문화사.

민 진(1996). 「조직관리론」. 서울: 대영문화사.

박경원 · 김희선(1998). 「조직이론강의」. 서울: 대영문화사.

오석홍(1999). 「조직이론」. 제3판. 서울: 박영사.

Burton, R. M. & B. Obel,(1998). Strategic Organizational Diagnosis and Design, 2nd. ed. London: Kluwer Academic Publishers.

Daft, R. L.(1992). Organizational Theory and Design(4th ed.). St. Paul, MN: West.

Kimberly. J. R.(1976). "Organizational Size and Structuralist Perspective: A Review, Critique and Proposal." *Administrative Science Quarterly*, 571−597.

Slater, R. O.(1986). "Organizational Size and Differentiation." In S. B. Bacharach and S. M. Mitchell (ed.), Research in Sociology of Organizations(Vol. 4): 127－180. Greenwich, CT: JAI Press.

키워드: 규모의 측정, 조직구조, 복잡성, 집권화, 공식성
작성자: 민 진(국방대)
최초작성일: 2001.08.

조직몰입(Organizational Commitment)

몰입의 개념을 공식조직에 가장 먼저 도입한 March & Simon(1958: 65)은 "인간은 기계와 달라서 그들 자신의 위치를 상대방의 가치와 관련지어 생각하며 상대방의 목표를 자기의 것으로 만듦으로써 자신의 위치를 평가한다"고 몰입을 정의하고 있다. 몰입한 개인은 소속 조직의 다양한 요구와 영향력을 자발적으로 받아들여 조직의 성공을 위해 열심히 노력하게 된다(조경호, 1993, 1997). 즉 어떤 조직에 몰입한 개인은 그곳에서 계속 근무할 의향을 가지고(intend to stay), 조직을 위해 보통 이상의 노력을 투자하여(exert great effort), 조직에서 맡은 임무를 원만하게 수행하게 된다(perform well)는 것이다(Mowday, Porter &Steers, 1982). 위와 같은 세 가지 특징적인 태도와 행동을 몰입한 개인이 모두 보이는지에 관한 논란은 분분하지만, 최소한 소속한 조직에 몰입한 개인은 위의 세 가지 태도 또는 행동 중 하나 이상을 보이는 것이 보통이다.

표 1. 몰입의 유형

몰입의 유형	내 용
가치 몰입	작업의 가치 자체에 대한 몰입 (예: 기독교 정신과 가치에 대한 몰입)
전문직 몰입	자신의 전문직업에 대한 몰입 (예: 전문의라는 직업에 대한 몰입)
직무 몰입	일상적 직무 수행에 푹 빠진 상태 (예: 직무 밀착, 직무 관여)
조직 몰입	소속 조직에 대한 태도적, 타산적 몰입
노조 몰입	조직 내 협상 집단(노조)에 대한 몰입

March와 Simon의 몰입에 대한 일반적 정의는 상당히 포괄적인 것이 사실이다. 전술한 대로 몰입의 대상에 따라 몰입에 대한 이해는 달라지며, 몰입을 일으키는 동인(drive)에 따라

몰입의 태도와 행동은 다르게 나타나기 때문에 조직몰입을 일원적 개념으로 이해하기는 어렵다. 몰입의 동인에 따라 조직몰입은 타산적 몰입, 행위적 몰입, 태도적 몰입 등 세 가지로 구분되어 이해된다.

표 2. 조직몰입의 정의

조직몰입의 유형	정 의
타산적 조직몰입	조직몰입은 고용조직에 관련된 보상과 비용의 함수관계로 존재한다.
행위적 조직몰입	조직몰입은 행위로 표시된 행태적 특성의 분명성, 대체불가능성, 공공성, 번복불가능성 등의 결과로 존재한다.
태도적 조직몰입	조직몰입은 조직 구성원이 조직의 목표와 가치를 판별하고 그들을 동일화시켜 내재화하여 발생하는 것이다.

1) 타산적 조직몰입(Calculative Organizational Commitment)

타산적 조직몰입은 고용과 관련된 보상과 비용의 이해타산에 따라 개인이 조직에 몰입하게 될 때 나타나는 개념이다. 타산적 몰입도는 개인이 소속 조직으로부터 혜택과 보상을 많이 받으면 받을수록 높아진다. 타산적 조직몰입은 개인이 소속한 조직에 시간적 그리고 물질적 투자를 하면 할수록 그는 그 조직으로부터 이탈하기 어렵게 된다는 가설을 인정한다. 입사하기 위해 쌓은 경력과 교육 수준 등은 타산적 조직몰입을 결정하는 중요한 변수들이 된다. 타산적 조직몰입은 조직 구성원의 조직이탈현상을 잘 설명할 수 있기는 하지만 진행 중인 개인의 몰입 태도와 행동을 설명하는 데는 어려움이 있다는 보고가 있다(Cohen & Lowenberg, 1990).

2) 행위적 조직몰입(Behavioral Organizational Commitment)

행위적 조직몰입은 조직 구성원의 표시된 행위적 특성들을 조직몰입의 동인으로 한정하는 개념이다. 개인은 분명한 행위나 의사를 표시하였을 때(explicitness), 그 행위나 의사 표시가 번복불가능하다고 보여질 때(irrevocability), 대체할만한 조직이 부족할 때(insubstitutability), 그리고 그 행위나 표시가 높은 수준의 공공성을 가질 때(publicity) 높은 수준의 행위적 몰입도를 보인다. 가령, 단체장에 입후보한 사람이 유세장에서 분명하고 공공연하게 그리고 거의 번복 불가능한 공약을 제시하였다면 그는 당선된 뒤에 그 공약을 지키지 않을 수 없게 될 것이다. 즉 행위적 조직몰입은 조직과의 공언된 약속을 통하여 결정적으로 몰입하게 되는 경우를 잘 설명하여 준다. 행위적 몰입은 비공식적 조직영역에서 보다 현실적으로 나타나는 개념으로 공식조직에의 적용은 그리 용이치 않다는 보고도 있다.

3) 태도적 조직몰입(Attitudinal Organizational Commitment)

태도적 조직몰입은 개인이 소속 조직의 목적과 이념을 동일화(identification)하여 내재화 (internalization)할 때 발생한다. 태도적 몰입도가 높은 조직 구성원은 조직의 목적과 가치를 의식적으로 수용하여 스스로 조직의 목적 달성을 위해 노력하게 된다. 이때 직무만족을 동반하거나 조직에 대한 우호적인 태도를 가지게 되어 항상 업무 수행에 적극적이게 된다는 것이다. 소속 조직에 대한 태도적 몰입의 수준을 측정하기 위해 가장 많이 쓰이고 있는 척도는 Mowday, Steers, Porter 등이 1979년 고안한 "조직몰입설문"(Organizational Commitment Questionnaire: OCQ)이다. 실제로 1989년까지 조직몰입에 관련된 조직과 인사 관계 문헌 174개 가운데 OCQ를 적용한 연구가 59%를 차지하고 있다고 주장될 만큼, OCQ는 소속 조직에 대한 구성원의 총체적 태도와 인식을 파악하는 데 유용한 도구가 되어 왔다. OCQ는 소속 조직의 가치 수용(value acceptance), 조직을 위해 보통 이상의 노력을 할 것이라는 동기(motivation), 그리고 조직에 계속 남아 근무하고자 하는 의도(intend to stay)를 포함하는 복합적 개념이다(Mowday et al., 1979). 조직 몰입을 태도로 이해하는 관점은 공식조직에 적용하기 용이하다는 점과 다른 태도 변수들과의 관계를 검증하고 연구하는 데 유용하다는 점에서 장점이 있다.

참고문헌

조경호(1993). 한국공무원의 조직몰입도 결정요인에 관한 연구: 선형구조모형의 적용.「한국행정학보」, 27(4): 1203-1225.

조경호(1997). 공직몰입을 위한 공무원 인력관리 방안.「한국행정학보」, 31(1): 57-75.

Cohen, A. &G. Lowenberg.(1990). "A Re-examination of the Side-Bet Theory as Applied to Organizational Commitment: A Meta-Analysis." *Human Relations*, 43: 1015-1050.

March, J. G. &H. A. Simon.(1958). Organizations. New York: John Wiley &Sons.

Mowday, R., R. Steers, &L. Porter.(1979). "The Measurement of Organizational Commitment." *Journal of Occupational Behavior*, 14: 224-247.

Mowday, R., R. Steers, & L. Porter.(1982). Employee-Organization Linkage. New York: Academic Press.

키워드: 타산적 조직몰입, 행위적 조직몰입, 태도적 조직몰입
작성자: 조경호(국민대)
최초작성일: 2001.08.

조직시민행동(OCB)

1. 조직시민행동의 개념

조직시민행동(organizational citizenship behavior: OCB)은 "공식적인 보상체계에 의해 직접적으로 명시되지는 않았으나 조직의 효능감을 향상시킬 수 있는 개인의 자발적 행위"를 의미한다(Organ, 1988: 4; 김정인, 2014a: 195 재인용). 조직시민행동은 조직 내 조직구성원 개인의 자발적인 역할 수행을 의미하는 재량적(discretionary) 행동 의도인 것이다(Organ, 1988).

초기의 조직시민행동 연구에서는 조직구성원들의 공식적 업무 외, 또는 주어진 역할 외 행동(extra-role behavior)을 강조하였으나, 현실적으로 역할 외 활동과 역할 내 활동을 구분하기가 쉽지 않다는 비판이 제기되었다(Borman & Motowidlo, 1997). 최근에는 조직시민행동을 개인의 역할 외 행동이라고 제한적으로 논의하는 것에서 벗어나 "조직이 핵심 업무를 수행하고 단위성과를 유지하기 위해 필요한 맥락 성과(contextual performance)"로 정의하기도 한다(Borman & Motowidlo, 1997; 김선희 외, 2017: 65).

2. 조직시민행동 등장배경과 특징

조직시민행동에 관한 연구는 Smith et al.(1983)의 연구가 최초의 연구라고 할 수 있다. 그러나 이후 Organ(1988)이 '조직시민행동'이라는 명칭을 제시하였으며, 개념을 가다듬었다(김정인, 2014a: 195). Organ(1988)은 조직시민행동을 하나의 차원에서 논의했지만, 이후 Williams & Anderson(1991)은 조직시민행동을 두 가지 차원 즉 '개인차원 조직시민행동

(organizational citizenship behavior for individuals: OCBI)'과 '조직차원 조직시민행동(organizational citizenship behavior for organization: OCBO)'으로 구분하였다. 같은 맥락에서 최근의 조직시민행동에 관한 연구는 조직구성원 개인의 역할 외 행동, 즉 개인차원의 조직시민행동에서 벗어나 조직시민행동이 궁극적으로 조직성과 향상에 중요한 요인이 됨을 강조하면서 조직차원의 조직시민행동에 주목하고 있다(김선희 외, 2017). 개인수준, 즉 조직구성원의 조직시민행동 범위를 넘어서 팀 또는 부서와 같은 집단수준의 조직시민행동에 관한 연구가 최근 관심을 받고 있는 것이다.

조직시민행동을 처음으로 논의한 Smith et al.(1983)에 의하면 조직시민행동은 두 가지 구성요소, 즉 이타심(altruism)과 일반적인 규정준수(generalized compliance)로 분류되었다. 그 이후 Organ(1988)은 조직시민행동을 보다 세분화하여 다섯 가지 하위요소로 구분하였다. 조직구성요소를 이타심(altruism), 예의(courtesy), 스포츠맨십(sportsmanship), 시민의식(civic virtue), 양심성(conscientiousness) 등의 하위 요소로 구성한 것이다.

3. 조직시민행동 활용(연구) 경향

경영학 분야에서의 조직시민행동 연구는 1980년대 이후부터 논의되기 시작하였다. 행정학 분야에서도 2000년대 이후 조직시민행동에 관한 연구가 활발하게 이루어져 왔다(김선희 외, 2017: 65). 연구주제 차원에서는 경영학과 행정학 분야에서의 조직시민행동에 관한 연구 대부분이 조직시민행동을 중요한 조직행태 변수로 간주하여 조직몰입, 리더십, 이직의도, 조직공정성 등과의 관계를 설명하였다(김정인, 2014b). 특히 조직시민행동을 독립변수로 간주한 연구에서는 조직시민행동이 성과달성 특히 조직성과 달성에 미치는 영향을 분석하였다. 예를 들어 조직시민행동이 증가될수록 직무소진이 낮아짐을 실증 분석한 연구가 있다(김정인, 2014b). 특히 최근에는 조직구성원들의 개인수준의 성과향상 뿐만 아니라 팀/부서 등 집단수준의 성과향상에 관한 연구들도 시행되고 있다(예: Borman & Motowidlo, 1997; 김선희 외, 2017). 행정학 분야에서 조직시민행동을 독립변수로 고려한 연구가 활성화된 이유는 공공조직 내 조직구성원들의 조직시민행동 변수가 조직성과를 증진시키고, 증진된 조직성과로 인해 궁극적으로는 공공조직이 시민들에게 만족할 만할 행정서비스를 제공할 수 있으며, 동시에 시민의 정부에 대한 신뢰가 증진될 수 있음을 강조할 수 있기 때문이다.

조직시민행동에 대한 또 다른 연구경향으로는 조직시민행동을 증진시키는 영향요인에 관한 연구를 꼽을 수 있다. 예를 들어 리더십 유형에 따라서 조직시민행동에 미치는 영향이 달라질 수 있으며, 조직공정성과 조직몰입이 조직시민행동에 긍정적인 영향을 미칠 수 있다는 것이다. 특히 공공부문에서는 공공봉사동기가 높을수록 조직시민행동이 증가한다는 것이다(김정인, 2018; 김정인, 2014a). 그 외에도 조직시민행동을 조절변수나 매개변수로 고려하는 연구들이 있다. 예를 들어 사회적 지원(social support)이 조직구성원들의 근무태도(이직의도와 직무소진)에 미치는 영향은 조직시민행동에 의해 조절되어 나타난다는 것이다(김정인, 2014c). 이처럼 조직시민행동에 관한 연구는 다양한 주제로 개인과 조직차원 모두에서 연구되고 있다.

참고문헌

김선희 외(2017). 섬김의 리더십, 집합적 공공봉사동기, 윤리적 풍토가 집합적 조직시민행동에 미치는 영향. 「한국행정학보」, 51(3): 63－91.

김정인(2018). 인간과 조직: 현재와 미래. 서울: 박영사.

김정인(2014a). 지방세무직 공무원의 공공봉사동기와 조직시민행동. 「지방정부연구」, 18(1): 193－218.

김정인(2014b). 지방세무직 공무원의 조직시민행동이 직무소진에 미치는 영향: 직무동기 조절효과를 중심으로. 「한국공공관리학보」, 28(2): 35－64.

김정인(2014c). 사회적 지원이 조직구성원들의 근무태도에 미치는 영향. 「한국행정논집」, 26(2): 331－355.

Borman, W. C., & Motowidlo, S. J.(1997). Task performance and contextual performance: The meaning for personnel selection research. *Human Performance*, 10(2): 99－109.

Organ, D. W.(1988). *Organizational citizenship behavior: The good soldier syndrome.* Lexington, MA: Lexington Books.

Smith, C. A., Organ, D. W., & Near, J. P.(1983). Organizational citizenship behavior: Its nature and antecedents. *Journal of Applied Psychology*, 68: 653－663.

키워드: 역할 외 행동, 자발적 행위, 조직성과
작성자: 김정인(수원대)
최초작성일: 2020.02.

조직학습(Organization Learning)

조직은 하나의 유기체이다. 따라서 복잡한 환경 속에서 생존하고, 성장하기 위해선 지속적으로 익히고, 습득하고, 탐색하고 교정해 나가는 과정이 필요한데, 이러한 과정을 조직학습(Organization Learning)이라고 한다. 이러한 조직학습은 외부 환경의 다양한 변화에 대응하여 조직의 목적을 수정하거나, 조직의 의사결정과정상에서 잘못된 것(error)을 지각하고, 고쳐 가는 과정이다. 즉, 새로운 변화와 기회에 대처하기 위하여 조직의 준비성(readiness)을 증가시킴으로써 생존력 강화를 위해 조직이 사용하는 방법이다.

그러나 조직학습은 총체적이고, 지속적이라는 점에서 계획과 변화를 추구하는 조직발전과는 구분되어지는 개념이고, 개별 학습의 결과가 조직차원으로 발전된 형태로서 창출된 지식은 모든 구성원들이 공유해야 한다. 조직학습은 학습조직을 구축하기 위해 학습활동이 조직적으로 체질화된 상태로서 학습조직을 구축하기 위한 지속적인 학습활동 과정이고, 조직학습을 반복-습관화함으로써 학습조직화된다고 할 수 있다.

따라서 조직학습이 효율적이고, 성공적으로 발전하기 위해서는 이를 활성화해야 한다. 그러기 위해서는 지속적인 학습기회의 창출, 학습을 공유할 수 있는 체제의 마련, 학습담당자로서의 인식, 유연한 조직구조 등이 필요하다.

조직학습은 공공정책결정, 경영의사결정, 조직변화, 리더십 등과 같은 개념과 밀접한 관련이 있는 중요한 접근방법으로서 조직관리 이론가들 사이에서 그 관심이 꾸준히 증가되었다. 하지만 다른 새로운 이론적 접근처럼 지적인(또는 실재적인) 생존력은 그것이 정립되어지고, 개념화된 방법에 달려있다고 하겠다. 더욱 중요한 것은 초기 조직학습이 교육 분야와 개인 차원의 철학에서 발생했기 때문에 이를 추상화하는 과정에서 발생한 중요한 문제들을 간과했고, 조직이 학습하는 것이 가능한가에 대한 의문이 대두되었다는 사실이다.

조직학습에 대한 연구는 Cyert와 March(1963)가 학습행위는 조직의 기본과정 그 자체라는 가능성을 제시하면서 시작되었다. Argyris와 Schon(1978)은 '단일고리학습(Single-loop Learning)', '복합고리학습(Double-loop Learning)'이라는 개념을 도입해 조직에서의 인간행동 변화·저항, 나아가 조직의 변화 현상에 대한 학습론적 이해의 길을 열었다. Hall과 Fukami(1979)는 조직구조와 개인학습 간의 상호연관관계를 탐구하였으며, Duncan과 Weiss(1979)는 조직학습을 환경과 조직 간의 적합성(Fit)을 찾는 과정으로 보면서 이를 "행동과 결과 간의 관계 및 이에 대한 환경 영향의 지식이 증진되는 조직 내의 과정"이라고 정의하였고, 조직학습 자체에 대한 이론적 가능성을 제시하였다. 또한, Levitt와 March(1988)는 조직학습의 핵심적 특성을 정례적(Routinized), 역사 의존적(History-dependent), 특정 목표 지향적(Target-oriented)이라고 정리하였다. 또한 기술의 혁신(Jelinek, 1979)이라든가 기술확산과정(Epple, Argote & Devadas, 1991; Attewell, 1992), 마케팅 활동(Day, 1994)과 연결시키기도 하고, 조직 창의성 연구와도 맞물려(West & Fair, 1992; Woodman, Sawyer & Griffin, 1993) 현재 활발한 연구 활동을 보이고 있다.

참고문헌

Argiris, Chris.(1976). "Single-Loop Learning in Research and Decision-Making." *Administrative Science Quarterly*, vol. 21: 366-367.

Foil, C. Marlene and Marjorie Lyles.(1985). "Organizational Learning." *Academy of Management*, vol. 10: 803-813.

Cybert, Richard and James March.(1965). A Behavioral Theory of the Firm. Englewood Cliffs, NJ: Prentice-Hall.

Michael, Donald.(1993). On Learning to Plan and Planning to Learn. San Francisco, CA: Jossey-Bass.

Schon, Donald.(1983). "Organizational Learning" In G. Morgan, ed., Beyond Method: Strategies for Social Research. Beverly Hills, CA: Sage.

키워드: 조직 창의성, 학습조직
작성자: 유홍림(단국대)
최초작성일: 2001.07., 수정작성일: 2019.11.

주민투표(Referendum)

1. 개념

주민투표(referendum)란, 제안되어 있거나 현존하는 조례나 법률을 투표에 회부하여 이를 통과시키거나 반대하는 행위이다. 즉, 의회에 의한 입법을 승인하거나 거부하는 방식을 취하는 입법적 차원의 제도로서 주민투표는 일반적으로 대의민주제의 한계를 보완하는 차원에서 도입된다.

2. 도입 배경

현대정치와 행정과정에서는 제도실시의 현실적 이유로 인해 대의민주제를 채택하고 있다. 이는 대의민주제가 정책결정과정에 있어 주민의 이해와 의사를 가장 합리적이고 효과적으로 반영할 수 있는 제도라는 사실에 대해 이론적으로나 경험적으로 합의하고 있기 때문이다. 그러나 대의민주제가 지니는 다음과 같은 한계점으로 인해 직접민주제의 도입은 불가피한 실정이다. 첫째, 선출된 대표자에 대해 선거인인 주민들의 의사가 일상적으로 반영될 수 없다는 현실적 문제점이 존재한다. 따라서 선출직 대표자의 정치적, 정책적 선택의 오류에 대한 주민의 견제역할이 필요하다. 둘째, 전국적으로나 지방에 있어서나 정치체제의 과두제적 경향성으로 인한 정부, 정당, 이익집단 간의 야합이나 거래관계에서 배제되는 주민의 의사와 이익을 반영할 필요성이 있다. 셋째, 이익집약이나 표출에 있어 핵심적 역할을 수행하는 정당의 반주민적 의사결정에 대한 견제도 필요할 것이다.

3. 이론적 논의

주민투표실시의 강제성 여부에 따라 강제적 주민투표(obligatory or compulsory referendum)와 임의적(선택적) 주민투표(optional referendum)(= 청원적 주민투표: popular or petition referendum)로 분류할 수 있다. 전자의 경우는 미국에서 주헌법에 규정하여 특정사안에 대해 무조건적으로 주민투표에 회부하는 것을 말하며, 후자의 경우는 이미 입법된 의안이 법률적 효력을 발행시키기 위한 전제조건으로서 주민투표를 실시하는데, 이 경우 명시된 시점 내에 최소한의 일정 유권자의 서명이 요구되기도 한다.

주민투표제의 순기능적인 측면을 보면, 첫째, 주권재민원리를 구현하는 데 있어 가장 이상적인 제도라는 점이다. 주민투표는 '인민에 의한 정부(government by people)'라는 요건을 만족시키는 제도로서 선출직 정치대표자에 대해 주민이 가지는 최후의 강력한 견제장치로서 그들의 권력남용을 저지할 수 있다. 둘째, 정부의 대응성 및 책임성을 향상시킬 수 있다. 미국의 경우 순수한 대의제를 채택한 주와 직접민주제를 채택한 주들을 비교 연구한 결과, 대체로 시민발안·시민투표·시민소환 등을 채택하지 않은 주들이 보다 부패하고 시민을 차별대우한 사실이 있음을 경험적으로 보여주고 있다(Cronin, 1989). 미국의 주들과 스위스의 주들을 비교연구한 린더(Linder, 1998) 역시 스위스의 경우에도 이와 유사하다는 결론을 내리고 있다. 셋째, 소수의 이익이나 조직화의 수준이 낮은 쟁점들을 정치적 의제로 부각시키는 데 기여한다. 사회적 소외계층이나 환경이슈 등과 같이 상대적으로 경제적 이익집단들에 의해 조직화되는 쟁점들의 수준보다 낮은 쟁점들을 지역적인 선전과 홍보를 통해 '지역적 의제(local agenda)'로 형성시킬 수 있다는 장점을 가진다. 넷째, 주민투표를 통한 시민교육기능이다. 즉, 주민참정기회를 확대함으로써 주민의 자치수준을 향상시키는 정치교육의 효과이다. 다섯째, 주민투표가 지니는 중재기능적 성격이다. 기관대립형 지방정부구성제도하에서 자치단체장과 지방의회 간 대립관계에서 보다 중립적 위치를 차지하는 주민의 직접적인 의사를 통해 해결책을 강구할 수 있다는 점이다.

이에 반해, 주민투표제의 역기능적인 문제점을 지적하는 입장도 상당한 논리적 근거를 지니고 있다. 첫째, 대의제기구인 지방의회의 권능을 제약하며, 역으로 의원들의 입장에서 볼 때, 미묘한 사안에 대한 문제해결의 회피수단으로 악용될 가능성이 존재한다. 둘째, 입법사무는 법률적인 지식과 기술을 필요로 하기 때문에 전문적인 입법관련지식이 떨어지는 일반주민은 이러한 과정에 참여하기가 부적합하다는 점이다. 하지만, 린더(Linder, 1998)의 연구결과에서는 미국이나 스위스의 경우, 주민들은 주민투표의 대상이 되는 쟁점에 대해 충분한 정보를 가지고 투표에 임한다고 볼 수 없지만, 일반적으로 투표결과가 불합리한 입법이나 저질정책을 산출하지는 않는다는 주장이 나타나고 있다. 셋째, 주민발의에 의한 조례안은 충분히 심의되기에는 한계가 있으며, 실제적으로 일반주민들은 주민발의에 의한 조례안에는 별다른 흥미가 없다는 현실적 한계가 존재한다. 따라서 주민투표 결과가 주민들의 대표성을 충분히 반영할 수 있다는 주장에 대해 부정적이다. 넷째, 주민발의는 결국 입법사무의 책임을 의회로부터 분리시켜 이를 선동적 정치인이나 무책임한 선거인에게로 전환시킬 수도 있기 때문에 결국 입법 책임의 소재를 애매하게 만들 수도 있다는 점이다. 다섯째, 해당 주민의 의사를 반영한다기보다는 특정한 이익집단의 이익을 대변할 가능성이 크다. 이는 일반주민들에 비해 이익집단이 강력하게 자신들의 이익과 의사를 관철시킬 능력을 갖추고 있는 것이 일반적이기 때문이다. 실제로 미국의 경우를 볼 때, 자금과 조직력을 갖춘 이익집단이나 정치집단에 의해 주민들의 의사나 이익이 왜곡되거나 악용될 소지가 발생하는 경우가 많으며, 미국이나 스위스에서는 이를 대행해주는 투표운동전문회사가 있을 정도이다. 특히 복잡하고 추상적인 쟁점일수록 주민투표의 경우 선전의 효과가 크다고 한다.

4. 제도화

우리나라의 경우 이미 주민투표제는 1994년 「지방자치법」 개정을 통해 도입되어 있지만, 그 시행을 위한 구체적인 법률이 아직 마련되어 있지 않은 상태이다. 현행 「지방자치법」 제13조의 2(주민투표)를 보면, ① "지방자치단체장의 장이 지방자치단체의 폐치·분합 또는 주민에게 과도한 부담을 주거나 중대한 영향을 미치는 지방자치단체의 주요결정사항 등에 대하여 주민투표에 붙일 수 있다", ② "주민투표의 대상·발의자·발의요건·기타 투표절차 등에 관하여는 따로 법률로 정한다"라고 명시되어 있다. 이와 더불어 주민직접발안제 역시 제도화되어 있다(99. 12. 31 지방자치법 시행령 신설). 즉 제13조의 3(조례의 규정 및 개폐청구)와 제13조의 4(주민의 감사청구)가 바로 그것이다. 이러한 주민투표제나 주민발의제도 도입의 취지는 제한된 의미에서 지방자치제에 직접민주주의적 요소를 가미하여 지방정치 활성화의 계기를 마련하고자 하는 것이다.

5. 평가와 전망

우리나라에서 주민자치법 제정을 앞두고 있는 시점에서 주민투표법 제정과 관련된 문제점과 개선사항을 주민투표의 발안자 규정, 주민투표에 회부될 사안의 대상과 절차, 그리고 주민투표 결과에 따른 효력상의 문제 등을 중심으로 살펴보면 다음과 같이 정리할 수 있다.

첫째, 주민투표의 발안자 규정문제이다. 세계적으로 주민투표의 발안자는 중앙정부나 지방정부 등 정부차원에서 발안을 하는 경우가 대부분이며, 주민발의의 경우는 스위스나 미국의 일부 주에서만 시행되고 있을 뿐이다. 문제는 정부발안만 인정하는 경우 주민에 의한 직접민주제적 의미는 상당히 제한될 수 있다는 점이다. 우리의 경우 94년 「지방자치법」 개정 이후 주민투표제가 도입되어 자치법 제13조의 2에 의거하여 시·군통합과 분리여부, 선호하는 공공시설에 관한 찬반여부, 비선호 공공시설에 관한 찬반여부 등에 관해 간헐적으로 주민투표가 실시되어 왔지만, 주민투표의 발안자를 지방자치단체의 장에 국한함으로써 주민, 지방의회는 발안권이 제한되고 있는 실정이다.

둘째, 주민투표에 회부될 사안의 대상과 절차에 관한 문제점이다. 현행 자치법은 이들 부분에 대한 규정을 애매하게 하거나, 법률제정을 통해 유보시킴으로써 구체적인 법률적 규정이 정해져 있지 않은 상황이다. 따라서 새로운 주민투표법의 제정에 있어 유의해야 할 점은 주민투표 대상의 경우, 문제의 핵심은 헌법적인 사안과 비헌법적인 사안 즉, 법률(조례), 행정, 재정에 관해 지방자치단체의 중요결정사항의 대상과 범위를 어느 정도까지 인정할 것인가 하는 것이다.

셋째, 주민투표로 결정된 사안의 효력의 문제이다. 즉, 주민투표의 결과가 강제적(mandatory) 효력을 가지는가 아니면 보조적이며 권고적(advisory) 효력을 가지는가의 문제이다. 이를 구체적으로 분류하면, 비준(ratification)이라는 강제적 효력, 의회와 단체장과의 의견대립을 조정하는 중재적(arbitration) 효력, 그리고 정부정책을 시행전에 승인을 받는 자문적(consultation) 효력 등으로 나눌 수 있다. 우리나라의 경우, 현행 자치법상 이 문제에 대한 명확한 명시는 없지만, 지난 94년 헌법재판소의 판례에 따르면, 법적 구속력을 인정하고 있지 않다. 주민투표의 결과가 강제적이냐, 아니면 참고적이냐 하는 문제는 정치적으로 민감한 사안이며, 주민투표에 의해 결정된 조례가 상위법과 마찰을 빚을 경우 주민투표의 법적 구속력은 많은 문제를 일으킬 소지가 크기 때문에 이에 대한 법적 보완이 중요하다.

참고문헌

강명구(1994). 지방자치와 주민투표제: 비교(지방)정치적 함의를 중심으로. 「한국행정학보」, 28(3).

류호상(2001). 지방행정에 있어 주민참여활성화를 위한 주민투표제도의 도입방안 연구. 「지방정부 연구」, 5(2).

안성호(2000). 시민투표의 이론적 기초와 쟁점: 주민투표법 제정을 위한 기초연구. 지방행정연구소 지방자치발전학술세미나 발표논문.

이기우(2000). 지방자치제도의 다양성과 통일성. 지방행정연구소 지방자치발전학술세미나 발표 논문.

Budge, I.(1996). The New Challenge of Direct Democracy. Polity Press; (日譯版) イアン・バッジ. 杉田 敦 譯.(2000). 直接民主政の挑戦. 東京: 新曜社.

Butler, D and Ranney A. eds.(1994). Referendums around the World: The Growing Use of Direct Democracy. Washington, D.C.: The AEI Press.

Cronin, T. E.(1989). Direct Democracy: The Politics of Initiative, Referendum, and Recall. Cambridge, MA: Harvard University Press.

Linder, W.(1994). Swiss Democracy: Possible Solutions to Conflict in Multicultural Societies. NY: St. Martin's Press.

키워드: 직접민주제, 주민자치, 주권재민원리, 주민발의, 이익집단
작성자: 박재욱(신라대)
최초작성일: 2001.12.

1. 개념

지방세는 각 지방정부(법적으로는 지방자치단체로 정하고 있다)가 법률에 의해 강제적으로 부과·징수하는 세목이다. 이는 조세를 징수주체별로 구분하였을 경우에 해당하는 것으로 국세(national tax)에 대비되는 개념이라고 할 수 있다. 조세체계상 우리나라와 같이 세원분리방식을 적용할 경우 국가와 지방정부 간에 서로 분리하여 세원을 관리하고 징세 업무를 분리하여 처리할 경우에 해당하는 개념이다. 우리나라의 경우는 지방정부를 광역과 기초 등 2계층제(two tiered system)로 하고 있기 때문에 정부수준 별로 구분할 수 있는데, 현행 지방세 체계는 「지방세기본법」상 11개 세목으로 구성되어 있으며, 지방자치단체의 과세권에 따라 도세와 특별·광역시세, 시·군세와 자치구세 및 특별자치도세와 특별자치시세로 구분하고 있다.

2. 종류와 유형

현행 지방세는 모두 11개 세목으로 2010년 1월 1일 지방소비세와 지방소득세를 도입함으로써 대폭 변화하게 되었다. 이러한 제도개편의 배경에 대해서 전문가들 사이에서도 논란이 있지만, 2009년 종합부동산세 개편에 따라 부동산교부세가 급감하고, 이명박 정부의 소득세와 법인세 인하에 따른 내국세 축소에 의한 지방교부세 감소 및 경제 살리기 정책의 일환으로 추진한 수도권 규제완화에 대한 비수도권 지역의 보상수단 등이 복합적으로 고려되어, 지방재정 분야의 오랜 숙원이었던 지방소비세와 지방소득세가 도입되었으나, 지방소득세는 기존의 주민세 소득할과 사업소세 종업원할을 지방소득세(소득분·종업원분)로 개편하여 명목상의 도입에 그쳤고, 지방소비세는 국세인 부가가치세의 5%를 재원으로 하는 시·도세로서 도입되었다. 2010년 지방소득세 도입에 따라 과거 목적세이었던 사업소세 재산할은 주민세 재산분으로, 사업소세 종업원할은 지방소득세 종업원분으로 개편되어 사업소세는 폐지되고, 주민세는 기존의 균등할이 균등분으로 그리고 사업소세의 재산할을 재산분으로 개편되었으나, 2014년 다시 지방소득세가 독립세원화하면서, 지방소득세의 종업원분이 주민세로 개편되었다. 또한 2013년에 9.25 대책으로 인해 2014년부터 지방소비세율이 11%로 인상되었으며, 문재인 정부의 재정분권 추진에 의해 2019년 현재 15%로 인상되어 적용되었으며, 2020년에는 다시 6%p 인상이 계획되어 있다.

지방세의 종류로 도의 지방세는 6개로서 취득세, 등록면허세, 레저세, 지방소비세, 지역자원시설세, 지방교육세로 구성된다. 특별·광역시세는 9개 세목으로 취득세, 레저세, 담배소비세, 지방소비세, 주민세, 지방소득세, 자동차세, 지역자원시설세, 지방교육세로 구성된다. 시·군세는 5개 세목으로 담배소비세, 주민세, 지방소득세, 재산세, 자동차세로 구성된다. 자치구세는 2개 세목으로 등록면허세, 재산세로 구성된다.[1] 한편, 제주특별자치도와 세종특별자치시는 특별자치도세와 특별자치시세로서 11개 세목을 모두 지방세로 구성하고 있다.

지방세는 이러한 징수주체 뿐만 아니라 조세론적 입장에서 몇 가지로 분류하고 있다. 첫째, 조세수입의 용도 지정여부를 기준으로 보통세(ordinary tax)와 목적세(earmarked tax)로 구분하는데 지방자치단체의 보통세는 9개 세목으로 취득세, 등록면허세, 지방소비세, 레저세, 주민세, 지방소득세, 재산세, 자동차세, 담배소비세가 있으며, 목적세는 2개 세목으로 지역자원시설세, 지방교육세가 있다.

둘째, 독립세와 부가세(surtax)로 구분하는데, 다른 세의 과세 표준에 의해 과세하는 세를 부가세라 하고, 독립적으로 부과되는 세를 독립세라 한다. 지방세는 대부분 독립세로 구성되어 있는데, 지방교육세가 부가세이다.

셋째, 과세표준을 화폐단위로 표시한 과세물건의 가치냐 그렇지 않으면 과세물건의 수량이나 용적으로 하느냐에 따라 종가세(從價稅: ad valorem tax)와 종량세(從量稅: unit tax)로 구분한다. 종량세는 담배소비세가 해당한다. 넷째, 세율이 과세표준과 관계없이 일정한 금액으로 정해져 있으면 정액세(定額稅)라 하고 세율이 과세표준의 일정 비율로 정해져 있으면 정

---

1) 광역시 자치구의 경우에는 「지방세기본법」 제11조의 규정에 따라 실제로 주민세 재산분과 종업원분은 자치구세에 해당한다.

률세(定率稅)라 한다. 지방세 중에서 주민세 균등분은 정액세이고, 취득세와 재산세는 전형적인 정률세이다.

3. 이론적 논의점

지방세와 관련해서는 지방세의 원칙이 주로 논의된다.

지방세는 국세와는 달리 지방세에만 강조되는 지방세만의 원칙이 있지 않느냐에 관한 논의로써 첫째, 보편성의 원칙은 모든 자치단체에 고루 분포되어 있는 세목이 지방세로 적합하다는 것이다. 둘째, 안정성의 원칙은 지방세수가 경기에 좌우되지 않고 매년 안정적으로 확보되어야 한다는 것이다. 셋째, 신장성의 원칙은 안정성과는 대비되는 개념으로 사회경제의 발전에 따라 세수도 함께 신장할 수 있어야 한다는 것이다. 넷째, 지역성 또는 고착성의 원칙은 세원이 가급적 어느 특정 지역에 정착되어 이동성이 없어야 한다는 것이다. 다섯째, 부담분임의 원칙은 지방자치의 의미를 반영하여 지역 구성원들이 고루 분담하는 것이 바람직하다는 것으로 우리나라 현행 지방세목 중에서 주민세 균등분이 이에 해당한다. 그러나 최근에는 이러한 지방세 원칙보다는 조세로서의 조세원칙이 더욱 강조되어 지방세 역시 안정성과 신장성 등을 감안하여, 재산과세의 성격에다가 소득과세와 소비과세의 성격이 적정하게 반영되어야 한다는 주장이 힘을 얻고 있다. 또한 지방소비세가 현재 국세인 부가가치세의 일정비율을 적용하고 있어 엄격한 기준에 의하면 지방세가 아니라 교부금이라는 주장도 있으나, 엄연히 「지방세기본법」과 「지방세법」 등에 의해 부과, 징수되고 있는 형식적인 요소를 감안하면 지방세로 인정해야 할 것이다.

참고문헌

손희준(2019). 「새 지방재정학」. 서울: 대영문화사.

오연천(1988). 「한국지방재정론」. 서울: 박영사.

이필우(1996). 「조세론」. 서울: 법문사.

McLure, C.(ed).(1983). Tax Assignment in Federal Countries. Australia: Australian National niv. Press.

Musgrave, Richard(1983). Who Should Tax, Where and What? in McLure(ed).

키워드: 국세, 보통세, 목적세, 종가세, 종량세, 정액세, 정률세, 지방세 원칙

작성자: 손희준(청주대)

최초작성일: 2019.12.

지방정치이론(도시정치이론)

1. 개념

지방정부제도에 관심을 갖는 정치적 분석, 공간적으로 제한된 지역공동체의 정치, 그리고 공공소비재 서비스의 생산과 관련을 맺는 정치적 영역에 관한 이론이다. 주요문제영역은 제도적 차원에서 지방(도시)정치와 지방(도시)정부 간 관련성 연구, 특정한 지역성 및 공동체 정치로 제한되는 정치적 과정에 관한 연구, 집합적 소비나 건조환경과 같은 특정한 도시적 주제 및 쟁점과 관련을 맺는 사회적 과정에 관한 연구 등이다.

2. 발전배경

미국에 있어 지방(도시)정치론의 체계적 이론화는 자유주의적 개혁가들이 미국 도시정부의 후견주의적 정치경향을 불식시키고 행정적 전문화를 추구하였던 개혁주의 운동시기부터 이루어졌다. 개혁주의 이념들은 1920년대와 30년대에 두드러지게 나타났던 지방공공행정의 '건실한 실천(good practice)'에 대한 학술적 연구들로부터 도출되었다. 특히 20년대의 도시사회학의 발전에 따른 제도적 연구들이 등장하였다는 점이 다른 나라의 경우와는 차별적인 현상이었다.

지역공동체에 초점을 맞추는 도시사회학과 더불어 지방정부의 정치에 대한 제도적 연구에 가장 심혈을 기울인 것은 헌터(Floyd Hunter)이다. 그는 53년 조지아주의 애틀랜타(Atlanta)시에 관한 연구에서 애틀랜타정치를 집단적으로 지배하는 기업과 사회적 엘리트가 중심이 되는 지역사회권력(community power)의 피라미드식 구조를 밝혀냈다. 헌터의 엘리트 이론이 갖는 함축적 의미는 미국의 민주주의가 시민적 참여라는 기준에서 볼 때 기본적인 결점을 가지며 부적절하게 되는 이유가 바로 권력구조의 바람직하지 못한 형태에서 비롯된다는 것이다. 헌터의 연구는 도시정치에 대한 다원주의적 이념을 지닌 주요 논문들의 등장을 촉발시켰다. 63년의 달(Robert Dahl)과 폴스비(N. Polsby)의 뉴헤이븐(New Haven)지역을 대상으로 한 연구는 방법론적으로 정책결정사례연구뿐만 아니라 서베이 기법도 사용되었는데, 엘리트 이론과는 상반되는 다원주의적 결론이 주장되었다. 그들은 지역공동체 결정권력은 유권자와 광범위한 이익집단들 간에 넓게 분산되어 있으며, 공공정책에 대한 통제는 지역엘리트라기보다는 선출직 정치인들의 손에 쥐어져 있음을 밝혔다.

이후에 진전된 논쟁 중에서 가장 중요한 발전은 70년 바크라흐(Bachrach)와 바라츠(Baratz), 그리고 71년의 크렌슨(Crenson) 등의 신엘리트주의(neo-elitist)연구이다. 그들은 다원주의적 정책결정연구결과들에 대해 반대하면서 정치적 아젠다들에 대한 통제는 공개적인 이해갈등에서 우위를 점하는 것만큼이나 중요한 요소라고 주장하였다. 그들의 견해에 따르면 엘리트의 영향력은 주로 '비결정과정(non-decision making)'을 통하여 이루어진다는 것이다.

1970년대 중반 이후 도시정치분석의 주요한 발전은 서유럽에서 나타났다. 가장 직접적인 자극은 프랑스 마르크스주의적 지방정치연구의 등장으로서 까스텔(Castells)의 연구(1977)에 의해 많은 영향을 받은 급진적 정치경제학적 접근을 통해 자본주의사회의 도시의 생산에 집중되었다. 이들은 공공서비스나 공공재를 공급하는 데 있어 정부가 개입하는 특정한 소비과정에 대한 연구의 필요성을 강조하면서, 공공주택, 학교, 보건, 교통 등과 같은 '집합적 소비'과정은, 선진자본주의 국가들의 경제발전과 사회적 안정성에 중심적인 역할을 수행한다고 주장한다. 1980년대에 이르러 특히 영국에서 이루어진 정치경제학적 접근법은 지방정치에서의 소비과정이라는 동일한 쟁점을 다루면서도 지방정치의 공간적 분화의 역할을 더욱 강조하는 손더스(Saunders, 1981) 등의 자유주의적 베버리언적 경향으로 분화되는 양상을 보였다. 한편 미국의 연구에서 최근 나타나는 주요한 연구영역은 고도로 분화된 미국의 지방정부체계를 설명하거나 또는 상이한 계층간, 정부간 기능을 배분하는 중앙-지방관계의 논리를 강조하는 공공선택이론의 적용에서 도출되고 있다.

3. 이론적 논의

현대 도시정치를 분석하는 이론적 경향은 세계자본주의의 경제적 재구조화의 영향을 강조하는 '구조주의적 이론(structuralist theory)'과 일국적이고 지방적인 정치과정의 중요성을 강조하는 '자유주의적 이론(liberalist theory)' 또는 '지방정치과정이론(local politics process theory)'으로 대별될 수 있다.

먼저, 도시정치의 구조주의이론은 글로벌한 세계자본주의 정치경제의 전개가 전세계적인 도시지역의 성격과 형태를 규정한다는 사실을 강조한다. 따라서 전지구적 차원에서 전개되고 있는 경제적 재구조화에 의한 도시변동을 분석하고자 하는 접근법을 취한다. 그들은 국제경제의 구조적 기반을 강조하면서 글로벌한 도시의 재구조화가 특정한 중심도시의 도시형태를 후기산업사회적인 메트로폴리탄 복합체로 변화시킴으로써 점차적으로 동일한 형태로 수렴된다고 주장한다(Sassen, 1990: 237). 그들의 중심적인 주장은 전반적인 세계 자본주의체제 내에 존재하는 다양한 지리적, 문화적 공간의 상이한 역사, 정치, 지역성에도 불구하고 전세계적으로 도시지역은 유사한 형태로 변화한다는 것이다(Fainstein and Fainstein, 1993: 52-70). 이와 같은 구조주의적 도시정치이론은 자본주의 경제력의 세계적 파급효과를 강조하면서 일국적이고 지방적인 정치, 문화, 사회적 특성 등을 세계자본주의의 지역 재구조화의 흐름에 있어 중요한 매개변수로 인식하지 않는다. 이는 사회적 행위에 있어 경제적 관계에 주도권을 부여하며, 포디즘에서 유연적 축적체제로의 이행과 같은 경제적 변동이 정책변동을 초래한다고 믿는다.

반면에, 자유주의적 접근이나 지방정치과정적 접근은 도시들 간의 자유로운 경쟁과 발전 시나리오의 산출에 있어 정책선택의 중요성을 강조한다. 자유주의 이론가들에 있어 도시쇠퇴에 대한 지방정부관료들의 대응방식은 투자가들에 대해 인센티브를 제공함으로써 경쟁에서 야기되는 불리함을 보상하려는 필요성에서 비롯된다고 본다. 따라서 경제적, 정치적 변동의 전지구적 유형은 정책결정자들의 개별적 결정의 총합인 셈이다. 지방정치과정이론을 지지하는 학자들은 도시발전의 성격을 이해하는 데 글로벌한 정치경제적 구조의 기반이 아니라 지방 및 일국적인 정치적 맥락이 보다 중요하다고 강조한다. 최근의 도시재구조화의 비교연구에 관여한 대다수의 참여자들은 일국적·지방적 맥락, 특히 지방 및 도시의 정치권력관계가 도시분석의 초점이 되어야 한다고 주장한다(Logan and Swanstrom eds. 1990). 이들 학자들은 국가와 도시 간의 집합적 발전이나 현존하는 글로벌한 경제적 영향력이 도시와 시민들을 특정한 정치적·경제적 형태로 묶어버린다는 주장을 펴는 구조주의 이론가들을 비판한다(Pickvance and Preteceille, 1991: 222; Ceccarelli, 1982: 275).

4. 접근방법

1) 다원주의적 접근

다원주의자들에 따르면, 정부기관은 선거경쟁, 광범위한 이익집단과정, 공익수호를 보장하는 정치적 규범의 확보와 공직임용 등에서의 공정성 준수 등을 통하여 시민들의 요구에 대응한다고 믿고 있다. 따라서 다원주의적 정치체제는 개방체제이며 소수이익집단을 존중하고 여론을 중시하는 투입지향적 체제로서 정의된다. 일반적인 다원주의적 접근의 주요한 특징은 다음과 같다(Jordon, 1990). 첫째, 권력은 분산화·분권화되어 있다. 둘째, 모든 집단의 요구가 반드시 승인을 받는 데 성공적이지 않더라도 그들의 요구를 표출할 수 있는 자원을 가지는 한에는 분산된 불평등이나마 존재한다. 셋째, 이러한 권력의 분산화는 어떠한 형태의 민주주의 체계에서도 바람직한 형태이다. 넷째, 상이한 정책부문에서의 정치적 산출물은 이들 부문 내에서의 상이한 과정, 상이한 행위자, 상이한 권력배분을 반영하게 될 것이다. 다섯째, 정치권력의 행사는 자유민주주의에서의 선거의 공식적인 제도적 구조와 대의제적 제도를 초월하여 확대된다. 여섯째, 이해관계의 상호작용은 정당화된 권위의 근원으로서의 '일반의지'에 대한 실제적인 대안을 제공하게 된다. 끝으로, 정책결정의 분산적 성격과 협상과정에서의 불확실성은 참여자들로 하여금 과정 그 자체에 집착하도록 만든다.

2) 엘리트주의적 접근

결속력 있는 엘리트 집단이 사회를 지배하여 권력을 소유하고 사회정책결정에 영향력을 행사한다. 이 때 정책결정은 선거로 선출된 관료들과 정부기관의 범위를 넘어서 여러 조직들과의 역동성, 비공식적 영향력 집단, 엘리트들의 가치와 사회적 위치의 밀접한 관계와 연속성 등이 포함된다. 기존의 엘리트연구는 다시 크게 모스카(Mosca), 파레토(Pareto), 미헬스(Michels) 등의 규범적 접근, 막스 베버(Max Weber)의 기술관료적 접근(technocratic approach), 그리고 라이트 밀즈(C. W. Mills)의 비판적 접근(critical approach) 등으로 분류할 수 있다. 특히 지방정치와 관련하여 밀즈의 비판적 접근은 도시연구에 적용되는 대부분의 엘리트이론의 기본 전제가 되고 있다. 밀즈는 '권력엘리트'를 자연스러운 것도 아니고 바람직스러운 것으로도 보지 않지만, 역사적 경향성의 산물로서 경계한다. 밀즈는 미국에서의 권력은 기본적으로 광범위하게 분산화되고 분권화되었다고 제시하면서, 기업, 정치, 그리고 군부에서 수많은 소규모 지도자들이 가족, 교회, 학교와 같은 사회적 제도에 대해 권력을 공유하고 있다고 본다. 그러나 관료화의 증대에 따라 권력은 대기업회사, 정부와 군부의 중심적인 집행기관에 집중되어진다고 주장한다.

3) 신다원주의적 접근

방법론적 개체주의를 강조한 다원주의와는 달리 신다원주의는 엘리트의 권력과 전통적인 대의제 기구의 취약성을 인정하면서도 사회 내에 분산되어 있는 권력이 개인들 사이에 분산된 것이 아니라 엘리트와 조직들 간에 중복되어 존재하는 것으로 파악한다(Houlinhan, 1988: 59). 여기서의 특징은 전문화와 분산화이다. 특히 지역적인 기능분산제도가 강하기는 하지만 이러한 지방으로의 기능분산에 있어서 전문가집단들은 다음과 같이 오히려 조직적·공간적 중앙집권화 경향을 야기시킨다는 점에 초점을 맞추고 있다. 첫째, 지방정부 내 강력한 전문가집단이 존재한다는 것은 지방정부관리에 있어 명백한 분권화와 더불어 갈등을 야기시킨다. 둘째, 전문가집단들은 몇몇 정부영역에서 민간부문과 접경선에서 작용하는데 이는 조합주의적 영향이 작용할 수 있는 통로가 되어 공공정책의 발달을 왜곡시킨다. 즉, 공익보다는 부문적 이익에 근거한 영향력 행사로 인해 공공정책의 자율성에 타격을 줄 가능성이 있다. 셋째, 전문가는 국가나 사적부문에 고용되어 있거나 관료로서 대민서비스를 담당하는 경우에는 앞서 언급한 자신들의 중립적 특성을 발휘하지 못하는 경향이 있다. 예컨대, 영국의 경우 많은 자치단체들이 1970년대 중반 이후 계속적으로 정책결정에 있어 조직화된 이해관계의 적극적인 개입을 추구하고 있으며, 이 과정에서 지방이익집단활동의 기반이 강화되고 확대되었다(Stoker, 1991: 128).

4) 네오마르크스주의적 접근

(1) 콕번(Cockburn)의 도구주의적 지방국가론

콕번은 국가의 기능을 자본축적 기능과 정당화의 기능으로 구분하면서, 전자의 기능은 중앙정부에 의해 이루어지며, 후자의 기능은 지방정부 수준에서 주로 이루어진다고 설정한다. 정당화는 서로 밀접한 관련이 있는 다음과 같은 두 가지 방식으로 얻어질 수 있다. 첫째, 지방정부구조는 결합된 계급행위가 국가에 의해 창출된 영역 내에서 발생할 때 거기에 대한 방어기제를 형성함으로써 계급갈등의 쟁점들이 변형되고 중앙—지방정부 간 갈등으로 전이된다. 둘째, 지방정부의 정당성은 자유민주주의의 환상을 유지시키는 역할을 수행한다. 도구주의적 입장을 취하는 마르크스주의적 접근에서는 지방정부란 '국가기구'의 성격 이외에 중앙-지방의 차이는 무의미하며 지방정부에 대한 논의는 단지 '지방국가'로서 국가일반론의 축소판에 불과한 것이다(Cockburn, 1977: 2). 따라서 지방정부를 중앙정부와 구분하지 않고 다만 전체의 한 부분으로 인식하며, 자본주의체제하에서 지방정부는 항상 중앙정부에 예속되는 것이라고 파악하였다.

(2) 까스텔(Castells)의 구조주의적 지방국가론

까스텔의 논의는 풀란차스(Poulantzas)의 구조주의적 국가이론으로부터 도출되지만, 프랑스의 연구자인 뚜렝(Touraine)의 영향을 받아 사회운동에 대한 강조와 결합되었다. 국가독점자본주의이론을 거부하면서 까스텔의 선진자본주의이론은 국가의 역할에 중심을 둔다. 국가를 단순히 자본분파에 대응하는 수동적인 존재라는 전통적인 마르크스주의자들의 주장과는 달리 국가를 핵심적인 조직역할을 갖는 것으로 보았다. 특히 지방수준의 국가기구는 반드시 전국적 수준의 독점자본에 유리한 방향으로 정책을 추구하지는 않는데, 이는 지방수준의 자본의 이해관계가 우선시 될 수도 있기 때문이다. 구조주의자들이 상정하는 지방수준의 국가기구의 문제는 지방정부와 자본가계급 간 관계보다는 지방정부와 지역주민의 관계에서 더욱 중요하다. 즉, 집합적 소비의 문제가 지방적 수준의 국가기구가 갖는 정치성의 문제와 관련되어 있기 때문이다.

(3) 던컨과 굿윈(Duncan and Goodwin)의 사회관계론적 지방국가론

던컨과 굿윈의 출발점은 지역사회는 불균등하게 발전한다는 것이다. 즉, 지역 간의 경제적 차별성을 이끌어내는 노동의 공간적 분화가 존재하며, 시민사회에 대한 시민들의 충성심과 신뢰감에서 역시 중요한 지역적 차별성이 존재한다는 것이다. 결과적으로, 각 지역공간은 '지방사회관계'에서 특유한 유형을 형성하게 되는 것이다. 중앙정부는 이와 같은 다양성을 지닌 지역공간을 관리할 필요성을 가지는 한편, '지방국가'는 지역에 따라 상이한 필요성과 이해관계를 반영하는 특정한 능력을 가진다. 이 두 가지 관점이 결합되면서 던컨과 굿윈은 지방국가는 중앙국가의 관리라는 이해관계와 '지방사회관계' 모두에 반응하게 된다고 주장한다. 이에 따라 지방국가는 매개적 역할과 대표적 역할(interpretive and representational role)이라는 이중성을 지니게 되면서, 지역공간이 갖는 사회관계론적 상대적 자율성이 가능하게 되는 것이다. 즉, 지방국가는 중앙에서 결정된 정책에 대한 책임성을 가지는 동시에 지방에 따라 다양한 지방이익을 대표하는 한편, 지방국가는 지배적인 지방이익을 대변하지만 중앙정부 결정의 수행자로서의 역할에 의해 제약을 받기도 한다. 이러한 긴장관계가 중앙정부와 지방정부 간 갈등을 야기시킨다. 또한 각 지방의 다양성은 곧 자본주의 사회의 불균등한 사회적 경제적 발전을 반영하는 것이며, 정치투쟁과 계급의식의 상이한 전통을 반영하기도 한다. 결국 지방정부는 그들 지방의 사회관계와 계급균형, 윤리 혹은 문화적 세력에 따라 상이한 특성을 발전시킨다.

5) 손더스(Saunders)의 이원지방국가론(이중지방국가론; dual local state)

손더스는 베버주의적 방법론에 근거를 두면서도 마르크스주의적 도구주의이론과 '불완전한' 다원주의 이론을 상호보완적으로 재구성하여 이념형적인 모델을 제시하였다. 여기서 그는 계층별 국가기구와 그에 따르는 기능의 선별적 친화력의 가능성을 강조하면서, 초계급적 도시사회운동보다는 집합적 소비에 바탕을 둔 계층별 이해관계를 상이한 국가수준에 연계시킴으로써 차별성을 부각시키고 있다. 이 이론에 따르면, 생산문제는 계급기반적이며, 행위자들의 조합주의적 대표성을 포함하며, 사적소유권에 기반을 둔 분배가 이루어지는 중앙국가의 수준에 초점이 주어진다는 것이다. 다른 한편, 소비문제는 비계급적인 기반을 갖지만, 부문별 이해관계에 기반을 두기 때문에, 이러한 이해관계는 지방국가를 둘러싸고 경쟁적 정치로 발전하게 되는 것이다. 즉, 도구주의적 국가이론이 전자의 경우에 적용되며, 후자는 '불완전한' 다원주의의 적용을 받는다. 또한 손더스에 의하면, 이익중재에 대한 조합주의적 양식은 이윤이라는 이념적 맥락에서 사회적 투자라는 쟁점에 대해 중앙 및 지역수준에서 발달하지만, 지방수준에서는 일련의 비계급적인 경쟁적 투쟁이 사회적 소비라는 쟁점에서 발전한다고 주장하여 지방단위의 연구에서는 다원론적 접근이 더 유용함을 시사한다(Saunders, 1981: 268－278).

5. 평가와 전망

자유주의와 구조주의 간의 결정적인 차이점은 도시발전에 있어 구조(structure) vs. 행위자(agency)에 대한 중요성 부여로 드러난다. 자유주의적 분석들은 구조에 대응하는 개별적 지방정부들의 행위자로서의 역할을 강조하며, 반면에 구조주의적 접근들은 도시정부가 작동하는 범주 내에서의 구조화된 관계를 강조한다. 따라서 구조주의적 분석은 지방적 행위에 대해 중요성을 그다지 부여하지 않는다. 이에 대해 오늘날 자유주의적 또는 구조주의적 접근 어느 쪽도 도시재구조화에 대응하기 위해 나타나는 다양한 정책적 전개에 대해 충분한 설명력을 보여주지 못하고 있다는 것이 일반적인 견해이다. 즉, 경제적 구조나 개별적 행위 중 어느 한 부분만을 강조한다고 해서 도시적 변동을 설명할 수는 없는 것이다. 지방정부의 행위는 경제적 맥락에 의해 조건지워지기는 하나, 정책변동이 경제적 경향의 직접적 산출물로서 인식되어지지는 않는다. 지방적 경험의 다양성은 "(지방)정치가 중요하다(politics matters)"는 경험을 충분히 보여주고 있는 것이다. 따라서 도시연구는 도시재구조화를 구성하는 구조－행위자, 경제－정치, 글로벌－로컬 등의 전제요소들을 상호 간에 이해할 필요가 있다. 결국 도시변동에 있어 보다 유연한 접근이 필요한 것이다.

또한 다원주의, 엘리트주의, 신다원주의 접근은 기본적으로 분석단위상 개별주의적 수준의 이론이다. 이러한 접근은 지역사회가 일정하게 안정적인 구조를 형성하여 지방정부가 독립적인 활동영역과 독자적인 논리를 가진다는 사실을 전제로 한 것이다. 그러나 아직 우리나라의 지방정부가 독자적인 정치, 행정적 권한을 갖지 못한 상태에서 지역의 주요문제는 상당수 중앙정부의 문제로 간주되며, 실질적으로 지방정부를 중심으로 한 지역문제가 아직은 고유한 영역으로 자리를 확보하지 못하고 있기 때문에 이론적 적용에 있어 보다 신중한 접근이 요구된다.

한편, 정부기능을 중심으로 하는 네오마르크시즘적 접근방법은 자본관계를 지역문제에 지나치게 도식적으로 적용하려는 기본적인 한계를 지닌다. 도시정치에 있어 마르크스주의적 접근들은 경제적 이해관계를 위한 정책의 영향, 경제적 이해관계와 계급갈등에 대한 영향 등에 관한 관심을 이끌어냈다는 점에서 일정한 이론적 기여를 하였다고 볼 수 있지만, 일반적인 이론적 문제점으로서 개념의 추상화, 모순적 과정의 공존, 실증근거의 선택적 제시 등을 지적할 수 있다.

참고문헌

Castells, M.(1977). The Urban Question: The Marxist Approach. London: Edward Arnold.
Ceccarelli, P.(1982). "Politics, Parties, and Urban Movements: Western Europe." In Norman I. Fainstein and Susan S. Fainstein eds. Urban Policy Under Capitalism. Beverly Hills: Sage.
Cockburn C.(1977). The Local State. London: Pluto Press.
Duncan, S. and Goodwin, M. (1988). The Local State and Uneven Development. Oxford: Polity.
Fainstein, N. and Fainstein, S.(1993). "Participation in New York and London: Community

and Market under Capitalism," In Robert Fisher and Joseph Kling (eds.), Mobilizing the Community: Local Politics in the Global City. Newbury Park: Sage. 52−70.

Houlinhan, B.(1988). Housing Policy and Central−Local Relations. Cambridge: Avebury.

Jordan G.(1990). "The Pluralism of Pluralism: an anti−theory." *Political Studies*, 38(2): 286−301.

Logan, J. R. and Swanstrom, T. eds.(1990). Beyond the City Limits: Urban Policy and Economic Restructuring in Comparative Perspective. Philadelphia: Temple University Press.

Pickvance C. and Preteceille, E.(1991). State Restructuring and Local Power: a comparative perspective. London and New York: Pinter Publication.

Sassen, S.(1990). "Beyond the City Limits: A Commentary," In J. R. Logan and T. Swanstrom eds. Beyond the City Limits: Urban Policy and Restructuring in Comparative Perspective. Philadelphia: Temple University Press.

Saunders, P.(1981). "Community Power, Urban Managerialism, and the Local State,"In M. Harloe, New Perspectives in Urban Change and Conflict. Heineman Educational Books.

Stoker, G.(1991). The Politics of Local Government (2nd edn). London: Macmillan.

키워드: 지역사회권력구조(CPS), 집합적 소비, 구조주의 도시이론, 자유주의 도시이론, 다원주의적 접근, 엘리트주의적 접근, 신다원주의적 접근, 네오마르크스주의적 접근, 지방국가

작성자: 박재욱(신라대)

최초작성일: 2001.12.

지방채(Local Debt)

1. 지방채의 개념

지방채(local debt)는 지방자치단체가 재정수입의 부족을 보충하기 위하여 과세권을 담보로 자금을 조달하는 채무를 말한다. 지방채의 발행 주체는 지방자치단체와 지방자치단체조합이다. 지방공사·공단의 차입금, 당해 연도에 채무상환이 이루어지는 일시차입금, 채무부담행위 등은 지방채라고 할 수 없다.

지방채는 지방자치단체의 영역 밖에 있는 재원을 해당 자치단체의 개발 재원으로 동원함으로써 조세권에 기반하고 있는 일반재원의 총량적 규모의 한계를 극복할 수 있는 재원으로서 그 의의가 있다.

지방채는 재정수입을 보완하는 기능을 한다. 지하철·도로·상수도 등 사회간접자본의 건설을 위한 자금의 부족분을 보완하는 기능을 한다. 그리고 지방채는 현세대와 미래세대 간, 그리고 현주민과 미래주민들 간에 재정부담의 공평성을 제고한다. 지방자치단체가 시행하는 사업 중 그 편익이 미래세대 및 향후 미래주민들에게 발생하면서 일시에 많은 자금이 소요되는 대규모 사업의 경우 투자재원을 조세보다는 지방채로 충당하는 것이 바람직하다. 그러나 과도한 지방채 발행은 미래세대와 미래주민들에게 자신들의 의지와 무관하게 과중한 재정부담을 지게 된다. 지방채는 그 발행시점과 상환시점이 다르기 때문에 지방자치단체의 장은 조세 저항이 있는 지방세보다는 지방채 발행을 통한 재원으로 자신의 업적으로 과시하고 싶어 한다. 우리나라에서는 지방채 발행 한도제를 운영하고 있다.

2. 지방채의 발행 근거

지방자치단체는 주민의 복리 증진을 위하여 그 재정을 건전하고 효율적으로 운용하여야 한다. 지방자치단체의 세출은 지방채 이외의 수입을 그 재원으로 하여야 하며, 다만 부득이한 경우 지방채로 충당할 수 있다. 즉 지방채를 발행할 수 있는 경우는 ① 공유재산의 조성 등 소관 재정투자사업과 그에 직접적으로 수반되는 경비의 충당, ② 재해예방 및 복구사업, ③ 천재지변으로 발행한 예측할 수 없었던 세입결함의 보전, ④ 지방채의 차환, ⑤ 지방교육재정교부금 차액의 보전, ⑥ 교원의 명예퇴직 비용의 충당 등이다.

지방자치단체의 장이 지방채를 발행하려면 재정 상황 및 채무 규모 등을 고려하여 행정안전부장관이 정하는 지방채 발행 한도액의 범위에서 지방의회의 의결을 얻어야 한다. 다만, 지방채 발행 한도액 범위라도 외채를 발행하는 경우에는 지방의회의 의결을 거치기 전에 행정안전부장관의 승인을 받아야 하며, 승인을 받으면 지방채 발행 한도액을 초과하여 지방채를 발행할 수 있다.

3. 지방채의 종류

첫째, 지방채는 그 발행방법에 따라 증서차입채와 증권발행채로 나눈다. 증서차입채는 지방자치단체가 증서에 의해 차입하는 지방채를 말하고, 증권발행채는 증권발행 방법에 의해 차입하는 지방채를 말한다. 지방재정법시행령에서는 증서차입채를 차입금, 증권발행채를 지방채증권으로 규정하고 있다. 차입금은 다시 국내차입금과 국외차입금으로, 지방채증권은 국내지방채증권과 국외지방채증권으로 나눌 수 있다.

둘째, 지방채는 발행하는 회계에 따라 일반회계채와 특별회계채(공기업특별회계채, 기타특별회계채)로 나눈다. 일반회계채는 일반회계의 재원으로 조달하는 것이고, 특별회계채는 특별회계로 조달하는 것이다.

셋째, 지방채는 그 상환방법에 따라 일시상환채와 분할상환채로 나눈다. 일시상환채는 상환기간이 되면 전액을 일괄하여 상환하는 것을 말하고, 분할상환채는 원리금을 여러 회에 걸쳐 상환하는 것을 말한다. 분할상환채는 다시 상환 액수에 따라 균등상환채와 불균등상환채로 나눌 수 있다.

넷째, 소화방법이 강제적이냐 임의적이냐에 따라 강제공채와 임의공채, 발행주체에 따라 특별시채, 광역시채, 도채, 시채, 군채, 자치구채, 지방자치단체조합채로 나눌 수 있다. 그리고 상환 기간에 따라 단기채와 장기채, 조달된 자금의 용도에 따라 생산공채와 비생산공채, 채무의 순증 여부에 따라 신규채와 차환채로 나눌 수 있다.

4. 지방채 발행 한도액

지방채 발행 한도액은 해당 지방자치단체의 전전년도 예산액의 10/100 범위에서 행정안전부장관이 정하는 금액으로 한다. 이때 고려하는 사항은 ① 이미 발행한 지방채의 발행액, ② 보증채무부담행위액 중 채무자의 파산 등으로 인하여 지방자치단체가 채무 이행의 책임을 지게 된 금액, ③ 채무부담행위액, ④ 그 밖에 해당 지방자치단체의 채무규모, 채무상환 일정, 재정부담 상황 등 행정안전부장관이 정하는 사항 등이다(지방재정법 시행령 제10조).

다만, 행정안전부장관은 경제자유구역 행정기구(지방자치단체 소속기관에 한함)의 원활한 사업 추진을 위하여 필요한 경우에는 지방채 발행 한도액 외에 지방채 발행 추가한도액을 정할 수 있다.

5. 지방채 발행의 절차

첫째, 행정안전부장관은 매년 7월 15일까지 다음 연도 지방자치단체 지방채 발행 한도액을 통보하여야 한다.

둘째, 지방자치단체의 장(또는 지방자치단체조합의 장)은 다음 연도에 행정안전부장관의 승인을 얻어 지방채를 발행하고자 하는 때에는 행정안전부장관이 정하는 기준에 따라 8월 31일까지 다음 연도의 지방채발행계획안을 행정안전부장관에게 제출하여야 한다. 이 경우 시·군 및 자치구의 지방채발행계획안은 시·도지사를 거쳐 제출하여야 한다.

셋째, 행정안전부장관은 지방채발행계획안을 관계 중앙관서의 장과 협의하여 10월 31일까지 승인 여부를 결정·통보하여야 한다.

참고문헌

김종희(2006). 「지방재정론」. 서울: 범론사.

유훈(2000). 「지방재정론」. 서울: 법문사.

전상경(2007). 「현대지방재정론」. 서울: 박영사.

행정자치부(2008). 「2009년도 지방채발행계획수립기준」.

Freeman, Robert J. & Craig D. Shoulders(2003). *Govermantal and Nonprofit Accounting*. New Jersey: Prentice-Hall.

키워드: 차입금, 지방채증권, 지방채발행한도액

작성자: 김종희(선문대)

최초작성일: 2019.12.

지식인프라

1. 개념

지식인프라의 개념은 지식과 인프라의 합성어로서 최근에 많이 사용되는 단어이다. 논자에 따라 다양한 개념정의가 가능하지만 간략하게 말하면 '지식창출을 용이하게 하거나 그런 방향으로 유도하는 하부구조'를 말한다. 좀 더 구체적으로 말하면 '지식의 획득·창조·가공·유통을 용이하게 유도함과 아울러 사용자와 공급자 간에 서로 공유함으로써 그 지식효과의 체증을 유도하여 경쟁력 강화로 연계시키는 하드웨어·소프트웨어·오가웨어·데이터웨어 및 휴먼웨어 등의 하부구조'이다. 여기서 하드웨어란 정보시스템, 정보기술 등을 말하며, 소프트웨어는 정보시스템을 구성·운영하는 프로그램이며, 오가웨어(orgaware)는 조직구조, 조직문화, 평가 및 보상제도를 말하며, 휴먼웨어(humanware)는 조직구성원 및 리더의 마인드를 말하며, 데이터웨어(dataware)는 콘텐츠를 말한다. 여기서 '정보인프라'보다 '지식인프라'라는 용어를 사용한 것은 '정보'에서 '지식'으로 그 중요성이 변화해 가는 상황을 반영한 것이다. 따라서 지식인프라와 정보인프라의 개념차이는 지식과 정보의 개념차이와 거의 같다.

2. 이론적 배경

지식인프라의 이론적 배경은 지식과 인프라의 개념과 관련된다. 우선 인프라는 인프라스터럭쳐(infrastructure)의 준말로서, 흔히 SOC로 불리우는 도로, 철도, 항만, 공항, 전력, 댐, 상하수도, 환경처리시설 이외에 정보통신시설 등을 말한다. 이러한 인프라는 생산활동의 간접적인 지원, 투자의 촉진, 경제개발의 촉진, 물가 조절기능, 기술혁신 촉진, 지역격차 해소 등 국가경제발전과 국민복지를 결정하는 중요한 국가기간시설이다. 대체로 인프라는 특정한 조직이나 시스템이 일정한 목적을 달성하기 위해서는 반드시 필요한 기반시설을 의미하며, 주로 경제성과 경쟁력강화를 강조하는 개념이다. 따라서 조직이나 시스템이 경쟁력을 강화하기 위해 필요한 자원들(resources)이라고 볼 수 있다. 2000년에 발행된 미국 백악관보고서에 의하면 인프라란 '상호의존적인 네트워크 및 시스템의 틀(The framework of interdependent networks and systems)'로 정의하고 있다. 한편 지식은 어떤 맥락에 의해 규정되며(context-specific) 그 상황에 의존하는 한 합리적이며, 개인과 조직의 사회작용에 의해 역동적으로 생성되는 것이 대부분이다. 이러한 지식은 초기 창출에는 막대한 규모의 투자 혹은 비용을 필요로 하지만 일단 창출된 지식은 기존의 노동, 자본과는 달리 지식 한 단위 투입에 따른 수확이 오히려 증가하는 수확체증(increasing return)이 있으며, 동시에 축적 또는 결합된 지식은 그 이상의 효과를 발휘하는 외부경제효과를 가지는 특징이 있다.

3. 평가와 전망

지식은 부가가치의 원천이 된다. 그것은 지식의 특성인 주관적 의미가 지향하는 궁극적인 목표가 바로 부가가치의 창출에 있기 때문이다. 지식인프라는 부가가치의 원천인 지식생산을 위한 수단이라는 점에서 그 의의를 갖는다. 그리고 지식이 생명력을 지니고 진화하는 것은 환경에 대한 인지와 함께 새로움에 대한 학습의 결과이기 때문에 지식인프라는 이러한 학습을 도와주는 하부구조(infrastructure)로서의 의미를 동시에 가진다.

키워드: 정보, 지식, 인프라
작성자: 이기식(한중대)
최초작성일: 2003.02.

1. 개념

지역정보화란 특정한 지역을 대상으로 정보자원을 효과적으로 구조화하여 해당 지역의 발전을 도모하는 통합적인 노력을 말한다. 다시 말하면 해당 지역의 행정분야, 산업분야, 생활분야 등에 선진 정보통신기술을 적용하여 지역의 경제발전과 지역주민의 삶의 질을 향상시키는 데에 목적을 두고 있다. 지역정보화로 인해 기대되는 효과는 매우 광범위하여 사회간접자본 확충, 정보산업분야의 고용창출, 정보처리비용 절감 등을 포괄한다.

정보화가 사회 전반에 걸쳐 폭 넓게 응용되면서 그 범주가 수평적으로 확산될 뿐만 아니라 수직적으로도 정보화의 수준이 국가차원에서 지방수준 및 개별조직과 개인으로 구체화되고 있다. 이처럼 정보화의 수평적 확대와 수직적 심화는 종국적으로 지역정보화로 모아지게 되었다.

지역정보화는 1980년대 말부터 정보통신부, 행정자치부, 산업자원부, 과학기술부, 농림부 등 중앙부처는 물론 지방자치단체와 민간부문에서도 개별적으로 추진되어 오고 있다. 그러다가 1996년에 이르러 모든 광역자치단체와 일부 기초자치단체에서 지역정보화사업계획을 수립하기 시작하였다. 지역정보화의 본격적인 추진은 1997년 5월 제2차 정보화추진확대보고대회에서 1997년을 지역정보화 본격추진의 해로 선언하면서 지방자치단체의 정보화추진체계가 정비되기 시작한 시점이다. 이후 정보통신부의 정보화촉진기금을 재원으로 한 지역정보화사업과 1999년부터 시작된 행정자치부의 특별교부세를 재원으로 한 시책사업 등이 이루어지고 있다.

2. 목표

2001년 지역정보화촉진시행계획에 의하면 지역정보화의 기본목표는 수준 높은 지역정보화정책의 추진으로 지역주민의 삶의 질을 향상시키는 것임을 밝히고 있다. 이를 보다 구체적으로 기술하면 다음과 같다.

1) 지역 주민의 삶의 질 향상

수준 높은 지역정보화 추진으로 지역주민의 삶의 질을 향상시키기 위해서는 지역사회 네트워크 구축으로 기관과 주민, 주민과 주민사이의 정보교류 및 지역사회의 참여를 촉진시키며 주민들의 일상생활과 밀접한 의료, 환경, 교육, 문화 등 정보문화 환경을 대폭 증진시킨다는 것이다.

2) 행정 능률성 제고

지역정보화는 지방행정 정보화로 행정능률제고 및 대민서비스의 획기적 개선이라는 목표를 가지고 있다. 지역의 모든 행정업무의 전자적 처리가 가능토록 함으로써 행정의 생산성을 제고하고자 한다. 주민들이 행정기관과의 업무를 처리할 때 들어가는 지역주민의 사회비용을 줄여주기 위해서는 One/Non-stop 행정서비스 제공이 반드시 이루어져야 한다.

3) 지역경제의 활성화

지역 간 정보격차(Digital Divide) 해소로 지역균형발전과 지역경쟁력을 강화하고자 한다. 지역정보화를 통해 수도권과 지방 간의 정보화 불균형 해소로 지역균형발전을 이룰 수 있으며 정보 인프라를 활용하여 생산성을 향상하고, 새로운 산업과 일자리의 창출을 지원한다.

3. 추진연혁

1) 초기 지방행정전산화단계(70년대 말 – 80년대 중반)

70년대 후반에 서울시청, 부산시청, 충북도청에서 시범적으로 지방세 등이 전산처리되기 시작한 것이 효시이다. 1980년 9월에는 지방행정전산화 추진규정(내무부훈령)이 제정되었으며 이에 따라 1982년에서 1984년까지 전 시·도청에 외국산 주전산기가 도입되었다. 이로써 토지기록 전산화, 정기분 지방세 처리, 각종 공과금 등 자체업무를 처리하고 산하 시·군·구의 전산업무를 지원할 수 있게 되었다. 조직면으로는 1983년부터 1985년 기간 동안 시·도에 전산담당관실이, 그리고 1987년에는 내무부에 전산지도과가 설치되었다.

2) 국가기간전산망계획에 따른 행정전산망사업추진(1987 – 1996)

국가기간전산망이란 행정망, 공안망, 국방망, 금융망, 교육망 등 5개망으로써 이중 행정전산망사업을 추진하면서 지역정보화의 기초를 구축하게 된다. 행정전산망 사업은 87년부터 91년까지를 1단계, 92년부터 96년까지를 2단계로 하여 추진되었다. 1단계 행정전산망 사업(1987–1991)은 당시 총무처가 총괄하였는데 5개 부처 6개 사업이 관련되어 주민등록관리, 부동산관리, 자동차, 고용, 통관, 경제통계 등을 포괄하였다. 사용된 주전산기는 국산 주전산기 I (톨러런트)로서 전담사업자(데이콤)가 선투자 후 정산하는 방식을 취하였다. 주민등록관리 행정전산망이 구축됨으로써 전국 읍·면·동에 온라인 등·초본 발급서비스(94년 7월)가 시작되었고 부동산관리 행정전산망을 통해 전국 시·군·구 온라인 토지대장 등본발급서비스(91년 2월)가 제공되었다. 2단계 행정전산망 사업(1992–1996)에서는 정보통신부의 지원을 받아 대구광역시 남구 등 6개 시·군·구에 타이컴이 시범 보급되었다. 주민등록 전·출입신고 통합관리시스템이 구축(95년 5월)되어 전출, 전입신고를 전입신고 1회로 3분 내에 온라인으로 업무를 처리할 수 있게 되었다. 또한 국토종합정보시스템이 구축됨으로써 전국 토지자료, 공시지가자료, 주민등록자료 등이 통합 관리되는 계기가 마련되었다.

3) 지방행정정보화의 본격적인 추진(1993년 이후)

1993년에 「지방행정전산화 중·장기 기본계획」이 수립되었는데 이의 내용으로는 전 시군구에 주전산기 설치, 전 업무의 데이터베이스 구축, 향후 지역정보센터와 연계 운영, 지방행정종합정보망 구축·확장, 전자문서관리시스템의 설치 및 공무원 1인 1PC 보급 등이다. 1993년부터 시군구에 전산실이 설치되기 시작하였으며 1994년 7월에는 내무부훈령으로 「지방행정업무전산개발표준화규정」이 제정되었던 바 있다. 1997년 12월에 착수되어 현재까지 추진되고 있는 「시군구 행정종합정보화」사업은 광주 서구 등 4개 시군구를 시범사업지역으로 하여 주민행정 등 10개 분야 종합정보화에 이어, 1999년에 2차 시범사업(11개 업무), 2000년부터 전 시군구로 확대되었다.

4) 지방자치단체들의 지역정보화 본격적 지원

「정보화촉진기본법」및 동법 시행령이 1996년 1월 1일 시행되면서 정보화추진위원회 및 지방자치정보화분과위원회가 구성되었으며(법 제8조), 자치단체장의 지역정보화추진의무가 규정(법 제11조)되었다. 이에 따라 정보화촉진기본계획이 수립되었고, 국가정보화촉진 10대 과제가 선정되었는데 이중 하나가 바로 지역균형발전을 위한 지역정보화 지원이었다. 1997년부터 2010년까지 3단계로 추진하는 「지역정보화촉진시행계획」이 수립되어 우선 1997년부터 2000년까지 1단계 계획에서는 지역정보화추진체계 확립, 지역정보센터 설립 등 기반조성을 주요 내용으로 하고 있다. 또한 자치단체 정보화를 위해 '자치정보화지원재단'이 설립되었는데, 이는 서울을 제외한 15개시도 지방자치단체에서 30억 원을 출연한 비영리 재단법인으로서 1999년부터 자치단체 연간회비 및 서비스수수료로 운영되고 있다.

참고문헌

김선기(1998). 『지역종합정보센터의 설립·운영모형』. 한국지방행정연구원.

김성태(1999). 『행정정보체계론 — 정보정책론과 전자정부론 —』. 서울: 법문사.

박정수·김현성(2001). 『지역정보화와 국가정보화의 효율적 연계방안 연구』. 정보통신부 정보통신 학술연구과제 연구보고서.

키워드: 지역정보화정책, 지역정보화사업, 지역정보화촉진시행계획, 지역정보센터, 자치정보화지원재단

작성자: 김현성(서울시립대)

최초작성일: 2001.11.

지역정보화 정책

1. 개념

지역정보화란 주로 지역주민들이 필요로 하는 해당 지역 각 분야의 다양한 정보들을 수집하여 알기 쉽도록 분류, 가공된 형태로 배포, 제공하여 주민 기업 및 공공기관의 다양한 활동에 유용하게 사용되도록 함으로써 궁극적으로는 지역주민의 삶의 질을 향상시키는데 그 목적이 있다. 따라서 지역정보화의 개념은 지역사회의 총체적 정보화를 의미하며 일률적으로 개념정의를 내리기는 어렵지만 슈넬렌(Snellen)의 정보화(informatization)에 대한 개념정의에 근거하면 다음과 같이 다섯가지 개념을 포함하는 것으로 이해된다.

첫째, 전산(컴퓨터)정보시스템을 사용하여 지역정보의 공급과정을 형성하거나 처리하는 정보기술(information technology)의 도입.

둘째, 지역정보공급과 관련하여 정보의 흐름과 정보관계를 조직화하거나 재정비하는 것.

셋째, 지역사회의 각 분야에 정보기술의 전문성을 도입하는 것.

넷째, 지역사회발전을 위한 하나의 정책분야로서 지역정보정책의 개발.

다섯째, 정보기술이 도입되는 지역에 있어서 지역사회구조의 변화 또는 조정.

지역정보화의 개념을 위와 같이 대략 다섯가지로 구분하여 볼 때 각 지역에서 운영되고 있는 지역정보센터와 지방행정전산화는 첫째와 둘째의 개념과 밀접한 관련이 있다고 볼 수 있다. 셋째 개념은 주로 지방행정기관 지방교육기관 지역의 기업 및 주민들이 담당해야 할 몫이며, 넷째 개념은 관련 중앙부처 및 지방자치단체의 몫이라 할 수 있다. 그리고 다섯째 개념은 지역정보화로 인한 결과적 양태를 지칭한다고 볼 수 있다.

2. 우리나라 지역정보화정책의 문제점과 개선방향

우리나라에서 지역정보화의 개념이 본격적으로 도입된 것이 1990년대인 만큼 지역정보화정책 추진의 역사는 매우 일천하다고 할 수 있다. 중앙과 지방, 도시와 농촌간의 정보격차를 해소하고 농어촌 및 벽지지역을 살만한 곳으로 만들자는 우리나라 지역정보화정책의 목적에 있어서는 선진국의 지역정보화정책 목적과 다를 것이 없다. 그러나 실제적인 정책의 추진과정에서는 많은 문제점이 노출되었는데 주요 문제점을 지적하면 다음과 같다.

첫째, 초창기 지역정보화 추진에 있어 중앙의 관련부처들의 필요에 따라 하향식(top-down)으로 추진되어 왔다는 점이다. 이에 따라 일관성, 연계성이 없고 중복투자가 발생하였다. 특히 지방자치단체들과 밀접한 협조가 이루어지지 못하고 지역주민의 요구사항이 제대로 반영되지 못하였다. 예를 들어 정보통신부 산하 한국정보문화센터에 의해 추진되었던 지역정보센터의 경우 사단법인의 형태로 운영되었다는 점에서 운영상의 구조적 문제점을 지니고 있었다. 즉 시스템 장비구입 및 개발비용을 한국정보문화센터에서 지원해 주었다 하더라도 운영비용 조달에 있어 지방자치단체의 책임이 없었기 때문에 효율적인 운영에 필요한 인력과 예산의 확보에 어려움을 겪을 수밖에 없었다.

둘째, 지역정보화정책 추진에 있어 중앙부처–광역자치단체 지역정보센터–시군단위 지역정보센터–기초지역정보이용센터 등 계층별로 유기적이고 체계적인 연결망이 이루어지지 못했다는 점이다.

이 가운데 특히 스칸디나비아제국에서 볼 수 있었던 '전자마을회관(electronic village hall)' 개념의 기초지역정보이용센터가 제대로 구축되고 활용되지 못했다는 점에서 지역주민의 정보리터러시 향상에 크게 도움이 되지 못했다고 평가할 수 있다.

셋째, 빠르게 변화하는 정보기술의 변화속도를 예측하지 못하였다. 기초자치단체에 설립된 지역정보센터들의 경우 주로 PC통신에 기반하여 정보제공을 하였는데 인터넷의 확산을 예측하지 못하여 기존 장비들을 모두 폐기처분하는 예산의 낭비를 가져온 사례들도 있었다.

넷째, 가장 중요한 문제점으로서 공급자 위주의 지역정보화정책을 실시해왔다는 점이다. 최근까지도 지역정보화사업이나 지역정보센터의 설립 정책 등이 지역의 특성과 수요측면을 고려함이 없이 정보공급위주로 추진되고 운영되었다는 점이다. 특히 농촌지역정보화의 경우 무엇보다도 컴퓨터 보급 등 정보인프라의 구축과 농업인에 대한 컴퓨터 교육의 확대와 같은 수요자 위주의 정책이 뒷받침될 때 농업정보이용 및 생활정보이용의 활성화에 의한 농업인들의 소득증대 및 삶의 질 향상이 이루어질 수 있을 것이다.

위와같은 우리나라 기존의 지역정보화정책의 문제점을 생각해 볼 때 가장 중요한 것은 공급자가 아닌 수요자 위주의 정책이 추진되어야 한다는 점이다. 따라서 향후 우리나라 지역정보화정책의 중점은 각 지역에 있어서 정보인프라의 확충과 지역주민의 정보리터러시 향상에 두어야 할 것이다.

참고문헌

김성태(1995). 지방자치시대의 새로운 지역정보화 추친체계. 「행정문제논집」, 13. 한양대 행정문제연구소.

김성태(1999). 「정보정책론과 전자정부론」. 서울: 법문사.

류재춘(1996). 지역정보화와 지역개발. 「정보처리」, 3(3): 46.

임태균(1996). 지역정보화: 사례와 개선방향. 「한국사회와 행정연구」, 7: 139-148.

임태균(2001). 「농업인의 정보리터러시 및 농업정보이용에 관한 실태조사 - 함안군 및 김해시를 중심으로」. 학술진흥재단연구보고서.

홍성걸(2000). 지역정보화와 주민생활. 「정보화로 가는길」, 2: 27.

Qvortrup, L. et al.(eds.).(1987). Social Experiments with Information Technology and the Challenges of Innovation. D. Reidel Publishing Co.: Dordrecht.

Snellen I. Th. M.(1990). Information and democratic represenatation. In Berleur J. and Drumm J.(eds.) Information Technology Assesment. North Holland: Amsterdam. 293-294.

키워드: 지역주민, 지역사회, 지역정보센터, 지방행정전산화, 지역정보공급, 지역정보화정책, 수요자위주의 지역정보화정책, 정보리터러시, 정보인프라(information inprastructure)

작성자: 임태균(인제대)

최초작성일: 2001.08.

직렬(Series)

직렬(series)은 직무의 종류는 유사하지만 그 업무를 수행하는 데 필요한 기술과 책임의 수준이 서로 상이한 모든 직무들을 인력관리의 편이와 효율성을 제고하기 위해 하나의 집단으로 묶어 놓은 것이다. 참고로 현행 직렬체계는 아래와 같다.

표 1. 직군, 직렬, 직류 현황(2020년 5월 현재)

직 군	직 렬	직 류
행 정	교 정	교정
	보 호	보호
	검 찰	검찰
	마약 수사	마약 수사
	출입국 관리	출입국 관리
	철도경찰	철도경찰
	행 정	일반행정
		인사조직
		법무행정
		재경
		국제통상
		운수
		고용노동
		문화홍보
		교육행정
		회계
	직업 상담	직업 상담

	세 무	세무
	관 세	관세
	사회 복지	사회 복지
	통 계	통계
	사 서	사서
	감 사	감사
	방 호	방호
		경비
기 술	공 업	일반기계
		농업기계
		운전
		항공우주
		전기
		전자
		원자력
		조선
		금속
		야금
		섬유
		화공
		자원
		물리
	농 업	일반농업
		잠업
		농화학
		식물검역
		축산
		생명유전
	임 업	산림조경
		산림자원
		산림보호
		산림이용
		산림환경
	수 의	수의
	해양	일반해양
	수산	일반수산

		수산제조
		수산증식
		어로
		수산물 검사
		일반선박
		선박항해
		선박기관
		선박관제
		수로
		해양교통 시설
	기 상	기상
		지진
	보 건	보건
		방역
	의료 기술	의료 기술
	식품 위생	식품 위생
	의 무	일반의무
		치무
	약 무	약무
		약제
	간 호	간호
	간호 조무	간호 조무
	환 경	일반환경
		수질
		대기
		폐기물
	항 공	일반항공
		조종
		정비
		관제
	시 설	도시 계획
		일반토목
		농업토목
		건축
		지적
		측지
		교통시설

		도시교통 설계
		시설조경
		디자인
	방재 안전	방재 안전
	전 산	전산 개발
		전산 기기
		정보 관리
		정보 보호
	방송 통신	통신사
		통신 기술
		전송 기술
		전자 통신 기술
		방송 기술
	방송 무대	방송 무대 기술
		방송 제작
	운 전	운전
	등대 관리	등대 관리
	위 생	위생
		사역
	조 리	조리
관리 운영	토목 운영	토목 운영
	건축 운영	건축 운영
		목공 운영
	통신 운영	통신 운영
	전화 상담 운영	전화 상담 운영
	전기 운영	전기 운영
	기계 운영	기계 운영
		영사 운영
	열관리 운영	열관리 운영
	화공 운영	화공 운영
	선박 항해 운영	선박 항해 운영
	선박 기관 운영	선박 기관 운영
	농림 운영	영림 운영
		원예 운영
	산림 보호 운영	산림 보호 운영
	보건 운영	보건 운영

사무 운영		조무 운영
		타자 운영
		전산 운영
		제도 운영
		필기 운영
		사서 운영
		편집 운영
		집배 운영
		기상 관측 운영
		감식 운영

출처: 「공무원임용령」 「별표 1」 일반직 공무원의 직급표.

키워드: 직렬, 직무, 책임, 인력관리

작성자: 조경호(국민대)

최초작성일: 2001.08., 수정작성일: 2020.05.

직위분류제(Position Classification)

1. 직위분류제의 개념

직위분류제(position classification)는 계급제(rank-in-person)와 함께 대표적인 공직분류제도로 소개될 수 있다(김정인, 2018: 92). 계급제가 "사람을 중심으로 공직을 분류하는 방식"이라면, 직위분류제는 "직무를 중심으로 공직을 분류하는 방식"이다(유민봉·임도빈, 2016: 84). 전자가 공무원이라는 사람 중심의 공직분류 방식이라면, 후자는 직무특성에 따른 공직분류 방식인 것이다(정정길 외, 2017: 315). 직위분류제는 직무의 가치와 성격에 따라서 공직을 분류하고 이에 따라서 등급(직무등급)을 부여하는 제도이다(박천오 외, 2016: 100).

직위분류제에서 가장 중요하게 고려하는 것은 직무이다. 직무수준과 종류에 따라서 공직을 수직적·수평적으로 분류하고 이를 체계화 하는 제도인 것이다. 직무의 난이도, 중요도, 책임도 기준에 따라서 공직의 수직적 기준이 결정되고(예: 미국의 GS 등급), 직무의 전문분야별 종류에 따라 수평적 기준이 설정된다(백종섭 외, 2016: 71). 이와 같이 직위분류제는 일(직무)의 특성을 고려한 공직분류제도인 것이다.

2. 직위분류제의 등장배경과 특징

직위분류제는 20세기 초 미국에서 발달하기 시작하여 다른 나라로 전파된 공직분류제도로서, 실적제의 전통이 강한 국가(예: 미국)에서 발달하였다(박천오 외, 2016: 100). 미국은 농업사회의 신분제 사회 계급의식이 존재하지 않았으며, 일찍부터 실적주의가 발달하여 전문

지식과 기술에 대한 요구도가 높았다. 또한 과학적 관리기법이 발달하여 직무분석과 직무평가가 활발하게 운영되어 직위분류제가 발달할 수 있는 기반이 마련되었던 것이다(정정길 외, 2019: 316–317). 미국에서 직위분류제의 발달은 연방정부 보다는 주정부를 중심으로 이루어졌다. 직위분류제는 1912년 시카고 시를 중심으로 일리노이 주정부에서 처음으로 도입되어 이후 20년 동안 다른 주정부와 지방정부로 확산되었다. 미국 연방정부에서는 1919년 연방의회에서 직위분류제가 처음으로 논의되었으며, 1923년 직위분류제(the Classification Act of 1923)가 최초로 제정되었다(박천오 외, 2016: 114–115). 한국에서는 1949년 「국가공무원법」이 제정된 이후 지속적으로 계급제가 유지되었지만, 1963년 「국가공무원법」에서 직위분류제 조항을 신설한 후 부분적으로 직위분류제적 요소(예: 고위공무원단의 직무등급)를 도입·운영하고 있다(김정인, 2018: 97).

직위분류제의 특징은 다음과 같다(이하 김정인, 2018: 94). 첫째, 직위분류제는 '동일직무에 대한 동일보수'제공을 원칙으로 한다. 직무의 중요도, 곤란도, 책임성 정도에 따라 직무등급이 제시되고, 직무등급에 따라서 보수 수준이 달라지는 것이다. 둘째, 직위분류제는 직무를 세분화하여 관리하기에 일반행정가 보다는 전문행정가(specialist) 선발 및 양성에 초점을 둔다. 셋째, 새로운 인력을 충원할 때 폐쇄형 충원보다는 직무에 대한 자격 요건을 충족하고 직무적합도가 높은 인재를 채용하는 개방형 충원을 활용한다. 넷째, 직무와 직무 사이에 엄격한 구분이 존재하여 직무 간 수평적 폐쇄성이 강하다.

또한 직위분류제는 다음과 같은 장점이 존재한다(이하 김정인, 2018: 95). 첫째, 직위분류제는 사람보다 일 중심으로 조직을 운영하여 행정의 전문화 향상에 기여할 수 있다. 둘째, 개방형 충원을 통해 조직에 필요한 인재를 채용할 수 있어 환경변화에 적극적으로 대응할 수 있다. 셋째, 동일직무에 대한 동일보수의 원칙이 지켜지기에 보수의 공정성과 보수의 합리화 달성이 용이하다. 그러나 직위분류제의 장점에도 불구하고 다음과 같은 한계점도 존재한다. 첫째, 직무 간 인사이동이 용이하지 않으며, 오랫동안 한 직무에서 근무하다 보니 자신의 직무만을 가장 중요하게 고려할 수 있고, 직무관련 부패가 발생할 가능성이 높아진다. 둘째, 타 부처 또는 타 업무와의 협조와 의사소통이 원활하게 이루어지지 못하는 한계가 존재한다. 셋째, 인사관리가 탄력적이지 못하고 경직적으로 운영되며, 직무몰입이나 자아실현에 한계가 발생할 수 있다. 넷째, 개방형 충원으로 인해 직업공무원제 확립이 저해될 수 있다.

3. 직위분류제의 활용(연구) 경향

공직분류제도인 직위분류제와 계급제 모두 장점과 단점을 지니고 있으며, 두 제도 모두 각 국가의 역사와 문화를 기반으로 형성되었기에 어느 공직분류제도가 더 우수한지는 판단하기 어렵다. 특히 공직제도는 외부환경의 변화에 따라 끊임없이 개선되는 경향이 있기 때문에 모든 국가가 하나의 공직분류 제도만을 고수하지는 않는다. 한국과 같이 계급제 전통을 가진 국가들은 직위분류제 요소들(예: 고위공무원단, 개방형 임용제, 직무등급 등)을 적극적으로 받아들이고 있으며, 반면에 미국과 같이 직위분류제도를 기반으로 하는 국가에서도 계급제 요소들[예: 1978년 공직인사개혁법(Civil Service Reform Act of 1978)에 의한 고위공무원단제 도입, 브로드밴딩 제도(broadbanding system)]을 도입하고 있는 실정이다(김정인, 2018: 100).

직위분류제와 관련된 선행연구들은 대부분 직위분류제 관련 인사관리 제도에 대해 논의하고 있다. 예를 들어 개방형 임용제도 운영에 관한 연구, 직무분석 제도에 관한 연구, 직무급제에 관한 연구 등이 대표적이다(예: 조성한 외, 2011). 이러한 연구들은 한국에서 운영되는 인사 제도의 문제점을 제시하고 한국의 상황에 맞는 직위분류제 확립 필요성을 강조하였다.

참고문헌

김정인(2018). 인간과 조직: 현재와 미래. 서울: 박영사.

박천오 외(2016). 인사행정론. 서울: 법문사.

백종섭 외(2016). 인사행정론. 서울: 창민사.

유민봉 · 임도빈(2016). 인사행정론: 정부경쟁력의 관점에서. 서울: 박영사.

정정길 외(2019). 새로운 패러다임 행정학. 서울: 대명출판사.

조성한 외(2011). 개방형 직위제의 성과 영향요인에 대한 연구: 폐쇄형 임용자의 인식을 중심으로. 「한국인사행정학회보」, 10(2): 119-148.

키워드: 공직분류, 계급제, 직무분석

작성자: 김정인(수원대)

최초작성일: 2020.02.

직장 성희롱(Sexual Harassment)

　직장 성희롱(sexual harassment)은 직장에서 이성의 상대 근무자가 성적 수치심을 느끼게 하는 행위이다. 객관적 성희롱과 주관적 성희롱 두 가지로 분류된다. 객관적 성희롱은 성희롱으로 보이는 특정 행위의 발생 여부에 관한 것이고, 주관적 성희롱은 그러한 행위를 성희롱으로 보는 주관적 인식에 관한 것이다. 객관적 성희롱은 대체로 심각성을 기준으로 2-6단계로 분류된다. 직장 성희롱의 가장 보편적 단계 구분은 심각성에 기초한 일상적(gender harassment), 유혹적(seductive behavior), 보상적(sexual bribery), 보복적(sexual coercion), 폭력적(sexual assault) 성희롱의 5단계이다. 미국에서 객관적 성희롱은 분야별로 10-90%까지, 주관적 성희롱은 5-36%로 보고되고 있다. 한국에서는 1990년대 중반 이후 중요한 사회적 이슈로 부각되었고, 현재는 법적으로 금지된다. 여러 민간 성폭력 상담소들이 법률 자문 및 피해자 보호 서비스를 제공한다.

참고문헌

Charney, D. A., & Russell, R. C.(1994). An overview of sexual harassment. *American Journal of Psychiatry*, 151(1): 10-17.

U.S. Merit Systems Protection Board.(1988). Sexual harassment in the federal workplace: An update. Washington, DC.

키워드: 성희롱, 성폭력, 주관적 성희롱, 객관적 성희롱

작성자: 박홍식(중앙대)

최초작성일: 2000.12.

참여적 의사결정(Participatory Decision Making)

1. 참여적 의사결정 개념

참여적 의사결정(participatory decision making)은 "정부의 정책결정과정에 있어서 이해관계자들뿐만 아니라, 전문가 및 일반시민들을 포함시켜 이들과의 협의를 통해 의사결정을 이루어내는 일련의 과정"이라고 정의할 수 있다(김유환 외, 2005: 140). 참여적 의사결정의 주요 구성요소로는 시민 참여, 참여자의 학습과 숙의, 참여자들의 합의에 의한 의사결정이 포함된다(은재호 외, 2008). 이러한 차원에서 참여적 의사결정은 공론화 또는 숙의민주주의와도 연관성이 높다.

2. 참여적 의사결정 등장배경과 특징

참여적 의사결정이 대두된 배경은 기존의 공공갈등해결방안, 즉 권위적·행정적·편의적인 정부의사결정 방안인 DAD(Decide-Announce-Defend) 방식의 한계점을 극복하기 위해서이다. 기존의 DAD 방식은 공공갈등이 발생하고 난 다음 이를 사후적으로 해결하는 과정에 초점을 맞추었다면, 참여적 의사결정은 공공갈등해결에 있어 사전적이고 예방적인 관점을 보다 중요시한다는 특징을 지닌다. 또한 참여적 의사결정은 공공갈등해결 당사자인 이해관계자와 일반 시민들의 적극적인 참여와 대화를 바탕으로 하여 사회적 합의를 협성하고자 하며, 공공갈등 해결의 책임성과 사회적 수용성을 증진시키고자 한다(은재호 외, 2008).

한국에서 참여적 의사결정과 관련된 법 규정으로는 대통통령인 「공공기관의 갈등 예방과 해결에 관한 규정」이 있다. 이에 의하면 중앙행정기관장은 이해관계인·일반시민 또는 전문가 등의 참여가 중요하다고 판단되는 공공정책에 있어서 이해관계인·일반시민 또는 전문가 등이 참여하는 의사결정방법을 활용할 것을 명시하고 있다. 이러한 점을 고려해 볼 때 참여적 의사결정은 공공갈등 해결과정에서 단순히 갈등 이해관계자뿐만 아니라 일반시민과 전문가 모두가 참여하는 민주적 의사결정 방안이라고 할 수 있다. 참여적 의사결정의 성공을 위해서는 참여자들 간 권력관계가 평등하게 유지되는 것이 무엇보다도 중요하다. 참여자들 간 권력관계가 불균등하면 더 많은 권한을 지닌 개인/집단이 그렇지 않은 개인/집단에게 영향을 미칠 수 있어 갈등 구조가 원하지 않는 방향으로 변환될 가능성이 존재하기 때문이다 (김정인, 2018).

3. 참여적 의사결정 활용(연구) 경향

참여적 의사결정 관련 연구는 공공갈등관리 측면에서 논의되어 왔다. 참여적 의사결정은 예방적 공공갈등 해결과정에서 시민들의 지속적인 참여, 관심, 학습을 중요시하는 '참여적 거버넌스(participatory governance)'이며, 효과적인 갈등관리를 위한 '참여형 공공갈등관리' 방안이라고 할 수 있다(김정인, 2018). 공공갈등관리 과정에서 시민들의 참여로 시민권 (citizenship)이 확대될 수 있으며, 이해관계자와 시민들의 의견이 적극적으로 반영될 수 있고, 민주성·자율성·책임성이 강조됨으로 인해 참여자들의 자기결정권이 증진될 수 있다. 또한 적극적인 참여의사 증가로 인해 '정치적 효능감(political efficacy)'을 배양시킬 수 있다. 이러한 참여적 의사결정은 복잡하고 다양한 행정환경 변화에 성공적인 정책목표 달성(예: 공공갈등 해소)을 도모할 수 있다는 측면에서 긍정적인 영향을 미친다(김정인, 2018). 즉 참여적 의사결정은 대의민주주의의 한계를 보완하며, 책임성과 대응성을 증진시키고, 정책문제와 정책수요를 정확하게 파악하여 민주성과 합리성을 증진시킬 수 있다. 전문가 위주의 능률 편향주의 한계를 극복할 수도 있다. 또한 다양한 집단 또는 시민이 참여할 수 있어 정책과정에서의 사회적 형평성을 증진시킬 수 있으며, 시민들의 다양한 의견을 반영함으로서 정책수용성을 증진시킬 수 있다. 이를 통해 정부활동의 신뢰를 증진시킬 수도 있을 것이다(김정인, 2018).

그럼에도 불구하고 참여적 의사결정은 참여자들이 주장하는 공익이 서로 대립되는 경우에 부정적인 영향을 초래할 수도 있다. 갈등해결방안이 비효율적이고 비일관적이 될 가능성이 높으며, 소수집단이 정책과정에서 강한 영향력을 나타낼 때 대표성 문제뿐만 아니라 시민들의 의견 왜곡 가능성도 제기될 수 있다. 시민들의 참여와 이탈이 자유로워 의사결정의 책임성 저해문제가 발생할 수 있으며, 집단행동의 딜레마 현상이 발생할 가능성도 있다(김정인, 2018). 이처럼 참여적 의사결정은 긍정적인 측면과 부정적인 측면 모두를 지니고 있다. 이러한 가운데 참여적 의사결정 과정에서의 정부와 관료의 역할도 재조정될 필요가 있다. 조직과 인력 차원에서 효과적인 갈등관리 전담조직과 갈등관리 기구 설치·운영이 필요할 것이다. 미국, 영국, 프랑스 등 해외 선진국들은 중앙부처 내에 '갈등관리지원기구'를 설치·운영하고 있다. 한국에서도 국무총리실을 중심으로 갈등관리지원기구를 확대 운영할 필요가 있을 것이다. 프랑스의 '국가공공토론위원회(CNDP)'와 같은 공공토론기구를 도입하여 이를 활성화하는 방안에 대해서도 고려해 볼 필요가 있을 것이다(김정인, 2018).

참고문헌

김유환 외(2005). 공공갈등관리의 이론과 기법. 서울: 대통령자문지속가능발전위원회.
김정인(2018). 참여형 공공갈등관리의 이해. 서울: 박영사.
은재호 외(2008). 참여적 의사결정을 통한 갈등해결방안 연구. 서울: 한국행정연구원.

키워드: 공공갈등, DAD, 참여형 공공갈등관리
작성자: 김정인(수원대)
최초작성일: 2020.01.

책임운영기관(責任運營機關, Executive Agency)

1. 책임운영기관 개념

책임운영기관은 「책임운영기관의 설치·운영에 관한 법률」에 따라 정부가 수행하는 사무 중 공공성(公共性)을 유지하면서도 경쟁원리에 따라 운영하는 것이 바람직하거나 전문성이 있어 성과관리를 강화할 필요가 있는 사무에 대하여 책임운영기관의 장에게 행정 및 재정상의 자율성을 부여하고, 그 운영 성과에 대하여 책임을 지도록 하는 행정기관이다. 책임운영기관에 일반행정기관에 비해 조직·인사·예산상의 자율성을 보다 많이 보장하되 성과에 대한 보상 및 책임을 강화함으로써, 기관운영의 효율성 제고 및 행정서비스 수준의 향상을 목표로 한다.

2. 책임운영기관 제도 도입배경

영국, 뉴질랜드 등 주요 선진국에서는 1980년대 경제위기 타계를 위해 정부부문의 구조조정을 추진하였는데, 재정절감, 정부규모 및 기능축소 방안으로 부처통합, 민영화(privatization), 아웃소싱(outsourcing) 등과 함께 책임운영기관(Executive Agency) 제도를 도입하였다. 우리나라에서 책임운영기관 제도는 1990년대 말 IMF 경제위기 이후 정책, 규제, 집행 등 각각 다른 기능을 수행하는 정부조직에 획일적 관리기준을 적용함에 따른 비효율 문제가 대두되었다. 이에 정부조직의 효율적 성과관리가 가능한 집행기능을 정책기획 기능과 분리하여 민간의 경영기법을 정부에 접목시킨 새로운 행정관리 방식으로서 책임운영기관 제도를 도입하였다. 우리나라의 책임운영기관은 2000년에 10개 기관으로 출범하여 2019년 12월 현재 중앙책임운영기관인 특허청을 포함하여 53개 기관이 운영 중이다.

3. 책임운영기관 지정기준 및 유형

「책임운영기관의 설치·운영에 관한 법률」 제4조는 책임운영기관 지정기준으로 기관의 주된 사무가 사업적·집행적 성격의 행정서비스를 제공하는 업무로서 성과 측정기준을 개발하여 성과를 측정할 수 있는 사무, 기관 운영에 필요한 재정수입의 전부 또는 일부를 자체적으로 확보할 수 있는 사무를 수행하는 기관으로 규정하고 있다. 책임운영기관은 기관의 사무성격에 따라 조사연구형, 교육훈련형, 문화형, 의료형, 시설관리형, 기타유형 등 6개 유형으로 구분하여 각 유형에 적합한 관리 및 평가를 실시한다.

4. 책임운영기관 운영원리

책임운영기관장은 공개모집을 통해 임기제공무원으로 임용하고, 소속중앙행정기관과 책임운영기관 간 사업목표 및 성과계약을 체결한다. 책임운영기관장에게 소관 업무 및 조직, 인사, 예산·회계 등 기관운영 전반에 걸쳐 기본운영규정 및 관계법령이 정하는 범위 내에서 자율성을 보장하되, 책임성 확보를 위해 사업운영계획 및 연도별 사업계획을 수립하고 그에 따른 사업성과를 평가한다.

참고문헌
책임운영기관의 설치·운영에 관한 법률(법률 제14839호, 2017.7.26)
행정안전부(2012). 「책임운영기관 기관장 직무가이드」. 발간자료.

키워드: 책임운영기관, 자율성, 책임성
작성자: 이경호(행정안전부)
최초작성일: 2013.03., 수정작성일: 2019.12.

총액인건비제도(總額人件費制度)

1. 총액인건비제도 개념 및 연혁

중앙부처 총액인건비제도는 기관의 조직·정원·보수·예산을 각 기관의 특성에 맞춰 자율적으로 운영하되, 그 결과에 대해 책임을 지는 제도로서, 「행정기관의 조직과 정원에 관한 통칙(대통령령)」 제29조에 근거하여 운영된다. 총액인건비제도는 2003년 7월 정부혁신지분권 로드맵 과제로 선정되어 제도화를 추진하였으며, 2005년 7월 8개 중앙행정기관 및 23개 책임운영기관을 대상으로 총액인건비제 시범 실시를 거쳐, 2007년 1월부터 전 중앙행정기관으로 전면 시행하였다. 한편, 중앙부처를 중심으로 도입된 총액인건비제도는 2005년부터 2년 간 시범운영을 거쳐 2007년부터 전 지방자치단체로 확대 시행되었다.

2. 총액인건비제도 주관부처 및 시행기관

행정안전부와 기획재정부, 인사혁신처는 중앙부처 총액인건비제 주관부처로서 제도를 총괄하며, 각각 조직·정원, 보수, 예산 운영에 관한 사항을 관장한다. 중앙부처 총액인건비제를 시행하는 기관은 「정부조직법」 및 기타 법령에 의해 설치된 중앙행정기관 및 「책임운영기관법 시행령」 상의 책임운영기관으로 한다. 총액인건비제는 시행기관별로 운영하되, 주관부처와 협의하여 소속 기관별·회계별 등으로 시행기관 단위를 달리 지정하여 운영할 수 있다.

3. 총액인건비제도 기본 운영방향

총액인건비제도는 정부조직 운영의 자율성과 책임성의 가치를 기반으로 조직·정원 운영의 효율화를 위한 제도로서 행정수요 증가에 따라 불가피한 분야를 제외하고는 조직·정원·예산 등 각 분야에서 감축관리 기조를 유지하는 것을 기본방향으로 한다. 총액인건비제 시행여부는 부처의 자율로 위임하고, 조직·정원분야의 운영을 위한 행정안전부와의 사전협의는 하지 않는 것으로 한다. 다만, 총액인건비로 조직·정원분야를 운영하는 시행기관은 사전에 조직·정원이 변경되는 부서 또는 사업의 성과목표가 포함된 운영계획을 수립하여 주관부처에 제출하고, 이에 따라 제도를 운영한 뒤 자체 성과평가를 실시하여야 한다. 기관운영 결과를 다음년도 예산편성, 소요정원·수시직제 심사 시 반영하도록 하여 합리적 제도 운영을 도모한다.

4. 총액인건비제도 주요내용 및 운영방안

행정안전부장관이 지정하는 중앙행정기관(국립대학 포함)은 기관의 조직 및 정원 운영의 자율성과 합리성을 도모하기 위하여 인건비 총액의 범위 내에서 조직 또는 정원을 운영하는 총액인건비제를 운영할 수 있다. 행정안전부장관은 총액인건비제를 운영하는 중앙행정기관의 조직 및 정원의 운영실태를 점검하여 그 적정성 및 타당성 등에 대한 평가를 실시하고, 그 결과를 기획재정부장관과 협의하여 해당 기관의 다음 연도 총액인건비에 반영되도록 하는 등 필요한 조치를 하여야 한다. 총액인건비는 인건비와 기본경비 중 일부경비, 즉 운영경비를 대상으로 하되, 구체적인 범위는 <표 1>과 같다. 총액인건비제도는 시행기관의 장에게 일정 범위의 자율성을 보장하고 있는데, 의도적 절감노력에 의해 발생한 잉여재원은 인건비와 운영경비 간 전용이 가능하며, 각 경비에 불가피한 사유로 인해 부족이 발생한 경우 인건비와 운영경비 간 전용이 가능하다. 그러나 총액인건비에 포함되지 않은 경비로부터 총액인건비 대상 경비로의 이·전용과 예비비의 사용 등을 통한 총액인건비 규모의 증액은 원칙적으로 할 수 없다. 또한 총액인건비 대상경비는 총액인건비 비대상 경비로 우회 집행할 수 없으며, 시행기관은 당해 연도의 총액인건비뿐만 아니라 중장기적인 재원 조달 계획을 감안하여 조직·정원 및 보수를 조정하여야 한다.

표 1. 총액인건비 대상경비

구 분		세 부 내 역
인건비	공 통	인건비 세부사업(사업코드: 100~149)으로 편성된 보수(110−01목), 기타직 보수(110−02목), 연가보상비(110−05목)
운 영 경 비	중앙행정 기 관	기본경비 세부사업(사업코드: 200~249)으로 편성된 상용임금(110−03목), 일용임금(110−04목), 특근매식비(210−05목), 일·숙직비(210−06목), 복리후생비(210−12목), 기타운영비(210−16목), 교수보직경비(250−01목), 직책수행경비(250−02목), 특정업무경비(250−03목), 고용부담금(320−09)
	책임운영 기 관	기본경비 세부사업(사업코드: 200~249)으로 편성된 인건비(100목) 중에서 상용임금(110−03목), 일용임금(110−04목) 물건비(200목) 중에서 시험연구비(210−13목), 일반용역비(210−14목), 관리용역비(210−15목), 연구용역비(260목)을 제외한 비목 고용부담금(320−09)

총액인건비 분류체계는 <표 2>와 같으며, 인건비 중 기본항목은 인사혁신처장이 종합 관리하고, 자율항목은 시행기관이 자율적으로 운영한다. 운영경비 중 맞춤형 복지예산은 시행기관이 자율적으로 운영하고, 이를 제외한 운영경비는 기획재정부장관이 종합 관리한다. 총액인건비 재원의 효율적 활용을 위해 시행기관은 총액인건비 세부 운영계획에 따른 의도적 절감노력에 의해 확보한 재원을 자율항목에 속하는 수당 등의 신설·조정, 성과상여금 및 성과연봉 추가 지급, 맞춤형복지 예산증액 또는 인력증원 등에 활용할 수 있으며, 총액인건비 대상경비내의 여유재원 중 의도적 절감재원이 아닌 부분은 수당규정상의 지급범위 내에서 수당 등의 지급에 사용할 수 있다.

표 2. 총액인건비 분류체계

구 분		세 부 내 역
인건비	기본 항목	봉급, 기본연봉, 대우공무원수당, 정근수당(가산금), 가족수당, 자녀학비보조수당, 육아휴직수당, 명절휴가비, 직급보조비, 명예퇴직수당
	자율 항목	성과상여금, 성과연봉, 특수지근무수당, 위험근무수당, 특수업무수당, 업무대행수당, 시간외근무수당, 야간근무수당, 휴일근무수당, 관리업무수당, 정액급식비, 연가보상비
운영경비		맞춤형 복지예산, 각종 보수성 경비와 특정업무경비 등 기관운영을 위한 기본경비

참고문헌

행정기관의 조직과 정원에 관한 통칙(대통령령 제29700호, 2019.4.16)

행정안전부·기획재정부·인사혁신처(2019).「중앙부처 총액인건비제 세부 운영지침」. 내부자료.

키워드: 총액인건비제도, 인건비, 운영경비

작성자: 이경호(행정안전부)

최초작성일: 2013.04., 수정작성일: 2019.12.

총체적 품질관리(TQM: Total Quality Management)

1. 개념

TQM이란 품질에 중점을 두고, 조직 구성원들의 전원 참여에 의해 고객만족과 조직 및 사회에 대한 이익창출로 장기적인 성공에 목표를 두는 조직 전체의 체계적 노력을 의미한다. TQM은 몇 가지 프로그램의 집합이 아니라 일종의 관리시스템이다. 이러한 TQM의 개념에는 다음과 같은 철학적 기반이 깔려 있다. 첫째, 품질은 고객에 의해 정의된다는 것이다. 즉 고객의 욕구에 의해 재화나 용역의 특성이 정의되어야 하며, 이렇게 함으로써 진정한 고객만족을 넘어 고객의 즐거움(customer delight)까지 창출할 수 있다는 것이다. 둘째, 고객만족을 창출하는 재화와 용역을 생산하는 과정이 중시되는 인간위주의 관리시스템(people-focused management system)을 지향하는 것이다. 즉 조직구성원이 작업공정에서 뿐만 아니라 문제인식과 문제해결, 자료수집 및 의사결정, 리더십과 집단토의기법 등에서 충분한 훈련과 교육을 받는다면 그들은 지속적인 개선 메커니즘의 기능을 제대로 수행할 수 있을 것이므로 그들의 능력을 강화시킬 필요가 있다는 것이다.

따라서 TQM이 성공적으로 운용되기 위해서는 최고관리자의 리더십을 기반으로 끊임없는 교육훈련과 참여의식에 의해 능력이 개발된 조직구성원이 과학적인 품질관리기법과 합리적인 사고방식을 활용하여 조직 내의 모든 절차를 표준화하고 지속적으로 개선함으로써 고객만족을 달성하며 궁극적으로는 조직의 장기적인 성장을 추구하는 관리시스템이다.[1] 다시 말하면 TQM은 '궁극적 목적인 고객만족과 관리개선을 위하여 고객지향적인 서비스 품질에 초점을 두고 전직원의 참여를 통하여 지속적 서비스 개선을 도모해 나가는 통합관리체계'라

---

1) ISO8402개정판인 DIS(Draft International Standard: 국제규격원안)에 소개되어 있는 개념정의.

고 정의할 수 있다.

2. TQM에 대한 제정의

TQM(Total Quality Management)은 전체품질관리, 종합품질관리, 총품질관리, 종합질관리 등의 다양한 용어로 사용되고 있고,[2] 정의 또한 다양하게 제시되고 있다.

J. S. Oakland는 TQM의 범위를 폭넓게 간주하여 "TQM이란 관리의 효율성과 탄력성을 전반적으로 향상시키기 위한 접근방법이며 모든 부서, 모든 활동, 모든 레벨의 구성원들을 조직화하고 참여시키는 방법이다"라고 정의하였다.

J. Banks는 TQM을 "고객의 요구조건에 맞는 산출물을 창출하는 사람과 그 과정을 중시하는 접근방법"이라고 정의하였다.

B.Bergman은 "모든 구성원의 지속적 개선활동을 통하여 가장 저렴한 비용으로 고객의 요구와 기대를 충족시키기 위한 지속적 노력"이라고 정의하였다.

C. F. Hendricks and A. Triplett는 "고객의 요구(needs)를 정확히 충족시킬 필요성과 작업을 처음부터 바르게 해야 하는 중요성을 강조하는 관리철학"이라고 정의하였다.

M. Walton에 따르면 TQM에서 '종합적(total)'이란 주민(고객)의 수요파악에서부터 주민의 만족도를 확인하는 과정에 이르기까지 보다 적극적으로 행정의 모든 측면에서 품질관리를 하고자 하는 전체적인 의미를 나타내고, '품질(quality)'이란 주민의 기대에 부응하는데 그치지 않고 그 기대를 넘어서는 품질수준을 뜻하며, '관리(management)'란 지속적인 품질개선을 통해 조직의 역량을 유지하고 개선시키는 활동을 포함한다고 정의하고 있다.

S. Cohen & R. Brand은 TQM을 첫째는 업무수행과정에서 활용되는 공급제품이 용도에 맞게 활용되도록 고안되는 것을 보장하기 위해 물품의 공급자와 협력하는 것, 둘째는 직원의 업무수행능력을 향상하고 업무과정상의 변이(variability)를 제거하기 위하여 직원의 작업과정을 지속적으로 분석하는 것, 셋째는 고객이 원하는 것과 그들이 어떻게 업무서비스의 질을 정의하는지를 파악하고 이해하기 위하여 고객과의 밀접한 의사소통을 유지하는 것으로 파악하고 있다.

---

2) Total Quality Management를 경영학에서는 일반적으로 '전사적 품질관리'라고 하나, 행정학에서는 '총질관리'(김번웅), '품질행정제'(황윤원·조일홍), '총체적 질 관리'(김판석) 등 다양하게 사용되고 있다.

3. 발전배경

품질에 관한 관심이 하나의 전문영역으로 구축된 것은 1924년 Shewhart(1892-1967)에 의해 창안된 품질관리(QC: Quality Control)였는데, 이것은 예방적 차원의 통계적 품질관리(SQC: Statistical Quality Control)로 제품품질을 향상시키는 데 기여하였다. 그 후 Shewhart의 제자 E. Deming이 2차 대전 중 SQC를 방위산업체에 도입한 바 있다. 그러나 미국은 2차 대전 후에는 오히려 SQC에 대한 관심이 줄어들었다.

Deming은 TQM을 일본 기업들에 소개하였고, 단순통계관리의 SQC는 QC(품질관리)로 발전하였으며, 그 후에는 이른바 전사적 품질관리(全社的 品質管理, CWQC)로 꽃을 피우게 되었다. 이러한 품질관리기법은 일본제품을 세계적인 품질경쟁력을 갖도록 하는데 원동력이 되게 하였으며 이에 착안한 미국이 이를 역수입하여 관리기법으로 채택하기에 이르렀다.

요컨대, TQM의 발전 단계는 초기의 통계적 품질관리(SQC) → QC(현상유지적 통제의 개념을 내포한 작업자, 감독자, 검사 및 통계적 품질관리) → TQC(Total Quality Control) → 일본의 CWQC(Company Wide Quality Control: 전사적 품질관리) → 관리적 측면을 강조하는 QM(Quality Management: 품질관리) → TQM(현상유지가 아닌 지속적 개선을 위한 전사, 종합적 품질관리 즉, 통제개념을 초월한 관리차원의 전략으로 인식)으로 발전해 왔다.

공공부문에서 TQM은 시민의 요구에 적절하게 대응하는 경쟁력있는 행정조직을 만드는 데 관심이 증대되면서 도입되기 시작하였다. 이에 따라 미국과 영국은 1980년대 후반부터 민간분야에서 적용되어 왔던 품질관리기법을 행정분야에 적용함으로써 행정업무의 효과성을 증대시켜 왔다. 행정분야에 품질관리에 대한 관심이 높아짐에 따라 R. Harrison과 S. Stupak은 TQM을 행정학의 새로운 패러다임으로 제시하였다. 즉 TQM의 개념적 우산 아래 행정이론의 통합적 전체성(integrated totality of the theories of public administration) 뿐만 아니라 행정의 전체성(Totality of administration)을 실현할 수 있게 되었다. 이에 따라 학자들이나 실무가들은 단편적·부분적 방식으로 행정학을 연구하는 대신에, TQM이라는 보다 고차원의 실례로부터 조직과 행태를 연구하는 새로운 패러다임을 발견하게 되었다. 또한 J. Jordan은 1970년대가 목표관리의 시대였다면 1990년대는 TQM의 시대라고 강조하였다. 따라서 실질적인 면에서 행정업무의 지침을 제공하는 일단의 원칙이자 수단이며 절차로써 TQM이 작용하게 된다.

4. 기본원리

TQM을 발전시킨 Deming은 근로자를 '가치 있는 일을 하기를 원하는 객체'로 보고 품질에 대한 문제의 원인을 근로자에게서 찾으려는 견해를 부정해 왔다. Deming이 주장하는 "TQM의 열네 가지 원리"는 다음과 같다.

① 제품과 품질 개선에 대한 일관된 목적의식을 가져라. ② 혁신적인 경영이념을 도입하라. ③ 전수검사에 의존하지 마라. ④ 구입원가에만 치중하지 마라. ⑤ 생산과 서비스의 시스템을 끊임없이 개선하라. ⑥ 교육훈련을 반복 실시하라. ⑦ 리더십을 함양하라. ⑧ 위축감을 불식시켜라. ⑨ 부서 간의 장벽을 허물어 버려라. ⑩ 일방적인 슬로건이나 사훈이 목표가 되어서는 안 된다. ⑪ 생산량을 강제적으로 할당하지 마라. ⑫ 기능에 대한 프라이드를 손상시키지 마라. ⑬ 교육 및 재훈련 계획을 적극적으로 입안하라. ⑭ 변혁을 달성시켜라.

이 같은 Deming의 열네 가지 원리에 의하면, 고객만족을 핵심으로 하는 TQM은 열린 조직문화 속에서 변화를 시도하기 위하여 최고경영자가 조직 구성원의 참여를 유도함으로써 상품과 서비스의 지속적인 향상을 기획하고 추구하기 위한 구조적인 체계라고 할 수 있다. 이러한 원리에 따라 TQM의 주요한 속성 다섯 가지를 제시하면 다음과 같다.

첫째, 변화를 긍정적으로 수용할 수 있는 열린 조직문화이다. 열린 문화의 특성으로 정보를 다른 구성원들과 함께 공유하며, 부서나 종업원 간 교류를 방해하는 장애물을 줄이고, 개혁정신과 조직 구성원의 만족도를 높여 주는 것을 들 수 있다. 기업은 열린 조직문화를 장려하기 위해 기업이 갖고 있는 몇몇 장애물을 제거할 필요가 있다. 즉 품질에 관계없이 할당량 초과가 목적인 수량 할당제도가 개선되어야 하고, 부서 간의 의사소통과 상호교류를 개선하기 위하여 팀워크에 따른 아이디어 개발을 강화하여야 하며, 의사결정과정에서 조직 구성원들에게 통제력과 권위가 주어져야 한다. 이와 더불어 불공정한 분위기를 개선하여 조직 구성원들의 안정성과 보상체제의 공정성을 확보해야 한다.

둘째, 조직 구성원의 참여와 팀워크를 들 수 있다. 인력이 중요한 자산으로 인식됨으로써 많은 기업이 의사결정 과정에 조직 구성원 전체의 참여를 유도하고 있다. 모든 영역에서 지속적인 품질향상을 기하기 위하여 조직 구성원들에게 직무에 대한 책임감과 동기를 부여한다. 조직 구성원의 적극적인 참여활동은 생산성, 주인의식, 업무의 자긍심, 상호 이해력, 목표의 종합적인 이해를 향상시키는 데 효과적인 방법으로 알려져 있다.

셋째, 최고경영자의 리더십과 열의이다. Deming과 Juran에 의하면 TQM은 최고경영자에 의해 주도된다. 왜냐하면 TQM이 성공적으로 수행되는 데 소요되는 3-7년간의 기간 중

최고경영자의 리더십과 열의는 품질개선을 위한 지속적인 노력을 유지하게 하며, 필요한 에너지와 자원을 제공함으로써 팀의 사기를 올릴 수 있기 때문이다. 따라서 최고경영자의 역할은 종업원들이 필요로 하는 도구를 공급하고, 안전한 학습 분위기를 조성해 주며, 품질향상에 대한 자부심을 갖도록 보상이나 지원을 제공하는 것이라 할 수 있다. 직무를 성공적으로 수행할 수 있도록 조직 구성원을 돕는 것 이외에 최고경영자는 품질에 대한 훈련이나 연수가 필요하다고 인식될 때 적절한 프로그램을 기획, 실행하는 것이 필요하다.

넷째, TQM은 고객의 소리를 청취함으로써 시작된다. 즉 고객에 의해 품질이 결정되고 고객의 기대를 충족시키는 것이 TQM의 목적이다. 가격인하나 대량생산에 의한 결과 지향적인 방법을 강조하였던 과거의 경영관리에 비해 오늘날의 기업은 고객의 변화하는 요구와 필요에 따라 끊임없이 변화를 시도할 수 있어야 한다. 고객의 요구와 기대를 설정하기 위해서는 기업 내 각 부서와 개인은 그들의 고객이 누구인지를 우선 파악하여야 하며, 다양한 방법을 통하여 고객과 대화하여야 한다. 고객과의 대화내용에는 고객의 만족도는 어느 정도인지, 고객의 의견은 어떠한지, 고객은 서비스에 만족하고 있는지, 고객이 선호하는 것은 무엇인지, 서비스를 향상시키기 위하여 고객의 요구는 무엇인지 등이 고려되어야 한다.

다섯째, 오늘 성취한 단계가 내일을 위해서는 충분하지 않기 때문에 지속적인 품질향상을 추구해야 한다. 지속적 품질향상은 고객의 요구를 파악하고, 그에 따른 해결방안을 제공하여, 보다 나은 방법을 제공하는 문제해결 팀에 의해서 이루어진다. 이때 기본적인 품질관리 테스트와 통계방법을 사용함으로써 관리자들이 개인적인 감정이나 견해가 아닌 사실에 근거한 관리를 할 수 있도록 돕는다. 이상의 다섯 가지 TQM의 기본 속성은 상호 유기적으로 의존하고 있어서 어느 하나라도 취약해지면 나머지도 약해진다.

한편 Juran의 10단계 접근법을 살펴보면 다음과 같다. ① 품질인식을 높이는 것, ② 개선목적을 잡는 것, ③ 달성목적을 조직화하는 것, ④ 훈련을 제공하는 것, ⑤ 문제해결 프로젝트를 실행시키는 것, ⑥ 과정을 보고하는 것, ⑦ 인식을 주는 것, ⑧ 결과를 공유하는 것, ⑨ 스코어를 유지하는 것, ⑩ 품질개선을 세우는 것 등을 제시하고 있다.

또한 Morgan & Murgatroyd는 각국의 공공 및 민간 부문에 있어서의 TQM 적용 사례를 검토한 후, TQM을 '공공부문'에 적용할 때 고려하여야 할 주요 원리 열 가지를 제시하고 있다. ① 고객지향성, ② 결과와 과정에 대한 전략적 지향, ③ 규제에 의하는 것이 아니라 목표와 가치에 따라 결정을 내림, ④ 고객·하위 직원에게 권한부여, ⑤ 비용을 줄이면서 성과·고객만족을 높임, ⑥ 고객이 여러 공급자들을 서로 비교하여 품질을 평가, ⑦ 서비스 및 이를 생산하는 과정에 대해 고객과 직원이 평가를 내림, ⑧ 조직이 단순히 지출에만 관심이 있는 것이 아니라 기업가적 정신을 지님, ⑨ 조직과 관리자가 반응적이기보다는 적극적 자세를 지님, ⑩ 세계 제일의 수준을 지향한 벤치마킹 등이다.[3]

그러나 TQM이 어떻게 품질 목적을 성취하느냐의 방법상에는 약간의 차이가 있을지언정, 그 기본 품질철학은 많은 공통점을 가지고 있다. 지속적인 개선과 근로자 참여의 중요성에 바탕을 둔 완전한 총체적 품질 시스템을 세우는 것이라는 믿음과 함께 통계적인 도구나 참여 관리, 브레인스토밍, 품질 주기와 같은 관리 기술만으로는 품질관리가 완벽하게 될 수 없다는 믿음을 지니고 있다.

한 마디로 요약하면, TQM은 조직을 관리하기 위한 혁명적인 방법이다. 왜냐하면 TQM은 시스템 접근, 장기적인 전망, 근로자 간의 문화 변화, 그리고 우수성을 위해 무한한 탐색 등을 강조하기 때문이다.

5. TQM과 유사개념과의 비교

전통적 관료제에 대한 개혁으로 시도되고 있는 여러 '신관리전략'들 중에서 TQM과 MBO, 그리고 BPR 간의 다음과 같은 점에서 구분된다. MBO(management by objective)는 여러 면에서 TQM과 유사하지만, MBO가 조직의 개개 구성원에까지 소급되는 세부조직단위의 명확한 목표설정과 그에 대한 측정을 강조함에 비하여, TQM은 집단·팀 단위의 활동을 중시한다. 따라서 MBO는 (수량적) 목표의 달성에 치중하므로 그 품질이 저하될 수도 있으며 관리상의 비효율이 감춰질 수도 있다. 실제로 TQM 개념을 발전시킨 Deming은 TQM을 위해서는 MBO를 폐지할 것을 주장하였다. MBO에서 설정하는 목표는 개인·조직단위의 '내부적 관점'에서 설정되지만, TQM은 목표의 외향적 관점(고객의 만족도)을 중시한다. 한편 BPR(Business Processing Reengineering)은 업무처리과정을 재구축하려는 전략이며, '과정'을 중심으로 하여 업무·조직·문화 등의 전 부문에 대한 성취도를 증대시키고자 하는 것이다. BPR이 혁신적 개선을 추구하고 과정 자체를 재구축하며, 해당 분야의 조직에 국한됨에 비하여, TQM은 점진적인 개선을 추구하고, 현존하는 과정 안에서 새로운 가치를 추가하며, 조직 전체를 다룬다.

---

3) 이것은 TQM 자체의 원리라기보다는 Morgan & Murgatroyd의 주된 논점, 즉 "TQM이 공공부문에 있어서는 어떻게 적용될 것인가?"에 관해 그들이 내린 원리라고 할 수 있다. 그런데 보통 "TQM의 원리"라고 하는 내용은 민간부문을 전제로 한 것이며 이에 대해서 학자마다 다소 상이한 내용을 원리로 내세우고 있으나 대체로 가장 많이 인용하고 있는 것은 Deming의 열네 가지 원리이다.

6. 공공부문에서의 기대효과

1) **고객만족**: TQM의 일차적 목적은 초기 도입단계 때 역점을 두었던 생산성 개선 차원을 넘어 지금은 고객만족의 품질개선에 있다. TQM에서 말하는 품질이란 고객의 요구와 정당한 기대를 충족·능가하는 것으로서, 그것은 성과, 일치성, 정확성, 신뢰성 및 서비스의 적시성과 같은 요소들로 구성된다.

2) **참여행정과 팀워크 강화**: TQM은 고객의 욕구충족을 위해 조직의 업무과정을 지속적으로 개선하고, 각 수준의 업무담당자들에게 권한을 부여(empowerment)한다. 최고관리층에서 최하위층에 이르기까지 팀워크를 강조하는 직원참여형 행정개혁의 한 방법이다.

3) **서비스 질과 행정의 대응성 강화**: 기존의 전통적 조직관리는 단기적인 조직성과를 추구하면서, 그 성과에 대한 관리는 각 조직단위나 개인의 책임에 초점을 두었다. 그러나 이는 조직구성원의 참여나 고객의 욕구를 무시한 소수 전문가에 의한 권위주의적 관리방식에 의존함으로써 공공 서비스의 궁극적 목적이라 할 수 있는 고객의 욕구를 소홀히 하였다. 따라서 TQM을 도입하면 고객의 반응에 근거하여 공공서비스를 제공함으로써 공공 서비스의 질 제고와 대응성 강화에 기여할 수 있다.

4) **행정자체의 생존 및 민주화**: 민간 기업은 시장에서의 경쟁과 생존을 위해 TQM을 이용한다. 정부에서의 TQM 도입은 시민에게 보다 나은 품질의 서비스를 제공, 서비스 비용의 절약, 서비스의 성과증대, 고객 욕구의 적시적 충족 및 조직 팀워크의 증대와 하의상달의 활성화를 통한 조직의 민주화에도 기여한다.

7. 경향 및 추세

TQM은 공공 또는 민간 조직의 넓은 범위에서 회계, 의사전달, 계약 관리, 문서 배치, 권리 프로그램, 정보 시스템 등 다방면에서 사용되어지고 있다. 최근의 연구결과를 보면, 기업체의 70% 이상이 주요 목적으로 품질을 보고 있으며, Fortune지 선정 1000개 회사의 80%는 품질개선프로그램을 가지고 있다. 1980년대 후반에, 미국정부는 품질 주도를 촉진하기 위하여 연방품질연구소(Federal Quality Institute)를 세웠고, 1992년도까지 정부기관의 70% 이상이 TQM 기법을 사용하였다.

이러한 TQM의 유행은 그 기법이 지닌 장점에서 기인했다고 여겨진다. 그 대표적인 장점으로는 많은 유사한 관리 연구(과학적인 관리, 집단 역학, 조직 발전, 법인 문화)들을 통합할 수 있고, 훌륭한 가치(휴머니즘, 서비스, 품질 기타 등등)를 망라할 수 있다는 점이다.

특히 품질償(예, 일본의 Deming상, 미국의 Baldrige상)은 품질 기법의 활발한 사용을 촉진했으며, 수상자들이 자신들의 성공에 대한 정보를 제공하였다. 이러한 상들은 조직을 변화시키는 데 촉진제가 되었다. 이제 기업이 TQM을 얼마나 실천하고 성과를 거두었는지 평가하기에 앞서 기본적으로 품질관리에 신경을 쓰는 기업들이 품질 감사에서 합격해야 할 것이다. 각 나라마다 각 기업마다 나름대로의 기술표준을 정해놓고 있다. 그러나 그것이 각각 상이하다면 자국 내에서는 가능할지 모르나 수출 시 다른 표준적용기준 때문에 기업 내의 품질정책에 상당한 혼란을 가져오게 될 것이다. 따라서 세계 어디서나 공통으로 인정받을 수 있는 표준이 필요한 것이다. 수많은 조직 그리고 국가적인 품질 표준을 위한 기준점을 세우기 위해서, 제네바와 스위스의 ISO, 동일표준의 ISO 9000-9004가 1994년도에 개발되었다. 국제무역에서 전(全)지역적으로 사용되었던 생산과정을 통하여 50개국 이상에서 품질보증 토대를 마련하였다. 이러한 수준에서의 경쟁을 갈망하는 기업체는 ISO 요구에 응하는 품질 프로그램 수립을 비롯해 ISO 9000 보증과정을 충족하는 품질 시스템 개발이 필연적인 것으로 보인다.

우리나라 공공부문에서는 1994년 충청북도에서 품질관리운동을 도정에 반영하였다. 당시 담당공무원들은 민간기업의 품질관리업무를 배우고 160여 개의 분임조 활동을 실시하여 성과를 거두었다. 또한 서울시 강서구의 경우, 서비스 분야의 공인된 품질인증제도인 ISO 9002를 신청하는 사례도 있었다. 구정행정 가운데 복지서비스를 중심으로 행정의 합리화, 효율성 제고, 신뢰성 제고를 통해 보다 양질의 서비스를 제공하고자 하는 공공분야의 노력으로 이해할 수 있는 것이다. 반면, 민간부문에서는 리츠칼튼 호텔, 락앤락 품질경영, 스타벅스 품질경영, 쿠쿠홈시스 품질경영 등의 성공사례가 존재한다.

또한, 21세기에 경제활동이 특정국가에서 전세계로 확장됨에 따라 다수의 경쟁대상, 생존을 위한 혁신활동 등을 필연적으로 수반하게 된다. 즉, 환경이 복잡해지고 다양해지며 확대됨에 따라 다양한 사고방식을 수용하며 가치를 존중하는 인정의 태도가 필수적이다. 이를 위해 ISO 9000 시스템이 100여개의 국가가 참가해 개발함으로써 세계적 기준의 역할을 하고 있다. 이러한 의미에서 ISO 9000 시리즈는 세계적으로 인정받을 수 있는 품질 감사라 할 수 있겠다. 이처럼 ISO 9000 시리즈의 목적을 보면 TQM을 실천하기 위한 기본 토대가 된다는 것을 알 수 있다.

참고문헌

강금식(1997). 품질경영(TQC, TQM). 서울: 박영사.

김번웅 외(1997). 한국행정개혁론. 서울: 법문사.

김행범. 정부 부문에 있어서의 TQM 도입.

박병식(1995). 도시행정론. 서울: 대영문화사.

Thomas J. Cartin, 송문익 역(1996). 품질경영(그 추진과 성공전략). 파주: 청문각.

John L. Hradersky(1995). Total Quality Management Handbook, McGraw-Hill, Inc.

키워드: 품질관리, 고객, 팀워크

작성자: 유홍림(단국대)

최초작성일: 2001.12., 수정작성일: 2019.11.

F. Coombs의 정책불순응론

1. 개념

정책불순응이란 정책결정자의 의도나 정책내용에 대하여 정책집행자나 대상집단이 일치되지 않는 행동을 하는 것을 말하는 것으로 F. Coombs는 정책불순응의 원인을 크게 다섯 가지로 분류하고 있다.

첫째, 의사전달의 부족에 따른 불순응(Communication-based Noncompliance)이 있다. 이는 누구에게 어떤 상황에서 무슨 행위를 요구하는지 알 수 없을 때 일어나는 불순응이라 설명하고 있는데, 때로는 정책형성상 참여자가 책임을 회피하는 수단으로 사용되기도 한다.

둘째, 자원의 부족에 따른 불순응(Resources-based Noncompliance)이 있다. 이는 집행기관이나 대상집단에 받아들이는 수단이 부족할 때 일어나는 불순응으로 이에는 예산, 기술, 시간, 에너지, 정신적 능력이 간여한다.

셋째, 정책자체에 대한 불순응(Program-based Noncompliance)이 있다. 이는 정책목표의 거부 혹은 목표자체에 대한 우선순위를 낮게 평가하거나 정책이 추구하는 목표를 달성하지 못한다고 믿을 때 생기는 불순응을 말한다.

넷째, 행위에 대한 불순응(Action-based Noncompliance)이 있는데 대상집단의 규칙에 따를 것을 거부하거나 타성에 젖어 새로운 요구를 받아들일 수 없을 때 발생하는 것으로 설명되어 진다.

다섯째, 권위에 대한 불순응(Authority-based Noncompliance)이 있다. 이는 정책자체와 상관없이 정부의 정통성, 정책기관의 권위를 인정하지 않을 때 생기는 불순응을 말한다.

F. Coombs의 정책불순응론을 정책단계별로 분류해 보면 투입단계에서는 권위에 대한

불순응 및 정책자체에 대한 불순응이, 전개단계에서는 의사전달의 부족에 따른 불순응 및 자원의 부족에 따른 불순응이, 산출단계에서는 행위에 대한 불순응이 높게 나타나는 특징을 보인다.

2. 평가 및 전망

F. Coombs 외에도 정책불순응에 대하여 여러 학자들이 연구를 하였는데 Orau R. Young은 불순응의 원인으로 가치, 관습 그리고 신념체계상의 차이와 집단에의 귀속감을 제시하고 있으며, Marshall. B. Clinard는 법과 가치 간의 충돌(law-valve conflict)시 구속력이 약할수록 불순응 정도는 높아진다고 본 선택적 불순응(selective disobedience)을 제기하였다. 또한 그는 법률내용의 모호성, 목표의 명확성 부족, 정책수립기준의 충돌, 목표의 정책반영 실패, 자원공급의 복잡성을 주요 불순응 원인으로 지적하고 있다.

F. Coombs의 정책불순응 이론은 1970년대에 발표되었음에도 불구하고 수십 년이 지난 현재까지도 여전히 많이 인용되고 있으며, 정책불순응 현상을 분석하는 데 적용도가 높아 향후에도 많이 활용될 것으로 전망된다.

참고문헌

견진만(2000). 노사정위원회에 대한 노·사간 인식차와 정책불순응, 한국외국어대학교 학위논문: 10－12.

F. Coombs(1974). The bases of Noncompliance with a Policy, University of illinois at Urbana－Champaign: 885－891.

Marshall. B. Clinard(1957). Sociology of Deviant Behavior, New York, Holt, Rinehart and Winston: 168－171.

Orau R. Young(1979). Noncompliance and Public Authority, Baltimore, Johns Hopkins University Press: 398－400.

키워드: F. Coombs, 정책불순응, 정책결정
작성자: 박주용(서울시 의회사무처)
최초작성일: 2014.01.

1. 개념

Kingdon은 정책변동을 설명하기 위해 1984년 다중흐름모형(MSF)을 제시했다. 이는 정책
문제흐름(policy problem stream), 정책대안흐름(policy alternative stream), 정치흐름(political
stream), 정책변동의 창(window of policy change), 정책산출(policy output), 그리고 정책변동
(policy change) 등으로 구성된다(<그림 1> 참조).

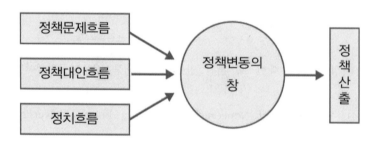

그림 1. 다중흐름모형(MSF)의 구조틀

1) 세 가지 과정의 흐름

세 가지 과정의 흐름은 정책문제흐름, 정책대안흐름, 그리고 정치흐름이다. 이들이 하나
로 결합될 때, 정책변동의 창이 열리는데, 이들 세 가지 흐름은 대체적으로 상호독립해서 진
전되고 작용하지만 상호영향을 미치면서 진행되기도 한다. 따라서 이들 흐름이 절대적으로
독립되어 있다는 것은 아니다.

한편, Kingdon에 의하면 정책문제흐름은 지표의 변동, 위기 또는 재난 등으로 인해 발생하며, 정책대안흐름은 정치체제의 분화정도, 정책가의 활동, 이익집단의 개입 등에 의해 나타난다. 그리고 정치흐름은 정권교체, 국회의석 수의 변화, 국민적인 분위기 등에 의해 나타나는데, 현실적으로 정책변동의 창은 정치흐름에 의해서 열리게 되는 경우가 많다. 정책참여자들이 문제를 인지하고 대안을 준비하고 있을 때, 결정적인 정치흐름이 나타나 창을 여는 것이다. 특히, 정권교체는 가장 눈에 띄고 광범위한 정치흐름의 변화이다.

2) 정책변동의 창

정책변동의 창이 열렸다는 것은 특정정책을 지지하는 정책참여자들이 그들이 선호하는 해결책을 강요하거나 자신들의 특별한 문제에 관심을 기울이도록 압력을 행사하여 정책변동의 기회를 맞이하였다는 것을 의미한다.

창은 예측가능하게 열리기도 한다. 예산심의나 국정감사와 같은 예정된 의정활동이 좋은 예이다. 반면, 창은 예측할 수 없는 우연한 사건에 의해서 열리기도 한다. 우연한 사건은 특정의 정책문제에 심각성을 더하게 하고, 결정적으로 정책참여자들에게는 그 문제에 그들이 개발해 놓은 정책대안을 해결책으로 제시할 수 있는 절호의 기회가 오게 되는 것이다. 예를 들어, 오일쇼크로 인한 주유소 앞의 긴 차량행렬이 정부의 주의를 집중시키게 되면, 각종 이익집단들(대중교통, 철도, 에너지관련 단체)은 자신들의 정책을 에너지자원 부족이라는 문제에 최선의 해결책으로 포장하고 제시한다. 또 다른 사례로 대형 비행기사고는 안전항공운행에 관심이 있는 집단에게 또 하나의 정책변동의 창을 열어주게 된다. 만일 그들에게 준비되어 있는 정책이 있다면, 그 정책이 채택되고 집행되어질 수 있는 절호의 기회를 주는 것이다.

한편, 창이 오랫동안 열려있는 채로 있는 경우는 매우 드물다. 기회를 놓치면 다른 창이 열릴 때까지 기다려야 한다. 정책변동의 창이 열리는 시간이 짧기 때문에 정책문제와 정책산출물 간의 강력한 결합이 이루어진다. 그 결과 체제가 정책문제와 정책으로 과부하 되는 경우도 있다. 만약, 참여자들이 충분한 자원을 기꺼이 투자하려 한다면 몇몇 문제는 해결될 수 있을 것이고 몇몇 제안은 입안될 것이다. 그렇지 못한 정책문제나 정책대안은 충분치 못한 자원이 동원되었기 때문에 표류되고 만다.

한편, 정책변동의 창은 몇 가지 이유에 의해서 닫히게 된다.

첫째, 참여자들이 그들의 관심대상인 문제가 어떠한 의사결정이나 입법에 의해서 충분히 다루어졌다고 느낄 때이다. 그 문제가 충분히 다루어지지 않았다고 해도 어떤 형태로든지 정부의 행동이 취해지면 당분간 그 정책문제에 관한 창은 닫히게 된다.

둘째, 마찬가지로 참여자들이 어떤 행태로든지 정부의 행동을 유도하지 못했을 경우도 창은 닫히게 된다. 일단 한 번 실패하면, 다음 번 기회가 올 때까지 그들은 자신들의 시간, 정력, 정치적 자산 그리고 다른 종류의 자원들을 투자하기를 꺼려한다.

셋째, 정책변동의 창을 열게 했던 사건이 정책의 장에서 사라지는 경우도 종종 있다. 어떤 위기상황이나 폭발사태 같은 것들은 본질적으로 그 수명이 단기간일 수밖에 없는 것이다. 일반국민들이 대형 비행기사고나 철도사고에 뜨겁게 흥분하고 그 결과에 대해 예리하게 주시할 수 있는 기간은 한정된 기간일 뿐이다. 창을 열리게 했던 주변 여건 또한 아주 단기간만 그 상태를 그대로 유지해 줄 뿐이다. 가령 새로운 정부가 들어서면 의회와 밀월기간이 있게 되는데 그 기간도 몇 달 지나지 않아 끝나게 된다.

넷째, 인사변동이 정책변동의 창을 닫게 하는 요인으로 작용할 수 있다. 특정 정책문제를 담당하고 있는 고위관료가 그 문제에 관한 정책대안을 갖고 의회의 상임위원회 멤버들을 설득하기 위해 일정한 기간이 필요한 경우, 그 일정기간에 고위관료가 경질된다든지 상임위원회 위원구성에 변동이 있게 되면 창은 자연스럽게 닫히게 되는 것이다.

다섯째, 어떤 경우에는 문제에 관한 대안이 존재하지 않기 때문에 정책변동의 창이 닫히는 수도 있다. 대개 창이 돌발적으로 열리는 경우, 정책참여자들이 문제에 대한 규정 및 대안에 대한 토론과 분석이 되어 있지 않는 상태로 정책과정에 참여하게 되는데, 단기간 안에 모든 요소들을 응집시킬 수 있는 정책제시에 실패하게 되면 정책변동의 창은 닫히게 된다.

3) 정책산출과 정책변동

정책문제흐름, 정책대안흐름, 그리고 정치흐름에 의해 정책변동의 창이 열리게 되면 창에서 정책참여자들이 자신들의 이해관계에 따라 대응하며 전략을 이끌어나간다. 전략에는 온건전략뿐만 아니라 폭력시위 등의 강경전략도 포함된다. 이러한 정책형성과정의 상호작용을 통해 이전과는 다른 내용의 정책이 산출되고, 정책변동이 이루어지는 것이다.

2. 평가

Kingdon의 다중흐름모형은 정책문제흐름, 정책대안흐름, 정치흐름 등을 제시하여, 복잡한 변동현상을 체계적으로 분석하고 있으나, 낮은 수준으로 외적변수가 나타나고 있고, 정책옹호연합과 신념체계가 부재하여 행위자의 정체성이 낮은 수준으로 도출되고 있는 등의 문제점이 조명되고 있다.

참고문헌

Kingdon, J. W.(1984). Agendas, Alternatives and Public Policies, Boston: Little, Brown and Co.

키워드: Kingdon의 다중흐름모형, MSF

작성자: 양승일(충남도립대)

최초작성일: 2013.05.

투레벨 이론(Two-level Theory)

1. 투레벨 이론의 의의

Robert D. Putnam의 투레벨 이론은 국제협상에 있어서의 분석의 틀을 제시한 것으로 1988년에 International Organization에 발표된 논문「Diplomacy and Domestic Politics - The logic of Two-Level Games」에서 소개된 이론이다. 이 논문에서 그는 기존의 이론들이 국제협상을 분석하는데 있어서 분석수준의 문제 및 국제정치와 국내정치를 엄격하게 구분하는 문제가 있음을 지적하면서 국제정치와 국내정치의 연계에 관한 하나의 일반이론으로서의 투레벨 이론을 제안하고 있다.

Putnam이 국제협상의 분석의 틀로 이 이론을 제시한 이유는 국내정치와 국제협상이 상호 연관되어 있음에도 불구하고 최근까지도 국가 간 벌어지는 협상을 분석함에 있어서 이런 측면이 간과되어 온 점이 많았기 때문이다. 즉, 순전히 국내적인 분석이나 국제적인 분석 중 어느 하나만을 설명의 주된 대상으로 삼아서 국가 간의 협상을 분석해 온 까닭에 다양한 국제정세에 내재되어 있는 국내정책과 국제정세의 상호연관적 측면이 무시되어 온 것이다.

이런 의도에서 투레벨 이론에서는 국제협상을 국내적 차원의 게임(Level II)과 국제적 차원의 게임(Level I)으로 나누어서 분석하고 있는데 후자는 잠정적인 합의를 위한 협상담당자 간의 흥정을 말하고 전자는 잠정합의를 비준할 것인가의 여부를 두고 양국 내부구성원들 간의 이해관계를 둘러싼 논의를 의미한다. Putnam은 이들 두 가지 수준의 게임 상황이 상호 복합적으로 연계되어 있다고 한다. 즉, 국제협상에서 협상의 대표들은 협상에 나가기 위해서는 먼저 국내적으로 모든 이해관계자 간의 협상을 통해 국제협상에 임하는 입장을 정하지 않을 수 없고, 이런 국내적인 협상은 국가 간의 협상결과가 궁극적으로 각국의 국내정치적

과정을 거쳐 비준을 받아야 한다는 이유 때문에 또다시 국가 간 협상에 영향을 미치게 된다는 것이다.

2. Win-set을 통한 분석

1) Win-set의 의의

투레벨 이론에서 win-set은 국제협상에서 주어진 상황을 전제로 국내비준을 얻을 수 있는 모든 합의의 집합이라고 정의되는 것으로 분석의 핵심개념이다. 이러한 win-set에서 중요한 것은 다음 두 가지이다. 첫째는 논리적으로 보아서 협상국들간의 합의가 가능하려면 양 당사자의 win-set이 교차하는 부분이 있어야 하므로 win-set의 크기가 클수록 협상대표의 협상여지가 커져서 국제적 합의의 가능성이 높아진다는 것이다. 둘째는 win-set의 상대적인 크기가 합의에 따르는 이득의 분배를 결정짓는다는 것이다.

Win-set을 둘러싼 이런 논의는 다음의 그림을 이용한 설명에 의해 명확하게 이해 될 수 있다.

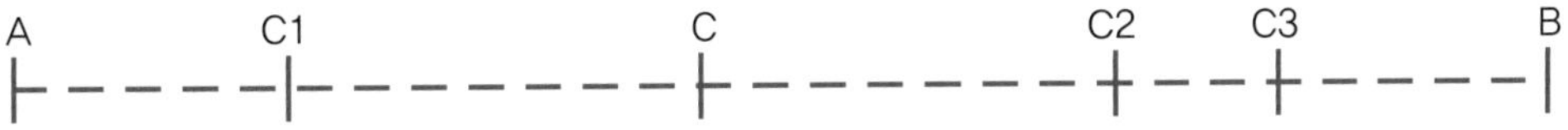

그림 1. Win-set의 개념

먼저 논의의 편리를 위해 갑국과 을국의 두 당사국 사이에 협상이 진행중이며 게임상황은 제로섬 게임(zero-sum game)이라고 전제하자. 선분 AB는 행위자 갑과 을의 합의에 따르는 이익의 전체크기를 의미한다. 여기서 갑의 입장에서 보면 점 A는 0의 이득, B는 극대의 이득을 말한다. 반면 을의 입장에서 보면 점 B가 0의 이득, 점 A는 극대의 이득이 된다. 따라서 공동이득의 분배에 대한 합의가 점 C에서 이루어진다면 갑이 얻는 이득의 크기는 선분 AC, 을이 얻는 이득의 크기는 선분 BC로 나타난다. 여기서 BC1을 갑이 국제적인 이유에서 수락할 수 있는 최소의 몫, AC2는 을이 수락할 수 있는 최소의 몫이라고 하자.

그러면 갑의 win-set은 선분 BC1으로, 을의 win-set는 선분 AC2로 표시된다. 여기서 갑과 을의 win-set가 겹쳐지는 부분인 C1C2가 합의 가능영역이 된다. 그런데 만약 어떤 이유에서 갑이 수락할 수 있는 최소의 몫이 BC3로 작아졌다고 하자. 이 경우 갑과 을의

win-set는 겹치지 않게 되어 둘 사이의 합의가 이루어지지 않음을 알 수 있다. 이와 같은 논의를 볼 때 다른 조건이 같으면 win-set의 크기가 클수록 합의의 가능영역이 넓어져 합의의 가능성도 높아진다는 것을 알 수 있다. 따라서 협상국들 간의 합의가 가능하려면 양 당사자의 win-set이 교차하는 부분이 있어야 하므로 win-set의 크기가 클수록 협상대표의 협상여지가 커져서 국제적 합의의 가능성이 높아진다는 win-set에 대한 첫 번째 논리가 검증이 됨을 알 수 있다.

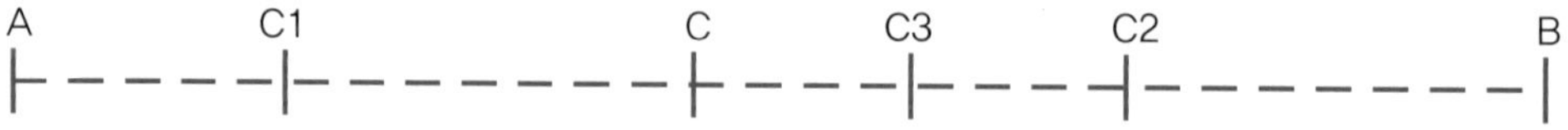

그림 2. Win-set과 합의의 가능성

다음으로 위의 <그림 2>를 통해 win-set의 크기와 합의에 따른 이득의 분배를 설명하기로 한다. 위에서 만약 갑이 수락할 수 있는 최소의 몫이 C3로 이동하여 갑의 win-set가 BC3로 축소되었다고 하자. 그렇다면 합의 가능영역도 C2C3로 축소되어 합의에 도달하기가 이전의 조건아래에서 보다 어려워졌음을 알 수 있다. 여기에서 중요한 것은 이 경우에 있어서 초기에 가능했던 합의의 수준인 C는 더 이상 가능하지 않다는 점이다. 즉 갑의 입장에 볼 때 새로운 합의가능영역인 C2C3사이의 어디에서 합의가 이루어지더라도 전의 합의영역에서 얻은 이득인 AC보다는 많은 이득을 얻을 수 있게 된다. 이렇게 협상에 있어서 win-set의 크기에 따라 합의의 이득이 분배되는 방식이 달라지는 것이다.

2) Win-set의 결정요인

한편 Putnam은 win-set의 크기를 결정하는 요인으로 국내의 주요이익집단과 정책결정자들의 상대적인 힘의 분포, 선호, 지배연합의 형태, 각국의 정치제도, 국제협상에 임하는 협상대표의 전략을 들고 있다.

(1) 국내의 주요이익집단과 정책결정자의 선호

먼저 정책이슈의 성격과 관련해서 이질적인 이슈보다 동질적인 이슈에서 win-set의 크기가 더 크다. 동질적인 이슈는 협상을 타결시킬지의 여부가 중요한 문제가 되는 경우가 많으므로 이 경우 어떤 협상의 결과가 나오더라도 협상자는 국내적으로 비난을 받는 여지가 적다. 그러나 이질적 이슈의 경우는 그 협상결과에 대해 국내이해관계집단들 간의 상반된 견해가 존재할 수 있으므로 협상자들은 국제협상의 결과가 어떠하든지 간에 국내에서 비난을 받을 수밖에 없게 된다.

다음으로 이슈의 정치쟁점화의 정도가 클수록 win-set이 작아져서 국내의 비준가능성이 작아진다고 할 수 있다. 이는 정책이슈가 정치쟁점화가 되면 조용하던 개인이나 집단을 동요시켜 이들로 하여금 정책과정에 영향을 미치려 애쓰게 하는 효과를 가져오게 되는 것이다. 이런 이유로 인해서 외교관들은 외교협상에서 비밀의 준수가 무엇보다도 중요하다고 믿는다.

(2) 각국의 정치제도

각국의 정치제도도 당연히 win-set의 크기에 영향을 미친다. 이와 같은 정치제도의 영향을 설명하는 데 중요한 개념이 바로 비준이다. 예를 들자면 국제조약은 공식적으로 국회의 동의를 얻어야 하는 경우가 많은데 각국에 있어서 그 동의의 수준이 다른 경우가 많다는 것이다. 즉 미국의 경우는 상원의원 재적 2/3 이상의 동의를 받아야 하지만 우리나라의 경우는 출석의원 1/2의 동의만 얻으면 가능하다. 이 경우 미국의 win-set이 우리나라에 비해 상대적으로 작다고 할 수 있다. 또한 권력분립을 특징으로 하는 대통령제에서는 국제협상의 결과가 의회의 견제를 받는 경우가 의원내각제 정부보다는 많아서 상대적으로 win-set의 크기가 작다고 할 수 있다. 또한 이와 같은 공식적인 비준의 성격을 띠는 것과는 별도로 국제협상의 결과가 당사국 내의 이해관계집단, 즉 이익단체, 정책결정자, 일반국민 등에게 동의되는 것을 의미하는 비공식적 비준도 있다.

이와 같은 공식적인 제도와 win-set의 크기와의 관계에 더해 최근 주목을 받고 있는 것이 바로 국가의 강도 및 자율성이 win-set에 영향을 끼친다는 논의이다. 여기에는 다소 복잡하지만 재미있는 결론을 발견할 수 있는데 그것은 다음과 같다. 즉, 국가의 강도 및 자율성이 커서 중앙의 정책결정자들이 국내의 이익집단으로부터 자율을 누리면 누릴수록 win-set이 커져서 국제협상에서 합의의 가능성이 높아진다. 그러나 이 경우 역설적으로 이들의 협상력이 대단히 낮아진다. 예를 들어 독재국가의 외교관은 민주국가의 외교관에 비해 국내적인 이유로 불리한 협상결과를 수용할 수 없다고 주장할 여지가 적은 것이다.

(3) 협상대표의 전략

국제협상에서 협상자들이 주로 직면하게 되는 딜레마는 다음과 같다. 즉 win-set의 크기가 클수록 합의에 도달하기는 쉬운 반면 협상에 있어서 상대방에 대한 입지가 약해져서 협상에서 많은 것을 양보하게 되는 결과를 낳는 것이다. 그 결과 만약 양보의 폭이 너무 크게 되면 이슈의 성격에 따라 국내에서 비준의 가능성이 줄어들게 될 위험도 발생한다. 따라서 국제협상에서 협상자들은 가급적 자기의 win-set를 상대국이 작게 인식하거나 상대국의 win-set을 크게 하기 위해서 여러 가지 전략을 사용하게 된다.

국제협상에서 협상자와 관련해서 한 가지 더 주목해야 할 부분은 협상자의 국내에서의 입지가 강하거나 인기가 많은 경우, 혹은 높은 직위에 있을수록 협상에서 유리한 위치를 점하는 경우가 많다는 것이다. 그 이유는 이와 같은 경우에는 협상상대국의 협상결과에 대한 비자발적인 배신에 대한 우려를 줄여주어서 상당한 신뢰를 얻을 수 있기 때문이다.

3. 투레벨 이론에서의 협상전략

지금까지의 설명을 통해 투레벨 이론으로 본 국제협상에서 양 당사국의 협상력의 크기는 win-set의 크기에 좌우된다는 결론을 도출할 수 있다. 그렇다면 실제적인 협상에서 각국은 이제 자국이나 상대국의 win-set의 크기를 자국의 협상에 유리하게 조작하려는 다음과 같은 전략적 유인을 갖게 됨을 알 수 있다.

1) 자국 win-set의 축소전략

대표적인 자국의 win-set을 축소하는 전략은 바로 발목 잡히기(hand-tying)전략이다. 이는 협상이슈에 대해 국내적으로 보다 강경한 입장을 취하는 집단에 공개적인 약속을 하는 것을 말한다. 이 경우 협상자들은 국내의 강한 집단의 영향을 많이 받을 수밖에 없게 되어서 협상에서 상대국에 비해 유리한 입지를 차지 할 수 있게 된다. 그러나 이와 같은 발목 잡히기(hand-tying)전략은 교섭담당자의 협상에서의 유연성이나 독자성을 제한하는 결과를 가져오는 문제가 있다.

다음으로는 정치쟁점화 전략이 있다. 즉 여론이 별로 관심이 없었던 사안을 정치적으로 쟁점화 해서 여론의 흐름을 강경한 방향으로 이끌고 가거나 국내의 여론을 분열시켜 협상의 이슈를 이질적인 것으로 만들어서 협상과정에서 유리한 위치를 점하려는 것이다. 이 경우에도 역시 발목 잡히기(hand-tying)전략과 같은 효과를 볼 수가 있다.

그러나 이와 같은 자국의 win-set을 축소하는 전략은 주로 국내의 특정집단의 강한 영향력을 국제협상에 이용하는 것으로 국가 전체로 볼 때 협상의 결과로 인한 이익분배의 문제를 야기시키게 된다. 따라서 오히려 자국의 win-set을 확대해서 협상자의 재량권을 확대하는 것이 국가이익을 위해 바람직한 경우도 있는데 이때 쓰이는 방법이 협상결과에 따른 이익을 재분배하는 이면보상(side-payment)이나 문제의 성격을 새롭게 정의하는 등의 고삐 늦추기(cutting slack)전략이다. 먼저 이면보상전략(side-payment)은 협상당사국 내부에서 정부가 협상으로 인해 상대적으로 피해를 보는 집단에게 금전적·비금전적 보상을 해 줌으로써 협상과정에서 협상자의 자율성을 높이려는 것을 의미한다. 다음으로 고삐 늦추기(cutting slack)전략은 협상당사국 내부에서 이해관계집단과의 뒷거래를 통하거나 사안의 성격을 새로이 정의하여 win-set을 확대함으로써 정책의 자율성을 제고하는 것을 말한다.

2) 상대국의 win-set의 확대전략

협상에 있어서 상대국의 win-set을 확대함으로 인해서 보다 유리한 입지를 차지할 수도 있다. 그 첫 번째 방법으로는 이슈연계전략을 이용한 것이다. 이는 개개의 사안으로는 협상에서 교착상태에 머무를 수밖에 없지만 이들을 연계시키면 국내 이해관계집단들의 효용함수의 변화를 기대할 수 있어서 협상의 타결이 가능해지는 원리이다.

다음으로는 메아리전략(reverberation)을 들 수 있다. 이는 상대국의 국내집단에 직접적으로 호소해서 협상사안에 대한 기대나 그 사안의 이미지를 바꿈으로써 상대의 win-set을 확대하는 것이다. 이와 같은 메아리 효과는 종종 이슈연계전략과 연관되어 효과를 얻는 경우가 있다. 즉 초기에 이슈연계전략에 의해 사용된 전략이 사후적으로 협상상대국의 내부에 큰 반향을 일으킴으로써 협상에서 유리한 위치를 차지할 수 있는 경우가 있다.

3) 국내의 이익집단과 초국가적 외교

초국가적 로비나 제휴 또한 중요한 협상의 전략으로 활용될 수 있다. Putnam의 이론에서 주로 강조되는 것은 국가 간의 담합이나 국가 간의 협상인데 세계화의 진행과 국제적 NGO의 성장 또한 국내의 이익집단의 초국적인 활동의 증대를 볼 때 이제 국제협상은 단순히 정부로 대변되는 국가 간의 문제가 아닌 것이다. 이와 같은 현상의 단적인 예로 지난 1999년의 뉴라운드 출범을 위한 다자간 협상의 과정에서 보여준 NGO의 영향력을 들 수 있다.

참고문헌

김태현 외(1995). 『외교와 정치 - 세계화 시대의 국제협상논리와 전략』. 서울: 오름.

이달곤(2005). 『협상론: 협상의 과정, 구조 그리고 전략』. 서울: 법문사.

최병선(1999). 『무역정치경제론』. 서울: 박영사.

Moravcsik, Andrew(1993). Introduction: "Intergrating International and Theory of International Bargaining", *Double-Edged Diplomacy: International Bargaining and Domestic Politics*, Evans, Peter B., Harold K. Jacobson, and Robert D. Putnam, Berkley, CA: University of California Press.

Putnam, Robert D.(1993). "Diplomacy and Domestic Poliotics - The Logic of Two-Level Games", *Double-Edged Diplomacy: International Bargaining and Domestic Politics*, Berkery, Los Angeles, London: University of California Press.

키워드: 투레벨 이론, 윈셋, 협상, 협상전략

작성자: 이혁우(배재대)

최초작성일: 2010.07.

특별지방행정기관(特別地方行政機關)

1. 특별지방행정기관 개념

특별지방행정기관은 중앙행정기관의 소관사무를 수행하기 위한 지방행정기관으로서 특정한 중앙행정기관에 소속되어, 당해 관할구역 범위에서 시행되는 소속 중앙행정기관의 권한에 속하는 행정사무를 관장하는 국가행정기관이다(행정기관의 조직과 정원에 관한 통칙 제2조).

2. 특별지방행정기관 설치기준

1) 형식적 요건

첫째, 설치형태 측면에서 직제상 중앙행정기관 소속기관이어야 한다. 「정부조직법」상 특별지방행정기관은 중앙행정기관에만 설치가 가능하며, 부속기관 및 중앙행정기관이 아닌 합의제 행정기관에는 설치할 수 없다. 다만, 복건복지부의 질병관리본부 소속 검역소(「검역법」제36조), 과학기술정통부의 우정사업본부 소속 체신청(「우정사업 운영에 관한 특례법」 제7조) 등 개별 법률에 근거하여 부속기관 등에 특별행정기관의 설치가 예외적으로 가능하다. 둘째, 사무처리 방식 측면에서 지역적 분담(관할구역) 수행체계를 기본으로 한다. 중앙행정기관의 지방행정기관으로서 전국 또는 업무수행이 필요한 특정 권역을 수개 관할구역으로 분할하여 설치한다. 당해 관할구역 내에서 중앙행정기관의 소관 사무를 수행하며, 관할구역은 지방자치단체 행정구역과 별개로 설치가 가능하다.

2) 실질적 요건

첫째, 특별지방행정기관이 수행하는 사무내용은 지방자치단체에 위임이 부적합한 국가사무이어야 한다. 원칙적으로 시·도, 시·군 등 자치구에서 시행하는 국가사무는 일반지방행정기관인 지방자치단체장에게 위임하여 수행해야 하나, 업무의 전문성과 특수성으로 자치단체에 위임하여 처리하는 것이 부적합한 경우 특별지방행정기관을 설치하여 국가가 직접 수행하도록 한다. 둘째, 특별지방행정기관은 자기 완결적 성격의 업무를 처리하여야 한다. 특별지방행정관이 소관 관할구역에서 중앙행정기관의 역할을 수행하기 위해서는 중앙행정기관 소관 작용법령의 구체적 권한위임이 필요하다. 독임제 중앙행정기관은 소관 단위사무를 특별지방행정기관장에게 위임·처리하여 비교적 높은 수준의 완결적인 업무처리가 가능하나, 합의제 행정기관인 중앙행정기관은 위원회 의결사항을 특별지방행정기관에 위임할 수 없어, 독임제 중앙행정기관에 비해 인·허가 등 의사결정 사무의 위임범위가 제약되는 특성이 있다.

3. 특별지방행정기관 운영방향

특별지방행정기관의 지휘·감독을 위한 중간 감독기관의 설치는 금지하여야 한다(행정기관의 조직과 정원에 관한 통칙 제18조 제3항). 중앙행정기관의 지시를 받아 일선행정기관을 지휘·감독함을 주된 기능으로 하는 중간 감독기관인 특별지방행정기관은 특별한 경우를 제외하고는 설치할 수 없으므로 특별지방행정기관은 고유한 독자적 기능을 수행해야 하며, 효율적 업무수행을 위해 계층구조는 가급적 단순화·효율화하는 것이 바람직하다.

참고문헌

정부조직법(법률 제15624호, 2018.6.8)
행정기관의 조직과 정원에 관한 통칙(대통령령 제29700호, 2019.4.16)

키워드: 특별지방행정기관, 중앙행정기관, 소속기관, 국가사무
작성자: 이경호(행정안전부)
최초작성일: 2013.05., **수정작성일**: 2019.12.

팀(Team)

1. 팀의 발전과 유용성

지금으로부터 약 3－40년 전 조직에서 팀을 활용하는 것은 하나의 뉴스거리였다. 팀은 조직변화를 위한 '혁신적' 처방으로서 활용하는 사례가 거의 없었다. 그런데 오늘날에는 조직이 팀을 활용하지 않으면 뉴스거리가 될 정도로 조직사회에 편재하고 있다. 이처럼 팀이 유행하는 데는 여러 이유가 있을 수 있으나, 무엇보다 다양한 기술, 판단, 경험을 요하는 업무(과제)를 수행할 때 팀이 개인보다 압도적으로 우수하다는 기대가 있기 때문이다. 보다 많은 정보(아이디어)를 얻을 수 있어 보다 합리적(효과적) 문제해결이 가능하고, 구성원의 재능을 보다 잘 활용할 수 있으며, 구성원들을 신속히 소집, 배치 및 해체할 수 있다는 것이다.

정부조직의 경우, 팀은 참여를 바탕으로 문제해결(의사결정)에 개입한 사람들의 이해를 구하고 해결안의 수용성을 제고하는 데 유리하다. 그리고 구성원들 스스로 서로를 강요하는 사회적 조장(social facilitation) 효과를 통해 보다 높은 수준의 동기와 성과를 유발하고, 의사결정 시 개인이 간과할 수 있는 편향적 시각이나 맹점을 상쇄시킬 수 있다. 더 나아가 팀은 정부조직에서 찾아보기 어려운 모험적 대안이나 쇄신적 행동의 채택을 조장할 가능성이 크다.

이런 장점에도 불구하고, 팀이 '모든' 조직적 상황에 적합한 것은 아니다. 팀을 통한 업무수행은 보다 많은 시간을 요하고, 의사소통 요구나 구성원들 간의 갈등을 증폭시킬 수 있다. 따라서 팀을 활용하려면 먼저 업무의 성격, 목표, 그리고 집단의 구조적 특성 등을 면밀히 검토해야 한다. ① 업무가 단순해서 개인이 수행하는 것이 보다 효과적인지, ② 업무의 목표가 집단이 공동으로 추구할 만한 것인지, 그리고 ③ 집단 구성원들이 상호 독립적 관계에 있는지 등을 검토하고 개인과 팀의 상대적 효율성을 가늠해야 한다.

2. 팀의 의미와 개념적 속성

팀은 조직 관리를 위한 하나의 기술인 동시에 업무처리 방식이다. 일반적으로 팀은 공동의 목적, 업무 수행목표, 접근방법 등에 대해 상호 책임을 지는 소수의 전문 인력이 목표달성에 전념할 때 적용되는 개념이다. 이는 팀 속에 다음과 같은 개념적 요소들이 담겨 있음을 시사한다.

첫째, 팀은 소수의 인원으로 구성된다. 팀의 규모는 팀의 목적, 접근방법, 기술, 책임 등 다양한 요인에 의해 달라질 수 있으나, 경험적으로 볼 때 대개 2명 내지 25명의 구성원을 지니는 것이 바람직하다.

둘째, 팀은 상호보완적 기술을 사용한다. 즉, 팀의 구성원들은 임무 수행을 위해 자율적으로 적절한 기술들을(예: 기술적 혹은 기능적 전문성, 문제해결과 의사결정 기술, 그리고 대인관계 기술 등) 혼합, 사용한다.

셋째, 팀의 구성원들은 항상 조화를 이루면서 팀의 공동 목적과 업무 수행목표를 달성하고자 노력한다.

넷째, 팀의 구성원들은 공동 목표의 달성을 위해 어떻게 일할 것인가에 대한 공통된 접근방법을 개발한다.

다섯째, 팀의 구성원들은 상호 책임을 진다. 진정한 의미의 팀은 구성원 개인이 아니라 팀 전체로서(as a team) 책임을 진다.

3. 정부조직에 적용과 과제

팀을 정부조직에 적용할 때 관료조직이나 비영리조직에 고유한 정치적 문제가 야기될 수 있다. 따라서 보다 실천적 차원에서 팀제 도입에 따른 문제점을 분석하고 이의 효율화를 위한 방안을 모색해야 한다.

우선 새로운 방식의 업무 수행으로 인해 기득권이나 자리를 박탈당한 상위층 관료들의 저항과 사기 저하가 나타날 수 있고, 간부들의 권한 상실로 인한 조직 내의 위계질서나 기강이 해이될 수 있다. 따라서 무엇보다 구성원들에게 왜 팀제를 도입해야 하고, 새로운 조직과 그 안에서 이들에게 기대되는 역할이 무엇인지를 분명히 주지시켜야 한다. 그리고 ① 팀의 도입을 상명하달식으로(일방적으로) 추진하거나, ② 부문별 특수성을 고려하지 않은 채 획일적으로 도입하거나, ③ 계층을 타파하지 않은 채 기존의 피라미드 조직의 명칭만 팀으로 바꾸거나, ④ 적절한 평가체제를 갖추지도 않은 채 팀의 성과를 평가하려 하거나, ⑤ 팀장을 길러 낼만한 시간적 여유도 없이 갑작스레 팀제를 도입하거나, 혹은 ⑥ 팀을 운영하면서도 실질적 권한은 주지 않는 등의 비합리적 행동을 삼가야 한다.

더 나아가 팀제를 도입할 때 이에 따른 변화가 국민에게 봉사한다는 정부조직의 궁극적 목적에 어떤 영향을 미치는지를 고려해야 한다. 공공조직을 팀제화하여 구성원들의 의사결정 권한을 강화하면, 과연 어떤 파급효과가 나타날 것인가? 관료들이 여전히 국민의 봉사자로서 남을 것인가, 아니면 자신들의 이익을 위해 국민의 이익을 저버리는 행동을 하게 될 것인가? 이런 의문들은 정부조직에서 나타나는 절차상의 변화가 행정윤리상의 근본적 문제를 야기할 수 있음을 시사한다.

참고문헌

김호섭 외(2011). 「행정과 조직행태」. 서울: 대영문화사.

Katzenbach, J. R. and Smith, D. K. (1992). *Why Teams Matter: An Excerpt from the Wisdom of Teams: Creating the High−Performance Organization*. The McKinsey Quarterly, 3: 3−27.

Koehler, J. W. and Pankowski, J. M. (1996). *Teams in Government: A Handbook for Team−Based Organizations*. Delary Beach, FL.: St. Lucie Press.

Mohrman, S. A., Cohen, S. G. & Mohrman, A. M. (1995). *Designing Team−Based Organizations: New Forms for Knowledge Work*. San Francisco: Jossey−Bass.

키워드: 공동목표, 상호책임

작성자: 김호섭(아주대)

최초작성일: 2003.02., 수정작성일: 2019.12.

파킨슨의 법칙(Parkinson's Law)

1. 개념

　정치인이나 납세자인 시민은 지금까지 공무원의 수가 증가하는 경우 업무량이 증가하고 있음을 반영한 것으로 생각해 왔다. 그런데 실상은 그렇지 않다. 파킨슨(C. N. Parkinson)은 공무원의 수와 업무량은 서로 아무런 관계가 없음을 제시하고 있다. 즉 공무원의 수의 증가는 '파킨슨의 법칙'에 의해 지배되고, 업무량이 증가하든 감소하든 심지어 사라지든 간에 관계없이 공무원의 수가 증가한다고 주장한다. 이러한 파킨슨의 법칙이 중요한 이유는 업무량의 실증 분석에 기초하여 공무원 수의 증가에 관한 법칙을 제시하고 있다는 데 있다.

2. 내용

　영국의 행정학자 파킨슨은 부하 배증의 법칙(제1공리)과 업무 배증의 법칙(제2공리)을 제시하여 파킨슨의 법칙을 설명한다. 여기서 부하 배증의 법칙은 특정 공무원이 업무과부하를 느낄 때(사실 여부와 관계없이), 퇴직하거나 동료를 보충 받아 그 임무를 반분하여 수행하려 하지 않고, 대신 자신을 보조해 줄 부하를 보충 받기를 원한다는 공리를 말한다. 그리고 업무 배증의 법칙은 부하 배증의 법칙에 의해 부하가 배증되면서 과거 혼자 일하던 때와는 달리 지시, 보고, 승인, 감독 등의 파생적 업무가 생겨나 본질적인 업무의 증가 없이 업무량이 배증되는 현상을 지칭한다. 파킨슨은 이를 실증하기 위하여 영국 해군을 대상으로 1935년부터 1954년까지 간부의 증가에 관한 통계적인 분석을 행하였는데, 매년 평균 5.75%비율로 증가하고 있음을 밝혀냈다. 파킨슨의 법칙을 수립하기 위하여 사용한 수식은 다음과 같다.

$$x(\%) = 100(2km+l)/yn$$

여기서 k는 부하의 임용을 통해 승진을 도모하는 간부의 수이며, l은 임용연령과 퇴직연령 간의 차이를 나타내고, m은 조직 내에서 이행하는 데 들이는 인시(일인당 한시간의 노동량)의 수이며, n은 관리하고 있는 단위부서의 수이고, y는 원래의 간부의 총합이며, x는 매년 요구되는 새로운 간부의 수이다.

참고문헌

Parkinson, C. Northcote(1957). Parkinson's Law and Other Studies in Administration. Boston: Houghton Mifflin.

Parkinson, C. Northcote(1957). Parkinson's Law or the Rising Pyramid. Shafritz, Jay M. &Hyde, Albert C.(1987). Classics of Public Administration. 2nd Edition: 251−255. Chicago, Illinois: The Dorsey Press.

키워드: 부하 배증의 법칙, 업무 배증의 법칙
작성자: 황영호(군산대)
최초작성일: 2001.09.

평등(Equality)

평등은 민주주의가 추구하는 보편적 가치로서 인간의 기본권을 대변한다. 그러나 평등에 관한 전통적 묘사나 개념 구성은 가끔 가상적 가치판단이나 공허한 명제에 지나지 않는다. 예컨대, X＝Y라는 공식은 무엇이 누구에게, 얼마만큼, 그리고 어떠한 기준에 의해서 배분되느냐에 대한 상세한 규정 없이는 그 자체로 시사하는 바가 거의 없다. 평등을 이해하기 위해서는 최소한 '누가' 동등한 몫을 얻고 '무엇이' 균등화되는가에 대한 규명이 이루어지고, 이를 바탕으로 동등한 배분이 측정될 수 있는 규칙이 설정되어야 한다.

1. 개념적 속성

개념상, 평등은 평등한 배분의 주체(수혜자)와 객체(대상)라는 두 가지 구성 요소를 지닌다. 이들은 고전 철학에서 각각 인간이 지닌 공통적 '속성(properties)'과 인간이 받는 '대우(treatments)'를 반영한다. 전자에 의하면, 인간이 평등하다고 하는 것은 이들이 어떤 특질을 공유하고 있음을 의미한다. 그러나 인간은 다양한 측면에서 다른 것이 현실이다. 인간은 천부적 재능에서 다르고, 제도적 변이에 따라 다르며, 연령, 힘, 지능, 권력, 소유 등 모든 사람들이 공통으로 지닌 속성에서 다르다. 따라서 인간이 동등하다고 하는 것은 일정한 속성에서 인간이 소유하고 있는 유사점이 차이점 보다 중요함을 의미할 뿐이다.

이에 비해 평등의 두 번째 속성은 인간이 비록 속성에서는 다를지라도 '동등한 가치'나 '존엄성'을 지녀야 함을 의미한다. 이와 같은 명제는 인간이 평등하게 취급되어야 할 자격이 있음을 강조하는 것으로서 규범적 의미를 수반한다. 그리고 개인이나 집단에 대한 동등한 대우는 이들에게 혜택이나 가치가 배분되는 방법에 따라 달라 질 수 있는데, 이러한 혜택들은 실업수당이나 복지기금과 같이 '물질적'인 것일 수 있고 정부의 특정 직위를 점유하는 것처럼 '기회'를 의미할 수도 있다.

이상 두 가지 속성에 비추어 볼 때, 평등이란 인간을 동등하게 대우해야 한다는 '규범적 명제'와 함께 인간에 대한 대우가 인간이 지닌 일정한 속성에 따라 달라질 수 있다는 인간 속성에 대한 '사실적 준거'도 내포할 수 있음을 알 수 있다.

2. 평등의 규칙과 유형

평등한 배분을 측정하는 규칙은 ① 배분되는 공공봉사(a public service: PS), ② 준거집단(reference group: RG), ③ 선택(혹은 대상)집단(selected group: SG) 등 세 가지 요소를 바탕으로 규정된다. 이 가운데 준거집단은 규칙이 적용되는 집단으로서 대개 공통적 속성에 의해 규정되고, 선택집단은 준거집단의 하위집단으로서 실제 공공봉사가 제공되는 집단을 의미한다. 이러한 구조 아래서, 배분규칙은 크게 두 가지 유형을 띄는데, 하나는 특정의 부가적 속성을 소유한 준거집단의 구성원들이 일정한 혜택을 받도록 규제하는 '선택 규칙(a rule of selection)'이고, 다른 하나는 선택집단의 구성원에게 배당되는 혜택이 개인 지닌 특정의 부가적 속성에 따라 조화를 이루어야 한다는 '할당 규칙(a rule of distribution)'이다. 이러한 두 가지 배분규칙을 근거로 가장 보편화된 평등의 유형을 살펴보면 다음과 같다.

1) 완전 평등(fully equal distribution)

상기한 개념 틀 속에서 다음과 같은 두 가지 조건이 충족되면 완전 평등이 확보된다. 첫째, 선택집단의 크기와 준거집단의 크기가 동일하고(RG = RS), 둘째 선택집단의 모든 구성원들에게 (이들이 지닌 속성에 관계없이) 동일한 양의 혜택이 제공된다. 한 마디로, 완전평등은 공공봉사가 준거집단의 모든 구성원에게 동일한 양으로 배분되는 것을 의미한다. Aristotle은 이러한 평등을 정의(justice)의 문제로 연장하여 "동등한 사람에게 동등한 몫(equal shares to equals)"을 표방하였고, 이를 산술적 평등(numerical equality)이라 하였다.

2) 부분적 평등(partially equal distribution)

완전한 평등이 불가능할 경우, 차선책으로 평등에 관한 두 가지 규칙 중 하나를 선택하여 부분적 평등을 실현할 수 있다. 즉, 할당에서는 평등하되 선택에서 불평등을 기하거나, 혹은 할당에서는 불평등하되 선택에서 평등을 기하는 것이다. 이 가운데 전자는 단순히 특정 집단에 대한 차별대우를 의미하기에 평등에 관한 규범적 논의에서 정당성을 얻기가 어렵다. 이에 비해 후자는 '불평등한 혜택을 불평등한 시민에게' 배분함으로써 Aristotle의 'equal shares to equals'라는 규범적 명제로부터 정당성을 얻는다. 즉, '동등한 사람에게 동등한 몫(equal shares to equals)'을 할당하는 것이 정의롭다면, '불평등한 사람에게 불평등한 몫(unequal shares to unequals)'을 허락하는 것도 정의로운 것이 되어야 한다. Aristotle은 이를 비례적 평등(proportional equality)이라 하였다. 비례적 평등은 배분규칙이 개인이 소유한 속성과 그가 받는 할당, 그리고 타인이 지닌 속성과 이들이 받는 할당 간의 '비율의 평등(equality of ratios)'이 존재함을 가정한다. 생활보호 대상자의 수에 따라 공공부조의 양을 증가시키거나 도로 상태에 따라 도로보수비를 다르게 책정하는 것 등은 비례적 평등의 전형적 사례라 할 수 있다.

참고문헌

김호섭.(1991). 행정문화의 비판적 수용을 통하여 본 행정윤리의 방향. 「한국행정학보」, 24(1): 57-88.

Aristotle.(1946). The Politics of Aristotle. With Introduction, Notes, and Appendixes, tr. by Emest Barker. New York: Oxford University Press.

_____.(1962). Nichomachean Ethics. With Introduction and Notes, tr. by Martin Ostwarld. Indianapolis: Bobbs-Merrill, Library of Liberal Arts.

Oppenheim, F.(1981). Political Concepts: A Reconstruction. Chicago: The University of Chicago Press.

Redford, E. S.(1969). Democracy in the Administrative State. New York: Oxford University Press.

Yates, D. T.(1981). Hard Choices: Justifying Bureaucratic Decisions. In J. L. Fleishman, et al. (eds.). Public Duties: The Moral Obligations of Government Officials. Cambridge, MA: Harvard University Press.

키워드: 완전 평등, 부분적 평등
작성자: 김호섭(아주대)
최초작성일: 2003.02.

프레임(Frame)

1. 개념과 특징

프레임이란 Goffman에 의하면 어떤 사건에 특정한 의미를 부여하게 되는 해석의 구조로서 개인들로 하여금 이를 그들의 삶의 공간 안에 위치시켜서 인지하고, 확인하며 이름을 붙여보는 것을 가능하게 해주는 틀이라고 정의된다. 특정 정책문제에 대한 사회적 담론은 이렇게 규정된 틀 안에서 그 성격과 처방, 그리고 자원의 동원과 같은 구체적인 방향이 제시되어지는 것이다. 따라서 구체적인 정책문제에 대한 프레임이 무엇인지에 따라 문제의 성격은 각각 다르게 정의되고 이를 입증해 내기 위한 각각 다른 차원의 자료가 필요하게 됨을 알 수 있다. 결과적으로 프레임은 특정문제에 대한 접근방향을 결정함으로써 첫째 그에 기초한 문제에 대한 진단과 의미규정을 하게 만들고, 둘째 처방 내용을 결정하며 셋째, 이런 처방을 구현하기 위한 동기부여방안까지도 결정하게 되는 것이다.

한편 이렇게 형성된 프레임은 특정한 정책문제에 적용되어 원인규명과 처방의 방향을 결정하게 되는데 이 과정에서 공감의 정도(degree of resonance)가 프레임이 공고화되는데 결정적인 역할을 수행하게 된다. 즉 특정 논의구조에 대한 공감의 정도가 높을수록 해당 논의구조의 효과가 명확하게 나타나게 되는 것이다. Benford & Snow(2000)는 이런 공감의 정도를 결정하는 중요한 요인으로 프레임 자체의 신뢰성(credibility)과 그것의 현저함(salience)의 정도를 그 핵심적인 요인으로 들었다. 즉 프레임에 대한 신뢰성과 그 현저함이 클수록 특정 논의구조의 공고화가 잘 이루어지고, 그 결과 특정 정책문제에 대한 공감도가 높은 논의구조를 공고화할 가능성이 높아지게 되는 것이다.

한편 정책에 대한 프레임이 이렇게 형성되고 공고화 되면 이제 이런 프레임에 따라 정책문제에 대한 의미가 규정되게 된다. 그러나 프레임의 효과는 단순히 이에 그치지 않고 이미 언급한 것처럼 사람들의 의견에 영향을 주어 이들이 특정한 방식으로 행위를 하도록 만든다. Kurz(1990)가 제시한 media malady effects가 그 대표적인 예로 그에 의하면 미디어가 사람들의 심리에 영향을 미치고, 나아가 실제 경제상황에 영향을 준다고 한다. 우리나라에서도 지난 노태우 정부 시절이던 1990년대 초 '총체적 경제위기'라는 용어가 언론을 장식하면서 국민들의 경제활동이 필요이상으로 위축되어 실제 경기가 깊은 수렁에 빠졌고, 삼저현상에 따른 일시적 경기회복을 두고, 언론이 건국 이래 최대의 호황으로 보도함으로써 불필요한 소비를 조장하고 경기과열의 원인을 낳았다는 연구결과가 보고되고 있기도 하다.

2. 정책 프레임의 형성과 편향성

정책 프레임 형성에 있어서의 편향성에 대한 분석은 지금까지 다양한 방식으로 이루어져 왔지만 휴리스틱에 의한 판단이 가장 근본적인 원인이 될 수 있다. 휴리스틱에 의한 판단은 불확실성 하에서 인간이 의사결정을 내릴 때, 흔히 활용하는 방법으로 알고리즘과 대비된다. 알고리즘에 의한 판단은 일정한 순서대로 논리를 전개해 나가면 어김없이 명확한 해답을 얻을 수 있는 방법인 반면, 휴리스틱의 경우 문제해결을 위한 실마리가 없기에 편의적이고 발견적인 접근을 통해 해답에 이르려는 방법을 말한다.

그렇다면 이런 휴리스틱에 의한 의사결정에 왜 주목해야 하는 것일까? 그것은 현실에서 이런 휴리스틱에 의한 접근이 매우 널리 활용되고 있기 때문이고 그것은 바로 인간의 제한된 합리성(bounded rationality) 때문이다. Simon에 의해 제시된 이 개념은 인간은 문제해결을 위해 완전한 답을 도출해 내려고 하지만 현실적으로 그가 가진 정보와 인지의 한계 등으로 인해 만족할만한 수준에서 의사결정이 이루어질 수밖에 없다는 것이다.

결국 이런 논리적 귀결에 의해 인간이 정책문제에 대한 접근은 알고리즘에 의한 방식이라기보다는 휴리스틱에 의한 방식으로 이루어지는 것이 압도적으로 많게 된다. 이것은 설령 알고리즘의 방식에 의해 어떤 결론에 도달하였다고 할지라도 그것의 타당성을 최종적으로 결정하여 정책에 채택하는 것은 제한된 합리성을 가진 인간일 수밖에 없다는 측면에서도 여실히 확인된다. 물론 이런 휴리스틱에 의한 판단은 그 자체로서는 신속하고 간결한 판단을 가능하게 해 주는 것으로 의사결정에 있어서 매우 유용성이 높은 것이다. 그리고 Gigeranzer (1999)에 의하면 휴리스틱에 의한 판단은 많은 인지자원을 동원해서 오랜 시간 어려운 계산을 얻은 후에 얻게 되는 최적해에 버금가는 훌륭한 답을 이끌어 낸다고 주장하기도 했다. 그러나, 이런 휴리스틱에 의한 의사결정은 다른 한편으로 매우 치명적인 한계를 도출하게 되는데 그것은 의사결정에 있어서의 체계적인 오차를 초래하기 쉽다는 것이다. Tversky & Kahneman(1974)은 이런 휴리스틱에 의한 판단이 초래할 수 있는 한계에 대해 매우 심도 있는 분석을 시도하면서 이런 판단의 오류를 편향(bias)라는 개념으로 체계화하고 있기도 하다. 이들에 의하면 휴리스틱에 의한 판단은 대표성(representativeness)과 가용성(availability)에 근거해서 이루어지는데 여기에는 전문가들조차도 빠져나가기 힘든 치명적인 한계가 존재한다고 한다.

3. 편향된 정책 프레임의 형성

먼저 휴리스틱적 판단의 한계는 대표성과 가용성에 근거한 판단 때문이다. 대표성에 근거한 휴리스틱에 의하면 불확실한 사건이나 그 표본의 확률을 평가할 때, ① 그 기본 특성이 모집단과 비슷한 정도, ② 그것이 생성되는 과정의 두드러진 특성을 반영하는 정도에 의존한다는 것이다. 즉 여러 상황에서 사건 A가 사건 B보다 더 대표적인 것으로 보일 때마다 사건 A가 사건 B보다 더 있음직하게 판단된다는 것이다. 그런데 이런 대표성에 의한 판단은 많은 면에서 체계적인 오차로 인한 편향성을 유발시키게 되는데 그것은 대표성에 의한 판단의 결과가 항상 정확하지 않다는 것이고 이것은 결과의 사전 확률에 대한 둔감성과 표본크기에 대한 둔감성, 회귀에 대한 잘못된 결과에 의해 유발되게 된다.

먼저 사전 확률에 대한 둔감성이란 결과의 사전확률(prior probability) 또는 기저율 빈도(base-rate frequency)는 대표성에는 아무런 영향을 미치지 못하지만 확률에는 큰 영향을 미치는 요인임에도 불구하고 이에 대한 고려가 의사결정에 반영되지 않는 경우이다. 예를 들어 심각한 병에 감염되었는지 여부를 조사할 때, 양성반응이 나오더라도 그 병이 매우 희귀한 병이고 조사의 신뢰성이 100%가 아닌 한 감염되지 않을 가능성은 매우 높다. 그럼에도 사람들은 감염조사에서 양성반응이 나오면 바로 그 병에 걸렸음을 '대표하고 있다'고 판단해 버리는 것이다.

한편, 표본크기의 대표성에 대한 둔감성 역시 대표성 휴리스틱의 한계의 원인이다. Kahneman과 Tversky(1974)가 제시한 유명한 예에 의하면 어느 마을에 크고 작은 병원이 2개 있는데 큰 병원에서는 하루에 평균 45명, 작은 병원에서는 15명의 아기가 태어났을 때,

당연히 50%는 남자아이라고 볼 수 있다. 그러나 그 정확한 비율은 매일 다르며, 남아가 50%보다 많은 날도 있고 적은 날도 있다. 남아가 60% 이상 태어난 일수는 1년 동안 큰 병원과 작은 병원 중 어느 것이 많을까? 라는 질문에 대해 큰 병원이라는 답이 21%, 작은 병원이라는 답이 21%, 거의 같다고 대답한 사람이 53%가 나왔다. 그러나 표본이 크다면 모집단의 평균치(50%) 가까운 수치를 얻을 수 있는 확률이 높기 때문에 큰 병원보다는 작은 병원에서 남아가 60% 이상 태어날 가능성이 높은 것이다. 이런 오류를 범한 이유는 남아의 출생률이 50%인 것이 대표성을 갖는 수치이므로 그것을 병원의 크기(표본의 크기)와 무관하게 의사결정에 근거로 삼았기 때문에 발생한 것이다.

마지막으로 회귀에 대한 잘못된 결과 역시 대표성에 의한 휴리스틱의 한계를 보여주는 예이다. Kahneman과 Tversky(1973)에 의하면 모든 관찰들은 평균을 향한 회귀(regression toward the mean)가 있음에도 불구하고 사람들은 첫째, 회귀가 필연적으로 일어나게 되어 있는 여러 맥락에서 회귀를 예상하지 못하고, 둘째, 회귀의 존재를 알고도 그에 대한 그럴듯한 인과적 설명을 자주 만들어 낸다고 한다. 예를 들어 비행훈련을 시킬 때, 경험이 많은 교관은 훈련생이 예외적으로 훌륭하게 착륙했을 때 칭찬을 하면 다음 시행에서는 착륙이 시원치 않고, 착륙이 불안해서 야단치면 다음 번 착륙은 보통 좋아지는데 주목해서 처벌이 보상보다 더 효과적이라는 인과규칙을 만드는 경우가 많은데, 이것은 평균을 향한 회귀에서 본다면 전혀 근거가 없는 것이 되어 버리게 된다.

한편 가용성(availability)에 근거한 판단은 사람들이 어떤 범주의 빈도나 사건의 확률을 그 범례나 그 사건이 발생했다고 쉽게 알 수 있는 사례를 생각해 내고 그것을 기초로 판단하는 것을 말한다. 예를 들면, 사람들은 중년기의 뇌일혈의 발생 위험을 자기 주변에서 그런 일이 발생했던 상황을 생각하여 추정하는 것이다. 그러나 이와 같은 가용성에 근거한 휴리스틱 역시 완전한 것이 못되어서 범례의 인출가능성에 의한 판단, 그리고 이미지화의 용이성에 의한 판단에 의해 편향된 판단이 이루어질 가능성이 높다.

먼저 범례의 인출가능성이란 범례들이 쉽게 인출되는 유목은 그 빈도가 같더라도 범례들이 어렵게 인출되는 유목에 비해 더 발생가능성이 높게 판단된다는 것이다. 이런 범례의 인출가능성은 친숙성과 현저성에 의해 영향을 받는데 도모노 노리오(2007)에 의하면 미국에 사는 사람들 중 자살과 타살, 어느 쪽이 더 많을 것 같으냐고 물으면 대부분은 타살이라고 대답한다고 한다. 그러나 이것은 사실이 아닌데, 그럼에도 이런 결과가 나오는 이유는 타살 사건 기사는 매스컴을 통해 매일 접하기 때문에 곧바로 떠오르지만 자살의 예는 짐작하기가 쉽지 않고 매스컴에 보도되는 기사도 타살에 비해 훨씬 적기 때문인 것이다.

이미지화의 용이성 역시 가용성에 의한 휴리스틱의 한계를 초래하는 대표적인 예이다. 즉 구체적이어서 이미지화하기 용이한 방향으로 의사결정이 이루어진다는 것이다. 이것은 Sherman(1985)의 연구에서 나타났는데 그는 실험대상을 4개의 그룹으로 편성하여 어떤 질병이 만연할 가능성이 높은데 그 병에 걸릴 가능성이 얼마나 되는가를 판단하게 하면서 각각 그 질병의 증세에 대해 추상적인 것부터 구체적인 것까지 수준을 달리하는 내용을 읽고 판단하게 한 결과, 가장 구체적인 증상을 읽은 그룹에서 질병에 걸릴 가능성이 가장 높게 판단했다는 결과를 얻었던 것이다.

참고문헌

이혁우(2010). "정책프레임 형성의 편향성 분석: 휴리스틱적 접근의 한계를 중심으로". 배재대학교 사회과학연구, 제31권.

Benford, Robert D. & David A. Snow(2000). Framing Processes and Social Movements: An Overview and Assessment, *Annual Review of Sociology*, Vol. 26.

Breyer, Stephen(1999). Breaking the Vicious Circle — toward Effective Risk Regulation, Harvard University Press.

Gigeranzer, G., P. M. Todd and the ABC Research Group(1999). Simple Heuristics that makes us smart, Oxford University Press.

Kahneman, D., & Tversky, A.(1972). Subjective probability: A Judge pro of Representativeness. *Cognitive Psychology*, 3.

Kahneman, D., & Tversky, A.(1973). On the psychology of Prediction, Psychological Review, 80.

Kurtz, H.(1990). Is the economy suffering from media malady?, Washington Post, October 28.

Sherman, S. J., R. B. Cialdini, D. F. Schwartzman and K. D. Reynolds(1985). Imaging Can Heighten or Lower the Perceived Likelihood of Contracting a Disease: The Mediating Effect of Ease of Imagery, *Personality and Social Psychology Bulletin*, Vol. 11.

Tversky, A. & Kahneman, D.(1974). Judgement under uncertainty: Heuristics and Biases, Science, 1974.

키워드: 프레임, 휴리스틱, 행동경제학
작성자: 이혁우(배재대)
최초작성일: 2011.03.

플랫폼정부(Government as a Platform)

1. 플랫폼정부 대두배경

오늘날 복잡한 행정환경 속에서 정부는 독점적 서비스 공급자에서 벗어나, 다양한 주체와의 소통·협업을 통해 참여적 방식을 통한 사회적 문제해결 및 서비스 제공자로서의 역할이 증대되고 있다. 이처럼 4차 산업혁명 등 경제·사회의 구조적 대변혁의 맥락에서 정부 내 부처 간 칸막이를 없애고, 개방·공유·소통·협업의 가치에 기반을 둔 새로운 정부운영 방식으로의 패러다임 전환이 요구되고 있다. 경제·비즈니스 모델로서 글로벌 IT기업의 플랫폼 전략이 각광 받게 되면서, 정부운영에 플랫폼(platform) 전략의 접목 필요성이 대두되고 있다. 이와 함께 공공정보의 개방·공유, 기업·시민사회 등 민간부분의 자발적 참여 등을 통해 서비스의 질을 높이고 부가가치 창출을 촉진하는 '플랫폼으로서의 정부(Government as a Platform)'의 가치가 강조되고 있다.

2. 플랫폼정부 개념

플랫폼(platform)은 사용자들이 추구하는 가치를 담을 틀 또는 장(場)을 제공하고, 이들 간의 상호연계를 통해 새로운 부가가치를 창출하는 도구 또는 매개체이다. 플랫폼 사용자들은 자신에게 이익이 되고 지향하는 가치에 부합하기 때문에 자발적으로 참여한다. 플랫폼은 사용자가 많을수록 이익·가치가 증대되는 특징(네트워크 효과)이 있다. 이러한 차원에서 '플랫폼정부'는 정부가 기업·국민 등 고객·이해관계자에게 '참여형 오픈 플랫폼(participative open platform)'을 제공하여 새로운 서비스와 부가가치를 창출할 수 있도록 촉진·지원하는 정부의 기능·역할로 이해할 수 있다. 플랫폼정부의 개념은 미국 컴퓨터 전문서적 출판사인 O'Reilly Media社의 CEO인 Tim O'Reilly(2010)가 『Open Government』에서 정부2.0을 실현하는 정부형태로서 "Government as a Platform"을 주창하면서 대두되었다.

3. 플랫폼정부 역할

첫째, 공공 정보(open data) 제공자로서의 정부. 정부는 원칙적으로 공공 목적으로 정부의 데이터를 공개해야 한다는 오픈 데이터(open gov. data)의 차원에서, 정부는 보유한 정보를 시민들에게 개방하여 시민들이 애플리케이션 개발이나 서비스 이용·재생산 등에 다각적으로 활용할 수 있도록 공공 정보의 개방 플랫폼을 제공한다.

둘째, 시민 참여(citizen participation)를 촉진하는 정부. 정부는 웹과 모바일 등을 활용한 공공서비스 기획 능력을 강화하고, 시민들이 올린 정보들을 모아서 다시 오픈 데이터화하는 방식을 통해 시민의 참여를 활성화한다. 이는 단순히 시민의 목소리를 증폭시켜 내부적으로 활용한다는 의미가 아니라, 시민이 정책과정에 쌍방향적으로 더욱 근본적이고 직접적으로 참여하는 것이다.

셋째, 산업 플랫폼(industry platform) 촉진자로서의 정부. 정부는 사용자를 제한하지 않고 누구나 표준에 대한 로열티나 별도의 요금 없이 무료로 사용 및 구현이 가능한 표준화를 통해 산업의 혁신을 장려한다. 정부가 경쟁을 장려하기 위해 취할 수 있는 가장 중요한 수단은 사후적인 반독점제재가 아니라 개방표준을 통해 적극적으로 더 많은 혁신을 장려하는 것이다.

4. 플랫폼정부의 조직관리 전략

첫째, 플랫폼정부와 정부조직의 역할. 플랫폼정부는 정부조직의 형태라기보다는 정부의 역할 및 기능수행 방식이다. 정부가 일방적·폐쇄적으로 공공문제를 해결하고 서비스를 공급하는 방식에서 탈피, 쌍방적·개방적 참여·협업을 통한 정부운영 방식으로 전환하는 것이다. 정부는 독점적인 문제 해결자 및 서비스 공급자가 아닌 조정·촉진자로서 역할을 하고, 공공·민간부문 중 가장 적합한 주체가 서비스를 제공·공급하는 방식으로 전환하는 것이다.

둘째, 플랫폼정부 구현에 따른 정부조직관리 변화. 플랫폼 전략 도입에 따른 외부역량 활용 등 정부기능 수행방식 변화로 인해 기능·조직·인력의 조정(기존의 직접 사업수행 기능·조직·인력 수요 감소, 플랫폼 구축·관리 기능·조직·인력 수요 증가 등) 수요가 발생한다. 중앙정부가 잘하는 기능은 유지되나, 지방정부 또는 민간이 더 잘 할 수 있는 기능의 발굴·조정이 가속화될 것이다.

셋째, 플랫폼정부에 적합한 정부조직관리 전략. 정부조직은 상시적 진단을 통해 플랫폼정부 패러다임에 적합한 정부조직관리 전략을 강구해야 한다. 플랫폼 전략과제를 발굴하고 그에 따른 기능·조직·인력·프로세스의 재설계가 필요하다. 플랫폼전략을 통해 중앙정부보다 지방정부 또는 민간부문이 수행하는 것이 적합한 기능을 발굴·조정하여, 권한의 지방이양·법인화·민간위탁·민영화 등 정부조직관리의 다원화가 요구된다.

참고문헌

조용호(2012). "플랫폼으로서의 정부의 역할". 『제14회 스마트정부(Gov.3.0) 오픈포럼 자료집』. 한국정보화진흥원, 2012.7.25.
한국정보화진흥원(2013). 『정부 3.0』. 한국정보화진흥원 발간자료.
Tim O'Reilly.(2010). 『Open Government』. O'Reilly Media.

키워드: 플랫폼, 플랫폼정부, 정부조직관리
작성자: 이경호(행정안전부)
최초작성일: 2013.07.,   수정작성일: 2019.12.

1. 개념

1990년대에 들어와 학습조직에 관한 이론과 실제는 정보 및 지식사회에 있어 조직관리에 있어 중요한 패러다임으로 부각되고 있지만, 아직은 이에 대해 명확하게 합의된 개념이나 이론은 존재하지 않고 있다. 이 같은 이유는 아마도 학습조직이란 개념이 비교적 최근에 등장했다는 사실과 함께 학습조직을 연구하는 사람들의 대부분이 실천적 측면을 공통적으로 강조하고는 있지만, 그들의 학문적 배경이나 경험이 무척이나 다양하기 때문이다.

학습조직의 개념을 비교적 체계적이고 실용적인 조직의 행동원리로서 제시한 학자는 미국 MIT 대학의 생게(P. Senge)인데 그가 내린 정의는 다음과 같다. 학습조직이란 "조직구성원들이 진정으로 자신이 원하는 결과를 창출하기 위해서 끊임없이 자신들의 능력을 계발시켜 나가고, 창의적이고 개방적인 사고가 장려되며, 집단적인 열망을 자유롭게 표출할 수 있는 동시에, 구성원들이 함께 학습해 나가는 방식을 끊임없이 배울 수 있는 조건을 갖춘 조직"을 말한다.

생게 이후 McGill, Slocum, Lei 등과 같은 초창기 연구자들을 위시로 한 많은 학자들의 주장을 종합해 본다면, 학습조직이란 "다른 사람들에 의한 지시나 강압이 아닌 조직구성원 모두가 스스로 새로운 지식의 창조, 획득, 공유 등의 활동을 통해 끊임없이 변화하는 조직환경에 적응할 수 있도록 계속해서 변화를 창출할 수 있는 조직"이라고 정의되어진다. 한 마디로 요약하면, 학습조직은 "조직 전체의 차원에서 지식이 창출되고 이에 기초하여 환경적응력과 경쟁력을 증대시켜 나가는 조직"을 의미한다고 하겠다.

이 같은 학습조직의 개념을 좀 더 명백히 파악하기 위해선 바람직한 학습조직이 갖추고 있어야 할 (여러 학자들의 개념 정의에 포함되어 있는) 공통된 조건이나 특성들을 간추려 나열해 보면 도움이 될 것이다. 첫째, 조직과 환경 간의 상호작용에 초점을 둔다. 둘째, 바람직한 미래창조를 위하여 위험을 감수하는 적극적인 자세를 강조한다. 셋째, 개인·집단 및 조직 수준에서의 끊임없는 학습을 강조하며, 학습과정을 관리하고 학습의 결과를 공유·활용하는 체제를 갖추고 있다. 넷째, 모든 조직구성원들의 학습참여를 촉진하고 보상하는 체제를 가진다. 다섯째, 학습을 통해 행동의 수정·변화를 지속적으로 추구한다. 여섯째, 장기적인 차원에서 학습의 결과와 업무에 미치는 효과를 고려한다. 일곱째, 공식적·의도적인 학습보다는 일상적 경험을 통한 자연스럽고 비공식적인 학습에 초점을 두고 있다. 여덟째, 분권적이며 계층의 수가 적은 구조를 가지며 집단관계에 초점을 둔다.

2. 이론모형

학습조직은 조직의 모습과 조직구성원들의 역할이 어떠해야 하는가에 대한 일종의 새로운 태도나 관점 혹은 사고방식이라는 점에서 다양한 모형이 존재한다. 즉 학습조직이란 지금까지의 조직에 대한 구조적 또는 과정적인 관점에서 바라보던 시각에서 벗어나, 조직을 하나의 학습 시스템으로 여기어 조직 내의 모든 구성원들이 지식, 기술, 정보를 획득하고 공유하면서 활용하는 것으로 본다. 따라서 학습조직의 개념은 다양한 조직유형으로 실현될 수 있다.

3. 발전배경

학습조직은 주로 합리화와 효율화의 추구가 한계에 부딪친 선진국의 다국적 기업을 중심으로 생성·발전되기 시작하여 전 세계적으로 파급되고 있다. 다시 말해 이들 기업들은 단편적인 변화를 통하여 단기간 내에 가시적인 효과를 목표로 하고 있는 성과중시경영, 고객중심경영 등과 같은 경영혁신기법들만을 가지고는 근본적이고 총체적인 조직혁신을 꾀할 수 없다는 인식과 함께 구조 개혁이나 임원감축에 의한 혁신방법들 역시 지속적인 변화를 유발하지 못한 채, 단발성으로 끝나 버린다는 반성을 하게 되었다.

이에 대한 대안으로 학습조직이 태동하게 되었다. 더욱이 글로벌 시대의 등장으로 인한 경쟁의 심화, 정보기술의 비약적 발전으로 인한 4차 산업혁명시대의 도래, 고객 요구 수준의 다양화, 그리고 제품이나 서비스의 생명주기 단축 등으로 불확실성이 날로 증대하고 있는 조직 환경에 능동적으로 대처해 나가기 위해서는 구성원 개인은 물론 조직차원에서도 새로운 지식이 끊임없는 요구되고 있다. 이처럼 경쟁조직에 비해 신속한 학습을 통한 지식수준의 제고가 조직의 변화능력을 강화시키며, 이러한 능력이 조직의 생존과 성장을 결정하고 있다는 사실을 인식함에 따라 조직의 관리자들은 학습조직을 구축하려는 노력을 더욱 가속화될 것이다.

4. 제도화

학습조직의 목표는 조직구성원들의 지속적 발전과 조직의 탁월한 성과달성에 있다고 하겠다. 이러한 목표들을 감안할 때 학습조직의 제도화를 위해서는 조직구성원들이 학습의 필요성이나 중요성을 절실히 인식하는 가운데, 조직구성원의 학습활동이 일상적인 업무활동과 연계하는 학습전략을 마련하는 것은 물론 조직구조나 관리방식, 정보인프라 등의 구축·정비하는 노력과 더불어 새로운 형태의 조직풍토와 새로운 행동규범 그리고 사고의 전환을 위해 새로운 조직문화가 요청된다. 한마디로 다음과 같은 다양한 차원에서의 동시적이고 종합적인 노력이 필요하다고 하겠다. 첫째, 조직구성원의 마인드, 사고방식 그리고 학습전략 등을 포함한 인적 차원. 둘째, 학습조직의 구축·활용을 장려하는 조직 문화적 차원. 셋째, 조직구조 및 운영방식을 포함하는 관리적 차원. 그리고 넷째 학습활동의 촉매제 역할을 하는 정보기술 차원 등.

이와 더불어 학습조직의 제도화를 위해 일상적 경험과 시행착오를 통한 학습활동을 높게 평가하고, 실수를 인정해주는 조직문화를 배양하며 새로운 아이디어를 과감하게 적용함으로써 진취적으로 업무를 추진할 수 있는 여건의 조성이 중요하다. 또한 학습조직을 제도화하려면 조직 구성원 전체가 학습조직화 할 수 있는 조직의 비전, 목표, 성과에 대한 리더의 강력한 의지가 필요하다. 나아가 외부 특정 전문가를 중시하기보다는 조직 구성원 모두가 맡은 분야의 전문가가 될 수 있도록 제도적인 도움을 제공해 주어야 한다. 이상의 모든 활동들은 학습조직은 완성되어지는 것이 아니며 부단히 노력하여 구축해 나가려는 과정만이 존재할 뿐이라는 사실에 대한 인식이 전제되어야 할 것이다.

5. 평가와 전망

　　이러한 학습조직이 등장한지도 제법 시간이 흘렀지만 아직은 원론적 소개 수준에 머물러 있다는 것이 대체적인 평가이다. Tobin은 (비록 민간부분을 대상으로 한 연구결과를 토대로 한 것이지만) 전통적 조직과 학습조직을 비교하면서 기업의 생존력과 경쟁력 확보에 있어 학습조직 형태가 매우 중요함을 역설한 바 있다. 따라서 요즈음처럼 환경이 역동적으로 변화하는 시기에는 학습조직은 조직의 생존력, 경쟁력을 확보하는 유용한 전략으로 여겨지고 있다. 그러나 학습조직이 성과를 내려면 학습조직의 전제조건들에 대한 충족 여부와 준비 상태 등에 달려있다고 여겨진다. 특히 공공부문(정부)에서 학습조직의 전제가 되는 정보기술(IT) 인프라의 구축은 비교적 단기간에 갖출 수 있겠지만, 조직 및 휴먼인프라는 행정문화 조성에는 상당한 시간과 노력이 요구되어질 것이다.

　　이러한 학습조직은 여러 학문분야를 망라하여 연구 및 적용이 활발해 지고 있다. 경영학, 교육학, 산업공학, 경영정보시스템, 인사조직 등의 모든 분야에서 학습조직은 새로운 경쟁력을 촉진시키는 하나의 경영전략으로서 인식되고 연구되고 있다. 최근 공공부문에서도 NPM과 더불어 Post-NPM의 논의가 진행되고 있는 가운데, 학습조직은 변화하는 환경에 대응, 더 나아가 선도할 수 있는 능력을 배양할 수 있는 것으로 여겨지고 있다.

참고문헌

권석균. "조직학습의 이론적 전망". 『인사·조직연구』, 3(1): 1-42.

삼성경제연구소 편(1996). 『학습조직의 이론과 실제』. 서울: 21세기 북스.

Daft, Richard L. Organizational Design and Theory(Reading, Mass: West Publishing Company, 1995).

Galbraith, J. R. and E. E. Lawler III, "Effective Organizations: Using the New Logic of Organizing", in Organizing for the Future: The New Logic for Managing Complex Organizations, eds., J. R. Galbraith and E. E. Lawler and Associates(San Francisco: Jossey Bass, 1993): 285-299.

Nonaka, I., "A Dynamic Theory of Organizational Knowledge Creation", *Organization Science 5*: 14-37.

Senge, P. M., The Fifth Discipline: The Art and Practice of the Learning Organization(New York: Doubleday, 1990).

Senge, P. M., "Transforming the Practice of Management", *Human Resource Development Quarterly*, Spring 1993: 5－32.

키워드: 성과중시경영, 고객중심경영, 경영혁신기법, 정보 및 지식 사회, 조직혁신, 조직
　　　　문화, 행정문화
작성자: 유홍림(단국대)
최초작성일: 2000.12.,　수정작성일: 2019.11.

합리성(행정 합리성, Administrative Rationality)

1. 개념 및 특징

고전 철학에서 합리성은 인간으로 하여금 사색하고 숙고하며 이성으로서 행위를 다스리게 하는 인간만이 지닌 하나의 고유한 특성이었다. 이런 의미에서 합리성은 인간사회 형성을 위한 필수적 요소였고, 인간으로 하여금 정의, 평등, 자유와 같은 방대한 문제에 관심을 갖도록 했다. 그러나 이런 합리성의 낭만적 시각은 합리성이 행정행태의 규범적 근거가 되면서 극적으로 성격을 달리하게 되었다. 경제적 인간, 과학적 관리, 공학적 인간 등 고전적 인간관의 등장과 함께 합리성은 인간의 연민이나 감성을 배제한 냉철한 계산 과정을 대변하는 개념이 되었다. 이런 현상은 합리성의 대표적 개념인 경제적 합리성에 기초한 4단계 정책결정 과정에서 잘 나타나 있다.

① 정책결정자는 그가 추구할 목표를 지니고 있다.

② 정책결정자를 위한 모든 대안들이 알려져 있을 뿐 아니라 중요성에 따라 서열화되어 있다.

③ 정책결정자는 각 대안의 선택에 따른 결과를 비교, 검토한다.

④ 정책결정자는 주어진 목표의 달성을 극대화하는 대안을 선택한다.

이런 맥락에서 합리성은 크게 두 가지 기본적 속성을 지닌 것으로 이해된다. 하나는 조건적(conditional)이라는 것이고, 다른 하나는 규범적(normative)이라는 것이다. 합리성의 조건적 특성은 합리성이 목표달성에 기여하는 태도 및 행동을 요구하는 데서 나타난다. 합리성의 고전적 개념을 제시한 사이먼(Simon)과 베버(Weber)는 합리성이 목표-수단 연쇄나 목표 달성을 위한 대안 탐색행위라 함으로써 이러한 논리를 정당화하였다. 합리성의 규범적 특성은 합리성이 가치중립적이 아니라 그 자체로서 가치가 된다는 것이다. 합리성은 종종 냉담하거나 중립적 행위를 요구함으로써 가치중립적 혹은 몰가치적 개념인 것으로 오해되곤 하였다. 그러나 합리성이 가치로서 바람직하다는 것과 특정의 처방적 행위를 요구하는 것은 분명히 다른 것이다.

2. 대안적 개념들

합리성의 이상적 특질은 주로 고전적 개념들로부터 도출된 것이다. 그리고 상기한 경제적 합리성의 내용은 현실과 상당한 거리가 있다. 사람들이 고전적 합리성에 따라 행동한다는 것은 사실상 불가능한 것이다. 따라서 고전적 합리성에 대한 몇 가지 대안적 개념들이 제시되었는데, 그 대표적 예가 사이먼의 (만족할 만한 행위를 유도하는) '제한된 합리성(bounded rationality)'과 린드블롬(Lindblom)의 (분산된 행위를 통해 얻어지는) '점증주의(incrementalism)'이다. 그러나 이런 대안적 개념들도 그들의 비판을 합리성 자체보다는 개인 행위의 종합성(comprehensiveness)에 두었기에 — 즉, '모든' 가용한 대안을 탐색하여 이들 간의 비교 우위를 측정하고 이를 통해서 목표달성의 극대화를 기한다는 것 — 고전적 합리성의 기본 개념을 부정하는 것은 아니다. 사이먼의 경제적 인간(economic man)은 비록 제한된 합리성으로 인해 만족을 추구하는 행정인(administrative man)으로 변신하나 언제나 합리적이기 위해 최선을 다하고, 린드블롬의 점증주의자들도 대충대충 해 나가기는 하나(muddle through) 특정의 행위를 지지할 만한 분석이 가능할 때는 언제든지 행정행위가 주어진 목표의 달성을 위한 수단이라는 합리성의 이상을 유지하려 애쓴다.

3. 목적론적 접근과 정책적 함의

수단-목표의 연쇄, 즉 합리성의 인식론적 본질은 현대철학에서 목적론적(teleological) 사고에 기반을 둔다. 목적론적 가치체제의 정수는 인간 행위의 옳고 그름을 행위 결과에 비추어 평가한다는 데 있다. 특정 행위의 윤리적 정당성을 다른 행위에 비해 얼마나 좋은 결과를 초래하느냐에 따라 결정하는 것이다. 이런 점에서 목적론적 이론은 종종 결과론이라 일컬어진다.

목적론적 이론의 특징은 목적이 수단을 정당화한다는 데 있다. 대표적 목적론적 이론인 공리주의는 인간이 추구하는 궁극적 목적이 '행복(공리)'이라 하고, 이를 극대화하는 행위를 옳은 행위라 한다. 이처럼 인간의 행위를 결과에 따라 판단하는 목적론적 접근은 다음과 같은 두 가지 독특한 의미를 행정 합리성에 부여했다. 하나는 바람직한 목적 달성을 위해 어떤 행정절차도 (혹은 최소한 거의 모든 수단들도) 정당화될 수 있다는 것이다. 즉, 수단은 그 자체로서 거의 의미가 없기에, 폭력, 비밀, 왜곡 등의 행위도 때로는 정당화될 수가 있다는 것이다. 다른 하나는 행정이 사회 전체의 이익을 극대화시킬 수 있다면 공공 재화나 서비스가 국민들 간에 어떻게 배분되느냐에 관계없이 정당화될 수 있다는 것이다. 이런 의미에서 합리적 행정은 가끔 '일인을 위한 선택(a choice for one man)'이라 불리고, 행정행위는 단지 하나의 조건만 - 즉, 극대화 조건 - 무시하지 않는다면 어떤 규범 원리에도 구속될 필요가 없다는 '조건부 의무(conditional obligation)'를 지니게 된다.

참고문헌

김호섭(2019). 「현대 행정의 가치와 윤리」. 서울: 대영문화사.

Lindblom, C. E.(1959). The Science of Muddling Through. *Public Administration Review*, 19: 79−88.

Pfiffner, J.(1960). Administrative Rationality. *Public Administration Review*, 20: 125−132.

Rawls, J.(1971). *A Theory of Justice*. Cambridge, MA: Harvard University Press.

Runciman, W. G. (ed.)(1978). *Max Weber: Selections in Translation*. Cambridge, MA: Cambridge University Press.

Simon, H.(1976). *Administrative Behavior*. 3rd ed. New York: The Free Press.

키워드: 목표−수단 연쇄, 목적론적 이론
작성자: 김호섭(아주대)
최초작성일: 2003.02., 수정작성일: 2019.12.

합법성(Legality)

1. 합법성 개념

합법성(合法性: legality)은 "법치행정을 의미하는 것으로서 행정작용이 법에 의거해서 행해져야 한다는 것"을 의미한다(김항규, 1996: 1). 합법성은 근대 법치국가에서 중요하게 고려되어온 행정의 지도원리 중 하나이며, 법치행정 또는 법률에 의한 행정을 기반으로 한다. 법치행정은 "모든 행정작용은 사람에 의한 '인의 지배'가 아니라 법률에 의한 '법의 지배' 하에 이루어져야 하며, 위법·부당한 행정작용으로 인하여 불이익을 받은 사람에 대해서는 구제제도가 정비되어야 한다는 원리"를 의미한다(김항규, 1996: 3). 법치행정은 법률에 의한 지배를 의미하며, 국민의 자유와 권리를 보장하기 위해서는 법률에 우월한 지위를 인정하고 행정은 법률을 집행해야 한다는 것이다. 합법성은 절차적 가치로 간주되기도 하며, 관료들의 행동기준의 준칙이 될 수 있다는 점에서 중요한 의의를 지닌다(김호섭, 2019).

2. 합법성 등장배경과 특징

행정학에서 합법성의 발달은 프랑스 대혁명 이후의 근대국가 발전과 관련이 있다. 근대국가 이후 입헌주의 국가가 발달하면서 사람에 의한 통치 및 지배가 아니라 법에 의한 지배를 강조하는 합법성이 발달하였다. 근대국가의 합법성은 국민의 자유와 권리 보장을 위해 행정작용은 법률에 구속되어야 하며, 행정작용이 법률에 위반되어 국민의 자유와 권리를 침해하는 경우 권리구제를 위한 제도적 장치가 마련되어야 함을 강조한다. 근대국가에서 행정의 합법성 즉 소극적 의미의 합법성은 법치행정에 따른 '최소 행정'을 의미한다(김항규, 1996: 2). 소극적 의미의 합법성은 모든 행정작용은 의회의 법률에 위반되어서는 안 된다는'법률의 우위'와 법률이 규율하지 않은 사안에 대해서 행정은 어떠한 규율도 설정해서는 안 된다는 '법률 유보'를 기반으로 한다(김항규, 1996).

현대복지국가와 행정국가의 등장으로 소극적 합법성의 의미는 변화하였다. 합법성 의미는 법률에 구속되어 단순히 행정을 집행하는 차원에서 벗어나, '법의 정신에 합당'한 행정을 실현시키고, 행정을 통하여 '국민을 위한' 민주주의 원리를 실현시키는 의미로 변화하였다(유민봉, 2019: 137). 행정환경의 변화로 인해 행정의 기능이 복잡·다양화되고, 행정의 전문성이 강조되면서 합법성은 소극적 의미에서 적극적 의미로 변화한 것이다(김항규, 1996). 현대행정의 합법성은 의회에서 마련된 법규정을 그대로 따르는 소극적 의미가 아니라 의회의 입법 의지인 법의 정신에 따르는 적극적 의미로 해석된다. 현대국가에서 합법성은 누구에게나 예외 없이 적용되는 법의 안정성보다는 상황에 맞는 신축성이 강조되는 법의 적합성을 더욱 우선적으로 고려한다는 것이다(유민봉, 2019). 행정환경의 변화에 따른 합법성 의미 변화는 행정 관료의 재량권 부여 및 확대와도 관련이 있다. 행정 전문성 확보로 인해 관료의 재량권 증대가 요구되면서 적극적인 합법성의 의미가 강조된 것이다. 특히 한국과 같이 발전행정국가를 경험한 국가에서는 전문기술관료들(technocrats)의 중요성이 강조되면서 적극적 의미에서의 합법성 의미가 더욱 강조되었다.

3. 합법성 활용(연구) 경향

시대에 따른 합법성 논의가 소극적 의미에서 적극적 의미로 변화하는 과정에서 합법성 논의에도 한계가 나타났다. 첫째, 발전행정국가 시대의 관료 재량행위 증가, 관료의 전문성 증가 등이 중요하게 고려되면서 능률성과 효율성이 법치주의에 우선되는 경향이 나타나게 되었다. 이로 인해 국민의 기본권이 침해되고 국민을 수단시 하는 경향이 강해졌다(김항규, 1996). 둘째, 법규정이 비현실적인 경우 합법성 적용이 어렵게 된다. 우리나라의 경우 법 제정 과정에서 국민들의 의견을 충분히 공론화하여 반영한다기보다는 타 선진국의 가장 이상적인 사례를 기반으로 하여 법을 제정하는 경우가 많고, 법 제정 및 집행과정에서 관료의 목민적(牧民的) 성격이 강하게 나타나 '법 따로 현실 따로'인 상황이 자주 발생하고 있다(유민봉, 2019).

최근 들어서는 다시 합법성의 중요성이 강조되고 있다(Rosenbloom, 1983). 특히 정치·행정이원론과 정치·행정일원론 등 정치와 행정의 이분법적 접근 방법을 벗어난 법적 접근 방법이 강조되는 것이다(Rosenbloom, 1983). 특히 1980년대 신공공관리 이후 행정의 재량이 확대되는 과정에서 국민의 권익 침해가 더욱 심각해짐에 따라 행정의 합법성은 더욱 중요하게 고려되고 있다(Rosenbloom, 1983).

참고문헌

김항규(1996). 현대행정과 합법성 이념의 재음미. 「한국행정학보」, 30(2): 1−15.
김호섭(2019). 현대행정의 가치와 윤리. 서울: 대영문화사.
유민봉(2019). 한국행정학. 서울: 법문사.
Rosenbloom, D. H.(1983). Public administrative theory and the separation of powers. *Public Administration Review*, 43(3): 219−227.

키워드: 법의 정신, 법치행정, 재량
작성자: 김정인(수원대)
최초작성일: 2020.01.

핵심행정부(Core Executive)

1. 개념

핵심행정부란 행정수반, 내각, 위원회, 부처 등으로 구성되어 중앙 행정부의 정점 및 심장부에서 국가정책을 관장하는 일련의 제도, 망, 조직, 구조, 행위자들을 의미한다. 일차적으로 중앙정부 정책들을 통합·조정하는 역할을 하거나, 정부기구들의 서로 다른 요소들 간의 갈등을 해결하기 위해 행정부 내 최종 조정자로써 행동하는 모든 조직 및 구조들이 여기에 포함된다. 이는 국가기구의 최고 사령탑, 즉 중앙정부의 심장부에 자리잡은 일련의 복잡한 제도 및 행위자들의 복합체로서, 전통적으로 사용된 용어인 정치집행부(political executive)와 유사한 개념이지만, 몇 가지 차이점이 있다. 핵심행정부는 신행정국가(neo-administrative state)로의 이행에 따라 국가의 중심부 의사결정에 참여하는 행위자들의 범위가 과거 의회정치 모형이나 정치행정부 개념에 의해 설정되는 경우에 비해 더 확장되고, 그들 간의 상호작용도 분화된 것을 전제로 하는 개념이다.

2. 이론모형

대표적인 이론모형으로는 핵심행정부의 통제 주체가 누구인가에 관한 것과, 핵심행정부의 의사결정을 설명하기 위한 것 등을 들 수 있다. 먼저, 핵심행정부의 통제주체에 관한 대표적인 이론으로 전통적 제도주의를 들 수 있다. 즉 핵심행정부 의사결정은 행정수반, 내각, 혹은 관료제 가운데 특히 어느 하나에 의해 지배적으로 통제되는 것으로 접근하는 방법이다. 중심적 리더십의 존재 여부와 집합주의의 존재 여부에 따라 핵심행정부의 통제 방식을 유형화하는 경우도 있다. 즉, 의사결정이 (흔히 의원내각제의 경우처럼) 집합적으로 행사되는지 아니면 (흔히 대통령제의 경우처럼) 비집합적으로 행사되는지 여부에 따라, 그리고 국가정책이 행정수반이라는 중심 리더십의 의도적 의사결정의 산물인지 아니면 중심 리더십 없이 여러 분절적 집단 간 상호작용의 산물인지의 여부에 따라 내각정부, 하위정부, 파당적 상호조정, 선택적 개입 모형이 도출된다.

좀 더 정교한 이론들은 핵심행정부의 의사결정을 설명하기 위한 모형들에게서 찾아 볼 수 있다. 첫째, 다원주의 계열의 대표적 설명모형에는 소위 "앨리슨(Allison) 모형들"이 포함된다. 즉 합리적 행동가, 정부정치, 조직과정 모형이 그것이다. 신우파 공공선택론 계열에서는 정치적 경기순환, 정책기업가, 위원회연합 모형 등이 있다. 엘리트이론 계열에서는 자율국가, 권력엘리트, 관료조정, 상징정치 모형이 대표적인 예가 될 것이다. 또한 마르크스주의 이론가들도 유물론적 역사주의 전통을 유지하면서도 핵심행정부의 구조와 의사결정 양식에 관해 새로이 의미 있는 분석을 하고 있다. 대표적인 예로 정통파 마르크스주의, 도구주의, 권위적 국가주의 모형을 들 수 있다.

3. 발전배경

19세기 말에서 20세기 말에 이르기까지 거의 범세계적으로 모든 나라들의 국가 역할이 크게 확대되어 왔으며, 그 팽창된 국가 역할이 주로 행정부에 의해 수행되어 왔다. 이 기간에 나타난 또 하나의 특징은 국가의 중요한 정책결정이 행정부 내에서는 특히 핵심행정부에 의해 결정되고 조정되어 온 점이다. 20세기 말 이후 국가의 역할 및 양적 규모의 팽창에 대한 비판과 관료제 방식을 지향하려는 경향이 나타나고 있으나, 국가정책의 결정과 조정이 행정부에 의해 그리고 특히 핵심행정부에 의해 지배적으로 이루어지는 현상은 그다지 변화가 없다. 오히려 신행정국가의 대두에 의해 국가의 이른바 '방향 잡기(steering)' 기능은 계속해서 강조되는데다가, 집행기능을 국가의 경계 밖으로 이전시킴에 따라 핵심행정부의 상대적 권한은 더욱 강력해지고 있는 것이다.

4. 전망

여기에 소개된 이론 모형 외에도 앞으로 새로운 이론모형들이 발굴되고 개발될 여지는 얼마든지 있다. 각각의 이론 모형들은 나라에 따라 그리고 시대와 정권에 따라 그 적실성 면에서 차이가 있을 것이다. 그럼에도 불구하고 각 모형들은 모두 나름의 정치·행정적 함의를 지니고 있다. 건국에서부터 행정국가로 출범했을 뿐만 아니라 국가정책결정에서 행정부, 특히 핵심행정부가 주도하는 현상이 지속 되고 있는 한국의 경우 이에 관한 많은 규범적 및 경험적 연구가 필요한 형편이다.

참고문헌

김근세·정용덕(1996). "현대국가의 핵심행정부: 비교적 관점". 입법조사, 239: 1-26.

김경은(2018). "민주화 이후 핵심행정부의 의사결정". 행정논총, 56(4): 93-124.

정용덕 외(2014). 현대국가의 행정학. 서울: 법문사, 제3편.

Dunleavy, P. & R. Rhodes.(1990). "Core Executive Studies in Britain," *Public Administration*. 68: 29-60.

Hill(1991). "Who Governs the American Administrative State?," *J-PART*, 1(3): 261-94.

Rhodes, R. & P. Dunleavy(1995). *Prime Minister, Cabinet and Core Executive*. London: St. Martin's Press.

키워드: 정치집행부, 앨리슨 모형, 내각정부, 관료정치, 핵심행정부 의사결정

작성자: 정용덕(서울대)

최초작성일: 2001.11.

행정가치

행정가치는 바람직한 행정이 무엇인지를 규명하는 윤리적 척도로서 크게 다음과 같은 세 가지 기본 속성을 지니고 있다.

첫째, 주어진(given) 사실이 아니라 만들어진(made) 규범이다. 즉, 행정가치는 진위에 관한 것이 아니라 옳고 그름 혹은 좋고 나쁨에 관한 것이다. 행정가치는 종종 공무원의 동기나 인격, 행정행위, 그리고 정책의 옳고 그름을(혹은 좋고 나쁨을) 묘사하는 데 쓰여 지기도 하고, 개인이나 조직의 성격 및 행동을 묘사, 장려, 비판하는 데 사용되기도 한다. 그러나 이들은 행정가치에 대한 올바른 용례가 아니다. 행정가치는 개인이나 조직의 행위 그리고 이러한 행위가 지닌 '규범적 특질'을 지칭하는 것이 아니라, 개인이나 조직이 추구하는 '규범적 원리'를 지칭하기 때문이다. 즉, 행정가치는 공무원이나 행정조직이 지닌 '사실' 그대로의 모습이 − 즉, 유형(pattern)이나 특질(quality) − 아닌 이들이 소유 또는 헌신하고 있는 일련의 규범적 신념(beliefs)을 지칭하는 것이다. 이러한 맥락에서 행정가치는 인간사회에 다양한 예의범절이나 법, 종교가 존재하듯이 다양한 형태로 존재할 수 있고 − 예컨대, 능률, 사회적 형평, 평등, 책임 등 − 서로 다른 시간과 장소에서 유행하고 변할 수 있다.

둘째, 행정가치는 가정이나 규칙, 원리 그리고 기타의 평가기준의 형태를 띠면서 특정의 행정행위를 유도·평가·장려하는 행동지침으로 기능한다. 즉, 행정가치는 행위나 인격 형성, 그리고 공공생활 등에 관한 일종의 기준으로서 공무원이나 정부조직으로 하여금 특정 상황에서 자신들의 행위나 모습이 어떠해야 하는가를 당위적으로 결정하는 데 도움을 준다. 이럴 경우, 행정가치는 진위가 아닌 옳고 그름에 관한 신념에 근거를 둔 평가를 허락하는 한 어떠한 형태도 무방하다. 일반적 의미의 규범적 진술은 물론이고 모든 종류의 규칙이나 원리 그리고 이상 등을 지칭할 수 있는 것이다.

셋째, 행정가치는(이기적이 아니라) 이타적(altruistic)이다. 공무원이나 정부조직의 행위를 유도하는 행정가치는 법이나 사려분별(prudence), 예의범절, 종교 같이 타산적 혹은 심미적 (aesthetic) 사유로 정당화되는 일반적 생활지침과 구별된다. 행정가치가 중시하는 것은 이러한 사유가 아니라 일종의 이성(reasons)과 같은 것이고, 이러한 이성이 국민에게 미치는 파급효과를 고려한다. 이런 맥락에서 행정가치는 공통적으로 공무원이나 정부조직으로 하여금 '타인(other)'들과의 관계를 어떻게 유지하는 것이 바람직한가를 규범적으로 알려주고, 이를 통해 다른 가치와는 달리 '자아(self)'에 대한 관심을 효과적으로 배제한다.

참고문헌

Dunn, W. N. (ed.)(1983). Values, Ethics, and the Practice of Policy Analysis. Lexington, MA: D. C. Heath and Company.

Hodgkinson, C.(1978). Towards a Philosophy of Administration. New York: St. Martin's Press.

Williams, R. M.(1980). Values. In D. L. Sills. (ed.). International Encyclopedia of the Social Science, 283－287. New York: Macmillan.

키워드: 규범, 행동지침, 이타성
작성자: 김호섭(아주대)
최초작성일: 2003.02.

행정기구(Administrative Apparatus)

1. 개념

행정기구란 국가가 권력을 행사하여 행정기능을 수행하는 데 필요한 여러 형태의 제도와 조직의 의미한다. 국가기구(state apparatus)의 하위개념이지만, 행정국가 현상이 심화됨에 따라 국가기구와 행정기구 간의 차이가 줄어들고 있다. 국가 행정이 점차 관료제 방식에 의해 운영됨으로써 관료기구(bureaucratic apparatus)와의 차이도 대동소이해지게 되었다. 정부기계 또는 기제(government machine or mechanism), 행정조직(administrative organization), 행정기관(administrative agency) 등으로 지칭되기도 한다.

2. 이론모형

행정기구는 국가의 중범위 수준(meso-level) 구조에 해당한다. 따라서 국가에 관한 이해 방법에 따라 행정기구에 관한 이론을 유형화할 수 있다. 또한, 행정기구 조직화의 귀인을 구조와 행위 가운데 어디에서 찾는가에 따라 유형화할 수도 있다.

다원화된 국가와 사회의 특성에 따라 행정기구가 형성, 변화, 소멸하는 것으로 간주하는 다원주의 계열의 대표적인 이론모형으로는 구조기능론과 집단정치론을 들 수 있다. 구조기능론은 한 정치체계가 체계기능, 과정기능, 정책기능을 수행하는 데, 이 기능들의 세부적인 기능들을 수행하는 구조로서의 행정기구들이 조직화되는 것으로 본다. 집단정치과정 모형은 국가정책의 내용에 따라 정책과정과 관련 행정기구들의 특성이 다르게 나타나는 것으로 본다. 즉 분배, 재분배, 규제, 구성 정책이라는 네 가지 유형에 따라 정책과정과 행정기구들의 특성이 각각 상이하게 이루어진다.

개인주의 시각에서는 국가와 사회가 모두 자기 이익을 추구하기 위하여 합리적인 행동을 하는 사람들의 집합인 것으로 간주한다. 행정기구에 대한 정교한 이론 모형들은 국가의 공급측면 접근방법에 의해 주로 개발되었다. 즉 행정기구가 그 구성원(즉 관료)들의 합리적이고 이기적인 행동에 따라 형성되고 변화하는 것으로 간주한다. 이 가운데 관청형성 모형은 예산의 유형에 따라 행정기구들이 다양한 특성을 보이는 것으로 본다. 즉 전달기관, 규제기관, 이전기관, 계약기관, 통제기관, 조세기관, 거래기관, 봉사기관으로 구분하고, 이 각 기구별 유형과 구성원의 계급에 따라 다양한 특성을 나타내는 것으로 본다.

엘리트이론 계열에서는 국가의 자율성에 따라 행정기구의 특성을 구분한다. 국가가 사회에 의해 수동적으로 통제되는 경우, 국가제도의 일부인 행정기구도 사회로부터 수동적으로 통제되는 존재가 된다. 국가가 사회집단들의 정상조직들과 더불어 제도화된 협상과정을 통해 정책결정을 하는 경우, 행정기구는 그와 같은 코포라티즘적 협상체계를 반영하도록 구조화된다. 그리고 국가가 사회에 대해 자율성을 갖는 경우, 국가의 중요한 제도적 구성 요소로서 행정기구도 사회로부터 자율성을 지니게 된다. 또한 국가자율성은 행정기구의 조직적 및 제도적 특성에 의해 크게 좌우된다. 즉 행정기구의 강한 제도적 구성과 구성원들의 높은 응집력이 존재할 때 국가의 자율성은 그만큼 높아진다.

자본주의의 시각에서 행정기구를 이해하는 데에는 적어도 두 가지 접근법이 적용될 수 있다. 행정기구의 변화를 자본가 계급과 비자본가 계급 간의 이익 갈등의 산물인 것으로 보거나, 국가가 자본주의의 유지 및 발전을 위하여 수행해야할 기능적 필요성에 따라 결정되는 것으로 보는 경우가 그것이다. 계급갈등의 시각에서 보면, 자본주의 국가의 행정기구는 계급투쟁의 특이한 상황과 자본가 계급의 이익에 의해 좌우된다. 기능주의 시각에 의하면, 자본주의 국가의 행정기구는 자본주의의 유지와 발전을 위해 국가에 요구되는 기능적 필요에 따라 결정된다. 이 경우 국가 기능이 수행되는 기제로서, 행정기구는 국가기능에 의해, 또한 국가 기능은 국가형태에 의해 좌우된다. 이와 같은 접근법에 의해 자본주의 국가의 행정기구는 합의, 생산, 통합, 집행의 네 가지로 유형화 할 수 있다.

3. 응용

이와 같은 다양한 이론 모형들에 의해 행정기구와 관련된 다음과 같은 연구주제들을 분석할 수 있다. 첫째, 일관된 특성에 따라 행정기구들을 유형화하는 것이다. 예를 들면, 구조기능 모형에서는 행정기구들을 하나의 정치체제가 수행하는 기능 유형에 따라 분류한다. 이익집단자유주의 모형에서는 행정기구들을 이익집단들의 다양한 이합집산을 가져오는 정책유형에 따라 분류하게 된다. 둘째, 행정기구의 규모를 측정하는 문제이다. 행정기구의 규모는 그 자원, 즉 행정기구를 구성하는 하부조직의 수, 인력, 예산, 법규 등의 규모를 통해 측정할 수 있다. 이와 관련하여 '계량관청학(bureaumetrics)'이 많은 도움을 준다. 분석하려는 행정기구의 범위에는 가장 협의로 행정부에 속한 행정조직만을 대상으로 하거나, 그밖에 입법부 및 사법부의 기구들도 포함한 광의의 정부조직으로 하거나, 혹은 가장 광의의 개념으로 준(비)정부조직들까지 포함하여 국가 전체의 조직들을 대상으로 할 수도 있다. 셋째, 행정기구의 분석을 통해 여러 가지 이론 명제들을 검증할 수 있다. 행정기구를 국가 기능의 수행 혹은 국가 권력의 행사가 이루어지는 기제를 의미하는 것으로 정의할 때, 국가 기능이나 권력에 관련된 명제들을 입증하는 데 있어서 행정기구라는 중범위 구조를 고려할 수 있게 된다.

4. 평가와 전망

한 나라의 행정기구는 국가가 당면하는 시대적 그리고 환경적 필요에 따라 끊임없이 개혁이 이루어져야 할 대상이다. 본래 행정기구들은 국가의 목적과 정책을 실현하기 위한 수단으로써 형성되는 것이지만, 일단 형성되면 그 자체가 지닌 구조적 속성에 의해 작동되는 경향이 있다. 이 때문에 본래 국가의 정책수단인 행정기구가 국가정책의 결정과 집행에 유의미한 영향을 미칠 수 있다. 따라서 국가정책을 합목적적으로 수행하기 위해서는 무엇보다도 먼저 행정기구를 합리적으로 개혁하는 일이 필수적이다.

참고문헌

정용덕(2002). 한일 국가기구 비교연구. 서울: 대영문화사.

Bensel, R.(1990). *Yankee Leviathan: The Origins of Central State Authority in America, 1859–1877*, Cambridge University Press.

Clark, G. & M. Dear(1985). *State Apparatus*. Allen & Unwin.

Dunleavy, P.(1989a). "The Architecture of the British Central State: Part I, ramework for analysis", *Public Administration*, 67(3): 249–75.

Skowronek, S.(1982). *Building a New American State: The Expansion of National Administrative Capacities, 1877–1920*. Cambridge Univ. Press.

키워드: 행정조직, 행정기관, 국가기구, 관료기구

작성자: 정용덕(서울대)

최초작성일: 2001.11.

행정서비스헌장(Public Service Charter; Citizen's Charter; 시민헌장; 고객헌장)

1. 개념

행정서비스헌장은 행정기관이 제공하는 서비스 중 주민생활과 밀접히 관련되어 있는 서비스를 선정하여 이에 대한 서비스이행기준과 내용, 제공방법, 절차, 잘못된 상황에 대한 시정 및 보상조치 등을 정해 공표하고, 이의 실현을 국민들에게 문서로서 약속하는 행위라고 볼 수 있다. 이러한 행정서비스헌장의 제정은 새로운 법적 권리를 만드는 것이 아니라 기존의 권리를 사용자에게 알려주는 것이며, 비법적인 수단(non-legal means)을 통하여 강제력을 확보할 수 있는 새로운 권리를 만드는 것이라고 할 수 있다.

2. 용어의 (등장) 배경 및 특징

행정서비스헌장의 출발은 영국에서 시작된 시민헌장제도에 연유한다. 시민헌장은 1991년 7월 메이어(J. Major) 전 총리에 의하여 주창된 행정개혁시책의 하나로 공공서비스의 질적 수준 제고를 목적으로 10년간의 한시적 프로그램으로 만들어졌다. 그 내용은 중앙정부 또는 지방자치단체가 제공하는 모든 공공서비스는 각 부문별로 시민헌장을 제정하여 고객들에게 정부가 제공하고자하는 서비스의 내용과 수준을 알려주고 그 실천을 약속하며, 그 결과에 대하여 고객들로부터 평가를 받도록 한다는 것이다. 시민헌장의 시행은 몇몇 비판에도 불구하고 영국 국내외적으로 상당한 반향을 불러일으켰고(Shand & Amberg, 1996), 그 결과 1997년 보수당에서 노동당으로 정권이 교체된 이후에도 시민헌장은 평가·보완작업을 거쳐

1998년부터 '서비스 우선: 신헌장프로그램(Service First: The New Charter Programme)'이라는 이름의 새로운 모습으로 재추진되었다.

시민헌장은 공공서비스 자체가 일반국민과의 계약이라는 점에서 출발한다. 세금의 대가로 서비스를 받는다는 것인데, 이러한 계약은 암묵적인 것이다. 이 계약은 실행을 담보할 강제조항이 없고, 실적을 평가할 기준이 정해져 있는 것도 아니다. 납세자들은 그 계약위반에 대하여 처벌받지만 국가 혹은 지방자치단체는 계약불이행에 대하여 처벌규정도 없을 뿐만 아니라 처벌 할 수도 없다. 시민헌장은 이러한 암묵적인 계약을 명시적인 계약으로 만들었다. 각 공공기관에 대하여 의무조항을 명시하고 일반국민이 당연히 누려야할 권리도 명시하고 있다. 제공될 서비스의 수준을 규정하여 불이행시 일반국민들이 시정조치를 요구할 수 있도록 하였다. 환언하면 시민헌장은 예전의 암묵적 계약 하에서 시민들이 가지고 있던 권리를 명시화하고 권리보장을 강제화한 것이다. 암묵적인 묵계가 명시적 계약으로, 도덕적 의무가 강력한 법률적 의무로 바뀐 것이다. 시민헌장은 국민과 국가 간의 관계를 명시하고 강제적인 계약을 통하여 일신하였다(권오철, 1997; 박영호 역, 1996).

영국 시민헌장을 벤치마킹하여 도입된 한국의 행정서비스헌장의 제정절차는 다음과 같은 6단계를 거친다. 제1단계가 고객의 의견수렴이다. 고객들이 불만을 가지고 있는 상황이나 개선하여야 할 것을 확인하는 작업이다. 2단계는 공무원의 의견을 수렴하는 것이다. 서비스를 제공하는 공무원들이 고객의 의견과 일치하는지를 확인하는 작업이다. 3단계는 헌장의 초안을 작성하는 것이다. 헌장에는 고객을 대하는 자세, 서비스의 내용, 고객의 알권리 충족을 위한 정보제공, 시정 및 보상조치, 고객의견 제시방법과 절차, 고객만족도 조사와 결과공표, 고객에게 당부하는 말 등이 포함되어야 한다. 4단계는 작성된 초안을 기준으로 간담회 등과 같은 방식을 활용하여 고객과 공무원의 의견을 다시 수렴하는 것이다. 5단계는 고객의 대표가 절반이상으로 구성된 심의위원회를 개최하고 헌장을 확정하는 것이다. 6단계는 고객이 참여한 상태에서 헌장을 선포하는 것이다.

이와 같은 행정서비스헌장제는 이론적으로 보면 소비자주권론과 관련성이 있다. 소비자주권(consumer sovereignty)은 민주사회에서 국민들이 정치적 주권을 가지듯이 시장에서는 소비자들이 경제적 주권을 가지고 있다는 것이다. 결국 소비자주권은 생산을 위한 자원이 희소한 경우 사회의 자원을 관리하는 자가 생산품을 선택하는데 대하여 자유로운 개인이 행사하는 통제력이라고 할 수 있다.

행정서비스헌장의 제정절차와 내용을 소비자주권론과 연계하여 살펴보면, 소비자주권론에서 주장하고 있는 소비자의 선택과 권리를 강조한다는 점, 그리고 상품정보에 대한 알권리, 불량품에 대한 반품 및 환불 등과 행정서비스의 이행기준 결정시 고객의 의견을 반드시 수렴하여야 한다는 점, 고객의 알권리 충족을 위하여 공공부문에서 제공하는 행정서비스에 대하여 구체적인 정보를 제시하여야 한다는 점, 그리고 서비스를 잘못 제공하였을 경우 시정 및 보상조치를 한다는 점 등이 연계되어 있다.

3. 용어관련 활용(연구) 경향

한국에 도입된 행정서비스헌장제는 첫째, 고객중심의 행정서비스체계를 구축하는 계기를 마련하였다. 구체적으로는 명료하지 않던 서비스의 기준 및 내용·절차 등을 정형화·구체화하여 주민에게 알기 쉽게 제시함으로써 「서비스의 기준 및 내용」을 명확히 설정하는 계기를 마련하였고 양보다 질적인 측면에서 서비스를 제공토록 행정체계를 개선하는데 기여하였다고 볼 수 있다. 둘째, 행정의 투명성 확보 및 주민만족도 향상에 기여하였다. 구체적으로는 서비스 이행기준·절차 등을 구체적으로 제시함으로써 행정행위에 대한 예측가능성 확대 및 행정서비스의 투명성을 확보할 수 있었으며, 고객지향적인 행정서비스체계를 구축함으로써 한 차원 높은 서비스 제공으로 주민만족도 향상에 기여하였다. 셋째, 공무원들의 고객지향적 사고전환 및 서비스마인드 제고에 기여하였다. 구체적으로는 공무원 중심의 행정에서 고객지향적인 행정으로 전환, 고객입장에서 생각하고 행동하는 자세를 정립할 수 있었다.

그러나 국민의 정부, 참여정부, 이명박정부, 박근혜정부 그리고 문재인정부로 이어지면서 중앙정부와 지방자치단체에서는 활성화되지 않은 채 홈페이지 등에 게시되고 있을 뿐 정상적으로 활용되지 않고 있다. 현재 행정서비스헌장제는 공공기관과 지방공기업·출자출연기관에서 고객헌장이란 이름으로 활용되고 있다.

참고문헌

라휘문(1999). 「행정서비스헌장, 어떻게 만들어야 하는가」. 수원: 한국지방행정연구원.
라휘문 외(2000). 「행정서비스헌장, 어떻게 실천하여야 하는가」. 서울: 한국지방행정연구원.
Cabinet Office(1999a). How to apply for a Charter Mark 2000.
Cabinet Office(1999b). Service First: the new charter programme.
Osborne, D. & Gaebler, T.(1992). Reinventing Government: How the Entrepreneurial Spirit is Transforming the Public Sector. New York, NY: A Plume Book.

Shand, D. & Arnberg, M.(1996). Background Paper. In OECD, Responsive Government: Service Quality Initiatives, 15－38. Washington, D.C.: OECD.

키워드: 대리인이론, 소비자주권론, 서비스이행기준
작성자: 라휘문(성결대)
최초작성일: 2001.01., 수정작성일: 2019.12.

행정철학

1. 개념

행정철학의 개념은 '행정'이라는 개념과 '철학'이라는 개념의 복합체적 개념으로 이해할 수 있다. 그런데 행정이라는 개념 자체도 합의된 정의를 하기 어려울 뿐만 아니라, 더욱이 철학이라는 개념 또한 추상적이고 이해하기 어렵기 때문에 보편성 일관성을 갖는 철학의 개념 정의의 어려움이 있을 뿐만 아니라 다양한 개념 정의가 있을 수 있다는 점을 이해할 수 있다. 따라서 행정철학의 개념에 대한 정의는 그리 많지 않은 편이다.

로빈스(S.T. Robbins)는 행정철학을 행정에 있어서 무엇이 중요하고 의미 있는 것인가를 평가하고 해석하는 것이라고 한다. 디모크(M.E. Dimock)는 행정철학을 보다 나은 성과(performance)를 이룩하는 데 목적을 두고 있는 일련의 신념(beliefs)과 실천(practice)체계로 보고 있다. 그에 따르면 행정은 기관(instituition)의 목표(goals) 및 세부목표(objectives)·사회적 가치 및 개인의 성장에 관한 사항을 취급하며, 이외에 부수적으로 조직화 및 여러 가지 사상(things)을 운영하는 도구적 장치를 다룬다고 한다. 페이지(R.S. Page)는 이데올로기와 철학을 비교하면서 양자가 모두 분석 양식(modes of analysis)과 가치체계를 내포하고 있고 신념(beliefs)과 가치체계를 다루고 있으나, 이데올로기가 빛깔 있는 렌즈를 통해 세계를 보는 것이라면, 철학은 정치색을 띤 행동과 관련된 가치를 다루기보다는 보다 일반적이고 보편적인 도덕적 가치(moral values)를 다룬다고 한다. 호지킨슨(C. Hodgkinson)은 행정을 '행동철학(philosophy in action)'으로 정의하고 그의 논의를 전개해 나간다. 여기에서의 철학은 어떤 정의 체계나 하나의 세계관 또는 하나의 특별한 인식론이나 심리학을 의미하는 것이 아니고, 정확한 사고의 과정과 가치부여(valuing)의 과정, 즉 합리성, 논리 그리고 가치를 의미한다고 한다. 철학을 이와 같이 이해한다는 것은 철학의 연구영역을 논리와 가치라는 두 가지 영역으로 나눈다는 것을 의미한다. 전자 즉, 논리의 영역에서는 사실의 문제를, 후자 즉 가치의 영역에서는 윤리적·도덕적 가치를 위시해서 가치평가(valuation)를 거쳐 동기부여에 대한 복잡한 문제에 관련된 가치에 이르기까지의 문제를 다룬다는 것을 의미한다. 그가 말하는 행동철학이란 가치를 사실과 가치가 혼합되어 있는 현실의 세계로 변환시키는 것을 의미한다. 보즈먼(B. Bozeman)은 '정책철학(policy philosophy)'이란 용어를 사용하면서 정책철학을 정부의 목적이나 그러한 목적을 달성키 위해 가장 바람직하다고 생각되는 수단과 관련된 여러 가지 가치들의 집합체를 의미한다고 한다. 안해균은 행정학을 행정이론 그리고 행정기술로 구분하면서, 행정철학이란 행정이 추구하며 실현하려는 가치가 무엇인가를 찾으려는 이른바 행정사상을 의미한다고 본다. 또한 행정철학은 행정철학사적인 특징을 가지고 있으며, 근본적으로 관리철학(management philosophy)과 정치철학(political philosophy)을 종합한 종합철학(integrated philosophy)적 본질을 갖는 것이라고 보는 견해도 있다. 이러한 관점은 오늘의 행정이 주어진 목표의 관리뿐만 아니라, 정책결정 기능도 담당한다는 의미에서 정치적 요소까지를 내포하게 됨에 따라 정책결정과 관리에 포함되는 당위적 측면을 모두 포함한다는 관점에서 정의된 개념으로 이해할 수 있을 것 같다.

지금까지 살펴본 기존 학자들의 행정철학에 대한 개념 정의 중에서 공통적으로 발견되는 것은 행정철학이 행정의 목표 및 그러한 목표를 달성하기 위한 수단의 선택과 관련되어 고려되어야 할 제반 가치의 문제를 다루는 학문분야라는 점을 주장하는 데 있다고 할 수 있다.

한편, 행정철학에 대해 본격적으로 개념 정의를 시도한 김항규는 행정철학을 '행정'과 '철학'의 복합개념으로 보아, '철학' 일반에 대한 개념을 중심으로 논의를 전개해 나가면서 이를 '행정'과 결부시켜 논의하고 있다. 그는 철학의 개념을 정립하기 위해 철학의 어원을 먼저 탐구하고 있다. 철학은 그 어원상으로 볼 때 'philos(사랑)'라는 말과 'sophia(지혜)'라는 두 낱말의 합성어로서, 곧 '지혜를 사랑하는 것'이란 의미이다. 먼저 '지혜'라는 말은 '지식'이라는 말과 구분된다. 지식이 어떤 한정된 분야에 대해 아는 것을 의미한다면, 지혜는 이와 같은 국부적 지식에 국한되지 않고 전체적 맥락에서 아는 것을 의미한다. 철학한다는 것은 따라서 과학적 지식을 추구하는 것과는 구별된다. 철학이나 과학이나 둘 다 세계에 관한 지적탐구 임에는 틀림없으나, 과학자는 일정한 방법에 따라 한 가지 대상을 깊이 연구하여 오직 그 하나에 대한 전문적 지식을 얻게 되고, 그 분야의 밖에 있는 다른 분야에 관해서는 무관심한 태도를 보인다. 반면에 철학자는 단편적인 지식의 테두리를 벗어나 언제나 넓고 전체적인 안목을 가지고, 그러한 지식을 인간의 행복과 복리 증진을 위해 어떻게 올바르게 활용할 수 있는가에 관심을 둔다. 지혜는 이를 위해 통찰력과 건전한 관점 또는 판단의 균형과 같은 철학적 사고를 필요로 한다. 지식을 인간의 행복이나 복리와 관련시켜 생각한다는 점은 곧 철학이 가치의 문제에 관심을 둔다는 것을 의미한다. 철학자는 지식이 우리들에게 어떤 관계를 가지며, 어떤 값어치가 있는가 하는 것에 대해 큰 관심을 갖는다. 다시 말하면, 철학은 지식에 대해 어떤 의미를 부여하는 것이다. 그러나 과학자는 자신이 산출한 지식이 인간의 행복이나 복리를 위해 어떠한 값어치가 있는가에 대해 중립적 태도를 취한다. 철학이 내포하고 있는 지혜는 가치의 문제에서 비롯된다. 철학하는 일은 가치의 본질이 무엇이며 어떠한 가치들이 바람직한 가치들인가에 대해 연구한다. 한편, '사랑한다'는 말은 우리가 일상적으로 경험하듯이 어떤 대상에 전인격적으로 참여하는 것을 말한다. 그러나 지혜를 사랑하는 것과 지식을 사랑하는 것은 구분되어야 한다. 지혜를 얻는 사람은 이러한 이해력을 가진 사람을 지칭하는 것이다. 또한 철학하는 태도는 비판적 태도를 가져야 한다. 철학의 정신은 비판정신에 있다. 그러나 비판이란 부정하기 위한 것, 잘못을 지적한다는 것, 반대를 위한 반대를 하는 것이 아니다. 그것은 좀 더 확실한 것을 얻기 위해서 모든 것에 대해서 의심해 보는 태도를 갖는 지적인 작업 중의 하나이다. 따라서 철학하는 일은 우리들이 받아들인 신념과 의견을 의심 없이 당연한 것으로 받아들이는 것이 아니라, 이를 비판적 태도를 가지고 분석해 보고 검토하는 데서 시작된다. 이에 소크라테스(Socrates)는 "검토하지 않은 삶은 살 가치가 없다"고 설파했다. 철학은 이와 같이 의심의 태도를 가지고 지금까지 당연시되어 오던 것들에 대해 질문을 던지는 태도를 취한다. 그러나 그러한 질문의 내용은 특정 부문에 대한 질문이 아니고 전체적인 성격, 근본적인 성격을 갖는 질문의 성격을 지닌다. 철학은 또한 초월적이고 근본적인 생각에 기초하고 있다. 초월적이라 함은 어떤 대상을 전체를 볼 수 있는 위치에 서서 관찰함을 의미하고, 근본적이라 함은 어떤 현상에 깊숙이 들어가서 그 근원을 찾으려는 태도를 의미한다. 예컨대 "우주의 근원이 물이다"라고 주장하는 탈레스(Thales)의 견해나, 헤겔의 '절대정신'과 같은 것이 그것이다. 김항규는 철학의 어원 속에 나타난 지혜와 사랑의 의미를 이와 같이 설명하면서 철학은 전체적 안목에서 비판적 태도를 가지고, 초월적이고 근본적인 생각에 기초해서, 인간의 행복과 복지증진과 관련된 가치문제에 관하여 몰두하는 학문이라고 정의하고 있다.

그는 철학의 개념을 이와 같이 이해하고 이를 행정과 관련시켜 행정철학의 개념을 정의하고 있다. 즉, 행정철학은 행정을 연구대상으로 하여, 행정과 관련된 단편적 지식에 관심을 두기보다는, 거시적이고 전체적인 안목에서 비판적 태도를 가지고 행정활동 전반을 바라보면서, 행정의 본질 및 행정의 궁극 목적을 위시하여 행정과정 전반에 걸쳐 필요로 하는 바람직한 가치와 이의 실천방안을 연구하기 위한 실천철학이라고 정의하고 있다.

2. 이론적 배경 및 발전배경

행정학에서는 다른 분야에 비해 행정철학에 대한 관심이 미약했던 것이 사실인데, 그 이유는 다음과 같은 몇 가지 측면에서 찾아볼 수 있다.

첫째, 행정학의 방법론적 측면에서 소위 과학주의를 행정학의 기본적인 방법론적 틀로 삼아 행정학의 연구 목적을 경험적인 행정현상에 내재하는 법칙성 내지 이론의 발견을 통해 행정현상을 설명하고 예측하는 데 있다고 보아 온 데 있다. 행정학에서의 과학주의적 사고는 경험적 현상에서 발견되는 법칙성·이론을 발견하기 위해 행정연구의 객관성(objectivity)·경험성(empiricism) 및 보편성(generality)등을 중시함으로써 방법론적 측면에서 가치(value)와 사실(fact)을 분리하고, 행정의 연구를 사실의 측면에 한정해야 한다고 주장하는 소위 '가치−사실 이원론(value−fact dichotomy)' 내지 가치중립성(value free)원칙에 기초해 왔다.

둘째, 제도적 차원에서 보면 전통적인 3권 분립 제도하에서는 행정의 목표는 정치부문에서 주어진 정책결정을 집행하는 것이라고 보는 정치·행정 이원론적 사고가 지배적이었다. 이러한 사고에 의하면 행정의 목표는 정치에서 주어지는 것이며, 따라서 행정은 주어진 목표를 능률적으로 집행만 하면 족하다는 것이다. 그 결과 행정학은 주어진 목표 가치를 능률적으로 달성키 위한 수단으로서의 기술적 분석을 강조하는 경험지향적·도구적 합리주의에 빠지게 되고, 이에 따라 어떤 목표와 가치가 추구되어야 하는가 등에 관한 행정철학적 차원에 대한 문제를 논의하기보다는 수단의 능률성을 강조하는 기술을 일차적인 요소로 생각하여 왔다. 그러나 오늘의 행정은 정책의 집행(관리) 뿐만 아니라 정책결정의 영역에도 깊이 개입하게 되었고, 그럼으로써 정책결정 과정에서 존재하게 되는 여러 가지 복잡한 가치판단의 문제와 정치성의 문제를 연구대상으로 하지 않을 수 없게 되었다.

셋째, 우리나라의 경우 특히 60년대와 70년대를 거치면서 국토의 분단에 따른 남북의 대치로 인한 안보제일주의와 급속한 경제성장을 위한 경제성장제일주의가 중시되면서 행정의 효과성(effectiveness)내지 능률성만을 지나치게 강조해 왔고, 행정이 추구해야 할 다른 가치들에 대한 관심이 부족하였다. 그 결과 국민총생산량의 증가라는 총량의 면에서는 어느 정도 성공을 거두었다고 할 수 있으나 그로 인해 나타난 빈부격차의 심화, 산업화 과정에서 나타난 여러 가지 복잡한 사회문제 등 행정을 통해 해결해야 할 수많은 과제들을 잉태하게 되었다. 이러한 문제들을 해결하기 위해서는 행정이 단순히 능률성이나 효과성이라는 가치에만 치중할 수는 없는 것이다.

넷째, 학문적 성격상 행정학은 보다 바람직한 사회상태와 행정질서의 실현을 목적으로 현실세계에서 가능한 행동방안을 강구하여 이를 실현하려는 실천 지향적 연구에 속한다. 따라서 실천 지향적 연구를 위해서는 사실(fact)에 관한 정보뿐만 아니라, 어떤 행동이 바람직한가를 판단하는 데 이용될 수 있는 가치(value)에 관한 정보를 필요로 한다.

참고문헌

국동서철학 연구회(1986). 「동서철학 개론」. 서울: 창학사.

김항규(1998). 「행정철학」(개정판). 서울: 대영문화사.

안해균(1986). 「현대행정학 −행정의 기본 개념과 원리」. 서울: 다산출판사. .

원한식(1992). 행정철학의 방향정립을 위한 시론. 「한국행정학보」, 26(4): 1093−1107.

Bozeman, B.(1979). Public Management and Policy Analysis. New York, NY: St. .Martin's Press.

Hodgkinson, C.(1978). Towards a Philosophy of Administration. New York, NY: St. Martin's Press.

Robbins, S.(1976). The Administrative Process. Englewood Cliffs, NJ: Prentice−Hall.

Strauss, L.(1959). What is Political Philosophy? Glencoe, IL: Free Press.

키워드: 행정철학, 합리주의, 사회적 가치, 동기부여, 행정사상, 능률성, 효과성

작성자: 김종미(한국공공관리연구원)

최초작성일: 2000.12.

협상(Negotiation)

1. 협상의 개념

협상(negotiation 또는 bargaining)은 범위에 따라 협의와 광의의 의미로 정의할 수 있다. 협의의 의미로 협상은 "협상 테이블 위에서 일어나는 당사자 간 상호작용"이라고 정의할 수 있으며, 광의의 의미로 협상은 "둘 이상의 당사자 사이에서 이루어지는 갈등의 조정과 관련된 일체의 공식적 · 비공식적 상호작용"이라고 정의할 수 있다(하혜수 · 이달곤, 2019: 31). 즉 협상은 "둘 혹은 그 이상의 당사자가 상품이나 서비스를 교환하면서 그에 대한 교환비율을 결정하는 과정"인 것이다(Robbins & Judge, 2014: 543). 협의의 협상 개념이 협상의 공식적이고 명시적인 측면을 강조하는 특징을 지녔다면, 광의의 협상 개념은 보다 현실적 측면을 강조하여 공식적 관계뿐만 아니라 비공식적 관계를 강조하는 경향이 있다. 그럼에도 불구하고, 광의와 협의 의미에서의 협상 개념 모두 효과적인 갈등해결 수단으로 고려할 수 있다는 점에서 공통점을 지닌다.

2. 협상의 등장배경과 특징

협상은 정치학, 사회학, 행정학 등 다양한 분야에서 오랫동안 중요하게 다루어져 온 연구주제이다(하혜수 · 이달곤, 2019). 협상의 구성요소로는 **협상당사자**(사건에 직접 관계된 이해관계자), **이슈**(협상 의제), **이해관계**(의제에 대한 관심사 또는 이와 관련된 이해득실), **상호작용**(협상테이블에서 상호 주고받는 소통, 전략, 제의 등의 행위), **협상력**(협상과정에서 협상 당사자 자신에게 유리한 결과를 불러일으키는 능력), **협상성과**(협상을 통해 달성되는 최종상태) 등이 있다(하혜수·이달곤, 2019: 41–47). 최적 협상이 달성되지 않은 경우 최선의 대안인 배트나(Best Alternative To Negotiated a Agreement, BATNA)(차선책)를 달성하려고 노력해야 한다. 배트나는 Fisher & Ury(1991)에 의해 처음 창안된 개념으로서, 협상이 결렬되었을 경우 선택할 수 있는 차선책을 의미한다(이러한 차원에서 플랜 B라고 명명할 수 있다).

3. 협상 활용(연구) 경향

협상전략이 어떻게 이루어지는가에 따라 협상은 긍정적 효과와 부정적 효과 모두를 나타낼 수 있다. 협상전략은 배분적 협상(distributive bargaining)과 통합적 협상(integrative bargaining)으로 분류할 수 있다(Robbins & Judge, 2014). 배분적 협상은 "제한된 자원을 나눔에 있어서 각자가 가능한 많은 자원을 갖고자 하는 제로섬 협상이며(zero–sum, win–lose), 파이가 정해져 있기 때문에 당사자 간의 갈등이 심화되는 협상"을 의미한다(김정인, 2018: 505). 경영자와 노동자의 임금협상이 배분적 협상의 대표적인 예라고 할 수 있다. 배분적 협상의 경우 협상 당사자들은 서로 많은 파이를 가지기 위해서 노력할 뿐만 아니라, 갈등 당사자들 간 정보를 공유할 가능성이 낮으며, 상호 간의 관계가 단기간 시간적 프레임을 지니고 있어 협상전략이 부정적으로 나타날 가능성이 있다.

이에 반해서 통합적 협상은 협상 당사자들의 전체 목표를 증대시키려는 플러스섬(plus–sum, win–win) 협상으로서, 협상 당사자 모두 협상을 통해 이익을 취할 수 있기 때문에 긍정적인 효과를 초래할 수 있다. 협상 당사자들은 서로 장기적인 유대관계를 형성하면서 협상에 임하고 상호 간에 정보를 공유하는 특징을 지닌다. 또한 협상 당사자들은 상대방을 서로 이해하려고 하고 서로의 감정을 솔직하게 드러내면서 공통적인 관심사를 갖는 특징을 지닌다. 통합적 협상은 협상 당사자들 간에 서로 소통하고 대화하여 갈등을 민주적으로 해결할 수 있는 수단이 되며, 서로의 이해관계를 충족시킬 수 있는 창조적 대안을 발견하는 과정이 되기도 한다. 통합적 협상은 협상 당사자들 간 유보가격(reservation price) 또는 최대 양보선을 탐색하고 발견하는 과정에서 서로가 만족할 수 있는 상생의 결과를 창출할 수 있다는 장점을 지닌다. 특히 합의 가능지대로 협상에서 양측 모두가 받아들일 수 있는 모든 가능한 결과의 집합인 조파(Zone Of Possible Agreement, ZOPA) 영역에서 당사자 간 협상을 이끌어낼 수 있다(김정인, 2018: 506).

참고문헌

김정인(2018). 인간과 조직: 현재와 미래. 서울: 박영사.

이달곤·하혜수(2019). 협상의 미학: 상생 협상의 이론과 적용. 서울: 박영사.

Fisher, R., & Ury, W.(1991). *Getting to yes: Negotiation agreement without giving in*. New York, NY: Penguin Book.

Robbins, S. P., & Judge T. A.(2014). *Organizational behavior(14th ed)*. Boston, MA: Pearson.

키워드: 배분적 협상, 배트나, 통합적 협상
작성자: 김정인(수원대)
최초작성일: 2020.01.

호손 연구(Hawthorne Studies)

1. 의미

호손 연구(Hawthorne studies)는 조직 이론 분야에 인간관계 이론의 발전을 가져왔던 일련의 실험을 뜻한다. 호손 실험(Hawthorne experiments)라고도 한다. 하버드 경영대학(Harvard Business School)의 엘튼 메이요(Elton Mayo)와 프리츠 뢰슬리스버거(Fritz Roethlisberger) 교수가 주축이 되어 1924년부터 1932년에 걸쳐 시카고 교외 Western Electric Company의 Hawthorne Works 공장에서 한 일련의 조명(illumination) 효과 연구이다. 조명의 양과 질이 공장 근로자들의 작업 능률과 어떤 관계가 있는가를 알아내는 것이었다. 실험 결과는 처음 기대했던 것과는 상당히 달랐다. 실험에서 대상은 공장 근로자들로 실험 집단은 다양한 조도 아래서 일을 하고, 통제 집단은 조도의 변화 없이 일한다. 첫 번째 실험에서는 세 가지 다른 조도의 효과를 실험했는데, 실험 및 통제 집단 모두에서 생산성이 증가한다. 생산의 증가는 두 집단 모두에서 비슷하였다. 또 다른 실험에서 실험 집단은 조도가 감소된 상황에서 작업을 하였지만, 이 경우에도 산출물은 증가한다. 통제 집단에서도 결과는 마찬가지였다. 또 다시 근로자들을 조도에는 사실 어떤 변화가 없었지만 조도가 증가한 것으로 믿게 한 후 실험한다. 작업자들은 증가된 밝기에 대하여 호의적인 말을 하였지만, 산출물에는 어떤 차이를 감지할만한 변화가 없었다. 다음에는 조도가 감소한 것으로 믿게 만들어, 결과를 보니 근로자들은 밝기가 더 나빠졌다고 조금 불평을 했지만 산출량에는 어떤 변화가 없었다. 또 보통 달빛과 같은 낮은 조도 환경에서의 생산성 실험에서는 생산량 감소가 나타났다. 실험 결과는 공장 생산성과 작업장 조도 사이에는 어떤 긍정적 관계가 없다는 것이었다. 실험자들은 이러한 결과가 통제되지 않은 다양한 변수들이 있는 상황에서 단 하나의 변수 효과를 실험하였기 때문이라고 생각하고, 근로자의 생산성에 영향을 미치는 보다 통제 가능한 다른 변수들의 효과를 실험하기로 한다. 기존에는 작업장 환경의 물리적 변화와 근로자들의 생산성 사이에 어떤 직접적 관계가 있을 것으로 생각했으나 이번에는 이러한 가정을 무시한다.

다시 실험을 하였는데, 이번에는 5명의 여성 근로자들을 실험 집단으로, 남자 근로자들을 통제 집단으로 한다. 실험 집단은 여성 근로자들을 작업실에 배치한 후, 근로 환경을 바꿀 때 생산성에 어떤 변화가 일어나는가를 확인하고자, 연구자들은 실험 집단에 일어나는 변화를 관찰하고 기록한다. 당시에 여성 근로자들이 하는 일은 전화 계전기(telephone relay)의 조립이었다. 근로자들의 작업 환경을 조작하는 변수는 12개로, 작업 조명, 하루 휴식 시간의 횟수 및 기간, 일일 및 주당 근무 시간의 길이 등 물리적으로 통제할 수 있는 것들로 설정한다. 실험 동안 연구자들은 작업실의 습도, 온도, 여자 근로자 수면 시간, 식사의 종류와 양 등의 조건들을 기록한다. 규칙적으로 신체검사도 실시한다. 이 실험은 5년 동안 이루어졌고, 관찰 기록만도 수 톤에 달한다. 실험 결과 여성 근로자 5명은 근로 환경이 자신들이 불리하게 또는 유리하게 바뀌었는가에 관계없이 계속해서 생산성이 높아진다. 이러한 결과는 작업장 환경이나 근로 시간이 근로자의 작업 행태, 궁극적으로 생산성에 영향을 주는 중심 변수가 아니라는 것으로, 당시 과학적 관리(scientific management)의 기본 가정과는 배치되었다. 반면 통제 집단에 속한 남자 근로자들은 작업 환경이 바뀔 때 생산성은 오르내린다. 연구자들은 실험 결과가 근로자들이 중요한 소규모 집단으로서 일할 수 있는 기회, 실험에서 자신들이 관찰의 대상이라는 심리적 요인 영향 때문이라는 결론을 내린다. 사람은 물건과 달라서 실험될 때, 그 사실을 알 수 있고, 그럴 경우 실험에 대한 근로자들의 태도가 실험 상황에 대한 반응을 결정하는데 중요한 요인이 된다고 생각한다. 실험팀은 이것이 실험실(Relay Assembly Test Room)에서 기대하지 않은 방향으로 결과가 나타난 원인으로 보았다. 근로자들은 자신들이 실험되고 있다는 것을 알고, 작업 조건이 더 좋고 나쁘고 관계없이 실험자들에 협력하기를 원한다. 실험자들은 작업장의 다양한 물리적 조건을 만들어 주었을 때, 피실험자들이 이에 대하여 반응해 줄 것을 기대했다. 심리적 요인(psychological factors)으로부터 영향 받지 않기를 원했다. 그러나 결과는 달랐다. 이러한 발견을 토대로 공장의 작업라인에 있는 근로자들은 사회적 규범과 동료 근로자들에 의해 부과되는 통제로 사실 육체적으로 할 수 있는 것보다 더 적게 생산을 한다는 이론을 정립한다. 또 이러한 효과에 대하여는 "생산량의 인위적 자제(artificial restriction of output)"라는 표현을 사용한다. 실험 결과에 따라, 실험자들은 근로자와 그들의 행동에 대한 초기 자신들의 가정인 근로 환경이 개선되면, 기계적으로 생산성이 높아질 것이라는 믿음을 포기하게 되고, 근로자의 개념과 역할을 다시 정의하게 된다. 근로자의 행동은 그들의 감정이나 기분과 분리될 수 없고, 감정은 근로자가 쉽게 가장할 수 있어 알아차리기 어려우며, 감정의 표명은 그들 자신의 또는 그들 자신에 의한 어떤 것으로가 아니라 근로자 개인의 전체적 상황이라는 점에서 파악될 수 있다는 것을 발견한다. 근로자 개인이 무엇을 느꼈는가를 알기 위해서는 보다 광범위한 현상에 대한 조사가 필요하다고 생각한다.

2. 중요성

호손 연구는 조직 관리에서 여러 가지 중요한 의미를 갖는다. 첫째, 산업 관리(industrial management)에 사회 심리적 보상의 중요성을 발견한다. 호손 연구는 공식 조직 구조와 과정 외에 생산성에 영향을 미치는 요인들이 있다는 것을 보여 준다. 비록 이 실험이 인간관계의 제한된 측면, 그것도 인위적으로 통제된 부분만을 다루었지만, 결국 근로자와 근로자 간의 관계라는 새로운 요소의 중요성을 확인하게 됨으로써 조직 이론에 인간관계학파(human relations school)가 생겨나는 계기가 된다. 둘째, 근로자와 작업 집단 구성원의 중요성 확인이다. 작업 환경보다도 근로자가 생산성 증가에 중요한 요소라는 것을 깨닫는다.

참고문헌

Chandler, R. C., & Plano, J. C.(1982). The public administration dictionary. New York, NY: John Wiley & Sons.

Gillespie, R.(1991). Manufacturing knowledge: A history of the Hawthorne experiments. Cambridge, MA: Cambridge University Press.

Mayo, E.(1933). The human problems of an industrial civilization. New York, NY: MacMillan.

Mayo, E.(1949). Hawthorne and the Western Electric Company, The social problems of an industrial civilization. London, UK: Routledge & Kegan Paul.

Parsons, H. M.(1974). What happened at Hawthorne? *Science*, 183(4128): 922−932.

Roethlisberger, F. J.(1978). The Hawthorne experiments. In W. E. Natemeyer (Ed.), Classics of organizational Behavior(pp. 2−12). Oak Park, IL: Moore Publishing Company. Reprinted from Management and morale by F. J. Roethlisberger(1941), Cambridge, MA: Harvard University Press.

Rosenthal, R.(1966). Experimenter effects in behavioral research. New York, NY: Appleton.

키워드: 호손 실험, 인간관계, 비공식 조직
작성자: 박흥식(중앙대)
최초작성일: 2019.12.

효과성과 효율성(Effectiveness and Efficiency)

1. 개념 정의

효과성과 효율성은 경제학, 경영학, 정책학, 행정학에서 자주 사용되는 개념들인데, 효과성은 업무의 진행 상태가 업무의 목적과 부합하는 상태의 수준을 의미하고 효율성은 업무를 수행하는 과정에서 투입한 자원들과 산출한 결과들 사이의 비율을 의미한다.

2. 특징들

효과성과 효율성은 동시 향상을 추구하여야 하는 목표들인데, 대체로 효과성의 향상이 1차 목표가 되고 이에 부합하는 한계 내부에서의 효율성의 향상이 2차 목표가 된다.

효과성과 효율성은 동시 향상을 추구하여야 하는 목표이기는 하지만, 양자 사이에는 긴장과 길항이 존재하는 경우들이 허다하다. 특히 효율성을 향상시키려면 표준화를 요구하게 되는데 이 과정에서 유연성이 저하되거나 사라질 수 있다. 그런데 유연성은 개인이나 조직이 외부 환경의 변화에 대응하는 과정에서 요구되는 속성 중 하나로 효과성을 향상시키려 한다면 유연성은 필요할 수밖에 없다. 한편, 효과성만을 너무 강조하게 된다면 현실의 요구들을 무시하고 효율성을 경시하게 되거나 정반대로 목표들을 지나칠 정도로 낮게 설정하는 목적 전치 현상이 발생할 수 있다. 그러므로 조직이 추구하려고 하는 구체적 목표, 조직에서 수용하여야 하는 외부 제약조건들, 조직마다 보유하고 있는 고유한 속성들을 함께 고려하여 효과성과 효율성 사이의 긴장과 길항이 양자 모두 또는 양자 가운데 하나의 저하를 유발할 위험성을 억제하는 조치들을 도입하는 것이 무엇보다 중요하다.

3. 관련 연구 및 활용 경향

조직들은 효율성만 추구하는 조직들, 효과성만 추구하는 조직들, 효과성과 효율성을 더불어 추구하는 조직들, 효과성과 효율성을 모두 추구하지 않는 조직들로 분류할 수 있을 것이다. 조직이 효과성과 효율성 가운데에서 무엇을 추구하느냐에 따라 조직 설계 및 진단에서 최적화한 하위 유형들 가운데에서 선택하여서는 도입이나 수정이 필요하다.

참고문헌

정정길(2019). 『행정학』. 서울: 대명출판사.
https://dbr.donga.com/article/view/1201/article_no/6461

키워드: 효과성, 효율성, 목표
작성자: 배관표(충남대), 박종석(서울대 행정대학원)
최초작성일: 2020.01.

(ㄱ)

가산관료제

가상현실

가외성

감정노동

개방형 인사체제

건전재정

경직성경비

경찰학

계급제

계속비

고유사무

고전적 조직이론

공공관리론

공공기관

공공기관 경영정보 공개시스템

공공서비스 동기

공공재

공기업

공무원 단체

공무원연금제도

공익(사익)

공인인증제도

과두제의 철칙

관료제

광역행정

국가회계법

국고보조금

국고채무 부담행위

규제행정

근무성적평정

기금

(ㄷ)

다원주의

대리인이론

대표관료제

도시재생

동학혁명운동과 행정개혁

디제라티

제퍼슨주의
조선총독부
조합주의
존재론
주민소환제
주민참여예산제
중범위이론
지방공기업
지방재정조정제도
지식
직업공무원제

(ㅊ)
책임성

(ㅋ)
커뮤니티 비즈니스

(ㅌ)
투명성
티보가설

(ㅍ)
폐쇄형 인사체제
품의제도

(ㅎ)
행정
행정문화
현상학적 접근방법

(기타)
NGO
Quinn의 경쟁가치 모형

* 이상의 용어들은 행정학에서 중요하게 사용되는 용어이나 집필진들의 개인적인 사유로 행정학 용어사전에 수록되지 못하였다. 아래 QR코드를 통해 한국행정학회의 행정학전자사전 홈페이지에 접속하여 해당 용어들을 검색하면 용어의 개념정의 등을 확인할 수 있다.

출판용어	출판용어 간 연관 용어	행정학전자사전 홈페이지 수록 연관 용어
가치중립성	경험주의	인식론, 현상학적 접근방법, Q 방법론 반실증주의
갈등관리	ADR, 참여적 의사결정, 투레벨 이론, 협상	갈등해결전략
갑오개혁	과거제도	동학혁명운동과 행정개혁, 조선총독부
거래비용	신제도경제학	대리인이론, 역선택
거버넌스	시민사회, 시장실패, 정부실패	신공공관리, 거버넌스와 정책네트워크 E-거버넌스, 국정관리, 뉴거버넌스론, 협력거버넌스
게리맨더링	대표성	엘리트주의, 마태효과
경험주의	가치중립성, 공리주의	예산극대화모형, 인식론, Q 방법론, 공간회귀분석, 후기행태주의
고위공무원단	직위분류제	신공공관리
공공가치	공정성, 대응성	공공서비스 동기, 공익(사익), 목민심서, 민주성, 블랙스버그선언, 신행정학
공공리더십	Burns의 거래적-변혁적 리더십론, 서번트 리더십, 윤리적 리더십	목민심서
공공서비스	공기업의 민영화	공공관리론, 공공기관, 공공재, 보몰병, 신공공관리, 지방공기업, SERVQUAL, Savas의 공공서비스공급유형, cream-skimming현상
공기업의 민영화	공공서비스	공공기관, 공공기관 경영정보 공개시스템, 공기업, 신공공관리, 민간위탁
공동생산	공공서비스, 시민사회	공공재, 신공공관리
공론화	참여적 의사결정, 갈등관리, 규제협상	공론장이론, 담론
공리주의	목적론과 의무론, 경험주의	신공공관리
공식조직(비공식조직)	위원회, 팀	부속기관, 조직원리, 조직의 비교
공유의 비극	시장실패, 정부실패	공공재, 공유재산의 비극
공정성	공공가치, 사회적 정의, 선발	민주성

공직부패	내부고발	책임성, 공익신고자 보호제도, 국제투명성 기구, 부패, 부패인식지수, 생계형 부패
공직분류	직렬, 직위분류제	계급제
과거제도	갑오개혁	가산관료제, 목민심서, 상소, 별시
관방학	슈타인 행정학	경찰학
교육훈련	보직관리	근무성적평정, 공무원 징계, 집중화
국민참여재판제도	공론화, 시민사회	시민배심, 옴부즈만 제도
국제행정	레짐이론	국제무역기구
권력	권력의존모형, 권위	과두제의 철칙, 엘리트주의
권력의존모형	권력, 권위	과두제의 철칙, 조합주의
권위	권력, 권위주의	과두제의 철칙
권위주의	권력, 권위	과두제의 철칙
규제관리	규제심사, 규제일몰제, 규제정치, 규제총량제	규제행정
규제심사	규제관리, 규제일몰제, 규제총량제	규제행정
규제일몰제	규제관리, 규제심사	규제행정
규제정치	규제관리	규제행정, 확장된 Wilson의 규제정치이론
규제총량제	규제관리, 규제심사	규제행정
규제협상	공론화, 참여적 의사결정, 규제관리	규제행정
균형성과표	성과관리	시민평가, 신공공관리, 전략적 기획
그룹웨어	정보리터러시, 정보접근	원문정보공개
기관대립형	다층제, 단체자치와 주민자치	기관위임사무, 기관위임사무제도, 지방의회의 지위와 권한, 지방자치단체장의 재의요구
기획의 유형	정책기획	전략적 기획
내부고발	공직부패, 이익충돌	책임성
다양성 관리	WLB, 유연근무제, 적극적 조치	공무원 단체, 대표관료제, 유리천장, 다문화정책
다층제	기관대립형, 도농통합, 사무배분의 기준	고유사무, 법정동
단절적 균형 이론	정책독점, 정책변동, 정책변동모형	정부지출변동패턴
단체자치와 주민자치	기관대립형, 자치분권	고유사무, 법정동, 단체위임사무
대응성	공공가치, 공공서비스, 일선관료	공공관리론, 목민심서, 민주성
대표성	게리멘더링, 적극적 조치	대표관료제, 유리천장
도농통합	다층제	광역행정, 도시화
도시경영	도시수축	도시재생, 커뮤니티 비즈니스

도시수축	도시경영	도시재생, 그린벨트정책
동기부여론	MBTI, 오우치의 Z이론	공공서비스 동기, 공무원연금제도, 연봉제, 강화이론, 맥그리거의 X·Y이론, 욕구단계설
디지털 콘텐츠	정보관리, 정보리터러시, 정보접근	디제라티
레짐이론	국제행정	Krasner의 복지레짐론
리엔지니어링	총체적 품질관리	조직발전, 조직혁신
리터러시	정보리터러시	디제라티
목적론과 의무론	공리주의, 사회적 정의, 평등	민주성, 인식론, 존재론, 콜버그 도덕발달이론
무의사결정	정책결정과정, 지방정치이론	다원주의, 엘리트주의, 조합주의
미군정기	갑오개혁	조선총독부
Burns의 거래적-변혁적 리더십론	공공리더십, 서번트 리더십	상황적응적 리더십 모형
법가	합법성	법의 지배, 법률유보
보직관리	교육훈련	경력, 공무원 교류제도
복식부기	총액인건비제도	건전재정, 국가회계법, 기금, 발생주의 회계
부성조직	조직구조	조직원리
분권화	조직구조	신공공관리
브랜드 슬로건	도시경영, 정부마케팅	장소마케팅, 사회마케팅
비교연구	사례연구	중범위이론
비선호시설의 입지정책	갈등관리, ADR, 협상	갈등해결전략, 담론
사례연구	비교연구	중범위이론
사무배분의 기준	다층제, 기관대립형	고유사무, 광역행정, 사무위임, 사무위탁, 사무조합
Sabatier의 옹호연합 모형	정책변동, 정책변동 모형, 정책집행 모형	정책변동 유형흐름 모형
사회복지정보화	정보관리, 정보력	생산적 복지, 선별주의와 보편주의, 소셜믹스
사회적 기업	사회적 자본, 시민사회	커뮤니티 비즈니스, 사회적 경제 공동체
사회적 자본	사회적 기업, 시민사회, 정부신뢰	시민평가, 전자민주주의
사회적 정의	공공가치, 공정성, 목적론과 의무론	민주성, 사회적 형평, 공적부조
서번트 리더십	공공리더십, Burns의 거래적-변혁적 리더십론, 윤리적 리더십	진성리더십

선발	공정성, 다양성 관리	실적주의, 엽관주의, 정치적 중립, 직업공무원제, 폐쇄형 인사체제, 공직적격성평가(PSAT), 내부임용
선택적 노출이론	정보접근, 인포데믹스	디제라티
성과관리	균형성과표, 정부업무평가	성과급, 신공공관리, 영기준예산, 예산성과금제도, 임의고용, 성과 역설, 성과감사
슈타인 행정학	관방학	경찰학
시민사회	사회적 기업, 사회적 자본, 정부신뢰	NGO, 시민평가, 전자민주주의
시장실패	공유의 비극, 정부실패	공공재, 외부성
신제도경제학	거래 비용, 신제도주의	신공공관리, 역선택
신제도주의	신제도경제학	경로의존성, 동형화 이론, 사회학적 신제도주의, 역사적 신제도주의
실현가능성	정책집행 모형, 일선관료	기술적 실현가능성, 법적 실현가능성, 윤리적 실현가능성, 재정적 실현가능성, 정치적 실현가능성
심리적 자본	임파워먼트	감정노동, 심리적 계약, 심리적 주인의식
ADR	갈등관리, 참여적 의사결정	갈등해결전략, 담론
MBTI	동기부여론	감성관리
연구설계	비교연구, 사례연구	중범위이론, 공간회귀분석, 근거이론, 단일 자료원 편의, 로지스틱 방정식, 메타분석, 진실험설계
연방제	다층제, 단체자치와 주민자치, 이원국가론	고유사무, 연성예산제약, 정부간 관계론, 제퍼슨주의, unfunded mandate
오우치의 Z이론	동기부여론	조직발전, 조직혁신
WLB	다양성관리, 유연근무제	유리천장, 국민 삶의 질
위원회	공식조직(비공식조직)	조직구조의 유형
유연근무제	다양성관리, WLB	국민 삶의 질
윤리적 리더십	공공리더십, 서번트 리더십	윤리적 민감성, 윤리적 스트레스
의사소통	분권화, 참여적 의사결정	의사결정
이원국가론	다층제, 단체자치와 주민자치, 연방제	정부간 관계론
이익충돌	공직부패, 내부고발	책임성, 퇴직 후 취업제한제도
인간관계운동	호손연구	고전적 조직이론, 과학적 관리론, 인간관계론
인포데믹스	선택적 노출이론, 정보관리	정보비대칭성
일선관료	실현가능성, 정책집행 모형	관료제, 목민심서, 집행기관

임파워먼트	심리적 자본	이직의도
자원의존이론	전략적 선택이론, 조직군생태이론	상황적응이론
자치경찰제	단체자치와 주민자치, 자치분권	고유사무, 자치모델
자치분권	단체자치와 주민자치, 자치경찰제, 주민투표	고유사무, 주민소환제, 주민참여예산제, 티보가설, 더 나은 삶지표
재난관리	대응성, 일선관료	위기관리
저작권	정보관리	공인인증제도
적극적 조치	다양성 관리, 직장성희롱	성인지예산, 유리천장, 성별영향 분석
적극행정	대응성, 일선관료	목민심서
전략적 선택이론	자원의존이론, 조직군생태이론	상황적응이론, 조직과 환경
전략환경영향평가	정책과정론, 정책평가 모형	환경규제정책수단, 환경영향평가
전자문서관리시스템	정보관리, 정보력	지식, 전자서명
정보관리	전자문서관리시스템	가상현실, 공인인증제도, 전자서명
정보력	정보관리, 정보리터러시	디제라티
정보리터러시	정보력, 리터러시, 정보접근	유비쿼터스 정부
정보윤리	정보관리	원문정보공개
정보접근	선택적 노출이론, 정보리터러시	디제라티, 투명성
정부경쟁력	정부신뢰	투명성, 국가경쟁력
정부마케팅	브랜드 슬로건	커뮤니티 비즈니스, 장소마케팅
정부신뢰	정부경쟁력, 시민사회	관료제
정부실패	공유의 비극, 시장실패	관료제, 신공공관리, 행정, 관료마피아
정부업무평가	균형성과표, 성과관리	기관평가, 성과감사
정책 조정	참여적 의사결정, 협상	정책문제분석
정책갈등의 3×3 유형론	정책 조정, 정책과정론	정책경쟁
정책결정과정	정책과정론, 정책기획	비용편익분석, 예비타당성조사, 정책문제 분석, 정책의제, 정치행정일원론, 품의제도, 그레샴법칙, 내부수익률, 브레인스토밍, 순현재가치
정책과정론	정책결정과정, 정책변동	비용편익분석, 만족모형, 삶의 질과 정책결정, 의사결정, 정책분석－과정 이원론, 제3종 오류
정책기획	기획의 유형, 정책결정과정, 정책 과정론	정책관련자, 미래예측방법, 전략적 기획
정책네트워크	지방정치이론	정책관련자, 거버넌스와 정책네트워크, 싱크탱크, 이슈 네트워크, 철의 삼각
정책독점	단절적 균형 이론	정부지출변동패턴, 정책관련자

정책변동	단절적 균형 이론, 정책변동 모형, Sabatier의 옹호연합모형	정부지출변동패턴, Hogwood와 Peters의 정책변동유형론, 스크린쿼터정책, 초점사건
정책변동 모형	단절적 균형 이론, 정책변동, Sabatier의 옹호연합 모형, Kingdon의 다중흐름 모형	정부지출변동패턴, Hall의 패러다임 변동 모형(PCF)
정책수단	공공서비스, 정책과정론	정책관련자, 넛지효과
정책승계	정책변동, 정책변동 모형	정책변동의 촉진요인, 정책일관성
정책오류	정책과정론, 프레임	비용편익분석, 정책문제분석, 집단사고
정책집행 모형	Sabatier의 옹호연합 모형, F. Coombs의 정책불순응론	정치행정이원론, Elmore의 정책집행과정 모형
정책평가모형	정책과정론	이해관계자 평가 모형, 정책평가에 있어서 타당성
정책학	정책과정론	왈도, 정책학 운동
조세감면	조세지출	국고채무 부담행위
조세지출	조세감면	국고채무 부담행위
조직구조	분권화, 조직규모	Quinn의 경쟁가치 모형, 고전적 조직이론, 복잡성 이론, 정부조직관리, 조직도, 조직융합관리, 조직풍토
조직군생태이론	자원의존이론, 전략적 선택이론	상황적응이론, 조직과 환경
조직규모	분권화, 조직구조	행정문화, 조직과 환경
조직몰입	조직시민행동	이직의도, 순응적 침묵, 스티그마효과, 자기효능감, 조직냉소주의, 조직정치지각, 직무만족, 직무스트레스
조직시민행동	조직몰입	이직의도, 순응적 침묵, 자기효능감, 조직냉소주의, 조직침묵, 직무만족, 직무스트레스
조직학습	학습조직	순응적 침묵, 자기조직화, 조직 발전, 조직혁신
주민투표	단체자치와 주민자치, 자치분권	주민소환제
지방세	지방채	국고보조금, 자주재원, 재정자립도, 지방재정조정제도, 보통교부세, 지방재정자립도, 특별교부세
지방정치이론	무의사결정, 정책네트워크	다원주의, 엘리트주의, 조합주의, 철의 삼각
지방채	지방세	국고보조금, 자주재원, 재정자립도, 지방재정조정제도
지식인프라	정보관리, 정보력	지식, Cyber 인력관리시스템
지역정보화	정보관리, 지역정보화 정책	전자주민자치

지역정보화 정책	지역정보화	전자주민자치
직렬	직위분류제	계급제, 정부직무분석
직위분류제	고위공무원단, 직렬	개방형 인사체제, 계급제, 정부직무분석, 개인-직무 부합성
직장성희롱	다양성 관리, 적극적 조치	성인지예산
참여적 의사결정	갈등관리, 공론화, ADR	의사결정, 공론장이론
책임운영기관	공공서비스, 성과관리	책임운영기관 평가제도
총액인건비제도	성과관리	경직성경비, 계속비, 성과지향적 예산제도, 기금, 기준인건비제, 유동정원제
총체적 품질관리	리엔지어니어링	목표에 의한 관리(MBO)
F. Coombs의 정책불순응론	정책집행 모형	정책집행조직에 의한 정책변동
Kingdon의 다중흐름모형	정책결정과정, 정책변동 모형	초점사건
투레벨 이론	국제행정, 협상	갈등해결전략
특별지방행정기관	단체자치와 주민자치, 자치분권	특별지방자치단체
팀	조직구조, 공식조직(비공식조직)	목표에 의한 관리(MBO), 조직진단, 조직혁신
파킨슨의 법칙	정부실패	피터의 원리
평등	목적론과 의무론, 사회적 정의	민주성
프레임	갈등관리, 정책오류	담론, 행동경제학과 비합리적 인간
플랫폼정부	정보관리, 정보접근	가상현실, 유비쿼터스 정부, 플랫폼
학습조직	조직학습, 의사소통	자기조직화, 조직 발전, 조직혁신, 학습이론
합리성	목적론과 의무론, 합법성, 절차적 합리성	예산과정의 점증주의, 내용적 합리성
합법성	법가, 행정가치	법의 지배, 법률유보
핵심행정부	정책결정과정, 행정기구	다원주의, 발전행정, 엘리트주의, 신행정국가
행정가치	공공가치, 목적론과 의무론	가외성, 민주성
행정기구	권력, 조직구조	다원주의, 중범위이론, 블랙스버그선언, 신행정국가, 집행기관, 행정기능
행정서비스헌장	공공서비스, 일선관료	목민심서, SERVQUAL
행정철학	공공가치, 행정가치	민주성
협상	갈등관리, ADR, 참여적 의사결정	조직갈등
호손연구	인간관계운동	과학적 관리론, 호손효과
효과성/효율성	합리성	가외성, 사회적 능률성

* 행정학전자사전 홈페이지 수록 연관 용어는 <부록 1>에서의 QR 코드를 활용해 한국행정학회의 행정학전자사전에서 직접 해당 용어를 확인할 수 있다.

찾아보기

임동진(순천향대학교)

임태균(인제대학교)

정용덕(서울대학교)

조경호(국민대학교)

조현석(서울과학기술대학교)

최순영(한국행정연구원)

최신융(숙명여자대학교)

최연태(경남대학교)

최창현(금강대학교)

홍준현(중앙대학교)

황영호(군산대학교)

행정학 용어사전 발간추진단 소개

김정인(金貞忍): 현재 수원대학교에 재직 중이며, 주요 연구 관심 분야로는 인사정책, 조직행태, 조직이론, 공공갈등관리 등이 있다.

나보리(羅俌理): 현재 서울대학교 행정대학원 박사과정에 재학 중이며, 주요 연구 관심 분야로는 문화정책 등이 있다.

박흥식(朴興植): 현재 중앙대학교에 재직 중이며, 주요 연구 관심 분야로는 공직윤리, 정부마케팅, 정보행동, 행정서비스소비자 행동 등이 있다.

배관표(裵貫杓): 현재 충남대학교에 재직 중이며, 주요 연구 관심 분야로는 정책도구론, 문화정책, 규제정책 등이 있다.

백승주(白昇周): 현재 한국교육개발원에 재직 중이며, 주요 연구 관심 분야로는 정책분석평가, 사회정책, 교육정책 등이 있다.

양승일(楊承鎰): 현재 충남도립대에 재직 중이며, 주요 연구 관심 분야로는 정책변동, 복지행정, 지방행정 등이 있다.

유평준(俞平濬): 현재 연세대학교 명예교수로 재직 중이며, 주요 연구 관심분야로는 전자정부, 행정관리, 정책평가 등이 있다.

유홍림(柳鴻林): 현재 단국대학교에 재직 중이며, 주요 연구 관심분야로는 조직이론, 행정행태, 행정혁신 등이 있다.

이혁우(李奕雨): 현재 배재대에 재직 중이며, 주요 연구 관심 분야로는 규제정책, 지원정책, 신제도경제학 등이 있다.

정용덕(鄭用德): 현재 서울대 명예교수 및 금강대 총장으로 재직 중이며, 주요 연구 관심분야로는 문명진보와 행정, 국가성의 행정적 토대, 거버넌스와 리더십 등이 있다.

최연태(崔連泰): 현재 경남대에 재직 중이며, 주요 연구 관심 분야로는 전자정부, 정보통신정책, 재무행정 등이 있다.

행정학 용어사전

초판인쇄	2020년 6월 25일
초판발행	2020년 6월 30일

지은이	한국행정학회 행정학전자사전특별위원회
펴낸이	안종만 · 안상준

편 집	장유나
기획/마케팅	이영조
표지디자인	조아라
제 작	우인도 · 고철민

펴낸곳	(주) 박영사
	서울특별시 종로구 새문안로3길 36, 1601
	등록 1959. 3. 11. 제300-1959-1호(倫)
전 화	02)733-6771
f a x	02)736-4818
e-mail	pys@pybook.co.kr
homepage	www.pybook.co.kr
ISBN	979-11-303-1029-9 93350

copyright©한국행정학회 행정학전자사전특별위원회, 2020, Printed in Korea

정 가   42,000원